성질과 상태

성질과 상태

활동하는 영화들

정한석 지음

나는 2002년 말부터 2015년 초까지 영화 주간지 『씨네21』에서 일했다. 이 책에 실린 글들도 대부분 2008년 이후 『씨네21』에 게재된 것들이다. 그 밖에 최근 다양한 지면에 기고한 것들도 몇 편 함께 묶었다. 시기에 관해서라면 특별한 기준이 있었던 것은 아니고 원고를 추리다보니 자연스레 그렇게 되었다. 다만 영화기자로서 쓴 글들은 그때마다의 환경과 조건이 있었던 터라 시기와 무관하게 거의 넣지 않았다. 따라서 이 책 안의 글들은 영화비평가의 입장에서 서술된 것이 대부분이다. 현장비평가로서 동시대의 작품들을 쫓아온 나의 궤적인 셈이다.

　그래도 영화기자 일을 오래 해온 것은 잘한 일인 것 같다. 아니었다면 나의 삶과 글은 많이 달랐을 것이다. 적지 않은 촬영 현장을 찾아가 구경꾼으로 밤을 지새우며 창작의 비밀을 엿보고 이곳저곳에서 중요한 감독들을 만나 그들의 혜안에 귀를 기울일 수 있었던 건 내게 귀한 경험이었다. 그런 경험이 없었다면 나는 꽉 막힌 골방의 영화비평가가 되었을 것이다. 한편 버거울 정도로 빨리 돌아오는 마감의 압박은 원래는 내게 없던 부지런함을 억지로나마 갖추게 해주었고, 분야를 막론하고 이어진 사람들과의 만남은 사람에게서가 아니라면 얻기 어려운 것들을 여러 방면으로 얻게 해주었다. 그 덕에 지금의 글들을 겨우 쓸 수 있었다.

내가 쓴 글들을 다시 읽을 기회를 갖고 보니 부끄러운 점이 한두 가지가 아니다. 부족한 견해나 거친 생각은 어쩔 수 없다 해도 너무 많은 오류와 실수는 그냥 둘 수가 없어서 눈에 보이는 대로 수정하려 했는데, 그래도 아직 많이 남아 있을 것이다. 몰아치며 쓴 글도 적지 않다. 때마다 나름대로 치열하려 애는 썼지만 스스로 떠안은 적지 않은 분량에 비하여 단기간에 집중해서 써야 했던 경우가 많아서 빈틈도 너무 많다. 하지만 그 실수와 빈틈도 다 내 것으로 인정해야 한다는 걸 안다.

내가 이 글들로 무엇을 성취하고자 했던 것인지 그 비평의 노정에 관하여 정교하고 치밀한 한마디로 요약해내기란 요령부득이다. 그런 건 없었기 때문이다. 영화마다의 흥미와 호기심이 달랐고 그때마다의 반응과 체험을 기록해나가는 것이 전부였으며 그것이 나의 일상이었고 행복이었다.

물론 나의 어떤 기질이 매번 여러 각도에서 발휘된 건 부인할 수 없다. 나는 그것을 언젠가 보들레르의 글에서 감동적으로 읽은 '기질'이라는 말에 힘입어 '기질 비평'이라고 부른다. 내게 기질 비평은 비평의 기본이다. 의식했던 것은 한 가지 더 있다. '만듦의 비평'이다. 비평도 만듦의 일환이어야 한다고 나는 생각한다. 얼마나 해내느냐와 무관하게 적어도 그것이 마음가짐이어야 나는 조금이나마 비평이란 걸 쓸 수 있다. 예술가가 창작의 제재로 그 무엇이라도 취할 수 있는 것이라면, 영화비평가는 비평이라는 창작의 제재로 영화를 취했을 뿐이다. 아니, 영화의 덕분으로 영화비평가는 비평이라는 창작을 시도해볼 수 있게 된 것이다. 가령 나는 한 편의 영화에 관한 천 편의 비평을 만드는 것을 여전히 꿈꾼다. 나의 부족한 통찰도, 깊지 못한 사색도, 끝까지 놀아보지 못한 유희도, 전부 그 만듦의 장 안에서 무언가 만들어보고자 노력하다 애석하게 실패한 결과들이라고 나는 느낀다. 이 책 안의 글들은 그렇게 좌충우돌 어울리고 부대끼며 살아온 나와 영화의 일상적 나날들에 관한 첫번째 기록이다.

1부는 영화론이라고 할 만한 글들을 모았다. 하지만 정치한 영화론이라기보다는 영화란 도대체 어떤 활력을 지닌 것인가 하는 호기심의 발로였던 것 같다. 한 편의 영화 혹은 여러 편의 영화를 전제로, 영화라는 예술의 기본적인 생동의 과정에 관심을 기울인 경우다. 2부와 3부는 동시대 국내외의 주요한 감독들의 감독론과 작품론을 모았다. 그들 영화를 절대적인 하나의 세계로 간주한 뒤 그 세계를 겪어나간 나의 모험의 경우들이다. 4부와 5부는 예상치 못한 다양한 방식으로 쟁점, 교감, 질문들을 던져준 국내외 작품들에 관한 작품론과 이런저런 기회가 주어져 쓰게 된 자유로운 단상을 묶었다. 홍상수 영화는 별도로 떼어내고 싶었고 그걸 6부로 삼았다. 감독 홍상수론이라고 부르기에는 역시나 부족하다. 정확히 말하면 홍상수라는 영화에 휩쓸려온 나의 즐거운 표류기다.

내가 존경하는 문학평론가가 나의 글을 묶어서 손보고 책으로 펴내주었다는 사실이 아직도 믿기지 않고 얼떨떨하다. 처음에 제안을 받았을 때는 지나가는 인사인 줄 알았고 진심인 줄 알았을 때는 민망했고 지금은 더없이 감사할 따름이다. 강출판사의 정홍수 선생님께 마음 깊이 감사드린다. 이 글들을 쓸 수 있도록 배려해준 수없이 많은 이름들이 머릿속을 스치지만 낱낱이 거명할 순 없을 것 같다. 다만 그들은 내가 따로 밝히지 않아도 자신들이 마땅히 감사받아야 할 이들이라는 걸 잘 알고 있을 것이다. 그들 모두에게 감사한다. 그래도 이 책에 직접 관련된 몇 사람에게는 따로 고마움을 전하고 싶다. 김영찬 선생님께서 해주신 말씀 덕분에 더할 나위 없이 큰 힘과 용기를 얻었다. 선생님의 글에서 견해를 구해온 미욱한 탐독자로서, 감사할 뿐 아니라, 영광이다. 보고 있으면 마음이 좋아지는 사진을 책의 표지로 제공해준 이영진 선배, 내게는 과분한 말들을 공들여 써준 허문영 선배와 남다은 평론가…… 이 세 사람에 관하여 뭔가 예의를 갖춰 말하려니 말문이 열리질 않는다. 이 사람들을 내가 많이 좋아하는 것 같다. 이들과 오래 보며 지내고 싶다.

세상에는 책이 너무 많다. 언젠가 들은 말인데 그 말이 잊히질 않는다. 세상에는 무용한 책들이 너무 많다는 뜻일 거다. 이 책이 어느 독자에게라도 그런 책들 중 한 권이 되지 않기를 바랄 뿐이다. 스스로도 모르다가 언젠가부터 알아차리게 된 것이 한 가지 있는데, 첫번째 책을 내기까지는 시간이 오래 걸렸지만 두번째 책은 가능한 어서 쓰고 싶다는 것이다. 그렇게 매일을 사는 것처럼 부지런히 쌓아가고 싶다. 제대로 이룬 것도 없지만 "네가 이룬 도약에서 이득을 취하지 말라"는 앙드레 지드의 말은 언제나 나를 긴장시킨다. 나는 영화에 관한 내 글이 내가 좋은 성질과 상태를 지닌 사람이 되는 데에도 쓰였으면 좋겠다.

2017년 2월
정한석

차례

3부 기이한 모험의 경우

4부 고감의 문

성질과 상태

성질이 난다. 이 말은 내게 아름답다. 이 말이 아름답다고 하는 말이 의아하게 들릴 수 있다는 걸 잘 알고 있다. 대체로는 전혀 아름답지 않은 상황에서 쓰이는 속어로 통하기 때문이다. 나를 포함하여 우리들은 짜증이 나거나 분통이 터져서 참기 어렵다고 느낄 때 문득 성질이 난다고 표현한다. 유사한 부정적 뉘앙스의 계열로 '성질이 나쁘다'거나 '성질 좀 죽여라'라는 표현도 쓴다. 성질이라는 말 자체가 우리의 가까운 언어생활 속에서는 부정적인 쪽에 많이 쓰이고 긍정적으로는 잘 쓰이지 않는다. 예컨대 우린 성질이 좋다는 표현은 비교적 잘 쓰지 않는다.

성질의 이 부정적인 쓰임이 내게는 더러 이상하게 느껴진다. 사전에는 "사람이 지닌 마음의 본바탕", "사물이나 현상이 가지고 있는 고유의 특성"이 성질이라고 적혀 있는데 그렇다면 사람이 지닌 마음의 본바탕이 난다거나 사물이나 현상이 가지고 있는 고유의 특성이 나는 것이 왜 부정적 뉘앙스의 편에 속해야 하는가. 우리가 자기의 가장 깊숙이 있는 본성을 드러내거나 사물이나 현상의 절대적인 고유의 특성을 대면하게 될 때, 그 실체를 감당하지 못할까 두려워 약간은 미리 때를 묻히거나 거리를 두고 가장하려는 습속이 있어서 성질도 그렇게 언어 차원에서 악용당하고 있는 것은 아닌가 가정해본 적은 있지만 그 진실에 대해서 내가 말할 바는 아니다. 다만 나는 통상의 쓰임과 무관하게 조금 용기를 갖고 그 말이 가리키는 실체를 응시할 필요는 느낀다.

그렇다면 다시 말해보자. 성질이 난다. 굳이 사전적 의미에 얽매이지 않아도 될 것이다. 이 말을 느껴보자. 이 말이 전에 비하여 조금이라도 다르게 느껴지려 한다면 얼마간은 성공이다. 요컨대 성질이 나는 것은 나도 모르는 사이에 저절로 나는 것이다. 가장 밑바닥의 것이 혹은 고유의 것이 무의지적으로 나는 것이다. 난다는 것은 단순히 드러난다는 것을 넘어서는 생성의 문제다. 그 저절로 일어나는 고유의 생성은 일단 일어나면 피할 도리가 없다. 그래서 그 생성은 마주하기 두려울 정도로 벅차다고도 느껴지고, 넋을 잃을 정도로 아름답다고도 느껴진다. 그 벅찬 생성의 아름다움을 내가 영화를 통해 생각하게 되는 것은 자연스러운 일인데 다름 아니라 이 세상에 존재하는 어느 예술보다 모종의 영화들이야말로 그 벅찬 생성의 아름다움을 내게 겪게 해주기 때문이다.

다만 지금 말하는 것이 일반적이며 절대적인 차원에서의 영화(예술)의 질료적 성질에 관한 것은 아니라는 점은 짚어두고 싶다. 그런 영화의 성질은 영화평론가 하스미 시게히코가 두말하면 화가 난다는 투로 적어놓은 단언적 주장, "영화가 영화인 것의 진정한 놀라움, 그것은 지속이기도 하면서 동시에 그 단절이기도 한 숏의 현존에 다름 아니다"라거나 "개개의 화면이 숏으로서 성립하고 있는 한 뤼미에르의 시네마토그라프로 촬영되든, 디지털 비디오 카메라로 촬영되든, 스크린에 투영된 화면은 영화 이외의 아무것도 아니다" (『영화의 맨살』, 박창학 옮김, 이모션북스, 2015)라는 표현만으로도 확언될 수 있다. 그 밖에 영화가 영화로서 다른 것들보다 더 고유하게 자기의 존재를 이루고 있는 것들을 여기 더하여 나름의 방식으로 그 아름다움에 대해 길게 감탄하는 방법도 가능하다. 그것은 언제나 나의 지속적인 관심사들이다.

하지만 나는 지금 영화의 질료적 성질이 아니라 그것과 필연적으로 연관되어 있다 할지라도 맥락은 다소 다르게 설명되어야 할 개별의 '성질이 나는 영화'에 대하여 생각하고 있다. 예컨대 장 르누아르 영화에서 저절로 나는 그 성질을 대책 없는 활기라고 해보자. 프랑수아 트뤼포는 그것을 친밀함이라고도 불렀다. 그런데 내게는 활기라는 그 공인된 성질이 나도록 하는 르누아르 영화의 진짜 성질 중 하나가 따로 있다는 생각이 든다. 그 진짜 성질이 왕성하게 작동할 때 르누아르 영화의 유명한 활기는 더 힘차고 친밀해진다. 그러니까 "장 르누아르 작품 세계에서 역설적이게도 가장 매혹적인 측면 중 하나는 모든 것이 '빗나가' 있다는 점이다. (……) 르누아르의 예술을 한 단어로 규정지어야 한다면 어긋남의 미학이라고 할 수 있을 것이다"(앙드레 바쟁, 프랑수아 트뤼포, 『장 르누아르』, 방혜진·박지회 옮김, 한나래, 2005)라고 한 영화평론가 앙드레 바쟁의 통찰은 그가 르누아르 영화에 기여한 무수히 많은 통찰들 중에서도 가장 빛나는 것에 속한다.

우리는 바쟁의 통찰에 빚지고 이렇게 바꾸어 말할 수 있다. 그 빗나감이자 어긋남이란, 미학 이전에 르누아르 영화의 활기를 이루는 고유한 성질이다. 그 성질들이 자주 나고 반복되어 하나의 미적 방법론의 맥락을 형성해냈다고 짐작되었기에 미학으로도 불렸을 것이다. 바쟁이 대표적으로 언급하고 있는 〈익사에서 구조된 부뒤〉, 특히나 이 영화의 마지막 장면, 강가에서의 결혼식 도중 뒤집힌 나룻배에서 시작하여 물에 빠진 사람들의 무리에서 홀로 빠져나와 유유히 물결을 따라 몸을 눕혔다가 뭍으로 올라와 자기만의 길을 다시 가는 부뒈의 저 연속된 빗나감과 어긋남의 현장, 그러나 여기서는 이렇게 짧게 요약할 수밖에 없는 그 장면이 더없이 좋은 예가 된다는 것은 두말할 필요가 없다.

성질이 나는 영화라는 이러한 단상은 어쩌면 흔히 제기되는 방식은 아니기 때문에 낯설 수밖에 없고 고정된 정체가 없으므로 희미하게 느껴지지만 내게는 생각할수록 중요한 것이다. 사실 우리는 이 영화의 특성은 무엇인가 하고 물을 때가 자주 있다. 대개 그런 경우 성질과 성질이 나는 것의 중요도에 대한 인식은 있음에도 불구하고 결과적으로 보면 어딘지 고유함의 측면에서 부족해 보이는 일반적인 특색과 특징들을 골라내는 경우가 더 많아 보인다. 그러니 우리의 질문은 이것은 성질이 나는 영화인가, 어떤 성질이 나는 영화인가 하고 차라리 낯설게 바뀌어서 던져져야 효력을 다할 수 있는 것 아닐까 싶다.

물론 모든 영화가 성질이 나는 영화가 될 순 없고 그것은 매우 희소할 뿐만 아니라 난다고 해도 제각각 다른 성질이 날 것이므로 그중에는 나쁜 성질이 나는 영화도 있지 않겠느냐는 반문 또한 우린 품어야 할 것이지만, 그럼에도 우리가 개별의 영화들을 만날 때마다 의식해야 할 중요한 것 중 하나는 그 성질이고 결국 그 성질을 궁금하게 만들지 못하는 영화가 있다면 그 영화는 범작의 운명에 갇히고 말 것이라는 사실은 변치 않을 것이다. 어떠한 가치 평가에 이미 앞서서 저절로 도리 없이 고유의 무언가가 난다는 질적인 사태, 성질이 난다는 그 사태는 그리고 그 사태를 껴안고 있는 영화는, 내게 무모할 정도로 아름다울 수밖에 없다.

상태에 관해서는 다른 경로로 말해보고 싶다. 어느 영화 촬영 현장이었다.

한 장면의 촬영이 거듭되고 있었다. 그 장면에 출연하는 신인 배우의 연기가 미진하다는 느낌을 주고 있었는데 거듭되는 촬영이 그것 때문일 거라고 느끼는 게 나쁜만은 아니었다. 배우는 감독의 의중을 이해하고는 있었지만 체현해내는 데 힘겨워했다. 그때 곁에서 촬영을 지켜보던 한 베테랑 배우가 신인 배우의 곤경에 관하여 자기도 모르게 조용히 이렇게 요약했다. "아직까지는 상태만 아는 거지, 상태만." 그는 안타깝고 염려하는 마음 끝에 한숨 쉬는 것처럼 말했지만 나는 그의 의중과 무관하게 그의 말이 나의 평소 단상 한 자락을 벼락같이 내리치는 느낌을 받아 잠시 망연자실했다.

상태만 안다면 그럼 무엇을 모르고 있는 것일까. 우린 우회할 필요가 없다. 지 신인 배우가 아직 찾지 못했고 때문에 그를 미진하게 만들고 있는 것의 정체는 다름 아니라 상태 앞에 붙어야 할 '어떤'이다. 그가 알아야 하고 그가 찾아야 하는 것은 '어떤 상태'다. 감독이 원하는 것도 그것이다. 결국 그날 그가 그 '어떤'을 찾아내가는 과정을 지켜보면서, 혹은 그것을 찾아가도록 인도하는 감독의 연출을 지켜보면서, 그렇게 하나의 장면이 아름다운 어떤 상태에 이르는 것을 지켜보면서, 나는 오히려 베테랑 배우가 근심하며 썼던 의미와는 다르게 상태라는 것이 영화와 관련하여 가장 불가피하고 긍정적인 기본 환경이 된다는 사실을 재차 확신했다. 그러니까 우린 '상태로서의 영화'라는 영화의 생래적인 환경을 의식해야만 한다. 각각의 영화는 각자 그 상태의 앞에 붙을 자기만의 '어떤'을 찾는 과정이라고까지 말해도 무방하기 때문이다.

그런데 이것을 말과 연관해보자. 그리고 저 배우의 경우로 돌아가 가정을 한번 해보자. 우리는 배우가 찾아낸 '어떤'에 관하여 우리의 느낌대로 언명해볼 순 있다. 상상해보자. 가령, 두려운 상태, 맑은 상태, 두툼한 상태, 두려우면서도 맑고도 두툼한 상태, 그런 식으로 우리들의 언명은 가능하다. 어쩌면 그가 이르게 된 상태를 더없이 정확히 설명해낼 만한 최적의 언어를 찾아낼 수도 있다. 그런데 문제가 되는 때는 언명의 행위를 하기에는 어딘지 애매한데 느낌 자체는 너무 확실할 때다. 그때 그 상태의 '어떤'을 우리는 언어로 해명하려고 쩔쩔매게 된다. 그건 보는 사람뿐 아니라 그걸 해낸 당사자에게도 해당될 것이다. 어쩌면 그 '어떤'을 찾아내고 실행해낸 감독과 배우 당사자들조차 자신들이 찾아낸 '어떤'이 무엇인지 언어로 설명하는 데는 무능할 수도 있을 것이다.

다음과 같이 더 설명해보자. 아무리 비범한 작가나 비평가라도 때때로 자신의 글이나 말에서 '무엇의 어떤 상태' 혹은 '무엇한 어떤 상태'라는 표현을 쓰고 있는 것을 보면 나는 그가 조금은 나와 같은 사람으로 느껴져 다행스런 마음이 든다. 동시대의 위대한 작가 오르한 파묵이 『소설과 소설가』(이난아 옮김, 민음사, 2012)라는 제목으로 묶어낸 강연록에서 "자연의 단순함에서 멀어져, 자신의 감정과 사고에 지나치게 몰입한 어떤 정신 상태"라고 말하는 그런 경우다. 나의 짧은 생각으로는 그의 언어는 그때 잠시 실패한다. 그의 위대한 언어도 그때는 잠깐 세계를 완벽하게 묘사하는 데 실패하는 것이고 그도 모르게 그 점을 언어로 인정해두는 것이다. '어떤 정신 상태'라는 게 도대체 어떤 정신 상태라는 것인가. 이 표현은 애매한데 애매한 것이야말로 이 표현의 절실함이다. 나 또한 그 점을 강조하는 차원에서 앞의 문단에서 "아름다운 어떤 상태"라고 썼다. '어떤'이 무엇인지 정확히 해명되지 않는 한, 무엇의 어떤 상태 혹은 무엇한 어떤 상태라는 이 말들은 사실상 언어적으로는 영원히 유보되고 잠정적인 자리에 있다. 하지만 반대로 그것이 결코 해명될 수 없다고 판단되었기에 저 자리에 구체적인 수식 대신 '어떤'이라는 막연한 말이 들어가기도 했을 것이다.

요컨대 문제는 무언가 언어적으로는 막연한데 존재론적으로는 확실할 때다. 핵심은 그 막연한 확실함에 있다. 우리의 삶에서 중요한 것들 중에 우리가 완벽하게 말로 표현할 수 있는 것은 생각보다 적다. 불을 보듯 느낌이 확실한데 말로 표현할 수 없는 것들이 세계에는 얼마나 많은가. 그때 우리는 설명되지 않는 그것에 관하여 말 그대로 '어떤'이라고 잠정적이고 상상적인 괄호의 언어를 써서 말할 수밖에 없지만 그렇게 말하는 순간에도 그 말이 낚아채려다 실패한 감각적이고 물질적인 세계의 상태는 여전히 그 말 바깥에 완벽하게 활성으로 존재하고 있는 것이다. 내가 하나의 예로 든 '어떤 상태'라는 언어도 자신의 바깥에 있는 활성적 상태를 어떻게든 모방하려는 욕망을 지닌 용법으로서의 언어처럼 느껴지기까지 한다.

그러니 나는 상태로서의 영화가 좋고 그것에 닿으려다 미끄러지는 어떤 상태라는 부족한 말도 좋다. 상태로서의 영화에 매혹되면 될수록 나의 곤궁은 점점 더 심화되는 것이지만 그럼에도 나는 어떤 상태라고 힘겹게 말할 때마다 그것이 나의 최선의 한 노력인 것처럼 느껴져서 그 말 또한 애틋하게 느껴질 수밖에는 없다. 따라서 상태로서의 영화와 관련하여 다시 돌아가자면, 그 말이 처하게 되는 곤궁의 상태, 그게 바로 위대한 영화들이 만들어내는 위대한 상태다. 비범한 영화들은 언어 바깥의 광활한 상태를 저 좁은 2차원 사각의 스크린 안에 존재케 한다.

영화는 상태의 예술이다. 나아가 말하자면 어떤 상태의 예술이다. 상태에 관한 한, 영화의 가장 아름다운 차원이 음악적 차원이 되어야 하는 이유는, 그러니까 미술도, 문학도, 건축도, 연극도 아닌 음악적 차원이 되어야 하는 이유는 음악 역시 상태의 예술이면서 어쩌면 음악이야말로 가장 신비로운 상태의 예술이기 때문이다. 누군가 음악의 역사나 배경을 설명하는 해설가가 아니라 여기 지금 이 공기 중에 무형으로 그러나 소리라는 물질로 흐르고 있는 음악의 형식적 상태 자체를 흥미롭게 비평할 수 있는 비평가가 있다면 그가 바로 나의 질투의 대상이다. 하지만 나는 내가 사랑하게 된 것을 사랑할 수밖에는 없고 그러므로 나의 질문은 다음과 같은 이들과 함께 묶인 운명이다.

르누아르는 자신의 영화 작업에 관하여 답하는 과정에서 "영화란 마음(정신)의 상태"라고 두 번이나 강조한다. 허우샤오시엔은 〈자객 섭은낭〉의 연출 원칙에 관하여 "인물의 상태, 사람을 중심으로 담아내려 했다"고 말한다. 홍상수는 〈극장전〉의 발상에 관하여 "영화를 보고 그 영향 아래에 놓이는 흔히 보는 상태가 재밌었다"고 말한다. 그들이 말하는 마음의 상태나 인물의 상태나 영향 아래 놓이는 상태나 말로는 전부 막연한 것처럼 들리기는 마찬가지이지만 그들이 그것을 의식하고 영화로 담아낸 어떤 상태는 확연하고 아름답게 스크린에 살아 있다. 감각화되고 물질화된 비언어적 차원의 그 활성적 확실성이 그때 그들의 영화에서 생동하고 있으므로 그들의 영화는 위대하다.

성질과 상태 혹은 그것으로부터 조금 더 나아가본, '성질이 나는 영화'와 '상태로서의 영화'가 이 책에 묶인 나의 글들을 관통하거나 대변하는 그럴듯한 개념이라 생각해서 전제한 것은 아니다. 이 생각들은 나의 글로써 닿고 캐낸 성취가 아니라 그렇게 하려다 결국 실패한 과정에서 드러난 나의 산더미 같은 징후들 중 한 예라고 해야 더 옳다. 겸손하자고 하는 말이 아닌 것이 여기 담긴 글 몇 편만 누가 읽어봐도 금방 알 수 있는 것이라 억지로 꾸밀 수도 없다. 그러므로 지금 쓰고 있는 이 글은 이 책 안의 글들을 위한 기초적인 버팀목이라기보다는 그것들을 한자리에 모아놓고 보니 생각나서 최근에 쓰게 되었고 그래서 가장 맨 앞에 붙게 된 또 한 편의 모순적이고 개별적인 글에 불과하다. 그렇지 않았다면 이렇게 구구절절 쓸 생각을 하지도 못했을 것이다.

다만 밝혀둘 것이 있기는 하다. 이것이 어느 날 하루아침에 떠오른 발상이 아니며 추상적이고 형이상학적인 개념(이론)주의와도 거리가 멀다는 사실이다. 성질과 상태에 관한 단상은 나의 구체적이고 형이하학적인 감각의 행복함 또는 난처함으로부터 비롯되었다. 점진적이고 실무적인 나의 감각의 과정에서 발견된, 아니 차라리 발각된 것들이라 유독 나의 관심사가 된 것이고 그래서 나의 숨길 수 없는 질문도 되었다. 이를테면 "영화감독(또는 영화를 분석하는 사람)이 쓰는 어휘를 보면, 그가 영화를 어떻게 사유하는지를 잘 알 수 있다"(『영화의 실천』, 이윤영 옮김, 아카넷, 2013)며 영화비평가이자 훗날 감독이 된 노엘 버치는 책의 첫 문장을 시작한다. 그 말은 너무 당연해서 맞는 말인 것 같다. 물론 영화비평가가 단순히 영화를 분석하는 사람은 아니다. 그러니까 나는 분석이 비평에서 비록 얼마간 피할 수 없는 것이라 하더라도 영화비평가의 가장 중요한 덕목이라고는 보지 않으며 언젠가는 그것을 무시하면서도 좋은 비평을 쓸 수 있게 되기를 간절히 바라는 마음의 모순 때문에라도 분석이라는 표현을 쓰는 것에 본능적으로 부정적이다. 그런 만큼 노엘 버치의 말을 조금 바꾸어 이렇게 표현해보고 싶다. 영화비평가가 쓰는 말을 보면 그가 영화를 어떻게 생각하는지 잘 알 수 있다, 라고.

성질 혹은 상태라는 말을 언제부터인가 내가 자주 쓴다는 사실을 알게 되었다. 자주 쓰는 정도를 넘어서 은근히 기대고 있다는 사실도 깨닫게 되었다. 그렇다면 이 말들로 나는 영화의 무엇을 감각하고 사유하고 싶어 한 것인가 자문하게 되었다. 하여간에 내가 개별의 영화들을 대하면서 흥미를 갖고 이 말들을 쓴 것이라면 그건 나의 영화 감각과 감정과 사유의 지향과 연관되어 있을 것이라고 판단되었다. 이 말들은 내가 보유하고 있는 것들을 세련되게 총합해주는 것이 아니라 내가 동경하는 것들과 좌충우돌하며 접속하다가 불가피하게 불거진 것들이라는 생각이 들어서 더 집착이 갔다. 앞서 조금은 말했지만 실은 계속 질문 중이며, 영원히 미제일지도 모르겠다. 성질과 상태에 관련된 단상은 여전히 나를 어지럽게 하고 내가 생각해도 모순은 여러 곳에서 출몰한다. 또한 언제 찾아올지 모를 나의 새로운 감각 경험들과 뒤섞여 얼마든지 다른 언어의 형태로 탈바꿈되어 재방문할 가능성도 있으므로 구태여 거창한 명제처럼 구획하고 확정해서 그 안에 갇히고 싶지도 않다. 지금으로서의 나는 그저 철저한 고유함(성질)과 활발한 막연함(상태)이라는 어쩌면 반대 극처럼 보이는 두 가지를 동시에 끌어안고 있다고 말할 수밖에는 없다. 조금 촌스럽게 비유하자면 나는 원심력과 구심력을 동시에 사랑하게 된 곡예사가 된 것 같은 기분이어서 지금 이 순간에도 아슬아슬하다.

그럼에도 연관된 단상들을 보충해야 할 필요는 확실히 느낀다. 기회가 될 때마다 밝혀왔던 것 같은데, 영화란 내게 활동하는 것이고, 그 활동(성)이 체험되는 것이다. 이 활동의 체험이 성질과 상태와 깊이 연관되어 있다는 사실만큼은 부정할 수 없을 정도로 느끼고 있다. 나는 성질-상태-활동-체험이라는 각각의 항들이 개별적으로 활성화되는 것이 가능하면서도 서로가 서로를 활성으로 만드는 서로의 인과이자 매개이자 반응이라고도 생각한다. 하지만 이 항들이 서로 엮여서 만들어질 수 있는 무수한 가능성들에 관해서 수식을 늘어놓으면 그건 영락없이 주책없는 요설처럼 보일 것이므로 차라리 시도하지 않는 쪽이 나을 것 같다. 그보다는 이 네 개의 항이 서로 접속하고 이동하고 연쇄하여 이룰 수 있는 무한 변수의 확장된 감각을 상상하고 감지해보자는 제안 정도만 전하고 싶다. 아니, 차라리 여기서는 방향을 뒤집어 내 쪽에서 이렇게 말해보는 것도 나쁘진 않을 것 같다. 내가 영화를 생각할 때 점점 더 멀리 두고 싶은 것 중 한두 가지를 말해보는 것이다. 물론 이것 역시 하루아침에 발생된 게 아니라 쓰다 보니 자연스럽게 자각된 것이라, 오히려 이 책의 글들 안에서는 상반된 맥락으로 발견되는 구절도 더러 있음을 미리 고백해두어야 할 것 같다.

그중 하나가 상징이다. 영화에서의 상징이란 체험되는 것이 아니고 개념적인 것이다. 빗나가면 안 되고 오로지 그것이어야만 하는 목적의식을 수반한 의미 작용이다. 누군가는 반드시 그것의 뜻을 풀어내야만 한다. 나는 그런 상징의 수사 혹은 미학을 영화에서 되도록 멀리하고 싶어진다. 그 상징이 가리키는 것이 사회의 필요한 도덕이나 옳은 정의 어느 쪽이라 하더라도 그것은 영화가 할 수 있는 부차적인 의무이지 영화가 해야 하는 최선의 성질과 상태로서의 아름다움은 아니라는 느낌 때문이다. 상징은 활동의 부단함을 중지시키고 거역하는 고정화의 완수 아래에서 가능하다. 게다가 그 상징은 언제든 도식적 개념화의 자리에 오를 가능성도 갖추고 있다. 만약 사회의 필요한 도덕과 옳은 정의에 관하여 영화로 할 수 있는 일이 있다면 그건 상징으로 우뚝 서게 하는 것이 아니라, 개념적으로 옳은 자리를 차지하는 것이 아니라, 자기만의 성질과 상태로, 활동과 체험으로, 그 도덕과 정의를 겪게 해야 하는 것이다.

그렇다면 한 가지를 조금 더 길게 언급하지 않을 수 없다. 해석에 대해서다. 나는 가능하면 해석을 멀리하고 싶다. 그럴 때야말로 좋은 영화를 한 숨 더 가깝게 느낄 수 있다고 믿는다. 이때 내가 염두에 두고 있는 것은 벌써 반세기도 훨씬 전에 나왔던 유명한 글의 다음과 같은 문장이다. "좋은 영화에는 언제나 해석의 충동에서 우리를 완전히 해방시키는 직접성이 있다."(수잔 손택, 『해석에 반대한다』, 이민아 옮김, 이후, 2002. 이 글에 인용된 손택의 말은 모두 여기에서 가져왔다.) 수잔 손택은 그렇게 직감을 발휘한다. 가령 이 직접성이란 마치 손택의 말을 풍요롭게 예증하고자 호응하고 있는 것으로 착각되기까지 하는 롤랑 바르트의 다른 한 구절을 경유할 때 더 명확해진다. 바르트는 '영화의 충만성'이라는 제하의 단장에서 영화와 소설을 비교한다. 영화에서는 "상영상의 구속(언어에서 항목을 순차적으로 따라가며 글 쓰는 방식이 불가피한 것과 흡사하게)으로 인해 관객은 모든 것을 일시에 수용해야만 한다. 예를 들어 한 남자가 눈 속을 걷고 있는 장면에서, 남자의 육체가 그 무엇에 대한 의미 작용을 발휘하기도 전에 모든 것이 이미 나에게 제시된다. 이와 반대로 글로 쓸 경우에는 주인공의 손톱이 어떤 모양인지 관찰할 의무가 내게 없지만 원한다면 텍스트는 있는 힘을 다해 횔덜린의 너무 긴 손톱을 나에게 묘사하는 것이다."(롤랑 바르트, 『롤랑 바르트가 쓴 롤랑 바르트』, 이상빈 옮김, 동녘, 2013) 이 구절은 영화와 소설의 가치나 우위를 비교하는 것이 아니라 이 둘의 성질과 상태가 체험되는 과정을 비교한다. 유의할 것은 의미 작용이 발휘되기도 전에 모든 것이 이미 나에게 제시되는 것이 영화라는 점이다. 이 구절은 바르트가 영화에 관하여 제기하는 개념인 '제3의 의미', '무딘 의미'의 맥락에 포함되는 것이지만 실상 손택이 말한 직접성과도 관련이 깊은 것 같다.

주제넘게 말하자면 손택의 영화에 대한 사유는 종종 세련된 고급 논평에서 멈추는 것 같은 인상을 주고 인용한 글에서도 그런 점이 부분적으로 없진 않지만, 이 글에서 그녀의 핵심적 성찰은 긴요하고 절실한 면이 있다. 무엇보다 이 글에 바쳐진 그녀의 마지막 문장, "해석학 대신 우리에게 필요한 것은 예술의 성애학이다"라는 문장은 감동적이다. 그 성애학을 위해 손택은 해석을 반대한다. 동시에 손택은 놓치지 않고 자신이 말하는 해석을 구분한다. "물론, 내가 여기서 말하는 해석은 '사실은 없다, 해석이 있을 뿐이다'라고 니체가 (적절히) 말한 바 있는, 광의의 해석을 의미하지는 않는다"는 것이다. "내가 여기서 해석이라고 하는 것은 해석에 담긴 일련의 암호, 일련의 '법칙'을 예증하는 의식적인 행위를 뜻한다"라고도 더한다. 가령, "X가 정말

A인 것—혹은, 사실상 A를 뜻한다는 것—을 모른단 말이오? Y가 사실은 B요, Z가 실은 C라는 것을?" 같은 사고의 작동 방식이 손택이 반대하는 해석이다. 내가 영화를 생각할 때 멀리하고 싶어진다고 말하는 해석도 사실은 그러한 좁은 범위의 해석에 가깝다.

내 식대로 그 좁은 범위의 해석에 관하여 더 정확히 정의해볼 수도 있다. 요컨대 창작자가 의도했을 법한 숨은 주제 혹은 전언은 무엇인가 가늠하면서 작품의 내용만을 중심으로 삼아 시도하는 '도식적이거나 암호적인 의미 풀이 또는 뜻풀이'로서의 해석이다. 나는 그것을 경계한다. 그러니 지금 내가 경계하고 있는 것은 사실 해석이 아니라 해독이라고 표현해야 더 어울릴 것도 같다. 왜냐하면 우리의 비평적 행위를 감안한다면 광의의 해석(니체적 해석)의 가치를 적극적으로 인정하는 것은 불가피하기 때문이다. 나 역시 거기에 매진하는 경우들이 적지 않고 그때 해석의 허구와 과잉을 통해 성취되는 비평적 감흥은 도저히 거부하기 힘들고 거부할 필요도 없어 보인다. 어쩌면 그게 바로 비평의 존재 이유가 아닌가. 그럼에도 이 자리에서, 해석과 해독의 경계의 불분명함을 무릅쓰면서까지(해석과 해독은 때때로 쉽게 구분되지 않을 것이다) 혹은 내가 해왔을 수많은 해독의 오류들을 모른 척하면서까지(멀리하고 싶다는 해독을 나는 얼마나 많이 해왔을 것인가) 구태여 이 말을 하고 있는 것은, 우리들의 광의의 해석의 전개 과정 속에서도 체험이 얼마나 중요하게 의식되고 고려되어야 할 만한 것인지 스스로 각인하고 싶어서다.

내용이 아니라 형식으로, 라는 낡고 오래된 권장이 우리의 논의에 함께 포함되어 있음도 숨기진 않겠다. "예술 작품의 자리를 빼앗는 것이 아니라 그에 이바지할 비평은 어떤 것일까?" 물은 뒤에 "예술의 형식에 더 주의를 기울이는 것"이라고 손택도 첫손에 꼽지 않았던가. 어떤 내용들은 끝내 해독되어야만 한다. 어쩌면 내용이란 결국 그러기 위해 있는 것 아닌가. 하지만 어떤 형식들은 기어코 해독의 바깥에 있다. 그때의 형식들은 차라리 해독되지 않기 위해 끝내 버틴다고 말하고 싶어질 정도다. 나는 지금 내용과 형식을 나누는 낡은 이분화를 껴안고 있는 것인가. 그런 것 같다. 그런데 반문하고도 싶어진다. 낡았다고 말하는 그 이분화의 맹점을 우리가 여전히 현재진행형으로 껴안고 있다는 사실 또한 변함없지 않은가 하고 말이다.

최근에 우리에게 있었던 간단한 일례 하나를 생각해보자. 나홍진의 〈곡성〉은 영화가 우리에게 체험시킨 것과 무관하게 무수한 암호 해독자들 혹은 수수께끼의 채집자들 혹은 의미의 사냥꾼들을 낳지 않았던가. 예컨대 닭이 세 번 울기 전에 집 안에 들어가선 안 된다는 영화 속 상황, 영화의 도입부에 전제되는 의심과 불신을 주제로 한 누가복음의 구절, 이 두 가지에 초점을 맞춰 암호를 풀어내듯이 풀이한 다음, 그러므로 〈곡성〉의 핵심은 바로 의심과 불신의 드라마라고 곧장 결론 내리게 된다면 그게 이 영화에 대한 해독이다. 혹은 그와 같은 종류의 무수한 내용적 암호들, 예컨대 무당(황정민)과 외지인(구니무라 준)이 한패인지 아닌지를 구분해주는 암호들이 다들 제자리에 완벽하게 매설되어 있는 영화가 〈곡성〉이라고 가정하고, 그러니까 실은 빈 괄호만 쳐져 있는 부분들까지도 의미의 암호로 포함시켜가며 그 암호들을 모두 해독해냈다고 여긴 뒤, 그러므로 악마는 우리 마음속 의심과 불신에서 비롯되었다고 탄식하게 된다면 그것 또한 해독의 전형이다.

반면에 이 영화의 숏들은, 신(scene)들은, 인물들은, 우리에게 무엇을 어떻게 체험케 하고 있는가, 그 체험의 과정 중에 앞서 빈 괄호라고 표현한 공백들은 어떻게 조직되거나 허물어지거나 상상적으로 배열되고 있는가 느껴가면서 과연 그로써 우리는 어떤 감정적 실체를 직면하고 통과하게 되는 것인가 질문하는 게 내가 말하는 형식적 체험의 문제들이다. "우리의 임무는 내용을 쳐내서 조금이라도 실체를 보는 것이다"라고 손택은 결정적으로 말했다. 손택의 이 말에 보충하고 싶은 것이 있다. 내용과 실체라는 저 사이에 들어가야 할 '형식을 통해서'라는 말이다. 우리의 임무는 내용을 쳐내고, 형식을 통해서, 조금이라도 실체를 보는 것이다. 아니 실체를 겪는 것이다.

할 애쉬비의 〈귀향〉이라는 영화를 보던 중이었다. 남자와 여자가 앉아 있다. 둘은 부부다. 남자는 베트남전에 참전한 미군 병사이고 여자는 멀리 본국에서 베트남으로 그를 면회 왔다. 두 사람이 대화 중이다. 아내가 근심에 차서 남편에게 묻는다. 전쟁의 상황은 지금 어떻게 되어가느냐고. 그때 남편은 쓸쓸하지만 더 할 말이 없을 만큼 분명한 답으로 응한다. "상황은 내가 몰라, 내가 아는 건 실체지." 전장의 한복판에 서 있는 병사에게 전쟁이란 전황으로 요약할 수 있는 것이 아니라 대면한 실체일 뿐이라는 것이다. 나는 그때 영화를 본다는 행위를 떠올렸다. 영화를 본다는 건 사실 그런 것이라는 생각이 들었다. 아니 좋은 영화를 본다는 것의 체험이 사실 그런 것인지도 모르겠다. 전장처럼 참혹하다는 것이 아니라 전장에 서 있는 것처럼 확실한데 불가해하다는 것이다. 우리는 전장의 상황판을 손에 쥐고 전세를 해석하는 고위급 장성이 아니라 총탄이 날아다니고 굉음이 터지고 누군가는 죽고 누군가는 사는 이 슬픔과 기적의 현장 한가운데에 서 있는 일개 병사에 불과할 것이다. 너무 과장한 것 같아 민망하지만 그래도 이 점을 강조하기 위해서는 어쩔 수 없었다. 상황은 해독을 필요로 하지만 실체는 체험을 필요로 한다. 내게 영화를 본다는 것은 활동하는 저 실체를 체험한다는 것이다. 저 2차원 장방형 스크린 안에 담긴 환영이라는 기이하고도 역설적인 실체를.

누군가는 이렇게 물을지도 모르겠다. 그렇다면 당신은 비-내러티브(비-서사) 영화를 주장하는 것인가. 이미지만을 중시해야 한다고 말하는 것인가.

당신은 혹시 전위 영화를 혹은 아방가르드 영화를 주장하고 있는 것인가. 이상하지만 상징과 해석(해독)이 아니라 성질과 상태와 활동과 체험과 실체라고 표현하면 무언가 서사 배격주의 혹은 그걸 통한 그럴듯한 이미지의 전위적 태도를 주장하는 것으로 들리기도 하는 것 같다. 이것을 거칠지만 '서사와 이미지', 그리고 '전위'에 대한 질문으로 나누어서 받아들여보자. 앞선 이야기들을 다른 자리에서 조금 꺼냈을 때 실제로 유사한 종류의 질문들을 받아본 적도 있어서 약간은 첨언이 필요하겠다는 생각도 든다.

먼저 서사와 이미지에 관해서라면 너무 긴 설명이 요구될 것이므로 여기서는 오히려 간략히만 말해보자. 내러티브 영화, 비-내러티브 영화라는 구획 자체가 경직된 도식이다. 허우샤오시엔과 압바스 키아로스타미의 영화들은 그렇다면 어느 쪽에 속하는 것인가. 나는 한 편의 영화에 관하여 말할 때 서사와 무관하거나 서사를 넘어서는 이미지의 빛나는 출현의 순간들에 대해 지속적으로 강조해왔다. 하지만 이 강조가 영화에서의 서사성 자체를 폐기하자는 주장은 아니다. 혹시라도 내가 이미지를 강조할 때 해온 말이 그렇게 들렸다면 그건 전적으로 나의 과오다. 내가 염려하는 건 영화에서의 지나치게 강고한 서사 중심주의적 사고의 폐해이지 서사 자체가 아니다.

반대로 생각해보면 된다. 서사를 제외하기만 하면 그 영화의 이미지는 당장 독창적 가치에 이를 수 있는 것인가. 나는 그런 식의 뒤집힌 도식의 믿음에 근거하여 만들어진 지루하고 상투적인 영화 이미지들을 적잖이 보았다. 서사에는 상투가 있을 수 있지만 이미지에는 상투가 있을 수 없다고 생각하는 건 오산이다. 서사에 극화된 상투들이 있는 것처럼 이미지에는 개념화된 상투들이 있다. 감각을 구실로 한 이미지의 개념화된 상투들을 보는 건 서사의 낡게 극화된 상투들을 보는 것 이상으로 허망하다. 그러니 내러티브 영화 혹은 비-내러티브 영화가 아니라 개별의 영화가 있을 뿐이고 모든 이미지가 아니라 아름다운 이미지가 아름다운 것이다.

그럴 리는 없겠지만 우리가 만약 서사를 어쩌지 못해서 서사를 폐기해야 한다고 말하게 된다면 그것이야말로 서사만을 중심에 놓고 파국의 귀결로 향하게 되는 역설적인 서사 중심주의 혹은 역설적인 서사 종속주의의 종말론일 것이다. 영화가 서사를 벗어나게만 되면 모든 이미지는 독창적일 것이라는 생각 역시나 그 역설적 종말론과 공모하게 되는 이미지의 망상적 이상론일 것이다. 서사는, 우리가 좋은 영화의 성질이라고 인식하는 식섭성이나 활동성, 그러니까 활동 이미지의 창조적 긴장 형성을 위해서라도 임의적이고 선택적인 환경과 조건의 하나로서 간주될 필요가 있다. 영화에서 이 문제는 간단치 않을 것이지만 서사에 대한 무조건적인 배척이 아니라 유동적인 인식이 우리들의 영화 체험을 더 활발하게 한다는 것은 확실하다. 모순처럼 들리겠지만 나는 앞으로도 여전히 서사를 넘어서는 이미지들에 더 주목하게 될 것 같은데, 서사를 임의적이고 선택적인 환경과 조건으로 고려하는 한에서 그렇게 될 것 같다.

전위에 관해서는 더 개인적인 소견을 밝히고 싶다. 영화뿐 아니라 예술 자체가 전위 없이는 지속되지 못할 것이다. 그럼에도 나는 이렇게 스스로 반문하고 있다. 나는 왜 전위가 아니라 도저히 전위라고 공인하기란 어려워 보이는 저 영화들, 오즈 야스지로, 존 포드, 장 르누아르의 영화를 볼 때 내가 껴안은 성질-상태-활동-체험의 문제를 어느 것에도 비교할 수 없을 만큼 더 크게 느끼는 것인가. 오즈, 포드, 르누아르, 그들의 영화는 물론 지금의 정전이지만 그들이 활동하던 당대의 전위는 아니었다. 그렇다면 이것은 어찌된 일인가. 이 체험의 감각은 왜 이렇게나 확실한 것인가. 말하자면 성질-상태-활동-체험이 얼핏이라도 전위적 창작 행위를 해명하는 데에만 전적으로 복무하는 전위적 말들이라고 생각된다면 그것 자체가 오해다.

이건 나면서부터 저절로 내게 있는 기질인 것 같은데 나는 전위에 호의적이지만 그것에 전적으로 열광해본 적이 없다. 최신에 대해서는 심지어 무감하다. 최신 기술, 최신 이론, 최신 유행에 나는 무감하다. 전위에는 자의건 타의건 선언과 구호가 따르게 되고 최신에는 내가 가장 앞서 있다는 자부심이 필요한데 나는 그런 종류의 선언, 구호, 자부심의 가치를 모르는 기질을 지녔다. 나의 성질이 그렇다. 초현실주의자들이 선언과 구호로 그 야단법석을 떨었던 것이 내게 절실하게 다가오는 이유도 그들의 선언과 구호의 내용을 전적으로 믿어서가 아니라 그게 필요하기까지 그들이 처했을 법한 절박함의 상태가 마음 깊이 상상되어서다. 나는 오래 망설인 흔적이 있는 것들에게 더 가까움을 느끼고, 익숙하다고 여긴 것에서 새로운 것을 발견해내는 행위에 훨씬 더 존중심이 생긴다. 게다가 나는 의심 많은 비평가여서 어떤 전위나 최신이 미래에 관하여 함부로 단정하는 의견들을 내놓을 때 그걸 쉽게 믿지 못한다. 영화 이후 혹은 미래의 영화 같은 말들은 언제나 내게 망설임을 동반해야만 조금씩 수긍할 수 있는 문제들이다. 내가 충실할 수 있는 것들은 내가 알고 있는 약간의 과거와 전적인 나의 현재뿐이다.

이러한 태도는 전위라는 말과 새로움이라는 말이 내게 다른 느낌을 유발하는 것과도 밀접한 연관이 있는 것 같다. 가장 앞선 전위가 가장 절실한 새로움이라고 나는 믿지 못한다. 적어도 내게는 그렇다. 물론 전위는 맨 앞에서 벌이는 진취적 소란이나 고독한 행진으로 느껴진다. 하지만 새로움이란 다시 살게 되는 운명적인 계기 혹은 기적 같은 조우로 느껴져서 내게 더 중요하다. 그러니 내게 절실한 새로움은 반드시 가장 맨 앞에 서야 얻어지는 위치의 문제가 아니라 우연히 어떤 빛나는 것을 어딘가에서 만났을 때 일어나는 충격적 체험에 따르는 크기의 문제다. 나는 언제나 전자의 문제를 존중하지만 후자의 문제가 지닌 힘으로써만 살아갈 수 있다.

오해는 없었으면 좋겠다. 전위가 가치 없다는 말이 아니고 반드시 후위로 처져야만 한다는 주장은 더더욱 아니다. 우리가 절실한 새로움의 계기에 직면하는 문제에서 전/후의 고정된 위치란 없다는 것이다. 생각해보니 이것 역시나 나의 경험과 연관이 있고 어쩌면 내가 경험한 절실한 새로움의 예 한 가지가 이런 생각들을 말하게 한 것 같다. 그 경험은 이것도 저것도, 이쪽도 저쪽도 아닌 매우 어중간한 어딘가에서 별안간 나를 덮쳐왔고 지금은 그것에 관하여 말할 차례다.

중립적 표면. 이 말을 나는 영화감독 홍상수에게서 배웠다. 이건 무슨 철저한 개념어가 아니고 따지자면 논리적인 표현도 아니다. 한 감독이 자신이 추구하는 영화의 성질과 상태의 아름다움을 설명하느라 본능적으로 고안해 낸 말이다. 이 말은, 가장 예쁜 앵글은 사진과 회화의 예술적 전통에서 바로 환기되는 것을 피하는 "어중간한 앵글"이라고 홍상수가 말하는 과정에서 자신의 영화 전체를 대변하는 것과 같은 인상을 품고 표현되었다. 한 번 말한 뒤로는 그것이 개념어로 고착될까봐서인지 감독 자신은 다시 쓰지도 않지만 나는 이 말을 앞으로도 여러 차례 모양을 바꿔가며 떠올릴 것 같다는 예감이 든다. 홍상수가 최상의 아름다움이라고 느낀 중립적 표면의 성질과 상태는 내가 느끼기에도 최상으로 아름답기 때문이고 그 아름다움에 대한 나의 호기심은 멈춰지지 않기 때문이다.

중립적 표면이라는 이 무형의 감각 지대는 오해하기 쉬운 것처럼 공정하면서도 적절하게 고정되어 있는 중립 지대라는 뜻이 아니라 사실은 거의 그 반대다. 이것으로도 저것으로도 고정되지 않고 임시적인 것 같으면서도 지속적인 모험적이고 모순적인 활동의 해방구라고 표현해야 맞을 것이다. 어느 쪽으로도 고착되지 않는 미지와 비지의 활성 지대 혹은 그런 성질과 상태다. 〈해변의 여인〉이 촬영 중이던 현장에서 중립적 표면이라는 이 말을 처음 들었다. 내게는 중대한 사건이었다. 훗날 〈북촌방향〉을 만든 직후 홍상수는 "영화란 언어적 속박을 벗어나 미디엄을 통해 어딘가로 가보는 것"이라고 말했는데, 그때 나는 그가 말하는 미디엄이 중립적 표면의 돌아온 호칭이라고 느꼈다.

물론 실체는 말보다 훨씬 먼저 와 있었다. 홍상수가 구체와 추상의 어느 사이에 놓인 세잔의 그림 속 사과들을 보고 이것이면 되었다고 생각한 것처럼, 중립적 표면 위에서 이리저리 흔들리는 홍상수 영화의 취객들을 본 오래 전의 어느 날 나는 이것이면 됐다고 생각했다. 중립적 표면이라는 말을 접하기 이전에 그 말이 가리키는 실체가 나를 먼저 덮쳤던 것이다. 당연한 일이다. 홍상수 영화는 말로써 측량될 수가 없다. 홍상수에게서나 홍상수 영화에게서나 말은 세상의 실체를 포착하는 데 역부족인 무엇이고 나도 그렇다고 느낀다. 중요한 건 중립적 표면이라는 그 말의 뜻을 이해하는 것이 아니라 그 말이 가리키려는 실체를 느끼는 것이다. 그러니 내게 역설적인 지점이 바로 여기다. 나는 매번 중립적 표면을 통해 미디엄을 통해 어딘가로 가고 있는 홍상수 영화 속으로 부실한 나의 말들을 이끌고 뛰어들기를 반복하고 있다. 여기엔 운명적인 이유가 있는데, 나의 말로 그의 영화를 속박하기 위해서가 아니라, 그의 영화로 얻어진 감각의 행복한 난처함을, 그 실체의 겪음을, 나는 결국 나의 말로써 표현할 수밖에는, 아니 표류할 수밖에는 없기 때문이다. 그러므로 홍상수 영화가 나의 가장 중요하고 오래 지속될 성질-상태-활동-체험의 난관 중 하나이며 가장 막대한 실체라는 점을 숨기고 싶지 않다.

그렇다면 나는 이 실체를 어떻게 겪어왔으며 또 어떻게 겪어가고 있는 것일까. 많은 것들을 말해야 하겠지만 지금 이 자리에서는 홍상수가 강조한 중립적 표면과 그 어중간함을 전제 삼아 조금만 말할 수밖에 없다. 세상과 영화 사이의 어중간한 관계에 대해 먼저 생각해보기를 제안한다. 그렇다, 예술이 세상과 맺는 관계의 차원에서 보자면, 영화란 가장 역동적인 어중간함을 갖춘 예술이다. 역동적인 어중간함이라는 이 말은 어색하기 짝이 없지만 어색하기 때문에 사실이다. 영화는, 세상에 가장 가까운 것 같지만 그렇다고 결코 세상이 될 수는 없고 혹은 반대로 세상이 아니라고 말하기에는 너무나 세상에 가까운 무엇이다. 그래서 우리는 끊임없이 지속, 간격, 변화의 흐름 속에서 영화와 세상 사이의 관계를 의식하게 된다. 요컨대 그 의식은 바로 영화와 세상 사이에 형성된 중립적 표면의 그 어중간함에 기인하는 것이다. 그러므로 홍상수 영화가 지향하는 미학적, 심지어는 윤리적 차원에서의 중립적 표면의 어중간함이란 영화와 세상이 맺고 있는 본연의 어중간함을 섬세하게 육화해낼 수 있는 최적의 성질과 상태 중 하나인 것으로 내게는 느껴진다.

때문에 여기 불러올 말이 하나 더 있다. 영화의 세속성. 이 말을 나는 영화비평가 허문영에게서 배웠다. 허문영의 표현에 따르면 영화의 세속성이란 "어떤 추상도 어떤 절대성도 세속적 타자의 물리적 현존 앞에서 항상 질문에 부칠 것"(『세속적 영화, 세속적 비평』, 강, 2010)이라는 명제를 품어야 한다. 홍상수의 중립적 표면이 허문영이 강조하는 영화의 세속성과 직접적인 연관이 있다고 나는 생각한다. "다른 무엇이 아니라 사람 사이에서 얻어야 한다"고 홍상수가 강조해서 말할 때 그건 우리가 흔히 상용하는 사람에 대한 예의나 정의나 교훈 같은 것들이 아니다. 그때 그가 강조하는 것이 다름 아니라 허문영이 말한 영화의 세속성이라고 나는 바꿔 듣는다.

사람 사이에서 얻는다는 것은 결국 무엇인가. 세속적 타자의 물리적 현존 앞에서 질문을 멈추지 않는다는 것이다. 질문하는 자로서의 '나'를 걸고 말이다. 그렇다면 그 질문을 멈추지 않기 위해서는 어떻게 해야 할까. 끊임없이 자리를 움직이며 새로 보기를 자처해야 한다. 홍상수 영화가 하는 것이 바로 그것이다. 그러므로 질문을 멈추지 않고 부단히 움직이기 위해 홍상수 영화가 미학적으로 활동하는 지대가 중립적 표면이고 그것이 지닌 성질과 상태가 어중간함이라면, 그렇게 하여 홍상수 영화가 빛나고 있는 것이라면, 그건 마침내 홍상수 영화가 세속적 조화를 이뤄내어 빛나고 있는 것이라고 우린 말해도 될 것이다.

그렇다면 홍상수 영화의 그 세속적 조화를 빛나게 하는 그의 가장 특별한 세속적 작업에 관하여서도 첨언하지 않을 수 없다. 그것이 사람과 사람 사이에서 얻어지는 것이므로 나는 그것을 홍상수 영화의 '사람 연출'이라 말하고 싶어진다. 예컨대 예술의 창작이라는 과정에 관하여 생각해보자. 사람이 사물과 공간을 어떻게 할 수는 있다. 사람이 글자를 어떻게 할 수는 있다. 사람이 이미지와 소리를 어떻게 할 수도 있다. 그런데 사람이 사람을 어떻게 한다는 것은 도대체 어떻게 가능한 일인가. 사람이라는 인격체가 사람이라는 동등하게 또 다른 인격체를, 사람이라는 소우주가 사람이라는 또 다른 소우주를 창작의 대상으로 연출해낼 수 있다는 건, 내게는 생각할수록 당연한 것이 아니라 놀라운 것이다.

영화감독 로베르 브레송은 자신의 영화적 다짐과 자세를 적어놓은, 내가 아는 한 영화에 관한 가장 위대한 책 중 한 권인 『시네마토그래프에 대한 단상』(오일환 옮김, 동문선, 2003)에서 보들레르의 탄식을 먼저 이렇게 적는다. "참으로 놀라워라, 안 그런가, 인간이 인간이라니!" 브레송은 뒤이어 자신의 말을 덧붙인다. "아마도 카메라와 녹음기는 보들레르가 한 이 말을 G(모델) 앞에서 서로 나누었을 것이다." 그는 카메라와 녹음기가 마치 생명을 지니고 말을 할 줄 아는 무엇이라고 먼저 가정한다. 그런 다음 카메라와 녹음기가 사람을 앞에 두고 보들레르의 탄식을 되풀이하고 있을 것이라고 상상한다. 왜 그랬을까. 브레송은 단지 그가 모델이라고 부르는 배우의 외양이나 능력을 칭송하고 감탄하기 위해서 그런 말을 적어놓은 것일까. 아닐 것이다. 브레송은 "놀라워라, 인간이 인간이라니"라고 동어반복의 무능함으로 표현할 수밖에는 없었던 보들레르의 저 탄식의 심대한 가치를 잘 알고 있었던 것 같다. 인간이란 너무나 신비한 나머지 그 명칭을 두 번 되풀이해서 거명할 수 있을 뿐 어떤 수식과 설명도 포기해버릴 수밖에 없는 그런 존재인 것이라고 보들레르는 감탄한 것 같고 거기에 브레송은 공감한 것 같다. 그런데도 영화란 것은 그 동어반복 속에 내포되어 있을 법한 불가능, 그러니까 사람이 사람을 어떻게 하는 것이 어떻게 가능한 것인가, 하는 문제를 끝내 창작 실현의 대상으로 놓고야 마는 예술이다.

영화는 사람이 사람을 연출해낼 수 있는, 더 정확히 말해 사람이 사람을 통해 사람의 성질과 상태를 창작해낼 수 있는 드문 예술이다. 연극도 일면 그러하지만 영화가 훨씬 더 적극적이고 다양하며 주효하다. 이 사람 연출이 지닌 구차함과 신비함이라는 극단의 양면. 이것이야말로 영화가 할 수 있는 특별한 세속적 질문법의 대표적인 예 중 하나다. 과장하여 이렇게까지 말할 수 있다. 만약 어떤 영화가 사람이 사람을 창작해내는 과정을 품고 있지 못하다면 영화가 할 수 있는 가장 중요하고 아름다운 과정 한 가지를 지니지 못한 것이라고 말해도 된다. 그 영화가 그러고도 아름답다면 가장 아름다운 영화인 것이 아니라 가장 중요한 것 한 가지를 배제하고도 아름다운 영화인 것이다.

물론 이 특별한 질료적 자질에 많은 영화들이 둔감하거나 무능하다고는 해도 이것이 영화가 타 예술에 비해 유별나게 잘할 수 있는 본연의 일 중 하나라는 사실에는 변함이 없다. 때문에 관련하여 여기서 구분되기를 바라는 사실 한 가지도 있다. 일반적인 용어인 연기 연출이라 말하지 않고 '사람 연출'이라고 촌스러움을 무릅쓰면서까지 표현하는 것이 그런 이유다. 연기 연출은 배우가 캐릭터를 완숙하게 연행할 수 있도록 유도하는 연출자의 창작 행위로 이해되는 경우가 많지만, 내가 말하는 사람 연출은 단순히 연기를 끌어내고 캐릭터를 이행시키는 연출자의 기술이 아니다. 영화에 임하는 저 대상으로서의 사람의 성질과 상태를 영화에 특별하게 존재케 하는 연출자의 어떤 비지의 지휘 능력을 말한다. 그러므로 이 문제는 극영화에 한정되는 것이 아니라 다큐멘터리까지에도 적용될 문제이며 이것을 단순히 연기 연출이라는 말로 한정시킬 수는 없을 것이다.

홍상수는 연기 연출을 하는 감독이 아니라 사람 연출을 하는 감독이다. 사람 연출을 전대미문으로 해내는 감독이다. 예컨대 이 글을 쓰는 시점에서 홍상수의 최신작인 〈지금은맞고그때는틀리다〉는 내가 아는 한 영화의 역사를 통틀어도 사람 연출의 가장 비범한 결과물 중 하나다. 이렇게 말할 수도 있다. 〈지금은맞고그때는틀리다〉는 사람 연출로만 한 편의 영화가 아름답게 완성될 수 있음을 증명한 희귀하고 비범한 예다. 이 영화에서 감독 홍상수가 배우 정재영과 김민희로부터 끌어내는 건 그들의 연기가 아니라 그들의 혹은 그들 사이의 성질과 상태다. 〈지금은맞고그때는틀리다〉가 당신에게도 신비롭게 느껴졌다면 그건 구조도 캐릭터도 대사도 뛰어넘는 아주 단순해 보이지만 사실은 설명하기 어려운 그와 그녀의 성질과 상태의 연출로만 한 편의 영화가 완성되는 것을 체험했기 때문이다. 홍상수라는 사람의 성질과 상태가, 정재영과 김민희라는 사람의 성질과 상태를 매 장면마다 교감시켜 그 무언가로 조각해나간 결과인 것이다. 그럼으로써 그들은 정재영과 그가 맡은 배역인 함춘수 사이의 그 어딘가에, 김민희와 그녀가 맡은 배역인 윤희정 사이의 그 어딘가에서 움직인다. 홍상수가 사람 연출을 한다는 건 그 성질과 상태의 교감 작용으로, 사람으로서의 배우와 인물로서의 배역 사이에 중립적 표면을 형성시켜 캐릭터도 배우도 아닌 그 어떤 제3의 어중간한 성질과 상태에 새롭게 이르게 한다는 것이다. 그러므로 홍상수의 사람 연출은 그가 지향하는 중립적 표면과 어중간함에 기여하는 가장 중요한 창작 행위 중 하나이며 그의 영화를 나의 절실한 새로움으로 각인시킨 중대한 요인 중 하나다.

그러니 오해하지 말자. 홍상수 영화에 출연하는 배우들을 가리켜 용감하다고들 하는데 그건 흔히 말하는 비루하고 남세스러운 인물들을 연기하는 것을 거부하지 않아서가 아니다. 더 비루한 인물들, 더 남세스러운 사건들은 다른 영화에도 얼마든지 더 있다. 홍상수 영화에 출연하는 배우들이 용감해 보이는 건 자신의 성질과 상태가 활용되어 홍상수 영화의 실체의 일부가 되는 것을 두려워하지 않기 때문이다. 그들은 막막하지만 그 막막함을 즐기므로 용감하다. 그리고 이것이 마침내 내게도 중요한 문제가 된다. 홍상수 영화에 대해서 쓰는 나와 같은 비평가는 그의 영화에 관하여 말할 때 막막하다. 나의 말로써 담아내기에는 아주 애매한 저 활동들, 그러니까 성질과 상태라고 하는 철저한 고유함과 활발한 막연함의 활동들이 나의 말이 감당해야 할 대상이고 때로는 그것을 감당하기 위해 나라는 사람의 성질과 상태까지 동원해야 할 복잡한 필요를 느끼기 때문이다. 하지만 생각해보면 언제나 그 막막함 때문에 나는 쓴다. 그러므로 성질과 상태의 영화에 창의적으로 반응할 줄 아는 나의 말들은 어떠한 것들이어야 하는가 하는 나의 비평적 과제는 언제나 홍상수 영화로 인해 가장 절박하다.

오래 돌아서 같은 곳에 다시 도착한 느낌이다. 마치 아주 긴 글이 여기서부터 다시 시작되어야 할 것만 같다. 영화에 관한 나의 글은 그 자체로 어떤 성질과 상태가 되어야 하는 것일까 질문하면서. 하지만 내게는 나의 글에 관

한 그런 총체적 발상이 부족하고 또 그런 말은 길게 해봐야 민망하며 앞으로
도 하게 될지 자신이 없다. 다만 어떻게 되고 싶은지 여러 번 말하는 것보다
단 한 번이라도 그렇게 되면 족할 일이라는 것은 안다. 그러니 이런 말은 되
도록 짧게 마무리하는 게 좋겠다.

가능하다면 나는 영화에 관한 나의 글이 누군가에게 중립적 표면 위에서
활동하는 또 하나의 어중간한 무언가로 느껴졌으면 좋겠다. 혹은 영화에 관
한 내 글이 개별 영화의 성질과 상태를 느낄 수 있도록 하는 매개였으면 좋
겠다. 그렇게 되는 것이 정 어렵다면 앞서 내가 이것저것 선호한다고 늘어놓
은 체험들, 그것들을 흥미롭게 기록할 줄 아는 수기이면 족하다. 그런 체험
을 바탕으로 한 광의적 차원에서의 해석도 좋겠다. 물론 그런 점에서 수많은
실패의 흔적들이 여기 전부 담겨 있고, 그 무엇 하나 장담할 수 없는 것들이
많지만, 그래도 한 가지는 장담하며 말할 수 있다. 감각에 놀라고 혼돈스러
워하고 기뻐하고 싸워보고 몰두해본 흔적 없이 정보와 지식을 앞세워 작성
된 감흥 없는 비평들은 공해다. 물론 나의 글이 그런 공해였던 적이 한두 번
이었을까 싶지만은 될 수만 있다면 더 흥미롭고 더더욱 흥미로워지고 싶다.
결국에 영화비평가가 자신을 괴롭혀서 끝내 되어야 할 것은 지식의 파수꾼
이 아니라 감각의 지진계다.

"영화는 예술인가?" 그렇게 스스로 자문한 뒤에 장 르누아르가 내놓은 답
은 이거였다. "무슨 상관인가?" 영화가 예술로 인정받든 아니든 그게 무슨
상관이냐는 것이다. 원예 종사자도 제과 요리사도 예술이라는 걸 할 수 있다
며 르누아르는 말한다. "나는 예술을 이렇게 정의한다. 즉 예술은 만드는 활
동이다. 시 예술은 시를 만드는 예술이다. 사랑의 예술은 사랑을 만드는 예
술이다."(『나의 인생 나의 영화 장 르누아르』, 오세필 옮김, 시공사, 1998) 여기
서 방점은 예술이 아니라 '만드는'에 있는 것 같다. 르누아르의 답이 나의 답

이다. 내 글은 비평(예술)인가. 무슨 상관인가. 내게 비평은 비언어의 영화에서 체험된 나의 감각을 나의 말로 만드는 행위다. 그러니까 나도 무언가를 조금은 만드는 것이다. 아니 어떻게든 조금이라도 만들어야만 한다. 그런 만듦의 자의식 없는 비평을 참고 보는 것은 힘들다. 무언가를 만들고 있다는 자의식 없이 나는 도저히 비평이란 걸 쓸 수 없다.

할 수만 있다면 그리고 너무 추하게 들리지만 않는다면, 그 '만듦의 비평'으로 매번 새 삶을 살고 싶다. 영화에서 내게로 육박해오는 감각들에 감응하면서 그것들의 성질과 상태를 나의 말로 필사해내고 싶다. 그걸 왜 하느냐고 묻는다면 필사할 수 없는 것을 필사하려는 과정에서 만들어지는 오류와 과장과 결핍과 속수무책의 것들, 말로써 설명되지 않는 영화라는 것을 말로써 감당하려는 그 간극에서의 표류가 내게는 기질적으로 흥미롭게 느껴진다고 답하는 수밖에는 없다. 그게 영화에 대한 영화비평가의 행복이라고 나는 믿는다. 어쩌다 영화 사회학적 의식이 발동하여 방위군을 자처할 수밖에 없게 되기도 하겠지만, 할 수만 있다면 나는 나의 속도와 범위로 살아가고 싶다. 그러면서 내가 이끌리는 성질과 상태에 반응하는 놀이꾼이자 필사가이자 연주자로 남고 싶다.

써놓고 보니 단속할 수 없는 너무 많은 말들을 해버린 것 같아 역시 민망하다. 다만 내가 이 글에서 영화에 관하여 한 말들이 너무 단정적으로 들리지 않기를 바랄 뿐이고 언젠가는 진전된 성찰이라는 미명 아래 수정과 조정의 말들이 다시 또 내게 허용되는 날이 오기를 바란다. 그러기 전까지는 나의 부족한 말들과 함께 살아가는 방법 외에는 없을 것이다.

1부

무엇이 영화입니까

무엇이
영화입니까

세상에서 가장 게으르고 한가한 자세로 텔레비전 뉴스를 보던 어느 날이었습니다. 경기도 부천시에서 일어난 어떤 좀도둑의 범죄 행각이 단신으로 보도되고 있었습니다. 중대하기보다는 황당무계하다는 이유로 그날의 단신으로 채택되었을 이 사건을 접한 날, 저는 그만 더 황당무계한 상황에 빠지고 말았습니다. 이상한 일이었습니다. 이 사건이 저에게 무언가 영화에 관한 단상을 줄지도 모른다는 느낌에 빠져버렸던 것입니다. 저의 머릿속에서는 마치 단관 극장처럼 하루 종일 그 사건이 상영되고 또 상영되었습니다. 사태는 급기야 불어나더니 올해 초에 인상적으로 보았던 어느 영화 한 편까지 불러들이게 됩니다. 처음 볼 때는 의심스러웠으나 두번째 볼 때는 신기했고 세번째 볼 때는 탄복하게 된 라스트 신을 지닌 그 영화가 앞선 사건과 뒤엉키며 머릿속은 이제 동시상영관이 되어갔습니다. 그러니 무언가라도 말해야 할 것 같습니다. 저는 지금 이것이 저의 올해 첫번째 흥미로운 영화 체험이었다고 전하려는 것입니다. 부디 이 체험이 새롭고 아찔한 영화 생각으로 합체하고 변태하기를 스스로 바라면서 말입니다.

그렇다면 말씀드린 그 허술한 범죄극의 내용부터 밝혀야겠지요. 어떤 중년의 여인이 빵집에 빵을 사러 들어옵니다. 이 여인은 9만8천 원어치의 빵을 계산대 앞에 가져간 다음 만 원권 열 장을 손에 쥐고 계산을 요구합니다. 당시 가게에 손님이 많아 바빴기 때문인지 혹은 그것조차 이 여인의 계략의 일종이었는지 알기란 어렵지만 하여간에 점원은 10만 원을 받기도 전에 이미 거스름돈으로 건네줄 2천 원을 손에 들고 있습니다. 그리고 점원과 여인은 동시에 서로의 돈을 건네려 합니다. 자, 그때 사건이 일어납니다.

여인은 순간 점원의 눈을 다른 곳으로 유도하는 동시에 속사포처럼 말을 붙여 정신을 흩뜨려놓은 다음, 순식간에 손에 들고 있던 10만 원을 손안에 숨깁니다. 점원은 돈을 받았다고 착각하고, 계산은 이렇게 어처구니없이 끝납니다. 하지만 아직 끝난 것이 아닙니다. 가게 안을 잠시 서성이던 여인은 잠시 뒤 계산대 앞으로 돌아와, 마음이 바뀌어서 빵을 사지 않겠다, 9만8천 원을 환불해달라고 합니다. 점원은 요구대로 돈을 내줍니다. 믿기지 않지만 이런 방법으로 이 여인은 하루에 세 건을 성공시켰고 30만 원을 가져갔다고 합니다. 도대체 이런 마술 같은 일이 일어나다니요. 아니나 다를까, CCTV를 판독한 한 마술 전문가는 그 여인의 손 기술이 마술사가 돈이나 카드를 조작하여 숨기는 기술, 즉 '머니-매니퓰레이션'이라 증언해주고 있습니다. 맞습니다. 이건 마술입니다. 때문에 이 사건은 일명 '마술 절도녀' 사건으로 이름 지어졌습니다.

초기 영화사의 저 유명한 감독 조르주 멜리에스가 마술사 출신이라는 사실을 우린 알고 있습니다. 뤼미에르 역시 영화의 마술성과 함께 말해지곤 합니다. "동시대인들은 뤼미에르를 마술가로 여겼지 리얼리스트로 여기지 않왔다"(『디지털 시대의 영화』, 토마스 엘세서·케이 호프만 엮음, 김성욱 외 옮김, 한나래, 2002)고 합니다. 둘은 영화가 착시의, 착각의 예술이라는 변치 않을 사실을 입증해줄 기원자들입니다. 하지만 저는 지금 영화의 기원과 관련하여 마술사와 마술이 중요한 몫을 했다는 점 때문에 이 사건에 거꾸로 관심을 갖게 된 것은 아니며 거기까지 거슬러 올라가기도 어려울 것입니다. 다만 사건 자체를 구체적으로 들여다보는 데 더 관심이 있습니다.

이상하게도 이 사건을 전하는 뉴스들은 하나같이 '마술의 손 기술이 범죄에 쓰였고 그것은 현란했다'라는 점에만 주목하고 있습니다. 하지만 저는 오히려 반문하고 싶습니다. 정말 그것이 핵심일까요, 라고 말입니다. 이렇게 물어야 할 것 같습니다. 저 여인의 머니-매니퓰레이션이라는 기술은 궁극적으로 무엇을 최종 도모하기 위한 것이었습니까, 라고 말입니다.

이 사건의 핵심은 손 기술이 아니라 뇌 기술이며 손 조작이 아니라 뇌 조작입니다. 그리고 더 핵심은 이 뇌 조작이 단순한 눈속임을 넘어 '이미지'의 주입, 저장, 활동 혹은 오작동을 통해 가능했다는 사실입니다. 계산이라는 실제 행위가 존재했던 것이 아니라 계산이라는 이미지가 발생한 것입니다. 그것은 저 여인이 점원의 뇌에 주입하고 투사하고 활동시킨 그녀의 이미지 연출법에 의해 가능했습니다. 물론 이건 마술에도 적용되겠습니다만 만약 이와 같은 유사한 체험을 안겨주는 매체나 예술이 있다면 그건 또 무엇이겠습니까. 그렇습니다. 짐작하셨겠지만 저는 지금 어느 좀도둑에게서 들보잡 영화 한 편이 막 연출되었고 한 점원의 뇌에서 그것이 교묘하게 상영되었음을 말하려는 것입니다. 제목도 없고 가치도 없지만 일면 영화의 경험을 껴안은 채로 당사자들의 뇌에서 상영된 그 수상한 영화 말입니다. 그러므로 저 여인은 나쁜 범죄자이며 뛰어난 마술사이고 동시에 본능적인 영화감독입니다.

우스꽝스러운 과장이라고요? 그렇지 않습니다. 이 사태야 우스꽝스럽고 비도덕적이지만 그 작동에 대한 생각은 신중하고 모험적이어야 합니다. 이것은 늘 밀해져왔거나 시도되어온 영화의 중요한 일면이기 때문입니다. 현세와 전생을 오가며 어느 쪽이 어느 쪽을 투사하는 것인지 궁금하게 만들었던 영화 〈엉클 분미〉의 감독 아핏차퐁 위라세타쿤은 문득 이 영화의 영감에 관하여 말하다가 "명상 자체가 곧 영화 만들기"라는 말과 함께 "우리의 뇌는 최고의 카메라이며 영사기입니다. 만약 우리가 그걸 적절하게 작동시키는 방법을 찾을 수만 있다면 말이지요"라고 고백합니다. 혹은 그렇게 뇌가 저절로 카메라와 영사기가 될 수 있다고 믿는 아핏차퐁이 "저 사람의 머릿속이 정말 궁금하다"며 가리킨 감독은 홍상수입니다. 홍상수는 우리의 뇌를 훔칩니다. 그의 영화를 본다는 건 때로 우리의 뇌 활동이 지나치게 왕성해져서 오히려 정신을 놓게 된다는 뜻이기도 합니다. 〈북촌방향〉에서 술집 여주인이 눈앞에 있는 손님을 향해 평소와 다르게 '오빠'라고 호칭을 바꿔 부르자, 그 순간 그 인물의 존재감과 앞에 있는 사람과의 관계, 앞에 펼쳐졌던 다른 장면들과의 관계가 순식간에 얽히고 흔들려서 우리는 소스라치게 놀라지 않았습니까.

혹은 그런 홍상수 영화에 관한 가장 뛰어난 논평자이자 동반자인 허문영이 '아덴만의 여명', 즉 영화 같다고 칭해진 한국 정부의 살육 작전을 두고 "김선일 사건, 연평도 사건으로 집약되는 현실의 불안과 두려움을 달래주는 국가적 반격의 시뮬라크르"라고 지적하는 동시에 "그 자체가 액션영화가 아니라 그 사건에 관한 시청각적 정보를 우리가 액션영화의 틀로 받아들였다거나, 우리의 뇌가 그것을 액션영화로 재상영했다고 표현하는 게 맞을 것"(허문영, 『보이지 않는 영화』, 강, 2014)이라고 마침내 통찰력 있게 설명해낼 때, 우린 저 먼 바다에서 벌어진 살육이 우리의 뇌에서는 어떻게 한 편의 액션영화로 변모하는지 이해하게 되는 것입니다. 질 들뢰즈는 더 간단히 자기

식대로 말했습니다. "뇌는 스크린이다." 그리고 덧붙이지 않았습니까. "스크린, 다시 말해서 우리 자신은 창조적인 뇌일 수 있는 만큼이나 백치의 결함 있는 뇌일 수도 있다"(『뇌는 스크린이다』, 더들리 앤드루 외 엮음, 박성수 옮김, 이소, 2003)고 말입니다.

그러니 부천의 어느 빵집에서 벌어졌던 뇌의 체험과 영화의 체험에 관하여 저는 저의 영화적 이해로 매듭을 지어보고자 합니다. 사실 마술 절도녀가 연출한 이 영화는 그녀가 잡히기 전까지 전국 각지에서 100회 이상 순회 상영을 했으며 회당 대략 수십만 원의 상영료를 챙겼고 도합 2,700만 원이라는 흥행 수익을 냈다고 하니 그 백치의 뇌(영화)는 한두 사람의 무지 때문에 생긴 일은 아닌 것 같습니다. 그렇다면 마술 절도녀의 흥행 신화를 가능하게 한 요소들이 있었을 겁니다. 그건 무엇이었을까요.

물론입니다. 역시 첫번째는 '시선'의 활용입니다. CCTV 안의 그녀가 만 원권 열 장을 차례로 착착 세거나 혹은 톡톡 건드리는 것을 보십시오. 그녀는 그때 영화적으로 무엇을 바라는 것일까요. 시선이 발생하기를 바라는 걸 겁니다. 관객(점원)의 시선이 그 열 장의 만 원권에 고정되기를 바라고 있으며 그의 눈이 돈을 보고 그의 뇌가 돈을 알기를 바라고 있는 것입니다. 영화에서의 시선이란 종종 앎이라는 문제 혹은 착각으로 이어지니까요. 마술 절도녀가 영화사에 내재된 시선의 역사를 알지는 못했겠지만 그녀는 이미 뇌를 촉진하는 시선의 기능을 몸소 터득하고 있었던 겁니다.

하지만 이때 저 시선이 무언가 의미를 동반하는 표현법이 되어야 한다는 것이 더 중요해 보입니다. 그렇지 않고서야 시선을 잡아둘 무슨 필요가 있겠습니까. 저는 여기서 그 표현법으로 이른바 제유법이 쓰였다고 생각합니다. 제유법이란 "사물의 한 부분으로 전체를 표현하는 비유법"이며 왕관을 보자 왕을 떠올리고 왕의 권력까지 떠올리게 되는 것 아니겠습니까. 그러니 시선을 휘어잡아 점원의 인식을 돈에 잠시 묶어둘 때, 점원은 단지 10만 원이라는 '돈'을 보았을 뿐이지만 그 돈을 봄으로써 결국 '10만 원을 지불하다'라는 전체의 착각에 빠지게 되는 것입니다.

놀랍게도 이런 유사한 경험을 고백한 철학자가 있습니다. 자크 랑시에르는 니콜라스 레이의 〈그들은 밤에 산다〉의 한 숏을 논평하는 것이 필생의 꿈이었다고 합니다(자크 랑시에르, 『영화 우화』, 유재홍 옮김, 인간사랑, 2012). 하지만 그가 논평을 꿈꿨던 그 숏은 그 영화에 애초부터 없는 것이었고 그의 상상일 뿐이었습니다. 그때 그의 착각을 불러온 제일의 이유로 그는 그 영화에서 얻은 어떤 제유법의 경험을 들고 있습니다. 우리는 랑시에르의 어려운 분석을 더 따라갈 필요가 없습니다. 그냥 일부를 보고도 전부를 알았다고 생각하는 상황에서의 돈의 제유를 이해하기만 하면 될 것입니다.

마침내 결정적인 한 가지가 더 있습니다. 그건 청각적 요소, 말의 사용입니다. 이것이 이 범죄의 내러티브를 더욱더 공고히 하고 있습니다. 마술사들이 관객의 시선을 뺏기 위해 가장 손쉽게 하는 술수가 잡담과 수다라는 사실을 우리는 잘 알고 있습니다. 마술 절도녀는 범죄 행각 내내 쉬지 않고 말을 시켜 점원의 혼을 빼놓았다고 합니다. 공회전하는 말이 가세하여 시선이 짜놓은 내러티브를 인정케 하는 것입니다. 그건 영화적 마술이 가장 잘하는 것이기도 한데, 어떤 영화는 시각과 청각의 조화가 아니라 오히려 둘의 부조화를 통해 영화적 효과를 극대화한다는 사실을 우린 잘 알고 있지 않습니까.

저는 애초에 이렇게 질문했습니다. 머니-매니풀레이션이라는 그 기술은 궁극적으로 무엇을 최종 도모하기 위한 것이었습니까, 라고 말입니다. 그건 머니-매니풀레이션이라는 이 영화의 기술이 혼자 기능하지 않고 반드시 다른 것들과 함께 작동한다는 것을 말하기 위함이었습니다. 현실에 등장한 한 편의 기이한 영화가 마침내 그런 식으로 상영된다는 것을 말하기 위해서였습니다. 영화란 늘 시청각의 감응을 재배열합니다. 우리의 뇌도 늘 시청각의 감응을 재배열합니다. 마술 절도녀가 연출하고 관객인 점원이 인지한 신종 영화의 전말이란 그런 것입니다. 점원은 10만 원이라는 돈을 받은 것이 아니라 10만 원이라는 이미지를 받은 것이고 10만 원의 이미지라는 활동하는 영화를 건네받은 것입니다. 이것이 도덕적으로 나쁜 영화라도 이미 그건 성사되었고 상영되었습니다. 무엇보다 저는 이 영화의 활동에 대한 이러한 이해가, 제가 말하려는 다음 영화에 관한 진정한 이해를 위해서도 필수적이라는 것을 비로소 깨닫게 된 것입니다.

다르덴 형제의 〈자전거 탄 소년〉. 마술 절도녀와의 동시 상영작이라 말씀드렸던 영화가 이것입니다. 〈로나의 침묵〉까지 다르덴 형제 영화의 미학은 크게 변한 바가 없습니다(적어도 제가 본 〈약속〉부터는 그렇습니다). 동시에 그들은 한 가지 곤궁을 겪어야 했는데 이제는 그들의 영화도 매너리즘에 빠진 게 아니냐는 일각에서의 질타였습니다. 그런데 〈자전거 탄 소년〉으로 다르덴 형제는 전에 없이 다른 영화적 방식을 도모한 것 같습니다. 놀랄 정도로 말입니다.

변화란 무엇일까요. 그들이 처음으로 따뜻한 동화를 만들었다는 그 사실일까요. 그럴 수 있습니다. 또는 많은 이들이 지적하는 것처럼 그들 영화에 처음으로 음악이 본격적으로 사용되었다는 점일까요. 그것도 얼마간은 맞을 겁니다. 그런데 당장 눈에 보이는 그런 것들이 다르덴 형제 영화의 가장 큰 변화일까 생각해보면 그다지 결정적이라는 생각이 영 들지 않습니다. 혹은 말해지지 않은 중요한 무언가가 더 있는 것 같습니다. 이 영화를 본 사람이라면 한 사람도 빠지지 않고 말하는 라스트 신으로 생각을 한번 돌려보면 어떨까요. 영화의 가장 육중한 감동이 서린 장면. 그렇다면 거기에 무언가 결정적인 변화가 도사리고 있었던 것은 아니었는지요.

먼저, 다르덴 형제 영화의 리얼리즘에 관해 잠깐 우회적으로 말해야 할 겁니다. 이때 그들의 리얼리즘이란 소재적으로 비슷한 켄 로치나 로랑 캉테의 리얼리즘과는 다른 것이라 생각됩니다. 켄 로치의 리얼리즘이란 극의 리얼리즘입니다. 켄 로치는 극화된 세계 안에 살고 있는 인물의 이야기를 최대한 리얼하게 그리려는 영화적 목표를 갖고 있습니다. 로랑 캉테의 리얼리즘이란 상황의 리얼리즘 혹은 중계의 리얼리즘이라고 부를 만한 것입니다. 〈클래스〉가 확실히 그 점을 보여줍니다. 그는 교실 안 풍경이라는 상황을 마치 중계하듯이 리얼하게 포착합니다. 여러 대의 카메라로 숏과 리버스 숏과 인서트를 오가며 전체를 꼼꼼하게 조망하려 합니다.

다르덴 형제의 리얼리즘이란 그런 것이 아닙니다. 그들의 리얼리즘은 카메라에 한계를 부과하고 그 한계를 고스란히 인정하는 리얼리즘입니다. 그들은 카메라 한 대에 핸드헬드를 써서 인물을 쫓으며 (로랑 캉테라면 포착하고야 말) 그 나머지 풍경과 상황은 수시로 놓쳐버립니다. 그걸 보충하기 위한 숏과 리버스 숏과 인서트 등도 거의 등장하지 않습니다. 세계를 그럴싸하게 담아 보여주겠다는 생각을 애당초 포기하고 있으며 그에 따른 시각적 보완 장치들도 불필요하다고 생각하는 태도입니다. 그들의 리얼리즘은 오로지 인물과 카메라 사이의 물리적 거리감이 팽팽하게 느껴지는 그런 것입니다. 이때 영화가 스스로 정서적 효과를 높이는 방법은 그 인물과 카메라의 일대일의 '물리적 전압'을 높이는 것입니다. 그로써 그들이 저항감이라고 말하는 대상과의 그 마찰력을 높이는 것입니다. 그것이 어떠한 다른 조작도 기술도 거의 쓰지 않으려는 이 감독들의 미학입니다. 저는 그런 그들의 리얼리즘을 '마찰의 리얼리즘'이라고 불러도 된다고 생각합니다. 중요하게도 이 마찰의 리얼리즘의 핵심은 지금까지는 적어도 그 어떤 영화적 조작이나 장치를 허용하지 않았다는 것입니다. 그런데 그게 〈자전거 탄 소년〉에서 바뀐 것 같습니다.

단도직입적으로 자문해보겠습니다. 〈자전거 탄 소년〉의 라스트 신도 그와 같은 리얼리즘으로 구성되어 있는 것인가요. 그런 것 같지 않습니다. 영화를 다시 보며 이 라스트 신에서 놀란 것은 시릴이 일어났다는 점 때문이 아니라 시릴을 쓰러뜨리고 일으키는 그 방식 때문이었습니다. 여기에는 어떤 새로운 조작이 있습니다. 부디 오해가 없기를 바라는 것은, 여기서 제가 조작이라 쓰는 표현은 그들의 영화가 사기꾼의 영화가 되었다는 뜻이 아니라 '그럴싸하게 꾸며냄'이라는 사전적 용어 그대로, 어떤 가치 훼손의 뜻 없이, 무언가 다른 인공적 영화 화법을 도입했음을 말하기 위한 표현입니다. 시릴은 사만다의 심부름으로 바비큐 파티에 필요한 숯을 사러 갔다가 그만 신문 판매상 부자(父子)를 만나게 됩니다. 영화를 본 당신이라면 시릴이 동네 나쁜 형의 꾐에 빠져 한때 그들 부자를 방망이로 때려눕히고 돈을 갈취한 적이 있다는 사실을 기억할 겁니다. 물론 시릴은 이미 잘못을 시인했고 용서를 구한 상황입니다. 하지만 이 장면에서 시릴과 재회하게 된 상점 주인 아들은 과거의 사건을 떠올리며 분을 참지 못하고 시릴을 쫓아가 때리고 시릴은 도망가고 그러다 숲의 나무 위로 시릴이 올라갔을 때 상점 주인 아들은 시릴에게 돌을 던지기 시작합니다. 첫번째는 빗나갑니다. 하지만 두번째 돌을 던졌을 때 시릴이 별안간 그 돌에 맞아 픽 하고 땅바닥으로 추락합니다. 자, 이때의 솔직한 심정을 당신께 질문하고 싶습니다. 시릴이 그렇게 추락하여 땅바닥에 누워 있을 때 그걸 본 당신도 역시 저처럼 소년의 죽음을 떠올린 것 아니었습니까. 말하자면, 그때 이미 '저 소년은 단지 돌에 맞았을 뿐 잠시 뒤에 깨어날 것이다'라고 알아차린 사람은 몇이나 있었을까 하는 것입니다.

저의 궁금증은 이것이었습니다. 우리는 시릴의 육체의 상태에 관하여 아직 아무것도 알 수 없는 상황 아니었습니까. 엄밀히 말해 시릴은 그때 돌에 맞아 '쓰러진 것'이지 '죽은 것'이 아니었습니다. 그런데 우리는 왜 시릴이 죽었다고 미리 생각한 것일까요. 무엇을 근거로 말입니까. 왜 우리의 뇌는 먼저 움직이고 확신하여 시릴의 죽음이라는 판단을 먼저 하고 있었던 것일까요. 그러니까 우리는 착각을 했던 것이고 그 착각이 이 라스트 신의 역점입니다. 그러므로 어떤 과정 때문에 우리의 착각이 생긴 것인지 생각해볼 필요가 있겠습니다. 이 반전이 사실 처음에는 좀 의심스러웠습니다. 억지로 신적인 것을 개입시키기거나 잠시 뒤에 뒤집힐 반전에서 두 배의 감동을 느끼기를 바라는 다르덴 형제의 꼼수로 느껴졌습니다. 그것이 처음에는 쇼크 효과로 보였고 다르덴 형제 영화 미학의 위험한 수신호라고 느껴졌습니다. 하지만 '마술 절도녀의 영화'와 함께 생각해보니 다르게 볼 수도 있을 것 같았습니다. 이것이 '마술 절도녀의 영화'를 〈자전거 탄 소년〉에 앞서 말한 이유이기도 합니다.

저는 우선 〈자전거 탄 소년〉의 이 라스트 신을 '인간-매니퓰레이션' 기술이 작동한 장면이라 부르려 합니다. 마술 절도녀의 그 기술이 머니-매니퓰레이션 아니었습니까. 머니-매니퓰레이션이 돈으로 우리를 조작하였다면 다르덴 형제의 영화는 지금 저 시릴로 우리를 조작하고 있습니다. 마술 절도녀가 머니-매니퓰레이션이라는 기술로 점원에게 돈을 받았다는 착각을 심어주었다면 이 장면에서 다르덴 형제는 인간-매니퓰레이션으로 우리에게 시릴이 죽었다는 착각을 심어주었습니다. 당연히도 여기에는 앞선 경우와 마찬가지로 인간-매니퓰레이션과 함께 작동하는 몇 가지 요인이 더 있는 것 같습니다. 먼저 시릴의 추락입니다. 즉 육체의 추락입니다. 시릴의 몸이 땅바닥으로 고꾸라지면서 영화적으로 무엇이 발생했는지 우리는 묻지 않아도 앞선 체험으로 알 수 있습니다. 돈에 꽂혔던 점원의 그 시선처럼 시릴의 추락을 따라 여기서는 깜짝 놀란 시선이 발생합니다.

그러니 실은 두번째 단계도 유사합니다. 제유법이 발생했다는 사실을 지적하겠습니다. 시릴의 추락하는 몸을 따라, 그리고 쓰러져 있는 시릴을 두번이나 보여줌으로써, 즉 '추락과 쓰러짐'이라는 사태의 일부분으로서 이 장면은 시릴의 죽음이라는 전체를 착각하도록 우리를 유도하고 있습니다. 게다가 그때 신문판매상 부자는 어떤 대화를 나누게 되는 것입니까. "저 아이가 죽었다면……"이라는 대화를 나눕니다. 그 부자의 말들이 마침내 '시릴은 죽었다'는 내러티브를 그 순간까지 공고히 하는 것입니다. 우리의 귀를 혼선에 빠뜨리는 청각적 정보들입니다. 물론입니다만 이 장면의 압권은 그 모든 걸 걷어치우고 사만다의 사운드(전화벨 소리)가 시릴을 일으킨다는 데 있을 겁니다. 가짜 청각의 정보를 진짜 청각의 정보가 밀어내고 소년을 일으키는 것 말입니다.

우리는 앞서 마술 절도녀의 영화를 예로 들면서 〈자전거 탄 소년〉의 마지막 장면을 설명해보았습니다. 〈자전거 탄 소년〉의 라스트 신에 관한 감상들은 대개 큰 차이 없이 부활, 면죄, 구원, 기적 등등의 낱말로 추려집니다. 하지만 그런 감정들을 받아들이기 전에 뇌의 조작과 착각이라는 영화적 과정이 먼저 작동하였음을 깨달아야만 한다는 것이 저의 생각입니다. 그리고 그것이 다르덴 형제 영화의 숨겨진 가장 큰 변화 지점입니다. 이 변화의 의미는 무엇일까요. 완강한 물리적 활동에만 집중해오던 다르덴 형제의 영화에 부분적으로 뇌의 활동이 적극 개입하였고 그것이 영화의 정점을 통해 허용되었다는 점입니다.

그런데 무엇을 위해 그들은 지금까지 손대지 않았던 뇌의 조작을 그리고 뇌의 활동을 허용한 것일까요. 저는 오히려 이것이 리얼리티의 약화가 아니라 다른 방식으로 리얼리티 감각을 강화하는 것이라고 느낍니다. 문제는 언제나 리얼리즘이 아니라 리얼리티 아니겠습니까. 이 장면의 경험으로 적어도 한 가지 사실은 확실히 알게 된 것입니다. 확실한 건 없다는 확실함 말입니다. 소년은 죽은 줄 알았지만 쓰러졌던 것이고 일어났습니다. 그러니 앞으로 어떤 일도 다시 일어날 수 있다는 것이 이 영화가 알려준 삶의 리얼리티의 확실성입니다. 그렇다면 저 멀리 자전거를 타고 프레임을 벗어난 소년이 사만다를 향해 가다가 다시 한 번 쓰러질 것인지, 사만다에게 무사히 돌아갈 것인지, 우린 섣불리 판단해서는 안 될 것입니다. 그게 이 영화의 진짜 리얼리티이기 때문입니다.

다르덴 형제가 다큐에서 출발한 감독들이라는 사실을 저는 기억하고자 합니다. 장 뤽 고다르는 연극과 극영화의 차이를 말하기 위해 연극에서 사람이 죽으면 극이 끝나고 그가 다시 살아난다고 관객이 당연히 믿지만, 극영화에서 사람이 죽으면 그는 그 죽음으로 남는다고 했습니다. 이 말에 대한 저항적 인용인지 혹은 우연한 조응인지 알 수 없으나 다큐 감독 김동원은 사람이 죽었다가 다시 살아난다면 그게 극영화이고 사람이 죽었을 때 정말 죽는 것이라면 그게 다큐라며 극영화와 다큐의 차이를 말한 적이 있습니다. 삶에서 죽음은 그 누구도 피해 갈 수 없는 단 하나의 진실에 가까운 리얼리티이기 때문에 그런 말을 했을 겁니다. 다르덴 형제 영화 중 가장 순진해 보이는 이 영화의 에필로그에 이렇게 다큐적 세계관이 뇌의 활동 이후에 새겨져 있습니다. 결국 이 장면의 조작은 그 삶의 리얼리티를 역설하기 위한 조작으로 보입니다. 그러니 제 생각에 〈자전거 탄 소년〉은 아버지에게 버림받은 한 소년의 동화라기보다는 한 편의 영화가 어떻게 삶의 리얼리티를 순간적으로 체험하게 되는가를 질문으로 삼은, 리얼리티에 관한 동화처럼 보입니다.

세계에는 무수한 영화의 계열들이 존재합니다. 저는 지금까지 뇌를 조작하고 활동시키는 것으로 보이는, 그러나 외양적으로는 전혀 무관해 보이는 두 편의 영화를 한 계열 안에서 말해보고자 했습니다. '마술 절도녀'와 〈자전거 탄 소년〉의 계열화 말입니다. 물론 마술 절도녀 사건은 실화일 뿐 실제 영화가 아닙니다. 그러나 제게 두 개의 양상은 서로의 거울이자 서로의 영화적 현실로 보입니다. 그것이 바로 마술 절도녀를 예제로 놓고 〈자전거 탄 소년〉을 겹치면서, 동일한 체험을 떠올려 두 영화의 몸통을 거치면서, 그럼에도 다른 결론에 이르려고 애쓴 이유입니다. 이것을 영화에 관한 두 가지 우화라고까지 말씀드리고 싶어집니다. 하나는 현실에서 어처구니없이 상영되었고 또 하나는 영화에서 기어이 현실성을 강화하려고 등장했습니다. 그리고 마술 절도녀는 감옥으로 갔고 다르덴의 영화는 우리를 감동으로 이끌었다는 차이가 있을 겁니다. 마침내 하나는 '현실 안에서의 영화(마술 절도녀의 영화)'이고 또 하나는 '영화 안에서의 현실(〈자전거 탄 소년〉)'인 것입니다.

"예술은 현실의 반영이 아니다. 반영이라는 현실이다."(『고다르×고다르』, 데이비드 스테릿 엮음, 박시찬 옮김, 이모션북스, 2010) 고다르는 그 명제를 믿는다고 강고하게 말한 적이 있습니다. 줄곧 이 문장을 생각했습니다. 하지만 아무래도 지금 이 순간의 저에게는 현실의 반영과 반영이라는 현실, 그 둘 다 중요해 보입니다. 조금 비틀어도 그 사정은 마찬가지입니다. 가령 〈자전거 탄 소년〉을 현실의 반영으로 놓고 마술 절도녀의 영화를 반영이라는 현실로 놓고 보아도 마찬가지입니다. 그 반대여도 마찬가지입니다. 어느 위대한 영화평론가의 질문, 영화란 무엇인가 하는 그 대전제가 저는 늘 힘겨웠습니다. 그래서 종종 그걸 뒤집어 비추어서 '무엇이 영화인가' 물어보고 싶어집니다. 그 예로서 뇌를 활동시키는 영화의 어떤 계열에 관하여 잠깐 탐색해보았습니다. 그저 이렇게 한번 질문해보고 싶었던 것입니다. 무엇이 영화입니까, 아니 무엇들이 영화입니까, 어떻게 서로 영화입니까.

(『씨네21』, 2012년 851호)

프레임에 관한 단상

혹은
아이맥스는 영화를
구해낼 수 있을까

X에게

친구, 네가 그토록 열광하는 영화 〈다크 나이트 라이즈〉를 나도 드디어 보았어. 주말 아침 9시에 아무거나 손에 잡히는 대로 간편한 옷을 입고 집 근처 멀티플렉스 상영관으로 달려가 몇 장 남지 않은 티켓 중 하나를 겨우 구해서 보았어. 물론 나도 영화를 보기 전날에는 무슨 행사라도 되는 것처럼 흥에 겨워 전작 〈다크 나이트〉를 보며 복습했지만 스포일러가 두려워 며칠 동안이나 인터넷조차 끊었다는 너 정도의 설렘은 아니어서인지 하여간에 엄청난 흥분보다는 약간의 기대를 안고 극장에 들어갔어.

사실 좀 싱겁게 들릴 게 뻔하지만, 영화에 관한 솔직한 감상을 말하자면 나는 〈다크 나이트 라이즈〉가 〈다크 나이트〉를 뛰어넘지 못했을 뿐 아니라 훨씬 못 미치는 영화라는 평가에 공감하는 편이야. 이 시리즈의 시작이었던

〈배트맨 비긴즈〉를 본 이후에 〈다크 나이트〉를 보았을 때 어떻게 전자의 그 엉성했던 영화가 이토록 흥미진진한 영화가 되었는지 놀랐던 것처럼, 〈다크 나이트〉를 본 다음 〈다크 나이트 라이즈〉를 본 지금은 그 눈부신 영화가 어떻게 다시 이렇게 평범한 속편을 낳은 것인지 놀랐다고나 할까.

　〈다크 나이트 라이즈〉의 악당 베인이 〈다크 나이트〉의 조커에 비할 바가 못 된다고들 말해. 한마디로 캐릭터의 매력이 떨어진다는 뜻인데, 정말 그런 것 같아. 조커에게는 감당키 어려운 미지의 존재감이 있었지만 베인에게는 목적에 따른 강력한 수행 능력만 있어 보이기 때문일 거야. 조커는 어느 편도 아닌 아이러니한 미치광이 같은데 베인은 편을 잘못 먹은 성실한 군인 같아. 인물들 사이의 느슨함 혹은 서사의 느슨함도 한몫한 것 같아. 로빈이 될 블레이크와 캣우먼에게 할당된 장면들 그리고 우스꽝스럽게 느껴진 반전 설정은 배트맨-조커-하비 덴트의 삼각구조의 팽팽한 긴장감을 되살리지 못했어. 하지만 친구, 이런 이야기는 여기까지야. 〈다크 나이트 라이즈〉를 보던 나를 진짜 호기심에 빠뜨린 건 그런 문제가 아니었기 때문이야. 불쑥 내 머릿속에는 다른 호기심이 생겨났어. 실은 그것에 관해 말하려고 해. 그래서 좀 이상한 샛길에서부터 시작해볼게.

　언젠가 텔레비전에서 한 여행 프로그램을 보았어. 김훈이라는 소설가가 한 사진가와 여행을 하고 있었어. 프라하의 어느 다리 위에서였을 거야. 평생 한 번도 카메라를 잡아본 적이 없다는 이 소설가는 어쩌다 상대방을 찍어주어야 하는 처지에 놓이자 카메라를 들고는 이 물건 참 번잡스럽다는 표정으로 문득 이렇게 말했어. "내가 앞으로 이걸 찍지는 않을 것 같아. 이걸로 들여다보는 세상하고 눈으로 보는 세상은 전혀 다른 세상이구먼. 이 세상은 뷰파인더 구멍으로 들여다보는 사각형의 틀 안에 갇힐 리가 없는 거지." 사진가가 얼른 지지 않고 말했어. "하지만 그만큼만 독립될 수는 있지요." 다시 김훈이 말했어. "그만큼만 끊어서 셔터로 고정시키는 거야." 사진가는 또 지지 않고 말했어. "영원히 남기는 거지요." 김훈이 또 말했어. "하지만 인간의 시간은 고정되는 것이 아니고 항상 흘러가는 거지."

이 대화를 나는 좀 오래 생각했어. 다름 아니라 소설가가 부정한 바로 그것 '사각형의 틀'이라는 말에 내 생각이 붙잡혔기 때문이야. 그는 사진의 사각형 틀을 말했지만 나는 영화의 사각형 틀을 떠올렸어. 사진은 스스로가 세계 그 자체가 될 수 있다고 우기지는 않아. 대신 저 사진가가 항변한 것처럼 세계를 기록한다고 말하지. 회화도 사각의 틀 안에 세계를 담지만 그 세계는 모사이거나 모방이거나 그로 인한 무궁무진한 관념적인 연상의 창이기에 아름다운 것이지 그 자체가 세계의 일부라고 나서지는 않아. 오로지 영화만이 활동함을 근거로 스스로가 세계의 반영이자 일부라고 주장해왔어. 물론 운동과 시간이 영화의 요체이기 때문에 그럴 거야. 어쨌거나 사각의 틀이라는 한계를 지녔음에도 불구하고, 아니 그 한계가 있다는 걸 업으로 창작의 수많은 방법들을 만들어낸 다음, 내가 바로 세계요, 하고 주장하는 영화를 이 소설가는 인정치 않겠구나, 하고 그때 생각했던 것 같아. 나는 그의 말을 이렇게 바꾸어서 생각했던 거야. 사각의 틀, 그건 우리가 말하는 영화의 '프레임'이야.

영화의 스크린이란 실은 프레임의 확장이잖아. 가령 프레임이라는 한계가 만들어내는 영화의 미학은 곳곳에 있어. 얼마 전에 나는 누군가에게서 고레에다 히로카즈의 〈진짜로 일어날지도 몰라 기적〉의 한 장면을 참 좋아한다는 말을 들었어. 꼬마들이 기차 건널목 앞에서 소원을 비는 연습을 하는 장면 기억날 거야. 그때 건널목에는 할머니 한 분이 서 있었는데 기차가 쑤웅 하고 지나가자 일이 초 만에 그 할머니는 사라져버려. 아이들은 놀라 그걸 기적이라고 말하지. 하지만 할머니는 사라진 게 아니라 단지 화면 바깥에 있는 거야. 영화에서는 인물이 화면(프레임) 바깥으로 한 걸음만 빠져나가도 그렇게 존재의 소멸이라는 의미가 생겨날 수가 있어.

그 장면이 좋다고 말해준 사람에게 나는 그게 바로 영화의 프레임이라는 한계 때문에 생겨날 수 있는 역설적 아름다움이라고 말하면서 안드레이 타르코프스키의 〈거울〉 이야기를 들려준 것 같아. 〈거울〉이라는 영화의 도입부에 보면 저 멀리 후경에서부터 전경으로 아득한 바람이 불어와 갈대숲을 흔드는 장면이 두 번 나오잖아. 기막히게 아름다운 그 장면, 그게 소망하거나 기다려서 얻어진 게 아니고 헬기 두 대를 착륙시켜 일으킨 프레임 바깥의 조작된 바람이라는 사실을 알게 된 예전의 어느 날 나는 얼마나 놀랐는지. 프레임이라는 안팎의 경계가 있었기 때문에 가능했던 아름다움인 거야. 그러니 영화감독보다는 영화의 사상가로 더 존중할 만한 피터 그리너웨이가 영화의 해방을 외치며 꾸준히 영화에서 걷어치워야 할 것으로 프레임을 지적하는 건 역으로 그게 바로 전통적 영화의 변치 않을 가장 원초적인 단위라는 확신이 있어서일 거야.

모르긴 해도 너는 지금쯤 조바심이 났을 거야. 혹은 화가 났을지도 모르지. 〈다크 나이트 라이즈〉 이야기는 제쳐두고 프레임 운운하는 이런 이야기를 왜 늘어놓고 있는지 궁금해할 수도 있겠지. 그렇다면 〈다크 나이트 라이즈〉를 만들면서 "읽는 형식의 이야기가 아니라 움직이는 프레임을 가진 이야기를 만들고 있다는 사실을 항상 기억하려고 노력했다"고 한 크리스토퍼 놀란의 말을 기억해주면 좋겠어. 이제 솔직히 말할게. 나도 너처럼 〈다크 나이트 라이즈〉를 두 번 보았어. 한번은 처음 말했던 그날 일반 상영관에서 보았고, 또 한번은 며칠 뒤 왕십리 CGV 아이맥스관에서 보았어. 이유는 하나였어. 잊지 않았겠지? 〈다크 나이트 라이즈〉 예고편에는 마치 계시처럼 이런 말이 있었잖아. "아이맥스로 경험하라!"

자랑할 일도 부끄러운 일도 아니지만 나는 성인이 된 다음 아이맥스 극장을 찾은 게 이번이 처음이야. 게다가 나는 아이맥스의 복잡다단한 기술적 공정에 대해 잘 알지 못할 뿐 아니라 관심도 없어. 기초적인 상식 정도가 있을 뿐이야. 다만 〈다크 나이트 라이즈〉에 관련해서라면 크리스토퍼 놀란의 〈다크 나이트〉가 최초로 27분가량을 아이맥스 카메라로 촬영했고 〈다크 나이트 라이즈〉는 55분을 촬영했다는 정도는 들어서 알고 있어. 그러니까 영화의 3분의 1을 아이맥스로 촬영한 이 영화는 영화사에 전무후무한 최초의 아이맥스 극영화로 기록될 가능성이 높아. 그리고 〈다크 나이트 라이즈〉를 볼 계획이거나 본 이들은 거의 빠짐없이 부정적이건 긍정적이건 아이맥스에 관해 말하고 있어.

　당신은 왜 아이맥스 카메라로 영화를 찍었느냐는 질문에 놀란은 이렇게 말했어. "아이맥스 기술로 액션 신을 찍는 것은 이야기를 그려나갈 엄청나게 큰 캔버스를 얻은 것과 같다." 그는 캔버스라고 말했지만 우리는 그가 캔버스라고 말한 것이 프레임이라는 걸 알고 있어. 그러니 극장에서 볼 수 있는 아이맥스 스크린이 곧 거대한 캔버스이자 프레임이야. 따라서 아이맥스 카메라로 촬영한 영화를 아이맥스 상영관에서 상영할 때, 즉 좀더 큰 프레임을 지닌 필름으로 촬영하여 좀더 큰 프레임을 지닌 스크린에 투사하여 그것이 선명하고 크다고 할 때, 아이맥스로 경험하라는 명령에 담긴 함의는 무엇일까. 그건 더도 덜도 아니고 이런 말이 될 거야. 〈다크 나이트 라이즈〉는 반드시 최대한 크고 깊고 선명하며 어마어마하게 큰 프레임으로 경험하라! 그러므로 아이맥스란 거대한 프레임의 영화적 체험이나 진배없다고 나는 생각해. 이게 바로 내가 〈다크 나이트 라이즈〉의 아이맥스를 말하기에 앞서 프레임에 관한 단상을 늘어놓은 이유야.

　그렇게 나는 아이맥스관에서 영화를 다시 보았어. 그리고 한 가지 중요한 사실을 깨닫게 됐어. 전에 들어 알고는 있었지만 막상 체험해보니 확실히 알게 된 그런 사실, 하지만 그 누구도 내게 그 체험의 느낌에 관해서는 자세히 들려준 적이 없는 그런 종류의 것. 내가 조커는 아니지만 퀴즈를 하나 내볼게. 내가 경험하고 너도 경험했을 그것에 관해서 말이야. 이렇게 물어볼게. 캣우먼은 배트맨과 공모할 것처럼 하면서 그를 유인하여 베인의 무리가 있는 지하 소굴로 데리고 들어가. 그렇게 배트맨과 베인의 첫 격투 신이 성사되지. 배트맨은 거기서 가면이 찢기고 허리가 꺾이게 되잖아. 그런데 이때 이들의 격투 신의 시작을 알리는 영화적 신호 같은 것이 있어. 그러니까 배트맨을 가두기 위해 내리꽂히는 그 철창과 함께 벌어지는 일이 있어. 그건 무엇이었을까.

그 숏을 시작으로 이 신의 스크린 화면 비율이 2.35:1에서 1.44:1로 바뀐다는 사실을 우린 느껴야 해. 그건 액션의 시작이기 때문이야. 물론 이 영화가 1.44:1의 풀 스크린 비율(아이맥스 카메라로 촬영한 장면)과 스크린의 아래위에 레터 박스가 처진 2.35:1의 화면 비율(일반 35mm 카메라로 촬영한 장면)의 두 가지 버전이 섞여 상영된다는 걸 몰랐던 건 아니야. 하지만 그 느낌에 대한 설명을 들어보지 못했다는 걸 나는 말하고 싶은 거야. 그때 나는 극장에 앉아 생각했어. 이것이 아이맥스를 보는 체험의 중요한 일부가 될 터인데, 그렇다면 왜 아무도 여기에 대해서 말하지 않는가 하고 말이야. 말하자면 우리는 이렇게 말할 수밖에 없어. 〈다크 나이트 라이즈〉를 보는 동안 극장에 있는 스크린이라는 프레임은 변하지 않아. 하지만 스크린을 채우는 화면 비율이라는 프레임은 시시각각 두 가지 버전을 오가는 거야. 우리는 그때 스크린이라는 하나의 거대한 프레임을 응시하고 있지만 동시에 두 개의 화면비라는 서로 다른 프레임을 체험하고 있는 거야.

이게 특기할 만한 일이냐고? 물론이야. 전통적으로 본다면 스크린과 화면 비율이란 서로 별개가 될 수 없는 것이었어. 혹은 한 영화를 두 개의 화면 비율로 영사한다는 건 없었거나 흔치 않은 일이었어. 너도 알다시피 화면 비율이라는 건 어떤 창작자들의 경우에 컬러나 사운드의 문제만큼이나 중요한 영화적 요소잖아. 시네마스코프가 나왔을 때를 생각해보자고. 반대도 심했지만 환호도 열렬했지. 시네마스코프에 관한 가장 냉소적인 발언은 프리츠 랑이 했잖아. 시네마스코프는 장례식이나 뱀을 보여줄 때를 제외하고는 쓸모가 없는 비율이라고 그는 말했어. 장 르누아르도 시네마스코프를 반대했어. 이유는 확실했지. 좌우로 그렇게 화면이 길어지면 사람의 얼굴을 담는 클로즈업 숏의 미감을 해치게 될 것이라고 그는 생각했어. 그는 그러한 비율로 얼굴 옆에 기다란 허공이 생기는 걸 마뜩치 않아 한 것 같아.

반면에 영화의 성격도 다르고 창조적 관점도 달랐지만 니콜라스 레이와 스탠리 큐브릭 영화의 특징을 우리는 지금도 시네마스코프의 화면 안에서 느끼게 돼. 그들은 그 화면 비율을 때때로 선호했지. 혹은 구로사와 아키라의 〈요짐보〉를 보며 시네마스코프가 없었으면 어쩔 뻔했나 생각했던 적도 있거든. 요컨대 내가 하고 싶은 말은 이거야. 시네마스코프의 비율에 반대하거나 환호하는 입장 차이는 있었지만 그들 사이에는 화면 비율이 불변이어야 한다는 묵계가 있었다는 거야. 그 말은 곧 프레임이 영화의 가장 기본 단위임을 인정하고 그걸 중시한다는 태도였지. 예외가 있다면 에이젠슈테인 정도였는데 그는 스크린의 가장 이상적인 비율을 정사각형으로 보았어. 그 정사각형을 어떻게 마스킹 하느냐에 따라 화면은 역동성을 얻을 수 있다고 생각했지. 그걸 에이젠 슈테인은 '역동적 정사각형'이라고 불렀던 거야.

나는 처음에 이 문제를 조금 단순하게 상상했어. 두 개의 화면비가 쓰인다? 그렇다면 액션 신에만 아이맥스 카메라가 쓰여서 1.44:1 풀 사이즈로 나오는 건 아닐까 하고. 하지만 실제로 보니 그렇지 않았어. 물론 대부분은 액션 신에 많이 쓰였지. 악당 베인이 비행기에서 탈출하는 장면이나 베인이 증권거래소를 터는 장면이나 베인과 배트맨이 두번째 격투를 벌이는 장면 등이 대표적일 거야. 혹은 도시 전경을 보여주는 공중 인서트 숏은 예외 없이 아이맥스 카메라로 찍었어.

하지만 아이맥스가 쓰인 장면이 실은 고정되어 있지 않다는 사실을 금방 알게 됐어. 심지어 아주 의아하게 쓰인 장면들도 있어. 집사인 알프레드가 브루스 웨인에게 당신이 없는 동안 나는 피렌체에 기거하며 당신이 가족을 이루는 걸 상상했다고 말하는 장면 기억나지? 그 장면은 특별한 액션 신도 아닌데 아이맥스로 촬영됐어. 혹은 캣우먼이 감옥에 들어가는 짧은 장면도 말이야. 액션을 위해서 아이맥스로 촬영했다고 하지만 다른 것을 위해서도 아이맥스가 사용된다는 뜻인 것 같아. 이를테면 배트맨의 퇴장에서부터 로빈의 출현까지를 다루는 영화의 종반부는 특별한 액션 신이 없는데도 아이맥스 카메라로 촬영해서 풀 사이즈로 나오고 있어. 액션 장면은 아니지만 어딘가 웅장한 서사시적 분위기가 필요하다면 그때에도 쓰이고 있는 거야. 놀란은 아이맥스 카메라를 일단의 정서를 위해서도 쓴 것 같아.

사실 뭐 어디에, 언제, 아이맥스 화면이 등장하는지 일일이 열거할 필요는 없을 거야. 방금 내가 말한 건 그 쓰임새가 고정적이지 않다는 걸 짚기 위해서였던 거고, 그보다는 〈다크 나이트 라이즈〉를 볼 때 다른 영화에서는 잘 느끼지 못하는 이상한 심리적 미의 기준이 생긴다는 걸 더 중요하게 말해야 할 것 같아. 말하자면 중요한 장면과 중요하지 않은 장면이 다른 영화들의 기준과는 좀 다르게 나뉜다는 거야. 예컨대 우리는 일반적으로 서사의 정점에 이르러 시각적 비전의 중요성도 공존한다고 느끼는 게 일반적이잖아. 그런데 이 영화는 그렇지 않았어. 영화 시작 직후 등장한 고공 비행기 신이 이미 시각적으로는 클라이맥스라고나 할까. 혹은 예고편에서 이미 위용을 자랑한

풋볼 경기장 폭파 장면에서는 미처 폭파 장면을 보여주기도 전에 단지 경기장을 보여주었을 뿐인데 몇몇 관객은 마치 클라이맥스를 만난 것처럼 기대감에 차디라고.

조금 더 나아가면 이런 가정도 가능해. 놀란은 왜 영화 전체를 아이맥스 카메라로 촬영하지 않은 것일까. 물론 제작비를 포함한 공정상의 이유가 크겠지만, 이 영화를 본 사람의 입장에서 말하자면 그건 아이맥스 화면으로 나올 장면들의 효과를 극대화하는 기능도 있다는 거야. 말하자면 2.35:1일 때는 프레임의 아래위가 비어 있다가 어느 장면에 이르면 1.44:1 풀 사이즈가 되면서 상하를 채우게 되는 거잖아. 그때 시각적인 것과 더불어 심리적으로도 무언가 충족된다는 인상을 받게 된다는 거야. 만약 영화 전체가 처음부터 끝까지 풀 사이즈였다면 그런 충족감은 오히려 무뎌졌겠지. 그 때문에 〈다크 나이트 라이즈〉를 볼 때는 시종일관 무언가 덜 중요한 것을 보다가 더 중요한 것을 마침내 그 순간 충분히 보게 된다는 그런 인상이 있어. 그러니까 기본적으로는 상실감과 충족감을 번갈아 경험한다고 해야 하나. 그때 충족감이 채워지는 장면을 나는 내 식대로 '비전의 클라이맥스'라고 불러봤어. 왜 우리가 흔히 말하는 건 서사의 클라이맥스잖아. 이 영화에는 비전의 클라이맥스가 여러 군데 각자의 방식대로 있다는 거지. 하지만 불행한 건 내 눈에는 결국 비전의 클라이맥스와 서사의 클라이맥스가 조화를 이루지 못한 것이 이 영화의 커다란 단점 중 하나로 보인다는 거야. 가령 베인과 배트맨이 격돌한 두번째 장면은 그 두 개의 클라이맥스가 함께하려고 했지만 결과적으로는 실패한 장면이야.

두 개의 화면 비율이 등장한다. 그리고 그건 임의적으로 바뀐다. 신일 때도 있고 숏일 때도 있다. 액션에 주로 헌신하지만 때로는 정서적 웅장함을 위해서도 헌신한다. 비전의 클라이맥스와 서사의 클라이맥스의 분리가 심해지기도 한다, 라고 나는 말한 셈인데, 그래서 뭐가 충격이냐고 너는 또 반문할 수도 있어. 맞아, 나도 그게 정말 충격인가 싶어서 주위의 몇 사람에게 물어보았어. 그들은 하나같이 풀 사이즈로 화면이 커질 때는 실감났지만 프레임이 변하는 것에 대해서는 큰 저항감이 없었다고 말해주었어. 실은 나도 고백하자면 스크린 화면비가 교차한다는 '사실'을 깨달은 건 놀라운 일이었지만 '체험'으로서 혼동되어 영화를 못 볼 지경은 아니었거든. 그렇다면 화면비가 바뀐다는 '사실' 자체는 지극히 충격적인데 그걸 체감하는 몸의 '놀람'은 그 사실의 강도보다 덜 충격적이라는 건 무엇을 시사하는 것일까.

그러니까 나는 이 사실의 체험과 충격의 강도 사이에서 한 가지 가설을 생각하게 됐어. 우리는 이미 제임스 카메론의 〈아바타〉를 본 관객이라는 거야. 3D란 엄연히 2차원적 프레임을 벗어나고 싶어 하는 욕망의 시도일 거야. 이미 프레임이 깨지는 것에 대한 훈련이 충분히 되어 있다는 거지. 그러니 이 정도의 화면비가 교차하는 건 괜찮다는 일정한 영화적 감각 구조가 우리 몸에 이미 갖춰진 것은 아닌지 몰라. 디지털 룩이 처음 등장했을 때의 그 생경함을 생각해봐. 하지만 지금은 모두들 그다지 저항 없이 보고 있잖아. 실은 놀란도 두 개의 화면비를 오가는 것을 애초에는 걱정했던 것 같아. 하지만 의외로 관객이 이 부분에 저항감을 갖지 않는다는 걸 알고 난 뒤에는 안심했다고 말한 적이 있어. 그래서 말인데 이제 중요한 건, 특히 〈다크 나이트 라이즈〉에서 중요한 건, 놀란 스스로 화면비의 변화에 크게 개의치 않기로 했다는 사실이야. 이 말은 이렇게 바꿀 수 있어. 아이맥스의 효과를 위해서라면 전통적 화면비쯤은 쉽게 포기되거나 희생되어도 괜찮다고 생각했다는 거야.

아이맥스의 효과라고 나는 말했어. 여기에는 근본적인 두 가지 핵심이 있어. 첫째는 화질. 두번째는 규모야. 그런데 나는 화면비의 교차를 사람들이 저항감 없이 받아들이듯, 화질과 규모의 문제 또한 평범하게 느낄 수 있다는 걸 알게 됐어. 나의 경우에는? 그냥 그 고화질이나 대규모가 담담하게 느껴졌어. 하지만 이것 때문에 아이맥스로 영화를 보아야 한다고 사람들은 재차 말하고 있어. 그런데 여기에는 실질적으로 어떤 문제가 있어 보여. 전 세계에 아이맥스를 필름 상영하는 곳은 제한되어 있고, 심지어 요즘 추세는 디지털 리마스터링한 극장에서 디지털 코드로 상영하는 것이고 너와 내가 본 것도 디지털 상영이야. 한마디로 극장에서 보더라도 놀란이 요구한 것만큼의 화질과 규모로는 볼 수 없다는 뜻이야.

놀란이 그걸 모를 리 없어. 그런데도 놀란은 아이맥스 촬영을 고집하고 있어. 그러므로 우린 하나의 잠정적인 결론을 내릴 수밖에 없어. 놀란의 아이맥스는 실리적이며 최종적인 미학의 완성이 아니라 그 자신이 지키려는 일종의 미학적 태도라는 거야. 시네마에 대한 새로운 태도. 만약 폴라로이드 화면비를 고집하여 〈엘리펀트〉를 찍은 구스 반 산트에게 아이맥스가 화질이 더 좋으니 섞어 찍자고 한다면 그건 불가능한 일 아니겠어? 그러니 이때 놀란의 아이맥스란, 완전한 기술적 구현에 방점이 있는 것이 아니라 〈다크 나이트 라이즈〉라는 영화를 그렇게 만들기로 한 그의 선택에 방점이 있다는 뜻이야.

규모와 화질을 중시하는 자세 말이야. 그리고 그 자세가 목적으로 두고 있는 건 실감일 거야. 놀란은 압도감이라고도 표현해. 많은 이들이 〈다크 나이트 라이즈〉를 보고 한 말, 야 실감난다, 라고 말할 때의 그 실감이야. 그런데 이 실감이라는 표현은 사실 다른 곳에서도 쓰였어. 아니 정확히 말하면 놀란이 그토록 반대하는 3D를 극찬할 때 실감이라는 말이 많이 쓰였어. 3D는 이차원적 프레임에 대한 변형이자 파괴를 기반으로 해. 그런데 놀란은 이차원적 프레임을 최대한 확장하여 그 프레임의 일부는 희생하되(화면비) 원천적으로는 그 자체를 지켜낸다는 기획으로 〈다크 나이트 라이즈〉를 만들었잖아.

그런데도 우린 그조차 실감이라는 허상에서 벗어나지 못했다고 말해야 하는 상황이 된 거야.

영화에서 실감이란 말은 유의해야 할 표현이야. 대체로 영상의 규모나 지각의 혼란이 대단히 충격적일 때 실감이라는 말이 동원되고 있기 때문이야. 실감이라는 말은 사실상 거기에만 한정될 말은 아닌 듯싶은 데도 말이야. 차가 뒤집히는 장면을 아이맥스로 보았을 때 "그거 정말 실감난다"고 말하는 걸 우린 온전히 받아들여야 하는 걸까. 아니 그건 실제에 가까운 효과가 아니라 영화가 만들어내는 과장의 효과잖아. 아무리 놀란이 실제로 무언가를 폭파하고 그것을 찍는다 해도 그게 카메라에 담기는 순간 그건 실감이 아니라 영화적 감각의 공정을 거치는 것이고, 실제 감각의 도래가 아니라 영화적 환영의 재강화일 가능성이 크다는 거야. 실감난다는 표현은 그러므로 영화적 감각에 대한 우리의 한 표현에 그치는 것일 수도 있어. 실감보다는 영화적 감각이 먼저 있을 뿐이라는 거지.

나는 아이맥스로 〈다크 나이트 라이즈〉를 보았다고 해서 처음 일반 극장에서 보았을 때보다 더 좋지 않았어. 그러니 문제가 있다면 아이맥스를 통해 성취했다고 말해지는 이 실감이라 불리는 영화적 감각이, 배트맨이 고담시를 지키는 것처럼 〈다크 나이트 라이즈〉를 지키지는 못한다는 점에 있어. 놀란이 아이맥스에 치중하는 자세와 아이맥스가 이 영화를 미적으로 고양시키는 성취도를 별개로 보아야만 한다는 거야. 무언가에 치중한다고 해서 그것이 곧 성과로 이어지는 건 아니기 때문이야. 그러니 같은 맥락으로 말하자면, 아이맥스로 본다고 해도 이 영화의 영화적 퀄리티는 놀란이 기대하는 것처럼 높아지지 않아. 그 점에서 나는 이 영화를 칭송하는 많은 사람들의 반대편에 서 있어. 부분적인 이미지 퀄리티가 높아지기는 하지만, 영화의 퀄리티가 높아지지는 않는다는 거야. 전작인 〈다크 나이트〉를 아이맥스는커녕 그냥 평범한 나의 조그만 아날로그 텔레비전으로 다시 보아도 여전히 재미있다는 사실이 또 하나의 방증이야. 자 이것이 무엇을 말해주는 것일까. 아이맥스는 그토록 많은 이들이 믿고 있는 것처럼 원천적 대안으로서의 미학이 결코 아니야. 종종 추구되고, 성사되면 때로 즐거운, 어떤 욕망에 불과한 것이겠지.

아이맥스는 시네마틱한 하나의 욕망이야. 그것은 하나의 욕망이지 결코 영화의 완벽한 이상이 아니라는 뜻이야. 기술이 닿고 싶어 하는 또 하나의 어떤 욕망에 불과한 거지. 지금의 정황상 〈다크 나이트 라이즈〉의 아이맥스는 마치 3D가 횡행하는 자리에서 2D를 필사적으로 지키려는 사수대인 것처럼 보여. 하지만 한편으로는 실감이라는 허상에 대한 욕망을 부풀려 그것이 곧 영화의 최선이라고 믿게 만드는 또 다른 기형적 사태의 주역이 되고 있는 거지. 그 때문에 3D가 〈아바타〉를 구원하지 못한 것처럼 나는 놀란이 아이맥스로 〈다크 나이트 라이즈〉를 결국 지키지 못했다고 생각해. 그가 말한 아이맥스의 압도감이 오히려 그가 경계한 3D의 시각적 외설성에 위험하게 근접해 있다는 것을 느끼기 때문이야.

아이맥스라는 커다란 프레임, 즉 스크린이라는 프레임에 화질과 규모의 총량을 쏟아부으며 끝내 압도적인 실감에 대한 욕망을 고수하되, 그 안의 화면 비율의 고정이라는 프레임은 포기하는 이 아이러니를 보면서 어떤 상상을 했어. 세계의 질서를 지키기 위해 두 개의 자의적 프레임을 갖기로 자처한 배트맨의 그 혼란스러운 정체성과 유사한 것 같다고 말이야. 아이맥스가 마치 영화를 지키기 위해 등장한 어느 자경단원 혹은 아이러니한 흑기사처럼 생각되었다고나 할까. 영화를 보고 집으로 돌아오는 길에 전철 안에서 휴대기기를 손에 들고 미드를 보는 사람 옆자리에 앉았어. 너도 알다시피 서울은 휴대기기라는 조커가 점령한 고담시야. 거기 저마다 영화가 흘러나오지. 그

때 다시 또 아이맥스라는 흑기사를 생각했어. 그 순간 사람은 얼마만큼의 땅을 가져야 하는가라고 물었던 톨스토이의 동화가 생각났어. 영화는 과연 얼마만한 스크린을 가져야 하는 걸까 궁금해졌어. 나는 이렇게 다시 물었어. 아이맥스가 영화의 진정한 흑기사가 될 수 있을까? 친구, 어떻게 생각해?

(『씨네21』, 2012년 865호)

시/청의 분리,
환영의 편집

1

2009년 새해 보신각의 타종식 현장을 중계한 KBS가 왜곡 보도 논란에 휩싸인 건 모두 아는 일이 되었다. 현장에 있지 않았으므로 나는 이렇게 말할 수밖에 없는데, 카메라의 앵글은 촛불을 들고 목소리를 높이던 군중을 교묘히 피해 찍었고 조작하지 않고서는 막는 것이 불가능한 현장음은 조작되었다고 한다. 그날의 현장에 있었던 문화평론가 진중권은 진보신당 게시판에 이에 관한 글을 남겼다. 그의 글의 요지는 "그것은 중계방송이 아니라 하나의 판타지물"이라는 표현으로 요약된다. 이것이 〈워낭소리〉를 보면서 가장 먼저 떠오른 우리의 현실 경험이다. 하지만 나는 지금 〈워낭소리〉를 이 왜곡 보도와 동일시하여 비판하려는 뜻을 갖고 있지 않다. 그보다는 우리가 믿어 의심치 않는 영상과 소리의 합일성이 실은 얼마나 쉽게 분리되고 이용될 수 있는지, 동시에 그것이 재결합했을 때, 어떤 왜곡이나 충만한 정감, 그 어느 것이라도 불현듯 불러일으킬 수 있는지를 예시하고 싶다. 새해 벽두의 이 사건은 〈워낭소리〉와 무관하지 않으며, 나의 관심은 진중권이 아니라 그가 말한 판타지에 있다.

사운드의 영화학자 미셸 시옹은 『영화와 소리』(지명혁 옮김, 민음사, 2000)의 첫 장을 소와 소의 울음소리인 "음매", 그 둘 사이의 관계에 대한 설명으로 시작한다. 자크 타티의 영화 〈트래픽〉에서 트럭을 몰고 가던 한 남자가 초원에서 저 멀리 있는 희미한 물체를 얼핏 보았을 때 그것이 무엇인지 알려주는 것은 그의 정확하지 않은 시야가 아니라 원근법을 깨고 귀에 가깝게 들려오는 음매라는 소리라는 것이다. 이때 소라는 기의는, 그러니까 저것이 소라는 것은 음매라는 소리의 기표에 의해 확실하게 지정되고 있다는 사실을 그는 지적하고 있다. 이것은 영상과 소리의 조정에 관한 또 하나의 예이며, 한편으로는 어떻게 서로가 서로를 규정하는지에 관한 예이기도 하다. 이것 역시 〈워낭소리〉를 말하는 데 무관하지 않다. 아니 무관하기는커녕 미셸 시옹은 다른 저서 『오디오-비전』(윤경진 옮김, 한나래, 2004)에서 "영화는 영상예술. 환영(幻影)이라고? 물론. 그것 말고 뭐가 있겠는가? 그리고 이 책에서 얘기하려고 하는 것도 바로 그것이다. 시-청각 환영"이라고 말하고 있다. 여기서 나의 관심은 미셸 시옹이 아니라 그가 말한 시-청각 환영에 있다.

경상북도 봉화에 사는 한 노부부와 그들과 함께 긴 세월을 살아온 마흔 살 먹은 늙은 소를 주인공으로 한 이충렬의 영화 〈워낭소리〉는 이들 부부의 일상적 모습을 특히 그들이 소와 함께 얽혀 사는 모습을 일종의 운명적 공동체로 보여주는 영화다. 이때 할아버지와 할머니와 소가 등장하지만 할머니는 다소 다른 자리에 있고 할아버지와 소가 주된 주인공이다. 할아버지의 느리고 무너질 것 같은 걸음과 마흔 살 먹은 소의 비틀거리는 걸음을 교차 편집으로 보여줄 때, 얇게 휘어서 성치 않은 왼쪽 다리를 이끌고 논밭을 매는 할아버지와 숨쉬기도 곤란한 소가 함께 농사일을 할 때, 그들은 흡사 하나가 된다. 결국 이 영화는 소멸하기 직전에 놓인 두 육신 중 하나가 먼저 떠나고 머지않아 또 하나가 곧 따를 것이라는 생명의 비정한 퇴장 순서에 대한 아름다운 마지막 기록이다. 이 점을 성실하게 묘사하는 것만으로도 〈워낭소리〉에 배인 정감을 설명하는 길이 되겠지만 여기에는 사실 좀더 말해야 할 다른 문제들이 있다.

2

보신각 타종식의 왜곡 방송과 미셸 시옹의 소와 "음매" 사이에 대한 지적을 떠올릴 때 〈워낭소리〉가 정감을 일으키는 진원지는 단순한 서정적 묘사를 넘어서 다른 영역에 있다고 나는 느낀다. 그걸 말하기 위해서는 이미지와 사운드에 가해진 이 영화의 인위성을 주목해야만 한다. 진중권이 말한 판타지와 미셸 시옹이 말한 시-청각 환영의 문제가 여기 관련되어 있다. 〈워낭소리〉는 판타지이며 환영의 영역에 있는 것이다.

　이 점이 〈워낭소리〉의 전체를 이해하는 데 중요한 단초가 된다. 예컨대 이 영화의 영어 제목은 '올드 파트너(Old Partner)'이지만 한국어 제목은 〈워낭소리〉다. 영어 제목은 영화의 내용적 면모를 따라 지어졌지만 한국어 제목은 정감의 작동 방식에 따라 지어졌다. 그 방울의 소리가 그만큼이나 중요하다는 뜻으로 받아들일 수 있다. 워낭은 소의 목에 걸려 있는 방울이고 할아버지의 소는 워낭을 차고 있으며 소리를 낸다. 그러니까 워낭이 울리면 워낭소리가 날 것이다. 혹은 워낭이 울려야 워낭소리가 날 것이다. 하지만 워낭이 울리지 않아도 워낭소리가 들린다는 것이 이 영화의 역전된 착상이다.

힘들어서 더는 농사일을 못하겠다며 이제 우리도 다른 이들처럼 농약을 치자고 할머니는 잔소리를 늘어놓고 할아버지는 소의 건강에 치명적이니 그럴 수 없다는 말로 응대한다. 밭에서 시작한 이 대화는 그들이 서로 갈라진 길로 나뉘어서 갈 때조차 이어진다. 그때 그들은 침묵하고 말하고 있지 않은데 대화는 외화면에서 이어진다. 그때 그 자리에서 말을 한 것이 아니라 다른 자리에서 녹음된 소리가 지금 그들의 모습 위로 들어가 흐르고 있는 것이다. 이 밖에도 노부부가 소를 타고 논밭과 집을 오갈 때, 허름한 대청마루에 앉아 있을 때, 그들의 입은 조용하지만 그들의 대화는 늘 화면 위를 흐른다. 혹은 다른 대화를 하는 것이 분명한데도 우리가 듣는 내용은 늘 소에 관한 것이다. 한두 장면에서 이 방식이 고수되는 것이라면 그건 기능적인 선택이며 특기할 만한 사항도 아니지만, 이 영화는 시종일관 집요할 정도로 그러하다. 그러니까 소리는 그때 그 자리에서 나는 것이 아니다, 라고 인식하는 것이 이 영화를 보는 첫번째 방법일 정도다.

여기에 두번째 종류의 출처 없는 소리가 등장한다. 비판받을 만한 구석이 있지만 너무 노골적이어서 심지어 순박하게 느껴지기까지 하는 이 인공적 소리는 농촌의 모습을 형상화하며 거의 매 장면에서 들려온다. 후시 녹음으로 들어갔을 것이 분명한 지저귀는 산새 소리, 구슬픈 뻐꾸기 소리, 온갖 종류의 벌레 소리, 개구리 소리 등 우리가 농촌이라는 곳에 관해 상상할 때 떠올릴 수 있는 거의 모든 소리가 들려오지만 그건 지금을 가리키고 있지 않으며 화면 안에 그 소리의 진원지는 없다. 그중에서도 워낭소리는 소가 움직이지 않아도 마치 환청처럼 지속적으로 들려온다.

이렇게나 끈질기게 영상과 소리를 분리시켜 완성한 다큐멘터리가 또 있었는지 궁금해진다. 영화 전체가 일종의 더빙판이라는 느낌까지 든다. 만약 이 영화를 볼 때 소리를 끄고 영상만 본다면 혹은 영상을 지우고 소리만 듣는다면 우리는 그때 서로 다른 두 버전을 경험할 것이다. 그러니 이때 영상이 행사하지 않는데도 이미 행사되는 소리로부터 우리는 무엇을 받아들여야 하는가. 미셸 시옹은 SF영화 〈스타워즈〉에서 그 유명한 자동문 소리를 지적한다. 관객에게 열려 있는 문과 닫힌 문 두 숏을 차례로 보여주고 그 사이에 문이 열릴 때 나는 "푸쉿" 소리만 들려주어도 관객은 스스로 문이 열렸다 닫히는 장면을 보았다고 믿는다는 것이다. 그것이 그가 말하는 "추가된 환영"일 것이다. 〈워낭소리〉는 이 노부부가 오로지 소에 관해서만 말하고, 소와 함께 살고 있으며, 소와 함께 인생을 마감할 것 같다는 환영을 추가하고 있다.

3

두 가지 비판의 입장이 있을 수 있다. 만약 다이렉트 사운드주의자들(영상과 소리의 활용은 유물론적인 문제이기 때문에 결코 분리되어서는 안 된다고 믿는 사람들)이라면 이 영화는 처음부터 끝까지 사기극이다. 혹은 다큐멘터리의 진실성이 현실의 내밀한 포착, 즉 구성이 아니라 포착에 있다고 믿는 사람들이라면 〈워낭소리〉는 심각할 정도로 리얼리티가 어그러져 있어서 비판의 도마에 오를 것이다. 그것은 진실을 다루는 사람들에게 중요한 맥락이다.

나는 〈워낭소리〉가 일반적인 다큐멘터리가 추구하는 진실을 포착하고자 한 건 아니라고 생각한다. 진실이 있다 해도 그건 우리가 생각하는 촌부의 세밀한 삶의 리얼리티—이미 말한 대로 영상과 소리의 불일치로 리얼리티는 거의 소멸한다—가 아니라 그들의 삶을 배경으로 한 판타지의 구축만이 이 영화의 진실이다. 이 말의 절반은 비판이지만 절반은 옹호일 것이다. 〈워낭소리〉의 목적은 자기 환영성의 완성에 있다.

따라서 환영성을 강력하게 만드는 몇 가지 것들이 있다. 말하자면 우선 관객이 이 영화를 기승전결로 이해하도록 유도하려는 내러티브의 고정점이 있다. 영화에서 할아버지와 할머니가 나누는 대화의 전부가 소에 관한 이야기로만 점철되어 있다는 사실이 그것이다. 농사를 짓고 둘만 사는 노부부의 삶이 단조롭다고는 하나 그들의 삶의 대화가 전부 소에 관한 것이라고 단정 지을 수는 없다. 그건 현실이 아니다. 그런데도 그들은 거의 늙은 소에 대해서만 말한다.

대화가 전부는 아니다. 카메라가 인물을 담는 방식에서도 주체와 대상을 나누어서 한곳으로 집중하게 한다. 할머니, 할아버지, 소를 보여주는 카메라의 시선에 차이가 있다는 사실을 주목해야 한다. 감독은 할머니는 영화를 좀 알지만 할아버지는 사진을 찍는 줄 알 정도로 영화라는 매체를 모르고 있었다고 표현했다. 이때 영화에서 할머니는 늘 보는 사람이며 할아버지와 소는 늘 보이는 대상이다. 할아버지가 무언가를 본다면 그건 소를 보는 것이며 소에 대한 반응이다. 할아버지와 할머니 사이에 오가는 시선의 교환보다 할아버지와 소 사이의 시선의 교환이 훨씬 많으며 그리고 건너에는 그 둘을 보는 할머니의 시선이 있다.

또한 할머니는 카메라를 의식하며 말하지만 할아버지는 카메라를 의식하지 못하고 잡힌다. 말하자면 할머니가 카메라에 대고 액션을 하는 것이라면 할아버지는 대부분 카메라가 잡아내는 리액션의 상태다. 할아버지와 소가 눈과 눈, 발과 발이라는 육체적 환유의 관계로 묶이고 있을 때, 또한 할아버지의 갈라 터지고 굳은살 박인 워낭을 쥔 손, 그의 얼굴이 클로즈업될 때 그것은 소의 늙은 몸과 머리로 자연스럽게 연관된다. 심지어는 그렇게 교차 편집된다. 그러나 할머니의 육신은 그 어디에서도 그만한 클로즈업을 부여받지 않는다. 할머니를 영화 안에 화자로 심어두고 나머지 대상인 할아버지와 소를 보도록 하는 게 〈워낭소리〉의 카메라 방식이다. 그게 이 영화에서 할머니가 객관적 화자가 되고 할아버지와 소가 주관적 오브제가 되는 이유다.

4

〈워낭소리〉는 환영을 유지하기 위해 강박적으로 이미지와 사운드를 분리시킨다. 그리고 인물들을 주체와 오브제의 층위로 갈라놓는다. 그것들을 따라 이야기 안에 이야기를 진전시킨다. 이때 문득 궁금해지는 것은 그렇다면 왜 이 영화는 이런 방식을 동원하여 환영을 이토록 추구하는가, 하는 점이다. 나는 그것이 한편으로는 재현적 실패에 기인하며 또 한편으로는 극화에 대한 욕구에 기인한다고 생각한다. 어쩌면 감독 이충렬은 물리적으로 충분한 재현에 실패했을 수도 있다. 즉 사운드를 쓸 만한 장면과 이미지를 쓸 만한 장면을 서로 나누어 인위적으로 재결합하지 않고서는 도저히 이야기를 진전시킬 수 없을 만큼, 유용한 촬영분을 충분히 찍어두는 데 실패했을 수도 있다는 뜻이다.

중요한 건 거기에 보완 심리가 작용했다는 거다. 나는 이 기술적인 실패를 보완하려는 욕구가 우선 이 영화의 환영성을 끌어낸 한 가지 계기라고 추론한다. 나머지는 한번 그렇게 들어선 환영을 끝까지 고수하려는 태도다. 그건 거의 극영화에서 환영이 유지되는 태도에 가깝게 다가가며 감독 자신에게 몇 가지 철칙을 안겨주는 것 같다. 이 점에 관해 비판이나 비난이 아닌 구체적인 설명을 위해 김동원의 〈송환〉과 변영주의 〈낮은 목소리2〉의 한 장면을 말해도 좋을 것이다.

김동원의 〈송환〉에는 이 다큐를 유명하게 만든 대표적인 장면이 있다. 비전향 장기수 조창손 할아버지와 박영석 할아버지가 오랜만에 만났을 때 김동원은 그 둘의 대화에 마이크를 갖다 대는 것이 죄송스러워 끝내 그 둘이 대화하는 장면을 놓치고 말았다. 그는 그 순간의 리얼리티를 놓친 것이다.

김동원은 찍을 수 있는 것과 찍지 못할 것이 있으며, 찍지 못한 것은 메울 수 없다고 생각한다. 더 정확히는 왜 메울 수 없는지 설명하는 것 자체를 영화의 형식으로 변환하여 넣은 다음, 역설적으로 그 장면을 복원했다. 어찌됐든 그는 여기에 어떤 환영을 도입하는 대신 찍지 못한 장면(즉 듣지 못한 장면)을 실패의 기록으로 남기기로 한 것이다. 그게 위대한 과정으로서의 다큐멘터리, 태도로서의 윤리적 다큐멘터리를 완성한다. 거기에서 환영의 개입은 자연스럽게 제거된다.

김동원의 〈송환〉이 얼마나 환영을 경계하는지는 비전향 장기수들을 다룬 다른 다큐에 비해 〈송환〉에서 그들을 영웅시하는 면모가 단 한 장면도 없다는 사실에서 알 수 있다. 이충렬의 경우는 그 반대일 것이다. 그는 아마 꼭 찍고 싶었던 장면을 김동원처럼 놓쳤을지도 모른다. 하지만 그의 선택은 김동원과 또한 다르다. 그는 보완의 과정을 거치기로 하였을 것이며 그걸 복원하기 위해 들여온 방편 중 하나가 바로 소리와 영상을 적절하게 분리, 재결합하는 것이다. 이 점이 자연스럽게 환영의 강화로 이어지고 있다. 그러니까 김동원이 조정의 불가능성을 보여주는 것이라면 이충렬은 조정의 가능성을 시도하고 있다.

그렇다면 다른 하나는 무엇인가. "송아지가 날뛰어서 할아버지가 쓰러지는 장면을 느리게 잡은 이유는 뭔가"(『씨네21』, 684호)라고 물었을 때 이충렬은 "그 상황이 벌어졌을 때 '어' 하고 나도 모르게 할아버지한테 뛰어들었다. 그냥 쓰면 내가 드러나서 하는 수 없이 슬로와 스틸로 편집할 수밖에 없었다"고 답한다. 늙은 소 대신 들여온 젊은 소가 새끼를 낳고 그 송아지를 길들이다가 할아버지가 송아지에 채여 넘어지는 장면에 대한 물음과 답이다. 그런데 이 답은 당연한 말 같지만 경우에 따라 이상할 수도 있다. 나는 이충렬의 답을 듣고 변영주의 영화를 떠올린다. 만약 변영주라면 이 장면에 대한 이충렬의 대답에 공감할 것인가.

5

변영주의 다큐멘터리 〈낮은 목소리 2〉에는 유명한 한 장면이 있다. 고랑에서 호박을 캐오던 할머니가 어쩌다 호박을 놓치자 갑자기 카메라 뒤에 있던 감독이 뛰어들어 그걸 주워 함께 걸어오는 장면이다. 감독이 이때 "할머니는 우리 영화에 어떻게 나왔으면 좋겠냐"고 묻자, 할머니는 자신이 "소처럼 보였으면 좋겠다"고 답한다. 이 장면은 두고두고 이 다큐의 본질을 말할 때마다 언급되어왔다.

이렇게 물어보자. 이충렬은 안 된다고 생각하는 걸 변영주는 왜 된다고 생각한 것인가. 이충렬은 할아버지가 넘어질 때 왜 자기가 그 안으로 뛰어들어 간 것을 보여주면 안 된다고 생각한 것인가. 반대로 변영주는 왜 프레임 안으로 갑자기 뛰어들어도 괜찮다고 생각한 것인가. 여기에는 어떤 차이가 있을까. 이 두 장면은 연출에 대한 입장의 차이를 극명하게 보여준다. 변영주는 잘 알려진 것처럼 카메라와 피사체 사이에 맺어진 관계를 중요시하는 다큐를 찍었다. 변영주는 그러므로 카메라가 돌아가더라도 시급한 일이 있으면 그 안에 자기가 등장해도 된다고 생각한다. 환영을 깨는 것에 개의치 않는다. 반면 이충렬은 극화된 환영성을 깨서는 안 된다고 생각한 것 같다. 환영을 깨고 관계를 인정할 것인가, 환영을 유지하기 위해 그 관계를 배제할 것인가. 이충렬의 선택은 후자다.

이충렬의 앞선 대답은 이 영화에 할머니를 제외한 그 누구의 인터뷰도 없다는 사실을 주목하게 한다. 집에 가족이 찾아왔을 때 나는 감독이 자식들을 인터뷰하지 않았다고 믿기 어렵다. 인터뷰는 진행되었겠지만 들어가지 않았을 것이다. 그걸 넣는 건 다큐멘터리의 오래된 방식인데도 하지 않았다. 자기 자신이 화면에 들어가지 않아야 한다는 것과 같은 생각이었을 것이다. 물론 인터뷰를 넣지 않고 완성된 다큐멘터리는 많다. 〈워낭소리〉의 경우는 그어떤 인터뷰라도 그것이 극의 흐름을 깬다면 넣지 않겠다는 인상이 강하다. 극적인 구성을 깨기 싫은 것이다.

극적인 구성이라는 면에서 여기 한 가지를 추가할 수 있다. 이른바 극화된 시점 숏이다. 영화에는 소가 음매하거나 푸르륵거릴 때 그걸 보는 할아버지의 시점 숏이 있고, 그를 보는 듯한 할머니의 시점 숏이 있다. 그러나 시선이 잘 맞지 않는 이유는 그것이 같은 자리에서 계획적으로 설계된 것이 아닐수도 있다는 걸 말해준다. 전체 구성에 입각해서 편집상 시점 숏을 만들어낸것에 가까울 수도 있다는 것이다. 무엇보다 시점 숏이란 시선의 연속성에 헌신하며, 시선의 연속성이란 극영화가 환영적 완전성을 유지하기 위해 고안한 방법인데 이 영화는 그걸 따르려고 한다. 다큐멘터리에서도 할 수는 있겠지만 미리 계산된 카메라의 약속이 아니면 어렵거나 불가능한 시점 숏이 등장할 때 거기에는 극화함으로써 환영을 강화하겠다는 욕구가 있는 셈이다. 일반의 다큐멘터리에서 창작자가 대상을 어떻게 보는가의 문제가 대두된다면 일반의 극영화는 대상이 대상과 어떻게 환영적으로 결합하는가에 축을 두는데, 〈워낭소리〉는 후자의 문제를 적극적으로 받아들인다. 이렇게 생각하고 나면 나는 이 영화를 비전문 배우들을 동원한 극영화라고까지 말하고 싶어진다.

6

앞선 인터뷰에서 이충렬은 "애초 떠올렸던 이미지들을 염두에 두고 집중적
으로 재구성했다. 현실을 도려내서 보여주는 액티비즘의 관점에서는 비난할
지 모르겠다. 하지만 이 방식이 심정적으로 끌린다"고 말했다. 나는 감독이
'할아버지와 할머니의 진실한 삶의 현장을 낱낱이 포착하려 했다'라고 말하
는 대신 위와 같이 말하는 태도가 솔직하고 현명해 보인다. 우리는 결코 〈워
낭소리〉에서 노부부의 구체적이고 개인적인 삶의 전체를 본 것이 아니기 때
문이다. 그렇게 말하는 건 거짓이 될 것이다.

　이 영화를 다큐멘터리의 진실성이라는 의제의 연장선에 놓고 그 위반을
말하거나 페이크다큐라고 비판하는 건 생각보다 어렵지 않으며 더군다나 간
편한 일이다. 하지만 내게 이 영화가 제기하는 문제는 다큐멘터리란 무엇인
가 하는 원론적인 질문이 아니라, 우리는 당도한 환영을 매 순간 어떻게 받
아들일 것인가, 하는 질문인 것처럼 보인다. 이 문제는 좀더 심사숙고해야
하겠지만, 나는 어색하지만 집요하게 도입된 환영의 선들을 따라 사멸 직전
의 육신에 닿아본 이 영화를 일단 받아들이기로 마음먹는다. 여전히 몇 가지
방식에는 공감할 수 없지만 그럼에도 죽음의 그림자와 사멸에 대한 회한이
여기 어른거리기 때문이다. 그걸 보았다고 말해야 이 영화를 정말 본 것이라
고 나는 생각한다. 우리는 늙은 두 노인과 한 마리의 늙은 소라는 배우들을
출연시킨 농촌 판타지를 본 것이다. 그러므로 우리는 2009년 벽두에 두 개의
환영을 맞이하게 됐다. 하나는 새해 첫날 현실의 시간 속에서 공공연히 일어
났으며, 또 하나는 얼마 뒤 창작물로서 애매하게 찾아왔다. 이 두 개의 환영
중 나는 전자에 분노하지만, 나머지 하나에는 잠시 망설인 다음 끌어안는다.

　(『씨네21』, 2009년 688호)

슬로모션은
무엇에 쓰는
물건인가

영화 촬영 현장이었습니다. 자동차 세 대가 굉음을 내며 차례로 터널을 뚫고 질주하고 있었습니다. 두 대의 대형 자동차 중간에 끼어 달리는 소형 자동차에는 카메라가 장착되어 있었습니다. 이 장면이 스크린에 펼쳐질 때 우리는 가운데에 있는 저 소형차와 카메라 덕분에 두 대의 대형 자동차가 서로 쫓고 쫓기는 추격전을 만끽하게 될 것입니다. 감독은 여러 번 그 장면을 되풀이하며 고심을 거듭했는데 그때 그의 고민의 내용을 짐작하기란 어렵지 않았습니다. 쾌속의 운동감을 어떻게 더 상승시킬 것인가. 그게 그의 고민이었을 겁니다. 한 귀퉁이에 서서 그걸 지켜보다가 지금의 문제를 문득 떠올립니다. 저의 호기심은 그 감독의 고민과 정확히 반대편에 위치해 있습니다. 그가 빠르기를 고민하고 있었던 것이라면 저는 느려서 이상한 장면들을 떠올리고 있었습니다. 겉으로는 서로 무관해 보이지만 실상은 긴요하게 관계를 맺고 있는 두 편의 영화의 두 개의 장면, 한동안 잊고 지내던 그 문제에 관한 호기심이 문득 그때 다시 생겨난 것입니다.

〈킬링 소프틀리〉와 〈은교〉

촉망받는 신예 감독 앤드루 도미닉의 〈킬링 소프틀리〉는 오바마 시대의 미국 금융 위기를 빗댄, 뛰어난 정치 풍자극으로 평가받습니다. 하지만 저는 이 영화의 풍자성이 그다지 매력적으로 느껴지지 않습니다. 감독 스스로 동시대의 풍자극이라 강조하고는 있지만 그건 너무 도식적이랄까요. 제가 생각하는 이 영화의 매력은 다른 데 있습니다. 얼치기 무뢰배들의 엉성하기 짝이 없어서 더 긴장감이 솟구치는 범죄 행각, 그런 짓을 저지르는 앞과 뒤에도 그칠 줄 모르고 지껄이는 쓸데없이 긴 잡담, 구렁이처럼 슬그머니 나타나 모든 사건을 종결지어버리는 살인 청부업자의 몸에 밴 느긋함, 어느 쪽으로 보아도 전부 구식들이 판을 치는 것 같은 인상, 혹은 그 구식들에 어울리는 한심하고 게으를 정도로 느껴지는 영화의 느린 리듬. 저는 이 영화의 그런 느릿느릿한 면모에 호의를 갖고 있습니다. 그런데 그런 느림을 대단히 과시하는 것 같은 장면 하나가 영화 속에 등장합니다.

　살인 청부업자 잭키 코건(브래드 피트)이 마키(레이 리오타)를 살해하는 장면입니다. 마키는 도박판 관리인입니다. 그는 자작극을 벌인 적이 있습니다. 자기가 관리하는 도박판을 누군가에게 일부러 털게 하고 그 돈을 나눠 가진 것입니다. 그때는 그럭저럭 넘어간 일이 되었습니다만, 이번에 마키의 도박판이 또 털리자 마피아의 우두머리들은 그를 유력한 용의자로 지목합니다. 이번에는 마키의 짓이 아니라는 게 곧 밝혀지지만 그렇다 해도 그의 죽음은 피할 수 없는 문제가 됩니다. 잭키는 마키의 차 옆에 차를 세웁니다. 이내 잭키가 쏜 총알은 마키의 차 유리와 그의 머리를 차례로 관통하고 피는 사방으로 흩어지고 지나던 차량까지 마키의 차에 부딪혀 그는 만신창이가 된 채 죽어갑니다. 이 모든 일이 일어나는 동안에 「Love Letters」라는 부드러운 음색의 노래가 흐르고 장면은 무한정 느리게 펼쳐집니다. "이 장면의 아이디어가 바로 이 영화가 가리키는 '킬링 소프틀리'다. 우리는 영화의 한가운데에 자리 잡아 당신의 기대를 저버리는 무언가, 그러니까 자장가 같은 살인을 창조하기를 원했다"고 감독은 말했습니다.

감독은 이 장면이 아름답기를 바랐다고도 했습니다. 이 영화를 좋아합니다만 이 장면이 아름다워 보인다는 감독의 말에는 공감하지 않습니다. 너무 과시적이어서 좀 꺼려집니다. 하지만 그럼에도 불구하고 저는 이 장면을 촉발시킨 어떤 시각적 욕망에 강한 호기심을 느낍니다. 그리고 그 호기심은 또 한 편의 영화를 불러옵니다. 실은 〈킬링 소프틀리〉를 처음 보았던 2012년의 어느 날로부터 그 며칠 전에, 한 편의 한국 영화에서 이와 유사한 느낌을 받았고 그 영화의 장면과 이 장면이 모종의 연관을 맺고 있다는 생각에 이르렀습니다. 그걸 잊고 지내다 얼마 전에 떠올린 것입니다. 〈킬링 소프틀리〉와는 소재도 형식도 장르도 닮은 구석이라곤 없는 한국 영화. 제목을 듣고 나서 정말이냐며 의아해하실지 모르겠습니다만, 어쨌든 이야기를 계속해보겠습니다.

말하자면 〈은교〉의 한 장면입니다. 문제의 장면을 기억합니다. 〈은교〉의 원작자 박범신은 이 장면을 두고 "원작을 뛰어넘었다"고 극찬했습니다. 〈은교〉의 DVD 오디오 코멘터리에서 한 스태프는 "(관객의) 최고의 반응을 끌어낸 장면"이라고 표현했습니다. 〈킬링 소프틀리〉의 장면처럼 많은 이들에게 회자된 것은 아니지만 〈은교〉의 이 장면은 영화의 전반적인 톤과 무척이나 달라서 오히려 잊히지 않습니다. 극중 서지우가 교통사고를 당해 죽음에 이르는 장면입니다.

스승 이적요(박해일)와 그가 사랑하게 된 십대 소녀 은교(김고은) 사이에 이적요의 제자 서지우(김무열)가 있습니다. 서지우가 은교와 정사를 나누는 걸 목격한 이적요는 분노에 차서 서지우의 차를 몰래 망가뜨립니다. 가까스로 차 사고를 면한 서지우는 일부러 누군가 차량을 훼손했음을 알게 되고 그것이 스승이 한 일임을 직감합니다. 그는 스승에게 따지러 가는 도중에 앞선 차량을 추월하려다 마주 오는 차량과 부딪혀 절벽 아래로 떨어집니다. 구르고 떨어지는 차량 안에 매달려 피투성이가 되어 죽어가는 서지우의 모습이 몹시도 느리게 묘사됩니다. 그게 서지우의 끝이며, 그가 죽자 이적요와 은교의 관계도 무언가 정리의 국면으로 돌입합니다. 이 장면은 갑작스럽게 등장했고 생경하고 예외적이었다고 말하고 싶습니다. 그런데 그 생경함과 예외성의 출처는 극도의 그 느림이었던 것 같습니다.

〈킬링 소프틀리〉와 〈은교〉, 한 편은 할리우드에서 온 하드보일드 액션극이며 나머지 한 편은 국내의 소설을 원작으로 한 정통 멜로극이 아닙니까. 하지만 이 두 장면을 관할하는 시각적 욕망은 혹은 시각적 무의식은 이 둘을 한자리에서 말하는 걸 가능케 합니다. 공통적으로 두 장면은 느린데, 느려도 너무 느립니다. 느려도 너무 느리다는 그 이상한 느낌이, 지금은 영화의 상투어로 취급될 정도로 흔해빠진 영화의 어법 한 가지에 대해 새롭게 생각하게 합니다.

가령 〈킬링 소프틀리〉의 저 장면은 초당 1천 프레임 또는 2천 프레임이 가능한 신종 카메라 '팬텀'으로, 그리고 1만2천 프레임까지 고속촬영이 가능한 군사용 카메라로 촬영되었습니다. 〈은교〉의 기술적 측면에 대해 잘 알지 못하지만 그와 유사한 촬영의 기술에 의존했거나 적어도 그런 방식을 추구했음을 짐작하는 건 어렵지 않습니다. 〈은교〉도 그 순간 고속촬영(카메라의 초당 프레임 수를 빠르게 돌리면 영상은 우리 눈에 오히려 느리게 보입니다)되었을 것입니다. 그러니 두 장면은 적어도 우리가 잘 알고 있는 하나의 영화적 어법을 공유하고 있습니다. 고속촬영에 의한 슬로모션, 그것도 신종 출현한 극한의 초슬로모션입니다. 이것이 〈킬링 소프틀리〉와 〈은교〉의 저 두 면이 제게 가져다준 호기심의 본론입니다. 먼 곳에 떨어져 있어 보이는 두 장면은 어쩌다 서로 교차점을 갖게 된 것일까요. 혹은 이 교집합을 전제로 우리는 무엇을 말할 수 있을까요. 아니, 슬로모션은 도대체 무엇에 쓰는 물건일까요.

슬로모션에 관한 한 불가피하게 거쳐야 할 두 가지 문제가 있습니다. 첫째는 속도의 문제입니다. "속도는 영화 장치의 순수한 발명품이다."(폴 비릴리오, 『소멸의 미학』, 김경온 옮김, 연세대학교출판부, 2004) 그럴 겁니다. 건축과 문학과 미술과 연극보다 그리고 어쩌면 음악보다도 더, 속도의 문제는 영화에서 원천적이며 직접적입니다. 속도란 기본적으로 물리적 차원 안에 있는 속성이므로 공간의 향방과 그 안에서의 움직임과 그에 따른 시간의 지속에 민감하게 관련되어 있는 영화에서 더욱 중요할 것입니다. 하지만 사정이 이렇다고 하여 폴 비릴리오의 속도학 내지는 질주학으로 불리는 그 성찰에 무작정 기댈 수는 없는 노릇인 것 같습니다. 비릴리오의 성찰은 현대 인류에게 닥친 속도의 가속화에 따른 과정과 결과들을 경쟁과 대치와 투쟁과 전쟁의 국면으로 파악한 독창적인 역사 해석이기 때문입니다. 그건 지금 우리의 호기심과는 거리가 있는 주제이며 방법론입니다.

그보다는 이렇게 말해보겠습니다. 속도를 '스피드'라고 말해보는 것입니다. 영어 'speed'는 "되어나가다, 번영하다, 빨리 진행되다" 등의 어원과, 독일어 'schnell'은 "용감한, 영웅적인, 강한, 용맹한" 등의 어원과 연관되어 있다고 합니다. 『무한 미디어』(남재일 옮김, 휴먼앤북스, 2010)를 쓴 매체학자 토드 기틀린이 이 점을 전해주고 있습니다. 즉 얼마나 빠른가 하는 문제는 얼마나 용맹하고 번영하는가의 문제와 자주 연관되어 있을 것입니다. 그러고 보면 영화의 스피드란 대개 '스릴'과 연동된 문제로 생각되는 측면이 있는데, 그때 그 스피드와 스릴은 용맹한 영웅이 끝내 번영을 이루는 액션 활극에서 종종 가장 중요한 항목이 되곤 합니다. 영화의 초창기로 거슬러 올라가볼까요. 예컨대 미국 영화의 아버지로 불리는 그리피스의 대표작이며 특정 장면에서는 액션 활극의 모범을 보여주기도 하는 〈국가의 탄생〉에는 번영과 영웅과 강함과 용맹함을 반영하는 스피드와 스릴의 모티브들이 있습니다. 심지어 스피드와 스릴의 추종자였던 그리피스는 강도를 높이기 위해 작품에 따라 저속촬영을 선호했다고 합니다. 그리피스의 야심과는 다르게 오늘날의 관객인 우리는 저속촬영으로 빨라진 인물들의 움직임을 보면서 스릴보다는 웃음을 짓게 될지도 모를 일입니다만, 하여간에 스피드와 스릴이 액션영화를 만드는 지금의 감독들에게도 심각한 고민거리라는 것은 더 말할 필요가 없을 것입니다.

하지만 영화의 속도를 스피드의 문제로만 생각한다면 아무래도 부족하고 허탈합니다. 그러니 다시 이렇게 말해보겠습니다. 속도를 '템포'라고 말해보는 것입니다. 우리는 영화의 속도에 대하여 생각할 때 반드시 물리적 속성의 관여뿐 아니라 음악적 속성의 관여를 인정해야 합니다. 그리고 우리가 스피드라고 하는 대신 템포라고 말할 때 비로소 영화의 속도는 빠름이 아니라 느림의 차원에서도 제대로 말할 수 있게 되는 것입니다. 스피드가 빠름의 정도에 치우쳐 있다면 템포는 느림의 정도까지도 넉넉하게 포괄하기 때문입니다. 영화에서의 템포의 조정이란 실로 다양하여서 창작자는 프레임 수를 조정할 수도 있고 팬과 트래킹으로 카메라의 무빙을 조정할 수도 있고 대사의 흐름을 조정할 수도 있고 숏의 길이와 개수를 조정할 수도 있습니다. 더 많은 방법이 있을 것입니다. 그때 영화는 템포상 빠르게도 느리게도 느껴질 것입니다. 그중 하나, 모션이 슬로하다는 것은 인물과 사물의 움직임을 느리게 만들었다는 뜻일 것입니다.

움직임과 관련한 영화적 속도의 속성을 스피드가 아니라 템포의 차원에서 어법화한 것이 슬로모션입니다. 우리는 이 슬로모션에 얼마나 친숙한지요. 가까운 예도 하나 갖고 있지 않습니까. 1980년대 후반에서 90년대 초반까지 한국의 극장가를 주름잡았던 그것, 다름 아니라 우리가 한때 홍콩 누아르라고 불렀던 일련의 홍콩 액션영화들. 얼마나 많은 그 영화들에서 그러니까 얼마나 많은 주윤발의 입가에서, 유덕화의 눈매에서, 장학우의 손끝에서, 장국영의 발걸음에서 우리는 슬로모션을 보고 또 보았습니까. 홍콩 액션영화는 늘 이중의 과잉 신공을 펼쳐왔습니다. 첫째는 동작의 과잉입니다. 슬로모션이 동작의 과잉을 더 높은 과잉의 차원으로 승화했다는 건 두말할 것이 없습니다. 두번째는 그 동작의 과잉이 빚어내는 감정의 과잉입니다. 역시나 그 감정의 과잉은 슬로모션을 통해 극도의 비장함이라는 더 높은 과잉으로 종종 우리를 이끌었습니다.

이 비장한 홍콩 액션영화의 동작과 감정. 그걸 이행하는 슬로모션을 희극적 차원에서 유능하게 갖고 놀아본 창작자는 다름 아니라 주성치였습니다. 한때 도박과 카지노를 배경으로 한 영화가 물밀 듯이 쏟아져 나올 때 그가 주연한 〈도성〉에는 이런 장면이 나옵니다. 흡사 여느 영화의 그것처럼 느리고 또 비장한 속도로 주성치가 카지노로 들어섭니다. 하지만 알고 보면 그건 영화의 장치적 효과가 아니라 그 자신이 주변의 배우들보다 훨씬 과장되게 느린 속도로 몸을 움직여서 내는 효과입니다. 이른바 우리는 그것을 두고 깔깔 웃으며 주성치식 인간 슬로모션이라고 말하지 않았습니까.

반면에 주성치와는 정확히 반대된 자세로 홍콩 액션영화의 거의 상투가 되어버린 슬로모션을 숭고한 무드의 차원으로 끝내 끌어올린 건 두기봉입니다. 두기봉의 사내들이 총격전을 벌일 때 그 장면들은 우아합니다. 그 우아함이 기대는 것들 중 하나가 슬로모션이라는 템포가 주는 속도감이라고 저는 생각합니다. 이 순간 두기봉의 영화는 그가 공기(분위기)라고 말한 바로 그 무드에 빠져들면서 국수통을 들고 국수를 사러 가는 왕가위식 사랑의 속도 내지는 무드와 만나게 되는 기적 같은 교감의 순간을 만들기도 하는 것입니다. 'In the Mood for Love'(《화양연화》의 영어 제목)가 있다면 'In the Mood for Action'도 있는 것이겠지요.

투시와 가독

이제 슬로모션에 관련된 두번째 문제를 말하려고 합니다. 제 생각에 이 점은 어느 면에서 속도의 문제보다 더 중요한데도 잘 언급되고 있지 않습니다. 바로 '보는 것'의 문제입니다. 슬로모션의 시각적 역량은 속도의 느림에만 있지 않습니다. 이렇게 생각해보면 좀더 명료해질 것 같습니다. 기본적인 선명함을 유지하고 있는 어떤 장면의 속도가 평소보다 훨씬 느려졌다고 해보지요. 그래서 그때 우리가 얻는 시각적 이점은 무엇일까, 하는 점입니다. 그 장면은 느려졌습니다. 느려졌으니 연장되었습니다. 연장되었으니 더 선명하게 볼 수도 있는 것입니다. 평소 육안의 능력이라면 순식간에 지나가버려 못 볼 일을 지금 이 기계의 조작으로 느리게 오래 그리고 선명하게 볼 수 있게 된 것입니다. 우리는 총에 맞아 죽는 마키와 절벽 아래로 굴러 떨어지는 서지우를 느리고 오래 선명하게 목격하지 않았습니까. 기술이 발달할수록 그 능력치는 더 높아질 것이고, 지금 〈킬링 소프틀리〉와 〈은교〉가 그 가장 최신의 예입니다. 즉, 슬로모션이 등장할 때마다 우린 속도의 문제뿐 아니라 시각적 '가독'의 문제도 함께 경험하고 있는 것입니다.

흥미로운 일화 하나가 있습니다. 〈멜랑콜리아〉의 슬로모션 프롤로그를 본 마틴 스코시즈가 라스 폰 트리에에게 "당신의 영화가 좋다, 특히 첫 장면이" 라고 전했다고 합니다. 라스 폰 트리에가 그 앞에서 잘난 척을 좀 한 모양인데, 그러고 나니 칭찬을 한 사람이 다름 아니라 마틴 스코시즈였다는 점을 깨닫고 겸연쩍었다고 합니다. 그럴 만도 합니다. 상대는 영화 역사상 가장 선구적인 슬로모션을 연출한 것으로 평가받는, 바로 〈분노의 주먹〉의 섀도복싱 장면을 연출한 그 마틴 스코시즈가 아닙니까. 라스 폰 트리에 자신이 이 일화를 전하고 있습니다.

그러던 중에 라스 폰 트리에가 슬로모션에 관하여 문득 이렇게 말합니다. "이면을 비춘다는 점에서 그건 엑스레이(X-ray)와 같은 것"이라고 말입니다. 〈멜랑콜리아〉의 슬로모션은 지금 우리의 논의와는 또 다른 차원에 있으니 잠시 배제하더라도 그의 이 말은 반드시 챙겨 들어야 할 것 같습니다. 슬로모션에 관해 그가 지나치듯이 한 이 말은 사실 탁월한 정의입니다. 라스 폰 트리에는 슬로모션에서 속도보다도 가독의 문제를 중시하는 것 같습니다. 아니 가독을 그의 말에 빗지고 고치면 '투시'라고도 할 수 있을 것입니다. 〈멜랑콜리아〉의 첫 장면이 그러한 것을 겨냥했을 것입니다. 이면의 투시 말입니다. 그는 왜 엑스레이에 비유했을까요. 엑스레이가 보이지 않는 것을 투시하고 가독하는 이미지의 발명품이라는 뜻에서 그러한 것 같습니다.

오늘날 시각적 투시와 가독의 문제를 가장 적극적으로 활용하는 건 연예와 스포츠와 의학과 군사 분야입니다. 〈무한도전〉에서 정형돈이 그냥 공인 줄 알고 헤딩했으나 실은 그 안에 물이 가득 차 있을 때, 그의 찌그러지는 우스꽝스러운 얼굴은 고속촬영에 의해 포착되어 선명하게 가독될 수 있기에 웃음을 유발합니다. 이승엽이 쳐낸 공이 홈런인지 파울인지 심판의 육안으로 판독이 불가능할 때 심판들은 모여서 기계가 느리게 보여주는 화면에 기대어 마침내 판정을 내립니다. 박지성이 찬 볼이 얼마나 아름답게 골문으로 들어갔는지를 보여주기 위해서도 카메라는 느린 화면을 선택하고 거기에 다중각도와 반복의 문제를 더하면서, 원래는 순식간에 지나가버린 그 비가시적 순간을 가시적 순간으로 연장하여 가독의 능력을 부여한 뒤 우리의 감흥을 끌어냅니다. 그것은 눈에 보이지 않는 것을 눈에 보이게 한다는 점에서 의학적, 군사적 투시와도 연을 맺습니다. 째거나 뚫지 않고서는 불가능한 저 환자의 뼈와 내장의 상태를 엑스레이는 투시하고 볼 수 있게 합니다. 그리고 미국은 최신의 광학적 군사 무기로 알카에다가 꽁꽁 숨겨놓아 보이지 않는 그들의 심장부를 찾아내려 할 것입니다. 자신의 슬로모션을 엑스레이에 비유했을 때 라스 폰 트리에는 탁월하게도 바로 이 문제, 슬로모션이 발생시킨 이미지의 가독성 및 투시성의 문제를 본능적으로 이해하고 있었던 것입니다.

우린 슬로모션의 속성으로 영화의 속도성과 가독성(투시성)의 문제를 말했습니다. 그렇다면 이제는 앞서 했던 구체적 질문에 서서히 다시 답해야겠습니다. 〈킬링 소프틀리〉와 〈은교〉의 두 장면에서 슬로모션은 어떤 용도로 쓰이고 있는가, 하는 질문 말입니다. 이때 무엇보다 두 영화의 서사적 국면을 먼저 고려하는 것은 아주 중요한 일입니다. 적어도 이 두 장면에 관한 한, 이 영화의 서사는 무언가 인류사의 중대한 행위를 되풀이하고 있는 것처럼 보여서입니다. 그걸 말하기 위해 잠시 샛길로 들어가 미국의 영화평론가 로빈 우드가 샘 페킨파의 영화에 관하여 말했던 것을 상기해보겠습니다. 로빈 우드는 샘 페킨파의 영화에 관해 기술하는 짧은 글에서 슬로모션을 다소 상투적이고 대중 친화적인 것으로 평가 절하합니다. 하지만 이런저런 맥락상의 예를 들기 위해 가져온 구로사와 아키라의 〈7인의 사무라이〉와 아서 펜의 〈우리에게 내일은 없다〉에 관해서는 좀 특별한 말을 남깁니다. "슬로모션의 사용은 일종의 의식(celebration)의 측면을 불러일으킨다. 〈7인의 사무라이〉

에서 슬로모션은 영화에서 강하게 강조된 '종교 의식(ritual)'의 측면을 한층 강화하고 있다. 〈우리에게 내일은 없다〉에서 슬로모션은 두 주인공이 영원불멸의 전설 속으로 사라지는 신화의 순간을 강조하고 있다."(『샘 페킨파 특별전 자료집』, 시네마테크부산 엮음, 2006)

제의

의식, 종교 의식, 신화의 순간, 이라는 표현에 주목해주십시오. 저는 이 말들을 묶어 '제의성'이라고 말하고 싶어집니다. 듣고 보니 그의 말대로입니다. 비단 그가 예로 든 영화들이 아닐지라도 우리는 종종 슬로모션을 볼 때 제의적 인상을 받는 경우들이 있습니다. 대개 그런 경우는 영화의 서사가 폭력이나 죽음에 운명이라는 조건하에서 근접해 있는 경우들입니다. 〈우리에게 내일은 없다〉의 결말에서 인물들이 기관총을 맞고 죽어갈 때, 두기봉의 영화에서 인물들이 죽을 것이 빤한 총격전을 감수할 때 우린 그런 감정에 닿곤 합니다. 하지만 로빈 우드는 이 문제에 관한 한 직감적으로 탁월한 묘사력을 발휘했으나 결과적으로는 너무 사소하게 생각하고 지나친 것 같습니다. 그는 이내 다른 말로 접어듭니다. 하지만 저는 지금 그가 사소하게 남긴 그 말을 가져오는 것이 〈킬링 소프틀리〉와 〈은교〉의 그 장면들을 생각하는 데 아주 중요하다고 생각합니다. 제의성과 슬로모션 사이에는 종종 깊은 관계가 맺어진다고 보기 때문입니다.

　물론입니다. 그러기 위해서는 일단 〈킬링 소프틀리〉와 〈은교〉의 서사가 제의적이라는 공감대가 반드시 형성되어야만 할 것입니다. 그렇다면 그 점을 말하기 위해 두 가지의 근거를 들어보겠습니다. 하나는 영화 속 대사이고 하나는 감독의 인터뷰 내용입니다. 〈킬링 소프틀리〉에서 마키가 범인이 아니라는 것은 밝혀졌습니다. 하지만 그럼에도 반드시 그는 죽어야 한다면서 살인 청부업자 잭키가 이렇게 말합니다. "거리 패거리들이 뭐라고 생각할까? 저들은 마키가 똑같은 짓을 두 번이나 꾸미고도 대충 맞고 끝났다고 생각해. (마키가 한 게 아니잖아, 라고 상대방이 말하자) 그래도 마키 책임이야. 전적이 있으니 일이 터지면 사람들이 오해해도 감수해야 된다고."

이 대사만큼 흥미로운 건 〈은교〉의 감독 정지우가 서지우의 죽음 장면에 관하여 한 말입니다. "서지우의 사고 장면을 굉장히 길게 보여준 이유는 뭔가"라는 질문을 받았을 때 "충돌의 스펙터클은 최소화하되 서지우가 벌 받는 걸 보여주고 싶었다. 도덕적인 의미의 징벌은 아니었고, 서지우가 어느 순간엔가 멈췄으면 좋았을 몇 가지 일들에 대한 결과를 분명하게 보여주는 것이 맞다고 생각했다"(『씨네21』, 852호)고 답했습니다. 마키는 잘못한 일이 없지만 전에 잘못한 것이 있으므로 지금 죄를 뒤집어쓰고 죽어야 합니다. 서지우는 도덕적 징벌을 받은 것은 아니지만 그렇다 해도 죽음이라는 비참한 운명적 최후를 비껴가서는 안 되는 인물입니다. 이것은 무엇을 말하는 걸까요. 이 서사적 조건이 제의라면 과연 어떤 제의일까요.

인류는 신에게 오랫동안 제를 올려왔습니다. 제를 올릴 때는 반드시 희생양이 필요했습니다. 문학평론가이며 인류학자인 르네 지라르의 언급이 있기 전까지 이 희생양은 신의 화를 풀어주어서 그의 은혜와 은총을 입겠다는 인류의 소망 행위로 풀이되었습니다. 하지만 르네 지라르의 말에 따르자면 희생양을 바칠 때 인류는 사실 신의 뜻과 은총을 목표로 한 것이 아니라 세계의 헝클어진 기존 질서와 안녕을 유지하기 위해 내적 폭력을 성스러움으로 가장하곤 했던 것입니다.(『폭력과 성스러움』, 김진식 외 옮김, 민음사, 2000) 그러니 마키와 서지우는 희생양이 된 것입니다. 마키는 그들 밑바닥 세계의 질서를 위해서, 서지우는 이적요와 은교의 사랑과 이별이라는 영화의 내적 질서를 위해서 필연적으로 희생양이 된 것입니다. 그들의 죽음이 제의라면 그 것은 희생제의입니다.

희생제의에 관한 가장 잔혹하고도 명쾌한 정의는 김지운의 영화 〈달콤한 인생〉에 나옵니다. 최근에 누군가와 대화를 나누다 그가 농담 삼아 이 대사를 암송하는 걸 들었는데, 그 순간 저는 이것이 희생제의에 관한 촌철살인의 정의임을 깨닫게 되었습니다. 가령 이런 장면입니다. 선우(이병헌)가 눈에 거슬리기 시작하자 보스들이 모인 자리에서 강 사장(김영철)은 선우를 겨냥하여 이렇게 말합니다. "그런데 조직이라는 게 뭡니까. 가족이라는 게 뭡니까. 오야가 누군가에게 실수했다고 하면 실수한 일이 없어도 실수한 사람은 나와야 되는 거지요."

마키는 지금 실수하지 않았지만 지난번에 실수했으므로 지금 실수한 사람이 되어 죽음을 맞이해야 합니다. 스승에 대한 복수심 때문이었는지 은교에 대한 숨겨진 욕망 때문이었는지 불분명하지만, 서지우가 은교와 섹스를 한 것이 죽을 만한 도덕적 불경함은 아닐 것입니다. 하지만 실수한 사람은 나와야 합니다. 도덕적 징벌은 아니더라도 그래야만 이적요와 은교의 서사적 관계가 제자리로 돌아가게 됩니다. 이적요는 늙어가고 은교는 자라나는 것이 그들의 질서입니다. 적어도 감독은 그렇게 생각한 것 같습니다. 이 점은 서지우가 죽는 과정과도 연관이 있습니다. 서지우는 이적요가 망가뜨려놓은 차 때문에 죽은 게 아닙니다. 그는 이적요의 덫을 피했지만 그러자마자 죽었습니다. 사람(이적요)의 살해 시도는 피하게 되지만 그걸 피해나가는 순간에 재차 찾아온 운명으로서의 죽음은 피하지 못한 것입니다. 그 과정에서 서지우의 죽음은 사람의 소관이 아니라 운명의 소관에 의한 것이라는 뉘앙스를 풍기게 됩니다. 서지우는 인간사 질서의 회복을 위한 필요 때문에 죽었지만, 겉으로는 운명적으로 죽은 것처럼 보이는 것입니다.

이미지 제의 혹은 전시성

이렇게 하여 우리는 두 영화의 서사에 희생제의가 깃들어 있음을 말하였습니다. 두 영화의 감독은 강력한 초슬로모션이 사용되어야만 그 제의적 가치가 더 강력해질 것이라고 믿었던 것 같습니다. 말하자면 두 장면에서 슬로모션은 서사적 제의성을 위한 시각 보조 장치로서만 기능하는 것이 아니라 동등한 밀도로서 '이미지의 제의성'을 강력하게 작동시키고 있다는 것입니다. 그러므로 우리의 마지막 핵심은 당연히도 이미지의 제의성이라는 이 부분에 모아져야 하는 것이겠지요.

예컨대 앤드루 도미닉이 감명 받은 〈에디 코일의 친구들〉과 그의 영화 〈킬링 소프틀리〉를 짧게 비교해보겠습니다. 〈에디 코일의 친구들〉도 실은 서사의 정점에서 유사한 희생제의가 펼쳐집니다. 무기 밀매상 에디(로버트 미첨)는 조직의 명령을 받은 살인 청부업자에게 차 안에서 살해당합니다. 하지만 이 장면은 너무 순식간에 벌어져 냉혹함마저 풍깁니다. 감독이 그렇게 말한 적은 없습니다만, 저는 이 장면이 〈킬링 소프틀리〉의 그 문제의 장면과 깊이 연계되어 있다고 상상합니다. 탕 하는 격발, 깨지는 유리창, 총알이 박혀 흔들리는 희생물의 몸 등, 액션의 모든 조건은 동일합니다. 그런데 이 장면에는 슬로모션이 없고 〈킬링 소프틀리〉에는 있는 것입니다. 그러니 이 장면에 초슬로모션을 도입한다면 〈킬링 소프틀리〉의 장면처럼 보일지도 모를 일입니다.

〈에디 코일의 친구들〉에서 아무렇지도 않은 양 그 일이 일어나 냉혹한 분위기를 조성하는 것에 반하여, 〈킬링 소프틀리〉에서는 초슬로모션이 등장하여 이 희생제의를 어쩐지 쓸쓸한 야유와 조롱처럼 느껴지게 합니다. 감독은 이 장면을 아름답다고 했지만 저는 쓸쓸함과 우울함이 이 장면의 정서라고 생각합니다. 다름 아니라 저는 〈에디 코일의 친구들〉과 〈킬링 소프틀리〉의 비교를 통해 같은 서사적 제의라도 이미지적 제의의 개입에 따라 어떤 차이가 나는지 말하려 한 것입니다. 그러니까 〈은교〉에 관해서는 더 짧게 말하겠습니다. 왜 원작자 박범신은 그 장면을 두고 원작을 뛰어넘었다 말했을까요. 원작자가 영화에 보내는 의례적 차원의 칭찬이 아니라고 가정한다면, 그가 서사적으로 묘사한 부분 이상으로 이미지가 활동한 것이 만족스러웠다는 뜻이겠지요. 서사적 제의가 아닌 이미지적 제의의 가치를 환영한다는 뜻이었을 겁니다.

그러므로 〈킬링 소프틀리〉와 〈은교〉의 장면들을 마무리하기 위해서는 우리가 앞서 논의했던 슬로모션의 속도성과 가독성(투시성)을 다시 불러내야 합니다. 먼저 속도라 불리는 템포의 문제에서 우린 초등학생의 자세로 재차 물어보아야 합니다. 제의적 서사가 있고 거기에 슬로모션이 아니라 패스트모션이라는 시각적 장치가 도입된다 해도 그 제의성은 여전히 지금처럼 성립될 것인가, 하고 말입니다. 가령 〈킬링 소프틀리〉와 〈은교〉의 그 장면이 패스트모션으로 처리되었다면 우린 과연 지금의 논의를 할 수 있을 것인지요. 패스트모션으로 제의적 감정을 표현하는 영화를 저는 아직 본 적이 없습니다. 우리 모두는 제의적 장면에는 슬로모션이 적합하고, 패스트모션은 그에 적합하지 않다고 본능적으로 공감하고 있는 것입니다. 빠른 템포가 아니라 느린 템포가 적당하다고 느낀다는 것이지요. 그럼 왜일까요. 생각해보면 단순하고 명료한 이유가 있는 것 같습니다.

"정보 폭탄의 사회"라고 비릴리오는 불렀습니다. 정보의 양이 스피드에 비례한다는 건 누구보다 지금을 사는 우리가 체험적으로 더 잘 알고 있습니다. 스피드는 미래와 진화라는 체계가 요구하는 절대 감각입니다. 반면에 느림이라는 템포는 무엇에 소용되는 것일까요. 여기에 사회적 통념이 가동되고 있음을 우린 받아들여야만 할 것입니다. 우린 느린 사람을 뒤처지는 사람이라고 종종 생각합니다. 느리면 과거라고 생각합니다. 속도를 지각하는 방식으로 시간의 전후를 결정하곤 한다는 것입니다. 그렇다면 상상 이상으로 느린 이미지의 템포는 역으로 어떤 인상을 떠올리게 하는 것이겠습니까. 오래된 과거의 성질을 불현듯 떠올리게 한다고 말할 순 없는 것일까요. 말하자면 이미지의 템포가 시간성을 관할한다고 말입니다. 그러므로 초슬로모션의 그 극한의 느린 템포는 은연중에 우리에게 그것이 먼 과거의 감각이라는 인상을 심어주는 것 같습니다. 원시적, 고대적 성질에 공감하게 하는 것 같습니다. 그런 감정 상태가 〈킬링 소프틀리〉와 〈은교〉의 서사적 희생제의가 일어날 때 그에 못지않게 강력하게 발휘되는 것 같습니다. 창작자와 우리 모두에게 말입니다. 희생제의가 가장 중요하고 왕성했던 것이 고대의 원시사회였다는 사실을 우린 모르지 않습니다.

그렇다면 슬로모션의 가독성과 투시성은 또 어떠할까요. 투시와 가독은 물론 현대 문명의 자랑거리가 되었습니다. 슬로모션이 초슬로모션이 된 것도 기술의 무한 발전 덕분이며 그로써 투시와 가독의 힘은 더 융성해진 것 아닙니까. 하지만 이 기술은 역설도 함께 지닌 것 같습니다. 일반의 육안으로는 보지 못했을 마키와 서지우의 죽음을 우리는 기계 기술의 힘으로 똑똑히 보았습니다. 그들의 죽음을 발전된 문명의 기술 덕분에 보게 된 것이지요. 그런데 그때의 이미지(마키와 서지우의 죽음)가 보통 이상으로 선명해지고 과장된다면, 그건 어떤 가치가 높아진다는 뜻일는지요. 어쩌면 그 이미지의 전시적 가치가 높아진다는 뜻이 아닐는지요. 느려지고 늘어나고 선명해지다 보니 전시성은 강화된 것이라고 말할 순 없는 것인지요. 슬로모션은 투시와 가독을 증대함과 동시에 그 장면의 전시적 가치를 증대하는 것이 아니냐고 말입니다.

제 생각에 이것이 슬로모션의 투시성과 가독성이 갖는 역설입니다. 「기술 복제 시대의 예술 작품」에서 벤야민은 말했습니다. 고대에는 예술 작품의 제의적 가치가 전시적 가치보다 월등했던 것에 비해, 현대에 올수록, 특히 사진과 영화가 출현하면서 예술 작품의 전시적 가치만이 더 강성해졌다고 말입니다. 하지만 그렇다 해도 벤야민의 생각은 이제 좀 다르게 받아들여져야 하는 것은 아닐는지요. 혹은 초슬로모션이 그 생각에 대한 변화를 요구하는 새로운 감각의 출현은 아닐는지요. 가령, 이 영화의 초슬로우모션은 제의적 가치와 무관하게 전시적 가치만을 고양하고 있는 것일까요. 그렇지 않습니다. 이 영화의 초슬로모션은 끝내 무엇을 놓치지 않으려고 했던 것인가요. 그것은 죽어가는 마키의 얼굴과 서지우의 얼굴입니다. 그리고 인간의 얼굴은 벤야민 스스로 말한 제의적 가치의 마지막 보루에 해당합니다.

그러니 우리는 이렇게 말할 수밖에 없습니다. 사진으로부터 파생한 영화가 예술품 자체로서 제의적 가치의 면에서 하락했을 수는 있습니다. 전시적 가치는 높아졌고 어쩌면 초슬로모션이 단박에 그 증거로 제시될 수도 있습니다. 하지만 여기엔 역설도 존재할 수 있다는 것입니다. 슬로모션은 그것의 전시적 가치를 최대치로 높이는 순간, 그 제의적 가치도 최대치로 높이는 상황을 때로 발생시키고 있는 것입니다. 그러니 지금의 영화에서는 전시적 가치가 높아질수록 제의적 가치도 동반 상승되는 경우가 더러 있지 않겠느냐고 우린 말해야 할 것 같습니다.

인위적 아우라, 슬로모션

결국 이것은 느낌의 문제로 모아질 것입니다. 벤야민은 자신의 글에서 광학적 무의식의 예 중 하나로 고속촬영(그러니까 슬로모션이겠지요)을 들면서

"빠른 움직임을 천천히 진행시켜 보여주는 것이 아니라 미끄러지는 듯한, 공중에 떠 있는 듯한, 그리고 이 세상 밖에 있는 듯한 움직임"이라고 표현한 루돌프 아른하임의 글을 인용하고 있습니다.(발터 벤야민, 『기술복제 시대의 예술 작품, 사진의 작은 역사 외』, 최성만 옮김, 길, 2007) 그가 인용한 아른하임의 표현으로부터 다시 시작한다면 우리는 이제 여기에 라스 폰 트리에의 〈멜랑콜리아〉에 등장하는 프롤로그도 포함시킬 수 있게 될 겁니다. 지구가 멸망하는 이야기를 마치 중력 바깥의 환경에 놓은 듯한, 그러니까 미끄러지는 듯한, 공중에 떠 있는 듯한, 이 세상 밖에 있는 듯한 초슬로모션으로 시작했던 그 영화 말입니다.

하지만 지금의 이 소론은 〈킬링 소프틀리〉와 〈은교〉로 마무리하고 싶습니다. 저는 배우가 기계 장치 앞에서 연기한다는 것을 근거로 혹은 영화가 기술복제 시대의 예술 작품이라는 점을 근거로 연극배우의 연기에는 아우라가 있지만 영화배우의 연기에는 아우라가 없고, 영화는 아우라를 상실한 예술품이라는 의견에 얼마나 공감해야 할지 잘 모르겠습니다. "아우라의 모사란 있을 수 없다, 아우라란 사람의 여기와 지금에 결부되어 있기 때문이다"(벤야민)라고는 들었습니다만, 그 점도 잘 믿기진 않습니다. 슬로모션을 보는 우리는, 가장 최초에, 이 장면은 이상하다, 하고 느끼는 것 아닙니까. 그 이상하다고 느끼는 건 "특수한 분위기"가 느껴져서 이상하다는 것 아니던가요. 〈킬링 소프틀리〉와 〈은교〉의 그 장면을 보고도 그렇게 느꼈던 것 아니던가요. 그것이 슬로모션의 속도의 작동이든 투시와 가독의 작동이든 그 이중의 작동이든, 하여간에 그 이상한 분위기에 휩싸였던 기분을 저는 무시할 수 없습니다. 이 점에 관한 한 저는, 나의 액션의 핵심은 '분위기'(공기)의 문제라고 말한 두기봉의 슬로모션을 더 믿는 쪽입니다. 두기봉의 그 분위기의 슬로모션을 무작정 아우라라고 말할 순 없는 것이겠지요. 하지만 우리는 왜 광학적 무의식과 아우라의 문제를 따로 떼어서 생각해야만 하는 것입니까. 오히려 영화에서 그 둘은 서로 종종 연계된 것은 아닌지 저는 자문하고 싶습니다.

"여기, 지금"의 일회성이라는 아우라를 영화적으로 모사하기 위해 광학적 무의식이 개입하는 예가 바로 슬로모션일지도 모른다고 저는 생각합니다. 그걸 더 잘 모사하기 위해 등장한 고도의 광학적 무의식이 지금의 초슬로모션일지도 모른다고 생각합니다. 그 실현의 성패 여부와 무관하게 말입니다. 여기, 지금, 그러니까 희생제의가 벌어지는 여기, 지금의 일회적 분위기를 시각화하고 전시하고자 하는 광학적 무의식의 개입이 아니라면 도대체 〈킬링 소프틀리〉와 〈은교〉의 저 장면의 느낌은 무엇이라 설명되어야 할 것인가, 말입니다. 단 한 번이라는 일회성의 순간을 늘이고(속도), 보여주고(투시, 가독), 경험하게 하려는(느낌) 영화적 아우라, 아무래도 저는 광학적 무의식으로 그 아우라를 인위적으로 모사하는 것이 슬로모션이라고 말할 수밖에 없습니다.

어쭙잖은 생각을 지금까지 들어주셔서 고맙습니다. 시간을 빼앗았다면 미안한 마음이고 말이 안 되는 건 무시해주십시오. 하지만 이제 말을 끝내가는 저는 겨우 서투른 서론을 쓴 기분입니다. 그런데도 사족을 덧붙일 수밖에 없겠습니다. 영화의 속도란 언제나 가변적일 것이고 비가시적 영역에서 가시적 영역으로의 전환이란 언제나 가능할 것이며 그리하여 영화는 아우라를 모사하려는 광학적 무의식의 개입에 언제나 무방비일 것입니다. 그러니 〈킬링 소프틀리〉와 〈은교〉의 그 두 장면은 사소한 공통점이 아니라 무관해 보이는 두 영화 속에서 필연적으로 드러난 중대한 영화적 성질이었던 것 같습니다. 그건 서로 형제인 줄 모르고 떨어져 지낸 형제가 거리에서 우연히 만나 가계의 형제들에게만 내려온다는 어깨의 점 같은 것을 서로 확인하는 그런 것일 겁니다. 우리는 언제나 그 우연한 기회의 마주침 이후에야 지금 이 세계의 혹은 이 영화 세계의 어떤 무의식적 상태를 가늠해볼 수도 있는 것입니다. 적어도 그런 계기가 제게는 〈킬링 소프틀리〉와 〈은교〉의 그 장면이었습니다. 이처럼 서로 모르고 지내는 영화적 형제들이 아마 여기저기 더 살아가고 있을 것으로 저는 내심 추정하고 있습니다.

(『씨네21』, 2013년 901호)

힘을 포획하는 힘,
영화의 역사(力士)
필립 시모어 호프만을
기억하며

"필립 시모어 호프만이 받아야 한다. 억지를 좀 피우자면 그가 〈링컨〉의 병사 중 하나로 나왔건 〈레미제라블〉의 시민 중 하나로 나왔건 상관없이 우리는 그를 택했을지도 모른다. 호프만은 단지 영화 속 인물이 되는 게 아니라 영화 속에 있는 또 다른 한 세계가 되곤 하기 때문이다." 2013년 오스카 시상식을 앞두고 각 부문의 수상자를 예측하고 주장하면서 놀이하는 기분으로 썼던 기사의 일부다. 지나치게 명랑한 애정 표현이라도 너그러이 용인될 만한 축제의 자리라고 여겼고, 〈마스터〉의 호프만이 남우조연상을 받아야 한다고 우기며 그렇게 썼다.

거의 정확히 일 년 전 그때에 지금과 같은 글을 예상하지 못했다. 그런데 이 글을 지금 쓰고 있다. 다시 보니 저 표현은 명랑함보다는 맹랑함 쪽에 가깝지만 도로 주워 담지는 않을 생각이다. 호프만의 죽음은 근래에 개인적으로 접한 가장 얼떨떨한 영화사적 사건 중 하나다. 그의 죽음은 최근 작고한 피터 오툴의 죽음과 다르다. 그를 할리우드 부동의 스타로 만들어준 〈카포티〉 이후에 배역에 대해 좀더 강화된 발언권을 얻었던 것으로 보였고, 그런 그가 더 중대하고 새로운 국면으로 진전해가고 있음이 얼마간 느껴지던 찰나였기 때문이다. 이것은 단순한 비보 이상으로, 중대했던 그리고 더 중대하리라 예감되던 한 세계의 상실이 맞다. 적어도 나에게는 그렇다.

나와 마찬가지 감정을 느끼는 이들이 호프만이라는 세계를 잃고 추모를 바쳤고 나도 뒤늦게 비슷한 걸 적으려는 참이지만, 다만 방법이 동일하지 않다. 내게는 무엇을 하지 않을지부터가 자연스럽게 먼저 정해졌다. 그의 생애 동안 있었던 사실들을 꼼꼼하게 정리하여 그의 연보를 작성해볼 수도 있었을 것이다. 감정적으로 그와 교감한 나의 상념에 몰입하여 막무가내의 사적 고백을 펼칠 수도 있었을 것이다. 그의 의중이 담긴 말과 일화들을 충실히 정리하는 한편, 신뢰할 만한 평자들이 쓴 평가들을 경청하며 어느 예술가의 미완의 초상을 그려낼 수도 있었을 것이다. 혹은 많은 매체들이 이미 한 것처럼 그가 연기한 영화 속 명장면들을 꼽아볼 수도 있었을 것이다. 그런 게 일반적인 추모의 한 방식일 것이다. 하지만 그것들을 하지 않겠다는 마음이 내게는 먼저 정해졌다.

대신에 다른 방식이 정해졌다. 나는 그저 나의 기억만으로, 그의 출연작 중 내가 본 작품들만을 대상으로, 그중에서도 내게 인상적이었던 작품들만을 대상으로, 필립 시모어 호프만의 연기라는 예술 활동의 국면에 관하여 비평적으로 재감각해볼 생각이다. 그러니 애정을 바탕으로 비평적 허구를 밀고 나가는 과정에 뒤따를 오류에 대해서는 미리 사과의 말이라도 해야 할 것 같다. 이런 방식은 처음부터 그러리라 작정했던 건 아니었고 그의 영화를 두서없이 몇 편쯤 다시 보다가 우연히 세워진 것이다. 너무나 일반적이어서 상투적으로 들리기까지 하는 영화 감상의 일련의 태도(그러니까 호프만의 연기를 보다가 또 문득 떠올린 나의 감흥의 혼잣말)가 사실은 예술철학의 한 개념과 밀접한 상관성을 지녔다고 가정하게 된 것이다. 나는 그 상관성을 이 기울어진 추도문의 전제로 설정하고는 호프만이라는 세계로 들어가보려고 한다. 아니 그런 방식으로 그를 떠나보내려 하는 중이다.

배우의 연기에서 '힘'은 뭘까

내가 호프만이라는 배우를 각인하게 된 건 조엘 슈마허가 연출한 영화 〈플로리스〉에서다. 로버트 드니로와 호프만이 주인공인데, 드니로는 마초적인 성향의 퇴역 군인 월트, 호프만은 같은 건물 옆방에 사는 게이이며 가수인 러스티를 연기했다. 처음에 둘은 서로를 경멸하지만 일련의 사건을 겪고 월트가 장애자가 되면서 러스티에게 전적으로 기대게 된다. 연출은 범상했고 영화는 지루하지 않은 정도였다. 예상 밖이었던 건 그저 드니로의 호연을 보는 정도거니 했는데 호프만의 연기가 훨씬 더 강력했다는 사실이다. 잘생겼다고 말하기는 좀 어려운 이 퉁퉁한 사내가 머리끈을 정성스럽게 매고는 손은 가슴 언저리에 대고 손목은 90도로 내리 꺾고 좌우로 몸을 리듬감 있게 조금씩 흔들며 대사를 뱉어내거나 혹은 거의 같은 몸짓이되 훨씬 더 큰 반경으로 움직이며 목이 터져라 고함지르면서 드니로를 상대할 때, 적어도 그 순간 그가 대배우 드니로를 압도한다는 인상을 받았다. 호프만의 연기가 드니로의 연기를 압도하고 있었고, 압도한다는 건 호프만의 연기가 드니로의 연기보다 훨씬 더 힘이 있어 보였다는 뜻이다.

이후에도 호프만의 연기를 보며 막연하게나마 유사한 느낌을 자주 받았다. 〈펀치 드렁크 러브〉에서 애덤 샌들러를 '엿 먹일 때' 힘이 있었고, 〈카포티〉에서 사형 직전의 범죄자를 꾀어내 비밀을 털어놓게 할 때 힘이 있었고,

〈악마가 너의 죽음을 알기 전에〉에서 동생을 매수하여 사건을 공모할 때 힘이 있었고, 〈다우트〉에서 메릴 스트립에 맞설 때 힘이 있었고, 〈머니볼〉에서 불충한 야구감독으로 단장의 말을 거스를 때 힘이 있었고, 〈마스터〉에서 그 짐승 같은 와킨 피닉스를 다룰 때 힘이 있었다. 그의 연기는 분량을 가리지 않고, 주연과 조연에 무관하게 힘이 있었다. '힘이 있다'는 이 표현을 나는 지금 지루할 정도로 강조해서 썼는데 그 반복이 주는 물리적 세기에 기대보고 싶어서라는 걸 부정하진 않겠다. 그러니까 힘이 있다는 이것이 앞서 말한 너무나 일반적이어서 상투적이기까지 한 일련의 감상(감탄)의 태도다.

하나의 예술품이나 예술 행위를 경험하고 나서 그것이 충만하고 강렬한 감동을 전한다고 인정될 때, 하지만 딱히 특성이나 특징을 가시적으로 일일이 선별해내기는 곤란할 때 "거기엔 힘이 있다"고 두루뭉술하게 우린 종종 말한다. 예술 감상의 반경 안에서 우리가 이 표현을 얼마나 무의식적으로 자주 쓰는가 알아채기 위해서는 정치한 분석력이 아니라 약간의 세심함이 필요할 뿐이다(며칠 전에도 나는 동료 기자에게 내가 보지 못한 박찬경의 영화 〈만신〉은 어떠냐고 물었고, 그는 그 영화에는 힘이 있다고 잘라 말했고 나는 별 반문 없이 그 감상자의 마음을 알겠다고 받아들였다).

하지만 사용되는 빈도에 비하여 그 가치에 대해서는 덜 질문 받는 상황이라는 걸 감안하면, 이 표현은 감상평으로서 다소 까다로운 문제 제기의 실마리가 된다. 물음인즉, 힘이 있다는 저 흔한 말은 감상자의 섬세하지 못한 습관적 표현인가 아니면 근거 있는 무엇으로부터 나온 절대적 파생인가. 구분은 쉽지 않다. 때론 둘 다일 것이다. 하지만 적어도 지금 나는, 그 표현이 비록 무성의한 습관으로 전락한 면모가 있다고는 해도 그와 같은 습관의 언어가 만들어진 데에는 본래 합당한 이유가 있는 것 아니겠느냐는, 그리고 호프만에 대해 말하기 위해서라면 오히려 그것이 방점이 되어야 하는 것 아니겠느냐는 쪽으로 마음이 기운다.

　배우의 연기에서 힘은 뭘까. 적어도 그것은 영화를 이루는 다음과 같은 것들과 거의 동등한 수준에서 작동하는 어떤 것으로 분류되고 감지되어야 하는 건 아닐까 싶다. 나뭇잎을 흔드는 바람, 어둠 속에서 들려오는 숨결 내지는 비명 내지는 웃음, 새벽 4시와 낮 12시라는 시간, 봄, 여름, 가을, 겨울이라는 계절, 추위 혹은 더위라는 기후, 느림 혹은 빠름이라는 속도. 이것들은 우리의 물질적 세계를 이루는 확실성의 요소이지만 비가시적으로만 현존하는, 형체는 없지만 필시 존재하는 것들이다. 그것들이 비가시적이지만 반드시 존재하는 것처럼 배우가 연기로 실어나르는 힘도 그와 같이 존재하는 것은 아닐까. 물론 이것들의 우선적인 공통점이라면 함부로 정의내리기 어려운 비밀이라는 데 있을 것이다.

　나는 배우가 아니므로 배우들이 그 힘을 어떻게 감각적으로 조직해내어 눈에 보이게 하는지 과정상의 비밀을 말할 자격은 못 되지만 이런 점에는 흥미가 간다. 어떤 배우들은 말하기를, 종종 그들의 초년 시절에 기초적인 훈련 한 가지를 요구받는다고 한다. 자, 들판에 서 있는 나무가 되어보세요, 흐르는 강물이 되어보세요, 숲에서 포효하는 한 마리 곰이 되어보세요. 나는 이 요구가, 슬픔을 표현해보세요, 기쁨을 표현해보세요, 같은 인간의 정서를 표현해보라는 요구보다 훨씬 더 신기하게 들린다. 사람은 슬픔과 기쁨의 정서를 지니고 있지만 나무나 강물이나 곰이 될 수 없다. 모사를 할 수는 있지만 그걸 탁월한 연기라고 말할 순 없다. 더군다나 도대체 어떻게 해야 그 모사의 유능함을 식별할 수 있는 것인가.

　그것은 아무리 해도 정답이 없는 결국 불가능한 미션이다. 그런데도 초년의 배우에게 연기의 기본 소양으로 그런 훈련이 요구되는 것이라면 그건 연기의 핵심이 빼어난 모사에 있는 게 아니라는 것으로 들린다. 사람에게 나무가 되고 강물이 되고 곰이 되어보라는 건 정말로는 그렇게 할 수 없지만 상상으로라도 그 개체의 생명과 생성과 지속을 느껴보라는 뜻으로 들린다. 저것들이 살아 있고 존재할 수 있도록 지탱하는 힘을 상상하고 느끼라는 것으로 들린다. 연기라는 일에서 그 힘을 느껴야 하는 것이 기본이라면 그 힘이 연기의 중요한 근본 중 하나라는 뜻이기도 할 것이다.

예컨대 우리는 좋은 연기를 보았다고 느꼈을 때 누군가의 연기력이 좋다고 말한다. 반대로는 연기력이 떨어진다고 말한다. 즉, 힘에 방점을 두고 평가한다. 그런데 이런 궁금증이 생기는 걸 막을 수 없다. 왜 연기미나 연기태 같은 말은 쓰이지 않는 반면에 연기력이라는 말은 있는 것인가. 적어도 우리의 모국어 안에서 그 말은 왜 다른 언어들에 앞서 판단의 기준과 가치를 지니게 되었는가. 게다가 왜 상용의 언어가 되고 때로는 오용의 언어까지 되었는가. 그러니까 우리는 왜 연기의 아름다움이나 연기의 생김새를 칭송하기에 앞서 연기의 힘을 칭송하는가. 혹은 왜 그 반대인가.

힘이 미와 형태를 활동시키는 핵심적 모처일 것이라는 가정은 이때 설득력을 갖게 된다. 힘이 활동해야 미와 형태가 조직된다는 것이다. 맞다. 이 순간에 나는 지금 누군가의 예술철학 개념을 확실히 의식하고 있다. 니체의 '힘에의 의지(누누이 알려져 있는 것처럼 돈이나 명예나 권세를 차지하려는 권력 표상의 의지가 아니라 생의 자발적이고 긍정적 의지)'를 의식한 질 들뢰즈의 '힘의 포획'이라는 예술철학론을 의식하고 있다. 예술이 더도 덜도 아닌 만물의 힘의 포획이라고 생각한 건 들뢰즈였다. 그런데 저 배우들의 기초적인 연기 훈련에 의거한다면, 그들에게 이것은 저 멀리 고고한 개념이 아니라 매번 눈앞에 닥치는 본능적인 실행과 이행의 차원이다. 이른바 '연기력'이라고 불리는 것의 기초에는 힘의 포획이라는 능력이 요구되는 것이다. 그러니 연기력이란 '힘을 포획하는 힘'이다.

그는 어떤 힘들 그 자체를 연기한다

모든 배우들에게 앞선 전제가 적용될 것이지만 그 이상을 입증하기에는 내가 모르는 변수들이 너무 많다. 애초에 호프만의 연기력(힘을 포획하는 힘)은 과연 어떤 특정성을 지니는가 하는 것이 막연하게나마 우리가 껴안고자 한 질문이었으니 거기에만 한정하여 말하는 게 좋겠다. 다만 그 질문을 위해서라도 이런 차이를 생각해보는 건 자극이 된다. 우리는 호프만을 대니얼 데이 루이스보다, 메릴 스트립보다 훨씬 더 뛰어난 배우라고 말할 수 있는가. 그의 연기력이 저들의 연기력보다 우세한가. 그의 힘의 포획이 저들의 힘의 포획보다 유능한가. 나는 솔직히 망설여진다. 호프만이 저들과 비견될 만한 뛰어난 배우라고는 생각하지만 저들을 따돌리거나 뛰어넘을 정도의 수준이라고 주장하는 건 어불성설이다. 그렇다면, 다시, 호프만 연기력의 특정성은 무엇인가. 혹은 호프만의 연기력이 작품과 맺고 있는 특별함은 무엇인가.

호프만을 특별한 배우로 인정받도록 한 몇 편의 주요한 영화와 배역들이 있다. 〈펀치 드렁크 러브〉에서 그는 주인공 애덤 샌들러를 등쳐먹으려는 악덕 폰섹스 사업자로 등장한다. 주인공에게 돈을 요구하지만 그걸 거절당하자 부하들을 시켜 돈을 갈취해 온다. 영화의 클라이맥스에서는 돌연 등장하여 주인공과 한판 대치한다. 〈머니볼〉에서는 게을러 보이는 야구감독이다. 팀의 승리에는 그다지 관심이 없는 것 같고 돈에 더 관심이 많아 보이지만 고집불통인 건 분명한 그는 젊은 구단주(브래드 피트)의 뜻을 거스른다. 〈다우트〉에서는 어린 소년을 성추행한 것으로 의심받는, 하지만 진보적이고 자유로운 성향의 신부가 그의 배역이다. 보수적인 성향의 수녀 메릴 스트립이 눈엣가시 같은 그의 죄를 추궁한다. 〈마스터〉에서는 미스터리한 신흥 종교의 교주이며 야성과 분열로 고통 받는 한 남자(와킨 피닉스)의 영혼의 동반자다. 〈악마가 너의 죽음을 알기 전에〉에서는 동생(에단 호크)과 서로 짜고 부모의 보석상을 털어 한몫 챙기려다가 일이 틀어지고 어머니는 돌아가시고 아버지의 원수가 되면서 파국의 인생을 맞게 되는 중년의 남자다.

여기에는 일단 표피적으로 어떤 뚜렷한 특징이 새겨져 있다. 혹은 그런 특징이 새겨져 있는 경우에 호프만의 자리가 빛난다. 다음과 같은 두 가지다. 첫째, 그는 양자적 관계의 인물 구도 안에서 한쪽 파트너로 자주 등장했다. 양자적 관계란 어느 때에는 대립하는 관계(〈펀치 드렁크 러브〉〈머니볼〉〈다우트〉)이지만 또 때로는 짝패나 동료처럼 친화적이거나 협동적인 관계(〈마스터〉〈악마가 너의 죽음을 알기 전에〉)일 때도 있다. 양자적 관계의 폭은 다소 좁고 단발적인 경우(〈펀치 드렁크 러브〉〈머니볼〉)일 수도, 다소 넓고 장기적인 경우(〈마스터〉〈다우트〉〈악마가 너의 죽음을 알기 전에〉)일 수도 있다. 둘째, 이것이 더 중요한데, 그 양자적 관계의 한쪽 파트너로 등장할 때, 대체로는 호프만이 조연임에도 불구하고 그가 어떤 사태를 촉발하거나 결정짓는 것뿐 아니라 상대방 주인공의 어떤 영역을 침범할 만큼의 막강한 상대자로 자주 군림했다는 사실이다.

'양자적 관계'의 한 축을 이루는 '막강한 상대자'. 왜 그런 역할에 그가 적역이었고 또한 그 자리에서 빛이 났을까. 내처 할 수 있는 대답은 그가 오랫동안 할리우드 시스템 안에서 유능한 조연배우여서 그렇다는 것이다. 그런데 정말 그뿐일까. 영화계에서 호프만과 비슷한 시기인 1990년대 중후반부터 주목받기 시작했고 폴 토머스 앤더슨 영화에도 함께 출연했고 호프만과 함께 같은 연극 무대에 오르기도 했으며, 호프만만큼이나 좋은 조연으로 2000년대 초반을 지나온 배우 존 C. 라일리의 연기 궤적은 호프만의 그것과 같지 않다. 그는 영화 안에서 총합의 일부인 경우가 더 많았다. 그렇다면 다소 넘치고 풍만한 호프만의 외양 때문이라고 하면 어떨까. 하지만 우리가 그토록 호프만과 헛갈린다고 우스개로 말하곤 했던 잭 블랙은 호프만과 유사한 역할을 맡은 바가 거의 없다.

혼동되어서는 안 되는 중요한 한 가지가 있다. 호프만의 막강함을 선악이라는 서사의 축에서 절대악의 강도(強度)로(물론 절대선의 강도로도) 혼동해서는 안 될 것이다. 호프만은 강력한 양자적 관계를 형성하고 막강한 상대자 역할을 연기하되 절대악이라고 불릴 만한 역할을 맡은 적이 거의 없다. 〈펀치 드렁크 러브〉에서의 폰섹스 사업자? 우린 그가 그 얼마나 희극적으로 퇴장하는지 이미 알고 있다. 〈미션 임파서블 3〉의 악당? 그것은 차라리 호프만의 막강함에 대한 호프만 자신의 장르적 패러디인 것처럼 보이지 않는가. 영화 속에서는 이단 헌트(톰 크루즈)가 오웬(호프만)의 피부 가죽을 쓰고 동분서주하는 것이지만 실제 연기의 영역에서는 호프만이 톰 크루즈의 역할을 대신하여 동분서주하며 연기하는 것이니 조금만 더 생각해보면 우스꽝스러운 상황이다. 호프만이 톰 크루즈라니……

이렇게 물어야 할 것 같다. 막강하다면 무엇이 막강한 것인가. 아무래도 그건 힘이다. 양자적 대립 관계인 경우에는 그 사이에 밀고 당기는 힘들이 화두가 되고, 양자적 친화나 협동의 관계인 경우에는 양자가 엮고 엮이고 구축해서 상승시키는 힘들이 화두가 된다. 나는 위의 영화들에서 가장 중요한 것이 그 힘들의 작용과 반작용, 상승과 하강, 찌그러짐과 펼쳐짐 등이라고 말하고 싶다. 양자적 관계라는 것은 이원론적이라는 뜻도 아니다. 비유컨대 상대를 바꾸고 테이블을 옮겨가며 한번은 단식을 한번은 복식을 치는 이상한 룰의 탁구 게임 같은 것이다. 이리저리 심하게 파동치는 작용과 반작용을 이행하는 두 개의 굵은 점 같은 것이다.

다음과 같은 우회의 예증이 보다 선명한 이해에 도움을 주지는 않을까. 들뢰즈가 프랑시스 베이컨의 미술 세계를 조망한 『감각의 논리』 8장의 제목은

'힘을 그리다'이다(이하 인용은 『감각의 논리』, 하태환 옮김, 민음사, 1995). 들뢰즈는 짧은 일화 하나를 들려주고 있다. 일군의 "교조주의적 비평가들"이 밀레가 그린 미사의 빵과 포도주, 그러니까 봉헌물을 보고는 저것은 꼭 무슨 감자 자루처럼이나 그려져 있다고 그 엉성한 묘사를 질타하자 밀레는 "두 대상의 공통적인 무게감이 그들 사이의 구상적인 차이보다 훨씬 더 깊다"라고 대답했다는 것이다.

그것을 두고 들뢰즈는 "화가인 그는 무게감을 그리려고 했지 봉헌물이나 감자 자루를 그리려고 한 것은 아니다"라고 덧붙였다. 들뢰즈는 말한다. "베이컨의 형상들은 회화사에서 나온 다음의 질문에 대한 가장 훌륭한 대답 가운데 하나이다. 보이지 않는 힘을 어떻게 보이게 할 것인가?" 그러면서 베이컨의 그림들이 바로 "압력, 팽창력, 수축력, 평탄하게 누르는 힘, 늘어뜨리는 힘으로부터 나온다"고 지적한다. 우리는 같은 방식으로 물어보되 약간의 변용을 거쳐 답을 구할 수 있을 듯하다. 호프만의 연기는 다음의 질문에 대한 가장 훌륭한 대답 가운데 하나이다. 보이지 않는 힘을 어떻게 보이게 할 것인가? 호프만의 연기가 바로 그 갖가지 힘들로부터 나온다. 아니 그것은 더 정확히 말해 호프만이 연기로 그 힘들을 포획했다는 뜻이다.

교조주의적 비평가들이 엉성하다고 탓한 것이 구성미인 것에 비하여 밀레가 필사적으로 그리려 한 것은 무게감이다. 그렇다면 혹시 우리가 호프만의 연기를 보고 구성적인 면모, 즉 그의 캐릭터의 형상화 등에 대하여 이렇게 저렇게 논할 때(사실 그의 캐릭터란 대니얼 데이 루이스나 메릴 스트립의 그것에 비한다면 특별할 것이 없다), 실은 그가 필사적으로 보여주고 있는 것은 힘이자 무게감이라고 말할 수는 없는가. 심지어는 압력, 팽창력, 수축력과 같은 물리력을 넘어서 연기만이 할 수 있는 방식으로 추상적 차원의 힘들, 정신력, 친화력, 영향력 등까지도 다루는 것이라고 말할 수는 없는가. 호프만은 봉헌물과 감자 자루를 구성적으로 제법 흉내 내려는 일반의 배우가 아니다. 마침내 봉헌물이 되고 감자 자루가 되고야 마는 저 위대한 배우도 아니다. 그건 대니얼 데이 루이스나 메릴 스트립이다. 여기엔 우열보다 차이의 인식이 필요하다. 호프만은 봉헌물과 감자 자루의 무게감을, 그 보이지 않는 힘을 연기하는 배우다. 연기에 관한 한 어쩌면 그는 메타적인 배우다.

베이컨의 문제가 호프만의 문제다. 베이컨이 힘을 그린다면 호프만은 힘을 연기한다. 그러니 우린 '힘있게 연기한다'와 '힘을 연기한다'를 잠시라도 구분하게 된다. 대니얼 데이 루이스와 메릴 스트립이 힘있게 연기하는 배우들이라면 호프만은 힘을 연기하는 배우에 속한다. 물론 호프만도 힘있게 연기하지만, 저들이 힘있게 연기하여 다종다양한 서사적 캐릭터의 무궁무진한 세계를 펼치려 하는 것과 다르게, 다니엘 데이 루이스가 링컨이 되고 메릴 스트립이 마거릿 대처가 되는 것과 다르게, 호프만은 힘있는 연기로 영화 속의 어떤 힘들 그 자체를 연기한다. 그럴 때 그가 가장 멋있다. 그러니 우리가 양자적 관계라고 지칭한 건 서사 구도 내에서 이 인물과 저 인물의 위치와 형세가 아니라 힘의 위치와 형세이며, 막강하다는 것은 서사나 인물의 세기나 크기가 아니라 힘의 세기와 크기다. 호프만이 연기하는 건 대개 '힘의 성격과 모양새와 크기와 세기와 속도'다. 혹은 그에 관련된 것들이다. 호프만은 힘을 포획하는 힘(연기력)으로 힘들을 포획한다.

흡수력과 반발력의 경우

호프만이라는 영화적 활동 기호가 포획하는 힘들은 여러 종류일 것이다. 어떤 힘들이 있을까. 호프만은 생전에 단독 주연을 맡은 적이 몇 되지 않는다. 상황이 이러하다면 추모의 분위기 속에서 그의 명장면, 명연기를 꼽을 때 그와 같은 단독 주연 작품은 빠지지 않기 마련이다. 그렇다면 좀 흥미로운 일이다. 미국의 뛰어난 시나리오 작가 찰리 카우프만의 연출 데뷔작이며 호프만이 주연을 맡은 〈시넥도키, 뉴욕〉은 의외로 많이 꼽히지 않는 것 같다. 예컨대 내가 본 매체들 중 『엔터테인먼트 위클리』나 『인디와이어』도 이 영화를 제외했다. 그런데 내가 선정했다고 해도 이 작품은 제외했을 것이다.

〈시넥도키, 뉴욕〉이 엄연한 실패작이기 때문인가. 나는 이 영화가 작품 그 자체로 실패작이라고까지 생각하진 않는다. 야심 가득한 매혹의 미완성품 정도로 부르고는 싶다. 이 영화는 무엇보다 반짝이는 아이디어가 가득한 커다란 개념 창고와도 같다. 카프카의 『성』을 극작가와 연극 무대로 살짝 바꾼 다음 끝내 원하는 곳에 입성하지 못하는 한 인간의 생을 그로테스크하게 다룬다. 그 주인공을 호프만이 연기한다. 문제는 이 영화가 제목 그대로 제유라는 점이다. 케이든(호프만)이 준비 중인 연극 무대는 점점 더 규모가 커지더니 삶 자체의 거대한 부분이자 제유가 된다.

단순히 말하면 호프만은 여기서 힘을 포획하기는커녕 거의 힘을 펴보지도 못한다. 적어도 두 가지 이유가 있다. 감독 카우프만은 호프만의 신체의 활동력을 과소평가한 것 같다. 영화 속에는 케이든의 분신들이 여럿 등장한다. 그런데 카우프만은 자신이 쓴 시나리오 〈존 말코비치 되기〉에서 말코비치가 나머지 분신들도 스스로 연기하게 하고 〈어댑테이션〉에서 그다지 뛰어난 배우가 아닌 니콜라스 케이지조차 찰리와 도날드라는 1인2역을 하게 한 것에 반하여 호프만의 분신들은 다른 배우들이 연기하도록 한다. 의도가 있겠지만 그 때문에 동일한 신체의 무수한 현현이 주는 물리적 힘의 아득함은 사라져버리고 그저 개념적 제유의 제시만 남는다. 더 치명적인 건 갑갑함이다. 개념적 아이디어가 가득 차 있는 반면 배우를 중심으로 보면, 신과 신 사이에 힘이 활동할 간격도 없고, 신 안에서는 힘이 활동할 면적도 없다. 배우의 연기 면에서 힘이 포획된 면모가 있는가 묻는다면, 이 영화는 거의 '무기력' 하다. 호프만이 비유의 거대함에 철저하게 짓눌린 경우다.

호프만의 명성을 드높인 〈카포티〉의 경우는 단독 주연이라는 희귀한 정황만 같을 뿐 〈시넥도키, 뉴욕〉과는 반대된 양상이다. 감독 베넷 밀러는 자기의 아이디어를 믿기보다 철저하게 호프만의 신체의 활용과 변조의 힘을 믿는다. 이 영화에는 플롯의 짜임새라고 할 만한 것이 없는 대신 배우가 연기로 힘을 포획할 수 있는 충분한 시간과 간격과 면적이 주어져 있다. 이 영화는 카포티라는 인물에 관한 전기라고 해야겠지만 실은 카포티라는 인물의 '매력' 내지는 '친화력'이라고 불릴 만한 그 힘이 핵심이다. 이 힘이 발동될 때 그는 잔혹한 살인자들에게서 최고의 논픽션 소재 거리를 얻어낼 수 있고, 사교계의 파티에서도 주목을 끄는 인사가 될 수 있다. 그리고 이 힘이 간교함을 부리기 시작하면 우린 그가 인간적 모순으로 가득 찼다며 싸늘한 도덕적 냉랭함을 보내게도 되는 것이다. 〈카포티〉에서 호프만의 연기는 흠잡을 데 없이 훌륭하다.

그런데 나는 호프만의 최고작이라고 손꼽히는 이 영화의 연기에 실은 좀 반대한다. 자유기고가 김정원은 호프만 추모 기사(『씨네21』, 945호)에서 호프만의 체격에 관하여 문득 이렇게 질문한다. "그가 왜 그토록 작아 보였을까." 나는 이 질문이 예민한 관찰이라고 생각한다. 그리고 〈카포티〉에서의 호프만이 그 인상에 큰 영향을 주었을 거라고 추측한다. 〈카포티〉에서 호프만은, 물론 카메라의 도움도 받고 있지만, 스스로 신체의 축소술 특히나 목소리의 변조술을 이용하여 몸집을 웅크린다. 태생적으로 큰 몸을 지니고 울림통이 큰 저음의 목소리를 지닌 그가 배역에 따라 약간씩 목소리를 바꾸는 성향이 있기는 했어도 〈카포티〉에서만큼 얇게 다리미질한 적은 없었다. 실제 인물 카포티의 목소리가 그랬기 때문일 것이다. 그리고 그 축소와 변조의 능숙함이 그에게 오스카상도 쥐어줬다. 그럼에도 이상하게 〈카포티〉의 호프만은 적어도 내겐 전에 없이 모사에 치우쳐 있는 것처럼 느껴진다. 앞서 우리의 비유를 가져오자면 호프만은 〈카포티〉에서 무게감보다는 봉헌물이나 감자 자루의 형태에 집착하는 것처럼 느껴진다. 나는 호프만의 풍채와 저음이 좋다. 대개 그의 힘의 포획은 형태의 변조가 아니라 그 자연스러운 물질적 몸집과 목소리의 울림통과 관계 있어 보이기 때문이다. 하여간에 이 문제는 옳다, 그르다 말하기에는 좀더 시간이 필요한 것도 같아서, 나는 그냥 반대한다, 고 썼다.

분량이 결정적인 문제가 되지 않는다면 몇 장면 나오진 않지만 〈머니볼〉에서의 호프만이 나는 훨씬 더 좋고 뛰어나다고 생각한다. 메이저리그 야구팀 감독 아트 역을 맡은 호프만은 원래 늘어나 있는 자기 배를 충분히 이용한다. 호프만은 그들 야구감독들이 대개 그러하듯이 허리춤 언저리에 퉁명스럽게 손을 걸치고 있으며 저음의 목소리도 여기서는 숨기지 않는다. 특별하게 느껴지는 장면이 하나 있다. 단장과 감독은 지금 대치 중이다. 단장은 자신이 원하는 선수를 기용할 것을 요구하고 감독은 선수 선발권을 지키려는 중이다. 이 와중에 단장이 찾아와 특정 선수 한 명을 방출시켰다고 말한다. 그가 먼저 힘을 던진다. 그런데 그 힘에 반작용하는 호프만의 연기가 내게는 특별해 보인다. 호프만이 선택하는 건 긴 침묵이다. 대략 4~5초간, 그러니까 짧다고 말하기 어려운, 처음 보았을 때는 약간 당황스러울 정도로 길었던 그 몇 초 동안에 그는 어, 하는 표정으로 아무 말도 하지 않다가 "트레이드를 시켰다고? 페냐를?" 하고 짧게 뱉는다. 그때 그의 말은 단장이 쏟아낸 힘을 거의 흡수할 때까지 흡수한 다음 강력한 분노를 담아 내뱉는 강력한 '반발력'이다. 이 반발력은 철저하게 그 흡수력 때문에 최고치까지 올라간다.

장력과 영향력의 경우

호프만을 가장 독창적으로 연기하도록 독려하는 감독이라고 해야 할 폴 토
머스 앤더슨의 〈펀치 드렁크 러브〉에서 흡수력 및 반발력은 제대로 그리고
더 복잡한 방식으로 먼저 응용된 적이 있다. 앤더슨은 그 자신이 힘에 예민
한 영화를 만드는 감독이다. 그중에서도 〈펀치 드렁크 러브〉가 가장 대표적
인 혹은 가장 순수한 힘의 영화라고 해야 할 것이다. 여기에서 두 개의 힘의
축은 주인공 배리(애덤 샌들러)와 폰섹스 사업자 딘(호프만)이다. 처음에 둘
은 전화상으로 막강한 창과 창처럼 부딪친다. 배리가 이것저것 흥분에 차서
따지자 상대방 딘 역할의 호프만은 전화기에 대고 "주둥이 좀 닥치라"라고
말하는 것을 시작으로 무차별적인 욕을 퍼붓는다. 물론 그가 욕을 하기에 앞
서, 마치 상대방이 앞에 있다면 한방 갈기겠다는 제스처로 때리는 시늉을 하
는 것 자체가 압권이다. 그러고는 호프만은 "닥쳐, 닥쳐, 닥쳐, 닥쳐, 닥쳐,
닥쳐……"를 연발한다. 물론 우리는 이 장면에서 〈부기 나이트〉의 호프만을
떠올리게 된다. 포르노 영화 현장의 붐맨이자 게이인 한 남자. 그는 주인공
남자에게 선뜻 입을 맞췄다가 망신을 당하자 차 안에서 자신을 이렇게 자책
하지 않았던가. "이, 병신아, 병신아, 병신아, 병신아……"라고. 지나칠 정
도의 반복적 대사, 그것이 의존하는 물리적인 힘의 세기. 감정상으로는 각기
자책과 분노를 담고 있어서 두 장면은 서로 다른 것처럼 보이지만, 실은 갑
작스런 힘의 접합과 상승과 하락과 부딪침과 밀려남을 같은 리듬으로 조직
해내고 있다는 점에서 일맥상통하는 장면이기도 하다.

　어쨌거나 〈펀치 드렁크 러브〉의 미학적 반전은 그 욕설 장면에 이어지는
장면에 있다. 이 다음 장면이 없다면 욕설 장면은 그냥 험한 대립에 불과할
뿐이다. 호프만은 머리를 깎고 있고 주인공이 그를 찾아왔다. 잠시 대치. 그

리고 몇 초간의 긴 침묵. 이어지는 호프만의 짧고 강한 선공. "엿 먹어라."
그리고 다시 자리를 바꿔 가까이 다가가서는 서로 얼굴을 마주내고 대치. 하
지만 이내 또 한 번의 반전은 호프만이 언제 그랬느냐는 듯이 깨끗이 꼬리를
내리고 우스꽝스럽게 후퇴하는 것으로 마감된다. 이 일련의 장면에서의 흡
수력과 반발력의 주고받음, 밀고 당김, 상승과 하락이라는 힘의 방향과 세기
와 크기의 향연은, 이렇게 듣고만 있으면 매우 거칠고 상스러운 장면의 연속
일 것 같지만 실은 〈펀치 드렁크 러브〉를 본 사람이라면 알고 있는 것처럼 영
화를 보는 동안에는 거의 넋이 나갈 정도로 아름다운 리듬의 연속이다.

　의심의 여지없는 호프만의 두 편의 최고작. 때문에 그의 연기력에 관하여
비교적 많이 언급된 두 영화 〈다우트〉와 〈마스터〉에 대해서는 어떻게 말해도
모자랄 수밖에는 없으니 짧게 주의만 환기해보자. 두 영화는 호프만이 고함
치는 사내의 역할로만 힘을 포획하는 배우가 아니라는 걸 알려준다. 두 영화
에서 호프만은 느리고 은근하며 장중하고 끈질기다. 관점에 따라 〈다우트〉를
'장력'에 관한 영화, 〈마스터〉를 '영향력'에 관한 영화라고도 할 수 있다.

　〈다우트〉가 예상 밖으로 엉성한 서사 구조라는 건 잘 말해지지 않았다. 가
령 교구의 보수적인 수녀(메릴 스트립)가 진보적이지만 자유로운 신부 폴린
(호프만)을 유아 성추행 혐의로 의심하고 있을 때 사실상 해결 방식은 간단
하다. 해당 아이를 불러 정황을 물으면 된다. 혹은 신부가 제안하는 것처럼
그가 몸담았던 전 교구에 연락하여 그의 행실을 조사하면 된다. 서사적 긴장
감이 필요하다면 바로 이 지점에서 다시 시작하면 되는 것이다. 하지만 영화
는 그런 방법을 모르는 양 두 배우의 공방전이 유지하는 서로의 장력에 이
영화의 모든 걸 걸고 있다. 이 영화가 무슨 이야기를 하든지 간에 스트립과
호프만만 있으면 된다는 우스개에 가까운 소리는 그래서 나왔을 것이다. 〈다
우트〉는 주제상으로는 도덕 공방전인 것 같지만, 작동되는 걸 보고 있노라면

두 배우가 합심해서 되도록 한 장소를 벗어나지 않으면서 이루어내는 복잡한 장력의 '판'이다. 둘 중 누구의 승리인지에 대해서는 말할 수 있지만, 두 배우가 힘을 합쳐 그 판을 만들되 찌그러뜨려 놓았기 때문에 우리는 정확히 무엇이 진실인지 알 수 없는 왜상으로 이 영화를 느낄 수밖에 없다. 그런데 유독 이 영화에서 호프만의 연기에 집중력이 있었던 이유는 필시 상대가 메릴 스트립이라는 실존하는 어마어마한 힘이었기 때문이 아닌가 싶다.

한편 "우리가 여기서 말하는 관계의 비대칭성이란 뒤틀린 사회적 위계질서 같은 것이 아닌, 어떻게든 합이나 질서로 통일되지 않고 잡음과 교란과 혼선 등을 빚어내는 양방의 기울어진 정신의 모양새 같은 것이다. (……) 그렇게 〈마스터〉는 기형이고 울퉁불퉁하고 어긋나고 찌그러져 있는 애매한 덩어리다. 〈마스터〉는 비정상이다"라고 나는 쓴 적이 있다. 〈마스터〉의 왜상은 프레디(와킨 피닉스)와 랭카스터(호프만)가 서로에게 건네주는 미스터리하고 비정상적인 영향력 때문에 생긴 것이기도 하다. 특히 랭카스터는 프레디의 정신세계를 지배할 정도로 크고 넓은 인물인 것처럼 보이면서도 프레디를 자기의 잃어버린 욕망으로 삼을 만큼 나약하다. 호프만은 강건하고도 동시에 나약한 인물 랭카스터의 괴이한 영향력을, 때로는 원인 모를 대사로 때로는 정체 모를 춤으로 여기저기 옮겨다니며 실행하고 이행해내고 있다.

희한한 일이지만, 두 영화에는 호프만이 하는 똑같은 연기가 하나 있다. 〈다우트〉의 신부가 마지막 강론을 마치고 신도들 사이로 걸어 들어가 손바닥을 맞추며 인사를 할 때, 〈마스터〉의 랭카스터가 딸의 결혼식장에서 하객들 사이를 걸어 들어오며 그들과 손인사를 할 때, 한쪽은 그의 뒷모습이고 한쪽은 그의 앞모습이지만, 허리는 굽히고 엉덩이는 실룩거리며 약간은 장난스럽게 약간은 의기양양하게 인사를 하는 그 두 장면이 이상하게도 어떤 비릿한 유쾌함이나 조촐한 쓸쓸함 같은 걸 자아낸다. 하지만 이것이 장력과 영향력을 잇는 무엇인지에 관해서는 솔직히 아직 잘 알지 못하겠다.

호프만이라는 '힘'이 사라졌다

그리고 여기 마지막으로 〈악마가 너의 죽음을 알기 전에〉를 마치 호프만의
유작이나 되는 양 나는 짧게 적고 있다. 이 작품은 호프만의 유작이 아니라
감독 시드니 루멧의 유작이다. 그런데도 이상하게 내게는 호프만의 유작인
것처럼 자꾸 착각된다. 이 영화가 갑자기 몰아쳐 와서 제어할 수 없게 된 '가
속력', 그 때문에 피할 수 없게 된 삶의 '불가항력'에 관한 영화여서 그런 것
일까. 에단 호크와 함께 출연했지만 결국에 이 영화의 진정한 주연배우는 예
상외로 딱 한 사람, 호프만이었다. 영화의 주인공은 앤디(호프만). 영화는 그
의 격렬한 섹스로 시작하여 그가 미소로 계획하고 입안한 범죄로 이어지고,
하지만 동시에 그가 예상치 못했던 비운의 사고로 번지고 스스로 나서서 수
습하려다 입은 그의 부상으로 치닫더니 결국에는 가느다란 비명과 함께 그
의 죽음으로 끝난다. 처음엔 모든 힘들이 다 그로부터 나온 것 같았는데 그
힘들 중 그가 제대로 다스리고 수습할 수 있는 힘은 하나도 없었다. 호프만
이 그 불가항력을 뼈저리게 연기했다.

　〈악마가 너의 죽음을 알기 전에〉는 당시에는 전혀 그렇게 보이지 않았지
만 지금 보면 끔찍하다 싶을 정도로 호프만의 마지막을 상상하게 하는 몇 장
면들이 있다(호프만은 마약 과용으로 사망했다). 앤디가 마약을 투여한 뒤
취한 상태로 의자에 앉아서 "내 인생은 합해지지도 연결되지도 않았다"라
고 중얼거릴 때 그게 호프만 자신의 삶은 필시 아닐 텐데도 우린 더 이상 연
결되지 않는 호프만의 삶을 생각하게 된다. 물론이지만 그가 갑작스럽게 생
을 마치지 않았다면 그의 생이나 힘을 기억하는 이런 일 따위는 없었을 것이

다. 그편이 더 좋았을 거라는 건 말해 무엇할까. 하지만 호프만은 생을 멈췄고 나는 지금 어떤 감독이 평생 한 편의 영화를 만드는 것이라면 어떤 배우도 평생 한 편의 영화를 만드는 건 아닐까 잠시 생각한다. 호프만이라는 세계, 호프만이라는 중대한 힘이 사라진 것이다. 또는 호프만이라는 힘의 지진계를 우리가 잃은 것이다.

찾아보니 '악마가 너의 죽음을 알기 전에'라는 제목은 사람이 죽고 '악마가 너의 죽음을 알기 전에' 30분 만이라도 천국에 머물기를 바란다는 아일랜드 속담에서 나온 말이라고 한다. 그렇구나, 그럼 많이 늦었구나. 하지만 그렇다 해도…… 악마가 필립 시모어 호프만의 죽음을 알기 전에…… 이것이 나의 성기고 이상한 추도사의 마지막이다.

(『씨네21』, 2014년 944호)

운동은
모든 곳에 있다

우리는 왜 〈버드맨〉에 반대하고 〈피의 복수〉에 열광해야 하는가

영화의 운동성에 관해 말하는 자리답게 우리의 단상도 운동의 일환이 되기를 바라면서 움직여 나가보자. 적어도 영화의 운동에 관한 한 우리는 알레한드로 곤잘레스 이냐리투의 〈버드맨〉에 반대해야 한다. 충분히 이상하게 들릴 말이다. 〈버드맨〉은 2015년 아카데미 작품상을 수상했고 개봉 직후 한국에서도 격찬을 받았으며 큰 이변이 없는 한 2015년의 가장 뛰어난 영화로 거론될 것 같다. 이 영화의 작품성을 높이는 데 기여한 것으로 인정받아온 특별한 촬영 미학 한 가지도 자주 언급되고 있다. 영화의 상영 시간 대부분이 단하나의 롱테이크로 찍은 것처럼 연결되어 있는 스테디캠 촬영 기법 말이다. 한때는 할리우드 공상 영웅물의 스타였으나 지금은 노쇠해져 대중들에게 잊힌 어느 노년의 배우가 브로드웨이의 극장에서 자신이 연출과 주연을 맡은 연극을 처음 올리는 이야기, 그러니까 그 시기에 겪게 될 갖가지 사건사고와 초조하고 불안한 심리를 그렇게 찍어야 한다고 감독은 판단한 것 같다. 이냐리투 자신은 그 이유에 대해 리얼리티의 추구라는 면모를 강조했다.

리얼리티를 추구했다는 그의 촬영 기획에 반론을 제기하는 것은 그다지 어려운 일이 아니다. 영화의 거의 내내 단절 없이 마치 롱테이크처럼 이어지는, 더 정확히 말하면 롱테이크 같은 효과를 주는 카메라의 저 운동이 리얼리티를 위한 것이라면, 저 홀로 하늘을 날고 밤을 지새우며 인물들의 동선과 시간과는 무관하게 이동하고 시간을 보내다가 다시금 인물들 곁으로 다가와 그들 사이를 이어내곤 하는 카메라의 그 전지적이면서도 자의적인 가공성에 대해서는 어떻게 설명할 수 있을 것인가.

〈버드맨〉의 카메라의 움직임을 추진시킨 것은 감독이 말한 바와 같은 리얼리티가 아니다. 할리우드에서 잊힌 노년의 배우가 망상과 초조함 속에 동료들과의 분쟁을 겪어나가며 마침내 한 편의 연극을 무대에 올린다고 하는 서사적 사건의 중대함에 대한 강조가 실은 그 카메라의 움직임을 추진시킨 장본인이다. 말하자면 이 영화의 카메라의 운동은 철저하게 서사적 기획에 종속되어 있으며 사건들의 연쇄를 점화하고 사건들을 목격하기 위한 서사적 기능물에 지나지 않는다. 이냐리투는 영화 안에서 벌어질 사건들에 등장인물들이 전부 하나로 연루되어 있는 한 줄의 선의 상태를 원하고 있다. 카메라의 운동으로 그 가상의 선을 그려내고 싶어 한다. 인물들 전부를 물리적으로나 심리적으로 이어낼 수 있는 어떤 가공적 연속성의 궤를 필요로 한 것이고 그 도구로 롱테이크 효과의 스테디캠 촬영을 선택한 것이다.

그러니 이냐리투가 말한 리얼리티와는 오히려 반대에 가깝다. 실은 리얼리티가 아니라 가상적 효과다. 리얼리티가 아니라 가상적 효과라고 해서 그 자체로 문제될 것은 없다. 문제가 되는 것은 그 가상적 효과가 그저 피상적이고 설익은 자기만족적 성찰을 위해 지나치게 치장되고 남용된다는 데에 있다. 이냐리투는 전작 〈바벨〉에서 전 세계에 따로 떨어져 있는 네 인물군을 억지로 한데 묶어 성긴 윤리 의식을 표방하고자 했고 그때 편집의 기능을 지나치게 과장하고 조작했다. 〈버드맨〉에서는 단지 조작의 도구가 편집에서 롱테이크 스테디캠 촬영이라는 것으로 바뀌었을 뿐이다. 이 영화가 표방하는 삶의 회한과 긴장과 정조가 더없이 성기고 철없어 보이는 이유는 감독 자신이 그토록 과시적으로 사용한 카메라의 운동성이 실은 자기 치장과 노출증으로만 얼룩져 있기 때문이다. 그리고 더욱 참기 어려운, 아니 가장 참기 어려운 근거가 하나 있다. 무엇보다 운동에 관한 한 이 영화에 반대할 근본적인 이유를 한 가지 더 덧붙일 수 있다. 이 영화에는 영화적 운동성에 관련한 능란한 기획성만 엿보일 뿐 영화적 운동성 자체에 대한 순수한 매혹이 좀처럼 느껴지질 않는다. 이 점이 또 다른 과장과 과시의 운동성으로 가득한 한 편의 영화를 떠올리게 한다. 두기봉의 〈피의 복수〉다. 우리는 반드시 이냐리투의 〈버드맨〉의 운동성에 반대하고 두기봉의 〈피의 복수〉의 운동성에 열광해야 한다. 물론 〈피의 복수〉는 설명하는 것조차 무색할 정도로 유치한 서사를 지녔다. 〈피의 복수〉는 딸과 그녀의 가족이 일군의 살인청부업자에게 당하자 전직 총잡이로 의심되는 아버지 코스텔로가 홍콩의 의리 있는 또 다른 살인청부업자들과 친구의 연을 맺고 힘을 합쳐 싸운다는 이야기다. 의리와 죽음을 앞세운 복수극이라는 홍콩 액션영화의 전형에서 크게 벗어나 있지 않다. 그럼에도 이 싸구려 서사의 저능함을 완전히 잊게 하는 것은 몇 차례 발생하는 기막힌 운동의 체험이며 그것으로써 우린 이 영화에 열렬히 매혹되고 만다.

한 장면을 보자. 코스텔로는 이제 막 기용하게 될 살인청부업자들과 식사를 하는 중이다. 코스텔로가 총에 관한 전문가라는 사실이 밝혀지자 난데없이 일행 중 우두머리격인 한 명이 식탁의 접시를 장난스럽게 저 멀리 허공으로 집어던지고 또 다른 동료가 그것을 쏘아 맞춘다. 그나마도 근사한 서사적 상황이 되려면 코스텔로가 직접 쏘아 맞춰 총잡이로서 그의 건재함을 증명하는 것이 훨씬 더 그럴듯하겠지만 엉뚱하게도 옆에 있는 다른 이가 쏘아 맞춘다. 어딘가 이상하고 어색한 장면이다. 그런데 서사적으로는 실수이거나 의문이거나 초과이거나 잉여에 불과해 보이는 이 뜬금없는 행위가 이 순간 설명 불가능한 쾌감을 일으키고야 만다. 그렇게 영화는 총탄에 의해 허공에서 깨어지는 접시를 보여주며 다음 신으로 넘어가고 이후에 이어질 코스텔로와 의리파 살인청부업자들과의 믿을 수 없을 정도로 낭만적인 우정은 눈짓도 대화도 아닌 저 멀리 허공을 가르고 날아가는 접시의 운동과 그걸 따라가 격파하고 마는 총탄의 운동으로 난데없이 먼저 확고하게 성립되는 것이다. 그들의 우정은 그러한 식의 운동으로만 확고해진다. 그러니 그들이 고물상의 공터에 일렬로 나란히 서서 아이들처럼 하는 그 한심한 놀이를 지나쳐선 안 될 것이다. 고물 자전거 한 대에 누군가 총을 쏴 움직임을 일으키자 다음 사람 또 다음 사람이 연달아 자전거를 맞춰서 그 자전거가 쓰러지지 않고 저 혼자 저만치 굴러가도록 할 때에, 그걸 지켜보면서 그들이 희희낙락하고 있을 때에, 그들은 자신들이 운동의 놀이로서만 우정을 다질 수 있는 자들이라는 걸 자인하고 있는 중이다.

우린 다른 예를 들 수도 있을 것이다. 무언가 움직이고 던져지고 날아간다는 〈피의 복수〉의 운동성은 낭만적 사내들의 우정이라는 테마에만 종속되는 종류가 아니다. 코스텔로와 그 일행이 언덕 위에 앉아 저 아래 아이들과 함께 가족 소풍을 즐기고 있는 적들을 주시하고 있다. 적들은 아직 즐거운 한때를 보내고 있으며 코스텔로 일행이 거기 있음을 알아차리지 못한다. 그때 아이 한 명이 갖고 놀다 던진 원반이 코스텔로 일행 쪽으로 천천히 슬로모션

상태로 날아들고 그 원반의 곡선의 운동을 따라 화면 안에는 갑작스럽게 방향과 영역이 설정되고 운동의 힘이 발생한다. 그러자 코스텔로 일행에게 적들의 시선이 모아지고 마침내 코스텔로 일행을 적들이 알아차리게 되면서 두 진영은 서로 대치 상태를 이루게 된다. 나른하게 주시하고 있던 상황을 긴장과 대치의 국면으로 순식간에 바꿔놓는 이 원반의 운동은 간결한데다 우아하며 시적이기까지 하다. 게다가 이 장면에서 무언가 던진다는 운동성은 결정적으로 한 번 더 등장하게 되는데, 가족들을 전부 돌려보내고 코스텔로 일행과 대치한 적들, 그들 중 한 명이 들고 있던 스프 그릇을 불가에 내던지는 것을 신호로, 그 슬로모션을 신호로, 마침내 두 진영의 본격적인 총격전이 시작된다. 이렇게 던진다는 것 혹은 던져진다는 것으로서의 움직임은 마침내 영화의 대단원에 이르러 대격전이 벌어지는 그 순간 양쪽 진영이 서로 커다란 사각형의 폐지 뭉치를 굴려 서로를 향해 돌격한다는 행위로까지도 변환된다. 총격전을 벌이는 양편의 인물들은 사람의 몸체보다 훨씬 더 큰 폐지 뭉치를 방패로 삼아 서로 굴리며 상대방에게 달려든다. 두기봉은 〈피의 복수〉에서 운동을 발생시킬 때 거의 서사를 괘념치 않거나 절대적으로 운동을 서사보다 우위에 둔다. 아니 어쩌면 이렇게 말하는 편이 더 옳겠다. 두기봉은 〈피의 복수〉에서 운동과 무작정 사랑에 빠져 운동을 거의 성애의 대상으로 삼는 것처럼 보일 정도다.

그러니까 우리는 왜 주제도 장르도 시기도 다른 〈버드맨〉과 〈복수〉를 비교한 것인가. 과잉되고 과장된 유사함을 갖추었음에도 불구하고 주목해서 보면 완벽히 다른 운동의 성질을 지닌 두 편의 영화의 차이를 말해보고 싶었다. 그 차이는 크고 본질적이기 때문이다. 가령 〈버드맨〉은 운동을 사건화하고 〈복수〉는 운동을 성애화한다. 만약 우리가 어느 영화를 보면서 "이것 참 별 (훌륭한) 이야기도 없는데 영화는 흥미진진하네"라고 말하게 되는 경우가 있다고 한다면, 존 포드나 장 르누아르나 막스 오퓔스의 영화를 보면서 하게 되는 그런 감탄사를 어느 영화를 향해 하게 된다면, 그때 그런 인상을 가져다준 가장 중요한 요인 중 하나로 우린 운동성을 가장 먼저 떠올려보아야 할 것이다. 그런 점에서 〈버드맨〉은 서사적 사건들의 연쇄를 강조하기 위해 운동성을 끝내 종속화 혹은 도구화하는 얄팍함의 예로, 〈피의 복수〉는 운동성이 도리어 서사의 진전을 무색하게 한다 해도 그 운동성 자체에 무구한 관능을 부여하는 황홀함의 예로 오래 기억해둘 만하다.

운동을 탐하라

영화적 본성에 해당하는 운동성이란 기본적으로 비서사적이다. 그러므로 이야기의 조리를 내팽개친 채로 운동과 움직임에 대하여 낭만적이고도 과격한 성애적 도착자가 된 두기봉과 같은 감독들에게는 일말의 죄도 없거니와 그들의 영화는 때때로 본능적인 최상의 아름다움까지도 지닌다. 물론 영화에서의 운동은 의미와 가치와 필요를 부여 받는 걸 피할 수 없다. 어떤 운동은 좋고 어떤 운동은 나쁘다. 어떤 운동은 가치 있고 어떤 운동은 무가치하다. 어떤 운동은 필요하고 어떤 운동은 불필요하다. 그렇게 의미와 가치와 필요는 부여될 것이지만 그럼에도 영화라는 것이 무언가 움직여 운동한다는 그 동어반복적 본성을 기본으로 하고 있다는 것과 그 본성적인 활동만으로도 가장 아름다운 감흥의 탄식을 끌어낼 수 있는 매체라는 사실을 반드시 인정한 다음에야 우리는 운동의 의미와 가치와 필요 등등을 논해야 옳을 것이다 (다만 영화에서의 운동과 움직임이란 일축하기 어려운 여러 가지 국면을 지닌 것이라, 이 글에서 우리는 카메라의 운동과 프레임 내 대상의 운동 정도로만 제한해서 언급하려고 한다. 그리고 막연하게나마 모국어의 어떤 느낌을 의식하되 운동과 움직임이라는 용어는 때에 따라 혼용될 것이다).

그렇다면 영화의 운동에 관한 한 가장 지독한 성애자들인 동시에 가장 창의적인 지적 탐험자들인 두 사람의 영화 운동론을 한번 들어보는 건 어떠한가. "이미지에 실질적 운동을 도입하는 영화를 어떻게 내가 발견하지 못할 수 있었겠나? 나는 영화에 철학을 적용하려고 하지 않았고, 철학에서 영화로 바로 가려고 했다. (……) 나는 언어학이나 정신분석학이 영화에 많은 것을 제공한다고 믿지 않는다. 오히려 그러한 기여는 뇌생물학─분자생물학─의 몫이다. 사유는 분자적이다. (……) 영화는 연극이 아니다. 오히려 영화는 입자들로부터 몸을 만들어낸다. 연결들은 종종 역설적이고, 모든 면에서 이미지의 단순한 연합을 넘쳐흐른다. 영화는 바로 그것이 이미지를 움직이게 하기 때문에 또는 이미지에 자기 운동을 부여하기 때문에, 결코 뇌의 회로를 타고 가는 것을 멈추지 않는 것이다."(『뇌는 스크린이다』, 그레고리 플렉스먼 엮음, 박성수 옮김, 이소, 2003) 철학자 질 들뢰즈의 고백에 가까운 말이다. 영화의 운동에 관한 많은 진술들이 있지만 이처럼 편파적인 동시에 용감하고 설득력 있는 진술은 드물 것이다.

정신분석학이나 언어학보다 뇌생물학이나 분자생물학이 영화에 기여하는 바가 더 크다는 들뢰즈의 말을 우리는 어떻게 이해하고 받아들여야 할 것인가. 한 명의 영화비평가로서 말하자면 역동적인 감상의 허구를 밀어붙이게 하는 데에 정신분석학과 언어학이 때때로 흥미로운 동력을 제공한다는 사실을 조금은 알고 있으므로 그것들의 소용을 무작정 외면하기는 어렵다. 정신분석학과 언어학은, 물론 언제나 그러한 것은 아니지만, 어떤 영화를 모험하고자 할 때 도움과 가르침을 줄 때가 있다. 혹은 뇌생물학과 분자생물학이 실질적으로 영화에 어떤 기여를 하는지에 대해서 우리는 더 상세한 근거를 요청할 자격이 있다. 그럼에도 우리는 들뢰즈의 말을 전적으로 수긍할 수 있다. 들뢰즈의 저 말이 영화론의 이해를 두고 정신분석학과 언어학이 지나치게 특권을 부리던 시기에 나온 반작용이라는 것을 모르지 않지만, 그럼에도 우리는 들뢰즈의 말을 최대한 긍정적이면서도 신중하게 받아들여야 할 필요가 있어 보인다. 그가 다름 아니라 영화가 지닌 본성 중 운동에 관하여 강조하고 있기 때문이다.

우리가 영화를 보며 아름답다고 감탄하는 몇 가지 순간들, 특히나 운동이 그 감탄을 만들어내는 순간들에 대해 정신분석학과 언어학은 무능하다. 영화의 가장 아름다운 본성 중 하나인 운동을 정신분석학이나 언어학은 어쩌지 못한다. 정신분석학과 언어학은 인간의 정신과 언어를 연구하는 데 가치 있는 학문으로 출현했을 것이다. 그렇다면 그저 분자의 왕성한 움직임에 해당하거나 그로 인하여 뇌에 접촉되는 인지와 감각의 순간에 해당하는 깃일 뿐인데 오직 그것만으로도 영화가 한순간 감동적인 경우가 있다면 정신분석학과 언어학은 그걸 어쩌지 못하는 것이다.

한 가지 예를 들어보자. 우리는 바람을 정신 분석할 수 없고 바람의 언어를 분석할 수 없다. 하지만 영화에 불어오는 바람의 움직임과 운동으로 인해 얻게 되는 감동의 일례들을 우린 알고 있다. 빅토르 시외스트룀의 〈바람〉에서 릴리안 기시의 겁먹은 몸과 모래 속으로 묻혀가던 죽은 남자의 얼굴 위로 덮쳐 오던 그 강력한 모래 바람, 이만희의 〈휴일〉에서 저만치 서 있는 남자와 여자 사이에 떨어진 코트 위로 불던 흙바람, 안드레이 타르코프스키의 〈거울〉에서 저 멀리 수풀들을 무너뜨리며 남자에게서 여자 쪽으로 넘실거리며 달려오던 바람, 구로사와 아키라의 〈카게무샤〉 혹은 〈란〉에서 적군과 아군의 깃발 모두를 부러뜨릴 듯 세차게 불던 바람, 이창동의 〈시〉에서 노년의 여인이 평상에 앉아 시상에 빠질 즈음 그녀의 얼굴 쪽으로 문득 불어오던 불길하면서도 고요한 바람, 홍상수의 〈하하하〉에서 언덕길의 남자를 당황시키며 우산을 뒤집어버리고 말던 그 세차고 황망한 바람.

우리가 들뢰즈의 말을 경유하여 지금 강조하려는 것은 영화를 대상으로 한 정신분석학과 언어학의 무용론이 아니라 운동이 중요하다는 동어반복이다. 들뢰즈는 프랑스 국립영화학교의 학생들, 말하자면 미래의 영화감독들을 대상으로 한 강연에서도 이렇게 말한다. "여러분들이 고안해내는 것은 개념―이것은 여러분들의 일이 아닙니다―이 아니라 '운동/지속'의 블록(block)입니다. 누군가 '운동/지속'의 블록을 만들어낸다면 아마도 그는 영화를 하고 있는 것입니다."(『사유 속의 영화』, 이윤영 엮음, 문학과지성사, 2011)

한 사람의 견해를 짧게 더 덧붙여보자. 영화의 운동성을 보고 느끼는 것이 무엇보다 중요하다고 한치의 의심도 없이 믿었고 그것을 영화 감상과 영화 비평이라는 실천적 행위의 극단으로 끌어올린 또 다른 영화적 운동의 성애자가 일본의 평론가 하스미 시게히코다. 그는 영화를 볼 때 중요한 것으로서 "동체시력"을 거듭 강조한다. 영화는 움직이는 운동이므로 그 운동을 버티며 볼 수 있는 시력, 즉 운동을 보는 눈의 힘이 중요하다는 말인 것 같다. 심지어 하스미는 DVD의 시대에 이르러 흘러가는 영화를 멈춰 세워놓고 그 내용을 기억하기 위해 필기하는 평론가들의 행위에조차 눈살을 찌푸리는 것 같다. 명민한 후배 평론가 아사다 아키라의 표현에 따르면 하스미에게 중요한 것은 오로지 "표층적 운동체로서의 영화에 충실"(아사다 아키라, 『도주론』, 문아영 옮김, 민음사, 2012)하는 것이다.

우리가 두기봉의 〈복수〉를 보며 던진다는 것의 운동성을 짐작하고 말할 수 있었던 것 또한 전적으로 하스미의 덕분이다. 「존 포드와 던진다는 것」이라는 제목의 강연록에 담긴 하스미의 짧지만 강렬한 가르침이 없었다면 우리의 흉내는 불가능했을 것이다. 한편 하스미는 존 포드 자신이 가장 사랑했고 자부심을 느꼈던 영화 중 한 편인 〈웨건 마스터〉에 관하여 "이 사치스러운 'B급'영화에서 포드는 무엇을 찍은 것일까요"라고 자문하고는 이렇게 자답한다. "그건 완만한 운동입니다. 인물이 있고 풍경이 있고 그 풍경 속에서 인물이 움직인다면 그 운동에 카메라를 향하는 것을 철저히 할 것"이라고 말이다. 하스미는 심지어 영화가 어떤 운동성을 포착하는 데 무능한지에 대해서까지 이미 오래전에 썼다. 흔히는 영화가 어떤 운동에 유능한지에 대해서 생각하게 되지만 하스미는 그 점을 뛰어넘어 반대의 경우까지 사유했던 것이다. "영화는 세로 방향, 즉 종의 세계에 수직으로 움직이는 운동에 철저히 무력하다"라는 문장으로 시작하는 「영화와 떨어지는 것」이라는 그의 글은 영화가 옆으로 펼쳐진 가로 위주의 프레임 구조 안에서 수평적 운동을 포착하는 것에는 기민하지만 수직적 운동을 포착하는 것에는 대체로 무능하다'는 가정 아래 도전적인 사유를 들려주고 있다.(하스미 시게히코, 『영화의 맨살』, 박창학 옮김, 이모션북스, 2015) 이 정도라면 그를 영화적 운동의 성애자라고 칭한 우리의 호칭은 이상할 것이 없어 보인다.

천변만화, 트래킹(트래블링) 숏 사용법

그럼에도…… 우리는 운동에 대한 하스미의 대가적 견해를 계속 따르기보다 우둔할지라도 우리의 방향으로 따로 또 거칠고 자유롭게 움직여보고 싶다. 가령 하스미라면 가정조차 하지 않을 만한 평범하고 기본적인 질문을 한 번 던져보자. 영화가 이미 유능하게 해내고 있다고 하스미가 가정한 횡적 운동 혹은 수평적 운동에 대해 생각해보자는 것이다. 영화의 그 횡적, 수평적 운동 중에서도 특히 카메라의 운동에 대해 생각해보자는 것이다. 카메라의 운동 중에서도 대표가 될 만한 특정한 '기술' 한 가지를 생각해보자는 것이다. 말하자면 트랙이나 바퀴를 따라 카메라 자체가 이동하는 촬영 기술, 트래킹 숏/트래블링 숏(이하 트래킹과 트래블링이라는 용어는 맥락에 따라 혼용된다)를 생각해보자는 것이다. 물론 여기에서 우리의 관심은, 영화의 운동에 관하여 말하되 그 운동을 이행하는 특정한 기술로 초점을 좁혔을 때 그 기술의 역능은 무엇이 되며 우리는 거기에 어떤 반응과 사유들을 덧붙이게 되는가 하는 것이다. 이러한 문제에 관한 유명한 영화사적 일례가 하나 있어서 전하고 싶다.

프랑스의 좌파 감독 질로 폰테코르보가 유대인 강제수용소를 배경으로 만든 영화 〈카포〉가 개봉된 지 얼마 뒤인 1961년에 평론가이자 감독인 자크 리베트는 이 영화를 보고 「천함에 대하여」라는 글을 썼다. 리베트는 여주인공 리바가 강제수용소의 철책에 몸을 던져 자살하는 장면에서 카메라가 트래킹 숏으로 트랙 인 하여 그녀의 육체를 근접 촬영하게 한 폰테코르보의 연출을 격렬히 비판했다. 천하다는 것은 다름 아니라 카메라의 그 움직임을 가리키는 표현이었다. 십대에 리베트의 글을 읽고 깊이 감명 받았고 훗날 뛰어난 비평가가 된 세르주 다네는 그의 인생 말년에 작성한 「카포의 트래블링」이라는 글에서 리베트의 의견에 전적인 동의를 표했다.

심지어 당시까지 〈카포〉를 보지도 않았고 앞으로도 볼 필요가 없다고 믿으면서 다네는 썼다. "이렇게 단순한 카메라의 움직임 하나가 결코 해서는 안 되는 움직임이 되어버렸다. 실행하면 명백하게 '천해지지' 않을 수 없는 카메라 움직임 (……) 그는 나치 강제수용소에 대해 이데올로기적으로만 격분했을 뿐이다. 이 때문에 그는 (리바의 자살을 찍는) 장면에 아무짝에도 쓸모없는 예쁜 트래블링 하나를 '추가로' 새겨 넣었던 것이다."(『사유 속의 영화』) 마땅히 지켜야 할 윤리를 저버리고는 트래킹이라는 움직임의 영화 기술을 마치 죽음을 위한 장식품처럼 악용했다는 비판이다. 실제로 영화를 보면

〈카포〉에서의 그 카메라 움직임은 이렇게 큰 쟁점이 된 것이 의아할 정도로 평범하고 무성의하다. 그렇다면 리베트와 다네는 비평적 과장을 한 것일까. 아니 그 반대인 것 같다. 감독이 평범하고 무성의하게 처리한 그 순간의 움직임이 실은 얼마나 치열한 고뇌와 결단을 요구하는 장면이었는지를 예민하고 통렬하게 부각시켜주었다는 점에서 리베트와 다네는 여전히 옳다.

리베트도 다네도 인용하고 있는 트래킹 숏에 관한 유명한 명제 하나가 있다. 그것이 우리의 논의에 동력을 더해줄 것이다. "트래블링은 도덕의 문제다." 알랭 레네의 〈히로시마 내 사랑〉을 주제로 열린 대담 자리에서 장 뤽 고다르가 선언처럼 했던 말이다. 그런데 이 말은 영화에 관한 불변의 진실이 아니라 모종의 영화적 진실을 추구하기 위한 강력한 우격다짐으로 들어야 한다. 리베트와 다네가 〈카포〉의 장면을 비판한 것과 고다르의 이 말은 그 성격이 다소 다르다. 〈카포〉의 장면은 구체적이지만 고다르의 말은 추상적이다. 그러니까 이 명제만을 놓고 보자면 트래킹(트래블링)과 도덕 사이에는 사실상 아무 관계가 없다. 이것은 마음만 먹으면 얼마든지 변용 가능하다. 줌은 도덕의 문제다. 패닝은 도덕의 문제다. 스테디캠은 도덕의 문제다. 드론은 도덕의 문제다.

고다르의 저 언어는 환유적이다. 그는 '영화의 기술'이라고 말하는 대신 '트래블링'이라고 말한다. 훗날 어느 인터뷰에서 "그것은 단순히 농담이 아니라 스타일과 내용을 분리하는 사람들에게 한 말"(『고다르×고다르』, 데이비드 스테릿 엮음, 박시찬 옮김, 이모션북스, 2010)이라고 고다르는 퉁명스럽게 받아쳤다. 그러니 이 우격다짐의 진정한 목적은 경고였다. 우리가 역설적으로 배워야 할 핵심도 그것이다. 영화의 기술 혹은 스타일은 쓰임에 따라 관점을 다르게 표방하게 되는 미완의 성질을 지녔다는 것, 기술을 어떻게 활용하느냐에 따라 완전히 다른 종류의 의미를 낳게 된다는 것이다. 사실은 누구라도 잘 알고 있는 상투에 가까운 문제 아닌가. 그런데 이 상투적이기까지 한 문제에 관하여 많은 창작자들이 부주의하다는 사실에 대해서 고다르는 강력한 아포리즘으로 경고한 것이다.

그러니까 사실상 트래킹(트래블링)은 쓰임의 문제다. 고다르의 명제를 끌어냈던 알랭 레네의 경우, 자신은 자전거를 타고 도시를 돌아다니는 것을 좋아하는 편인데 그런 운동적 감각이 자신이 자주 쓰는 트래킹 숏의 활용에 영향을 준 것 아니겠느냐고 넌지시 말한 적이 있다. 알랭 레네에게 트래킹 숏은 어쩌면 도덕의 문제가 아니라 감각의 문제였을 것이다. 더 이상 도덕과 정치를 논하지 않는 레네의 영화에서도 트래킹은 여전히 중요하게 쓰였다. 하지만 고다르에게 그런 건 중요치 않은 문제였던 것 같다. 그는 자신이 천명한 명제를 스스로 따르며 트래킹 숏을 자기 방식대로 고민하고 발전시켰고 실제로 영화에 수차례 반영했다. 그런 가운데 그의 트래킹은 일종의 정치적 표현 양식으로 자리 잡아갔다.

영화사상 가장 유명한 수평적 움직임이자 트래킹 숏 중 하나인 〈주말〉의 7분이 넘는 장면을 떠올려보자. 이 장면은 "위대한 불굴의 트래블링"(『사유 속의 영화』), "발자크의 『인간희극』의 단편"(존 오르, 『영화와 모더니티』, 김경욱 옮김, 민음사, 1999), "고다르의 모든 시퀀스에서 가장 유쾌한 시퀀스들 가운데 하나"(제임스 모나코, 『뉴웨이브 2』, 주은우 옮김, 한나래, 1996)라는 평가를 끌어냈다. 소풍을 떠나는 시끌벅적한 인파, 그들을 실은 자동차들이 도로에 일렬로 정체되어 있고 카메라는 도로의 옆을 따라 그 행렬을 훑어나간다. 사람들의 갖가지 우스꽝스러운 행동과 목불인견의 끔찍한 광경이 펼쳐진다. 마침내 카메라가 움직임의 끝에 이르면 다중 충돌로 전복된 자동차와 시체들이 널려 있다. 그것이 이 교통 정체의 원인이다. 희극과 비극 사이를 넘나드는 이 장면의 움직임은 프티 부르주아지에 대한 고다르의 냉소적 표현이라고 오랫동안 말해져왔다.

　다른 예도 있다. "트래킹 숏으로 사회악을 볼 수 있도록 한 것"(『고다르×고다르』)이라고 고다르가 표현했던 영화가 〈만사쾌조〉다. 고다르는 이 영화에서 자본주의 사회의 유통과 소비를 대변하는 대형 마트의 풍경을 담아내겠다고 작정이나 한 듯 기나긴 트래킹 숏으로 마트의 좌우를 오간다. 우리는 간단히 물을 수 있다. 그러한 의미들이 꼭 트래킹 숏의 운동으로만 가능한 것인가. 그렇지는 않을 것이다. 다만 이 움직임들은, 이 트래킹 숏들은, 그 자신의 명제에 대한 고다르의 실천의 문제였던 것 같다.

　그러니 돌아보면 리베트와 다네가 비판한 것은 〈카포〉의 트래블링이지 트래블링이라는 기술 자체가 아니었다. 문제는 〈카포〉의 움직임이지 움직임 그 자체가 아니었다. 오히려 움직임은 그들과 같은 씨네필에게 기본적으로는 무한 찬미의 대상이다. 〈카포〉의 트래킹 숏의 움직임을 그토록 세차게 비난하던 다네의 같은 글에서 글의 핵심적 논의와 무관하게 눈에 들어오는, 르누아르의 영화 〈나나〉에 관해 언급하는 구절이 하나 있다. "매독에 걸린 채 침대에 누워 단말마의 신음을 하고 있는 나나 앞에서 젊은 르누아르 감독이 만들어낸 떨리는 듯한 느린 트래블링을 어떻게 잊을 수 있을까?" 다네는 그렇게 감동을 되새기는 한편, "초기 영화부터 르누아르는 트래블링 한 번으로 한 인물을 끝내버릴 수 있는 몇 안 되는 감독"이라는 표현을 쓰고 있지 않은가.

　전적으로 동감할 만하다. 르누아르 영화의 카메라 움직임과 촬영 대상들의 움직임은 관능적이고 사색적이면서도 감정적인 운동들로 가득하다. 다네의 표현을 의식하면서 말해볼 수도 있다. 가령 나의 경우에는 〈인간야수〉에서 사랑하는 여인을 살해하고 죽음과도 같은 실의에 빠진 열차 기관사 자크가 철길을 따라 터벅터벅 걷고 있을 때 그의 앞에서 한 걸음 떨어져 그를 비추며 미끄러지듯 후진하고 있는 그 트래킹 쇼트의 망연자실한 운동감을 도저히 잊을 수 없다.

덧붙여 이 영화의 시작과 끝도 잊을 수 없다. 맹렬히 돌진하는 기차를 조종하는 기관사 자크의 모습으로 시작했던 영화는 달리는 기차에서 돌연히 몸을 던져 자살하는 자크의 비극적 행위로 끝이 난다. 물론 자크의 자살이 실제 마지막 장면은 아니지만 이 장면이야말로 자크의 심리와 신체에 관련된 모든 생동하는 것들이 정지하고 소멸하는 자리이기에 이 영화의 진정한 끝이라 할 만하다. 달리는 기차라는 동일한 움직임이 영화의 앞과 뒤에 반복되지만 삶과 죽음의 정황은 그토록 다르다. 이러한 착각까지 든다. 이 영화는 움직임을 시작한 자리로 돌아와 움직임으로 끝난다.

운명, 악행, 기적의 움직임

그런 영화들이 있다. 움직임을 시작한 자리로 돌아와 움직임으로 끝나는 영화들. 한국 영화가 한 편 떠오른다. 아이들이 한적한 강가에서 놀고 있다. 옆으로는 강물이 흐르고 있다. 그러니까 들뢰즈가 "움직이는 대상의 운동을 추출해낼 수 있는, 또는 운동 자체의 이동성을 추출하게 해주는 훌륭한 환경"(『시네마 I : 운동-이미지』, 유진상 옮김, 시각과언어, 2002)이라고 지적한 강물. 하지만 이 영화의 강물은 참극과 슬픔을 운동시키는 환경이다. 강물을 따라 무언가 천천히 흘러내려오고 있는데 가까이 다가와서야 소녀의 시체라는 것이 밝혀진다. 이창동의 〈시〉다. 불길한 도입부로 시작한 이창동의 〈시〉는 영화의 서사를 모두 마감하고 마지막 장면에서 그 강으로 돌아와 흐르는 강물의 공허한 운동을 처연하게 다시 비춘다. 다른 시작과 끝도 있다. 예컨대 우리는 최근에 한 사내의 움직임으로 영화를 열고 그 사내의 움직임으로 영화를 닫은 한국 영화 한 편을 보기도 했다. 이 영화를 계기로 운동에 관한 우리의 단상은 이제 동시대 가까운 한국 영화들 쪽으로 흘러가 마무리되는 것도 좋겠다.

눈앞에는 허름한 주차장이 덩그러니 놓여 있다. 저 멀리 건설 중인 아파트 단지가 흉가처럼 혹은 흉기처럼 삐죽 솟아 있고 반쯤은 어둑한 하늘의 풍경을, 반쯤은 싸늘한 도시의 풍경을 잡고 있던 허공 위의 카메라가 서서히 하강하면 옥상에는 고양이 한 마리가 느릿하게 움직이고, 한 사내가 차에서 내려 헐렁하고도 뻐딱한 걸음걸이로 주차장을 빠져 나와 언덕길을 걸어 내려간다. 카메라가 그의 뒤를 따른다. 카메라가 그의 뒤에서 멈춰 바라보는 것이 아니라 움직여 뒤따르고 있다는 것이 중요하다. 관객인 우리는 그가 누구인지 아직 모르고 그의 이야기는 시작도 되지 않았지만, 이미 시작한 것은 그의 움직임이다. 그가 잠깐 어두운 터널을 지날 때 하는 손짓도 눈여겨보자. 파리인지 모기인지를 쫓느라 손을 휘적거리는 이 움직임은 무언가 쫓아보낸다는 의미 아래 영화의 마지막 장면에서 기묘하게 되풀이될 것이다. 이인물이 살인 현장을 향해 가는 형사 정재곤(김남길)이라는 사실은 얼마 뒤에나 밝혀질 것이다. 지금 이 자리에 출현한 것은 어떤 사내, 그의 뒷모습, 그의 움직임이며, 이것이 오승욱의 〈무뢰한〉의 시작이다.

그리고 〈무뢰한〉은 다음과 같이 끝난다. 김혜경(전도연)이 정재곤을 향해 "이영준!" 하면서 그의 가명을 부르며 달려든다. 어느새 칼이 그의 배에 꽂혀 있다. 영화의 오프닝에서 등장했던 몇 가지 움직임은 이제부터 반복 변형된다. 오프닝에서 벌레를 쫓듯이 손을 한 번 휘저었던 것처럼 정재곤은 자신을 부르는 동료 경찰들을 저 멀리 쫓아내느라 팔을 한 번 휘젓는다. 자기가 저지른 일에 대한 절망감과 당혹감으로 울음을 터뜨리는 김혜경을 남겨두고 정재곤은 언덕길을 힘겹게 걸어 내려간다. 처음에 그의 등 뒤를 뒤따르던 카메라는 배에 꽂힌 칼과 그 너머로 보이는 도시의 표정을 보여준 뒤 몇 발짝 앞으로 질러 나아가 이제는 그의 전면을 보여주며 이동한다. "새해 복 많이 받아라, 씨발년아……" 정재곤이 기도하듯 저주하듯 말한다. 이후에 이 인물이 어떻게 될지 우리는 그의 남은 삶의 서사를 장담할 수 없다. 그는 원래의 삶으로 돌아가 정재곤으로 살 것인가. 언젠가 이영준으로 김혜경을 다시 찾아와 이루지 못했던 사랑을 이룰 것인가. 혹은 몇 발짝 가지 못해 그 자리에서 죽음을 맞이할 것인가. 남은 이야기를 예측할 수 없는 가운데 그는 계속 움직이고 있다. 서사는 예측 불가능한데 오로지 저 힘겨운 사내, 그의 앞모습, 그의 움직임만이 확실하다. 이 영화를 멈추는 방법은 그렇다면 움직임을 멈추는 것이다. 때문에 영화는 마침내 프리즈 프레임으로 끝난다.

〈무뢰한〉의 오프닝과 라스트 신에 수미상관의 형식으로 배치된 이 운동성은 감독이 바란 강도에 비한다면 비교적 덜 조명 받은 것 같다. 이 장면들이 전적으로 성공적이어서 재조명받아야 한다는 뜻은 아니다. 특히 라스트 신에서 칼을 배에 꽂고 걷는 사내의 움직임은 감독이 바란 것처럼 비장한 순애의 분위기만을 연출해낸 것이 아니다. 지나치게 하드보일드한 느낌을 주었거나 멜로적 과잉으로 받아들여졌기 때문인지 실제로 극장에서는 핀잔과 웃음으로 응대하는 관객도 있었다. 그 핀잔과 웃음에는 저 리얼리티를 믿어야 하느냐는 반문이 섞여 있었을 것이다. 그런데 우리의 논점에서 볼 때 중요한 것은 그 과잉의 부작용을 감수하고서라도, 위태로움을 인식하면서도 그 움직임이 선택되었다는 사실이다. 왜 그랬을까.

감독은 장 피에르 멜빌이 연출하고 알랭 들롱이 주연을 맡았던 영화 〈사무라이〉에서 영감을 얻은 것으로 밝히고 있지만, 움직임에 관한 한 〈무뢰한〉은 〈사무라이〉보다 훨씬 더 강박적이다. 〈무뢰한〉은 〈사무라이〉의 도입부와 후반부에 등장한 일부 동선의 상태를 훨씬 더 과잉되게 하여 일관된 움직임의 상태로 만들고 그에 따라 감정이 고양되기를 바란 것 같다. 걸어서 '들어간'

자는 걸어서 '나오게' 되어 있으며 시체를 확인하러 들어갔던 자는 반 시체가 되어 나온다는 것이다. 〈무뢰한〉은 그 특정한 움직임으로 열고 닫으며 인물들이 처한 수렁 같은 폐쇄적 운명의 구조를 감지시키려 한다. 즉, 〈무뢰한〉에서는 운동의 구조가 바로 인물들의 운명의 구조다. 〈무뢰한〉의 운동성이 특별하게 출중한 미학을 성취했다기보다는 한 편의 대중 영화에서조차 운동이 얼마나 진지하게 기획되는지 알려주는 좋은 예인 것 같다.

그렇다면 조금 더 거슬러 올라가 비교적 최근의 예를 짧게 두 가지만 더보기로 하자. 두 개의 패닝 숏이 있다. 하나는 〈한공주〉의 패닝 숏이고, 또 하나는 〈자유의 언덕〉의 패닝 숏이다. 전자는 영화가 화제가 되면서 문제의 패닝 숏으로 얼마간 인식되었고, 후자는 영화의 미학적 성취와는 별개로 그다지 말해지지 않은 숨겨진 기적의 장면이다. 평론가 남다은은 〈한공주〉를 전면적으로 비판했다. 특히 남학생 여럿이 여학생 한 명을 집단 강간하는 장면을 문제삼았다. 남다은은 감독이 그 장면을 벽에 붙은 선풍기의 특권적인 시점으로 촬영한 것에 대해 비판했다. 이견이 있을 수 없는 지적이다. 다만 시점의 문제는 그의 글에서 다각도로 말해졌으니 운동의 문제에 대해서만 짧게 첨언하려고 한다. 특권적 시점이 문제가 되었으나 실은 특권적 운동이 더큰 문제를 일으킨 장면인 것 같아서다. 남다은 역시 "이 장면은 카메라의 의도적인 패닝이 아니라, 선풍기의 자동적인 움직임에 의한 것처럼 찍혔다. 마치 사건의 현장을 어쩔 수 없이 보게 된 것처럼 굴고 있는 것이다"(남다은, 『감정과 욕망의 시간』, 강, 2015)라고 하면서 이 운동의 위선적 면모를 정확히 지적했다.

기어코 움직였기 때문에 더 큰 문제가 되는 것이다. 왜 그런 것인가. 선풍기의 운동이 사물의 자연적 운동인 것처럼 위장되어 있지만, 그 운동은 연출자의 명백한 의도적 추진력에 의한 것이기 때문이다. 우리가 전제한 것처럼 운동이 영화의 본성이라고 할 때, 그리고 어떤 쓰임이 결정되기 이전에 운동이 의미나 가치 면에서 미완이라고 할 때, 지금 이 본성이 사악함의 능동성을 장식하도록 활용되고 있는 것이 문제다. 〈카포〉의 트래블링에 대해 쓴 리베트와 리베트의 글에 동의한 다네라면 이 장면에도 동의하지 않을 것이다. 결정적으로 운동은 '힘'을 발생시킨다. 그러므로 이 장면에서 사소해 보이는 선풍기의 운동은 공간을 장악하는 힘을 과시한다. 그런데 그 힘으로 무엇을 하고 있는가. 악행을 장식한다. 사악한 행위가 일어나는 장면에 영화의 본성적 운동성을 부과하여 힘을 불어넣은 뒤 미학적 생명력을 성취하려 했기 때문에 이 장면은 비판을 피할 수 없게 된 것이다. 〈한공주〉의 패닝은 도덕의 문제다.

이에 비하여 〈자유의 언덕〉의 패닝은 어떠한가. 우리가 말하려는 패닝은 모리(카세 료)와 권(서영화)이 만나는 장면에 쓰인 것이다. 모리가 권에게 남긴 편지, 하지만 권이 계단에서 떨어뜨려 순서가 뒤죽박죽이 된 그 편지를 권이 읽기 시작하면 편지 속의 내용이 영상으로 전환된다. 〈자유의 언덕〉의 시간성은 그걸 따른다. 그러므로 영화의 시간성은 편지의 낱장들이 순서 없이 읽히는 것과 마찬가지로 뒤죽박죽 헝클어져 있다. 영화는 모리의 일화를 중심으로 전개되지만 이따금씩 편지를 읽는 권의 모습도 보여준다.

말하자면 모리는 편지 안에, 권은 편지 바깥에 있는 인물이다. 각자 다른 차원에 존재하는 인물이라고 말하는 편이 더 옳겠다. 게다가 둘은 영화 내내 시간적으로 멀리 떨어져 있는 인물들처럼 느껴진다. 한 명(모리)은 지나가 버린 과거를 사는 인물이고, 한 명(권)은 현재라는 시간을 살아가고 있는 인물인 것처럼 느껴진다. 그 때문에 우리는 두 인물이 만날 수 있을 거라는 예상을 거의 하지 못한다. 하지만 모리가 일본으로 떠나기 전날 모리의 숙소로 불현듯 권이 찾아오고 우리는 놀라게 된다. 두 인물이 한 공간의 같은 시간대에 살아가고 있었던 것인가. 그렇게 편지 바깥의 인물이 편지 안으로, 현재의 인물이 과거 속으로, 권이 모리의 시간으로 들어온 것처럼 느껴졌을 때 특별한 움직임 하나가 발생한다. 모리의 몸을 따라 왼쪽에서 오른쪽으로, 마당에서 문가로 움직여 방 안에 있는 권과 그 앞에 선 모리를 함께 담아내는 패닝 숏이다.

도대체 무엇이라고 표현해야 적당할 것인가. 시간의 축을 유연하게 가르고 들어오는 운동축의 개입이라고 해도 될 것인가. 이 운동은 〈옥희의 영화〉에서 옥희와 나이 든 남자가 화장실 앞에서 재회하는 장면, 〈북촌방향〉에서 술집 여주인과 옛 연인이 "오빠"라는 대사 한마디로 존재감이 겹치고 흔들리는 장면, 〈다른나라에서〉에서 안느와 그의 남자가 등대 앞에서 포옹하는 꿈속 장면에 버금가는 불가사의함을 일으킨다. 요컨대 모리와 권, 둘은 잘살았다는 보이스 오버 내레이션이 언덕을 오르는 그들 뒷모습에 겹쳐 들리지만, 장면이 바뀌면 모리는 다시 게스트하우스 마당에서 잠을 자고 있고 그의 방에서는 영선(문소리)이 나오면서 초반부 장면에 이어지고 있다. 이것이 〈자유의 언덕〉의 라스트 신이다. 그러므로 모리와 권이 만날 때 발생한 패닝 숏은 찰나의 기적을 이루게는 하지만 영원하지 않은 미완의 상태에 영화를 속하게 하는 그런 움직임이며, 운동성으로 시간을 흔들면서도 고정적인 가치와 의미는 부여하지 않은 채로 미완을 미완으로 두는 기적적인 움직임이다. 그리고 우리가 기다리는 영화적 운동의 기적이란 종종 이런 상태에 놓여 있는 것들이다.

꾸불꾸불하고도 불규칙한 길을 거치며 영화의 운동에 관한 몇 가지 단상을 펼쳐보았다. 되도록 흘러가는 대로 흘러가보려고 하다 보니 여기까지 왔다. 요컨대 여기에는 한 가지 전제가 있을 뿐이다. 우리들의 일상적 영화 경험에 운동이 얼마나 긴밀히 관련되어 있는가를 구체적으로 느껴보고자 한 것이다. 우리가 운동의 대가라고 칭한 르누아르 영화 중에서도 가장 활발한 운동성을 보여주는 영화의 하나인 〈엘레나와 남자들〉에 이런 장면이 등장한다. 한 남자가 엘레나를 찾고 있고 엘레나는 지금 집 안의 이곳저곳을 분주하게 돌아다니고 있다. "엘레나는 어디 있나?" 남자가 묻자 엘레나의 하녀가 주저하지 않고 쾌활하게 답한다. "모든 곳에 있지요." 그 엘레나가 곧 영화적 운동의 화신이라고 우린 짐작하고 있으니, 말하자면 운동은 영화의 모든 곳에 있다.

(웹진 계간 『영화기술』, 2015년 9월)

2부

정념의 변주곡들

김기덕_피에타

교조적
숭고 게임

영화감독 김기덕은 한국 영화 평단에서 무시당해왔으나 그의 영화 〈피에타〉
로 결국 승리했다. 김기덕의 〈피에타〉가 베니스영화제 황금사자상을 수상한
직후 대다수 한국 언론 매체가 이와 같은 논지의 기사를 실었다. 이것이 비
록 비평의 영역이 아니며 이미 얼마간의 시간이 지난 일이라 해도 짚고 넘어
가야 할 하나의 전제는 될 것이다. 몇 가지 간단한 사실만으로도 이 의견들은
반박이 가능하다. 그가 작품을 내놓을 때마다 전문 영화 저널과 주요한 저널
리스트들이 그를 특별히 주목하기 시작한 일은 이미 오래되었고 한 해의 중
요한 영화를 선정하는 자리에서 김기덕의 영화는 자주 꼽히거나 적어도 후
보에 올랐다. 더군다나 그는 동세대 한국 감독 중 온전히 감독 개인 한 사람
의 영화 세계에 관한 비평 연구서(『김기덕, 야생 혹은 속죄양』, 정성일 엮음, 행
복한 책읽기, 2003)를 헌정 받은 드문 예에 속한다. 그러니 그가 받았다는 한
국 영화 평단에서의 냉대란 무엇이며, 〈피에타〉의 수상은 그로써 누구를 무

색하게 하는 것인가. 양해를 구한다. 정작 다음과 같은 말을 하려다 보니 이렇게 글을 시작해야만 했다. 〈피에타〉의 수상은 축하할 일이고, 김기덕은 높은 인정을 받아온 뛰어난 감독이며 개인적으로도 그렇게 생각한다. 그러나 한 평자로서 김기덕의 작품 〈피에타〉에 전적으로 공감이 가지는 않는다.

수상에 따른 과장된 세리머니가 지나고 경청할 만한 논평들이 차례로 등장했는데, 읽어본 글들 중에서는 비교적 정신분석학적 해석과 기독교의 성서적 해석이 주를 이루었고 지지가 많았으며 아주 드물게 비판이 있었다. 다만 여기에 언급되지 않고 있는 국면이 하나 있다는 생각이 든다. 관객의 자리가 빠져 있다. 영화 시장에서 말하는 소비자로서의 관객이 아니라 영화의 텍스트에 동참하게 되는 경험자로서의 관객의 자리가 빠져 있다. 〈피에타〉는 우리의 자리, 즉 관객의 자리를 입회시킨 이후에야 제대로 언급할 수 있는 영화라는 생각을 나는 갖고 있다. 〈피에타〉에 관한 논평이라면, 이미 주어진 설정에 따르는 해석에 그치지 않아야 하고, 김기덕이 그의 인물들을 온전히 어떻게 다루었는가 하는 데서 멈추어서는 안 된다. 그 논평은 김기덕이 관객인 우리까지 어떻게 함께 다루었는가 하는 점을 포함해야 하며, 나아가 영화의 설정 그 자체에 질문을 던지는 과정이 되어야 한다고 나는 생각한다.

그 점을 본격적으로 말하기 이전에 이미 제기된 비판론에 간단하게 몇 마디를 첨언해야 할 것 같다. 드물게 쓰인 비판론 중 "빈약한 대사와 감정 과잉의 연기로 구축한 플롯", "이야기 전개를 위해 준수해야 할 최소한의 개연성 무시"를 지적하며 "김기덕이 지향하는 확정된 결론에 대사 연기 플롯을 모두 종속시킨 결과가 빚은 참극"이라고 말한 반이정의 평(『씨네21』, 875호)에 기본적으로 공감한다.

〈피에타〉는 작위적이다. 반이정의 평을 전제로 그렇게 표현할 수 있을 것이다. 하지만 흔히 어떤 창작물의 표현을 두고 작위적이라고 느낄 때 그 내적 기준이 현실 모사의 핍진성이나 개연성이 된다면 오해가 생기기 십상이다. 김기덕의 초반 영화들이 실은 그런 오해에 시달렸다. 〈피에타〉의 작위성은 다른 층위에 놓여 있는 것 같다. 가령, 작품이 영화적으로 조화를 잃고 억지스러운데도 불구하고 그렇지 않은 척하기 때문에 우린 〈피에타〉에서 어떤 작위성을 느끼는 것 같다. 예컨대 우리는 초현실주의 영화를 두고 작위적이라고 하지 않는다. 작위성은 창작물의 표현이 얼마나 비현실적인가 하는 문제가 아니라 상투성과 얼마나 가까이 있는가 하는 문제에 의해 판단된다.

〈피에타〉에서는 두 가지 예를 들 수 있다. 첫번째, 돈과 자본주의에 관한 호소다. 김기덕의 말처럼 돈과 자본주의가 한국 사회를 망치는 것이 지금의 현실이라 할지라도 "돈이 시작과 끝"이라는 무용한 대사나, 돈 때문에 발생하지만 이미 빤하게 예상되는 누군가의 죽음은 영화적으로 상투적이고 억지스럽기 때문에 작위의 혐의를 벗기 어렵다. 김기덕의 〈봄 여름 가을 겨울 그리고 봄〉에서 죄를 지은 남자가 그를 잡으러 온 형사들에게 하룻밤만 기다려달라고 말하자 형사들은 정말 기다린다. 남자가 작은 암자 앞마당에서 밤새 속죄의 판각을 새기고 날이 밝은 뒤 형사들에게 끌려가는 것은 현실적으로 말이 안 되는 일이지만 그때 그 장면은 영화적으로 슬프고 장엄하다. 작위적이지 않다. 돈과 자본주의는 〈피에타〉의 핵심이 될 수 없고 그러고 싶었다 해도 호소로 그친다. 두번째, 오히려 이 영화의 진정한 작동축이 강도(이정진)와 미선(조민수)이라는 두 인물의 모자 관계에 집중되어 있다는 것을 영화를 본 이들이라면 이제 전부 알고 있다. 그런데 그 안으로 들어서기 위해 영화 초반부에 등장하는, 개인적으로는 '엄마 시퀀스 혹은 부모 시퀀스'라고 부르고 싶을 정도로 엄마와 부모를 작위적으로 상기시키는 장면들은 별도의 설명이 필요 없을 정도로 기계적 나열이다. 이 밖에도 〈피에타〉의 작위성은 여러 곳에서 엿보인다. 하지만 이 작위성이 전부라면 비록 공감하지 못했다고는 해도 논평을 제출하지는 않았을 것 같다. 〈피에타〉에는 김기덕의 전작과 비교할 때 전에 없이 도전적인 구조가 들어와 있고 그것이 사실은 이 글을 쓰도록 유혹했다.

도입된 그 구조는 게임의 구조다. 특히 관객의 자리를 의식한 게임의 구조다. 영화에서 게임의 구조는 여러 가지일 것이다. 우리는 흔히 스릴러라는 장르에서 서사적 게임을 요청받는데 그것이 이 장르의 쾌락의 요체다. 다른 고도의 게임도 있다. 미하엘 하네케가 관객에게 종종 걸어오는 게임이 곧잘 그런 것이다. 〈히든〉에서는 어느 중산층 가정집 앞에 아무도 보내지 않은 비디오테이프가 매번 도착한다. 감독 하네케는 그것이 주인공들이 보는 화면이자 곧 스크린으로 우리가 보는 화면이 될 때, 우리로 하여금 지금 보고 있는 영상은 그들이 보고 있는 실제인가 그들이 보고 있는 영상을 우리가 따라 보고 있는가의 시험에 매번 처하게 한다. 동시에 현실적으로는 도저히 불가능한 방식으로 시각적 주체의 위치를 조금씩 조정시키며 영화이론가이자 감독이었던 파졸리니가 그토록 강조한 시적 영화로서의 시각적 자유간접화법이라는 영화 언어를 두고 우리와 게임을 벌인다. 영화이론가 토마스 엘새서는 하네케의 그런 게임을 우리의 인지적 능력과 벌이는 게임이라고 생각했기 때문에 "마인드 게임"이라고 이름 붙였을 것이다(토마스 엘새서·말테 하게너, 『영화 이론』, 윤종욱 옮김, 커뮤니케이션북스, 2012).

〈피에타〉의 게임 방식은 이상의 영화들과는 확연히 다르다. 그리고 이 게임 구조가 〈피에타〉를 또한 자기만의 방식대로 복잡하게 만든다. 그러니 반이정이 〈피에타〉를 두고 단순 회로를 기반으로 한 포르노그래피와 같다고 비판한 점에 대해서는 다르게 생각해볼 여지가 있다. 〈피에타〉는 포르노그래피처럼 간단치가 않다. 아니 이렇게 말하자. 〈피에타〉가 포르노그래피적인 현혹적 효과를 지녔을 수는 있지만, 〈피에타〉의 작동이 포르노그래피의 작동과 같지는 않다. 고백건대 포르노그래피를 볼 때 나는 한 번도 머리를 굴려본 적이 없다. 포르노그래피의 효과는, 성기와 성기의 저 명명백백하게 드러난 결합은, 모든 뇌의 활동을 정지하고 눈앞의 저 현혹의 성기들에게 오감을 쏟아부으라고 명령한다. 때문에 수도 고치러 왔다가 정사만 벌이고 가는 남자가 있다 해도 우린 그 이야기에 관하여 불평하지 않는다. 모든 시각적인 것은 포르노그래피적인 성격을 지녔다고 문화비평가이자 문학비평가인 프레드릭 제임슨이 영화에 관한 책 『보이는 것의 날인』(남인영 옮김, 한나래, 2003)에 첫 문장으로 적었을 때 그의 말은 시각성이 지닌 가히 막대하고 직접적인 이 현혹의 효과를 다소 과장되게 선언하기 위해서였을 것이다. 한마디로 이렇게 물으면 된다. 포르노그래피와 〈피에타〉의 차이는 무엇인가. 한쪽은 머리를 쓸 필요가 없고 한쪽은 지극히 머리를 쓰게 만든다. 머리를 쓰게 만드는 것, 그중에서도 구체적으로 추론의 있고 없음의 차이가 있다. 〈피에타〉가 게임의 구조라고 말할 때 그 구조의 정체는 전적으로 추론이다.

믿기지 않겠지만 〈피에타〉의 게임 방식은 찰리 채플린이 그의 익살극을 작동시키는 그것과 실은 닮아 있다. 김기덕의 영화 〈피에타〉를 말하는 자리에 찰리 채플린의 희극이라니. 황당무계하기 짝이 없어 보이는 이 연계를 접하고 나서 도대체 무슨 소리를 하는 것인가 되물을 누군가를 위해 채플린의 어느 단편영화에 등장하는 다음과 같은 일화를 먼저 전한다. 한 남자, 그러니까 찰리는 부인에게 버림받았다. 그리고 영화 속 찰리의 모습이 보인다. 그는 뒤돌아 있으며 어깨를 몹시 씰룩이고 있다. 그때 그 어깨의 씰룩임을 보고 우리는 추론한다. 아내에게 버림받은 저 남자는 슬픔 때문에 저토록 흐느끼고 있는 것인가. 그 추론을 믿으려는 찰나에 때마침 주인공이 등을 돌려 우리를 향하면 이제 놀랄 만한 사실이 드러난다. 그는 울고 있었던 게 아니라 샴페인을 흔들고 있는 중이다. 아내에게 버림받은 찰리는 슬퍼하기는커녕 지금 축배를 준비 중이다! 그러므로 우리의 앞선 추론은 실패한다.

이 예는 내가 아니라 철학자 질 들뢰즈가 제시한 것이다. 그의 저서 『시네마 I : 운동-이미지』 중에서도 '행동-이미지: 작은 형식'의 장에서 "이 새로운 행동-이미지를 구성하는 기호는 지표(인덱스, index)이다"라는 전제를 시작으로 "행위 속의 또는 두 행위 사이의 아주 작은 차이는 두 상황 사이의 상당히 큰 거리를 끌어들인다"고 말하는 과정 속에 놓여 있던 하나의 예다. 하지만 나로서는 들뢰즈의 행동-이미지가 아니라 그 일부로 설명된 채플린의 예가 먼저 생각난 것이니 구태여 들뢰즈의 이미지 분류학에 종속될 필요를 느끼지는 못하고 있다.

다만 지금까지 김기덕의 영화에 관하여 잘 지적되지 않은 사항이 한 가지 있기는 하다. 김기덕 영화가 행동-이미지라는 활동 범위 안에 있는 건 사실인 것 같다(송효정도 『씨네21』 871호에서 김기덕 영화에서의 행동의 중요성을 지적했지만 이 글과는 조금 다른 의미로 쓰인 것 같다. 나는 지금 인물들의 행동을 욕망의 투사가 아니라 추론의 지표로 보고 있다). 따라서 김기덕 영화에서 '말(대사)'의 실종이나 복귀를 중요하게 보는 의견들이 있지만 그것이 실종되거나 돌아왔다고 하여 어떤 소통의 의지가 실종되거나 돌아온 것이라고 나는 보지 않는다. 그 말이 무슨 말이며 어떻게 쓰이는 말인지가 더 중요하다고 볼 때 김기덕의 말들은 상투어이거나 메시지이며 혹은 행동을 구축하는 사이마다 쳐진 괄호이거나 행동의 끝에 붙는 느낌표나 물음표 정도에 해당하기 때문이다. 그의 영화에서 말은 윤리나 소통의 문제가 아니라 대개 일정한 작위성 아래 움직이는 기능적 단위에 더 가깝다. 때문에 말이 있고 없고의 차이가 김기덕에게 애초부터 중요한 요소가 아닐 수도 있다는 생각이 든다.

김기덕 영화의 대사가 어색한 것도 실은 그들의 대사가 감정을 실어나르는 단위가 아니라 뜻을 전달하는 단위에 가까워서일 것이다. 뜻의 전달이 주목적일 때 그 말은 어색함을 어쩌지 못하거나 신경 쓰지 않는다. 그런데 말이 뜻을 전하고 있다면 대신 인물들의 행동은 개념을 전하는 경우들이 많아졌다. 특히나 김기덕 영화가 그가 말하는 반추상의 시기를 지나 추상의 시기로 접어든 이후에 인물들이 비교적 구체적인 인격체가 아니라 개념을 행동으로 실어나르는 운반체인 것처럼 보이는 이유가 여기에 있다. 〈피에타〉에서는 초기 김기덕 영화의 회화적 이미지가 거의 소거된 대신 철두철미하게 인물들의 행동을 중심으로 구성되었다는 사실이 눈에 띈다. 채플린의 인물들은 행동으로 웃음이라는 감정을 운반하지만 김기덕의 인물들은 행동을 지표 삼아 어떤 개념을 운반한다.

이와 같은 전제를 바탕으로 나는 〈피에타〉의 게임을 '지표(인덱스) 게임'이라고 부르고 싶다. 나는 이름을 붙였을 뿐, 이 게임의 실체는 감독 김기덕이 제안한 것이다. 우리는 지표가 '추론의 근거가 되는 기호'라고 알고 있다. 아침나절 어느 집 굴뚝에서 연기가 나고 있다면 그 연기라는 기호는, 아 저 집은 아침밥을 준비하고 있구나, 하는 추론을 가능케 한다. 그렇다면 이것이 게임화되려면 어때야 하는 것일까. 그러니까 한 남자가 시체 옆에서 칼을 들고 있다면 그는 살인을 한 것일까 그저 칼을 빼낸 것일까, 라고 물은 들뢰즈의 가정을 차용하여 우리도 이런 식의 상상을 해보자. 젊은 두 남자가 있다. 한 명은 살아 있고 한 명은 죽었다. 살아 있는 남자는 피가 묻은 칼을 손에 들고 있고 나머지 남자는 피를 흘린 채 죽어 있다. 정확히 그들의 중간에서 한 중년 여성이 엎드려 땅바닥을 치며 "아이구! 세상에! 내 아들이 어떻게 이런…… 아이구! 이 녀석아……"라며 통곡한다면 지금 이 여인은 누구의 엄마일까. 그녀는 칼에 찔려 죽은 아들 때문에 통곡하는 엄마일까, 사람을 칼로 찔러 죽인 아들 때문에 통곡하는 엄마일까.

그러니까 〈피에타〉에서 미선이 강도의 몽정 속 자위를 도와준 다음 손에
묻은 정액을 보며 눈물을 흘릴 때, 그게 강도를 가엾이 여겨 흘리는 눈물이
라고 단정 짓기 어렵다. 그보다는 미선이 강도를 연민하여 흘리는 눈물일까,
아니면 그녀의 죽은 아들을 생각하며 흘리는 눈물일까, 묻는 쪽이 이 영화가
요구하는 게임에 응하는 자세가 된다. 혹은 폐건물에서 투신하기 직전에 미
선이 "상구야 미안해. 놈도 불쌍해, 강도 불쌍해"라고 하면서 흘리는 눈물은
강도 때문에 죽은 자신의 친아들 상구를 생각하는 상구 엄마의 눈물일까, 상
구를 죽인 강도에게 복수하려다 정말 그의 엄마가 되어버린 유사 엄마의 눈
물일까. 〈피에타〉에서의 눈물이나 웃음은, 더 나아가 어떤 행동들은, 이것일
수도 있고 저것일 수도 있는 방식으로 곧잘 이중적 추론을 가능케 하는 지표
가 된다는 사실이 중요하다. 영화를 볼 때와 영화를 생각할 때 판단은 달라
지도록 되어 있는데, 이 점에 대해서는 다시 말해야겠다.

　　먼저 서사를 역순으로 되짚어 생각할 필요가 있다. 〈피에타〉는 강도의 속
죄로 종결되는 영화다. 그런데 강도의 속죄의 자세는 어디서 기인했나. 엄마
를 잃었기 때문인데 그 엄마가 진짜 엄마가 아닌 걸 알고 그 이유까지 알고
나서다. 그 이유를 알게 된 건 없던 엄마를 얻었다가 잃었기 때문이다. 그렇
다면 그 없던 엄마는 어떻게 생겨났나. 복수를 하기 위해 미선이 강도를 찾
아왔기 때문이다. 그런데 엄마가 아닌 미선은 엄마가 되기 위해 무엇이 필요
했나. 그녀가 강도의 엄마라는 믿음을 주는 행동이 필요했다. 그러므로 〈피
에타〉는 어차피 미선이 강도의 엄마인가 아닌가에서 출발하는 게임이다. 실
은 여기서부터 〈피에타〉는 시작한 것이다.

　　그러므로 일견 중반부까지 강도가 서사의 주인공이고 미선이 그 위성인
것처럼 보이지만 오히려 그 반대다. 미선이 심리적인 전권을 쥐고 게임을 주
도하고 있고 강도는 거기 응할 뿐이며, 게임이 진행되는 동안은 얼마간 우리

관객의 자리도 강도의 자리와 같다. 미선이 강도의 엄마가 아닌 게 판명 났을 때에야 비로소 심리적, 서사적, 윤리적 추가 모두 강도 쪽으로 급격하게 넘어간다. 하지만 우린 이것을 두고 미선이 복수를 위해 강도의 시험을 통과했다, 라고 간단히 축약해서는 안 될 것 같다. 그렇게 말하면 이 영화가 조금씩 축적해나간 영화 인지적 경험치를 외면하는 것이고 어떻게 믿게 되었는가의 과정을 건너뛰게 되는 것이기 때문이다. 이미 다 알고 있는 걸 왜 다시 말하는가, 라고 물으면 안 된다. 어떻게 우린 이미 다 알게 되었는가, 하는 것이 중요하다.

미선을 엄마로 믿게 하는 강력한 지표가 몇 차례 발생한다. 유명한 두 장면을 말해보자. 영화에서 강도는 "당신이 내 엄마가 맞다면 이걸 먹어"라고 자기의 살을 미선에게 건넨다. 이때 무엇을 먹느냐에 방점을 찍으면 해석을 위한 상징이 되지만 먹느냐 먹지 않느냐에 방점을 찍으면 게임을 이해하는 지표가 된다. 나는 그때 그것이 그의 살인지 피인지가 중요한 것이 아니라 어차피 끔찍한 것일 바에야 그걸 먹을 것이냐 먹지 않을 것이냐를 결정하는 미선의 선택에 따른 행동이 중요하다고 생각한다. 그 순간 그 무엇을 먹든 영화는 진전될 수 있지만, 먹지 않으면 영화는 여기서 끝이기 때문이다. 망설였지만 마침내 미선은 그걸 씹어 삼킨다. 그러면 그때 우리는, 관객은, 미선의 저 행위의 결정이 어디에서 오는 것인지 찰나에 추론하게 된다. 영화가 그 추론을 게임으로서 촉구한 것이다. 대답은 명확해 보인다. 당신이 엄마가 맞다면, 이라는 질문의 가정법 아래 저 지독한 걸 먹었으니 미선은 강도의 엄마일 가능성이 커진다.

더 강렬한 장면이 한 번 더 등장한다. 강도가 미선을 강간하려는 장면이다. "내가 그 속에서 나왔단 말이지? 그럼 다시 들어가도 되지?"라고 말하며 강도가 미선의 음부를 향해 자기의 성기를 갖다댈 때 미선은 세상에서 가장 비통한 표정으로 눈물을 흘리며 비명을 지른다. 많은 사람들이 차마 이 장면이 보기 어려웠다고 말하는 걸 들었고 개인적으로도 끔찍했다. 왜였을까. 한 남자가 한 여자를 강간하려는 사실 자체만으로도 그 장면은 끔찍했을 것이지만, 아들이 엄마를 범하려고 하는 장면이라는 인식이 있었기에 몇 배로 더 그러했을 것이다. 엉킨 모자 관계의 이 끔찍한 일로 우리의 믿음은 더 굳어진다. 강도에게도 우리에게도 엄마로서의 미선은 자격을 갖춰가는 것 같다.

하지만 여기에 이 지표 게임의 요체이자 반전이 있다. 〈피에타〉에서 인물이 어떤 하나의 행동을 할 때, 즉 하나의 동일한 지표가 발생할 때 두 개의 거의 정반대되는 다른 상황 및 추론을 동시에 내포하는 경우가 많다는 걸 감지해야 한다. 찰리 채플린의 돌아선 등을 생각하자. 말하자면 〈피에타〉는 미선이 강도의 친엄마가 아니라는 사실을 우리가 '완전히' 알게 되는 그 순간부터 그 즉시 우리의 머릿속에서 앞 장면들을 모조리 복기시켜 다시 한 번 재인식하도록 프로그램되어 있다. 여기에는 '영화를 볼 때'와 '영화를 복기할 때'라는 구분이 있고, 그렇게 볼 때 지표가 이끈 추론의 결과가 달라진다. 우리의 의식 속에서 플래시백 효과가 일어나는 것이고, 그때 여전히 행위는 변함이 없지만 상황은 재인식되는 것이다. 그 과정을 겪었기에 우린 이 영화의 결과도 아는 것이다.

예컨대 미선이 강도가 내준 살덩어리를 씹어 먹는 장면에 대한 미선의 심리적 상황을 두고 앞서 우리가 적어놓은 추론은 틀렸다. 볼 때는 그렇게 추론했지만 복기해본 결과 미선은 강도의 엄마가 아니므로 미선은 그때 자식을 버린 모성의 죄의식으로 그 살덩어리를 기어코 먹은 것이 아니라 복수를 위해서는 어쩔 수 없이 거쳐야 하는 통과의례를 치르는 독한 마음으로 그걸 먹었다고 추론된다. 강간 장면에 대한 해석도 다르게 도출된다. 그 비명은 어미를 범하려는 아들 앞에서 어미가 지은 울음이 아니라 자식을 죽게 한 원수의 능욕에 치욕스러워 지른 비명이었을 것이다. 두 장면을 예로 들었지만 실은 많은 장면이 이와 같이 작동한다.

엄마를 얻었다가 잃는다는 중심 서사의 반전 상황에 많은 이들이 관심을 기울이지만 그보다는 인물들의 부분적인 작은 행동의 이중성에 더 주의를 기울여야 한다. 중심 서사를 좇으면 이 영화를 해석하게 되지만 작은 행동들을 좇으면 이 영화를 느끼게 되기 때문이다. 여기에 필요한 건 정신분석학적 또는 성서적 해석이 아니라 육체 혹은 뇌라는 인지 과정이다. 찰리 채플린이 찰나에 벌인 지표 게임의 구조를 김기덕은 시간차를 두고 여러 차례 반복하며 복잡하게 확장해간다. 그러므로 인생은 가까이서 보면 비극, 멀리서 보면 희극이라는 찰리 채플린의 유명한 말은 실은 인생에 관한 격언인 동시에 처음 보면 엄마, 다시 생각해보면 엄마가 아닌 이 영화의 지표 게임에 관한 원초적 메타 논평으로도 적절하다. 이렇게 보면 이 지표 게임은 흥미롭기만 하다. 그런데 과연 흥미롭기만 한 것인가.

영화평론가 김지미는 "우리는 미선이 스스로를 '엄마'라고 칭하기 이전에 그녀와 강도 사이의 육체적 친연성을 본다"라고 말하면서 미선이 강도의 집을 찾아온 첫날 강도가 그녀를 좇아내기 위해 문으로 내려치는데도 끄떡없이 버티는 미선을 상기시킨다. 이 육체적 친연성으로 "강도가 미선에게 쉽게 빠져드는 성급한 서사를 어느 정도 용인하게 된다"고 지적한다(『씨네21』, 871호). 강도가 부부 채무자의 철공소를 찾았을 때 같은 상황이 벌어지는데 강도도 그 고통에 아랑곳하지 않았다. 이 부분에 관한 김지미의 관찰은 정확했다.

이 유사성을 이어받는 장면이 있다. 노모와 함께 사는 철공소 남자의 돈을 받아내기 위해 강도가 그를 폐건물로 데려가 건물에서 떨어뜨린다. 미선도 그들 주변에 서성이고 있다. 떨어졌으나 다리가 부러지지 않은 남자의 다리를 강도가 한 번 더 짓밟아 부러뜨리자 남자가 강도에게 악담을 퍼붓는다. 그때 미선이 순식간에 달려가 남자의 다리를 짓밟으며 말한다. "내 아들한테 함부로 말하지 마!" 미선은 이전까지 자신이 엄마라는 뉘앙스를 주기는 했지만 엄마라고 스스로 지시한 적이 없는데 "내 아들"이라고 이때 처음으로 발설함으로써 자기가 엄마임을 확실히 전한다. 그런데 엄마임을 알리는 최초의 순간에 그 남자의 다리를 짓밟고 있다. 그 행동을 보는 순간 우리는 두 가지 추론을 피해 가기 어렵다. 자기의 아들을 욕하는 저 남자에게 저토록 화를 참지 못하는 걸 보니 저 여자가 정말 엄마구나, 라고 생각하게 된다. 하지만 발설하기 어려운 또 다른 뉘앙스가 그녀를 더욱 엄마로 생각하게 만드는 핵심이다. 저 둘은 어쩌면 똑같이 불같은 폭력성의 피를 지녔구나. 문에 짓찢기고도 고통을 감내하는 육체적 친연성 이후에 불같은 가학의 폭력적 친연성이 문득 던져진다.

하지만 앞서 제기한 지표 게임의 프로그램을 거쳐 이 장면을 다시 생각하게 될 때에는 어떻게 될까. 그녀의 폭력은 정녕 유용했던 것일까. 이젠 답하기 어렵다. 미선은 강도의 엄마가 아니므로 결과적으로는 자신과는 무관한 죄 없는 사람의 다리를 뭉갠 것이다. 이 장면은 어떤 현명한 판단 이전에 그 행동에 대한 단순한 세속적 질문부터 하게 한다. 〈피에타〉가 속죄와 대속을 전하는 영화라고들 한다. 그렇다면 만약 누군가가 이 장면을 두고 저 미약한 남자에게는 가혹해도 되고 주인공인 강도만 대속의 인물로 승화되어도 괜찮은 것인가 묻는다면 대답은 무엇이어야 할까. 혹시라도, 영화적 대의를 위하여 그 정도 일부의 희생은 괜찮다는 대답을 내놓는다면, 이 장면은 김기덕이 그토록 비판하고 싶어 했던 자본주의적 속성, 중심을 위해서는 가장자리는 훼손되어도 괜찮다는 속성과 일치될 위험에 처한다.

더 큰 쟁점은 이것이 다름 아니라 위악적 제스처가 남긴 잉여라는 점이다.

우리는 이제 미선이 강도의 엄마가 아니라는 걸 알고 있다. 그렇다면 자기의 복수를 위해서는 강도가 자신을 믿게 하는 게 필요하고 따라서 강도에게 자신이 엄마라는 걸 믿게 하는 제스처가 필요했기 때문에 미선은 그렇게 했던 것일까. 이 순간 미선의 행위가 미선에게는 절실했을지 몰라도 생각해보니 그 남자에게는 가혹했고 우리에게는 위악적으로 보이므로 그 용도가 의심스러워 잉여라고 말할 수밖에 없다. 나는 지금 정신분석에서 흔히 가리키는 잉여가 아니라 말 그대로 쓸 걸 다 사용하고 나서 별 소용없이 남아 있는 부산물이라는 말뜻 그대로의 잉여를 말하고 있다.

  이런 식으로 게임이 연쇄되며 몇몇 장면마다 잉여를 남기는 한, 문제는 가중된다. 잉여에 잉여가 너해지기 때문이다. 유사한 행동을 미선은 한 번 더 한다. 강도와 함께 시내로 놀러갔다가 강도가 면류관처럼 생긴 풍선을 머리에 쓰는 걸 보고 한 남자가 비웃자 미선은 그때도 달려가 그 남자의 따귀를 때린다. 영화를 보는 순간에는 의심이 없던 장면이다. 미선이 엄마이니 그의 아들을 비웃는 저 남자를 때리는 것이리라. 하지만 복기하면 미선의 행동은 이상하다. 어쩌면 앞 장면과는 다른 뜻일지도 모른다. 이미 강도가 엄마로 인정한 다음의 일이므로 이건 미선 스스로 정말 엄마라고 착각했기 때문에 벌어진 일인지도 모른다. 하지만 이제 막 복수에 성공하기 위한 발판에 도달했을 뿐인데, 미선에게 이미 강도에 대한 그토록 강한 허구적 부모애가 생겨버린 것인가. 영화를 볼 때는 이해된 것 같았지만 복기해보니 그때의 행동 역시 근거가 희박하여 오히려 이 행동은 잉여가 된다.

  그런데 그 사건을 계기로 다른 인물이 아니라 미선에게 다리가 밟힌 바로 그 남자가 미선과 강도를 우연히 보게 되고 강도와 미선을 찾아와 미선을 인질로 잡고 칼로 협박한다. 자기가 죽겠다며 몸에 휘발유를 붓는 강도를 향해 미선은 그러지 말라고 소리친다. 이 만남 자체가 우연을 가장한 작위적 구성이 아니겠느냐고 지적하는 건 차치하고라도, 미선을 살리기 위해 자기 몸에 기름을 붓는 강도를 미선은 왜 말렸던 것일까, 묻게 되는 걸 피할 수 없다. 그 순간 강도에 대한 무의식의 부모애가 미선에게서 발동하였기 때문이라고 말하고 싶지만, 부모애가 형성되었다는 근거는 여전히 희박하다. 애정이 깃들었다면 언제, 어떻게, 어떤 방식으로 깃든 것인가. 이 문제를 사소하게 보면 안 된다. 이것이 이 영화가 영화적 경험치를 쌓아가는 방식이기 때문이다. 지금 김기덕이 설치한 지표 게임 프로그램은 개념의 진척에 관한 한 정상 작동하는데, 영화적 감정이나 관계 그리고 인격에 관한 한 오작동 중이다.

문제의 수음 장면에 이르러 강도가 잠이 들어 몽정을 하려 하자 미선은 그의 자위를 돕는다. 지표 게임의 프로그램에 따라, 볼 때와 생각할 때, 두 개의 질문이 따로 형성된다. 우리가 영화를 볼 때 이 순간이 얼마간 미선을 강도의 엄마로 인정한 이후의 시점이라는 걸 기억하자. 보는 순간의 질문은 왜 엄마가 아들의 자위를 돕는가이다. 이것은 결과적으로 잘못된 질문이다. 미선이 강도의 엄마가 아니기 때문이다. 그러니 이 장면을 생각할 때는 그녀가 엄마가 아니므로 강도의 성적 결핍을 채워주는 것일 거라는 해석으로 자연스럽게 이끌리게 된다. 그런데 우리는 다시 또 묻게 된다. 그의 부모가 아니고 그를 연민한다고 해서 다른 것이 아니라 그의 결핍된 성욕을 채워주어야 하는 이유는 무엇인가.

지금까지 지표 게임 아래 오작동하는 잉여들의 예를 들었다. 지표의 이중성을 기반으로 하되 게임 과정에서 이렇게 저렇게 풀어보아도 의심을 남기는 것들이다. 위악적 제스처가 남긴 잉여라고 앞서 쓰기도 했다. 이 제스처들은 관객에게 강력하게 호소하고는 싶어 하지만 구체가 사라진 자리에 들어선 것들이어서 개념적으로는 받아들일 수 있으나 따지고 들면 위악적이거나 작위적으로 몰린다. 대체로 이 장면들이 인물들 사이가 아니라 바깥에 있는 우리를 향해 던져지는 걸 더 중요하게 상정하고 구상된 제스처들이라고 생각한다. 제스처라는 말이 중요하다. 그러니 이 제스처들을 받아들이기 위해서 우리에게는 적어도 한 가지 동의가 필요해 보인다. 앞서 김기덕의 인물들이 행동을 지표 삼아 어떤 개념을 운반한다, 고 말했던 걸 기억해주면 좋겠다. 우리는 〈피에타〉를 보면서 어떤 장면들이 구체적으로는 희박할지라도, 때문에 역으로 잉여적이라 할지라도, 개념적으로는 공고하다는 걸 받아들여야만 이 잉여의 장면들을 이해하고 해석할 의지를 갖게 된다. 여기에는 그러므로 이 제스처의 개념을 긍정적으로 받을 것인가 말 것인가 하는 우리의 선택의 문제가 있다. 그런데 이 영화가 각각의 구체가 소멸한 신(scene)의 자리에 특정한 지표들만을 심어놓고 잉여들을 남기면서까지 그걸 통해 개념적으로 진전하는 방식을 이해하라고 요청할 때, 거기에 개인적으로는 화답하기가 어렵다.

물론 김기덕의 영화가 추상적 개념에 의존한 것은 오래된 일이며 그때 그와 같은 개념의 연쇄는 나름의 미를 갖추고 있다고 생각해왔다. 다만, 차이가 생겼다면, 지금 〈피에타〉는 그 추상적 개념의 연쇄를 지표 게임이라는 구조로 작동시키면서 어떤 승부와 승복을 거쳐 미리 정해둔 목적지에 도달하려 한다는 것이다. 그러므로 이 지표 게임의 용도는 결국 정해진 목적지에 어떻게 드라마틱하게 닿는가 하는 것으로 설계되어 있는 것 같다. 그런데 기억해보니 김기덕이 지금까지 자기의 영화에서 개념을 앞세운다고 해서 게임의 프로그래머까지 함께 자처한 적은 없었던 것 같다.

지표 게임을 거치며 남겨진 이 사태가 생각보다는 영화에 더 악영향을 끼친다. 단지 몇 군데에서 오작동이 일어난 것이 문제의 핵심은 아닌 것 같다. 오작동을 일으키는 잉여들이 발생하는데도 '불구하고' 그걸 바탕으로 관객에게 믿음을 요구하며 게임이 가속화되고 지속된다는 것이 더 큰 문제다. 잉여 자체가 문제라기보다는 잉여가 수단화되는 것에 두려움이 없는 이 영화의 공고한 목적론이 문제라는 뜻이다. 한 편의 영화가 영화 스스로 어떤 철학적 윤리를 내포하고 지향해가는 것을 중요하게 생각하고 있다면 그리고 그 철학적 윤리를 성취해내기 위해 경험케 하는 영화적 작동에도 윤리가 있다는 데 만약 동의한다면, 전자가 아니라 후자야말로 더 존중해야 할 영화의 윤리가 아닐까 싶다. 그러니 그 개념적 테마가 무자비와 자비이건 복수와 구원이건, 이 윤리에 감복을 하기가 어렵다.

좋은 창작물의 간절함이란 한숨도 쉬지 않고 목적지로 강력하게 끌고 가는 것이 아니라 불현듯 닿아보니 그곳이 목적지였음을 깨닫게 되나, 그럼에도 정말 최종 목적지인지 의심케 만드는 그런 것이어야 하지 않을까. 그러므로 김기덕의 영화에 관한 한 내가 가장 신뢰하는 평자 정성일이 〈피에타〉를 두고 "이렇게 말할 수 있다. 〈피에타〉가 김기덕의 가장 좋은 영화는 아니지만 이제까지 그가 만든 영화 중에서 가장 성숙한 영화인 것만은 사실이다"(『경향신문』, 2012년 9월 23일)라고 말했다 해도 나는 고백건대 〈피에타〉에서 다른 인상을 받았다는 걸 숨기지 않으려고 한다. 차이를 강조하기 위해 실례를 무릅쓰고 그의 명쾌한 문장의 구조를 빌려오자면 나의 생각은 다음과 같다. 이렇게 말할 수 있다. 〈피에타〉가 김기덕의 가장 나쁜 영화는 아니지만 이제까지 그가 만든 영화 중에서 가장 교조적인 영화인 것만은 사실이다.

교조란 무엇일까. 종교라면 교리, 창작물이라면 그 내용이나 형식이 지향하는 목적을 상정한 다음 기계적으로 믿고 받아들이도록 유도하는 것이다. 대체로 종교는 상식과 무관한 믿음의 문제가 앞서기 때문에 어떤 교리는 때로 상식을 뛰어넘어 교조적이 되기도 할 것이다. 교조란 믿게 만들도록 하기 위해서는 물불을 가리지 않는 것이다. 그렇다면 가령 어떤 믿음의 증폭을 위해서 한 영화에 다음과 같은 것들이 도입되었다고 치자. 크고 작은 단위가 들어선다. 그리고 동시에 믿음의 효과를 높이기 위해 게임의 구조가 장착되었는데 그 게임의 작동축의 일부인 톱니바퀴가 어긋나 오작동을 일으키는데도 불구하고 이미 정해둔 목적을 깰 수는 없으므로 믿음은 강경하게 설파되어 어느 악인의 속죄와 대속이라는 숭고함의 드라마라는 지점까지 닿았다고 하자. 그렇다면 그건 테마로서, 개념으로서 옳다 해도 교조적 영화의 위험을 갖게 되지 않을까. 〈나쁜 남자〉〈파란 대문〉〈활〉〈숨〉, 아니 더 많은 작품들로 보여준 것처럼 김기덕의 영화에서는 역설됨으로써 공평해지는 순간들이 있고 공평의 상태 혹은 영점의 상태는 늘 그 역설을 동반한 이후에 찾아와서 서늘한 숭고함을 남겼다. 〈피에타〉가 그와 같은 또 하나의 역설의 프로젝트, 또 하나의 숭고함의 프로젝트라는 걸 의심하지는 않지만 이런 교조적 영화를 김기덕 영화에서 처음 마주하게 된 것에 관하여 우리는 칭송보다는 우려를 앞세우게 된다.

〈피에타〉는 친아들 상구의 철공소로 다시 찾아들어 오열하는 엄마 미선을 기점으로 보자면 '1부, 엄마 되기 게임'과 '2부, 깨달음의 시간'이라는 구조로 되어 있는데 상영 시간의 분량으로 본다면 큰 차이가 나지 않지만 1부는 조금씩 알아가거나 길게 오해를 반복하는 게임을 통한 과정인 반면에, 2부는 그 게임의 봉인 해제를 전제로 하여 이후부터는 속전속결로 깨우침을 향해 간다. 2부는 1부가 있었기에 교조적 상태를 굳히는 단계에 불과하다. 미선이 엄마가 아닌 것으로 판정 난 다음 그녀의 납치 자작극이 속개되고, 그에 따라 강도가 과거에 악행을 저질렀던 사람들을 찾는 죄책감 순례기가 이어지고 미선은 투신하고 그에 따라 강도의 속죄는 결론부로 빠르게 이어진다. 1부에서 게임은 그 역할을 다했으므로 2부에서는 받아들이는 것만 남은 것처럼 진행된다.

이 과정에서 영화의 초반부에 등장했던 나열의 작위성이 다시 한 번 고개를 드는 한편(강도의 죄책감 순례 과정이 그렇다) 미선이 폐건물에서 뛰어내리릴 때에는 난데없이 아들을 강도에게 잃은 노파까지 등장하여 미선을 밀치려다 실패한다. 노파의 그 등장은 실패를 전제한 것인데, 말하자면 실패함으로써 미선이 자의로 뛰어내리는 걸 더 강조하게 된다. 노파의 실패한 행동은 〈피에타〉의 테마와 개념에 복무하기 위해 거기 있는 어쩌면 또 하나의 잉여다. 그렇게 하여 죽은 상구와 미선과 아직은 살아 있는 강도가 함께 땅에 누워 있는 이른바 김기덕식 영점 상태의 이미지에 이르면, 문득 〈빈집〉의 그 이미지가 지금 자기 복제되고 있는 것은 아닐까 하는 생각까지 들게 되고, 강도가 스스로 쇠사슬을 두르고 죽어가며 속죄할 때 울려 퍼지는 찬송가를 듣게 되면 〈나쁜 남자〉에도 찬송가가 흘렀다는 걸 기억하게 된다. 하지만 〈나쁜 남자〉에서는 찬송가가 흐를 때 환상인지 아닌지 불분명한 반면, 지금의 찬송가는 대속의 숭고함을 의심해서는 안 된다는 것처럼 성스럽고 엄중하게 울려 퍼지고 있다. 우린 이러한 숭고함에 공감해서는 안 된다.

〈봄 여름 가을 겨울 그리고 봄〉에는 유치해 보여도 감동적인 장면이 있다. 「아리랑」이 울려 퍼지는 가운데 맷돌을 끌고 실제로 거친 산을 오르는 구도자로 출연한 김기덕의 출연 장면은 그 행위가 자기 연출의 퍼포먼스에 불과하다고 누군가가 비난할 수는 있을지언정, 간절함이라는 정서를 길어내 이 영화를 구도의 영화로 인정하고 싶게 만든다. 지금까지 많은 영화에서 김기덕은 자학하는 구도자였으나 〈피에타〉에서 그는 어쩐지 설교하는 제사장과 같다. 구도자와 제사장 둘 다 종교적 숭고함을 추구할 수는 있을 것이다. 다만 구도자가 홀로 외롭더라도 자기가 믿는 것을 향해 묵묵히 정진하는 이라면, 제사장은 자기의 제단 아래 엎드려 따를 것을 강요하는 이에 가깝다. 자학하는 구도자가 만든 영화들을 지지해왔고 지지할 것이지만 설교하는 제사장이 만든 듯한 〈피에타〉는 염려한다. 과거의 김기덕은 영화를 통해 스스로를 찾고 싶어 하는 데 골몰했는데 지금의 김기덕은 영화를 통해 자기를 믿으라고 호소하는 데 골몰하는 것 같다. 사제가 신에 대한 믿음보다 신도에 대한 관심에 귀를 기울이면 그 사제의 믿음은 위험해진다.

세잔의 일화 하나를 적어보고 싶다. 어떤 아들과 아버지가 저 멀리 들판에서 그림을 그리는 남자를 발견하고는 대화를 나눈다. 아들이 소리친다. "보세요, 아버지. 저기 멀리 들판에서 세잔이 그림을 그리고 있어요." 아버지가 묻는다. "그가 세잔이라는 걸 어떻게 아니?" 아들이 대답한다. "왜냐하면 그가 세잔의 그림을 그리고 있거든요!" 세잔의 그림을 아꼈던 화상 앙브루아즈 볼라즈의 『아주 특별한 인연』(이지선·한지희 옮김, 아트북스, 2005)에 나오는 이야기인데, 저것이 세잔의 그림이므로 우리는 그가 위대한 화가 세잔임을 알아볼 수 있다는 뜻일 거다. 그러니 혹시라도 김기덕이 자신이 김기덕임을 알리기 위해 자신의 예술에 위태로운 변형을 가져올 필요는 없겠다는 생각이다. 김기덕이 자신의 불굴의 의지로 성취해낸 불온한 영화적 양상들, 그리하여 아무도 자기의 것이라 우길 수 없게 되어 김기덕의 것들로 영원히 남게 된, 때문에 김기덕의 제자들이 그토록 많이 배출되었는데도 아직까지는 그 자신을 그들로부터 우뚝 서서 구별짓는 그 차이들을 그 누구도 아닌 스스로가 나서서 흔한 내기의 판돈으로 걸어서는 안 될 일이다. 김기덕이 아니라 김기덕의 영화가 김기덕을 존재케 한다.

(『씨네21』, 2012년 877호)

인정받지
못한 자들의
투쟁

0

쉽게 말해서는 안 되는 것을 말하며 시작해야 한다는 점 때문에 마음이 무겁다. 2009년 5월 23일 토요일 아침 10시경에 아직 그의 죽음에 관해 추측성 보도가 더 많을 때 뉴스 채널을 번갈아 보던 그 시각의 나는, 그가 "저기 사람이 지나가네"라고 말하고 나서 곧장 투신했다는 보도(MBC였던 것 같다)와 "저기 사람이 지나가는데 누군지 알아보라"고 해서 경호관이 확인하러 간 사이에 투신했다는 보도(SBS였던 것 같다)에 미묘한 차이가 있다고 생각하고 있었다. 그 차이는 보도자의 잘못이 아니었음이 드러났다. 그때 그 자리에는 사실 아무도 없었다. 그는 30여 분간 절벽에 혼자 있었다고 한다…… 의아하게도 바로 그날 아침 나는 내가 〈마더〉에 관하여 쓰게 될 것 같다는 생각이 들었다. 참 이상한 일이다. 왜 그런 마음이 들었는지 설명하기 어렵다. 실은 잘 모르겠다고 여겼고 그래서 더 써야 한다고 생각했다. 막연한 이유가 있다면 우리가 다 알지 못하는 어떤 실재의 급습이 찬송이 넘치는 기적으로 오지 않고 검은 피의 애도로 왔다는 사실에 있을 것이다. 〈마더〉는 거기에 어떤 연관의 사유를 준다. 〈마더〉의 그런 점을 말해보고자 한다.

1

역사의 블랙홀을 비범하게 다룬 두 명의 한국 감독이 있다. 한 명은 임상수이고 나머지가 봉준호다. 임상수는 〈그때 그 사람들〉에서 1979년 10월 26일에 있었던 대통령의 죽음에 대해 풍자의 힘으로 뛰어들었고 결과적으로 뛰어난 정치적 캐리커처를 그려냈다. 개인적으로 이 영화는 처음 보았을 때 난지 뛰어나다고 생각했지만 시간이 지날수록 점점 더 대단하게 느껴진다. 그런데 임상수가 그 자리에 있지 않았으므로 그가 집요하게 캐냈을 정보 수집의 노력과 무관하게 그가 진실을 다 알고 〈그때 그 사람들〉을 만들었다고 말할 수는 없을 것이다. 그럼에도 그날의 일은 늘 말해져왔고 잊히지 않는 역사가 되었다. 임상수는 결국 미궁에 대한 추론을 내놓은 것인데 그건 의문만 낳고 실체는 알 수 없는 블랙홀의 진실을 훌륭하게 일깨우는 방식이었다. 그리고 불운하게도 이 영화와 관련된 또 하나의 블랙홀은 영화 속 기록화면 장면을 암전으로 처리해야 하면서 시각화되었다. 그것 자체로는 표현에 대한 탄압이며 불운한 일이었지만, 내용 안에 억지로 블랙홀을 만들라는 그런 법적 판명을 받음으로써 임상수가 이 영화를 통해 얼마나 필사적으로 역사의 블랙홀을 다루었는지 법정은 역으로 우리에게 추인케 해주었다.

봉준호는 〈살인의 추억〉에서 1980년대 대한민국을 공포에 떨게 했던 화성연쇄살인사건을 다루었는데 그 사건은 아직도 해결되지 않고 남아 있다. 그

전에 〈플란다스의 개〉에서 사라진 강아지를 찾으러 다니는 나른한 경리 직원 현남(배두나)이 등장했을 때만 해도 봉준호가 블랙홀을 그저 탐문 구조의 힘을 빌리기 위한 수단으로만 쓴다고 생각하고 지나쳤다. 그런데 그것은 점점 기묘하고 거대해졌다. 〈살인의 추억〉의 미해결 사건은 영화에서 가상으로도 해결되지 않았다. 영화는 그렇게 하려면 할 수 있는 매체다. 상상과 환상이 가능한 그 쾌감을 거부할 수 없는 물건이기 때문이다. 그런데 봉준호는 임상 수처럼 풍자하지 않고 다른 방식으로 주의를 환기했다.

소녀가 잔인하게 살해되던 그 와중에 대통령의 행렬이 지나가고 폭력을 휘두르던 군홧발의 경찰은 다리에 못이 박혀 한쪽 다리를 내놓고 그리고 세월은 흘러 형사 박두만(송강호)은 하얗게 센 머리칼로 문득 그 살인의 추억이 묻은 그때 그 자리 논두렁의 수로, 즉 블랙홀을 다시 들여다본다. 그는 그때 빗속에서 용의자(박해일)를 심문하던 그리고 그 용의자가 어둠 속으로 사라지던 거대한 검은 굴 혹은 터널을 같이 떠올렸을 것이다. 그리고 영화가 끝날 때 박두만의 시선이 화면 바깥 우리를 정면으로 응시한다. 그때 봉준호는 이 사건이 단지 지나간 것이지 잊힌 것은 아니라는 점을 매우 직접적인 영화의 수사학으로 객석에 건네는 중이었으며, 우리는 그때 박두만의 시선이 알려주는 것에 따라 '그렇다면 화성의 살인마가 지금 내 옆에 앉아 영화를 볼 수도 있는 거구나'라는, 인정하기 싫은 오싹한 진실에 접근하게 된다. 역사는 꺼지지 않았고 블랙홀은 그렇게 연장된다.

〈괴물〉은 단 몇 문장으로 요약하기 힘들 만큼 더 복잡한 방식으로 진행되었다. 바이러스가 만연해 있는 서울, 미군의 독극물 방류로 오염된 한강에 괴생명체까지 생겨나고, 한강에서 매점을 운영하는 하층 계급 홀아비의 딸이 괴물에게 납치되면서 별 볼일 없던 가족이 소영웅의 집단으로 거듭난다. 아비는 다른 아이는 구했지만 자기 딸은 구하지 못한다. 마지막 장면의 그

어느 눈 내리는 겨울밤에 바깥의 의심스러운 소리에 기민하게 반응하던 강
두(송강호)의 눈매로 영화는 끝을 맺는다. 〈살인의 추억〉이 화면 바깥으로
시선을 던져 우리의 실재를 흔들어 깨웠던 것처럼 〈괴물〉의 강두는 긴장을
늦추지 않고 '지금 저 문밖에 그것이 있다'는 걸 우화적으로 보여주었다. 언
제 다시 쳐들어올지 모르는 실재의 급습을 그만은 알고 있었고 주시한다. 〈괴
물〉에서의 사건은 해결된 것이 아니라 '그것'이 언젠가 또다시 올 것이라는
경고로 남기 때문에 계속 블랙홀의 연장에 있는 것이다.

　〈마더〉는 봉준호의 정겨운 휴식 차원의 영화일 거라는 추측도 돌았는데
그렇지는 않은 것 같다. 이야기는 우리가 본 그대로다. 조그만 시골 마을에
살인사건이 일어난다. 문아정이라는 여고생이 살해당하고 정신적으로 모자
란 도준(원빈)이 범인으로 지목되고 그의 결백을 증명할 수 있는 건 엄마(심
혜자)뿐이다. 스스로 수사관이 된 엄마가 이리 뛰고 저리 뛰는 동안 문아정
이 마을의 남자들에게 쌀을 받고 몸을 내줄 수밖에 없었다는 힘겨운 사실이
드러난다. 그들이 누구인지 문아정이 휴대폰에 찍어두었다는 사실도 이어서
드러난다. 엄마는 결국 도준을 구하지만 도준은 사실 무죄가 아니었으며 문
아정을 그가 죽였다. 그 대신 문아정을 진심으로 사랑했다는 기도원 종팔이
가 누명을 쓴다. 엄마는 그걸 잊으려고 안간힘을 쓰며 춤을 춘다. 이것이 〈마
더〉의 알려진 이야기다. 그런데 여기에 다른 사연이 있는 것 같다. 〈마더〉의
알려지지 않은 면모, 그러나 그 면모를 통과해야만 얻어질 수 있는 이 영화
의 실체는 따로 있다.

2

아들이 위기에 봉착하고 엄마가 스스로 수사권을 발동하여 아들을 구했으나

실은 그 아들이 엄마까지 속인 진범이라는 이 사실. 세상 사람들이 다 속아도 엄마만은 진실을 알고 아들을 살려낼 수 있는 영웅으로 보였는데 속은 건 단 한 사람 그 영웅뿐이다. 그러므로 '어떻게 속지 않는 자가 오류를 범하는가'라는 질문이 중요해졌다. 그리고 이상하다. 이쯤 생각이 들었을 때 나는 〈마더〉가 무척 낯익은 방식의 귀환임을 알게 되었다. 그건 영화의 유구한 역사 안에 장르의 한 형태로 있었던 것이다. 삶의 위기에 빠져 있는 혹은 자신의 상황이 그러하다고 호소하는 한 여인을 구하기 위해 발을 들인 사립탐정 혹은 보험 수사관이 그녀의 갱생을 돕기 위해 나섰다가 결국 그 여인에게서 이중의 배신을 당하거나 죽음으로 내몰리는 이야기. 봉준호의 〈마더〉는 주인공들의 관계 구도와 구조상 엄연한 필름누아르의 운명을 갖고 태어났다.

〈말타의 매〉에서 샘 스페이드(험프리 보가트)는 처음에는 원덜리라고 했다가 뒤에야 본명이 브리지드 오쇼네라고 밝히는 의심스럽지만 매혹적인 여인에게 사건을 의뢰받고 일에 착수하지만 곧 곤경에 빠지게 되고 그 음모의 장본인이 오쇼네임을 알게 된다. 이 여인을 구할 수 있는 건 오로지 나라고 그는 생각했지만 그런 그가 속는다. 〈이중배상〉의 보험회사 직원 월터는 어느 날 만난 멋진 유부녀 필리스의 요청으로 함께 계획을 세워 그녀의 남편을 죽이지만 곧 필리스에게 다른 남자가 있음을 알게 되고 그녀를 죽이는 지경에 이른다. 이 여인과 행복하게 살 수 있는 사내는 오로지 자신뿐이라고 생각했지만 역시 그의 착각이었다. 유사한 예는 훨씬 더 많을 것이다. 여기서 사립탐정과 여인 그리고 엄마와 아들이라는 성별 혹은 신분의 차이가 그다지 중요해 보이지 않는다. 중요한 건 둘 사이를 묶어놓은 힘의 관계 구도이며 그 힘이 끊임없이 영향력을 발휘하는 오인의 구조다. 그것이 확고한 주체라고 믿었던 자를 곤경에 빠트린다. 〈마더〉가 필름누아르의 운명임을 밝히는 나의 의도는 그 점과 연관한 질문을 위해서다. 이른바 〈마더〉에서 '주체의 곤경은 어떻게 오는가'를 물어보기 위해서다. 필름누아르에서 주인공은 그 자체로 불확정적인 세계 속의 불안하고 파열된 주체로 돌아다닌다. 그는 늘 남보다 많이 알고 있으며 누구보다 확고한 주체라고 믿지만 결국 그가 속거나 오류를 범한다. 이때 그 주체의 곤경은 어떤 방식으로 오는가. 〈마더〉에 그같은 과정이 있는 것 같다.

이 엄마가 얼마나 오해하는 주인공인지 그리고 〈마더〉가 얼마나 오인을 둘러싸고 진행될지에 관해 봉준호는 일종의 독법 제시에 해당하는 괴이한 오프닝 시퀀스(이 부분은 잠시 뒤에 말해보자)를 지난 두번째 시퀀스에서 본격적으로 보여주고 시작한다. 엄마가 약재상 안에서 작두질을 하며 바깥에서 개와 놀고 있는 도준을 본다. 뭔가 불안한 기운이 몰려오고 급하게 자동차 한 대가 그를 아슬아슬하게 치고 지나가는 것 같다. 엄마가 달려 나간다. 아들을 만지는 엄마의 손에는 피가 묻어 있지만, 그때 그 피는 아들이 흘린 것이 아니라 엄마의 것이다.

오인은 도처에 있다. 엄마는 아들이 집착하는 여자가 오로지 자신만이라고 오인하지만 아들 도준은 늘 다른 여자의 뒤꽁무니를 쫓아다닌다. 엄마가 수사를 시작했을 때 처음 용의자로 물망에 오른 것은 도준의 불량한 친구 진태(진구)였다. 진태의 방 안에 숨어 들어간 엄마는 그곳에서 결정적인 증거를 포착한다. 골프채에 묻은 피다. 그 피가 누구의 것인지도 알지 못한 채 바람을 뚫고 경찰서로 향한다. 이 글의 내용과 상관없이 말하자면 이때 골프채를 어깨에 메고 씽씽 걸어가는 엄마를 묘사하는 장면은 엄청난 감정의 파토스를 자극하는 멋진 장면이다. 골프채에 씌운 비닐장갑과 그걸 신나게 흔드는 바람, 바람을 헤치고 전진하는 엄마의 착각 속 발걸음. 하지만 그것은 미나의 립스틱으로 밝혀진다. 엄마는 하나도 알지 못한다. 결국 아들이 문아정을 죽였다는 사실조차도.

봉준호는 그저 오인의 기호를 나열하는 것으로 그치지 않는 것 같다. 서사적으로 그 오인의 기호가 주체의 착각을 앞으로, 또 앞으로 밀고 나갈 때 거대하게 등장하는 시각적 틈바구니 즉 시각적 장치로서의 블랙홀이 있다. 〈살인의 추억〉에서 검은 터널은 후반부의 결정적 상징이었지만, 〈마더〉에서 문아정이 돌을 던지던 그 폐가의 아무것도 보이지 않는 검은 골목길은 모든 사건이 그곳으로 다시 돌아가야만 하는 회귀의 검은 원점이다. 그리고 동시에 이 검은 골목길을 사이에 두고 일어났던 도준과 문아정의 일은 영화 내내 생략이라는 서사적 블랙홀을 함께 담지하며 전진한다. 또는 약재상이라는 장소를 안과 밖으로 나눈 다음 도준-차, 도준-제문, 제문을 보여주는 장면이나 진태의 집에서 커튼을 사이에 두고 진태와 미나의 섹스를 보는 엄마나 종국에는 폐가 안에서 도준-문아정의 사건을 본 고물상 늙은이의 시점 숏들은 이 오인의 구조와 얼마간 연관이 있을 것이다. 그 장면들이 각각의 자리에서 산술적으로 정교하게 배치되었을 때 위기를 동반한 영화적 감정이 고조되는 건 물론이지만, 유사한 상황이 반복될 때마다 우리는 '이번에는 어떤 일이 있을까 혹은 어떤 일을 믿어야 할까'를 놓고 반 발짝 앞서 고민하게 된다. 이번에도 잘못된 판단에 휩쓸리는 건 아닐까, 라고.

3

이 지점에서 더 덧붙여야 할 것이 있다. 이제부터 말할 것은 엄마의 문제가 아니라 범행을 저지른 도준의 문제다. 엄마는 오인을 하지만 도준은 기억을 상실한다. 기억상실이란 누아르의 주인공들을 괴롭혀온 오래된 질병이며 다시 돌아온 네오누아르에서도 마찬가지였다. 우리가 친숙하게 아는 가까운 예가 있다. 〈메멘토〉에서 주인공은 뒤로 회귀하는 사건들을 따라 사건의 실체에 접근하는 것 같지만 결국 범행을 저지른 것은 자기 자신임을 알게 된다. 〈엔젤 하트〉에서 미궁의 사건을 파헤치던 형사가 마침내 만나게 되는 것은 무엇이었던가. 모두를 잔인하게 살해한 건 그 자신이었다. 오인의 주인공을 일면 엄마에서 도준으로 바꿔놓고 보면 〈마더〉에서 이 문제가 얼마나 집요하게 다뤄지는지 알 수 있다. 도준은 문아정을 죽인 뒤 이렇게 말한다. "학생 왜 이런 데 누워 있어?" 그는 꼭 기억하지 못하는 사람처럼 말한다.

이 문제는 점점 집요해진다. 누아르에서 주체의 자기 완결성을 갉아먹는 기억과 기억상실이 주요하게 부각될 때마다 동반해서 찾아오곤 하던 영화의 장치, 플래시백. 〈마더〉를 본 사람들이 봉준호가 그간 주요하게 사용하지 않았던 플래시백을 유독 이 영화의 중요 지점마다 구체적으로 배치한 이유에 관해 묻지 않는 건 이상해 보인다. 그 플래시백은 도준이 박카스 병을 건네받는 어린 시절 그의 모습을, 사건의 결정적 증인으로 인도할 사진관 미선의 "생기초……"로 이어지는 진술을, 문아정의 일화를 전하는 불량학생들의 묘사를, 그리고 고물상 늙은이의 진술을 차례대로 보장해준다. 〈마더〉에는 기억을 상실하는 것의 문제가 거세지는 것과 함께 플래시백으로 기억이 되돌아오기도 한다. 그런데 그 돌아오는 기억이라는 것이 좀 의아하다.

누구보다 그 의아함은 엄마와 관련되어 있다. 엄마는 도준을 면회 갈 때마다 그가 꼭 해야 할 일을 말해준다. 껄렁거리는 변호사를 데리고 갔을 때에도 "너는 기억에 매진해야 돼"라고 도준에게 말한다. 그리고 도준의 흐릿한 기억은 엄마의 말을 잘 듣고 꼭 돌아오고야 만다. 그런데 이때 문제가 생긴다. 도준의 돌아오는 기억은 늘 필요한 자리가 아니라 필요치 않은 자리로만 돌아오는 것이다. 사건의 문제가 그래서 점점 커지는 것이다. 예컨대 백미러를 깬 건 자기가 아니라 진태라는 사실을 도준은 당시에는 기억을 못하지만 그게 소용없어진 감옥 안에서 기억해낸다. 이건 하나의 신호에 불과할 것이다. 엄마가 이번 사건에 대해서 기억해내라고 종용할 때 도준은 "아 생각났다"며 엉뚱하게도 다섯 살 때 박카스에 약을 타서 자기를 죽이려 했던 엄마의 행위를 기억해낸다. 기억은 기억인데 다른 내용들이 그 자리를 차지한다. 그래서 문제의 해결은 계속 헛돌고 있으며 공백을 남기는 것이다.

그렇다, 공백. 〈마더〉가 2.35:1 시네마스코프의 화면비로 얻고자 한 미학적 성취 과제는 여러 가지겠지만 개인적으로 이 시네마스코프 화면에서 인물을 제외한 나머지 자리들이 무언가 이 영화의 주인공이 놓인 상태로서의 공백을 한 프레임 내에서 은유하는 것처럼 보이기도 한다. 이렇게 설명해보자. 왕가위의 〈2046〉에서 그 시네마스코프의 화면 비율은 그들의 감정의 전이인 것처럼 보인다. 고독이 흐르는 여백. 일본 영화의 어떤 전통에서 그 화면 비율은 무사들의 저 먼 배치와 대결의 구도를 시각적으로 극명하게 드러내는 것에 초점을 맞춰왔다. 박찬욱의 영화에서라면 인물이 그 화면 비율의 한쪽에 있을 때 그 여백이 아니라 인물이 훨씬 더 도드라져 보인다. 그때 여백은 인물에 헌신한다. 하지만 〈마더〉에서 그 나머지 빈자리란 무엇보다 말 그대로의 공백이며 또 다른 주인공이다. 즉 한쪽에는 인물이, 또 한쪽에는 나란히 그 인물이 '알지 못하는 공백'이 한 화면 안에 동시에 있다는 인상을 주기에 충분하다.

많은 공백이 있다 하더라도 엄마는 문제를 해결하고 싶어 한다. 그렇다면 이 문제를 어떻게 해결할 것인가. 우리는 엄마의 마지막 선택을 눈여겨보아야 한다. 엄마는 침을 놓으면 모든 나쁜 기억을 잊을 수 있는 허벅지 안쪽의 혈자리를 알고 있다고 말하고 있으며 라스트 시퀀스에서는 기어이 그렇게 한 뒤 잊기를 스스로 간청한다. 엄마는 기억이 자꾸 다른 불길한 것까지 묶어서 원치 않을 때 온다는 것을 마침내 깨달은 것 같다. 그러므로 엄마의 의도된 망각은 다시 돌아올, 그러나 원치 않을 때 돌아오고야 말 기억의 회귀를 방지하고 싶어 하는 염원일 것이다. 그렇게 해야만 자기가 믿었던 것에 자기가 속고 스스로 파멸했다는 상처를 잊고 살아갈 것이기 때문이다. 물어 보고 싶어진다. 엄마 혜자는 정말 상처를 잊을 수 있을까.

4

나는 〈마더〉의 주체가 어떻게 곤경에 처하는지를 보려 했다. 하지만 〈마더〉에 내재된 질문은 여기서 멈추지 않는다. 만약 그 정도였다면 〈마더〉는 필름 누아르의 구조적 세계관을 영민하게 변환한 쾌감 정도만 주었을 것이다. '다른 무엇'이 있는 것 같다. 곤경에 빠진 그 주체는 다른 그 무엇과 지속적으로 연루된다. 그 다른 화두를 좇다보면 결국 이 영화가 현실 안으로 들어올 수밖에 없음을 우리는 알게 될 것이다. 그 점을 말하기 위해 봉준호가 〈마더〉의 모티브를 얻었다는 김순경 사건에서부터 시작해보자.

봉준호는 김순경 사건에서 〈마더〉의 모티브를 얻었다고 밝혔다. 여관방에서 애인을 죽였다는 누명을 쓰고 억울하게 살인범으로 몰렸던 아들의 무죄를 가족들이 직접 나서서 증명하고 밝혀낸 실화라고 한다. 그런데 김순경 사건과 거기에서 영감을 얻은 〈마더〉는 확연하게 차이가 있다. 가족이 자위권을 발동하여 스스로 문제를 해결하고 가족의 일원을 구출해낸 실화가 김순경 사건이라면, 〈마더〉의 엄마는 겉으로는 김순경 사건과 같은 결과를 얻었지만 실제로는 실패한 것이고 죄의 공은 다른 쪽으로 넘어간다. 기도원 종팔이에게로 간다. 이 종팔이를 꼭 기억해주었으면 좋겠다. 그에 관해 말할 차례가 올 것이다.

한편 봉준호는 인터뷰를 통해 이 영화를 은밀하게 감싸고 있는 성욕과 섹스에 대해 말해주었다. 그 스스로의 해석은 뛰어나며 매력적이다. 그날 밤은 분명 미친 욕정이 스멀거리는 밤이었다. 도준을 가리켜 술집 여사장은 발정 난 개라고 묘사했다. 그리고 섹스는 결국 이 작은 마을의 숨겨진 실체를 길어 올리기까지 하니 중요할 것이다. 그런데 나는 한 가지, 봉준호가 말하지 않은 다른 걸 말해보고 싶다. 김순경 사건에서 시작했으나 실제 김순경의 가족들은 성취했어도 〈마더〉의 엄마는 성취하지 못한 것에 관해서다. 이 사건은, 그러니까 도준과 문아정의 사건은, 혹은 문아정의 죽음은, 비단 잘못된 욕정 때문이기만 했을까. 정욕의 밤이긴 했지만 정작 그 성적 패악 때문에 도준은 문아정을 해친 것인가. 다른 무엇은 없었을 것인가.

다시 말해보자. 문아정은 도준이 던진 돌에 맞아 죽었다. 그 돌은 문아정의 옷을 벗기거나 몸을 차지하려는 위협에서 던진 돌이 아니었다. 섹스를 위해 던진 돌이 아닌 것이다. 문아정이 "이 바보 같은 새끼야"라고 말하자 도준이 돌을 던졌고 의외로 멀리 날아가 문아정의 머리에 맞았다. 영화에서 도준이 화내는 장면이 몇 군데 있는데 전부 "바보"라는 소리를 들을 때다. 영화에서 도준은 그 말에 한 번도 그냥 넘어가지 않는다. 도준이 그때마다 그렇게 불같이 화를 내는 건 자신이 인정받지 못한다는 느낌을 받았기 때문일 것이다. 그리고 그에 대한 응대로서 화를 낸다. 그날 밤 도준은 문아정에게 저속한 농지거리를 했지만 문아정이 바보라고 부르지만 않았다면 추측건대 그냥 집으로 얌전히 돌아갔을 것이다. 이렇게 생각해볼 수는 있다. 아니 어쩌면 도준은 정말 문아정과 섹스를 하고 싶었을 것이다. 문아정은 동네의 중학생 꼬맹이들까지 "쌀떡소녀"라는 수치스러운 별명으로 부를 만큼 은밀하지만 잘 알려져 있다. 그녀의 휴대폰에는 마을 사람들의 얼굴이 많이도 찍혀 있다. 쌀떡소녀라는 말은 다름 아니라 그들이 염치없이 퍼뜨리고 다닌 말일 것이다. 그러니 도준도 그 사실을 들어 알고 있었을지 모른다. 그는 다른 사람들이 문아정에게 인정받은 것처럼 자기도 패악으로나마 인정받고 싶다고 생각한 것 같다. 그런데 성적으로 인정받기는커녕 인간으로도 인정받지 못했다는 생각이 들자 우연이지만 문아정을 죽였다.

〈마더〉에서 그날 밤 사건은 도준의 성적 욕망이 일으킨 것이 아니다. 그것이 촉발하긴 했지만 궁극적으로 도준의 '인정투쟁'이 일으킨 사건이며 그 인정투쟁의 비뚤어진 비운의 결과다. 이 인정투쟁이 〈마더〉의 앞서 말한 다른 무엇이다. 도준뿐이 아니다. 〈마더〉에는 상처받은 인정투쟁의 혈흔이 곳곳에 있으며 때로는 사건으로, 때로는 그 미완의 해결로 이른다. 〈마더〉의 주인공들은 각자의 방식대로 인정투쟁을 행하고 또 실패한다. 그렇다면 〈마더〉에서 인물들은 어떻게 '인정투쟁'이라는 과정을 거쳐 비극에 이르게 되는가'.

5

한국 감독 중 국가의 능력을 믿지 않는 것 같은 감독은 수두룩하지만 그 불신을 기어코 영화에 노골적으로 기입해 넣는 기술적 수준으로는 봉준호가 독보적이다. 이때 그는 자기의 인물로 쉽게 예상하기 힘든 소영웅을 택한다. 그런 방식은 다른 영화에서도 흔하다. 그것만으로 봉준호 영화만의 특징이라고 할 순 없다. 다만 그 소영웅이 누구인가, 하는 점이 중요하다. 말한 대로 봉준호는 어떤 소영웅을 택하게 되는데, 이때 문제가 발생한다. 그들의 계급이 문제를 어지럽게 만든다. 그 불화를 봉준호는 은밀하게 영화에 담는다. 예컨대 사태를 수습하고 싶어 하는 그 인물들의 열정은 뜨겁기만 한데 그들의 하부구조(물적 토대)는 미약하다. 자신들의 하부구조가 엄청난 사태를 해결하기에는 너무 미약하다는 사실을 그들은 늘 불속에 뛰어들고 나서야 알게 된다.

신출귀몰하는 범인을 잡아내기에는(〈살인의 추억〉), 한강에 나타난 괴물을 한방에 때려잡기에는 혹은 만연한 바이러스를 막기에는 혹은 죽은 딸을 되살리기에는(〈괴물〉), 역부족이다. 그들에게 충분한 돈이 있다면 불적 자산이 있다면 해결은 좀더 쉽겠지만 그때 봉준호의 영화는 성립 불가능할 것이다. 하지만 그게 없고 〈괴물〉처럼 해결이 된다 해도 딸과 아버지의 죽음이라는 너무 큰 희생이 따른다. 아니 실은 그들이 그런 상황이라는 것을 끝까지 깨닫지 못한다. 그러다가 봉준호의 영화는 대중의 기대를 얼마간 안고 끝나야 하므로 겉으로는 해결로 보이는 결말이 문득 오는 것이다. 그렇지만 그때 봉준호는 자신의 영화적 구조가 그들을 '헛수고'시키고 있다는 걸 몸소 드러내려고 한다. 결과가 아니라 그 과정을 보아야 할 것 같다. 〈마더〉는 처음부터 끝까지 다들 애처로운 헛발질이며 헛수고다. 그러니 그들이 문제를 잘 처리할 수 있을까. 다시 말하지만 잘 해결되지 않고, 해결된다 하더라도 텍스트 외부에서 오는 타협의 의사(흥행성을 담보로 한)이거나 텍스트 안에서 엄청난 희생이 따른다.

이런 말을 한 이유가 있다. 〈마더〉의 두번째 인정투쟁의 주인공 문아정을 말하기 위해서다. 봉준호의 플래시백을 따라 다시 그날 밤으로 돌아가보자. 동시에 이 영화의 크레딧 시퀀스에서 엄마는 음악에 맞춰 춤을 추고 있지만 음악은 우리만 듣는 것이므로 우리가 지금 들려오는 음악 때문에 엄마의 몸동작을 춤이라 보고 있는 것인지, 엄마의 몸동작을 춤이라고 이미 인식했기 때문에 마치 우리에게만 들리는 이 음악과 더없이 어울리게 그녀가 춤을 추고 있는 것이라 보게 된 것인지 가늠해보자. 말하자면 들리는 것과 보이는 것의 차이를 감지해보자는 것이다. 〈마더〉의 오프닝 크레딧 시퀀스가 일종의 독법 제시라면, 바로 그런 면모에서다.

고물상 늙은이의 진술을 따라 우리는 플래시백으로 그날 밤 폐가에 다시 도착한다. 늙은이는 무슨 이유인지 모르겠지만 가끔씩 그 폐가에 간다고 하면서 그날 밤도 역시 그랬다고 한다. 그랬다가 끔찍한 사건을 본 것이라고 한다. 그는 마치 원치도 않았는데 무서운 사건을 목격하고 만 또 다른 피해자처럼 말한다. 그의 말을 우리는 플래시백 화면이 보여주는 그의 행동과 겹쳐서 비교하며 보아야 한다. 늙은이는 그때 폐가 안에 돗자리를 펴고 있다. 그는 집을 놓아두고 이곳에서 자려는 것일까? 그런데 그의 옆에 웬 검은 봉지가 눈에 들어온다. 거기에 쌀이 들어 있다. 그리고 지금 이 폐가 쪽으로 쌀떡소녀라 불리는 그 불쌍한 소녀가 오고 있다. 늙은이와 소녀는 우연히 만난 것이 아니다. 그는 문아정의 휴대폰에도 있지 않았던가. 문아정의 휴대폰에 있는 사람은 그 아이의 몸을 샀던 자들이다. 늙은이는 그날 밤 문아정과 섹스를 준비하느라 돗자리를 펴고 있다. 그는 거짓말을 하고 있는지도 모른다. 아니 거짓말임이 거의 확실해 보인다.

문아정의 뒷모습이 왜 그렇게 축 처져 있었는지는 늙은이의 거짓말을 알아차리고 나서야 이해된다. 문아정은 지금 몸을 팔고 쌀을 얻으러 가는 중이다. 그런데 그 뒤에 도준이라는 녀석이 따라붙어 말도 안 되는 농지거리를 한다. 영화에서 우리는 문아정에 대한 많은 묘사를 듣지는 않았지만 어쩌면 그녀가 바보 도준에게 꼭 바보새끼라고 말할 만큼 독한 아이가 아닐지 모른다고 상상할 수는 있다. 그런데 왜 문아정은 도준에게 그렇게 말하고 말았을까. 몸을 팔러 가는 아이에게 바보 녀석이 "오빠랑 함 할래? 술 한잔?"이라고 말하자 문아정은 존재를 인정받지 못했다는 생각에 치를 떨었을 것이다. 그래서 도준에게 돌을 던졌고 욕을 했다. 그 돌이 도로 날아와 문아정을 죽였다. 그 뒤로 문아정이 분노를 새기면서 자존심을 지키는 유일한 무기였던 휴대폰은 엄마가 다시 찾아내기까지 술독에 묻혀 있게 된다.

슬픈 일이다. 서로 인정받지 못했다는 서러움과 분노가 어처구니없이 격돌하는 밤이었다. 그 밤의 정체는 서럽고 더럽고 천하고 무지몽매한 인정투쟁이 실패한 밤이었다. 봉준호의 영화에 만약 어떤 정치적 아우라가 늘 휘감겨 있다고 느껴진다면 이날 죽어가거나 죽인 두 인물을 포함하여 다른 많은 영화 속 인물들에게도 이런 빗나간 인정투쟁의 서러움이 배어 있기 때문인 것 같다. 미리 말했지만 그 인정투쟁이 서러운 이유는 소영웅인데도 불구하고 하부구조의 미약함으로 인해 자꾸 이상한 방향으로 화살이 날아가기 때문이다. 우리는 〈마더〉의 인정투쟁의 슬픈 사슬을 보아야만 한다.

6

도준의 인정투쟁은 곳곳에서 이미 드러나 있었다. 경찰서에서 그에게 읽을 줄은 아냐고 묻는 형사에게 벌컥 화를 내며 도준은 "나 읽어요!"라고 대든다. 면회실에서 엄마와 얘기를 하는 중에도 "이런 바보야"라고 말한 엄마의 말에 "바보라니! 아들한테!"라며 말하던 주제는 아예 잊고 말머리를 돌린다. 도준은 사실 바보여서 무시당하는 인물이기 전에, 무시당하기 위해 바보로 설정된 것 같다. 그런데 그런 그가 어떻게 거짓을 꾸며낼 수 있는지는 봉준호의 몫인 것 같다. 그게 의아하기는 하지만 내가 추론할 수 있는 문제는 아닌 것 같고 그 대신 도준의 인정투쟁에 이어 엄마의 인정투쟁을 말할 수는 있을 것이다.

이미 오류에 잔뜩 빠져버린 그 엄마의 인정투쟁. '내 아들은 범인이 아니야', '내 아들은 그러지 않았어'라는 믿음을 안고 있는 그 엄마는 문아정의 장례식장에서 상상 못할 반격을 가한다. 문아정의 유족을 방문한 엄마는 "세상 사람들 다 헷갈려도 여러분들은 (내 아들이 그러지 않았다는 걸) 헷갈리면 안 돼. 우리 아들이 안 그랬어"라고 도리어 큰소리를 친다. 그 말은 진심인 것 같다. 엄마는 아들이 그러지 않았다고 믿고(오인하고) 있기 때문이고 그 믿음으로, 결백한 아들의 엄마로서, 아들의 사회적 인정투쟁과 함께 본인의 인정투쟁을 동시에 성실하게 수행하는 중이다. 단지 고함만 치는 것이 아니지 않는가. 남들이 인정하지 않자 스스로 탐문자가 되어 인정받을 증거들을 수집하러 나서지 않았는가. 그러다 결국 아들에게 속았다는 걸 알았을 때에도 엄마의 행동은 마찬가지다. 내 아들이 범인입니다, 벌을 주세요, 라고 이 엄마는 말하지 않는다. 이제 상황은 다시 시작이라고 생각한 것 같고 이미 인정했던 것이 거짓이라도 계속 인정받는 쪽으로 나아가려 한다. 그 과정에서 고물상 늙은이를 죽이고 망각의 허벅지 침을 꽂는 것은 그런 엄마에게는 필수 불가결한 행동일 것이다.

아들의 인정투쟁이 사건을 불러오고 엄마의 인정투쟁이 끔찍한 방식으로 사건을 종결시킨다. 해결이 아니라 종결이다. 〈괴물〉에서 현서가 납치당한 뒤 현서가 살아 있음을 알고 있는 건 아버지 강두와 그의 가족들뿐이다. 나머지는 강두가 바이러스에 오염되어 미쳤다고 생각한다. 인정해주지 않는다. 어쩔 수 없이 그가 자위권을 발동한다. 〈마더〉에서도 그 과정이 고스란히 반복된다. 사태의 끝점은 다르지만 중요한 건 어떻게든 끝나는 종결이 아니라 그 과정인 것 같다. 그 과정을 이행하는 사이에 실재의 부스러기들이 우수수 떨어지기 때문이다.

7

봉준호는 인터뷰에서 문득 엄마의 "히스테리"를 말했다. 나는 그것이 단지 엄마의 히스테리라고 보지 않는다. 사회의 히스테리를 봉준호가 옮겨내고 있다는 인상을 더 강하게 받는다. 도저히 해결될 것 같지 않은 그 병적 히스테리를 영화가 그대로 의도적인 차원에서 드러내 보여주는 방식으로 말이다. 이때 사회적 히스테리를 영화로 각인해내는 봉준호의 기획을 말하기 위해 두 가지 점을 묻고 답하는 과정이 있어야 한다. 도준은 왜 문아정의 시체를 옥상에 걸쳐놓은 것일까, 라는 점과 우리는 종팔이의 등장을 어떻게 보아야 할 것인가, 하는 점이다.

진태가 엄마에게 이렇게 말한다. "젤루 이상한 게 뭔지 알아? 옥상(위로 손짓하며)! 시체를 옥상에다 올려놨잖아. 죽은 애…… 보통 죽으면 파묻잖아. 근데 이건 위로. 시체를 전시한 것도 아니고 말야…… 봐라, 동네 사람들! 이 씨발년 이거 내가 죽여버렸다! 시체 잘 보이냐? 뭐 그런 거……" 그러면서 앞으로 아무도 믿지 말라고 한다. 엄마가 묻지 않았는데 진태가 혼자 묻고 혼자 답한다.

영화의 종결부, 엄마와 도준이 밥상을 두고 마주앉아 있다. 도준이 말한다. "엄마 내가 생각 좀 해봤거든? 종팔이 개 있잖아. 왜 옥상 위에다 올려놨을까? 시체를…… 내 생각엔…… 잘 보이라고 그런 거 아닐까? 얘 지금 피 질질 흘리고 있으니까 빨리 병원 데려가라고. 그래서 사람들 젤 잘 보이는 데에 올려놓은 거지…… 그치? 그런 거지!" 엄마가 묻지 않았는데 도준 혼자 묻고 답했으며 엄마는 침묵한다. 묻지도 않은 걸 제 입으로 말하는 걸 보면 도준은 뭔가 엄마에게 자기의 행위를 정당화하며 설명하고 싶어 하는 것 같다.

진태와 도준의 진술을 들으며 따라 묻고 싶어졌다. 우리는 진태의 말을 믿어야 할 것인가, 도준의 말을 믿어야 할 것인가. 진태의 말을 믿자면 도준은 끔찍한 괴물이고, 도준의 말을 믿자면 어쩌다 벌어진 일이다. 그런데 다시 진태의 말을 믿으면 도준이 한 말 자체가 너무 끔찍하고 사악한 거짓말이다. 그는 거짓말을 하고 있는 중일 수도 있는 것이다. 이것도 시원하지 않고 저것도 시원하지 않다. 그렇다면 어느 쪽인가. 대답은 오지 않고 짜증이 밀려온다. 그렇다. 짜증. 히스테리는 곧잘 짜증을 불러오지 않았던가. 그런데 이때 봉준호가 말한 엄마의 히스테리가 본격적으로 이 영화를 지배하는 해결되지 않은 범죄로서의 사회적 히스테리로 번지고 있다는 사실을 알게 된다. 그냥 스쳐간 것 같았던 다음의 대화가 명백하게 그 점에 관해 말해준다.

도준: 나 무시하는 놈들…… 족치라며!
엄마: 그래…… 무시하면?
도준: 작살낸다!
엄마: 한 대 치면?
도준: 두 대 깐다!

도준과 엄마는 척척 상대방의 말을 이어가며 이렇게 면회실에서 대화한다. 장단을 보면 한두 번 오간 대화가 아니다. 그러니 도준의 살인은 되돌아볼 때 엄마가 이식해준 가르침대로 행한 것이다. 엄마가 가르친 잘못된 인정투쟁의 욕망이 문아정을 죽인 것이다. 엄마는 왜 그런 가르침을 주었을까. 정확한 이유를 알 수는 없지만 추측은 가능하다. 엄마는 오랫동안 혼자 살아온 것 같고 재산이 없음이 분명하며 기댈 곳이 없다. 게다가 아들은 온전치 않다. 그런 아들에게 자신들의 물적 토대의 결핍을 견딜 만한 인정투쟁의 강화(그것이 올바르건 그렇지 않건 간에)를 불어넣는다는 것이 늘 어떤 히스테리적인 것으로 드러나는 것 같다. 도준의 엄마가 문아정을 죽인 것이나 마찬가지이고, 고물상 늙은이도 그리고 또 문제의 종팔이도 상징적으로는 죽인 것이나 마찬가지다. 그러므로 결국 여기까지 왔다. 종팔이의 등장. 그 점을 따라 질문이 붙는다. 그의 등장을 어떻게 보아야 할 것인가.

8

종팔이가 모습을 비추기 전에 영화는 한 가지 곡예를 부린다. 여러분께서 보신 종팔이의 모습(다운증후군 장애인)을 지금 잠깐 머릿속에서 지워보자. 그리고 그가 등장하기 전까지 당신이 기도원 종팔이라는 말을 들었을 때의 느낌만 생각해보자. 개인적으로 '종팔이'라는 어감을 접하자마자 나는 그가 영화 속 진태와 같은 부류일 거라는 인상을 받았다. 진태는 누굴 죽이지는 않았어도 불량해 보이고 종팔이가 그런 껄렁한 인물일 거라고 여길 즈음 실제의 종팔이가 등장한 것이다. 봉준호가 그 말의 어감과 이미지 사이에 놓인 차이의 효과를 전략적으로 구성했다고 나는 생각한다. 충격은 예상대로 더 깊어졌겠지만 그걸 기만의 곡예라고 부르지 않을 수는 없다.

하지만 그런 곡예 부리기와 상관없이 도준보다 못한 종팔이의 모습을 보았을 때 나는 이 장면이 다소 당혹스러울 정도로 뻔해 보여서 오히려 더 심각하게 생각해야 할 지점이 아닌가 여기게 되었다. 봉준호는 혹시 도준보다 더 못한 인물을 지금 이 순간 등장시켜 이것이야말로 슬픈 일이 아니냐며 감정을 쥐어짜려는 것 아닌가, 하고 누구나 반박이 가능할 만큼 이 장면은 사실 좀 뻔해 보인다. 그런데 왜 이 영화는 이렇게 뻔해 보이는 위험을 감수하려 했던 걸까. 그 부분에 대한 어떤 이해가 사실은 〈마더〉를 보는 데 핵심은 아닐까 싶다. 이것은 결코 이 영화의 단점이 아닌 것 같다. 약자보다 더 약자가 누명을 쓰는 구조가 당연한 것처럼 여겨지는 것은 그것이 너무 당연하게 여겨지는 세계가 바로 이 영화의 세계이기 때문은 아닐까. 이 영화를 본 우리도 이 안에 있는 세계의 인식 구조를 이미 보고 알았으므로 지레 이것이 뻔하다고 말하게 되는 것은 아닐까.

말하자면, 종팔이가 영화적 억지에 희생되기 위해, 난데없이 지금 도준을 살려내려고, 얄팍하더라도 더 큰 충격만을 위해서 여기 끌려와 있는 것은 아닌 것 같다. 이 영화가 도준을 구하기 위해 또 다른 희생물 종팔이를 억지로 등장시킨 것 아니냐는 비판적 주장이 제기된다면 그 생각은 윤리적으로 올바르겠으나 이미 벌어진 이 영화의 사태에 대해서는 안이하게 보는 것이다. 어쩌면 그것이야말로 뿌리까지 미쳐버린 이 영화 속 사태를 바로 보라는 봉준호의 제안을 외면하는 일인지도 모른다. 윤리적 올바름이라는 자신만의 근사한 덕목을 수호하기 위해서 말이다. 영화가 지금 뻔함의 누명을 감수하면서도 이렇게 사태의 몸뚱이를 처참하게 몸소 보여주고 있는데도 말이다.

종팔이의 등장은 억지가 아니라 이 영화가 보여준 세계와 인식의 구조, 즉 연쇄되며 옮겨가는 그 오인의 모순을 따라 '올 것이 온 것'이다. 도준이 옥상 위에 문아정의 시체를 놓은 것이 그만의 최악의 인정투쟁이었는지 그녀를 살려주라는 신호였는지 아직 판가름도 나지 않은 상황에서, 게다가 그가 뉘우치는지 아닌지 알 수 없는 상황에서, 도준의 선함과 사악함 둘 중 어느 쪽도 믿기 어려운 판단의 히스테리에 우린 빠져 있었다. 그사이에 어느새 터진 새로운 사건번호 2(종팔이의 누명)가 시작된다. 이 철두철미한 미결 속에서 전진하는 오인의 연쇄고리들만이 힘을 발휘하는 것이다.

도준인가, 종팔인가, 혹은 왜 문아정의 죽음이며, 왜 종팔이의 누명인가, 하는 점이 아니라 '종팔이가 도준이 끌려온 방식 그대로 끌려왔다'는 점이 중요하고 또 중요해 보인다. 같은 인식의 힘으로 쓰이고 채워진 사건 보고서와 수갑. "제일 만만한 게 도준"(엄마)이었던 것처럼 혹은 "도준이 이름 쓰여 있는 골프공 하나 나왔다고"(진태) 종팔을 잡아간 것과 같은 이치다. 문아정과 그의 친구가 사진관에 왔을 때 문아정은 코피를 흘린다. 그건 피로한 삶이 흘리는 슬픔이다. 그 슬픔을 안을 수 있었던 건 영화에 따르면 혹은 종팔이의 주장에 따르면 그밖에 없었다. 그런데 그는 그것으로 살인자라는 누명을 썼고 여기 끌려왔다. 경찰은 문아정의 "코피"와 문아정의 "혈흔"을 오인하여 종팔이를 데려온 것이다. 종팔이의 옷에 묻은 건 코피이지만 경찰은 그걸 혈흔으로 보았다. 도준을 끌고 간 방식 그대로다. 그들은 도준의 행위를 입증하지 못했는데 단지 공에 쓰인 도준이라는 기호만 믿고 그를 데려가지 않았던가. 물론 그것이 결과적으로는 진실이었다고는 하나 문제는 그 과정에 있었다. 경찰은 "땅을 파도 돈이 안 나오는"(엄마) 집의 아들 도준을 만만하게 보았기 때문이다. 그리고 이번에는 같은 방식으로 종팔이인 것이다.

종팔이에게 사태의 여파가 미칠 때 소름 끼칠 만큼 남아 있는 힘의 잔재가 아직 여전히 우리 곁을 떠나지 않고 이 자리를 휘어잡고 있음이 감지되기 때문에 나는 이제 이 종팔이의 등장이 뻔하다고 말하지 못하겠다. 이때 이 영화의 마지막 남은 인정투쟁, 즉 종팔이의 인정투쟁을 생각할 수밖에 없다. 만약 기도원 종팔이의 인정투쟁으로 이 영화의 이야기를 다시 시작한다고 할 때 무엇이 다음 차례인가. 종팔이에게는 구해줄 엄마도 없다. 종팔이는 누가 구원할 것인가. 구원받지 못할 것이다. 누구도 종팔이를 구원할 수 없도록 만드는 영화 속 이 세계의 구조, 그것이 이 영화가 전하는 무서움이다.

9

아무것도 변하지 않았다. 변한 것이 있다면 단 하나의 사실뿐이다. 상황이 더 악화되었다는 것이다. 최악이라고 생각했을 때 그 최악을 해결하기 위해 찾아온 것이 더 최악인 셈이다. 봉준호가 창조하는 대한민국 소영웅들의 인정투쟁의 길은 험난하고 불운하고 절박하지만, 그들이 사는 세계의 광기의 모순은 그것보다 더 강력해서 쉽게 해결책을 갖도록 내어주지는 않을 것이다.

그러므로 봉준호의 영화가 가리키는 것이 있다면 그 어떤 심오한 문제의식의 제시나 난제의 시원한 해결이 아니라, 모순이 중첩된 사태에 대한 강력한 주의 환기, 즉 스스로 발광하여 문제의 세계를 홀딱 보여주는 것이다. 그걸 증명하기라도 하듯 영화 속 인정투쟁은 의문스러운 사건과 완전치 못한 해결을 왕복한다. 영화 스스로가 해결점을 찾기 위해 안간힘을 써서 부족한 답이라도 억지로 내놓으려는 대신, 어느 순간 히스테리적으로 발가벗고 나섬으로써 그 상태를 몸소 자폭하여 드러내 보여주는 것이 봉준호 영화의 용감무쌍함이다. 그 어떤 윤리적 정언명령도 불능의 상태에 놓여 있다는 것을 그 자체로 드러내어 보여주는 용감무쌍함 말이다. 그럴 때 인물들은 그 불능의 절벽에서 외마디 말처럼 하고 만다. "너…… 부모님은 계시니? 엄마 없어?" 엄마가 종팔이에게 물었다. "너 밥은 먹고 다니냐?" 박두만이 물었던 것의 메아리다. 그들은 상대방에게 물은 것이 아니라 저 멀리 사회 안으로 허망하다는 듯 물음을 그냥 던지고 있는 것 같다.

봉준호의 영화를 볼 때 그 수많은 재치 속에서도 결국에는 한순간 등골이 오싹하게 느껴질 만큼 덮쳐오는 싸늘함의 정체가 위와 같은 것이라고 나는 생각한다. 그렇다, 그건 비정함이 아니라 싸늘함이다. 나는 봉준호의 싸늘함이 서글프다 느껴지면서도 인정하지 않을 수 없다. 비정하다는 것에는 긍정이든 부정이든 사태를 어떤 식으로건 안으려는 의지의 결기가 있지만 싸늘함에는 넘어진 자가 그 추한 자태를 그대로 전시하여 포기하면서 저항하는 자학적 냉혹함이 있다. 그때 그 꼴은 흉하지만 날카롭다.

동일하게 장르 영화의 수단을 경유하지만 박찬욱은 윤리를 버리지 않은 채 안고 가려 한다. 그때 형식과 내용 사이에 모순이 발생하기도 하지만 어쨌든 박찬욱은 그 태도를 견지하는 견고한 윤리주의자다. 그에 반해 봉준호는 윤리의 중요성에 관해 묻지 않고 마침내 영화의 인물들이 처한 전면적 상황에서 윤리의 역량을 의심하며 그게 불능의 상태에 놓여 있음을 있는 그대로 보여주고 싶어 한다. 이게 그 둘의 큰 차이다. 박찬욱의 영화가 뜨겁든 차갑든 감정을 요구할 때 봉준호의 영화는 그 감정을 느끼는 것 자체를 싸늘하게 만든다.

영화에서 해결책을 제시하지 않으므로 그 싸늘함은 포기한 태도의 다른 이름이라고 지탄받을 수도 있겠지만, 그럼에도 온기 있지만 서투른 해결보다 모든 걸 다 드러내서 이미 세계 자체가 미쳐 있다는 것을 싸늘하게 말하는 것이 봉준호의 방식이고 나는 그걸 인정하려고 한다. 아니 그것이 아직 봉준호의 전면적인 방식이라 말할 순 없다 해도, 〈마더〉의 경우는 확실히 그런 것 같다. 그러니 필름누아르의 구조에서 살던 곤경에 빠진 주체가 이 미쳐버린 세계로 들어와 자학적 쇼를 벌이는 이유는 너무도 명백한 셈이다. 그의 곤경이란 세계의 광기가 결정지어준 문제다. 적어도 이 영화에서 엄마의 모성이야말로 미친 것이다, 라고 말하기 전에 모든 미친 것들 중 하나가 엄마의 모성일 뿐이다, 라고 말해야 할 상황이 온 것이다. 그 광기는 그런데 어디서 왔던가. 또다시 생기는 그 또는 그녀의 물적 토대의 불안, 그것이 낳은 괴이한 인정투쟁의 사슬들 그리고 생겨난 숭고한 괴물로서의 엄마의 모성애. 어쨌거나 그걸 만들어낸 실체는 히스테리라는 병에 걸린 세계다. 그래서 지금 이 순간에 도무지 나는 그런 봉준호의 영화적 방식을 버리라고 말할 자신이 없다. 그런 세계에서의 인정투쟁이란 크고 작음 혹은 성공과 실패의 여부에 상관없이 많이 있기 때문이다. 그리고 우리는 얼마 전 우리의 현실 속에 뚜렷하게 남은 상징적 인정투쟁의 행위를 알고 있지 않던가.

10

엄마 혜자가 아련하게 노을이 지는 석양을 받으며 달리는 버스 안에서 뽕짝

메들리에 몸을 맡기고 엉망진창의 몸동작으로 망각을 부르는 춤을 추고 있을 때 도리어 질문은 서글픔을 안고 찾아온다. 질문에 대한 답이 가능한가 그렇지 않은가 하는 점과 무관하게 바로 그 질문의 어쩔 수 없는 귀환 자체가 더 중요할 것이다. 모든 걸 잊을 수 있을까, 라는 바로 그 질문이다. 기껏해야 영화 글쟁이인 내가 2009년 5월 23일 아침에 그의 죽음으로 멍해 있던 순간에 〈마더〉에 관해 쓰게 될 것 같다는 느낌이 들었던 건 그 질문 때문이었을까. 절벽 위에 선 그의 절박한 인정투쟁 때문이었을까. 종팔이를 보았을 때 왜 나는 노무현이 생각났을까. 바보 노무현. 아니 솔직히 순서는 반대이다. 그날 아침 그의 죽음을 접했을 때 종팔이의 얼굴이 떠올랐다. 바보 종팔이. 누가 종팔이를 구원해줄 것인가.

우리의 현실 속 그의 죽음과 관련된 진실에 관해서는 내가 더 말할 바가 아니지만 그래도 그의 행위와 결부된 것 같은 〈마더〉의 몇 가지 영화적 사실은 알고 있다. 영화 속 종팔이의 인정투쟁은 불능 상태다. 그래서 마침내 종팔이를 거기 끌고 온 영화 속 어떤 힘의 강도에 더할 수 없이 당혹을 금치 못하고 놀라고 마는 것이다. 그 결과가 아니라 다시 반복된 그 과정의 광기 때문에 말이다. 그리고 영화 속 종팔이는 죄가 없지만 상징적 죽음인 철창으로 갈 것이다. 그에게는 미친 엄마도 없고 아무도 없다. 종팔이가 불쌍하다, 하지만 이미 세계는 그를 구할 수 없는 상태다. 종팔이를 구원할 수 없다는 인정하기 싫은 이 사실, 이 결과를 정말 받아들이고 싶지 않은데, 이 영화는 그래도 그게 네 옆에 있는 모순이라고 무섭게 우리를 흔들어 깨운다. 희생은 그렇게 다시 또 돌아올지 모른다면서 말이다.

(『씨네21』, 2009년 708호)

이창동의
도덕

1997년 일본 고베시의 한 중학생이 살인을 하고 피해자의 머리를 잘라 교문에 걸고 경찰과 각종 매스컴에 홍보하듯 그 사실을 알리는 잔혹한 범죄를 저질렀을 때, 일본 사회는 그 소년의 부모에게 책임이 있다고 강하게 규탄했다. 일본의 저명한 철학자이자 평론가인 가라타니 고진이 전하는 실화, 일명 고베시 중학생 사건 혹은 소년 A 사건이다(가라타니 고진, 『윤리21』, 송태욱 옮김, 사회평론, 2001).

한국의 어느 곳에서는 중학생 여섯 명이 집단으로 6개월간 한 여학생을 성폭행했고 소녀는 견디지 못해 자살했다. 가해자 중 한 아이의 이름은 욱이(이다윗)이고 그를 데리고 사는 부모는 육십대 후반의 할머니 미자(윤정희)다. 미자는 딸이 맡기고 간 손주를 데리고 혼자 사는데 그런 일이 생기자 당황한다. 미자는 다른 가해자 학부모들과 함께 이 일을 무마하기 위해 500만 원씩을 모아 피해자 여학생의 부모에게 전달하려고 한다. 그런데 풍족하지 않은 집안 살림이라 돈이 없다. 손주가 그런 일을 벌였다는 것이 처음에는 믿어지지 않는 눈치더니, 시간이 흐를수록 그녀의 괴로움과 자책감은 점점 커지는 것 같다. 이창동의 신작 〈시〉의 내용이다.

요컨대 가라타니는 연소자의 범행이라고 하여 일본 사회가 지나치게 부모의 사회적 책임을 요구하는데 그것은 사회가 부과하는 공동체적 규범(도덕)에 너무 얽매여 있는 인식이라며 소년과 그 부모를 분별해서 보아야만 세계시민의 윤리로 나아갈 수 있다는 전제를 두고 글을 시작한다. 덧붙여 가라타니는 일본 사회의 특수성을 강조하기 위해 일본과 다르게 한국에서는 부모 책임론이 가동되지 않는다는 어느 재일 한국인 학자의 말을 전한다. 하지만 이 지적에만 한정한다면 가라타니(가 전유한 재일 한국인 학자)의 단언은 다소 지나친 일반론이다. 이창동의 영화 〈시〉가 정확히 그 반증이다.

이창동은 인터뷰에서 영화 속 사건을 두고 "그건 부모의 책임이다. 연소자이기 때문이고 너무나 분명하다"라고 못박았다. 하지만 이때 중요한 것은 가라타니의 지적이 사실과 다르다고 흠집을 찾는 것이 아닌 것 같다. 비범한 철학자와 예술가, 두 사람이 인식하는 사회적 사태의 심각성은 유사한데, 해결책은 거의 정반대에 가깝다는 것이 내게는 정작 중요해 보인다. 가라타니는 도덕을 한계로 보고 나서 그가 주장하는 윤리의 개념으로 나아가야 한다고 하고, 이창동은 사회를 버티고 선 그 도덕만이라도 누군가 지켜야 삶을 지탱할 수 있다고 한다. 이 문제는 영화 〈시〉에서 '시는 도덕과 함께 어떻게 살고 있는가' 하는 쪽으로 방점을 옮겨놓고 보아도 좋을 것이다.

가령 비슷한 시기에 우리에게 도착한 두 영화, 홍상수의 〈하하하〉에도 시가 나오고 이창동의 〈시〉에도 시가 나오지만, 〈하하하〉의 시는 윤리의 시이고, 〈시〉의 시는 도덕의 시다. 이 위험한 분류에 한 가지 의중이 있다면, 사실은 홍상수와 이창동을 떼어놓으려는 것이 아니라 둘의 시를 함께 놓고 생각할 것을 요청해보고 싶어서다. 영화평론가 허문영은 이미 〈하하하〉와 〈시〉가 동시에 도착하기도 전에 이창동의 〈밀양〉을 말하는 자리에서 놀랄 만한 통찰력으로 "홍상수는 충만함으로 향하고 이창동은 결여로 향한다"(『씨네21』, 602호)고 말했다. 그 말을 바꾸어 쓰고 싶다. 홍상수는 99퍼센트까지 충만해지려 하고 이창동은 모든 게 결여되어도 1퍼센트만은 지키려 한다. 홍상수가 충만하게 하려는 것이 윤리이고 이창동이 지키려 하는 것이 도덕이라 말할 순 없을까. 우리에게 둘은 상보적이다. 이 세상은, 99퍼센트까지는 윤리로 충만해질 수 있어도 1퍼센트만큼은 결국 도덕으로 지키는 수밖에는 없기 때문이다. 그러니 홍상수는 얼마나 자유로워질 수 있느냐의 문제에 집중하고 이창동은 얼마나 고통스러운가의 문제를 확인하는 데 여념이 없다. 한쪽은 윤리로 한쪽은 도덕으로 각자 정직하면서 또한 필사적이다.

다만 이상한 점이 한 가지 있다. 이창동의 영화는 인간의 저 밑바닥까지 포괄하는 두터움을 안고 있었다. 그런데 이번에는 너무 단조롭다. 이른바 〈시〉는 이창동이 지금껏 고수해온 도덕의 문제를 다루지만 형식이 전에 없이 단선적이다. 이창동 영화의 정점이었던 〈밀양〉은 '하나의 사태가 끝나고 새로 시작되기'를 장면별로 무수히 반복하는 영화다. 그에 비한다면 〈시〉는 일련의 결과(소년들의 범죄와 소녀의 자살) 이후의 긴 후기를 느리게 보여준다. 일종의 결정적인 시험대라 할 만한 장면에 쟁점이 숨겨져 있지만, 전반적으로는 나열식이다. 그런데 이 영화가 탁월한 것은 이것 때문이다. 시는 아름다운 영화가 아니라 아름다움이 도덕적으로 괴로워하고 있는 영화다. 두터운 서사 직조에 능숙한 한 감독이 지나칠 정도로 단순성을 택했을 때 그건 무엇 때문일까. 어쩌면 아름다운 시가 얼룩진 도덕의 사태와 어떻게 살아갈 수 있을 것인가의 문제와 연관이 있을지도 모른다.

그건 도덕적 결단에서 왔을 것이다. 이창동은 가해자의 고통(〈시〉)이 피해자의 고통(〈밀양〉)을 말할 때와 같은 두터움과 강도를 취한다는 건 위장이 아닐까 생각한 것 같다. 이것은 엄연히 가해자의 이야기가 아닌가. 〈시〉는 서사의 차원에서 격렬해질 수 없고 격렬해져서는 안 된다는 게 이창동의 판단인 것 같다. 혹은 그걸 두툼하게 다루는 건 알량한 짓이라고 생각하는 것 같다. 그는 이 영화의 내용이 우리들 사회가 지닌 문제이니 "가해자의 입장을 다루어야만 했다"고 강조했다.

그렇다면 그걸 어떻게 보여주어야 하는가. 이창동은 전작 〈밀양〉의 불투명함 대신 투명함을 택한다. 〈밀양〉에서 이창동은 우리로 하여금 자꾸 무언가를 보지 못하도록 가로막곤 했는데 〈시〉에서는 자꾸 무엇을 보라고 노골적으로 유도한다. 그가 〈밀양〉에서는 관객이 속속들이 다 알지 못하도록 신애를 둘러싼 모든 것을 가리는 쪽이었다면, 〈시〉에서는 관객이 다 알았다고 착각할 만큼 보여준 다음, 그러면 당신은 정말 명명백백하게 다 본 것인가, 그렇게 하여 잘 알았다고 생각한다면 이제 당신의 생각은 어느 쪽으로 흘러가고 있느냐고 묻는다. 그러니 이창동이 〈밀양〉의 불투명함과는 다르게 〈시〉에 가져온 이 투명함은 무작정 믿도록 강요하기 위한 투명함이 아니라 정말 제대로 보고 있는 것인가 하고 자문을 재촉하기 위한 반문으로서의 투명함이다. 투명함이라고 말했지만 사실은 불투명함을 깨닫게 하기 위한 투명함이다.

서사의 강도를 낮추고 두께를 얇게 하는 대신 이창동이 풍요롭게 도전하는 건 감각의 만개다. 이창동은 그동안 네 편의 영화에서 영화적 균열이 찾아오는 것에 세심하게 방어적이었다. 균열을 막기 위해 서사의 강도를 높여 층을 두텁게 쌓은 다음 환상까지 불러들였고, 시선의 체계를 불투명하게 혼란시킴으로써 오히려 공고하게 그 안의 인물들을 수수께끼로 보호했다. 〈시〉의 경우는 단조로워서 생길 수 있는 위험과 균열을 감수하려는 것 같다. 그런데 그때 이 영화에는 어떤 새로운 풍요로움이 생긴다.

이를테면 어느 이창동 영화에 비견해도 〈시〉에서는 가장 정확한 그 순간에 바람이 불고 비가 내린다. 사건이 도착할 때 자연이 반응을 일으킨다. 미자가 시상을 떠올리다 손주의 악행을 알게 되었을 때 갑작스럽게 불어닥치는 바람이 그렇고, 그로 인해 사건의 도착이 감지된다는 점이 그렇다. 그런 건 과감하게 장면의 구성으로도 이어진다. 시를 설명하는 강좌와 시 낭송회가 지나치게 직접적이고 늘어진다 싶지만, 시를 읽고 듣는 그 과정을 단순하게 보여줄 때, 이창동 영화에서 처음으로 극의 시간이 아니라 현실의 시간과 영화의 시간이 동시에 같이 가고 있다는 느낌을 주는 장면들이 생겨난다. 그때의 시는 듣는 게 중요하고 감독은 그걸 위해 멈춰진 극의 시간을 감내할 생각이다.

혹은 보는 것이 중요한데, 미자가 시를 쓰려고 지니고 다니는 백지에 때로는 시가 쓰이고 때로는 돈을 요구하는 협박문이 쓰인 다음, 클로즈업으로 그 숏을 스크린에 가득 채울 때의 느낌은 앞서 말한 것들과 연관된 또 다른 감각적 자극을 준다. 거기 쓰여 있는 말의 내용이 아니라 그 숏의 활용이 그때 찬란하다. 영화 속에서 김용탁 시인(김용택 시인)은 시란 잘 보는 것이라고 말하는데 〈시〉에 이러한 장면들이 매개 없이 일순간 스크린에 들어서거나 스크린을 메운다는 사실을 잘 보는 건 매우 중요하다.

감각 확장이나 자연 반응의 세심함은 기필코 무언가를 지키려는 쪽보다 기필코 무언가를 향하여 자유롭게 충만해지려는 쪽에 분명히 더 가까운 친화력을 갖고 있긴 하다. 그럼에도 〈밀양〉의 첫 장면과 마지막 장면에서 비범한 정서를 획득했던 하늘과 땅에 대한 비의적 관망들 혹은 같은 영화에서 주인공 신애가 부흥회의 플래카드를 보았을 때 불었던 광풍의 느낌은 〈시〉에서 전면적이며 본격적이다. 〈시〉가 서사적인 면에서 이창동 영화의 공고함에 못 미치는 것으로 보인다 할지라도, 시인 미자를 대변자로 세운 감독 이창동의 이런 감각적 시도는 이 영화를 대단하며 비범한 경지로 데려간다. 우리는 그런 이창동의 변화 의지를 이 영화에 한정하여 소설적인 것에서 시적인 것으로의 변화로 이해하고 받아들일 필요도 있어 보인다.

마침내 〈시〉는 시의 도덕보다는 붕괴된 도덕 안에 살고 있는 시의 운명을 그린다. 그러므로 시는 괴롭다. 〈시〉는 '시여, 무엇을 할 것인가'라고 묻는 것 이상으로, '시여 어떻게 살아낼 것인가' 하고 절실하게 묻고 있는 것이다. 한 장면이 끝내 잊히지 않는다. 미자가 아마추어 시인들의 모임에 갔다가 돌연 마당에 홀로 앉아 울고 있을 때, 그러니까 〈밀양〉의 신애가 자식의 영혼과 육체를 태워 보낸 다음 화장터의 빈 공터에 멍하니 앉아 있던 바로 그때의 형상 그대로 미자가 앉아 울고 있을 때, 시 동호회 일원인 박 형사가 미자에게 다가와 다정하고도 쓸쓸한 목소리로 무언가 묻는다. 미자는 내답을 찾지 못했거나 혹은 들었지만 대답을 하지 않은 채 얼굴을 파묻고 계속 흐느껴 운다. 주변은 어둡고 꽃들은 조용히 피어 있으며 미자의 육체는 하염없이 가련하다. 그때 질문의 화살은 이미 허공을 지나 우리 쪽으로 날아온다. "시 때문에 우세요? 시 못 써서?" 박 형사가 "못 써서"라고 표현할 때 그것은 시 쓰는 실력이 부족해서 울고 있느냐는 뜻이었겠지만, 그 순간 우리에게 일어나는 착각까지 부인할 순 없다. 박 형사의 그 말은, 시를 쓸 수 없는 사회에 살고 있어서 우느냐로 착각되어 들리기도 하여서 한없이 아득하다. 그러니 영화 〈시〉에서의 이 질문은 과연 누구에게 던져지는 것인가.

(『씨네21』, 2010년 753호)

장률
생태주의

춤을 춘다고 생각했는데 취권이었다. 찰나에 벌어진 일인데 잊히지를 않는다. 그러니 소년의 취권을 춤으로 잘못 본 경험을 근거로 지금의 장률론은 새로 쓰여도 좋을 것 같다. 〈두만강〉의 초입부에서 주인공 창호는 친구인 상점 주인 아들을 만나기 위해 그의 집 앞에 도착한다. 카메라는 집 앞을 정면으로 잡고 있고 창호는 왼쪽에서 프레임 인하여 중앙에 선다. 창호는 잠시 등을 보이고 서 있는가 싶더니 살며시 카메라 쪽으로 몸을 돌린다. 그때 별안간, 말 그대로 별안간 창호는 쓰러질 것처럼 비틀거리며 좌우로 취권 흉내를 낸다. 그러다 기다리던 친구가 나오자 프레임 아웃, 유유히 화면을 빠져나간다. 이 장면은 동네의 골목대장 창호가 텔레비전 어디에선가 보았을 권법을 친구를 기다리는 심심한 시간 동안 흉내내본 것에 불과할 것이다. 짧고 사소한 장면으로도 보인다. 다만 이렇게 말할 수는 있을 것이다. 소년이 몸을 흔든 건 사실이고 그 육체의 흔들리는 운동성이 보는 이의 동공을 파고들어 환상을 작동시킨 것도 확실하다. 생각해보니 장률의 영화에서 찰나적 사실들이 일으키는 놀라운 환상의 경험들은 허다하다.

　일반적이라면 장률의 영화 〈두만강〉을 두고 이렇게 시작하는 것은 황당한 일이 될 것이다. 다음과 같이 소개하는 것이 더 적절해 보인다. 〈두만강〉은 조선족 출신의 감독 장률의 오래된 프로젝트이며 그의 가장 주목할 만한 작품이 될 거라고 말해져왔다. 스토리 라인은 알려진 것과 크게 다르지 않다. 초등학생 정도로 보이는 창호는 과묵한 할아버지와 말 못하지만 착한 누이 순희와 함께 두만강 인근 옌볜의 조선족 마을에 살고 있다. 엄마는 한국으로 돈을 벌러 갔다. 요즘 창호의 마을에 탈북자들의 발걸음이 부쩍 늘었다. 탈북자들은 아이부터 어른까지 목숨을 걸고 두만강을 건너며, 가는 길에 마을 사람들에게 밥을 청하기도 한다. 때론 양을 훔치거나 사람들에게 해를 입히기도 한다. 창호는 어느 날 폐교에서 놀다가 북한에서 넘어온 같은 또래의 아이 정진을 만난다. 정진이 배고프니 밥을 달라고 하자 창호는 대가로 공을 같이 차자고 한다. 정진의 축구 실력이 뛰어나다는 걸 알게 된 창호는 아랫마을과 축구 시합을 할 때 정진이 함께하기를 청하고 정진은 그 약속을 지키러 목숨을 걸고 돌아온다. 소년들의 피어나는 우정과 다르게 마을은 탈북자와 그에 얽힌 사람들로 시끄럽다.

　기존의 장률 영화의 인장들이 〈두만강〉에는 뚜렷하게 새겨져 있다. 〈두만강〉은 이쪽과 저쪽이라는 경계를 사이에 둔 지리적 감각을 지니고 있다. 또한 공간, 공간을 넘어선 구체적 장소, 구체적 장소에 밴 환경과 역사적 기억을 중시해온 감독 장률이 조선족 마을이라는 자신의 고향을 떠올리며 영화를 찍었다는 점에서 자기 기억의 본령을 다루었다는 인상도 전한다. 동시에 조선족 마을의 풍경과 문화가 반영되고 탈북자들의 문제가 개입하면서 민감한 정치적, 민족적, 계급적 현안으로도 다가온다. 또한 이런 문제들을 예의 그렇듯이 엄정한 롱숏과 롱테이크 숏과 감정이 제거된 연기 연출로 담아내고 있다. 장률의 영화가 늘 그렇듯이 〈두만강〉도 이상의 복잡한 층위들을 수시로 겹쳐놓고 있다.

전작들에 비해 〈두만강〉에서 배제된 것처럼 보이는 한 가지가 있다면 그건 긴장된 성적 층위 혹은 흉물스러운 육체성의 층위다. 〈망종〉의 발가벗겨지는 남자, 〈경계〉의 사막의 정사, 〈중경〉과 〈이리〉의 젊고 늙은 나체와 시체 등 뜨겁게 뒤엉킨 육체와 흉물스런 성인들의 나체에서 나오는 그 당혹스러운 긴장감 내지는 이물감을 〈두만강〉에서는 보기 어렵다. 대신 아이들이 주인공으로 전면에 나서면서 〈두만강〉에는 뛰어노는 아이들의 설익은 육체가 강조된다. 이를테면 취권은 그 아이들의 육체적 놀이의 연장일 것이며 그 때문에 희망의 타진일 것이다. 서사 외곽의 인물에 해당하는 마을의 촌장과 두부 장수 용란이 옷을 걸친 상태에서 섹스를 하는 장면이 영화에 한 번 등장하는데, 이건 서사적 필요에 의해서라기보다 마치 이물감이나 긴장감이 완전히 말소되어 영화 자체가 느슨해지는 것을 염려하여 일부러 넣은 것처럼 보일 정도다. 그러니까 장률 영화에서 전에 없이 티끌 없는 육체성의 장소가 드디어 개시된 것인가. 육체성 혹은 성적 긴장감 그 자체는 확실히 누그러져 있다. 단, 육체를 근거로 벌어지는 전격적이고 노골적인 또 다른 실존적 내기가 담겨 있다. 흥미롭게도 장률은 자신의 영화를 설명할 때 "피부적"이라는 말을 자주 쓴다. 사실 어법으로는 다소 어긋나 있지만, 직감적으로는 충분히 뜻이 감지되는 그런 말이다. 피부적이라는 그 말을 바꾸면 체감한다는 말이 될 것이고 체감한다는 건 육체가 감각한다는 말로도 풀어 쓸 수 있을 것이다. 그러니 그에게는 피부적으로 닿아서 느껴지는가 그렇지 않은가 하는 것이 영화를 만드는 데 매우 중요한 근거다.

피부적으로 느껴지는 〈두만강〉의 두 개의 주요한 장면을 말해볼 수 있다.

이 두 장면은 누가 보아도 〈두만강〉의 마주선 방점이며 핵심이고 동시에 쟁점을 껴안고 있다. 심지어는 이 두 장면에 대한 시각차를 근거로 영화 〈두만강〉에 대한 호불호가 결정된다고까지 말하고 싶다. 영화의 중반부, 창호의 누이 순희는 할아버지와 창호가 집에 없는 사이 창고에서 잠자던 탈북자를 깨워 밥을 준다. 탈북자는 무릎을 꿇고 감사하다고 한다. 밥을 조금 든든하게 먹자 그는 "술이 있었으면 좋겠는데"라고 말한다. 순희가 술도 준다. 그가 술을 마실 때 순희는 건넌방으로 가 텔레비전을 켠다. 그때 김정일을 찬양하는 방송이 흘러나오고 그걸 들은 탈북자는 경기를 일으키고 갑자기 순희를 겁탈한다. 영화의 후반부, 상점 주인이 탈북자들을 몰래 수송해온 것이 드러나 경찰에 잡혀 들어가자 그의 아들은 이게 다 탈북자들 때문이라고 생각한다. 창호와의 약속을 지키기 위해 정진이 나타났을 때 상점 주인 아들은 공안을 부르고 공안은 찾아와 정진을 잡아간다. 그때 창호는 폐교의 지붕 위로 뛰어올라가 정진을 놓아주라고 소리친다. 아무도 그 말을 들어줄 것 같지 않자 창호는 아래로 몸을 던진다.

두 장면은 그냥 사태를 기술하는 것만으로도 감정적으로 무거워진다. 한쪽은 어른들의 세계에서 벌어진 일이고 나머지는 아이들의 세계에서 벌어진 일이다. 한쪽은 탈북자로 인해 육체를 강탈당하고, 한쪽은 탈북자를 지키기 위해 자기의 육체를 투신한다. 어른과 아이의 세계로 나누려는 의지가 강한 이 영화는 그 인과의 차이까지도 양분하여 보고 있다. 둘 다 충격적이고 잔혹하기는 마찬가지다. 하지만 장률이 간교한 충격의 영화를 만들어온 감독이 아니라는 사실을 우린 알고 있다. 그는 차라리 충격의 노림수를 걸머진 영화, 라는 오명을 쓰는 한이 있더라도 어떤 장면이 있어야 한다면 반드시 그 자리에 그 장면을 기어코 새겨 넣는 감독이다. 그간에 문제의 소지가 될 만한 강도 높은 장면이 없지 않았지만 장률은 그걸 매번 오해 없이 돌파

해왔다. 장률은 한치의 흔들림 없이 말한다. 그 장면이 그렇게 찍힌 건 그곳이 실제로 그렇기 때문이다, 거기에 가보면 그걸 알 수 있고 그런 영화적 선택을 할 수밖에 없다, 탈북자들이 일으키는 겁탈은 실제로 일어난다, 탈북자는 그 순간 아직 떨치지 못한 이데올로기 때문에 미친 것이다, 목숨을 걸고 다시 찾아온 정진이 잡혀가는 걸 본 창호가 할 수 있는 건 자기의 목숨을 던지는 것이다, 라고 장률은 말한다. 그런데 이 장면들은 다르게 보는 것이 가능하다.

두만강 인근 조선족 마을에서 말 못하는 소녀를 탈북자가 겁탈하는 사건은 있을 수 있다. 그것에 대해 우리가 장률보다 더 안다고 왈가왈부할 수 없다. 그것이 사실이라면 그 사실을 거부할 수 없다. 다만 여기서는 그 사실을 도입한 것이 문제가 아니라 그 사실을 진행하는 영화적 방식이 쟁점이다. 실은 〈두만강〉에서 가장 등골이 오싹한 장면은 어느 면에서 겁탈이나 투신보다도 탈북자가 "술 한잔 먹었으면 좋겠는데……"라고 말하는 바로 그때다. 이것은 명백한 파국이 이제 실행될 거라는 분명하고 정확한 전조이며 기호에 해당하기 때문에 오싹하다. 이 장면이 불편하고 윤리적으로 잘못됐다는 것보다는 너무 예측 가능하고 정확한 수순으로 그려지고 있어서 균질적이며 도식적이라는 느낌이다. 게다가 장률의 인물들은 대개 과장된 연기를 하지 못하게 되어 있는데 이상하게도 이 장면의 탈북자의 연기는 어딘지 과장된 연기를 하고 있다. 이 사건 자체에 문제가 있다는 뜻이 아니고 그 기호적 도식성에 문제가 있다는 것이다. 장률의 모든 영화를 통틀어도 한 신 안에서 이렇게 예측 가능한 수순을 밟아나가는 장면의 예를 찾기 어렵다. 장률 영화에서 대개 사건은 사건이되 불규칙한 순간에 갑자기 도착하지 않던가.

창호의 투신 장면에도 도식적 기호화가 작동한다. 창호가 폐교에서 뛰어내린다는 행위는 이 영화에서 중요하다. 더 정확히 말하면 창호가 뛰어내리는 장면을 보여주는 것이 중요하다. 그건 이미 영화가 형식적으로 약속하고 있는 바다. 영화에는 폐교 안에서 창문을 걸고 바깥을 건너다보는 카메라의 시선이 총 여섯 차례에 걸쳐 보인다. 그때마다 상황은 조금씩 바뀐다. 장률의 영화는 카메라가 어떻게 움직이는가 하는 것보다 카메라가 어디에서 보는가 하는 것이 더 중요한데, 카메라의 운명적인 위치가 있고 거기가 세계를 보는 자리이며 그곳은 사람과 사람의 경계이거나 점이지대인 경우들이 많다. 예컨대 〈망종〉에서 순희가 김치를 파는 그 자리, 〈중경〉에서 아버지와 딸이 번갈아 걸어 올라가며 노래 부르는 노인들과 매춘부를 지나치는 계단과 공터, 〈이리〉의 진서가 마을에 들고 나는 사람들을 보는 마을 초입의 구둣방 옆 걸상이 그런 운명의 자리다. 〈두만강〉의 폐교 안에서 바깥을 보는 카메라의 자리도 그런 곳이다. 여기가 바로 〈두만강〉의 운명의 자리다. 같은 사리에 카메라가 있는데 서사적 맥락이 그때마다 미묘하게 바뀌어가는 걸 보며 놀랍도록 정교하고 철저한 형식을 구사하는 장률의 연출력에 놀라게 된다. 그러나 그 창문 밖으로 떨어지는 창호의 육체를 마주하면 결국 이 놀라운 형식적 모험의 끝이 어떤 관념을 위해 준비되어 있었다는 인상을 지우기가 어렵다. 약속을 목숨으로 이행하는 소년, 이라는 일반적이고 순수한 관념. 그때 떨어지는 창호의 몸은 우리에게 그 관념의 이해를 위해 던져지는 결정적인 기호처럼 작동한다.

두 장면은 이해할 수는 있어도 공감하기에는 어딘가 미진하다. 왜 이 장면들은 도식적 기호의 영향을 받은 것처럼 느껴지는 것일까. 의외겠지만 그게 장률의 필사적인 어떤 창의적 노력이 빚어낸 과정상의 약간의 오차라고 말하고 싶어진다. 그러므로 〈두만강〉이 문제제기를 받을 수 있다는 사실보다 더 중요한 것은 왜 지금 〈두만강〉의 쟁점을 구태여 이렇게 끌어내어 말하려 하는가이다. 〈두만강〉이 장률의 과도기의 작품이라는 생각이 없진 않지만 그렇기 때문에라도 장률 영화의 어떤 긍정적 가능성을 장기적으로 탐색해야 한다는 긴급함을 느낀다. 장률 영화를 지지하기 위하여 〈두만강〉의 쟁점을 말해야 한다는 것이다. 모순처럼 들린다 해도 그게 우리의 목적이다.

장률은 아주 오래전부터 미학에의 신념을 줄곧 부정 또는 불신해왔다. 한 창작자가 미학의 불필요를 말할 때 그에게는 대개 상위로 삼는 기준의 층위들이 있다. 그건 고도의 정치학 또는 윤리학인 경우가 많다. 혹은 완전히 반대된 양상으로 싸구려 경제학도 미학을 쉽게 밀어낼 수 있다. 우린 그때 미학을 넘어 한 편의 영화가 정치적으로 윤리적으로 맞거나 맞지 않다고 말하기도 하며 그래도 영화는 산업이니 어쩔 수 없이 경제적인 조건을 따라야 한다고 긍정하기도 한다. 장률의 영화 속 사건들은 그런 윤리적, 정치적, 경제적 조건과는 사실상 무관한 경우가 많다. 장률의 영화를 정치적 윤리적 독법으로 읽는 것이 가능하기는 할 테지만, 그의 영화 속 일련의 충격적인 사태들은 실은 늘 다른 이유에서 운명적이다. 그 사태, 이를테면 겁탈과 투신과 같은 일이 벌어지는 건, 장률이 운명처럼 중요하게 여기는 그 다른 상태를 받아들여서다. 그것이 실로 장률 영화를 굳건하게 버텨주고 있는데 거기에 이름을 붙이자면 생태가 될 것이고, 그걸 철저하게 따르고 반영하는 장률의 영화는 생태학이 될 것이다.

장률의 생태학은 환경운동과는 아무 연관이 없다. 그는 환경운동가가 아니다. 자신의 영화 속 인물이, 그들의 육체가 거기 그 사건들과 어떻게 함께 살고 있는가 하는 것만이 장률의 생태학의 근본을 이룬다. 영화와 관련되어 있는 장률의 생태학은 가령 홍상수의 생태학과도 다르다. 홍상수는 마침내 영화 자체를 유기체로 생성시켜 그 유기체가 살아가는 생태적 긴장의 표면 장력 위에서 다시 세상을 다루는 동시에 그 유기체의 미학을 무제한으로 상승시키는 기적을 이뤄내지만, 장률은 이미 거부할 수 없는 현실의 생태계가 있고 거기에 영화 또는 영화감독이라는 작은 관찰자가 개입할 뿐이니 원래 놓인 생태의 그 구속력을 철저하게 따라야 한다고 생각한다. 그러므로 홍상수에게 영화의 생태학이 중요한 것이라면 장률에게는 생태학의 영화가 중요하다. 영화의 생태학이란 유기체 영화가 살아가는 생태에 관한 문제일 것이고, 생태학의 영화는 인간이 속한 생태계를 영화가 어떻게 왜곡하지 않고 담을 것인가의 문제일 것이다. 장률의 영화는 여기에 충실해왔다고 말하고 싶다. 〈당시〉의 아파트와 소매치기, 〈망종〉의 기찻길과 순희, 〈경계〉의 모래사막과 헝가이와 탈북 모자, 〈중경〉의 중경과 소 선생, 〈이리〉의 익산과 진서는 모두 그 전제에서 도출된 생태와 인물의 관계들이다.

이 자세를 두고 '장률의 필연'이라고 쓴 적이 있다. 〈경계〉를 본 직후에 "(장률의) 필연적인 형식이란 현실을 모방 또는 최대한 근사치로 재현해내기 위해 애쓰는 과정에서 생겨나는 것이 아니다. 〈경계〉가 감독의 말처럼 그 땅과 같은 영화라고 할 때, 이 영화는 풍속의 영화이며 환경의 영화다. 풍속에 관한, 환경운동에 관한, 이라는 뜻이 아니라 그 안에서 거주하고 머무르는 자의 실존이 그 풍속과 환경의 상태로부터 필연적으로 고려되어 기필코 영화적 형식으로 변환된다는 뜻이다"(『넥스트 플러스』 37호, 2007년)라고 썼는데, 지금 생각해보면 장률의 생태학을 향한 말이었던 것 같다. 장률에게서 필연이란 어떤 참혹함을 지닌 생태라 할지라도 그걸 인정하고 영화 형식으로 반영, 이행한다는 자세가 될 것이다. 장률의 영화는 그렇게 해왔고 그것이 장률 영화의 감동의 진원지다. 〈두만강〉에 이르러서도 그 자세는 변함이 없다. 다만 본의 아닌 오차가 한 가지 일어난 것 같다.

그 오차란 다름 아니라 필연이고자 했으나 끼어든 당위의 개입이다. 장률은 〈두만강〉의 겁탈과 투신의 장면이 필연적인 장면이라고 생각할 것이다. 그런데 우린 그 장면들이 필연이 아니라 당위적인 장면은 아니었을까 지금 질문 중이다. 카메라가 딛고 선 땅의 그 모든 조건들을 받아들이려는 장률에게 필연과 당위는 아슬아슬하게 경계를 만들어온 게 사실이다. 필연을 받아들이려는 의지가 강할수록 그만큼이나 당위의 위험도 이미 도사리고 있었다. 그런데 진정으로 당위가 위험한 이유가 따로 있는데, 그건 필연이 구체적이고 개별적인 것들에 연관되어 있는 반면 당위는 관념적이고 일반론적인 것들에 연관되어 있기 때문이다.

그런 점에서 "모든 아픔을 가지고 견디고 살 수 있는 사람은 여자"라거나 "목숨과 목숨을 바꿀 수 있는 건 아이들밖에 없다"는 장률의 생각에서 나온 그 장면들은 다소 당혹스럽다. 만약 누군가 '남자는 배 여자는 항구'라고 말할 수는 있어도 영화에서 남자가 배 여자가 항구로 그려질 때 그건 위험한 일반론이며 상징이 되고 그걸 기꺼이 수행해야 한다고 생각할 때 당위가 된다. 〈두만강〉의 앞선 장면들이 바로 그렇게 보인다. 그러니 필연에서 오는 장률 영화 특유의 불확정성, 불균질성, 불규칙성 등 모든 구체적이고 개별적이며 결정되지 않은 것들의 그 호소력을 우린 다시 상기하고 싶다. 수많은 비범한 장면 중에서도 〈이리〉의 아름다운 한 장면을 말하고 싶다. 마지막 장면이다. 태웅과 진서는 앞 장면에서 물을 향해 걸어 들어갔다. 그들은 동반 자살의 몸짓을 보였다. 장면이 바뀌자 진서는 매양 입던 옷을 입고 늘 앉아서 시간을 보내는 마을 초입의 구둣방 옆 걸상에 앉아 있고 다리를 건너서 자기 쪽을 향해오는 〈중경〉의 주인공 소 선생을 맞으며 중국어로 인사를 던진다. 진서와 태웅이 빠져 죽지 않고 물길에서 돌아 나온 것이라고 손쉽게 말할 수 있을 것 같지만 영화적으론 분명치 않다. 이것은 판타지인가, 과거인가, 현실인가. 우리는 그걸 해독하는 데 실패했지만 그 장면의 그 자리가 필연적이라 느껴졌기 때문에 이 장면의 진실한 힘을 믿고 있다. 장률의 영화는, 영화가 소재로 삼은 그 장소 특유의 일상적 사실들이 구체적이면서도 필연적인 부정교합의 연쇄로 일어나는 상태일 때에야 진정으로 감동적이다. 결국에는 그것을 장률 영화의 생태학이라고 부르건, 장률의 필연이라고 부르건, 장률의 환상적 사실주의라고 부르건 혹은 수많은 취권의 순간들이라고 부르건 간에 장률의 영화는 그런 식일 때 진실의 힘을 잃지 않을 것이다.

오해가 있을지 모르니 첨언해야겠다. 〈두만강〉은 호평을 받을 자격이 충분한 영화다. 〈두만강〉에서 한 노인이 죽자 마을 사람들은 모여 노래를 부르고, 컷하여 다음 숏에서 푸르스름한 달빛 위로 노랫가락이 울려 퍼진다. 그때 죽은 넋이 위로되는 것 같은 진한 감정을 전달받는데 이 장면 하나만으로도 이 영화는 진실한 감동을 준다. 다만 이 자리는 〈두만강〉의 그런 것들을 다 말할 기회가 되지 못한다. 그러니 이 영화에 관한 쟁점을 제기했다고 하여 장률 영화 전체나 〈두만강〉이 폄하되지 않았으면 좋겠다. 장률이 필언직인 형식을 버리려 하지 않는 한 그것이 설령 당위의 오차를 불러온다 해도 우리는 거듭하여 장률 영화에 대한 기본적이고 두터운 지지와 호의 안에서 말할 것이다.

장률은 말했다. 영화가 만국공통어라는 건 개소리다. 문화와 지역성을 배제한 채 영화의 이해란 있을 수 없다는 뜻일 것이다. 그 말을 인정해야만 할 것이다. 우리는 끝내 두만강의 이쪽과 저쪽의 실상을 잘 모를 것이다. 동포라는 말을 자기 것처럼 쓰는 사람들을 우린 의심해야 한다. 다만 〈두만강〉이라는 영화에 대해서는 말할 수 있으며 조선족 장률이 아니라 감독 장률, 그의 영화에 관하여는 말할 수 있다. 이렇게 말하고 돌아보니 실은 긴 말이 필요 없었을지도 모르겠다. 처음부터 실은 그냥 이렇게 말하고 싶었다. 장률은 진실한 감독이지만 〈두만강〉은 과욕의 작품이다. 〈두만강〉이 과욕의 작품이어도 장률은 진실한 감독이다. 결국엔 이 두 문장을 말하고 싶었다.

(『씨네21』, 2011년 795호)

들끓는 정념과
고요한 명상의
변주곡

그건 그곳이 실제로 그렇기 때문입니다. 그건 그 사람들이 실제로 그렇기 때문입니다. 어떤 연유로 영화가 그렇게 찍힌 것입니까, 질문 받을 때 감독 장률은 자주 그와 같이 답해왔다. 〈경계〉의 카메라의 느린 패닝에 관해서는 사막이라는 대지의 성질을, 〈두만강〉 인물들의 무표정에 대해서는 그들 삶에 밴 무표정한 상태를 근거로 들었다. 사막에서도 빠르게 움직이는 것들은 있을 것이고 두만강의 사람들이라고 울고 웃을 일이 전혀 없겠느냐고 반박할 수도 있다. 하지만 그런 종류의 반박이 중요한 것 같진 않다. 중요한 건 장률이 구체적인 지역(몽골의 사막, 중경, 익산-이리, 두만강 등)을 결정하고 그 지역의 물리적이고 현실적인 풍속과 환경으로부터 핵심적인 무언가를 추출하여 영화의 공기와 리듬과 표정과 정서 등등을 총괄하는 핵심 층위로 삼는다는 것이다. 말하자면 장률의 영화는 '거기에 있는 것들'의 현존하는 성질과 상태를 전적으로 존중하고 따랐다.

〈경주〉에 관해서는 어떨까. "삶과 죽음의 공존이 어색할 게 없는 곳이 경주다. 경주는 어디를 가나 능이 있는 곳"(『씨네21』, 958호)이라는 것이 〈경주〉에 대한 장률의 설명의 요지다. 거기에 수긍하는 차원에서 〈경주〉는 삶과 죽음, 현실과 꿈, 과거와 현재가 공존하는 영화라는 것이 대개 우리의 감상 요지다. 〈경주〉도 예컨대 삶의 터전 안에 널린 능과 같이 경주에 있는 것들로부터 시작되었다. 이번에는 그런데 차이가 있는 것 같다. 그곳이 실제로 그렇기 때문입니다, 하는 말은 〈경주〉를 설명하는 데 더 이상 유효하지 않거나 다소 부정확해질 상황에 처했다. 예컨대 어제 있었던 점술가 노인이 오늘은 감쪽같이 사라지고 같은 자리에 젊은 여인이 버젓이 앉아 내가 오래전부터 여기 있어왔노라고 말하게 되는, 밝은 대낮에 한 남자의 면전으로 백일몽의 환영이 현실과 구분 없이 찾아드는, 메마른 강바닥을 보고 있는데도 어디에선가 콸콸콸 환청의 물소리가 들리는 〈경주〉의 그것들을 두고서, 그건 실제로 경주가 그렇기 때문이다, 하고 말할 순 없게 된 것이다. 사막이라는 대지의 광활함과 속도감을 따라 카메라가 느린 패닝을 하는 건 거기 있는 것들의 속성을 따르는 것의 문제이지만, 저 능을 보고 삶과 죽음의 공존이 떠올라 환영이 출몰하는 도시를 제시하는 건 거기서 느낀 것들을 감각화하는 것의 문제가 된다.

'사실에서 느낌으로'라는 방점 전환이 여기에 있다. 능들이 삶의 주거지 안쪽까지 섞여 있는 도시가 경주라는 건 사실의 차원이다. 그때 능은 능이라는 사실일 뿐 곧장 죽음이 아니어서 감상자에 따라 의미는 개별적이다. 홍상수의 〈생활의 발견〉에서 경수(김상경)는 그 능 위에 누워 죽음이 아니라 여자를 기다렸다. 〈경주〉에서 주인공 최현(박해일)과 공윤희(신민아) 일행이 능 위에 올라가 밤의 낭만과 시름에 빠져 있을 때 이내 달려와 거기에서 뭐 하는 짓이냐며 호통을 치는 경비원에게라면 그 능은 직업의 영역이며 아늑한 죽음이 아니라 훼손 없이 보존되어야 할 엄숙한 공공 문화재에 해당한다. 그러므로 〈경주〉는 왜 이렇게 찍힌 것입니까, 했을 때 그에 대한 설명은 이렇게 제시되어야 할지도 모른다. 그건 그곳이 그렇다고 실제로 느껴졌기 때문입니다. 장률은 전에 없이 거기에 있는 것들을 넘어 '거기서 느낀 것들'에 최대한 바탕을 둔 영화 〈경주〉를 만들었다.

거기에 있는 것들과 거기서 느낀 것들, 이라고 표현한 이런 게 서로 별개일 리는 없다. 하지만 방점이 옮겨간 걸 부정할 순 없고 방점이 바뀌었으므로 많은 것이 바뀌었다. 이 차이는 생각보다 크다. 거기에 있는 것들(예컨대 무표정, 느림, 황폐함, 거리감)을 우리 눈으로 똑바로 보도록 하는 것이 장률 영화의 오랜 집착이었다면, 〈경주〉는 거기서 느낀 것들(예컨대 삶/죽음, 현실/꿈, 과거/미래의 공존)이 우리 눈에 풍요롭게 보이도록 하는 데 힘을 쓴다. 그래서 〈경주〉의 경주는 두만강변이나 중경이나 익산-이리와 같은 현실 속의 운명적이고 냉엄한 환경과 풍속의 도시가 아니라 기이하고 오묘하게 유령들이 활개 치는 낭만적 신기루 혹은 허공의 도시처럼 그려진다.

이것이 장률 영화의 일시적 전환인지 앞으로 꾸준히 지속하게 될 무언가의 새로운 시작점인지에 대해서는 함부로 예단할 수 없다. 다만 질문은 자연스럽게 형성되었다. 〈경주〉가 바라 마지않던 그 인상적 풍요는 어떻게 구체적으로 조화되는가, 하는 것이다. 그 조화의 지대한 한 면이라고 해야 할 수려함과 넉넉함에 대해서는 이미 적잖이 언급되었다. 그러니 여기에서는 다른 면모에 주목할 생각이다. 이 글은 〈경주〉를 이루는 어떤 특별한 출현과 결합의 양상들에 더 관심을 두고 있는데, 그걸 탐색하는 과정에서 이미 알려진 수려하고 넉넉한 로맨스물 이외에 〈경주〉의 또 다른 성격이 드러나기를 기대하고 있다. 말하자면, 들끓는 정념과 고요한 명상이 서로 화음 혹은 불협화음을 내는 변주곡들의 몇 가지 형태에 관해서라고나 해야 할까.

네 커플의 불행, 두 커플의 행복

〈경주〉의 줄거리는 흔히 최현(박해일)과 공윤희(신민아)의 1박2일 로맨스로 축약되는데 두 인물이 주인공이니 우선은 당연하다. 하지만 주목해야 할 몇 가지 다른 인물 관계들이 더 있다. 그것들이 차례로 출현하면서 최현과 공윤희 사이로 틈입하여 잔여물을 남기고 환기를 가동하면서 상상을 자극한다. 최현과 공윤희 커플까지 포함하여 그들을 가리켜 '영향 아래 놓인 커플들'이라고 지칭하고 싶어진다.

첫번째 커플은 최현의 친한 형 창희와 그의 젊은 아내다. 최현은 창희의 장례식 때문에 한국에 왔는데 사람들은 창희의 아내에게 남자가 있었고 창희의 죽음이 그의 아내와 관련 있다고 의심하고 있다. "저 여자가 창희를 잡았다"고 최현의 아는 형은 한마디로 단언한다. 두번째 커플은 최현이 경주로 부른 옛 후배 여정(윤진서)과 그녀의 의처증 심한 남편이다. 공교롭게도 이 부부 사이의 정서적 핵심도 의심이다. 세번째 커플은 최현과 여정이다. 여정은 과거에 최현의 아이를 임신했었다고 경주를 떠나기 직전 최현에게 질책하듯 혹은 징벌하듯 말한다. 네번째 커플은 찻집 여주인 공윤희와 죽은 그녀의 남편이다. 영화는 공윤희가 기혼자였음을 뒤늦게 밝힌다. 남편은 자살했다고 공윤희가 말한다.

이 커플들의 공통점은 하나같이 불행하다는 데 있다. 의심, 의문, 비밀, 죽음 등이 이들의 불행을 감싸고 있으며 약속이나 한 것처럼 자기의 순서가 오면 인물들은 그 불행의 사정을 차례대로 밝힌다. 하지만 반드시 일부분만 밝힌다. 정말 창희의 아내에게 다른 남자가 있었는지, 여정의 남편이 왜 의처증을 갖게 되었는지, 최현과 여정의 관계는 어느 정도였는지, 공윤희의 남편은 왜 자살했는지에 대해서까지는 말해지지 않는다. 이들이 밝힌 사연과 밝히지 않은 사연의 나머지 공백이 우리로 하여금 은근한 가정법과 질문법을 발동시켜 나머지 중요한 두 커플을 보게 만든다.

중요한 두 커플이란 다섯번째 커플 최현과 공윤희, 여섯번째 커플 최현과 아내다. 가정법과 질문법은 스스로 알아서 공상의 이야기를 짜내기 시작한다. "선배는 부인을 의심해본 적 없어요?"라고 여정이 최현에게 물었을 때 최현은 답하지 않았지만 혹시 최현과 아내 사이에 있었던 불화의 요인으로 그의 아내에게 다른 남자가 있었던 것은 아닌가 하고 우린 은밀히 되돌려 상상하게 된다. 창희 커플의 영향 때문이다. 우린 진위를 잘 모르지만 모르기 때문에 아니라고도 할 수 없다. 그렇다면 최현의 아내가 최현을 '잡을 수도' 있었고 혹은 잡았다고 소문이 날 수도 있었고 최현의 미래는 창희가 될 수도 있었다.

이 가정법에 의거한 질문들은 반대 방향으로도 번진다. 만약 최현이 공윤희와 성적 관계를 맺었더라면 그들의 이야기는 어떻게 될 것인가. 앞선 커플들이 겪었던 모든 불화의 과정을 최현은 새로이 끌어안게 되는 것은 아닌가. 최현과 공윤희의 성적 결합의 실패에 대하여 평론가 이후경도 장률의 말("통상적 개념의 사랑이라는 감정에 들어갔다가 거기에 빠져서 서로 원수가 돼버리는 기억보다는 훨씬 더 아름답지 않겠는가")을 인용하고 특히 최현과 여정의 관계를 근거로 들면서 "최현의 뒷걸음질에는 그 두려움이 끼어 있을 것"이라고 지적하고 있다(『씨네21』, 961호). 실은 훨씬 더 오래전에 〈생활의 발견〉의 명숙(예지원)이 예언처럼 명대사를 남긴 바도 있다. "나쁜 기억 남길 것 같으면 하지 마요."

〈경주〉는 최현과 공윤희를 중심으로 로맨스를 진전시키는 가운데에서도 통속적 불행으로 얼룩진 실패한 커플 관계들을 켜켜이 출현시켜 그것들로 다섯번째 커플 최현과 공윤희, 여섯번째 커플 최현과 아내의 관계에 암암리에 간섭한다. 중요한 건 그 간섭의 영향력을 의식하며 장률이 내놓은 영화적 결과다. 장률은 앞선 네 커플과 뒤의 두 커플이 엄연히 다른 결과에 도착하도록 서로 가른다. 앞의 네 커플은 불행했지만 뒤의 두 커플은 적어도 더 나빠지지 않거나 행복에 접근한다.

최현과 공윤희의 그 밤이 왔을 때 장률은 오묘한 수를 둔다. 오묘하다는 것은 최현과 공윤희와 최현의 아내 이렇게 셋 중 아무도 망가지지 않는다는 점에서다. 최현과 공윤희 커플은 좋은 과거로 남고 최현과 아내 커플은 좋은 미래로 남겨진다. 최현과 공윤희 커플은 따뜻한 기억을 갖게 되고 최현과 아내 커플은 화해의 전조를 갖게 된다. 최현이 스스로 공윤희와의 성적 결합에서 실패자를 자처함으로써 그렇게 된다. 그리하여 최현이 새벽을 맞을 때쯤 문득 기적처럼 화해를 요청하는 아내의 음성 메시지가 와 있다. 아내는 최현을 위해 그가 가장 좋아하는 노래를 불러준다.

〈경주〉를 한 남자(최현)와 한 여자(공윤희)의 아늑한 로맨스로만 초점을 맞추면 앞선 커플들의 불행한 관계가 두 남녀 주인공 사이에서 은연중 작동하는 영향의 농도가 잘 보이질 않을뿐더러 네 커플의 불행과 두 커플의 행복의 진일보라는 감독의 구분도 잘 보이지 않게 된다. 우리가 여유롭고 낯선 로맨스라고만 알고 있는 이 이야기의 끝은 예상 밖으로 한 남자가 충분히 가능했던 낯선 성애의 봉우리를 두고서도 스스로 실패자를 자처하는 경우다. 어찌 보면 그 때문에라도 〈경주〉는 어느 하룻밤의 로맨스가 아니라 어느 기혼자의 가정 복귀극이라는 역설적인 도덕적 면모를 의외이지만 진지하게 갖추고 있는 셈이다.

로맨스를 고조시키면서도 다른 커플들의 불행의 허깨비를 잔뜩 개입시켜 위태롭고 상상적인 질문의 자리를 만들되 그 결론부에서는 지켜야 할 것을 지키고 마는 도덕적 결단으로 끝맺기. 물론 〈경주〉는 여기에서 그치지 않을 것이며 우린 또 다른 변주 형태를 만나게 될 것이다. 그러기 위해 〈경주〉를 배회하고 있는 두 종류의 헛것에 접근해야 할 것 같다. 최현의 헛것과 최현이라는 헛것이다.

최현의 헛것

평론가 안시환은 "최현이 공윤희의 집을 나왔을 때 영화가 엔딩을 맺을 것이라고 생각했다"(『씨네21』, 959호)고 한다. 평론가 달시 파켓은 5분 더 일찍 영화가 끝났더라면 완벽하게 만족스러울 수 있었다는 생각에 고개를 저으면서 극장 문을 나섰다"고 쓰고 있다(포털사이트 다음 『더 매거진』, '달시 파켓의 눈'). 5분이라고 표현했지만 "더 실험적이면서도 덜 현실적인 스타일", "예술적 제스처로서의 불필요한 과잉"이라고 표현한 걸로 보아서 최현이 공윤희의 집을 나온 뒤에 붙어 있는 일련의 환상 장면들을 지목하는 게 아닌가 싶다.

여정의 남편이 최현을 쫓아 경주에 왔다는 믿기 어려운 상황에 최현이 밥을 먹다 말고 헐레벌떡 도망치는 장면. 어제 있었던 점술원의 노인 대신 한 젊은 여인이 같은 자리에 있고 그녀가 돌아가신 할아버지에게 물려받아 자신이 오래전부터 거기 있었노라고 말해 최현을 깜짝 놀라게 하는 장면. 최현의 눈앞에서 오토바이족들이 갑작스런 사고를 당하는 장면. 어느 메말라버린 내천에서 콸콸콸 물소리가 들려오는 장면. 넋을 잃은 채 최현이 수풀 언저리로 들어가자 멈춰 있던 카메라가 갑자기 과격하게 움직이며 그를 덮치듯 다가가는 장면. 두 평론가의 감상과 의견에는 일리가 있다고 생각한다. 실은 내게도 이 장면들은 결론을 지연하고 유연화하기 위해 다소 기계적으로 덧댔다는 인상을 준다. 그런데 이 장면들이 적어도 장률에게는 절대적으로 필요했을 것이라는 말도 같이 전해야겠다. 왜 필요했던 걸까.

여기서 끝나면 〈경주〉는 지나치게 말짱한 정신의 영화가 되어버리기 때문이다. 장률은 정념의 밤을 무사히 넘긴 최현을 다시 끓어오르는 정념의 세계로 끌어들이는 걸 이 장면들의 목적으로 삼고 있다. 밤에는 오히려 도덕이 승리하지만 낮에는 오히려 환상이 진주해 있다. 이때 환상이라는 말은 좀 사치스러운 표현이 될 것이고 말 그대로 헛것들이 펼쳐진다. 최현 앞에 헛것들이 즐비하게 서성거려야 하므로 그 후반부는 완전치 않다 해도 떼낼 수 없는 것들이었을 테다.

헛것이 징조를 보인 건 이미 영화 중반부에서다. 영화를 처음 보았을 때 최현이 여행 안내소를 두 번이나 찾는 장면은 개인적으로 다소 군더더기처럼 보였는데 지금은 이 장면이 중요해 보인다. 영화 속 헛것이 처음 출현하는 장면이기 때문이고 이후에 이어질 그 출현들에 대한 유머러스한 뉘앙스의 예고가 담겨 있기 때문이다. 최현이 과거에 경주에 왔을 때 술김에 어느 돌다리를 건넜고 그 아래로 물소리가 났다며 거기가 어디인지 물어보자 안내소 여직원은 그런 곳은 없다면서 술을 먹고 들었으니 그 물소리는 환청이 아니겠느냐고 말한다. 그때 마른하늘에 천둥이 치자 여직원은 비가 올 낌새도 없는데 웬 천둥인지 모르겠다고 말한다. 최현은 그거 북한에서 포를 쏴대는 것 아니냐고 슬그머니 응수한다.

너와 내가 맨정신에 듣고 있는 저 소리의 정체에 대해서라면 과연 너는 확신할 수 있겠느냐고 최현은 농을 치고 있는 중이다. 여기에 장률도 끼어서 농을 친다. 그 장면의 마지막에 천둥소리 또는 포 소리는 우광쾅하고 한 번 더 화면 영역 바깥에서 크게 들린다. 장률은 그 소리로 우리에게도 묻고 있다. 이건 천둥소리이겠습니까, 포 소리이겠습니까. 물론 그 천둥소리가 찻집을 배경으로 한 차례 더 등장할 때에는 정말로 비가 내리고 최현과 공윤희의 로맨스가 시작되지만, 적어도 지금은 헛것들의 입장(入場)을 알리는 전주곡이다.

엄연히 헛것은 헛짓과 다르다. 〈경주〉를 본 관객이 홍상수 영화를 떠올리는 것은 불가피한데, 홍상수의 것으로 무수히 등장해왔으나 장률의 것으로는 등장하지 않았던 것들이 장률 영화에서 처음 등장했으므로 그건 어쩔 수 없다. 예컨대 되풀이하여 돌아오는 것들의 대구 구조 속에서 닮음과 다름으로 세계와 시간에 대한 감각을 흔든다는 미적 형식은 기존의 장률 영화에는 없었지만 홍상수가 줄기차게 특유의 것으로 확장해온 것이 아닌가. 다만 장률과 홍상수의 관계를 전반적으로 말할 자리는 아닌 것 같고 그리고 〈경주〉가 장률만의 것도 충분히 갖추고 있으니 지금 우리의 관심사는 다른 데 있다. 〈생활의 발견〉이 주인공의 헛짓을 통해 둔감했던 삶의 실체를 벗겨내는 쪽으로 나아간다면, 〈경주〉는 주인공의 눈앞에 드러나는 헛것들을 통해 감독 자신이 삶과 죽음의 공존이라고 표현한 어느 경계의 지점에 서서 흔들리기를 바라고 있다는 것이다. 간단히 말하면 〈생활의 발견〉의 경수는 헛짓을 하고 〈경주〉의 최현은 헛것을 본다.

이런 점을 생각해보자. 주인공에 관한 한 장률의 전작들과 〈경주〉의 가장 큰 차이는 무엇일까. 주인공의 계층성이 전적으로 바뀌었다는 것이다. 아니 계층이 전에 없이 섞여버렸다고 하는 편이 더 적절할 수도 있다. 장률 영화의 선명했던 계층적 지반은 하층민들이었는데 〈경주〉에는 동북아정치학 교수와 찻집 여주인과 북한학 교수와 플로리스트와 형사가 모이는 괴이한 모임이 있다. 더 중요한 차이가 있다. 지역과 주인공의 관계성이다. 〈경주〉의 주인공 최현이 철저하게 그 지역의 방문객이자 여행자이자 외지인이며 비거주자라는 점이다. 박 교수(백현진)는 최현이 교수로 있는 베이징대학의 특강을 따내려다 잘되지 않자 최현의 말 중에서 꼬투리를 잡아 그가 여기 사는 사람이 아니라는 점을 들며 노골적으로 비난하지 않았던가. "그래, 여기(한국)는 뭐 다 불바다가 돼도 괜찮다?" 너는 속해 있지 않으니 괜찮다는 것이냐, 하는 식이다.

장률이 고집스럽게 그 지역의 토착민 내지는 적어도 거주민을 주인공으로 한 영화를 만들어왔다는 사실을 기억하자. 〈경계〉의 모자 순희와 창호가 있지만 그들은 비록 경유하다 불시착했다 해도 꽤나 오래 사막의 환경에 순응하며 머물렀다. 어쩌면 거주민이지만 이방인인 이주노동자들을 담은 〈풍경〉이 장률에게 전환의 계기를 준 것인지도 모를 일이다. 하여간에 그가 타자인 탓에 최현은 한 발짝 거리를 갖고 떨어진 소극적 견자가 되기도 하는데, 공윤희를 따라간 모임에서 옆방의 술 먹고 춤추는 남자를 보던 중 그 남자의 동료가 최현에게 "잘 봤습니까" 하고 따지듯이 물을 때 그 말이 그의 견자의 자리를 지적하는 것처럼 들릴 정도다.

그러니까 다시 돌아와 간단히 정리할 수 있다. 최현의 타자화를 더욱 부추기는 것들 중 하나가 헛것이며 헛것들의 출몰로 그의 정념은 이리저리 흔들린다. 실은 그게 영화 내내 은근하게 배어 있던 분위기다. 그러므로 앞서 지적한 후반부 일련의 장면들은 경주가 최현을 상대로 부리는 마지막 주술이며 둔갑술이다. 이방인을 갖고 노는 헛것 출몰의 땅에서 최현은 별수 없이 견자이고 어쩌면 망자이며 영원히 타자다.

최현이라는 헛것 혹은 손과 귀

이제 '최현의 헛것'에 '최현이라는 헛것'을 더할 때가 되었다. 그래야 이 영화의 대표적인 그리고 가장 아름다운 화음 혹은 불협화음의 변주 형태 하나가 제대로 보인다. 최현을 두고 여행 안내소의 나이 든 여직원은 젊은 여직원에게 "저 사람 좀 이상해"라고 주의를 준다. 공윤희를 좋아하는 형사 영민(김태훈)은 참다못해 최현에게 여권을 보여달라며 정체를 밝힐 것을 요구한다. 『씨네21』 김성훈 기자는 사석에서 "최현은 꼭 죽은 사람 같다"고 말했다. 최현이 망자인 채로 떠도는 것처럼 보인다는 말인데, 그 감상이 논리적으로 반박될 순 있다 해도 그 감상 자체는 예민한 것이다. 최현이 헛것 아니겠느냐고 느끼는 이들이 영화 안에서나 밖에서나 다방면으로 다수 있다는 뜻이다.

그런데 여기까지 들은 누군가는 이상하다고 생각해야 맞다. 왜 최현을 두고 지금 앞뒤 없이 자꾸 헛것이라고 칭하고 있는가 하고 반문해야 할 것이다. 그러게, 우리는 왜 지금 이 순간 최현을 자꾸 헛것이라고 부르고 있는 것일까. 그가 외지인이기 때문인가. 타자이기 때문인가. 그것으로는 좀 부족해 보인다. 한 가지 확실한 근거가 영화에 있다. 무엇보다 최현이 영화의 다른 주인공 공윤희의 헛것이기 때문이다. 그렇다면 다시, 그는 어째서 공윤희의 헛것인가.

먼저 한 가지를 환기하고 싶다. 〈경주〉의 예고편을 먼저 보고 영화의 본편을 나중에 보게 되었는데 그러는 과정에서 내가 예고편에서 뭔가 크게 착각한 점이 한 가지 있다는 걸 깨닫게 되었다. 그리고 그 착각은 예고편의 목적(이 영화는 박해일과 신민아가 주인공인 연애담입니다)이기도 했으므로 나만 그러한 건 아닐 것이다. 잠시 예고편을 생각해보자. 박해일의 목소리로 이런 대사가 들린다. "손 한번만 보여주시겠어요?" 이어서 곧장 신민아의 목소리가 들린다. "귀 한번 만져봐도 될까요?" 우리는 박해일과 신민아의 목소리를 듣고 두 배우가 이 영화의 주인공이라는 것을 떠올린 뒤에, 그렇다면 그건 최현이 공윤희에게, 공윤희가 최현에게 하는 대사일 것이고 둘 사이에 오고가는 연애의 제스처로서의 대구일 것이라고 예측하게 된다.

그런데 그렇지 않다. 이 손과 귀의 요청은 대구는 대구이되 어딘가 비틀린 대구이며 상대가 서로 맞지 않는 대구다. 공윤희가 만져보자고 한 귀는 최현의 귀가 맞지만 최현이 보자고 한 손은 공윤희의 손이 아니라 죽은 창희 형의 아내인 그러니까 최현의 젊은 형수의 손이다. 도대체 왜 이런 엉뚱한 어긋남이 생긴 걸까. 이 손에 대한 요청과 귀에 대한 요청은 어떤 차이를 갖는 걸까.

최현이 찻집에 두번째 갔을 때 정원에 있는 공윤희를 보다가 문득 고개를 돌리자 창희 형의 형수가 환영으로 등장한다. 처음에 이 장면은 두 가지 질문을 그 즉시 유발한다. 이 장면이 왜 이 자리에 있는가, 그리고 왜 죽은 창희 형이 아니라 형수의 환영이 등장하는가 하는 것이다. 아마도 최현이 여정을 만나고 온 직후라는 것과 그리고 그 순간 공윤희를 보고 있는 중이었다는 것과 관련이 있을 수도 있겠다. 아무튼 더 흥미로운 건 형수의 대사다. 형수는 환영으로 나타나서는 자신은 외도를 한 것이 아니라거나 자신이 형을 죽이지 않았다거나 말하지 않는다. 대신에 고승들이 스스로 입적하는 것을 거론하면서 애매하게도 "최 선생님은 이해하시지요?"라고 묻는다. 라스트 신의 창희의 말대로라면 춘화 속에서 그와 최현은 커플이었으니(말하자면 우리가 말하지 않은 일곱번째 커플이자 마지막 커플), 시대를 뛰어넘어 각자 창희의 상대자로서 당신과 나만큼은 그를 알고 있다는 뜻일지도 모른다. 당신은 나의 결백을 믿어줄 거라는 것인지도 모른다. 그런데 바로 이때 최현이 그녀에게 손을 보자고 말한다.

"최 선생님은 이해하시지요?"라고 형수가 말하자 최현이 부탁한다. "손한번 볼 수 있을까요?" 형수가 손을 내밀자 최현은 물끄러미 잠시 그 손을 보더니 형수의 손 위에 자기의 손을 살며시 포개 얹는다. 단지 보는 것이 아니라 만진다고 해야 할 것이다. 아니 감촉으로 확인한다고 해야 할 것이다.

그러고 나서야 그는 천천히 상대방을 보고는 고개를 끄덕이며 공감한다. 이해하느냐고 물은 형수의 질문에 이해한다고 답하는 중일 것이다. 최현은 손을 보자고 말했지만, 보는 것이 아니라 만지고 나서야, 그 손의 감촉을 통해서야 형수를 이해한다.

육신의 일부를 확인해보고 싶다는 차원에서 귀를 한번 만져보자는 공윤희의 요청도 얼핏 최현의 요청과 비슷해 보이지만 그 결과가 확연히 다르다. 공윤희는 최현이 찻집에 첫번째 왔을 때 그의 얼굴을 뜯어보면서 "제가 아는 분과 닮았어요"라고 말한다. 하지만 그때 그 닮은 사람이 죽은 남편이라고 하진 않는다. 그리고 닮은 건 공윤희의 설명에 따르면 얼굴이 아니라 바로 그 귀다. 그 때문에 그날 밤 공윤희는 자신의 집에서 최현에게 "귀 한번 만져봐도 될까요?" 하고 말한다. 하지만 만져본 다음에는 이렇게 말한다. 남편의 귀와 "닮았다고 생각했는데 만져보니 다르네요"라고. 최현은 형수의 손을 보자고 한 다음 만지고 나서야 그녀를 이해하게 되지만 공윤희는 그 절차와 결과가 정확히 반대다. 보기에는 죽은 남편의 귀와 똑 닮았던 최현의 귀, 그걸 만져보고 나니 실제로는 다른 무엇이라는 걸 알게 된 것이다. 다른 것임을 이해하게 된 것이다. 그러니 같은 게 아니라 닮아 보인 무엇이었을 뿐이다. 최현의 귀를 만져보자 공윤희는 그가 남편의 육신도 남편의 귀를 가진 이도 아닌 자신에게 잠시 머무르는 헛것임을 알게 된다. 지금 공윤희의 눈앞에 있는, 똑같아 보일 뿐 실제로는 다른 저 최현은, 최현의 저 귀는 공윤희에게 실제로는 헛것이다.

찻집에서 형수가 등장하는 환상 장면과 공윤희의 집에서 최현과 공윤희가 성적으로 긴장된 분위기 속에서 거실에 앉아 있는 장면. 이걸 두고 전자를 손의 장면으로 후자를 귀의 장면으로 부를 수도 있을 것이다. 그리고 그 손의 장면은 최현의 헛것의 대표적인 장면이고 귀의 장면은 최현이라는 헛것의 대표적인 장면이다. 최현은 형수의 손을 만지고 나서 그녀의 결백함에 대해 윤리적 공감을 갖지만 공윤희는 최현의 귀를 만지고 나서 단순히 실망하는 데 그친다. 하지만 공윤희의 경우에 그 요청 자체에 성애적 욕망이 이미 담겨 있다. 그러니까 윤리의 손과 성애의 귀, 이것이 앞서 말한 이 영화의 가장 아름다운 화음 또는 불협화음의 변주 형태 중 하나다. 둘은 서로 다른 대상을 향한 요청 안에 있지만 윤리와 성애의 항목으로 이 두 장면의 대사와 행위가 벌어질 때 그 호흡과 리듬은 온전히 뛰어나다. 여기에 손과 귀에 관한 그 어떤 면모가 없더라도 이미 아름다울 장면이지만 이 윤리의 손과 성애의 귀가 있기에 우리를 내내 더 동요시킨다.

그 밤의 그림들

그러니 참으로 아이러니한 일이다. 윤리의 손은 공윤희의 찻집에서 만져졌고 성애의 귀는 공윤희의 집 거실에서 만져졌다. 이것이 왜 아이러니한 일인가. 춘화의 기운이 지배하는 찻집의 그 방에서 손을 보자는 윤리적 요청이 있었고 문인화가 내려다보는 그 방에서 귀를 만져보자는 성애의 요청이 있었기 때문이다. 우린 이로써 춘화 혹은 문인화의 기이한 교차와 섞임과 결합에 대해서도 말해야 할 때가 된 것이다.

〈경주〉에는 두 개의 그림이 등장하는데 하나는 찻집의 전 여주인을 좋아한 어느 화가가 벽에 그려 넣은 춘화이고, 또 하나는 공윤희의 남편이 죽기 며칠 전 집 거실에 걸어놓은, 봉자개라는 화가가 그린 문인화다. 이 두 그림의 미학을 의식하지 않고서는 〈경주〉를 말할 수 없다는 게 개인적인 생각이다. 하지만 이 춘화와 문인화의 미학이 단순히 별개로 나뉘어 있는 것 같진 않다. 그 두 그림의 미학적 수준을 논의할 소양도 우리에겐 부족하다. 다만 두 그림의 성질이 영화의 어느 순간에서나 서로 긴장하고 교차하고 결합하고 있다고 말해야 할 것 같다. 그것이 가장 풍요롭게 묘사되는 최현과 공윤희의 그 밤으로 다시 가보사.

최현과 공윤희의 밤을 말할 때에 춘화와 문인화를 의식하는 것이 단지 비유는 아니다. 장률은 그 밤을 노골적으로 춘화의 분위기로 물들이며 시작한다. 집에 들어온 그들 사이엔 불을 켜겠다는 말이 없다. 집 안의 어둠, 창밖의 녹색 조명, 고요한 사방. 그들의 실루엣은 색정으로 조금씩 더 이끌릴 것만 같은 분위기다. 이것이야말로 춘화의 한 장면이 완성될 찰나다. 그리고 그 정점에서 귀를 만져보자는 공윤희의 요청이 있다. 하지만 바로 이때 문제의 훼방꾼 영민이 들이닥친다. 집 안의 불은 훤하게 켜지고 은근한 춘화의 분위기는 쑥대밭이 된다. 우리는 영민이라는 형사의 진정한 역할을 생각해보게 된다. 영민은 〈경주〉의 서사에서 꼭 필요한 인물이었을까. 그는 최현의 연적으로서 긴장감을 불어넣기 위해 여기 있는 것일까. 그런데 공윤희는 최현이 아니었어도 영민에게 애초부터 그다지 호감을 느끼지 않았던 것으로 보인다. 우회할 필요가 없다. 그의 가장 큰 역할은 실상 이 밤의 훼방꾼이 되는 것이다. 그 일을 마치자 그는 황급히 퇴장한다.

흥미로운 건 그가 전적으로 무인의 기질을 갖췄고 최현이 전적으로 문인의 기질을 갖췄다는 것이고, 더 흥미로운 건 이 무인이 춘화의 분위기를 깬 다음 퇴장하자 이때부터 밤의 공기는 이상하게도 춘화에서 문인화의 분위기로 강세가 슬며시 넘어가고 있다는 점이다. 다시 불은 꺼지고 조건은 처음과 아무것도 변하지 않았다. 어둠과 빛과 고요는 모든 것이 춘화가 시작되었던 바로 그때와 같다. 하지만 이상하게도 이 화폭은 이제 더 이상 춘화가 아니라 문인화의 분위기로 교차되어 젖어 있다. 춘화가 사라지고 문인화가 등장했다는 것이 아니다. 춘화는 여전히 여기 그려지고 있지만 그 위로 문인화가 포개져 더 강력하게 그려진다는 것이다.

마침내 최현은 공윤희와 성적으로 결합하지 않는다. 공윤희가 살며시 문을 열어 의사를 표했지만 그가 참았거나 알지 못했다. 그는 촛불을 입김으로 불면서 성적인 긴장을 몸 밖으로 내몰고자 몰두했고 밤새 흔들렸거나 선잠에 들었을 것이지만 맑은 정신을 유지하려고 애썼을 것이다. 맑은 정신의 유지, 이것이 문인화로 강세가 넘어가고 있는 이 밤의 핵심이다. 그리고 푸른 새벽이 오고 최현의 아내에게서 한 통의 음성 메시지가 와 있다. 아니 노래가 와 있다. 그녀의 화해의 속삭임과 그녀가 불러주는 노래 「모리화」를 들으며 최현은 이미 공윤희의 집을 빠져나와 걷고 있다.

우리는 '춘화에서 문인화의 분위기로'라는 이 교차 및 결합의 과정에서 한 가지 진행의 방식을 묻고 답하게 된다. 그건 사소해 보이지만 실은 사소하지 않다. 최현의 아내는 왜 문자가 아니라 음성 메시지, 정확히 말하자면 목소리와 노래를 보내온 걸까, 하는 것이다. 상식적으로 누구라도 요즘은 음성 메시지를 잘 이용하지 않는다는 반론이 있을 만도 하다. 하지만 그런 건 상관없다고 장률은 생각한 것 같다. 그러니 이것이 과연 사소한 문제인 걸까. 그렇지 않다. 영화의 도입부, 장례식장에서 최현은 코에 담배를 대고는 아내가 싫어하는 담배를 피우려 하면 아내가 뒤에서 쳐다보고 있는 것 같다고 말한다. 그러자 그때 옆에 있던 형이 아내는 여기 없으니 한 대 피우라고 부추긴다. 그러자 형의 말에 최현은 "아니 여기 있어"라고 잘라 답한다.

〈경주〉의 많은 커플들이 단지 커플일 뿐 나머지 한 명이 반드시 부재했다는 사실을 우린 기억하게 된다. 그들은 한자리에 함께 있지 못한다. 젊은 형수는 이 세상에 있지만 그의 남편인 창희 형은 없고 여정은 남편에 대해 말하지만 그의 모습은 영화에 드러나지 않으며 공윤희는 남편에 대해 알려주지만 그에 대해 우린 알 수 없다. 오로지 최현과 공윤희, 최현과 그의 아내만

이 함께 있다. 그런데 영민의 훼방이 있기 전, 최현과 공윤희가 함께 있음으로써 춘화의 분위기가 강렬하게 조성된 것이라면, 영민의 훼방이 있고 난 뒤에는, 그러니까 문인화가 강세를 띤 그 새벽에는 최현의 몸이 아내의 음성적이고 물질적인 존재와 함께 거기 있다.

최현이 아내의 화해 요청이 담긴 음성 메시지와 노래를 듣고 나서 공윤희와의 관계에 선을 긋고 마음을 돌려 세운 것이 아니라 그가 아내에 대한 도덕적 약속을 최선을 다해 어렵사리 지키자 아내로부터 화해의 요청이 날아들었다는 것은 그냥 그런 순서가 아닐 것이다. 그러니까 마치 최현의 행동과 결단에 대한 보상같이 아내의 화해의 음성과 노래가 날아든 것이다.

최현의 말대로, 아내는, 음성적 존재로 여기 있다. 따뜻한 노래로 화답하면서 여기 있다. 장률이 그렇게 생각하고 있는 것 같다. 이 밤, 춘화와 문인화의 교차와 결합을 이렇게 정리해볼 수 있다. 긴장된 성애의 끈을 끝까지 유지하되 주인공의 정신적 기품은 더 강성할 것. 아니 그보다 더 간단히도 가능하다. 성애의 흥취는 진하게, 하지만 맑은 정신은 더 올곧게. 이것이 정념과 명상에 관한 또 하나의 변주곡이다.

미지의 풍경 소리

우리는 영화 속에 등장한 두 그림을 바탕으로 영화에는 등장하지 않는 두 개의 상상적 그림을 떠올려보아야만 한다. 가령 이와 같은 그림들이다. 남녀가 뒤엉킨 성행위를 해학적으로 그려내고 있는 그림이 여기 있다. 그 해학과 색정의 그림 안에는 엉뚱하게도 이런 차분하고 또 차분한 글귀가 쓰여 있다. "사람들 흩어진 후에 초승달 뜨고 하늘은 맑다." 그리고 또 하나의 그림이 있다. 초승달이 떠 있다. 방금까지 사람들이 있었겠지만 지금은 아무도 없는 움막. 식탁에는 찻잔이거나 술잔인 것들만 덩그러니 남아 있다. 하늘은 아주 맑다. 그 고요하고 맑은 그림 안에 이런 엉뚱한 해학적 색정의 글귀가 쓰여 있다. "한잔하고, 하세."

춘화의 그림 안에 문인화의 글귀가 문인화의 그림 안에 춘화의 글귀가 있는 것이 〈경주〉다. 장률은 〈경주〉를 두 그림 중 어느 한쪽으로 쏠리게 하고 싶은 마음이 없어 보인다. 춘화와 문인화 두 그림을 결합하여 하나의 그림만으로는 하지 못하는 것을 해보려고 한다. 때문에 최현도, 공윤희도 보지 못한, 관객인 우리만이 본 그 기이한 그림이 있다면, 영화 속 그림을 계기로 우리가 상상한 두 개의 그림이며, 그게 〈경주〉다.

영화에서 춘화를 보러 경주에 온 건 최현이었지만 춘화를 보기 위해 벽지를 뜯은 건 공윤희다. 하지만 공윤희도 벽지를 뜯었을 뿐 그 그림을 보진 못한다. 영화는 공윤희가 그걸 보기 전에 컷하여 라스트신으로 넘긴다. 결과적으로는 현재의 시간 속에 사는 자 중에서는 아무도 문제의 그림을 보지 못한다. 그다음에 그 주인 없는 비인칭의 플래시백으로서의 라스트신이 등장한다. 누구의 것도 아닌 과거 장면. 기억의 주인은 분명치 않지만 때는 분명한 이 장면에 문득 풍경 소리가 들린다. 그러자 그 자리에 있던 이들은 일제히 바깥으로 시선을 돌린다.

우린 이 라스트신이 질문을 남기고 있다고 여긴다. 최현은 찻집의 그 방에서 시선을 돌리며 환영을 맞이했다. 그렇다면 비인칭의 이 장면에서 인물들 전부가 시선을 돌린다는 건, 그들이 또 다른 환상을 맞이하려 한다는 것인가. 혹은 그들의 시선을 이끈 것이 풍경 소리라는 것을 생각하자. 이건 바람이 불어서 혹은 누군가가 들어서서 난 풍경 소리일 수도 있다. 하지만 소리의 쓰임을 세심하게 여기는 이가 장률이다. 영화가 라스트신에 이르기까지 영화에서 풍경 소리가 제대로 났던 건 한 번뿐인 것 같다. 여행객 일본인들이 찻집을 떠나고 최현과 공윤희가 조금 멀뚱멀뚱 있을 때 최현이 풍경을 만지자 소리가 난다. 그렇다면 라스트신의 과거의 사람들은 지금 최현과 공윤희의 관심이 깊어지는 그 현재의 장면을 주시하고 있는 것인가. 물론 알 순 없다.

다만 한 가지는 확실하다. 들끓는 정념과 고요한 명상의 화음 또는 불협화음의 변주곡 형태라고 애초에 우리가 부른 것들, 불행의 커플들이 은밀히 간섭하는 인간사, 성애와 도덕이 당기고 밀치며 몸부림치는 밤, 헛것들이 허허롭게 혹은 갑작스럽게 어슬렁거리는 낮, 그리움의 귀와 믿음의 손 혹은 성애의 귀와 결백의 손, 그리고 서로 겹친 춘화와 문인화의 성질들. 그러니까 장률이, 경주라는 대지, 거기서 느낀 것들. 그와 같은 것들은 언제든 변주된 형태로 다시 또 연주될 수 있을 것이다.

(『씨네21』, 2014년 962호)

3부

기이한 모험의 경우

아르망의
기이한 모험의
경우

제1부 아르망은 무엇이 되는가

알랭 기로디의 〈도주왕〉은 시치미 뚝 잡아떼고 웃기는 데에 일가견이 있다. 초반부에 인상적인 장면 하나가 배치되어 있다. 한적한 어느 날 밤 영화의 주인공 아르망은 그가 좋아하는 타입의 노신사를 주의 깊게 뒤따라가는 중이다. 그런데 하필 아르망은 그때 한 무리의 십대 불한당 녀석들이 같은 또래의 소녀 한 명을 끌고 막다른 골목으로 접어드는 걸 보고 만다. 그는 갈라지는 길 위에 서서 잠깐 동안 망설인다. 어쩌나, 모른 척하고 가던 길을 계속 가야 하나 아니면 저 소녀를 구해주어야 하나. 아르망은 발길을 돌려 위기에 빠진 소녀를 구하기로 한다. 소녀를 강간하려는 십대 녀석들을 향해 딱 버티고 선 아르망의 체격은 건장하다 못해 위협적일 정도로 뚱뚱한 덩치이니 비리비리한 녀석들 몇 명쯤 겁주거나 패주는 건 일도 아닐 것 같다. 아르망이 노려보며 말한다. "여자를 놓아줘." 녀석들이 지지 않고 말한다. "그래? 그럼 대신 뭘 줄 건데?" 몇 차례 오가는 신경전. "왜 그 큰 엉덩이로 덤비시게?"라고 녀석들이 도발하자 아르망은 "글쎄, 어쨌든 몇 명은 깔아뭉갤 수 있겠지" 하며, 너희들 까불면 다 죽는다, 하는 투로 최종 경고한다. "어디 해보시지" 하며 녀석들이 아르망 앞으로 성큼 다가선다. 그때 컷.

다음 장면에서 녀석들에게 둘러싸인 아르망은 현금인출기에 바짝 붙어 돈을 뽑으며 토라질 것처럼 한마디 간청한다. "그래도 비밀번호는…… 보지…… 마." 이런, 비밀번호는 보지 말라니. 돈을 받은 녀석들은 유유히 사라지고 가진 돈을 다 털린 아르망은 허탈해하지만, 어쨌거나 소녀는 자기를 구해준 이 아저씨가 어찌나 믿음직스럽고 사랑스러운지 그의 품에 덥석 안긴다. 예상 밖의 해결 방식에 웃음보가 터져 나오고 말았지만, 그러고 보니 위기에 처한 저 소녀를 아르망이 구해내긴 한 것 같다. 현금인출기로 구해냈어도, 구해낸 건 구해낸 거다.

아르망은 프랑스의 조용한 시골 마을에 살고 있으며 농부들에게 트랙터를 파는 마흔세 살의 영업사원이다. 아르망이 구해낸 소녀의 이름은 퀴를리, 열여섯 살이다. 서로 어울릴 일은 없을 것 같은 아르망과 퀴를리의 관계가 이렇게 우연히 맺어지자 영화는 그들의 관계를 한 번 더 지정해주는 장면을 넣는다. 그러니까 아르망이 퀴를리를 구해 집에 데려다준 날 밤 퀴를리는 아르망의 주머니에 다음날 학교로 와달라는 구원의 편지를 몰래 전한다.

그런데 아르망은 다음날 학교가 아니라 퀴를리의 집으로 찾아간다. 아르망이 우연히 지나다 들른 것처럼 위장하고 퀴를리의 집 안을 탐색하고 나왔을 때 저기 집 꼭대기, 쇠창살이 박힌 좁은 창문 바깥으로 붉은 수건을 간절히 흔들며 아르망에게 구조 요청을 하고 있는 퀴를리의 손짓이 보인다. 이내 아르망은 다시 퀴를리의 집으로 몰래 들어가 옥탑에 갇힌 그녀를 구해낸다.

하지만 얼마 뒤 퀴를리의 아버지가 쫓아와 괴상한 방식으로 그를 고문하자 아르망은 끝내 참지 못하고 그녀를 숨겨놓은 곳을 자백하고 만다. 하지만 이 때 컷. 퀴를리의 집에서 퀴를리를 구해낸 이 장면이 다 꿈이라는 게 밝혀진다. 다만 꿈에서 구해냈고 비겁하게 자백까지 했어도 다시 한 번 구원의 모티브가 발동한 건 사실이다.

이제 몇 가지가 분명해진다. 퀴를리는 집 바깥에서 도적떼 같은 녀석들에게 위험에 처하기 일쑤다. 집 안에 있다고 해도 무섭고 막돼먹은 아버지에게 붙잡혀 있는 것처럼 보이니 갇혀 있는 것에 진배없다. 그런 그녀를 그가 구하거나 구하는 꿈을 꾼다. 그러니까 아르망과 퀴를리를 맺어주는 〈도주왕〉의 이 초반부 내용에는 어떤 전제된 이야기 구조가 있다. 다름 아니라 영웅이 도적떼로부터 여인을 구하는 이야기, 영웅이 못된 왕이 지배하고 있는 탑에서 공주를 구해오는 이야기다. 옥탑방 쇠창살 바깥으로 붉은 수건을 펄럭이며 구조 신호를 보내는 꿈 장면은 그래서 상상되었을 것이다. 그러므로 우리가 엉뚱하게도 아르망의 행동들을 보며 피오나 공주를 구출해내는 슈렉을 상기하거나 위기에 빠진 미모의 여인을 구해내는 〈나잇 & 데이〉의 톰 크루즈를 상기한다면 거기엔 이유가 있다. 〈슈렉〉과 〈나잇 & 데이〉에 관하여 가장 처음 하게 되는 오해는 슈렉은 괴물이고 나잇은 나잇(night)일 거라는 점인데, 슈렉의 정체와 〈나잇 & 데이〉의 톰 크루즈의 정체는 실은 같다. 그들은 둘 다 기사(knight)다. 그러니까 좀 듬성하기는 해도 아르망의 이야기는 일종의 '기사도 로맨스'에 속해 있거나 적어도 기사의 이야기를 상기시킨다.

기사도 로맨스의 주인공들과 아르망 사이에는 그러나 몇 가지 중요한 차이가 있다. 아르망은 일단 겁쟁이다. 가만 보면 막 나가는 십대 불량배들에게만 당하는 것이 아니라 다른 사람들에게도 무시당하기 일쑤다. 그리고 모름지기 기사에게는 기사도라는 공고한 신념과 이상적 체제가 있어야 할 테지만 그에게 지금 있는 건 사십대 초반에 홀로 사는 남자가 느낄 만한 인생의 불안과 위기감뿐이다. 또한 모든 기사에게는 존경과 성심과 허세로 궁정식 사랑을 다 바쳐야 할 여인이 있지만 아르망에게는 쿼를리라는 여인이 나타났다 해도 그녀를 사랑하고 싶은 마음까지는 생기지 않는다. 일찌감치 아르망은 쿼를리에게 말한다. "난 여자를 좋아하지 않아." 그는 게이다. 그럼에도 기사들이 마치 사제처럼 금욕의 자세를 유지하는 것과 다르게 아르망은 그럴 생각이 아예 없다. 아르망의 성욕은 도대체 멈추지를 않는다. 그러니 〈도주왕〉을 일종의 기사도 로맨스라고 말해야 한다면 이건 좀 불안정하고 우스꽝스러운 외전으로서의 기사도 로맨스다.

  기사의 체질을 갖지 않은 인물이 기사의 이야기를 갖게 되었을 때 앞으로 그는 어떤 선택을 하게 될 것인가. 그러니까 〈도주왕〉의 초반부 설정은 그와 같은 질문을 겨냥하고 증폭되고 있다. 돈키호테는 기사들을 너무나 흠모한 나머지 짝퉁 기사를 자처하게 되었지만 아르망은 그저 성욕의 밤에 그 대상을 쫓다보니 어쩌다 기사 작위를 얻었다. 운명의 장난으로 기사가 된 것이다. 공고한 기사도의 전통에 비춰 볼 때 유독 위배되는 것이 많고 하자가 많은, 이 용맹함이 없는 겁쟁이 기사, 여인을 사랑하는 대신 남자를 사랑하는 게이 기사, 기사도 로맨스에는 들어섰으나 그 자신이 기사의 운명으로 살 수는 없다고 느끼는 기사. 그를 통해 이 영화는 어디로 더 나아가고 싶은 것일까. 아니 나아간다는 말은 어울리지 않는다. 그를 통해 이 영화는 어디로 튕겨지고 싶은 것일까.

제2부 도망은 누구를 위한 모험인가

처음에 아르망은 쿼를리와 성적인 교통을 시도해보지만 잘되질 않는다. 그런데 그 현장을 경찰에 들켜 성범죄자 취급을 받고는 전자 팔찌까지 차게 된다. 심경도 복잡한 나머지 여행이나 떠나려고 하는데 다시 퀴를리가 애원하듯 찾아오고 그는 에라 모르겠다 하는 심정으로 그녀와 함께 도주극을 펼친다. 마치 이미 꾸었던 꿈의 반복인 양 퀴를리의 아버지, 마을 사람들, 경찰 일동이 그를 뒤쫓는다. V. Y. 프로프가 『민담의 역사적 기원』(최애리 옮김, 문학과지성사, 1990) 후반부의 한 장에 할애하여 이미 말한 것처럼 지구상 가장 오래된 이야기들에서조차 도주는 중요한 한 부분이었다. 주인공은 도주하며 빗을 던지거나 거울을 던지거나 유리병을 던져 마법을 펼친 다음 위기를 모면해왔다. 하지만 같은 도주라도 아르망은 조금 다른 방식으로 도주한다. 그는 시종일관 뱀 껍질 같은 옷만 훌렁 던져둔 채로 엉덩이를 반쯤 드러내고 '빤스'만 입고 달리고 또 달려서 위기를 벗어난다. 〈도주왕〉이라는 세목은 그런 그의 우스꽝스럽지만 기민한 도주 능력 때문에 붙여진 것일 수도 있다. 물론이지만 그가 도주할 때의 익살스러운 활동감이 이 영화의 백미 중 하나라는 건 더 말할 필요가 없다.

그런데 이런 물음이 생길 수는 있다. 그의 행각이 도주이고 그가 도주를 잘하는 것도 틀림없지만 한편으로 이 도주란 퀴를리를 구해내기 위한 방편이기도 하니 아무리 엉터리 기사라도 그가 여인을 구해내기 위해 그런 것이라면 그는 구출왕이나 구조왕으로 불려야 하는 것이 아닌가. 그런데 만약 이 질문이 생긴다면 우린 이 질문 자체에 대해 다시 반문해보아야 한다. 이 도주는 정말 퀴를리를 구하기 위한 것인가, 정녕 그녀 자체가 아르망의 온전한 목적인가, 라고. 말하자면 감독 알랭 기로디는 왜 아르망에게 소년이 아니라 소녀를 데리고 도주하도록 만들었을까. 아르망이 게이라는 점은 이미 말했다. 어쩌면 영화 초반부에 아르망을 기사로 만든 것도 바로 이 두번째 모험극에서 역설의 힘을 발휘하기 위해서인 건 아니었을까.

〈도주왕〉이라는 제목이기는 하지만 아르망의 심리적 행각을 보자면 그건 너무 근사하게 붙여진 말인 것 같다. 정황상 '도주왕'보다는 좀더 직접적인 느낌이 보태지는 '도망왕' 정도로 불러야 딱 어울려 보인다. 도주라는 표현에는 어딘지 모르게 자유를 찾아서 맹렬하게, 라는 뉘앙스가, 도망이라는 표현에는 어딘지 모르게 비겁하게 회피하는, 이라는 뉘앙스가 더 짙다고 가정해볼 때, 아르망은 어느 쪽인가 하는 것이다. 그는 지금 그와 그녀의 자유를 향하여 도주하고 있는 것으로 보이지 않고 무언가 비겁하게 회피하려고 도망치는 것으로 보인다. 그렇다면 무엇을 회피하고 싶어 도망치고 있는 것일까.

여기서 아르망이 언젠가 들은 말 하나와 그가 언젠가 했던 말 하나를 떠올려야만 한다. 그의 도망의 동기와 정체를 이해하기 위한 것들이다. 첫번째, 아르망은 동네의 한 노인에게서, 그러니까 대단히 큰 성기를 지니고 있고, 잠시 아르망을 유혹했다가 실패한 뒤에 이 영화의 마지막 장면에서 중요한 인물로 다시 등장하는 정체불명의 한 노인에게서 수수께끼 같은 말을 얼핏 듣는다. "남자라면 누구나 어린 소녀를 꿈꾼다"는 것이다. 정말인가, 남자라면 정말 그래야 하는 것인가, 하고 아르망은 그 순간 생각했을지도 모른다.

그가 정말 그렇게 생각했을지도 모른다는 의심은 몇 장면 뒤에 등장할 그와 게이 친구가 나누는 대화에서 짙어진다. 돌연 인생과 정체성에 대한 고민에 빠져 있는 것처럼 보이는 아르망. "지금까지 재미삼아 게이 노릇 한 것이냐"며 친구가 핀잔을 주자, 아르망이 대답한다. "이제 마흔이 넘었지만 또다른 선택을 하고 싶어. 폭풍 같은 삶이었는데 이젠 지겨워. 남자라면 여자를 만나 자식을 낳고 가정을 이루고 사는 그런 것도 나쁘지 않을 것 같아." 이때 앞서 그가 들은 말에도, 그가 뱉은 말에도 둘 다 "남자라면"이라는 조건이 붙는다는 사실에 주목하자. 아르망의 정체성으로 보자면 사실 그 두 가지 "남자라면"이라는 조건은 고려할 가치가 별로 없는 것들이다. 그럼에도 아르망은 자기의 남은 인생에서 그런 것이 혹시 필요한 게 아닐까 심각하게 고민에 빠진 것처럼 보인다.

그러니 사랑의 도피, 사랑의 도주라고 불리는 그런 것들과 아르망의 도망은 아무 관계가 없다. 퀴를리를 구원하고자 하는 동정의 도주도 아니다. 이를테면 테렌스 맬릭의 〈황무지〉에서 두 연인이 세상의 추적자들을 피해 도주하는 것은 그들만의 피안의 세계가 어딘가 있을 것이라는 혼연일체의 믿음 때문이다. 웨스 앤더슨의 〈문라이즈 킹덤〉에서 꼬마 소년, 소녀도 그런 믿음을 안고 둘만의 왕국을 위해 도주한다. 많은 영화 속 도주자들이 그렇게 자기들의 피안을, 즉 영원한 에덴을 찾아 떠나며 성공하거나 잠시 성공했다가 실패한다. 중요한 건 성공과 실패라는 결과가 아니라 그들이 혼연일체가 되어 같은 꿈을 꾸며 움직인다는 점이다. 하지만 〈도주왕〉의 도망극은 그것과 무관하다. 퀴를리는 아르망을 자신의 진정한 사랑이라고 생각하지만 아르망도 퀴를리를 정녕 그렇게 생각하고 있는 것일까. 〈황무지〉의 연인들은 혼연일체를 꿈꾸지만 〈도주왕〉의 아르망과 퀴를리는 동상이몽에 빠진다.

더 우회할 필요가 없다. 아르망의 이 도망극은 더도 덜도 아닌 그의 겁먹은 자아가 얼렁뚱땅 부추긴 모험이다. "남자라면……"이라는 통념의 가정법이 체제적 불안이 되어 등 떠민 도망극이다. 따라서 이 도망극에는 절실한 사랑이 있는 게 아니라 무언가에 대한 공포감과 그 치유를 위한 기대심리가 있다. 퀴를리는 결코 아르망의 사랑의 대상이 되지 못할 운명이다. 아르망이 그녀를 사랑의 대상이 아니라 자기의 공포심을 치유해줄 혹은 자기의 다른 어떤 환상을 채워줄 매개물로 보고 있기 때문이다. 저 소녀가 자신을 "남자라면……"이라는 그 체제 안의 인간으로 편입시켜줄지도 모른다는 기대심리가 아르망에게는 있다. 그렇게 하여 다수의 남자들이 소녀를 사랑하게 되는 환상을 취하려 한다면 아르망은 그 다수의 남자들이 취한 통념적 환상을 다시 자기의 환상으로 취해보려고 시도하는 중이다. 남의 환상을 흉내 내어 자신의 인생 전환을 기대하는 마음이 이 도망극을 추진시켰다.

그러므로 아르망과 퀴를리가 도망치는 순간부터 기사도 로맨스의 기조는 동시에 산산조각이 난 것이며, 영화는 더 이상 기사도적 구원이 아니라 자기 자신의 현실에서 도피해보고 싶은 불안하기 짝이 없는 사십대 초반 게이의 도망극이 된다. 남들에게는 너무 위험한 환상이거나 성사된다 해도 곤란에 처할 수 있는 종류이겠지만, 아르망은 오히려 그 곤란을 자기 것으로 받아들여 일반의 통념 안으로 귀속되고 싶어 한다. 그러므로 아르망의 이 도망은 우리가 예상하는 것과 확실히 다르다. 공고한 체제에서 벗어나기 위한 도망이 아니라 역으로 그 안에 속하기를 바라는 도망이다.

우리도 알고 있다. 아르망은 성적으로 퀴를리를 받아들이려 무던히 애썼다. 그건 종종 성사되기도 한다. 하지만 그의 성적 욕망은 그녀와의 관계에서 본능적으로 지속되기 어려워 보인다. 성욕을 증강하는 신기한 약초의 도움이 없을 때는 어려움을 겪고, 성공한다 해도 일시적이다. 아르망은 때로 참지 못하고 조급하게 항문 섹스를 시도하다가 거절당하고 여린 소녀의 마음만 다치게 한다. 퀴를리는 저 아저씨가 왜 내가 허락한 질이 아니라 나의 항문을 더 탐하는지 끝내 이해하지 못한다. 하지만 아르망 역시 아무래도 질을 사랑하지 못하고 항문을 사랑할 수밖에 없다. 그 모든 것이 도저히 수정될 수 없는 운명이라는 걸 별안간 깨닫는 순간에 이르러서야 아르망은 모든 걸 놓아버리고 다시 퀴를리에게서도 도망친다. "나만큼 아저씨를 사랑할 사람이 또 있을 것 같아요?"라며 퀴를리가 따라붙거나 말거나 아르망은 자기의 옷을 벗어 퀴를리의 팔다리를 묶어 그녀를 버려둔 다음 다시 또 빤스만 입고 줄행랑을 친다.

도망치기 위한 구실 삼아 함께 도망친 소녀로부터 다시 도망치는 형국. 이렇게 이중의 도망신공을 펼치는 아르망은 과연 도망왕의 자리에 오를 만하다. 그가 도망칠 때 퀴를리는 두 가지 상반된 대사를 연이어 한다. "아저씨 사랑해요!"라고 외쳐도 그가 돌아오지 않자, 곧장 "변태!"라고 욕한다. 그게 그녀의 마지막 장면이며 대사다. 그래도 다행이다. '아저씨 변태야! 그래도 나는 아저씨를 영원히 사랑해요!'라고 앞뒤가 바뀐 말을 했더라면 우리는 퀴를리라는 이 소녀를 불쌍히 여겨야만 했을 것이다. 차라리 소녀가 아르망을 그냥 변태 정도로 생각하고 잊는 편이 그녀에게는 더 좋을지도 모르겠다. 이제부터 아르망은 회피하지 않고 자기의 본능을 좇을 것이고, 후회하면서 뒤돌아보는 일은 하지 않을 것이기 때문이다. 사랑이기는커녕 사랑이라는 환상을 구실로 떠나게 된 아르망의 도망극의 실체는 실은 자기애의 험난한 모험극이었다. 그리고 아르망의 이 기이한 모험의 경우는 아직 하룻밤의 피날레가 더 남아 있다.

제3부 가자, 정액 냄새 가득한 숲속으로

퀴를리에게서 도망친 아르망이 가는 곳은 그의 집이 아니다. 그는 마을 사람 라파이유가 숲에 지어놓은 외딴 오두막으로 향한다. 여기가 아르망의 모험이 닿는 최종 장소다. 그런데 아르망은 왜 여기로 오는가. 이 점을 이해하기 위해서는 장소에 대한 설명이 우선 필요하다. 영화의 초반부, 마을 남자들 세 명이 심각한 표정으로 집을 나선 다음 도착한 곳은 이 오두막이었다. 그들은 여기서 다 같이 바지를 내리고 쾌감과 열정에 젖어 자위를 한 다음 사업 이야기를 마무리 짓고 헤어진다. 그때 아르망이 그들을 엿보고 있다. 그들이 떠나자 그들의 정액이 묻은 흙 밑에서 아르망은 괴상한 약초를 발견한다. 이 약초밭의 이름 모를 약초를 먹으면 성욕이 무한대로 왕성해진다는 사실을 그는 알게 된다. 때문에 퀴를리와 도망칠 때에도 잊지 않고 이곳에 들러 약초 뿌리 몇 개를 훔쳐간다. 말하자면 여기는 성욕을 조장하는 음탕한 약초들이 무성한 밭이고, 그 옆에 문제의 오두막이 지어져 있다. 이곳에서는 종종 발칙한 일들이 벌어진다.

장소를 이해했다면 이젠 이상한 인물 하나를 더불어 이해해야 한다. 아르망에게 전자 팔찌를 채워 감시하고 그를 뒤쫓기도 하는 경찰관(으로 짐작되는 노인)이다. 그는 아르망이 "연륜 있는 남자를 좋아한다"는 사실도 이미 귀신같이 알고 있고, 아르망이 자위를 하려 할 때에도 불쑥 나타나 훈계를 하고, 아르망이 전자 팔찌를 잘라내려 할 때에도 어떻게 알았는지 전화를 걸어 그런 짓은 생각지도 말라고 경고한다. 아르망과 회사 사장이 이제 막 오럴섹스를 시작하려고 할 때에도 벌컥 문을 열고 들어와 중지시킨다. 실은 다른 생각 하지 말고 여행을 가라고 지시한 것도 그였다. 그는 아르망을 어디서건 내려다보고 있는 것 같고 아르망의 마음에 들어왔다 나간 것 같다. 이상하다. 그는 분명 극중 현실에 발을 딛고 있는 타자에 불과한데 그의 출현의 방식은 현실에서는 불가능한 신적인 방식이다. 도저히 말이 안 되는 이 인물은 아르망에게는 신적인 처벌자이고 감시자이고 조종자다.

사실 우린 이런 존재들을 영화에서 심심치 않게 보아왔다. 〈뉴욕 스토리〉 중 우디 앨런 부분에서 허공에 커다랗게 나타나 그에게 이래라 저래라 명령하는 사나운 엄마를 떠올리면 된다. 역시 우디 앨런의 〈카사블랑카여 다시 한 번〉에서 옆에 앉은 여인에게 키스해도 괜찮다고 우디 앨런을 부추기는 험프리 보가트라는 환영을 생각해도 될 것이다. 흔히는 익살극이나 디즈니의 만화에서 백의천사, 검은 악마로 나와 이렇게 하라 저렇게 하라고 말하는 그것들도 마찬가지 맥락이다. 환상으로만 존재하지 않고 실제로 극을 지탱하는 중요한 인물 중 하나로 등장한다는 독특한 설정 아래 있지만, 저 경찰관 노인도 이상의 예에서 말한 존재들과 다르지 않다.

아르망의 초자아적 인물, 그 경찰관 노인을 그렇게 불러도 될 것 같다. 초자아란 "자아에 대한 재판관이나 검열관의 역할, 양심, 자기 관찰, 이상의 형성"과 관계가 있는 것이라고 『정신분석 사전』(장 라플랑슈·장 베르트랑 퐁탈리스, 임진수 옮김, 열린책들, 2005)에는 적혀 있다. 아르망을 감시하고 명령하고 지시하는 인물이기 때문에 그는 마치 아르망의 초자아의 현현인 것처럼 느껴진다. 그런데 이 인물을, 즉 주인공의 내면을 주관하고 검열하고 지시하는 이 신기한 인물을 아르망의 초자아적 인물이라고 인식한다고 했을 때, 그와 관련하여 무엇이 〈도주왕〉의 마지막 장면을 발칙하게 만드는가.

놀랍게도 아르망이 오두막에 도착했을 때 이 경찰관 노인과 라파이유가 오두막 옆 숲속에서 난리법석 섹스를 하고 있다. 아르망이 짐짓 놀라 보고 있을 때, 앞서 말한 그 정체불명의 노인(아르망에게 관심을 보였던 성기가 대단히 큰 그 노인)이 뒤에서 슬그머니 다가오더니 "저녁 내내 그렇게 우리 셋이 좀 놀았다"며 이제는 아르망에게 우리 둘이 섹스하자고 꼬인다. 그렇게 한 커플은 오두막 바깥에서 괴성을 지르며 섹스를 하고 노인과 아르망은 오두막으로 들어가 오럴섹스를 한다. 난데없는 장면이다. 이 노인과 오두막의 주인 라파이유는 그렇다 치고, 저 경찰관이 여기 와서 저러고 있다는 사실 자체가 놀랍다.

그러니까 이 장면은 아르망의 초자아적 인물이 리비도의 밭에서 뒹구는 것에 관한 혹은 초자아는 어떻게 자기의 본분을 잊고 쾌락에 빠졌는가에 관한 유머다. 이런 표현이 정신분석학적으로 말이 되는지 안 되는지 잘 모르겠고 그건 지금 나의 관심사가 아니다. 다만 매혹적인 유머는 종종 논리를 무색케 한다. 검열과 양심과 규율의 상위 심급으로 보였던 초자아적 인물조차 무장 해제되어 지금 저렇게 허무맹랑하고 변칙적으로 굴면서 교성을 지르고 있을 때 이 장면의 발칙함이 지닌 유머의 힘이 놀라울 뿐이다. 아르망은 이제 여기서 더 이상 도망가지 않는다. 그가 이 밤이 지나고 내일이 외도 도망가지 않을까? 그가 자신의 사랑을 찾을 수 있을까? 잘 모르겠다. 다만 확실한 건 이 밤에는 그가 좀 논다는 사실이다.

이 마지막 모험의 밤을 통해 알랭 기로디가 말하고 싶었던 것은 무엇이었을까, 라고 묻는다면 내 생각에 그런 건 없다, 고 말하겠다. 다만 스스로 곤경이라고 자처했던 자기 본능을 마침내 즐기고 있는 주인공을 통해 어떤 전복적인 유머의 뉘앙스를 전하고는 싶어 한 것 같다. 그래서 그 유머는 도발적이며 해방적이다. 〈도주왕〉을 볼 때 은근한 이 유머를 받아들이지 못한다면 영화의 감상은 불쾌하거나 엉망진창이 될 것이다. 이 영화에서 벌어지는 사태는 온통 심각한데도 정작 되돌리기 어려운 끔찍한 일은 일어나지 않는다는 점을 눈치 채는 게 좋다.

〈도주왕〉은 일종의 유머가 섞인 유희 그리고 놀이로 마감하는 영화다. 자신의 수세와 난처함을 갖고 노는 놀이다. 그러니 오두막에서의 마지막 장면은 그 무슨 젠더 이론의 전위적 실천이기보다는 해방적 유머의 장이다. 그러니까 점잖게 말하면 이 밭은 프로이트적 리비도의 밭이고 이 오두막은 '다성적인(polyphony)' 성적 대화(바흐친)가 가능한 카니발의 오두막이다. 하지만 나로서는 이렇게 막 나가는 장면을 이렇게밖에 말할 수 없다. 여기는 성욕의 밭, 난장의 오두막이다.

되도록 정사 중에 사정하지 않고 오래 버티고 싶다며, "제일 중요한 건 내가 사정하지 않는 한 내 사랑은 식지 않는다는 거야"라고 노인이 아르망에게 말해줄 때, 그의 말은 '내가 나의 리비도로 충만한 이상 나의 사랑은 식지 않는다'는 뜻이리라. "70년 뒤에나 그 말을 이해하겠네요"라고 아르망은 대꾸하지만 그래도 그는 이미 노인과 몸을 섞고 있으니 조금은 이해한 것 같다. 그때 바깥에서 경찰관과 라파이유가 들어와 추우니 침대에 함께 누워도 되겠느냐고 물으며 합세한다. 돌아가면, 각자 경찰이고, 농부이고, 할아버지 이고, 농기계 영업사원인 그들이 지금은 여기 이 오두막의 좁은 침대 안에서 벌거벗고 함께 누워서 불을 끌 때 이 영화도 끝난다. 그러니 이 영화를 두고 혹시라도 감독 알랭 기로디가 게이이고 그의 영화에 게이 주인공이 많이 등장한다고 하여 〈도주왕〉은 퀴어영화다, 이 장면은 퀴어영화의 마지막으로 뛰어나다, 라는 말로 요약하려고 들어서는 안 된다고 나는 생각한다. 그건 여성이 주인공이니 여성영화라거나 남성이 주인공이니 남성영화라고 말하는 것과 진배없는 실수가 될 것이다. 이 영화는 리비도가 넘쳐 숲을 채우는 카니발적 난장의 영화, 일상에서는 꿈도 못 꾸는 나와 당신 같은 이들을 위해 저 너머까지 가보는 활기차고 원시적이며 유머러스한 모험극이다.

엉성한 기사도 로맨스로 시작하여 자기애의 도망극으로 선회하는가 싶더니 다시 돌아와 카니발적 난장으로 끝내는 이 영화가 나는 시종일관 불길하고 혼란스럽고 엉큼해서 되레 웃기고 귀엽고 쾌활하게 느껴진다. 동시대 프랑스 영화들은 사실 모범생이 너무 많거나 놀아도 잘 못 노는 영화들이 많다는 인상을 준다. 희귀하게도 알랭 기로디의 영화를 보고 있으면 이 감독이 좀 놀 줄 안다는 인상을 받게 된다. 마흔세 살의 남자와 열여섯 살 소녀가 만나는 것으로 시작한 영화가, 다 합치면 200살은 훌쩍 넘어 보이는 남자들 넷이 벌거벗고 한 침대에서 자는 장면으로 끝날 줄이야 그 누가 알았을까.

(『씨네21』, 2012년 880호)

나와
레네와
백석의 눈〔雪〕

1959년 7월에 알랭 레네의 〈히로시마 내 사랑〉을 계기로 프랑스의 영화 잡지 『카이에 뒤 시네마』의 평자들 몇 명이 모여 했던 발언 중 가장 유명한 것은 "트래블링 숏은 도덕의 문제다"라고 한 장 뤽 고다르의 말이었다. 미학의 기술은 도덕성을 배제할 수 없다는 말이므로 경청해야겠지만, 적어도 레네의 영화에 관해서라면 나는 이 말의 유효 기간이 훨씬 오래전에 지났다고 생각하는 쪽이다. 반문은 간단하다. 레네의 영화 〈마음〉과 〈잡초〉와 〈당신은 아직 아무것도 보지 못했다〉의 트래블링 숏은 전적으로 도덕의 문제인가. 〈히로시마 내 사랑〉에서 전쟁 이후의 사회정치적 양심과 모더니티의 도래를 읽어낸 고다르로서는 그 어떤 긴급함과 중요도라는 측면에서 그러한 선언적 발언을 할 수밖에 없었을 것이다. 하지만 레네에게 트래블링 숏은 혹은 그것을 포함한 레네의 미학은 도덕의 강령보다는 다른 차원의 문제가 아니었을까 싶다.

같은 자리에 있었던 자크 리베트가 실은 훨씬 더 중요하고 근본적인 부분을 짚었다. 고다르가 〈히로시마 내 사랑〉이 영화사적으로 어떠한 영화적 참조물도 지니지 않았다며 그 영화의 참조물로 문학의 포크너와 음악의 스트라빈스키를 거론했을 때 리베트는 나서서 이 영화가 에이젠슈테인의 영화를 상기시킨다는 사실을 지적해낸다. 몇 사람의 대화가 오간 뒤에 에릭 로메르에 의해 레네는 큐비스트다, 정도로 정리되는 분위기가 되었지만, 실은 나는 그 좌담 이후로 공히 인정된 큐비스트로서의 레네의 자리보다는 리베트가 제기한 에이젠슈테인과 레네의 관계에 더 끌린다. 물론 리베트가 레네를 에이젠슈테인과 연결 지었을 때는 그의 말 그대로 세계를 파편화해서 인식하는 레네의 영화적 태도를 염두에 두었던 것이리라. 하지만 이 문제는 좀 다르게 볼 여지가 있다.

이렇게 우회해볼 수 있다. 에이젠슈테인은 그의 영화적 원대함과는 무관하게 결국 그 자신이 하고 싶었던 것을 최종적으로 해내지 못한 위대한 실패자의 모델인데, 에이젠슈테인이 최종적으로 하고 싶어 했으나 끝내 이루지 못한 것 중 한 가지는 마르크스의 『자본론』을 '영화-논문'이라는 부제를 달고 영화로 만드는 것이었고, 또 하나는 제임스 조이스의 의식의 흐름이라는 기법의 내적 언어를 영화의 언어로 옮기는 것이었다. 그는 전자의 프로젝트를 '지적 영화'라고 불렀고 후자의 프로젝트를 '내적 독백'이라는 용어로 설명했다. 지적 영화와 내적 독백, 둘의 차이는 이렇게도 요약된다. "지적 영화가 관객의 사유 과정을 유도하는 데 초점을 둔다면, 내적 독백은 인간의 사유 과정을 영화 속에 직접 구현하려는 것이다."(김용수, 『영화에서의 몽타주 이론』, 열화당, 1999) 말하자면 지적 영화는 관객의 사유를 자극하는 걸 목표로 하는 영화이고, 내적 독백의 영화는 영화 스스로 사유의 작동 과정을 드러내 보이는 걸 목표로 하는 영화다. 내 생각에 레네의 영화가 에이젠슈테인과 관련이 있다면 그건 그의 영화가 내적 독백의 영화를 지향하기 때문이다.

〈당신은……〉의 흥취에 젖어 있는 당신에게 영화 이론적 배경을 주입하고자 이상의 내용을 소개한 것은 아니다. 그리고 이건 이론의 영역이 아니라 〈당신은……〉을 본 우리가 가져야 할 최소한의 질문의 실마리에 해당한다. 결국 내가 여기에서 하고 싶은 질문도 레네의 우아하고 아름다운 영화 〈당신은……〉이 우리를 어떻게 감탄시키는가, 하는 것이기 때문이다. 그런 점에서 프랑스의 미학자이자 평론가인 유세프 이샤그푸루가 "레네는 리얼리티 재현을 위한 도구가 아니라 마음의 작동에 접근하는 최고의 수단으로 시네마를 생각한다"고 말했을 때 나는 그 말에 공감할 수밖에 없다. 레네의 영화가 특별한 건, 그의 영화가 우리에게 어떤 사유를 불러일으킨다는 점 이전에, 이미 그의 영화가 사유의 혹은 정신의 혹은 마음의 작동임을 우리에게 보여준다는 데 있기 때문이다. 레네의 영화 〈당신은……〉의 감동의 요체가 여기에 있다고 나는 생각한다.

물론 레네가 갑작스럽게 내적 독백의 프로젝트를 진행했던 것은 아니다. 이를테면 그의 영화 〈프로비던스〉를 떠올리면 된다. 어느 밤 점점 더 술에 취해가는 노년의 소설가는 자기의 아들과 며느리와 죽은 아내를 등장시켜 소설 한 편을 구상해내는데 그의 구상이 고스란히 영화의 내용으로 등장한다. 하지만 술에 취해가니 내용은 엉터리이고 생각과 마음은 번잡스러운 요지경이다. 〈프로비던스〉는 그 소설가의 생각과 마음을 한 편의 영화로 만드는 프로젝트를 실행해낸 것이었다. 그런 점에서 〈당신은……〉은 정서상으로는 〈마음〉이나 〈잡초〉와 연관되어 있지만 머릿속의 내용이 영상으로 치환되고 그것이 작동되는 방식을 보여준다는 점에서는 〈프로비던스〉와도 연관이 깊다. 하지만 레네는 마음의 작동이라는 문제를 〈프로비던스〉와는 또 다른 방식으로 〈당신은……〉에서 우아하게 확장해낸다.

레네는 우선 복수의 점'들'을 생성해낸다. 단순 나열로 보이는 이 영화의 첫 장면이 중요한 것은 그 때문이다. 앙투완 당탁의 죽음을 그와 함께 일하는 배우들에게 알리고 그들을 앙투완의 저택으로 초대하는 장면인데, 이때 "미셸 피콜리 씨? 피에르 아르디티 씨? 안느 콩시니 씨? 마티외 아말릭 씨? 사빈느 아젬마 씨?"라고 인물들의 이름이 하나씩 차례대로 불릴 때 그걸 단지 호명으로만 보기 어렵다. 나는 이 장면에서 마치 그들이 한 명씩 그 호명에 의하여 다시 태어나고 있다는 인상을 받았다. 유령들이 태어난다고 해도 괜찮다. 그들이 사람이건 유령이건 간에 무엇인가로 호명되어 저 구역에서 이 구역으로 불려나와 생성되는 여러 개의 점들이라는 건 변치 않기 때문이다. 그러므로 이때 그들의 얼굴을 잡은 클로즈업은 말 그대로 생성의 '방점'처럼 보인다. 그 점들(인물들)이 차례대로 불려나와 나란히 하나의 선을 이루는 영화 도입부의 순간은 이 영화의 전제 조건이다. 때문에 나는 이 첫 장면에 감흥을 갖게 되는가 아닌가에 따라 이미 이 영화에 대한 공감대가 결정된다고 말할 수밖에 없다.

'점'이라고 불렀지만 그 점들은 서로서로 관계를 맺고 있는 짝패들이다. 여기 그리고 저기, 이것 그리고 저것, 이 사람 그리고 저 사람. 혹은 여기와 저기 사이, 이것과 저것 사이, 이 사람과 저 사람 사이. 그러니까 그 유명한 '그리고'와 '사이'의 개념은 계열을 총망라하여 온통 〈당신은……〉을 뒤덮고 있다. 생각나는 대로 몇 개의 짝패 혹은 극점을 말해보자면, 영화와 연극, 스크린과 무대, 에우리디케와 오르페우스, 나이 든 세대와 젊은 세대, 현재와 과거, 앙투완과 배우들, 이승과 저승, 레네의 영화와 포달리데스의 영화 등으로 그 분화가 끝이 없다. 이걸 층위, 계, 구역, 차원, 지대 혹은 그 무엇으로 부르건 간에 그것들의 접속과 확장은 거듭하여 우리가 보고 있는 이 세계의 장력을 팽팽한 상태로 이룬다.

레네는 이 장력을 조금씩 넓히고 강화한다. 어떻게 강화하는가. 먼저 배우들은 저 영상 속의 대사를 자기의 기억에 의존하여 읊기 시작한다. 한 배우가 그렇게 하면 이제는 그와 연기했던 다른 배역이 그 배우의 대사에 입을 맞추기 시작한다. 그러면 이제 배우들이 애초에 앉았던 자리는 뒤바뀐다. 그러니까 이 영화의 공간은 심리에 의해서 결정된다. 때문에 애초에 배우들이 응접실에 앉았던 자리가 고수되는 건 막과 막 사이의 휴지기나 혹은 13명의 배우에 속하지 않는 집사를 걸고 이 응접실을 보여줄 때뿐이다. 응접실에 앉았던 배우들은 서로서로 등을 돌리고 이제 시선을 맞춰 대화를 시작한다. 여기서 그치지 않고 이 대화는 영상 속의 인물들과도 시선을 맞추면서 이어진다. 그러다 이제는 별도의 장소로까지 확장되기도 한다. 그 확장된 별도의 장소가 등장하기 시작하면, 장 아누이의 희곡을 거친 레네식의 에우리디케와 오르페우스의 이야기는 본격적인 궤도에 오른 것이며 피에르 아르디티-사빈느 아젬마, 랑베르 윌슨-안느 콩시니의 짝으로 나뉘어 수시로 역할 분담하며 전개된다.

이 무수한 변곡들을 지휘하는 것이 오로지 하나뿐이라는 사실을 인정해야 한다. 즉 배우들의 마음이 지금 저 눈앞의 장면들을 만들어내고 있다. 차이가 있다면 〈프로비던스〉에서는 오로지 한 명의 화자가 자기의 소설 속 인물을 상상하는 과정을 그려내고 있지만 〈당신은……〉에서는 여러 명의 배우가 저 앞에 상영 중인 영상을 보며 각자의 마음을 현현시키고 있는 것이다. 그러니 이건 이 사람의 마음의 진술이기도 하고 저 사람의 마음의 진술이기도 해서 누구에게는 주관적인 순간일 때 누구에게는 객관적인 것이고 혹은 그 반대일 수도 있는 것이다.

그러므로 〈당신은……〉에서 나와 타자의 구분은 거의 무화된다. 지금은 비록 13명의 내적 독백의 콜라주이지만 이 방식은 레네의 영화가 한없이 더 무리수적인 세계를 만들 수 있음을 예감케 한다. 그간에 알랭 레네 영화의 힘으로 밝혀진 작동 요소들은 여기서 모조리 작동한다. 그리하여 영화는 말 그대로 기원에 닿아 우주적 확장을 시도한다. 한 사람의 마음의 내적 독백으로부터 시작되어 여러 사람을 거친 뒤에 그들 모두의 목소리를 담게 되는 주관적이며 객관적인 자유간접화법이 가능해지는 상황이 벌어진다. 그것이 이 영화를 집단적 최면 내지는 집단적 명상의 상태라고 느끼게 되는 이유다. 이로써 〈당신은……〉은 다중적 내적 독백인 동시에 자유간섭화법이라는 보기 드문 성취를 이뤄낸다.

하지만 〈당신은……〉의 내적 독백으로서의 자유간접화법이 이 영화의 아름다움의 전부라고 나는 생각하지 않는다. 혹은 이건 이미 레네가 해왔던 것의 근사한 종합일 것이다. 물론 이것 자체로도 위대하기는 하지만 이 영화에는 어떤 진솔한 것이 있어서 더 놀랍다. 가령 과정이 곧 전체가 되려는 영화들이 흔히 잃는 것은 감정이라는 것을 우리는 경험적으로 알고 있다. 레네조차도 그랬던 것 같다. 사유의 과정으로 영화 전체를 만들려고 했던 〈지난해 마리엥바드에서〉를 후대의 관객으로서 보고 난 다음 개인적으로 그다지 환희에 젖지 못했던 이유가 그것이었다. 그런데 나는 〈당신은……〉을 보면서는 놀라울 정도로 감정이 고양되는 경험을 하게 되었는데, 도대체 이 감정을 보정해줄 수 있었던 요인은 무엇이었을까. 나는 이것이 레네 영화의 말년성과 어떤 관련이 있다고 생각한다.

에드워드 사이드가 아도르노에게 빌려와 쓰는 모호한 개념인 말년성. "말년성은 종국에 접어드는 것, 의식이 깨어 있고 기억으로 넘치는 것, 그러면서도 현재를 대단히 예민하게 (심지어 초자연적으로) 인식하는 것이다"(『말년의 양식에 관하여』, 장호연 옮김, 마티, 2012)라는 설명이 있지만, 이 모호한 개념의 실체를 어디까지 신뢰해야 할지 나는 사실 좀 의심스럽다. 실은 그 개념의 실체보다는 그런 모호한 말을 통해서라도 품고자 하는 인생사의 어떤 필연성에 대한 간절함이 느껴져서 이 말을 아낀다. 그러니까 말년성에 대한 개념적 동의가 어렵다 해도 말년성이 우리 인생사에 드리워진다는 그 필연성을 거부할 수는 없지 않은가. 그런 점에서 레네의 말년성을 대표하는 작품으로 나는 〈마음〉과 〈잡초〉를 넘어) 〈당신은……〉을 꼽고 싶어진다.

레네의 말년성은 세속적 감정과 늙은 육체의 현존을 인정하는 데 있어 보인다. 보통의 창작자가 이 두 가지를 인정하는 것은 흔한 일이며 이걸 인정할 때는 상투가 된다. 하지만 레네의 영화에서 이 두 가지는 오히려 크나큰 예술적 결단이다. 비교적 평탄한 영화적 구조를 취하고서라도 〈마음〉과 〈잡초〉에서 성취되었던 것이 바로 이 세속적 감정과 늙은 육체의 현존을 두고 벌어지는 상상이었다고 나는 생각한다. 〈당신은……〉에서 그것들은 복잡한 구조 안에서도 자기 자리를 갖고 있다. 그러므로 〈당신은……〉을 두고 액자식 구성의 영화라는 말로 단순 구획해서는 안 될 것 같다. 그 말은 이 영화의 활발한 무리수적 운동성을 저해하기 때문에 피해야 할 용어이기도 하지만, 이 영화가 형식적 화려함을 넘어서 갖추고 있는 또 다른 자연사적 간절함을 훼손할 염려가 있기 때문에 또한 피해야 한다. 물론 우리는, 1기(피에르 아르디티-사빈느 아젬마), 2기(랑베르 윌슨-안느 콩시니), 3기(영상물 속의 두 남녀)의 에우리디케-오르페우스가 나이대 별로 나뉘어 있고, 그들이 전부 다른 사람들이므로 이 세 항의 기수들이 서로 상호작용을 일으켜 만들어내는 영화적 합창이 이 영화의 결을 풍부하게 하고 있다는 사실을 잘 알고 있다.

하지만 그럼에도 가슴을 치는 특기할 만한 장면 하나가 우리를 불러 세운다. 영화의 후반부 피에르 아르디티와 사빈느 아젬마가 연기하는 8분간의 롱테이크 장면이다. 레네는 이 장면을 예의 분화된 형태로 만들 수도 있었을 것이다. 하지만 그는 그렇게 하지 않는다. 가장 나이 든 기수인 그들, 피에르 아르디티와 사빈느 아젬마의 연기에 이 장면을 온전히 맡긴다. 이때에 우리의 질문은 원초적이다. 왜 이 장면은 분화하지 않는가, 왜 이 장면은 다른 기수들의 배우들과 함께 나뉘어 상상되지 않는가. 여기엔 단순하지만 거부할 수 없는 태도가 있는 것 같다. 레네는 가장 나이 든 세대에게 이 사랑 이야기의 고전적 클라이맥스를 맡기고 있다.

동시에 이때 그들의 클라이맥스가 어떤 내용인지도 한편으로는 중요하다. 고전 설화에서 오르페우스가 지하 세계와의 약속을 어기고 끝내 에우리디케를 뒤돌아보게 되었던 이유는 그녀가 잘 따라오고 있는지 보고 싶어서였다. 오로지 애정 때문이었을 것이다. 하지만 피에르 아르디티가 사빈느 아젬마를 끝내 뒤돌아보는 이유는 이 순간에조차 그들 사이에 낀 세속적 의심과 두려움 때문이라는 사실이다. 나는 이것이 늙어서 현명해진 현자의 결단이라고 생각한다.

이 영화에 관한 나의 감탄은 그러므로 비유컨대 두 개의 주름의 양상에 대한 감탄이다. 그 둘은 서로 다른 양상이다. 첫번째는 뇌의 주름이다. 이 주름은 접히고 펼치고 다시 접히기를 반복하는 익히 알려진 레네 영화의 신기에 가까운 주름이다. 그 주름들이 내적 독백이고 자유간접화법이고 무리수적 잠재태의 세계를 만든다. 하지만 두번째 주름, 레네 영화의 말년성이 만들어 낸, 특히 이 영화에 새겨진 주름은 육체의 주름이다. 육체의 주름은 레네 영화에서 유독 근래에 깊어진 말년성의 주름이며 무수히 접고 펼치기가 가능한 영화 형식적 주름이 아니라 그냥 저 배우의 육체에 새겨지고 쌓인 말 그대로 쭈글쭈글한 인생의 켜다.

레네는 현대 영화의 거장으로 칭송받았는데 그때 그에 대한 칭송은 뇌의 주름을 그가 현묘하게 다루었기 때문이다. 그 뇌의 주름으로 마음을 보여주었기 때문이다. 그런데 〈당신은 아직 아무것도 보지 못했다〉에 이르러서는 외롭고 늙은 육체 한 쌍, 그러니까 변할 수 없는 주름의 종류로도 마음을 보여준다. 서로 어울릴 것 같지 않은 두 가지 주름, 그러니까 전자는 이것과 저것 사이의 거대한 벡터를 통해 무한히 겹쳐 나아가고, 후자는 그 팽창 속에서 언뜻언뜻 서서 자연사의 흔적을 부둥켜 끌어안는다. 그렇게 이 한 편의 기적 같은 영화가 만들어진다.

〈당신은 아직 아무것도 보지 못했다〉라는 제목은 내 생각에 역설이다. 제목과는 무관하게도 우리는 이 영화에서 많은 것을 보기 때문이다. 이 영화의 가치는 마음의 작동을 끝내 눈에 보이게 하는 것에 있으며, 마음의 작동을 물질적으로 보여주는 데 성공한 것이 바로 이 영화다. 그래서인지 이상하게 들릴지는 몰라도 나는 이 영화를 보며 이런 시구를 떠올린다. "가난한 내가/아름다운 나타샤를 사랑해서/오늘 밤은 푹푹 눈이 나린다." 백석의 시 「나와 나타샤와 흰 당나귀」는 고등학교 과정에서도 배우는 널리 알려진 시이며 이 첫 연은 너무 평범해 보인다. 별다른 시적 수사도 없다. 하지만 나는 이 시어들의 견고한 아름다움을 거의 절대적으로 신봉한다.

나는 이 시어들의 극진한 아름다움이 다름 아니라 "사랑해서"라는 말에 있다고 믿고 있으며 더 정확히 말하자면 '사랑'이 아니라 '해서'에 있다고 믿고 있다. 나타샤를 사랑'하는' 오늘 밤 눈이 나리는 것이 아니고 나타샤를 사랑'해서' 오늘 밤 눈이 나린다. 그러니 그 눈은 풍경의 눈도 비유의 눈도 아닌 마음이 작동하여 물질로 화한 눈이다. 내가 나타샤를 사랑하는 마음이 없다면 저기 저 눈이라는 물질은 오늘 밤 존재하지 않을지도 모른다. 나는 지금 마음이 먼저이고 물질이 나중이라는 철학적 관념론의 우위를 주장하는 것이 아니라 마음이 물질로 화하는 것을 가능케 하는 예술의 위대한 터치를 말하려는 것이다. 그러니 이 짧은 시구가 내가 한 백 마디 말보다 이 영화에

관한 더 뛰어난 설명이 될 것이다. 더도 덜도 아니고 레네가 〈당신은……〉
으로 해낸 위대함이란 바로 그 시의 위대함과 동질의 것이리라. 그렇게 나는
생각한다.

(『씨네21』, 2012년 883호)

그 돌멩이가
깬 것은
무엇입니까

0

글의 소재를 편집 기자에게 문자로 알리며 처음엔 이렇게 적는다. '사랑에 빠진 것처럼…… 쓸게.' 뭔가 좀 어색하다고 느껴서 잠시 멈춘다. 물론 영화 제목을 적은 것이라고 상대방이 모를 리 없지만, 몇 초 들여다보고 있자니 '사랑에 빠진 것처럼 글을 쓸게'라는 뉘앙스로도 읽힌다. 부호를 추가한다. '〈사랑에 빠진 것처럼〉…… 쓸게.' 그때서야 '〈사랑에 빠진 것처럼〉이라는 영화에 대해 글을 쓸게'라는 뜻으로 명료해진다. 그러고 나니 오히려 조금 전의 문자로 보내고 싶은 엉뚱한 충동에 잠시 시달린다. 언어에서 부호라는 프레임은 의미에 봉사하므로 때로는 명료하지만 때로는 갑갑하다. 그런데 아이러니하게도 프레임이라는 태생을 본래부터 지닌 영화는 이 사실을 능동적으로 이용할 때에만 애매와 모호와 열림의 순간들을 만끽한다. 이 사소한 문자 보내기의 경험이 압바스 키아로스타미와 그의 영화 〈사랑에 빠진 것처럼〉을 보는 감상의 경험과 무관하지 않다고 나는 생각한다.

0-1

키아로스타미가 〈사랑을 카피하다〉에 이어 〈사랑에 빠진 것처럼〉에서도 시도하고 있는 새로운 제작 방식이 세 가지 있다. 어쩌면 방식이 아니라 조건일 수도 있겠다. 외국에서 촬영하기. 외국어로 대사 만들기. 외국 전문 배우와 일하기. 외국에서 촬영하는 것이 큰 문제가 되지 않는다는 건 이미 입증했다. 하지만 모국어 대사를 쓰지 못하는 조건은 그의 영화에 중대한 변화를 요구한 것 같다. 개인적인 추론으로는 모국어 대사를 사용할 수 없는 상황이 되었기 때문에 되도록 전문 배우의 역량에 기대게 된 것 같다. 이런 조건 변화들이 감독의 즉흥적 혹은 돌발적 연출 의지와 여지를 다소 축소시키고 있는 건 아닐까. 가령 이란에서의 키아로스타미는 카메라가 돌고 있는 바로 그 순간에도 카메라 뒤에서 배우들에게 즉흥적인 대사를 종종 요구해왔는데, 그런 상황에 처하곤 했던 비전문 배우들은 당황하거나 혼란스러워 오히려 생생한 연기를 해낼 때가 있었다. 그 결과 마치 극영화 안에 다큐적인 질감이 순간마다 섞여 들어가는 묘한 상황이 벌어지곤 했다. 그런데 지금은 아무래도 그 스스로 그런 순발력을 발휘할 기회가 줄어든 것이다. 그렇기 때문일까. 〈사랑을 카피하다〉와 〈사랑에 빠진 것처럼〉에서는 빈틈없이 철저한 인위적 구성력으로 줄어든 즉흥의 한계를 넘어서려는 의지가 엿보인다. 하지만 좋은 징조. 〈사랑을 카피하다〉는 좀 지나쳐서 개념 우위적으로 보인 장면들이 더러 있었고 과도기적으로 보였는데, 〈사랑에 빠진 것처럼〉은 그보다 훨씬 유연하고 아늑해졌다.

1

오프닝 신은 거의 시청각 요소들의 활발한 경연장이다. 그런데 여기서 중요한 건 이 장면을 보며 구축되어가는 우리의 질문의 내용과 순서다. 장면이 열리면 여기는 시끄러운 카페이고 젊은 여인의 목소리가 들린다. 그런데 목소리의 주인은 누구인가? 잘 모르겠다. 습관적으로 화면 안에서 찾게 되지만 주인공은 거기 없다. 화면의 오른쪽에서 한 여자가 카메라 쪽으로 안 들리는 목소리로 말을 건다. 목소리의 주인공에게 하는 건가? 그 여자가 자리를 옮겨와야만 우린 지금 목소리 주인공의 위치를 정확히 확인할 수 있다. 건너편에 여주인공 아키코가 앉아 있다. 잠시 뒤에 중년의 남자가 아키코 앞에 앉더니 "좀 생각해 봤냐"라고 묻는다. 뭘 생각해봤느냐는 걸까? 둘은 어떤 관계일까? 그들 사이의 약간의 대화를 통해서 우리는 그와 그녀를 '원조관계'라고 조금씩 추론한다. 하지만 그것도 아니다. 그는 중개자다. 그가 종용하고 화를 내는 내용을 다 듣고 나서야 우리는 아키코가 지금 처한 상태를 온전히 알게 된다. 아키코는 누군가에게 가야만 하는 것이다. 거칠게 요약했지만 오프닝 신에서는 이상과 같은 질문과 답들이 연쇄적으로 발생한다. 우리는 앞에 보이는 대상들을 증거로, 누군가의 음성을 증거로 수시로 헷갈리면서도 또 차례대로 상황을 파악해간다. 그러나 이렇게 분산된 경험을 하는 사이에도 카메라는 최소한으로 고정되어 있다.

2

카페를 나온 아키코가 택시를 타고 노교수 타카시에게 가는 길에 할머니를 발견하는 장면은 이 영화에서 감정적 고양이 가장 크게 일어나는 순간일 것이다. 그런데 이상하게도 이 장면이 영화의 전반적인 흐름 속에서 가장 이질적으로 느껴지는 순간이기도 하다. 결국은 할머니를 만나지 못하고 가고 싶지 않은 곳에 가야 하는 손녀의 애틋한 마음이 느껴지지 않는다는 뜻은 아니다. 다만 이 장면의 진짜 정체는 할머니를 두고 다른 곳에 가야 하는 손녀의 슬픈 마음이 아니라, 고정된 자리에서의 분산을 오프닝 장면에서 경험케 한 이후에 그에 대한 반작용으로서의 경험을 주기 위한 후속 장면이 아닐까 하는 것이다. '앞선 고정성에 대응하는 지속적인 움직임(자동차)', '분산된 시청각성에 대응하는 집요한 반복과 집중(할머니가 남긴 반복 메시지)' 말이다. 하지만 자동차가 움직이고 할머니의 메시지가 여러 차례 반복되어 나올 때 그 운동과 반복이 곧 할머니가 기다린 시간의 흐름이 되고 그러면서도 할머니가 그 동상 아래 여전히 서 있을 때 감정이 울컥 일어나는 것은 사실이다.

3

아키코가 타카시의 집에 들어와 나눈 대화 중 가장 중요한 화제는 벽에 걸린 그림 「교무」에 관한 것이다. 〈사랑을 카피하다〉에서 광장의 보이지 않는 동상을 놓고 두 인물이 말하는 장면과 같은 상황이다. 하지만 〈사랑을 카피하다〉의 그 장면은 좀 딱딱했다. 반면에 〈사랑에 빠진 것처럼〉의 이 장면은 귀엽다. 감독은 그림을 한 번 보여준 다음 다시 보여주지 않을 것처럼 그림에 대한 두 사람의 이야기로만 한참을 이어가더니 돌연 아키코가 일어나 그림 앞에서 그림의 여자와 동일한 포즈를 취하도록 한다. 그러는 사이 우리는 두 번 생각하게 된다. 그들이 그림에 대해 오래 대화를 나누는 동안에는 그들이 프레임 바깥으로 던지는 시선을 따라 방금 전 본 그림에 대해 생각(기억)하게 되고, 아키코가 그림 앞에 섰을 때는 저 여자와 아키코가 정말 닮았나 그렇지 않은가 또 생각(비교)하게 된다. 누가 보아도 이 장면의 초점은 '닮았다'는 말에 있다. 이 장면은 우리를 순간마다 능동적으로 자꾸 생각하게 만든다. 즉, 사유의 증폭, 사유의 클로즈업이 이 장면의 목적이다.

3-1

키아로스타미가 영화적으로 시도한 사유의 클로즈업 가운데 두 개의 클로즈업이 특히 인상 깊다. 〈올리브 나무 사이로〉의 마지막 장면에서 마을 청년은 자신이 좋아하는 여인을 뒤쫓아간다. 두 사람이 저 멀리 올리브 나무 사이로 점이 되어 걸어가다 여인이 발걸음을 멈추고 남자에게 무어라 말하는 것 같다. 그때 남자가 뒤돌아 언덕을 빠르게 달린다. 이 장면을 두고 키아로스타미는 "그 여인이 마지막 장면에서 걸음을 멈추었을 때, 관객은 내가 제공한 그 어떤 것도 없이, 어떤 일이 일어난 것인지에 대한 그 자신들의 세심한 주의 덕분에 각자 자신들만의 클로즈업을 발명해내게 되며 그 사건에 의미를 부여하게 된다"(Mehrnaz Saeed-Vafa and Jonathan Rosenbaum, *Abbas Kiarostami*, University of Illinois Press, 2003)고 미국 평론가 조너선 로젠봄과의 인터뷰 중에 말했다. 이것은 키아로스타미가 연출하는 눈에 보이지 않는 클로즈업이다.

　그 보이지 않는 클로즈업이 일어나는 순간을 눈에 보이는 클로즈업으로 찍을 수는 없는가, 하는 질문이 실천된 영화가 키아로스타미의 가장 극단적인 작품 〈쉬린〉 같다. 〈쉬린〉은 페르시아의 오래되고 유명한 비극적 서사시 〈스로우와 쉬린〉이 상영되는 극장을 무대로 한다. 하지만 그걸 보는 관객, 즉 관객을 연기하는 배우들의 얼굴만 클로즈업으로 찍은 영화다. 그러니 우리는 〈쉬린〉을 보며 내내 영화 속 영화 〈코스로우와 쉬린〉에 반응하는 관객의 얼굴만 볼 수 있을 뿐이다. 키아로스타미는 "〈쉬린〉의 촬영장에 있었던 건 와이드 스크린과 의자 몇 개, 카메라, 작은 조명 세 개뿐이었다. 나는 그녀들이 무엇을 보고 있었는지 알 수 없다. 모두가 자신만의 기억 혹은 자신이 본 영화의 장면을 떠올렸을 것이다"라고 베니스 기자회견장에서 말했다.

3-2

영화와 사유의 관계를 놓고 볼 때 어쩌면 키아로스타미와 정반대의 방식을 취하는 것은 놀랍게도 알랭 레네 같다. 레네는 관객에게 사유라는 작동 과정을 시청각적으로 보여주려 하고, 키아로스타미는 관객 스스로 사유를 작동하도록 시청각적으로 유도한다.

4

누군가 사정이 있어 〈사랑에 빠진 것처럼〉의 상영 도중 극장에 들어왔다고 생각해보자. 그때가 딱 아키코와 타카시와 노리아키가 차 안에 있는 장면이라고 생각해보자. 그럼 그 관객은 이들의 관계를 무엇이라 생각할까. 할아버지와 손녀와 손녀의 애인 사이에 지금 무언가 조금 불편한 일이 벌어졌다고 여길 만하다. 그러므로 이 장면이 역할극이라는 말은 맞다. 그런데 흥미로운 것은 키아로스타미의 역할극의 종류가 때때로 다르다는 것이다. 내가 본 가장 아름다운 역할극은 〈올리브 나무 사이로〉의 한 장면이다. 마을의 두 남녀는 영화의 대사를 핑계로 서로 진심을 건넨다. 가장 가련하지만 대담한 역할극은 〈클로즈업〉이다. 가장 재미없었던 건 〈사랑을 카피하다〉의 그 역할극이다. 그리고 온화하면서도 긴장감 서린 건 〈사랑에 빠진 것처럼〉의 이 역할극이다.

4-1

〈사랑에 빠진 것처럼〉에서 역할극의 기본은 서로의 거짓말이다. 그럼에도 일반적으로 거짓말에 대한 도덕적 지탄의 분위기가 여기엔 없다. 이 영화에는 도덕적 위계를 짓지 않겠다는 분위기가 있다. 어쩌면 이 역할극은 창문이나 차창을 통해 이미지 위에 이미지를 겹치는 그것과 다를 바가 없을 것이다. 키아로스타미가 인용하기를 즐기는 13세기 페르시아 시인 루미, 언젠가 키아로스타미가 인용한 다음과 같은 시구가 있다. "네가 은혜의 시선으로 디브(페르시아 신화 속의 악마)를 본다면 너는 그것을 천사로도 볼 수 있을 것이다."

5

주인공들 이외에 조연이 등장하면 사건이나 이야기도 함께 등장한다는 걸 보여주는 건 정비소 장면이다(마찬가지로 몇 장면 뒤, 타카시의 옆집 중년의 여인이 등장하면 타카시 노인의 삶이 조금 밝혀진다). 결국 타카시와 아키코의 관계는 정비소에 나타난 옛날 제자이자 노리아키의 손님에 의해서 밝혀졌을 것이다. 하지만 이 장면에서 가장 흥미롭고 긴장감 넘치는 건 끝까지 자동차 안에 웅크려 남은 아키코와 타카시에 반하여 무언가 왕성하게 그 바깥에서 움직이는 노리아키의 대조된 구도다. 그러니까 꼭 마지막 장면의 전조인 것과 같은. 노리아키를 연기한 카세 료는 감독이 자신에게 "반드시 차창 위에 손을 반쯤 걸칠 것"을 요구했다고 말한 적이 있다. 동시에 카세 료는 "내가 저들 세계 안에 속해 있는 사람이 아니라 그 바깥에 있는 사람이라는 뜻이었을 것"이라고 그 장면을 풀이했다.

6

정비소를 지나 아키코와 노리아키가 타카시의 집으로 모여들기 전까지의 장면은 라스트 신을 위한 발판 같다. 옆집 참견꾼의 등장이 유머러스하다. 처음 등장에서는 목소리로만 나오더니 기어이 얼굴을 보인 이 참견꾼 아주머니의 역할은 물론 진짜와 가짜를 구분하지 못한다는 점에 있을 것이다. 하지만 주된 서사의 바깥에 있는 인물이 시각적으로는 조그만 창문 안에 갇혀서 말하는 것이 웃기다. 수다를 떨어대는 이 불편한 이웃이야말로 친절히 말을 걸어오는 오즈 야스지로 영화의 옆집 이웃에 관한 키아로스타미의 유머처럼 보이기도 한다.

7

외부로부터 날아온 돌멩이가 창문을 깨는 장면이 마침내 〈사랑에 빠진 것처럼〉의 마지막이다. 2012년 칸에서 영화가 첫 상영되었을 때 이 라스트 신을 목격한 극장의 분위기는 좀 어수선했다. 약간의 야유, "뭐야 이게?" 하는 분위기가 조성해내는 웅성거림. 개인적으로는 이 영화의 라스트 신이 멋지고 결연하면서도 우아하다고 생각한다. 타카시가 집에 있을 때 외부로부터의 방해는 내내 존재했다. 전화벨, 음성 메시지. 그것이 본격적으로 오고야 마는 것이 집 주변을 오르내리며 소리 지르고 차를 부수(는 것 같)고 주변의 사람들을 놀라게 하는 노리아키의 분노에 찬 행동이다. 그 소리의 진원지를 따라 내내 방 안을 어기적거리는 노인 타카시는, 마치 보이지는 않은 채 들리기만 하는 것의 공격에 어쩔 줄 몰라 하는 보이는 것의 허둥댐처럼 느껴질 정도다.

그 돌멩이 한 방에는 통쾌함과 시원함이 실려 있어 해방적이다. 어쩌면 이 말 자체에 이 장면이 영화에서 갖는 특권적 위치가 있을 것이다. 〈사랑에 빠진 것처럼〉은 비교적 감각보다는 사유의 촉발과 유도에 무게가 실려 있는데, 유독 이 장면만큼은 예외직으로 급작스러우며 감각적이다. 갑작스런 틈입과 파장이 가져온 감각의 단순성, 이 단순하고 명백한 감각적 충격이 좋다. 노리아키가 그렇게 한 번 돌을 던지고 집으로 돌아갔을지, 아니면 더 큰 난리법석을 일으켰을지, 그리고 이것이 우리의 인생의 지속을 가리키는 것은 아닌지 하고 생각하게 되는 건, 그렇게 시원하게 창문이 한 방에 깨어진 다음의 일들이다.

8

여자와 책의 닮은 점이 무엇인지 아느냐고 묻고는 당돌하게도 대답을 생략한 아키코처럼 굴어보자. 혹은 우리도 질문의 돌멩이를 날리며 멈춰 서보자. 〈사랑에 빠진 것처럼〉을 본 당신에게. 〈사랑에 빠진 것처럼〉이 한 곡의 재즈 음악처럼, 한 편의 시처럼 느껴진다면, 그럼 된 게 아닐까요. 그런데 어떻게 닮았습니까?

   (『씨네21』, 2013년 928호)

영화와 세상의
관계에 관한
네 가지 진술

"남을 해고시키고 복직할 순 없어요." 〈내일을 위한 시간〉이 첫 상영되었던 2014년 칸 국제영화제에서 적지 않은 관객은 산드라가 이 대사를 하는 순간 일제히 환호와 박수갈채를 보냈고, 환호와 갈채는 이례적으로 더 우렁차고 뜨거웠다. 그런데 고백하자면 나는 세상과 영화의 간극을 느끼며 그 박수갈채 속에서 잠시 의문스러워하며 망설였다. 다르덴 형제라는 진귀한 창작자들이 만들어냈고 우리 사회의 가련하지만 명예로운 한 인물의 초상이 철학적으로 담겨 있는, 하지만 영화적으로 완벽히 동의할 수만은 없는 이 작품에 관한 복잡한 심중을 어떻게 말해야 좋을까 고민된다. 그런 점에서 다음 네 편의 진술은 각자 서로 뜻이 다르고 별개의 귀결을 지닌 네 개의 단상으로 읽혀도 좋고, 하나의 글을 위한 네 개의 장으로 읽혀도 좋다.

선택

선택이라는 화두에서 시작해보자. 선택은 〈내일을 위한 시간〉에서 그 어떤 것보다도 전면에 배치되어 있는 중요한 화두다. 이 영화에서 선택이 얼마나 중요한 문제인지는 감독도, 관객도, 등장인물도 모두가 다 잘 알고 있다. 우리는 산드라가 만나는 첫번째 동료 윌리와 그녀의 대화를 기억한다. 윌리가 말한다. "널 반대한 게 아니라 보너스를 택한 것뿐이야. 양자택일을 강요한건 사장이야." 산드라가 말한다. "알아요, 강요한 건 비열한 짓이지요. 하지만 제 일을 잃고 싶지 않아요."

  윌리와 산드라가 '강요'라는 말을 공유한다는 점을 눈여겨보자. 이 영화에는 선택의 괴로움과 난처함에 관한 무수한 언급이 등장하지만 주어진 상황을 이토록 객관적으로 서로 공유하고 압축하고 요약하는 대사는 거의 없다. 이것이 이 영화를 보는 모든 이들이 느껴야 할 상황적 대전제라는 뜻일 거다. 그 때문에 가장 첫번째 대화에 등장한다. 산드라와 동료들은 지금 강요된 선택이라는 이데올로기적 시스템에 빠져 있다.

  정신분석학자이자 사회학자인 레나타 살레츨은『선택이라는 이데올로기』(박광호 옮김, 후마니타스, 2014)에서 '강제된 선택'이라는 장을 따로 할애하고 있다. 산드라의 사장이 직원들에게 제안한 투표의 의례, 그 무책임한 회피의 퍼포먼스는 정확히 이 장에 포함되어야 할 것이다. 강요된 선택의 종류는 우리의 주변에서도 실로 다종다양하다. 얼마 전 개인적으로 보험설계사를 만났을 때 그는 아무리 보아도 큰 차이가 없거나 장점이 없어 보이는 선택지 여러 개를 제시하면서 "고객님, 선택을 할 수 있다는 건 얼마나 좋은 일인가요?"라고 내게 강권했다. 이것은 강요된 선택의 가장 유순한 차원에 해당할 것이다. 이 문제는 삶 안에서 빈번하게 일어나며 사람의 생명이나 삶

전체를 결정짓는 중대한 사회적, 정치적 쟁점이 될 수도 있다.

살레츨은 미군에 수감되었다가 풀려난 어느 이라크인의 예를 들고 있다. 혐의가 없어서 석방되는 그에게 미군은 구금 기간 동안의 처우에 대한 확인서에 사인할 것을 요구했다. 이라크인은 두 문항 중 한 문항을 택일해야만 했다. 첫번째 문항에는 구금 동안 학대가 없었다고 적혀 있었다. 두번째는 학대를 받았다고 쓰여 있었다. 그리고 문서를 작성하는 그의 앞에는 전기 충격기를 든 세 명의 미군이 쏘아보고 있었다. 석방된 이라크인은 어느 쪽에 사인한 것일까, 아니 어느 쪽에 사인할 수밖에 없었던 것일까. 그는 강요에 부응하는 선택을 했을 것이다.

이라크인이 강제된 선택의 시스템 안에서 비교적 합리적 선택을 해 세상 밖으로 나왔다면, 영화 〈선택〉의 주인공인 김선명을 비롯하여 비전향 상기수들은 도저히 믿어지지 않는 비합리적 선택을 고수했고 수십 년을 감옥에서 버텼다. 과장하자면 산드라의 선택이 김선명의 선택과 유사한 종류의 것이다. 김선명이 자유를 미끼로 한 이념의 강제적인 확답 요구 앞에서 (사실상 그 앞에서라면 사소하거나 보잘것없어 보이는) 개인의 명예를 지키고자 감옥에 남기를 고수했던 것처럼, 산드라는 강제된 시스템으로의 복속을 요구받는 자리에서 자존을 지키고 가난의 감옥에 남기로 선택한 것이다. 김선명과 산드라는 거대한 체제의 요구에 패배에 가까운 개인적이고 자존적인 선택으로 응수했다.

그러니까 〈내일을 위한 시간〉에 대해서는, 선택이 중요하다고 뭉뚱그려 말하는 대신 여기 두 종류의 선택이 있음을 지적하고, 그 두 개의 선택을 분리해낸 다음, 두 선택의 불가피한 충돌이 있음을 지적하는 것이 중요하다. 첫번째 선택은 강요된 이데올로기적 시스템으로서의 선택이다. 두번째 선택은 모두가 말하고 있는 것처럼 산드라의 자존적인 선택이다. 우리는 이 영화에 대해 말할 때 전자의 선택이 끼치는 악영향에 대해서만 말하거나, 후자의 선택이 갖는 가치에만 감격하는 경향이 있다. 혹은 후자의 선택을 공적으로 영접하는 데에 바쁘다. 하지만 산드라의 선택은 공적으로 옳은 최고의 행위가 아니라 사적으로 취할 수밖에 없는 최소한의 실존적 행위일 것이다.

예컨대 감독 다르덴은 산드라의 선택의 고귀함을 연대라는 공적 용어로 줄곧 해명해왔다. 동의하기 어렵다. 산드라가 동료들을 향해 했던 것은, 연대의 호소이기 이전에 명백히 본능적인 개별의 동정과 연민에의 호소다. "거지가 된 기분"이라고 산드라는 고통스러워했는데, 그것이 사실상의 잔혹한 진실이다. 연대의 가치로만 산드라의 선택을 설명하려는 감독의 자세는, 그녀가 연민과 동정을 구하는 지난한 상황을 건너서야 그 선택에 도달했다는 사실을 관객이 망각하고 산드라의 그 고귀한 선택의 순간에 영원히 머물기를 바라는 것에서 나온 것 같다.

그럴 수 없고 그럴 필요가 없다. 동정이나 연민이라는 비교적 개인적인 차원의 감정이 연대라는 드높은 공동체적 감정보다 밑지지는 않을 것이다. 산드라의 놀라운 선택은 자신의 말과 같이 거지처럼 동정과 연민을 호소해본 자만이 특별하게 행할 수 있는 가장 사적인 차원의 실존적 행위다. 산드라의 선택은 긍정적인 공적 연대가 아니라 부정적인 사적 실존의 의사 표시다. 강요된 선택이라는 이데올로기 시스템에, 자신의 자존과 명예를 지키기 위한 실존적 선택이라는 무기로 강력하게 일격을 가하는 것이다. '선택이라는 이데올로기'에 대해 '선택이라는 실존적 행위'로 맞섰다는 것이 그녀의 획기적인 일면이다.

피로와 우울

〈내일을 위한 시간〉과 관련하여 많은 이들이 선택이라는 화두에 집중한 것에 비하면, 사실상 영화 안에 같은 비중으로 명확하게 제시되어 있는데도 거의 언급되지 않은 화두도 있다. 산드라의 피로와 우울이라는 지독한 증상에 관련한 것들이다. 물론 지금 이 말들은 재독 철학자 한병철이 쓴 탁월한 사회철학 비평서 『피로사회』(김태환 옮김, 문학과지성사, 2012)의 개념들을 의식하며 사용하고 있다. 하지만 놀라운 것은 영화의 주인공 산드라의 심리적, 육체적 상태에 이 피로와 우울 증상이 이미 처음부터 짙게 새겨져 있다는 사실이다.

예컨대 〈내일을 위한 시간〉의 첫 장면은 어떻게 설정되어 있는가. 침대에 누워 잠들어 있는 산드라의 모습으로 영화는 시작한다. 산드라는 첫 장면에서부터 피로하다. 그뿐만 아니라 그녀는 집에만 돌아오면 "피곤하다"고 내내 호소하며 침대로 향한다. 그녀는 심리적으로 타격을 받으면 육체적으로 피로함을 호소한다. 동료인 줄리앙이 은근하면서도 악독한 말로 그녀의 심정을 괴롭혔을 때에도 그녀는 집으로 돌아와 "피곤하니 쉬고 싶다"고 남편에게 말한다. 그녀의 피곤함은 반복적이고 주기적이다. 그것은 육체적 피곤함이 아니라 두려움과 불안의 증상이며 호소다.

반면에 산드라의 우울은 영화가 시작되기 이전부터 이미 심각할 대로 심각했다. 우리는 영화에서 전개되지 않은 시간을 상상하는 것이 필요하다. 산드라가 지금과 같은 해고 위기 상황에 봉착한 이유는 무엇이었던가. 사장은 산드라가 우울증(혹은 신경쇠약 혹은 소진증후군 등 어떤 병명이라 해도)으로 병가를 내고 쉬는 동안 그녀의 부재가 회사에 타격을 입히지 않는다고 판단한 것이다. 초과 근무제를 실시한다면 그녀를 제외한 직원들만으로도 제품 생산이 가능하다는 사실을 확신하게 되어 가식적인 투표를 거친 뒤 산드라를 해고한 것이다. 영화는 바로 그 직후의 시점부터 진행된다. 그리고 영화가 진행되는 동안 산드라의 우울은 피로와 함께 정기적으로 찾아오며 더 많은 약을 부르고 급기야 그녀는 자살 시도에까지 이르게 된다.

한병철은 지금 이 시대를 '과잉 긍정이 넘쳐흐르는 긍정사회, 그로 인해 자기 착취가 빈번해지는 성과 주체들의 성과사회, 그 성과주의에 탈진해버린 결과로서 피로와 우울로 병든 환자들이 속속 양산되는 피로사회'로 설명해내고 있다. 한병철과 살레츨이 2010년 한 해에 동시에 나온 각자의 저서에서 서로를 언급하는 경우는 없지만, 한병철이 "과도한 선택의 자유를 누리는 후기 근대의 성과 주체"라고 표현할 때 이 자유라는 용어에 스며 있는 우려는, 살레츨이 '자유로운 선택 이데올로기로 포장된 자기 계발의 환상 논리'를 지적할 때의 그 자유에 대한 우려와 그 얼마나 밀접한가.

두 예민한 철학자가 우연히 공유하고 교차하게 된 사회학적 용어로서의 자유에 대한 우려란, 우리가 신자유주의라고 할 때 그 자유의 핵심이기도 할 것이다. 산드라는 바로 피로사회라 불리는 신자유주의 사회의 일원이며 그 사회적 질병으로서 피로와 우울을 앓고 있다. 우리가 은연중 〈내일을 위한 시간〉을 신자유주의의 여파에서 나온 작품이라고 느끼고 있다면 이상의 상관성 때문일 것이다.

물론 한병철이 "긍정성의 과잉이 지배하는 성과사회에서 생기는 병이 우울증"이라고 단언할 때, 그건 우리 사회와 우울증이 맺고 있는 체험적 일반론과 다소 거리가 있는 철학적 주장이다. 예컨대 아직도 과잉 긍정의 부작용보다 과잉 부정의 부작용이 훨씬 더 큰 문제가 되는 한국 사회에서는 자기 긍정이 지나쳐서 우울증을 얻는 경우보다 타자로서 부당하게 부정되어 우울증을 얻는 경우가 더 많기 때문이다. 가령 우울증이라는 병명을 특별한 학문적 차원에서가 아니라 일반 상식적 쓰임새로만 사용한다면, 우리는 해고 및 실업 등을 겪으며 타자로서 전격 부정되어 그 외상으로 우울증에 걸리는 이들의 사례를 훨씬 더 많이 알고 있다. 실업우울증이라는 말이 사회적 관용어로 자리 잡았을 정도다. 지나친 자기 긍정의 폐해라는 개념은 해고노동자 이창근과 김정욱의 피로와 우울을 해명해내지 못한다.

하지만 이렇게 이해해야겠다. 산드라는 영화에서 자기 긍정에 시달리지 않는다, 그러니 그녀는 긍정사회와 성과사회의 피해자 모델이 아니다, 라고 혹시라도 지적한다면 그건 오해일 것이다. 한병철이 우리 시대의 일반론이 아닌 신종적 양상의 특수한 핵심을 독창적으로 꿰뚫은 것처럼, 〈내일을 위한 시간〉도 실업의 일반론이 아니라 실업과 관련한 이 시대의 신종적 면모를 작품에 새기고 있다. 관련하여 돌아보면 명백하고도 기이한 사실 한 가지가 있다. 적어도 〈내일을 위한 시간〉에서 산드라는 실업 때문에 우울증에 걸린 것이 아니라 이미 걸려버린 우울증 때문에 해고의 빌미를 제공했다는 점이다. 그녀의 우울증은 어떻게 생겨난 것일까. 영화는 설명하지 않지만 산드라가 이 사회가 요구하는 자신의 성과를 최대한 긍정하려다 탈진되어 그런 병에 걸렸을 것이라는 걸 짐작하는 건 어렵지 않다.

다르덴이 관객을 향해 켜놓은 유도등을 생각해야 한다. 다르덴은 누군가가 산드라의 우울증은 어디서 왔는가 기원을 찾으려 할 때 그것이 오직 회사와 그녀의 노동 관계에서만 비롯되었을 것이라고 추정하도록 안내하고 있다. 평론가 한창호가 예리하게 지적하고 있는 것처럼(『씨네21』, 986호) 다르덴 영화에서 이토록 안정적이고 화목한 가족 구조는 처음 등장했다. 사회적으로 부도덕한 아버지와 갈등을 겪는 어린 아들(〈약속〉), 알코올 중독자 어머니와 싸우며 가장으로 살아가는 소녀(〈로제타〉), 아들을 잃고 슬픔에 빠져 사는 아버지(〈아들〉), 갓난아이를 팔아버리는 철없는 젊은 아빠(〈더 차일드〉), 시민권을 위해 마약 중독자와 위장 결혼한 이민자 여인(《로나의 침묵》), 아버지가 버린 아들(《자전거 탄 소년》). 이런 이들이 그동안 다르덴의 영화 세상에 살았다. 《내일을 위한 시간》은 그렇지 않다. 그런데 왜일까, 그들은 왜 화목할까. '이 가정에는 문제가 없다.' 감독은 그렇게 확실히 못박고 싶어 한다. 그렇다면 그 우울증은 어디서 왔을 것인가 질문을 유도하고 싶어 한다.

다르덴이 1999년에 연출했고 실직이라는 서사적 모티브에서는 유사한 영화인 《로제타》와 비교해본다면 《내일을 위한 시간》의 피로사회적 면모는 더 확실해진다. "규율사회의 부정성은 광인과 범죄자를 낳는다. 반면 성과사회는 우울증 환자와 낙오자를 만들어낸다"고 한병철은 말했는데, 전적으로 일치할 리는 없지만 로제타는 규율사회의 히스테리 환자에, 산드라는 피로사회의 우울증 환자에 가깝고, 로제타는 면역학적으로 위험한 타자에, 산드라는 내부의 무능한 낙오자에 가깝다.

그리고 다르덴 영화에서 언제나 중요한 동선과 영역 혹은 '지리적 표상'의 문제도 비교의 항목이 된다. 로제타는 위험천만한 고속도로라는 경계선을 넘어야만 숲속 빈민의 캠핑촌이라는 자신의 터전으로 갈 수 있다. 그녀는 늘 그 경계를 넘어 이 아늑한 도시에 소속되고 싶어 하는 위험하고 거친 타자로 지시된다. 반면에 산드라에게는 그러한 자타를 구분하는 지리적 표상이 주어지지도 않거니와 산드라는 오로지 이 사회 내부에서 방황하는 인물이다. 산드라가 바로 긍정사회, 성과사회, 피로사회를 살고 있는 전형적인 인물이며 소모되어 우울해진 인물이다. 누군가에게는 사장의 제안을 거절하는 그녀의 행위가 왜 그토록 단호하고 통쾌해 보인 것인가. 앞서 유사하게 말했지만, 그녀의 선택이 그녀를 망친 이 과잉의 긍정 상태에 저항하는 유일하고 정당한 부정의 일격처럼 보이기 때문에 그러할 것이다.

비(非)공감

어떤 영화에 대한 비평은 그 영화가 반영해낸 것들에 대해 충실하게 논평하는 것만으로도 족하다. 하지만 어떤 영화의 경우에는 그렇지 않다. 그 반영의 형식적 과정들이 어떠한지 주목해야 할 때도 있다. 개인적으로는 〈내일을 위한 시간〉이 반영해낸 세상의 철학적 면모(선택, 피로, 우울)에 깊이 공감하면서도 이 영화의 몇 가지 형식적 작동과 선택에 대해서는 의문이 뒤따르거나 공감되지 않는다.

　서사적 안배주의라고 칭할 만한 것을 일단 문제 삼고 싶다. 〈내일을 위한 시간〉은 다르덴의 모든 장편 극영화 중 영화적 결이 가장 무딘데, 그 이유는 역설적으로, 다르덴의 영화들 중에서 이 영화의 서사가 가장 다양하면서도 균형적이고 안정적이기 때문이다. 산드라가 만나는 12명이 같은 유형인 경우가 거의 없다. 그들의 거절과 지지와 인간적 유형의 강세는 세밀하게 조정되어 있다. 이토록 여러 인물이 등장하는 다르덴 영화를 우리는 본 기억이 없다. 산드라와 동료들이 만날 때 12개의 겹치지 않는 하위 서사가 생겨나는 것이다. 그런데 같지 않고 다양해서 무엇이 문제라는 것인가, 그것은 차라리 장점이 아닌가 하겠지만 그렇지 않은 것 같다.

　다르덴은 산드라가 동료들을 만날 때마다 관객이 제각각의 서스펜스를 느낄 수 있을 거라고 말했지만 영화 관람의 개인적인 체감은 확연히 달랐다. 우선 이것이 서스펜스라면, 명백히 주류 영화에서 주인공이 조력자들을 불러 모을 때의 관습적인 하위 서사를 연상케 한다(다양한 액션영화, 무협영화 등 장르영화에서 흔히 볼 수 있다. 심지어 〈소림축구〉에 이르기까지). 다르덴이 말하는 서스펜스는 초반 서너 명까지만 유효하며 이내 힘을 잃는다. 왜 그럴까.

산드라가 만나는 그다음 인물이 안겨줄 서스펜스가 무엇일지와 무관하게 우린 어쨌든 이것이 정해진 다양함이라는 큰 도식 안에서 펼쳐지며 안정감의 지도 안에 있다는 걸 이내 감지하게 되기 때문이다. 이것은 '다양한 유형들의 내정된 출현이라는 도식'이다. 다르게 말하면 다르덴 영화에서 서사는 늘 어떤 전제된 틀이 없는 것처럼 불규칙하면서도 귀납적으로 느껴져서 매력적이었는데, 〈내일을 위한 시간〉만큼은 어떤 미리 주어진 틀 안에서 적당히 다양하게 도식화되어 있을 뿐이어서 심하게 연역적이다.

더군다나 다르덴은 서스펜스에 기대지 말았어야 했던 것 같다. 서사적 적당주의 또는 안배주의를 느끼고 느끼지 않는 것이 관객 개인의 편차라고 한발 물러선다 해도, 다르덴이 이 영화의 핵심을 서스펜스로 잡은 순간, 즉 다르덴의 설명대로라면, 인물과 카메라의 동력이 아니라 드라마틱 라인으로 잡은 순간, 확실히 실종된 건 그들 영화의 가장 비상한 장점이었던 특유의 물리적 전압이다. 그 물리적 전압은 힘을 잃을 수밖에 없는 운명이었다.

다르덴 영화 특유의 마찰의 리얼리즘(개인적으로 다르덴 영화의 리얼리즘을 이렇게 부른다), 즉 인물과 카메라의 일대일의 물리적 전압의 상승으로 느껴지는 그 마찰의 리얼리즘이 〈내일을 위한 시간〉에서도 느껴졌던가. 10대의 사나운 소녀의 이야기가 아니라 완숙한 40대의 여성의 이야기이기 때문에 물리적 전압이 사라진 게 아니다. 다르덴이 서스펜스라고 부르는 서사적 라인이 영화의 주축이 되는 가운데 인물들이 다양하게 도식적으로 진열되면서 동시에 카메라가 한발 물러서서 그 만남들을 단지 생기 없이 비추고 있기 때문이다. 다르덴 영화에서 주인공과 일대일로 맺었던 카메라의 긴장감은 서사적 라인을 보정하는 하위의 역할로 밀려나게 된 것이다.

이와 동시에 긴장된 감화의 이미지가 퇴보하고 결정론적이고 목적론적인 이미지가 강성해진 상황이라고 보아도 될 것 같다. 다르덴 영화의 예의 긴장된 감화의 이미지란 가령 이런 것이다. 〈로제타〉에서 로제타라는 소녀는 실직했고 남자친구 리키에를 만나 우정을 배웠지만 필사적으로 살아야 하기에 때때로 간악함을 버릴 수 없다. 그녀는 리키에를 밀어내고 그의 일자리를 차지하려 하면서도 한편으론 계속 갈등하고 고민한다. 그래서 이런 장면들이 마음을 흔든다. 물에 빠진 리키에를 구할 것인가 말 것인가를 놓고 로제타가 고민할 때 그 찰나의 몇 초간. 혹은 리키에가 부정을 저지르고 있음을 사장에게 고발할 것인가 말 것인가를 놓고 고민하는 로제타, 그녀의 후면을 응시하는 카메라의 그 망설임의 기나긴 시간 30여 초. 그리고 로제타의 고발로 직장을 잃었지만 끝내 다시 그녀를 부축하는 리키에의 동정과 연민의 손.

반면에 결정론적이고 목적론적인 이미지는 이런 경우다. 나는 〈내일을 위한 시간〉의 캐스팅에 관하여, 옳고 그름을 말할 순 없어도, 반대한다. 다르덴은 자신들의 영화에 스타가 기용되었을 때, 그에 대한 사회적 착란의 믿음이 영화 내적인 주인공의 운명을 어떤 식으로 압도할 수 있는지를 간과했거나 알면서도 너무 기댄 것 같다. 모두가 마리옹 코티야르라는 스타를 알고 있고, 그녀를 안다는 건 그녀를 믿는다는 것으로 착란된다(우리는 스타가 도덕적으로 잘못을 범하면 우리의 믿음을 저버린 것처럼 화를 낸다). 게다가 이건 주인공의 어떤 선택이 중요한 영화였다. 그러니 그녀가 그 믿음을 벗어나지 않는 옳은 선택을 하자 그것은 당연히 옳은 것이지만 그 때문에 적당하게 마무리된 정의인 것처럼 보이기도 한다.

게다가 〈내일을 위한 시간〉은 이 하나의 수렴점이 되는 장면을 향해서 내처 달린 것 같다. 얼마나 결정적이었는지, 우리는 산드라가 명예로운 선택을 행사했다는 건 자주 말했지만 피로와 우울에 시달렸다는 건 잘 말할 수 없었다. 이 장면이 이미지의 측면에서 결과적으로 모든 걸 흡수하고 수렴했기 때문은 아닐까. 왜 다르덴은 산드라를 동료들과 일대일로 만나도록 설정했을까. 그건 같은 조건에 처하게 될 산드라의 결정이 있을 마지막 일대일 대면의 자리를 더 빛나 보이도록 그러했던 건 아닐까. 물론 산드라의 선택이 (로제타와는 다른) 어른의 선댁이라는 건 더할 수 없이 깊은 감동을 준다. 하지만 여기에는 어딘지 모르게 영화가 자기의 긴장된 이미지를 형성하는 방법을 고민하는 대신, 영화가 단숨에 세상의 이치가 되고 세상이 되고 싶다는 어떤 결정론과 목적론의 몸짓이 있다.

비밀과 불투명함 그리고 부정

"가장 가까운 사람의 경우에도 매력이 유지되려면 그의 일부분은 불명확하고 비가시적이어야 한다"는 게오르그 짐멜의 말을 인용하는 것과 함께, "비밀의 해석학은 투명성을 위해 어떻게 해서든 폐기해야만 하는 악마의 기술이 아니다. 그것은 하나의 상징술, 다시 말해 설사 가상에 지나지 않는다 할지라도 뭔가 깊이를 창출하는 문화적 기술이다"라고 철학자 한병철은 『투명사회』(김태환 옮김, 문학과지성사, 2014)에서 아름답게 쓰고 있다.

서로 가깝기로 소문난 영화와 세상의 관계에 대해 생각할 때 경청해도 좋을 만한 정의인 것 같다. 모든 관객은 우리가 영화의 신비라고 부를 만한 그 비밀에 대해 개별의 해석학자가 되어야만 하는 행복하고 수고로운 권리를 지니고 있다. 비밀과 불투명함은 영화 관객인 우리에게 주어진 아름다운 숙제다. 조금 다른 맥락으로도 읽히지만, "영화는 보이는 세상이고, 세상은 보이지 않는 영화다. 양자의 경계는 유동적이고 불투명"(『보이지 않는 영화』, 강, 2014)하다고 평론가 허문영은 명료하게 통찰했다.

〈내일을 위한 시간〉은 다시 생각해보니 미니멀하기보다 투명한 것 같다. 예컨대 산드라와 남편 마누와 동료 안느가 차를 타고 가며 즐겁게 합창하는 장면은 투명성이 지나쳐서 다소 맥이 빠진다. 이 장면을 이렇게 말하는 건 너무 몰인정한 자세일까. 행복한 휴지기의 한 장면으로, 혹은 들뜬 연대의 한 장면으로 보아야 하는 것일까. 하지만 각자의 영화에는 각자의 운명이라는 것이 있다. 〈내일을 위한 시간〉은 켄 로치의 영화가 아니다. 서사가 적절히 안배되고 거친 마찰력이 사라지고 스타가 압도하며 이미지가 곧장 결정적인 세상의 선택이 되려 하는 것은, 적어도 다르덴이 그러하려는 것은, 영화가 비밀과 불투명함 없이 갑자기 세상이 되려는 위험한 징조다. 지금껏 다르덴 영화의 아름다움이 불투명한 유보와 마찰과 부정에 있어온 것과도 위배된다.

나는 다르덴이 전작 〈자전거 탄 소년〉에서 일종의 인간-매니퓰레이션을 작동시켰다고 서투른 의견을 제출한 바 있다. 이 영화가 리얼리티에 관한 동화처럼 보인다고 쓰기도 했다. 이 조작은 다시 생각해보니 어쩌면 비밀과 불투명을 방어하기 위한 긴급한 조작이었던 것 같다. 그들은 그렇게 해서라도 자신들이 고수해온 마찰의 리얼리즘의 최후를 지켜야 한다고 직감했던 것 같다. 그들은 그렇게 하여 아슬아슬하게, 그리고 거의 곡예사와 같이, 라스트신의 일시적 조작으로서 리얼리티를 간수하여 세상의 필연적 상태로 나아갔다. 일종의 매니퓰레이션을 감행하여 거기 비밀과 불투명의 막을 입히고 싶었던 것 같다. 같은 방식으로 〈내일을 위한 시간〉이 피로사회의 리얼리티에 관한 동화를 구연하는 것이었다면, 이번의 경우는 손이 훤히 보이는 마술사의 경우와 같아서 관객을 압도할 수 없었다.

한 감독의 영화는 실패할 수도 있고 성공할 수도 있다. 그건 동시대의 위대한 감독인 다르덴에게도 넉넉하고 품 넓게 적용되어야 할 문제다. 그보다는 이런 것이 더 중요할 것이다. 세상은 투명하게 영화가 될 수 없다. 영화도 투명하게 세상이 될 수 없다. 그리고 양쪽은 영원히 그래서도 안 된다. 유의

할 건 '투명하게'라는 말이다. 지금 이 말은 세상과 영화가 영원히 다른 존재로서 달라야 한다고 강조하려는 것이 아니라, 불투명만을 매개로 양자가 서로 밀접히 존재해야 한다는 걸 강조하려는 것이다. 양자는 서로의 친연성을 과시하면서 혹은 의식하면서 혹은 두려워하면서 영원히 가까이 있으나 결코 완전히 일치되지는 않는 그 미세한 존재론적 부정과 불일치의 긴장으로 내내 교차하고 평행할 것이다. 이것이 둘 사이의 운명적인 관계다.

동시에 이것이 영화가 세상을 향해 가질 수 있는 가장 긍정적인 의미에서의 부정의 에너지다. 이 부정의 에너지는 때때로 누군가의 영화에서는 섬광처럼 빛나고 사라지거나 누군가의 영화에서는 은밀히 내내 잠재되어 있거나 누군가의 영화에서는 시종일관 폭발하며 들끓을 것이다. 어느 쪽이 더 옳다고는 말할 수 없다. 다만 영화가 섣불리 투명해지겠다고 나설 때 우리는 그것이 오히려 세상에 대한 우리의 감각을 무디게 할 것이므로 경각심을 가져야 할 것이다. 세상이 영화를 흉내 내려고 할 때에는 무한히 두려워해야 할 것이다. 세상과의 관계 속에서 이러해야 하는 매체 혹은 예술이 영화뿐은 아니겠지만, 지적한 것처럼 영화는 세상과 가장 가깝기 때문에 더욱 그러해야 할 것이다. 불투명한 해석적 긴장의 여지를 의식하면서, 이것이 곧장 투명하게 저것이 되지 않는 불일치의 운명과 부정의 에너지를 의식하면서 영화는 세상 앞에 있어야 할 것이다.

(『씨네21』, 2015년, 990호)

지아장커 영화에
관한
다섯 개의 단상

1

2009년에 지아장커가 했던 한 가지 발언을 두고 그동안 그를 지지해온 한국의 몇몇 씨네필 사이에서 작은 논란이 있었다. 중국 정부는 2009년 7월 5일에 신장 위구르 자치구의 수도 우르무치에서 발생한 유혈사태의 배후 책임자로 '세계위구르인민회의'의 의장이자 위구르족 망명 지도자인 레비아 카디르를 지목했다. 그리고 7월이 채 가기 전에 멜버른 영화제가 그녀를 주인공으로 한 다큐멘터리 〈사랑의 열 가지 조건〉을 상영하겠다고 발표했을 때 지아장커는 다른 중국 감독들과 마찬가지로 격렬하게 항의했으며, 그의 제작사 엑스트림의 이름으로 출품한 에밀리 탕의 〈퍼펙트 라이프〉와 지아장커 본인의 단편 〈크라이 미 어 리버〉의 출품을 철회하고 영화제 불참을 선언했다.

"왜 하필이면 이때 레비아를 띄우고 행사에까지 나오게 합니까? 중국인으로서 그 사람과 같은 무대에 설 수 없습니다(MBC, 2009년 7월 27일)"라는 인터뷰가 한국 방송사를 통해 전해졌다. 이 소식을 접한 뒤에 그의 영화를 지지해왔던 한국의 시네필 중 일부는 지아장커에게 실망감을 감추지 못했다. 2009년 부산국제영화제 '지아장커 마스터클래스' 행사에서 질문 시간이 주어지자 가장 먼저 손을 든 참가자가 던진 질문도 이에 관한 것이었던 걸로 보아 은연중 적지 않은 사람들이 민감하게 여긴 문제였던 것 같다.

지아장커는 중화주의자나 패권주의자가 할 법한 말과 행동을 한 것이다, 그의 정치적 견해가 새삼 의심스럽지 않은가? 의심을 제기한 사람들의 생각은 그러했다. 하지만 여기에는 오해가 섞여 있는 것 같다. 『스크린인터내셔널』의 기자 스티븐 크레민은 잘 알려지지 않은 지아장커의 다른 언급을 전하며 그를 지지하고 대신 멜버른 영화제를 비판했는데, 필자 역시 그의 의견에 일견 공감하고 있다. 지아장커는 불참의 이유를 이렇게 말했다고도 한다. "레비야와 함께 완전히 정치화한 영화제에 참가하는 것은 우리의 감정과 행동이 받아들일 수 있는 한계를 넘는 것이다. 이것은 부적절하며 그런 만큼 엑스트림은 우리의 입장을 명확히 하기 위해 모든 영화를 철회하기로 했다." (『씨네21』, 716호)

여기서 귀담아들을 말은 "완전히 정치화한 영화제"다. 그러니 사태는 실상 우리의 짐작과는 반대인 것 같다. 그는 중국의 입장을 정치적으로 대변하고 옹호하기 위해 불참을 선언한 게 아닌 것 같다. 많은 인명 피해가 발생한 유혈사태의 책임 소재가 가려지지 않은 상황에서 그 사태에 일면 연루되어 있을지도 모르는 당사자를 주인공으로 한 다큐멘터리를 영화제 상영작으로 올린다는 건 영화제의 정치적 쇼라고 이의를 제기하고 있는 것이다. 무엇보다 이 일화는 지아장커 영화의 어떤 근본성에 대해 더할 나위 없이 중요한 한 가지 점을 일러주고 있다.

지아장커가 멜버른 영화제를 비판할 때 그는 정치적으로 반대하는 것이 아니라 현실적으로 아직 해결되지 않은 문제를 정치적으로 강조하는 것이 옳지 않다고 말하고 있는 것이다. 여기에서 '정치적인 것'과 '현실적인 것'의 차이를 우리는 염두에 두어야 한다. 지아장커의 모든 영화는 전자가 아닌 후자 위에 발 딛고 서 있다. 그의 영화는 정치적 판단의 올바름에 매달린 적이 없다. 그보다는 오해가 달라붙는 것을 두려워하지 않으면서까지 현실성에 더 밀착하려는 태도를 갖고 있다. 그가 편양의 소매치기와 80년대의 문공단원과 따통의 비행 청소년과 북경의 무희와 싼샤의 두 이방인과 편양의 재봉사와 청두의 노동자를 그릴 때 그것은 정치적인 것으로서의 전략화가 아니라 현실적인 것으로서의 필연성을 들여다본 결과다. 그는 중국을 정치적으로 옹호한 적도 비판한 적도 없이 현실의 중국을 좇으며 혹은 다른 시선들이 떠나버린 자리에 홀로 꿋꿋이 남아 현실이 구축된 길을 뒤돌아본다. 그러므로 지아장커의 영화를 말할 때 가장 중요한 건 그가 얼마나 정치적으로 올바른가 하는 것이 아니라 그가 어떤 절실함으로 현실을 대면해왔는가에 있을 것이다.

2

첫번째 장편영화 〈소무〉와 두번째 장편영화 〈플랫폼〉에서 지아장커는 당도한 현실과 지나간 현실을 담아냈다. 중국에 불어닥친 현재의 정치적 혼란과 문화혁명이라는 거대한 정치적 소란 이후에 찾아온 후폭풍의 시대적 분위기를 상징화 또는 알레고리화하려 한 것이 아니라는 말이다. 은유적 해석이 아예 없다고 말할 수 없지만 그 은유가 정확하게 가리키는 방향은 다시 현실이었다. 이 당시의 지아장커는 그 무엇보다 자기의 주인공이 '누구'이어야 하는가 하는 점에 애착을 가졌다. 그 말은 이렇게 바꿀 수 있다. 지아장커 영화의 현실 속에는 누가 살고 있는가. 장이모와 첸카이거는 진시황을 다룰 수 있지만 지아장커의 영화는 그런 주인공을 택할 수 없는 영화적 운명을 지녔다. 운명인가? 그렇다(지아장커의 무협영화라고 알려진 차기작 〈청조에서〉가 궁금해지는 이유도 이런 점과 연관이 있다. 청조 말기라는 시간을 다루게 될 이 영화에서 그렇다면 주인공은 누가 될 것이며, 그들의 현실적 문제는 무엇으로 가늠될 것인가).

난파되었으나 그래도 생존하려 하는 사람들이 지금까지 지아장커 영화의 현실에 살았다. 지아장커는 그의 유년기 친구 두 명이, 한 명은 교도소의 잡범으로 한 명은 교도관으로 만난 것에서 〈소무〉의 이야기를 끌어냈다. "이 영화를 아버지에게 바친다"는 헌사로 시작하는 〈플랫폼〉도 한편으로 지아장커의 유년에 널리 존재했을 사람들의 현실에 대한 상상적 조합이다. 그때 인물들은 집단적 공고함으로 굳게 뭉친 사회주의 국가의 혁명당원들이 아닌, 기어이 아이러니한 각자의 방식으로라도 현실의 삶을 살아가는 서로 다른 구체적이고 개별적인 인민들이다.

초기의 두 작품(〈소무〉〈플랫폼〉)은 지아장커가 영원토록 등장시키게 될 인민의 두 부류를 명시해준다. 노동하는 인민과 창작하는 인민, 그들은 노동자와 예술가다. 지아장커가 이 두 부류에 대한 관심을 버리는 일은 그의 영화가 끝나지 않는 한 아마 없을 것 같다. 가령, 노동자의 대표적인 인물은 지아장커의 실제 사촌형제인 한산밍과 그가 맡는 역할로 곧잘 두드러진다. 광산의 노동자이며 비전문 배우인 그는 광산의 생사계약서를 맺는 광부들 속에서(〈플랫폼〉), 공사장 인부로 죽어간 식구를 찾으러 온 대가족들 틈에서(〈세계〉) 불쑥 나타나 노동자 특유의 무심하고 존엄한 몸짓과 표정을 보여주더니, 마침내는 16년 전에 떠나버린 아내를 찾아 싼샤를 찾는 이방인 노동자로 귀환하게 된다(〈스틸 라이프〉).

예술가의 길은 여배우 자오타오의 역할에서 자주 엿보인다. 한때 문공단원이었으나 트럭 위에서 고고 춤이나 추어야 하는 신세가 되자 방랑을 멈추고 고향에 남아 공무원의 길을 택하는 여자(〈플랫폼〉), 자본의 맹신 속에서 한낱 길거리 약을 홍보하는 데 동원되는 무희(〈임소요〉), 좀더 전문화되고 거대해진 자본 속에서 북경의 거대한 모조 공원의 하루하루를 지키는 삼류 무용단원(〈세계〉) 등으로 자오타오의 역할은 이어진다(지아장커는 '아티스트 삼부작'이라는 이름을 짓고 아예 실존하는 예술가들을 주인공으로 하는 다큐멘터리 작업도 하고 있다).

지아장커는 노동자를 등장시킬 때 순수한 동조와 경외감으로 보지만, 예술가를 등장시킬 때는 극중 인물이건 실존 인물이건 가혹한 패배와 냉철한 지숙의 좌표를 포함한 반신반의의 자의식이 뒤섞인 복잡한 심경으로 본다. 그때 지아장커는 영화 예술의 자기 존재성이라는 독자적인 순수함을 근심하기보다는 자기의 예술이 노동자의 순수함 안으로 흡수될 방법이 있는가 없는가를 고민한다. 예술은 혹은 영화는 묵묵하게 삶의 존엄 안에서 일하는 저 노동자의 현실에 근접할 수 있을 것인가. 혹은 예술가와 노동자의 관계는 어떠해야 하는가. 이 지점은 지아장커의 영화에서 단순하지 않고 심오하며 오래도록 끈질기게 남을 것이다. 그의 고민이 계급이나 표상으로서의 노동자를 넘어서 개별 인민의 관계 안에서 지속적으로 확장되어가고 있기 때문이다.

이를테면 지아장커의 영화에서는 흐르던 서사가 문득 멈춘 다음 싸구려 공연, 길거리 퍼포먼스 등이 이어지고 그걸 해맑게 구경하는 인민들의 모습이 자주 등장한다. 비록 영화 속의 구경거리들이 지아장커가 바라는 예술의 상이 아닌 순간조차도, 그는 창작과 관람이라는 관계 형성의 매개 과정을 통해 인민들의 순수한 삶의 틈 안으로 창작물이 비집고 들어가는 어떤 희미한 가능성을 의식하고 있다. 예술가인 나의 영화가 어떻게 현실의 저 인민적 삶 안으로 들어가 근접 조우할 것인가. 그것이 바로 '나의 주인공은 누구인가' 라는 질문에 이어 자연스럽게 따라 붙는 '우리는 어떻게 세계 안에서 관계를 맺을 것인가'라는 지아장커의 문제의식이다.

3

〈소무〉와 〈플랫폼〉은 여러모로 허우샤오시엔이 걸어간 초기의 행적과 유사 하다. 영화는 지켜보기, 관찰하기, 공간적 심리적 거리감을 유지하기 등으로 구축되었다. 카메라의 개입이 아예 없는 것은 아니지만, 그때 지아장커 영화 의 목적은 초기 허우샤오시엔의 그것처럼 하나의 현실적 세상을 영화 속에 완성하는 것이지 영화가 그 바깥의 현실의 관계 일부로 포괄, 접속되는 것에 더 주력하지는 않고 있다. 영화가 하나의 세계를 완성한다는 것과 현실이라 는 세계의 관계 일부로 포괄, 접속되려 한다는 것 사이에는 차이가 있다. 적 어도 후자의 경우라면 제작 과정에서부터 이미 현실적인 매체의 조건을 드 러내고 인정하고 수렴하게 된다. 가령, 세번째 장편영화 〈임소요〉부터 지아 장커는 그가 표현한 것처럼 "후현대화"된 중국의 매체적 조건으로서의 디지 털을 손에 들었고, 이 점이 지아장커 영화의 세계와 대상의 관계에 획기적인 전환을 가져다주었다.

　디지털로 촬영하면서 지아장커는 자신의 영화에서 크게 두 가지 변화를 보여준다. 첫째, 친밀성과 현장성이 확보된 건 당연한 일이다. 비전문 배우 들이 가졌던 심리적 마찰을 해소하여 친화력을 얻어낸 다음 그들에게서 현 장감이 느껴지는 연기를 끌어냈다. 그로써 보다 많은 여유와 우연성을 얻을 수 있게 되었다. 둘째가 더 중요하다. 지아장커는 당대의 사회적 의제라고 말할 만한 것으로 더 깊숙이 천착해 들어갔다. 앞선 두 편의 영화에 비한다면 지금 우리가 살고 있는 이 동시대의 사회란 무엇인가, 하는 질문이 〈임소요〉에는 더 짙고 명확하게 깔려 있다. 〈임소요〉는 미처 따라잡지 못할 속도로 변화해가는 사회와 그 안으로 편입되지 못하고 뒤처진 젊은 세대의 지속적인 긴장 관계로 이루어진 한 편의 영화라고까지 말할 수 있다.

예컨대 지아장커의 영화에서 텔레비전은, 지금 주인공이 처한 현실적 위치와 그것을 포괄하고 있는 세계와의 관계 및 거리감을 일러주는 매개체다. 개인과 사회의 매개체. 〈임소요〉만큼 그 텔레비전의 기능을 많이 활용하는 영화는 드물다. 그중에서도 한 장면이 가장 인상 깊다. 친구가 다른 패거리에 모욕을 당하자 그걸 갚아주러 주인공의 친구들이 떼를 지어 몰려간다. 그런데 시장 어귀에서는 2008년 올림픽 개최국 발표 장면이 텔레비전으로 중계되고 있다. 그러자 싸움을 하러 가던 친구들은 무엇을 하려 했는지 잊은 것처럼 모두 멍하게 서서 뚫어져라 텔레비전을 응시한다. 그때 개최국으로 중국 베이징이 발표된다. 여기저기 환호성이 들리고 그들은 그 안에서 문득 개인적 복수심을 뒤로하고 중국의 국가적 미래에 더 관심을 갖는다. 그 순간 지아장커가 상기시키려는 것은 국가와 개인 중 어느 쪽이 우선이라는 것이 아니라, 사회와 개별 인민 사이에 놓여 있는 그 어쩔 수 없는 관계다.

이 점에서 네번째 장편영화 〈세계〉는 온전히 메타적인 방식으로 한 발짝 더 나아간다. 지아장커에게 디지털 카메라가 누구를 어떻게 찍을 것인가의 문제에서 현실적 확장의 도구였다면, 〈세계〉의 상황은 또 다르다. 여기서의 핵심은 어떻게 찍고 보는가 하는 것보다 무엇을 받아들일 것인가에 있다. 총체적으로 받아들여야 할 것이 있다면 그건 디지털화된 중국이다. 지아장커는 만들고 보는 방식을 바꾸는 것으로는 모자라다고 판단한 다음, 이제 현실에 부여된 환경적 조건을 아예 메타적으로 영화 안에 받아들이기로 마음먹는다.

말하자면, 디지털 카메라로 세상을 보여주는 것을 넘어 한 편의 영화 그 자체를 디지털화된 세상의 한 부분으로 만드는 것을 추구한다. 그로써 〈세계〉는 디지털 세계의 '반영'이 아니라 디지털 세계의 '부분'이 된다.

한 편의 영화가 완벽하게 디지털 세계의 일환으로 속하는 것. 〈임소요〉가 디지털 카메라로 현장성을 얻어 사회적 의제로 돌진했다면 〈세계〉는 아예 영화가 그런 사회의 일부로 속하는 것을 향하고 있다. 지아장커는 개인의 내면까지도 그 안에 포함시켜보자고 결심한다. 그렇게 해서 지금 사회에서 살아간다는 것의 의미를 드러낼 수 있다고 지아장커는 믿었다. 다소 당황스러웠던 애니메이션 기법이나 세계 공원이라는 모조적이며 개념적인 소재가 취해진 것도 그런 의중에서 나왔을 것이다. 물론 이런 결정은 용감한 것이었으며 당시의 지아장커로서는 스스로를 한계점까지 몰아간 극단의 도전 정신이었다. 하지만 〈세계〉를 만든 다음 지아장커는 이 방향으로 더 영화를 몰아간다는 것이 무의미하다고 판단한 것 같다. 개인의 내면조차 사회가 지배하는 상황을 표현해보려 했던 그는, 그럴 경우 자칫 영화가 생명력을 잃고 개념에 사로잡힐 수 있다는 사실을 깨닫게 된 것 같다. 이제 총체적 외부의 끝까지 가본 다음 지아장커는 다시 심사숙고한다. 지금 이 길이 옳은 것일까, 그렇지 않은 것 같다. 그렇다면 어떻게 다시 시작할 수 있을까. 어떻게 다시 시작할 수 있을까. 〈세계〉의 마지막 대사는 그러므로 일종의, 그 자신에 대한 예고처럼 보인다. 연탄가스를 마시고 죽어가다 간신히 살아난 두 주인공의 보이지 않는 대화 소리가 희미하게 들린다. "우리 죽은 거야?" "아니 이제 시작이야." 그들처럼 지아장커도 기적처럼 다시 시작한다.

4

〈세계〉에는 지아장커의 모든 영화를 통틀어도 가장 아름다운 장면에 속할 만한 잊지 못할 명장면 하나가 있다. 공사장에서 사고로 다쳐 병원에 누워 있는 젊은이가 죽어가면서도 필사적으로 쪽지에 무언가를 써서 친구와 형들에게 남긴다. 그 쪽지를 펼쳐본 사람은 울음을 참지 못하고 흐느낀다. 그리고 카메라는 병원의 복도에서 천천히 이동하여 낡고 푸르스름한 벽면까지 힘겹게 간 다음 멈춰 선다. 벽면에는 그가 돈을 갚아야 할 이름과 금액들이 자막으로 떠오른다. 그가 말하지 않았으나 그가 남긴 말 혹은 그의 태도. 그러니까 그의 내면. 이 장면이 아름다운 것은 인물이 말하지 못한 내용을 포함하여 그 인물이 지닌 삶의 태도와 내면까지도 카메라의 움직임과 문자의 활용만으로 놀랍게 포착해내기 때문이다. 머리가 깨져 병상에 누워 죽음을 기다리는 사람이 혼신의 힘을 다해 쪽지에 적은 것이 그가 빚을 갚아야 할 사람들의 이름과 액수일 때, 흐르는 카메라가 멈춘 빈 벽 위에 눈물처럼 그것들이 적힐 때, 우리는 그의 눈물을 읽는다.

지아장커는 〈세계〉에서 이렇게 잠시 한 정점으로 남았던 내면의 포착 기술을 이후 두 편의 영화 〈동〉/〈스틸 라이프〉에서부터는 전격적으로 추진하게 된다. 방법적 회의는 화가 리샤오둥에 관한 다큐멘터리 〈동〉을 찍을 때 지아장커에게 찾아왔다. 지아장커는 가벼운 마음으로 〈동〉을 시작했으나, 거기 필요한 것이 극영화라는 것을 깨닫고 〈스틸 라이프〉를 만들었고 〈동〉과 함께 묶었다. 인물의 내면으로 들어가기 위해서는 이야기가 필요하다는 걸 알았기 때문이다. 인물의 내면으로! 그러니까 더 이상 사회의 구조가 지아장커의 주안점이 아니다. 그렇다면 이건 놀랄 만한 전환이다. 이 점에서 〈동〉/〈스틸 라이프〉가 어떤 의미에서 중요한 역할을 하는지는 누구보다 지아장커의 말을 인용해보는 것이 좋겠다. 이 방법적 회의에 관하여 누구보다 정확하게 표현한 것은 지아장커 자신이다. 그는 〈동〉/〈스틸 라이프〉를 완성한 직후 이렇게 말했다. "예전에는 사회적인 자리에서 사람을 보았다면 이제 나는 그것을 생명이라는 각도에서 보게 됐습니다. 그게 나의 가장 큰 변화입니다. 이전에는 사람들이 이렇게 살 수밖에 없는 이런 사회는 무엇이냐고 물었습니다. 지금은 이런 사회에서도 살아가는 사람은 무엇이냐는 질문을 하게 됐습니다." (『씨네21』, 575호)

이렇게 바꿔 말할 수 있다. 〈세계〉 이후 지아장커는 그동안 자신이 매달렸으나 혹은 부분적으로 시도했으나 전격적으로 완성하지 못했던 지점의 완전함을 향해 간다. 그것은 말하자면 외부에서 내부로, 표면에서 내면으로, 사회에서 개인으로, 개념에서 생명으로, 라는 방향 전환이다. 실은 지아장커는 영화를 시작한 처음부터 이런 점들에 대한 강조를 일부 해왔으나 적당한 미학적 방법을 찾지 못하다가 마침내 〈동〉/〈스틸 라이프〉를 경유하며 찾게 된 것 같다. 그렇다면 어떻게 영화가 인민의 내면을 그려낼 것인가. 또한 그 미학적 방법이란 무엇인가.

이 부분에서 지아장커는 한쪽으로는 '이야기'를, 또 한쪽으로는 '정물성'을 중요한 미학적 방법으로 취하고 있는 것 같다. 지아장커의 경우에 이야기(허구 및 조정과 배열까지 포함하여)는 다큐멘터리가 인물의 내면에 들어가고자 할 때 절실하고 정물성은 극영화가 인물의 내면에 들어가고자 할 때 절실하다. 〈동〉/〈스틸 라이프〉 이후 현재에 이르기까지 지아장커는 이 두 가지 미학적 방법을 교묘히 섞어 심화하고 있다. 〈동〉을 찍다가 인민의 마음을 더 들여다보기 위해 필요한 것이 이야기라는 점을 깨닫고 〈스틸 라이프〉라는 극영화를 만들게 되었다는 점은 이미 말했다. 그런데 극영화 〈스틸 라이프〉가 만들어졌을 때 이 영화에서 두드러지는 것이 회화적 정물성이라는 점은 같은 의미로 중요하다. 정물성에 대한 지아장커의 관심은 〈스틸 라이프〉에서부터 무언가 명확해졌으며 〈무용〉을 거쳐 〈24시티〉까지 이어지고 있기 때문이다.

지아장커는 그의 초기 영화에서 프레임을 어떤 공기로 채울 것인가를 중요하게 생각했던 감독이다. 〈플랫폼〉의 마지막 장면은 그것에 관한 한 거의 정답에 가깝다. 하지만 지금 지아장커는 카메라로 어떻게 찍어 프레임을 어떤 공기로 채울 것인가 하는 것이 아니라 카메라가 스스로 무엇의 인격체가 될 것인가 하는 점에 주력한다. 그것이 〈동〉/〈스틸 라이프〉를 넘어 〈무용〉과 〈24시티〉에 이어지는 점이다. 말하자면 지아장커는 다음과 같은 궤적을 밟아왔다. 〈동〉/〈스틸 라이프〉 이전에 지아장커의 질문은 내가 다룰 사람은 누구이며, 그들이 사는 사회는 무엇인가였다. 혹은 그걸 어떤 매체로 담아야 하는가였다. 영화가 사회의 환경적 조건의 일환이 되어본다면 끝내 우리가 살아가는 이 사회의 정체를 밝힐 수 있지 않겠는가 하며 끝까지 가보기도 했다. 거기에서 지아장커는 선회했다. 어떤 사회가 아니라 어떤 사람이냐는 질문을 시작했다. 그래서 던져진 문제는 어떤 사람인가를 말하기 위해서는 그 사람의 내면을 어떻게 포착할 것인가 하는 점이 다시 중요하게 떠올랐다. 그의 내면을 어떻게 보여줄 것인가. 이야기와 정물성이 중요해졌다. 그런데도 지아장커는 여기서 멈추지 않는다. 그는 한 번 더 나아가려 한다. 보여주는 것으로는 부족하다고 생각하는 것 같다. 그렇다면 무엇이 더 있는가. 보여주지 않고 되는 길이 남았다. 지아장커는 영화가 무언가 매개자임을 넘어서 영화 스스로 어떤 생명을 가져야 한다고 생각하고 있는 것 같다. 그러므로 그의 영화적 화두는 이제 충분히 '보여주는 것'으로서의 영화가 아니라 완전하게 무언가가 '되는 것'으로서의 영화다.

5

우리는 지아장커 영화에 오랫동안 조금씩 산발적으로 존재해왔던 장면들이 이제 그의 영화에서 하나의 거대한 영화적 차원으로 승화되었다는 걸 알아야 한다. 예컨대 〈동〉/〈스틸 라이프〉 이후 지아장커의 영화들은 〈소무〉의 연장선에 있는 것이 아니다. 위험을 무릅쓰고 단언하자면 그건 〈소무〉의 '목욕탕 장면'의 연장이다. 〈소무〉에서 아무도 없는 목욕탕에 홀로 들어서 추레한 모습으로 욕탕에 홀로 앉아 주인공이 노래를 흥얼거릴 때 카메라는 아주 천천히 허공을 향해 오르며 저 구석 벽의 끝까지 가서 멈춰 선다. 바로 그때의 그 인상. 지아장커는 그때 카메라 감독 유릭와이에게 "마치 한숨을 쉬듯이……"라는 주문을 했다고 한다. 한숨을 쉬는 카메라라니. 그 카메라는 내면을 보여주는 것이기도 하지만 내면이 되어버린 카메라다. 정물화된 인물들과 그들로부터 종종 자율적으로 이탈하여 일종의 자유간접화법으로서 하나의 또 다른 퍼스낼리티를 갖게 되는 지아장커의 카메라가 태초에 태어나는 순간이었다. 이것의 첫 역사가 〈소무〉의 그 목욕탕이다. 이후 이런 장면은 간헐적으로 등장하였으며 말한 것처럼 〈세계〉의 그 벽면에 흐르는 눈물이 되기도 했다. 우리는 이런 경우에야 인물의 내면의 전이를 경험하는 기적 같은 영화적 상황에 도달하게 되곤 했다.

이와 같은 상황이 본격적인 전조를 보인 것은 물론 〈스틸 라이프〉지만 한 편의 영화에 구조적으로 도입된 것은 〈무용〉이다. 무용은 일종의 실패의 기록인데 그걸 자세히 들여다보면 '실패의 의도된 픽션화'라는 점을 알 수 있다. 특히 1부와 2부를 지나 3부에 이르게 되면 지아장커의 영화에서 이보다 더 직접적이고 명료하며 감동적인 점층법은 없었다는 걸 알게 된다. 1부와 2부는 의도적으로 혹은 우연적으로 실패하도록 기획되었으며 3부는 그 앞선 1,

2부에 대한 대답으로서 등장한다. 편양의 광부와 재단사들이 교묘하게 재배열된 허구와 본연의 활기찬 모습으로 뒤섞일 때 〈무용〉의 3부는 어떤 영화적 극단까지 간다. 광부의 석탄기 묻은 몸과 바람에 실려 잠시 잠깐 기우뚱하는 빨랫줄 위의 의복을 보여주며 지아장커는 정물과 생물, 옷과 사람의 경계를 넘어선다. 그리고 그걸 보는 카메라도 어떤 경계를 넘고 싶어 한다는 걸 넌지시 알린다. 카메라는 이들을 보고 있다는 걸 넘어 그렇게 주어진 재조정의 자유 안에서 스스로도 무언가가 되고 싶다고 자꾸 은밀히 말한다. 지금 저들을 보는 카메라의 시선이 옷과 사람이 보내온 시선에 대한 응답이라는 걸 알아달라고 은밀하게 촉구한다. 그러니 만약 〈무용〉의 3부에서 드러났던 그것들을 한 편의 영화로 확상한다면, 하고 묻는다면 우리는 그 대답으로 〈24시티〉를 말할 수 있을 것이다.

〈24시티〉에서 등장인물의 과거와 기억은 말로써만 전해지는 것 같다. 그 안에는 실제 노동자인 양 전문 배우들까지 섞여 있다. 왜 여기에 진짜와 가짜가 섞여 있는가. 지아장커는 진짜와 가짜가 섞인 이 자리를 통해 지금 말하는 사람들이 조정된 영화적 구조 안에서 새로운 자격들을 갖게 되었다고 일러주려고 한다. 그렇게 하여 이 영화를 보는 관객으로 하여금 영화적 구조에 대한 새로운 질서를 받아들일 것을 권한다. 이건 동시에 다른 어떤 것도 이 안에서는 생명을 가질 수 있다는 암시이기도 하다. 그때 우리는 사라지는 청두의 군수공장에서 일해온 노동자와 그 노동자를 연기하는 배우들이 카메라 앞에서 어떻게 말하고 카메라가 그들의 말에 어떻게 응하는지 볼 수 있다. 카메라는 그들의 말을 듣고 초상을 찍는다. 하지만 동시에 중요한 순간은 그들이 했던 말의 일부를 카메라가 생각할 때다. 그렇다, 생각하는 카메라다. 카메라 앞에 서 있던 노동자가 실수로 시선을 던질 때 카메라는 그들 앞에서 응시를 받아주는 무언가이며, 동시에 그들이 말하지 못하거나 보여주지 못한 것을 스스로 생각할 때에도 역시 그 무언가이다. 한 사람씩 말이 끝날 때마다 자막으로 그들이 했던 말 또는 하지 않았으나 그들을 기억할 만한 말들이 화면에 문자로 떠오를 때 과연 그건 누구의 상념일까. 그건 이미 이 새로운 질서 안에서 생명을 갖춰버린 카메라 자체의 상념이며 이때 이 영화 〈24시티〉는 정신과 기억을 갖춘 자율적인 생명이 된다. 인민의 곁에서 인민과 하나가 되려는 카메라, 그렇게 하여 또 하나의 인민이 되려는 영화. 〈24시티〉는 지아장커의 가장 단순한 방식으로서의 영화가 아니라 카메라에 정신과 기억이 배어 있는 가장 복잡하고 숭고한 생명체의 영화가 된다. 이것이 지아장커가 현재 오른 위대한 봉우리다.

지아장커는 한길만을 걸어온 창작자가 아니다. 그는 현실의 변화되는 조건을 두려워하지 않았으며 시행착오를 겁내지 않았다. 그는 실상 무수한 변화의 지점을 거쳐온 탐험가다. 그의 영화가 앞으로 또 어떤 방식으로 용감무쌍하게 자신의 현실을 대면하고자 방법론을 바꿀지는 알 수 없다. 다만 지금의 자리에서 얼마간 최종 목적지를 말할 수는 있다. 지아장커 영화의 운명은 마침내 현실의 인민을 말하는 것을 지나, 인민을 그리는 것을 지나, 영화 스스로 하나의 인민이 되는 것이다. 지금 이 인민이란 사회주의적 집단의 인민을 뜻하지 않고 개별의 인민, 과거와 기억을 가진 불완전하고 변화를 내포한 개별의 인민을 말한다. 지아장커의 영화가 마침내 도달하고자 하는 것은 그의 영화가 광산의 농부 한샨밍이 되고, 편양의 이름 모를 재봉사가 되고, 청두의 노동자가 되는 것이다. 카메라가 인민의 정신과 몸으로 마침내 일말의 오차도 없이 전화될 때, 그렇다고 우리에게 느껴질 때 지아장커의 영화는 끝나도 좋을 것이다. 인민의 곁에서 시작한 그의 영화는, 영화의 가장 불가능한 지점으로 지금 이렇게 위대하게 나아가고 있다.

(『지아장커』, 동서대학교 임권택 영화연구소, 2010년)

초상을 넘어
응시로

1958년에 세워져 50여 년을 이어져왔으나 지금은 허물어지는 군수공장 팩토리 420의 마지막 시간. 그러나 그것을 허물고 들어설 현대식 주거지 24시티가 아직 완전하게 들어서기 이전의 시간. 흔한 말처럼 과거의 것이 사라졌지만 아직 새것은 오지 않은 불확정적인 이행의 시간. 지아장커의 〈24시티〉는 강제로 생겨난 그 이행의 시공간과 그곳의 사람들에게 카메라를 비춘다. 이 영화 〈24시티〉에 관해서는 허문영이 『씨네21』 '전영객잔' 지면(689호)을 통해 이미 한 차례 썼다. 그가 해낸 풍요로운 서술 이상으로 내가 이 영화에 더 할 일은 없을 것이다. 한 가지 바람이 있다면 그가 말한 이 영화의 위대함을 훼손하지 않으면서도 일종의 첨언을 해보는 것이다. 그게 이 영화를 볼 때 느껴지는 모호함이 우리에게 요구하는 관람의 태도일 거라 짐작하고 있다. 〈24시티〉는 그런 식의 대화가 멈추어서는 안 된다는 걸 실로 요구하는 영화인 것 같다.

그러니까 이상하다. 이 영화는 단순하고 간결한 것처럼 보이고 심지어는 정제된 것처럼 보인다. 정지된 스틸로 마지막을 기억하고, 떠나가는 마음을 아련하게 추억하는 것 같다. 기억으로 우리를 정박시키는 것 같다. 하지만 그럼에도 내가 거부할 수 없는 건 그 아련함과 쓸쓸함과 함께 있는 무엇이다. 다름 아니라 이 영화가 어딘가 시종일관 운동하고 있다는 점이다. 서로 오가는 정감의 힘이 〈24시티〉에 있다고 말한다면 그건 오해가 될 것인가. 아니 차라리 어느 한편에서 멈추지 않고 서로 왕래하는 오고감의 운동성 자체가 이 영화의 운명이라면 지나친 생각일까.

한쪽에서 다른 쪽으로 그쪽에서 또 반대쪽으로 던지고 받는 어떤 상호작용이 이 영화에는 있다. 어느 한 점이 아니라 바로 그 왕래, 시적인 정취로서의 왕래, 문턱 또는 문지방 그 사이에 놓여 겹겹이 일어나는 상호작용이 우리가 주목하고 싶은 것들이다. 〈24시티〉가 단순하거나 정제된 것처럼 보이는 건 오히려 이 몇 가지 양방향에서 일어나는 상호작용의 완벽한 결과에 가깝다. 이것이 결국은 지아장커가 마침내 이 영화를 중국 인민의 것으로 되돌리기 위한 노력의 일환일 것이다. 지아장커가 〈스틸 라이프〉와 〈동〉에서부터 수정을 시도했던 지점은 바로 여기이며 〈무용〉의 3부에서 찬란하게 도달했던 지점도 이것이었다. 그것을 풀어 한 편의 영화로 만들어낸 것이 〈24시티〉다.

〈24시티〉가 얼마나 양방향에서 들고 나는지 알아차릴 만한 대표적인 장면이 하나 있다. 허문영이 지적한 아름다운 장면이다. 음악이 흐르고 있고 경비원은 폐허가 된 공장을 마지막으로 시찰한다. 그때 갑자기 창문을 깨고 들어온 돌이 그 순간 흐르던 음악을 중지시킨다. 내재적 화면과 외재적 사운드 사이에 경이로운 영향 관계가 형성된다. 노래가 꿈꾸는 미래지향적 이상을 지금 무너져가는 돌멩이의 파편이 멈춰 세운다. 이것은 지아장커가 텍스트 내적인 장면을 통해 그 바깥에 있는 우리에게 보내는 일종의 신호이기도 할 것이다. 중요한 것은 내화면의 사건이 외화면의 사운드를 중지시켰을 때 일어나는 그 아득함이기도 하지만 동시에 지아장커의 신호를 알아차리는 일이기도 하다. 이 장면은 명백하게 영화가 지금 무언가 안과 밖으로 이어지는 들숨과 날숨으로 호흡한다는 사실을 말해준다. 지아장커는 그와 같은 작용 관계의 면모를 놓치지 않고 이 영화를 보기를 원하고 있다.

처음부터 다시 생각해보자. 한 편은 다큐이고 또 한 편은 극영화인 〈동〉과 〈스틸 라이프〉에서 같은 제스처가 반복해서 등장할 때(〈동〉에서 리우샤오 둥의 자리와 〈스틸 라이프〉에서 한산밍의 자리) 그건 이 두 영화를 보는 자로 하여금 서로 다른 관점으로 해석하고 선택할 여지를 주는 상호작용의 대표적인 예가 된다. 그걸 지아장커는 〈무용〉에서 1부와 2부에 이어 3부의 에피소드에서 첨예하게 수렴해냈다. 그건 물론 다큐와 픽션이라는 양방향에서 온다.

다큐와 픽션. 〈24시티〉에서 우리가 가장 먼저 알 수 있는 양방향의 상호작용이다. 이 점에 관해서라면 누구보다 지아장커 스스로가 잘 설명해왔고 이 영화를 본다면 누구라도 그것을 잘 알게 된다. 때문에 나는 이 지점에서 오히려 다큐와 픽션이 결합된 형태에 관해 중언부언하기보다 오히려 지아장커 만이 아니라 그를 포함한 아시아 영화 안에 이런 양식이 더러 있음을 간단하게 지적하고 넘어가고 싶다.

다큐-픽션의 결합은 지아장커가 처음 시도한 것은 아니다. 그것은 아핏차퐁 위라세타쿤에게도, 리티판에게도, 류우에게도, 라브 디아즈에게도 있는 것이고 실로 오래되었다. 특히나 기억, 그러니까 구축의 행위를 통과하지 않고서는 재조립이 불가능한 기억을 다루려고 할 때, 이걸 다루는 아시아 영화들은 어딘가 공통의 가상선을 설정해낸다. 그러나 〈24시티〉에서의 특별함이라면 기억이 완전히 사라진 것이 아니며 지금 사라지고 있다는 점이다. 그 사라지는 기억을 환기시키기 위해 지아장커가 〈24시티〉에서 하는 일은 전문적인 배우와 인민을 한자리에 놓는다는 점이다.

알려진 것처럼 〈24시티〉에는 루리핑, 진건빈, 조앤 챈, 자오타오가 등장하여 인민의 한 사람인 척 구술하는 장면이 등장한다. 지아장커는 그들이 중국 사람이라면 누구나 알 만한 배우라고 말한다. 이렇게 상상해보자. 만약 장미희가 이 영화의 조앤 챈처럼 어떤 영화에 출연하여 시민의 한 사람인 것처럼 행동하면서 지나간 70년대를 회고하고 또 당시에 자기의 우상이 장미희였다며 회상에 젖은 다음 〈겨울여자〉의 장면이 흘러나온다면 우리는 어떤 감정을 갖게 될 것인가. 장미희가 아닌 당대의 유명한 어떤 다른 배우라도 정서적 파장은 마찬가지일 것이다. 그 역할을 하는 배우가 누구인가 하는 것이 중요한 것이 아니라 잘 알려져 있는 배우가 지금 우리 눈앞에서 진짜 인민과 섞여 있다는 사실 자체가 중요하다. 더군다나 지아장커는 비전문 배우를 연기시키는 것에 불편함을 느끼는 연출자가 아니다.

그러니 〈24시티〉에서 보통 사람인 것처럼 등장하여 구술 연기를 펼치는 그들을 배우라고 부르기보다는 유명 배우, 즉 스타라고 인식하는 것이 더 적절해 보인다. 지아장커에게 필요했던 것은 무명이지만 충분히 인민의 한 사람으로 등장하여 감쪽같이 구술해낼 수 있는 누군가의 능력이 아니라, 한눈에도 그가 유명 배우라는 걸 알 수 있을 만한 스타의 출연이자 출현이라는 양상이다. 이때 경계의 선긋기와 구별이 중요해진다. 지아장커는 경계를 무화한 다음 하나가 어느 하나로 자연스럽게 섞여 들어가는 것이 아니라 오히려 그 경계를 돌출시켜 조화보다는 구별되는 것으로서의 방점을 찍는다. 실은 그 이유는 지금 그 경계를 넘어 무언가 오고가고 있음을 끊임없이 가리키기 위한 것이다.

여기서 보편성과 개별성의 장이 어떻게 설정되는지를 볼 필요가 있다. 지아장커가 인민들 사이에 스타를 기용하는 것은 그 말의 설득력을 애초부터 펼칠 수 없는 개별 인민을 대체할 방편으로 생각했던 것이지만, 그들이 출연함과 동시에 스타가 발휘하고 포섭하는 보편성의 장을 염두에 둔 것이다. 심지어는 그들과 같이 출연하는 실제 인민들의 구술조차 그 스타들의 구술이 지닌 보편적 장을 뚫고 개별적으로 승화하지 않는다. 이건 스타의 말을 보편적으로 만들고 그 너머에 있는 것을 개별적으로 만들어내는 효과를 가져온다. 그렇다면 그 너머엔 무엇이 있는가. 스타의 말이 텔레비전 드라마의 말처럼 보편적으로 들릴 때 그렇다면 그 상대편에서 개별적이며 구체적으로 드러나는 것은 무엇인가. 이때 지아장커가 사람들을 카메라를 향해 정면으로 멈춰 세운 장면을 지속적으로 삽입한다는 사실을 눈여겨보아야 한다. 개별적이며 구체적인 것은 오히려 그들의 초상일 것이다.

스타의 말이 들숨이라면 인민의 이름 없는 초상은 날숨이다. 일단 이 영화는 자기의 말을 다 하지 못하는 개별 인민을 대신하여 등장한 스타의 보편적 말(구술)에 귀기울일 것인가, 혹은 침묵하는 개별적 인민의 초상을 볼 것인가의 양분된 문제로만 귀결되지는 않는다. 우리는 말없이 초상을 볼 수 있는가, 초상 없이 말을 들을 수 있는가의 문제를 우선 껴안게 된다.

나는 우선 말이 초상만큼 중요하다고 생각한다. 적어도 지아장커에게 이 영화에서 말과 초상은 서로 작용하는 것으로서 동등하게 중요하다. 말이 없이 초상만 더 중요해지지는 않으며 말이 있어야 초상이 중요함을 알게 된다. 그러나 지아장커가 무엇을 의도했건 스타의 보편적 말과 인민의 개별적 초상이 경계를 드러낸 이후에는, (지아장커가 어느 것을 더 원했건 간에) 〈24시티〉에서 결국 초상의 힘이 말의 힘과의 상호작용 속에서 더 강력하게 부상한다.

문제는 더 복잡하게 분화되며 더 구체적으로 미세하게 상호작용한다. 나는 〈24시티〉를 보며 지아장커가 유도한 것처럼 인민의 초상을, 인민의 얼굴을 본다고 처음에 생각했다. 하지만 여기에는 또 다른 미세한 경계의 설정이 있으며 또한 그걸 넘어서는 작용이 있다. 초상을 그 이상의 무엇으로 이어내는 장면을 마주치지 못했다면 나는 이 영화가 위대하다는 의견에 동의하지 않았을 것이다. 혹은 이 영화가 강력한 상호작용으로 이루어져 있다고 말하지 못할 것이다. 그러니까 우리가 스타의 보편적 구술의 장을 넘어서 무심하게 서 있는 인민들을 보았을 때 그것은 다만 그들의 초상이며 얼굴일 뿐인가. 그들은 대상에 불과하며 우리는 그들을 대상으로서 보고 있는 것인가. 시선의 주관성은 여전히 우리에게 있으며 그들은 단지 대상으로 남는 것인가. 영화 속 한 장면이 그렇지 않다고 말해주고 있다.

이 영화에서 가장 아름다운 장면이다. 마지막까지 공장에 남아 철거되는 기자재 틈바구니에서 마지막 노동을 하는 두 노동자. 선후배로 보이는 이 두 남자도 다른 이들과 마찬가지로 카메라 앞에 선다. 그런데 서로 어깨를 걸치던 그들 중 선배로 보이는 한 사람이 나머지 사람의 목에 살짝 손을 대고 간지럼을 태우며 장난을 건다. 또 다른 남자는 웃으려다 참는다. 그러기를 두 번 반복한다. 그들은 이 카메라에 담길 때 감독과 한 가지 약속을 했을 것이다. 이 카메라를 보세요. 그냥 잠시만 보고 계시면 됩니다. 그들에게 웃으라거나 연기하라고 지아장커는 말하지 않았을 것이다. 그 때문에 한 남자는 그 약속을 지키기 위해 웃음을 참으려고 한다. 하지만 결국 그들은 대상으로서 지켜야 할 약속을 자의적으로 어긴 셈이 된다. 그러니까 한 남자가 장난을 걸고 나머지 한 사람이 웃음을 참기 위해 애쓰는 것은 지아장커가 연기를 주문하여 일어난 일이 아니라 그 자체로 사고다.

물론이다. 지아장커의 당초 의도는 다른 이들처럼 마지막까지 공장에 남아 철거되는 기자재 속에서도 마지막 땀방울을 흘리고 있는 두 사람의 초상을 묵묵히 기억하려는 것이다. 이때 미세한 사건이 벌어진 것이다. 하지만 중요한 것은 지아장커가 이 장면을 멈춰 세운 다음 다시 찍거나 삭제하거나 하지 않았다는 것이다. 다른 장면으로 대체해도 무리가 없었겠지만 그는 결코 그렇게 하지 않았다.

나는 이때 지아장커가 마침내 자신이 인민의 초상을 찍는 것이 아니라 인민의 응시를 찍는다는 사실을 감지했다고 생각한다. 중요한 건 초상이 아니라 응시다. 우리가 보는 그들의 초상을 찍는 것이 아니라 우리에게 보내오는 그들의 응시를 찍는 것이 중요하다. 그 응시란 그들이 규칙을 깨고 돌발적인 상황을 일으켰을 때 비로소 알게 되는 양방향의 상호작용이며, 다른 무표정들에서는 미처 알아차리지 못했지만 이 두 노동자가 돌출행동을 하여 이것이 지금 사이의 경계를 오고가는 행위임을 일깨워줌으로써 별안간에 알게 된 것이다. 나는 네가 나를 찍고 있다는 걸 잘 안다는 사실. 그 두 노동자가 은연중에 카메라의 명령을 따르거나 기억에 봉합되기를 거부하며 일어난 돌발적 사건. 그걸 받아들이는 지아장커의 유연함이 놀랍다. 그가 그토록 강조하는 인민의 몸이, 인민의 개별적 몸이 미세한 사건을 통해서 마침내 자율적으로 실체를 드러내는 그 양방향의 순간을 지아장커는 놓치지 않았다.

〈24시티〉에 이르러서도 지아장커가 그토록 바라는 대상 안으로 들어가는 순간은 아직 오지 않았다. 아니 차라리 그것은 영원히 오지 않을지도 모른다. 영화가 정말 그런 걸 할 수 있을까. 하지만 그는 끝내 대상 안으로 들어가는 것은 불가능하더라도 서로 오고가는 경계의 문턱을 만들어냄으로써 서로 공정한 양방향적이고 상호작용적 시선의 상태가 형성될 수는 있음을 입증하고 싶어 하는 것 같다. 경계를 넘어 오고가는 시선의 양방향. 때문에 이 두 노동자의 유쾌하고 불가사의한 장면은 지아장커의 모든 영화를 통틀어도 가장 아름다운 장면에 속한다.

다큐와 픽션이라는 두 양식, 그 안에서 보기의 서로 다른 위치를 유도하는 스타와 인민, 그들이 사용하는 말과 초상, 그리고 마침내는 무표정의 초상을 넘어 무언가 반응하고 손짓하는 초상에서 표정으로, 그리고 표정에서 응시로의 전환. 여기까지 이르렀을 때 그 두 노동자의 장면은 마침내 〈24시티〉에서 가장 구체적이고 가장 평등한 장면이 되며 동시에 〈24시티〉는 위대한 영화가 된다.

돌이켜보면 지아장커는 데뷔작에서부터 의도적으로 어떤 상호적인 응시에 대한 열망을 드러내왔다. 인민이 영화를 응시해야 한다는 점에 대해 그는 깨닫고 있었다. 〈소무〉의 마지막 장면에서 소매치가 길거리 전봇대에 아무렇게나 묶여 있을 때 카메라는 갑자기 몸을 돌려 묶여 있는 그를 보는 주변 사람들의 시선을 보여준다. 그들은 동원된 엑스트라가 아니라 영화를 찍는 걸 구경하던 마을 사람들이다. 과연 그때 그들은 소매치기 〈소무〉를 본 것일까. 그들은 전봇대에 묶여 있는 소매치기를 본 것이 아니라 그걸 찍는 영화를 본 것이다. 동시에 그때 그들의 시선은 영화를 찍는 것을 보는 단순한 구경꾼의 시선이 아니라 영화가 만들어지는 현장에 응하는 인민의 응시로 전환된다. 〈24시티〉는 문득 이것이 지아장커의 중요한 영화적 의무 중 하나였음을 환기시킨다.

〈24시티〉는 진정으로 양방향의 영화란, 그리고 공평한 영화란 어떻게 완성될 수 있을까라는 질문에 이르게 한다. 이것이 바로 팩토리 420이 무너지고 24시티가 들어서는 사연을 듣고도 우리로 하여금 무언가 희망을 걸게 하는 이 영화의 미덕이다. 흔히들 말하는 인터랙티브한 영화. 그것이 관람자의 선택에 따라 없는 숏을 삽입하고 신을 설정해 넣는 것으로 온전히 가능할 것인가. 그건 영화를 게임화하는 위험으로 치닫게 되는 것은 아닐까. 응시의 순간을 놓치지 않는 것이 숏이나 신을 새롭게 선택하는 것보다 훨씬 내밀하고 영화적인 양방향의 방법을 가능하게 한다. 말하자면 문턱을 넘어서 오고 가는 양방향의 영화, 상호작용의 영화. 〈24시티〉는 더 많은 질문을 포괄하지만 영화에 평등함이 깃드는 진짜 마술 같은 순간을 창조했다는 것만으로도 충분히 뛰어나다.

(『씨네21』, 2009년 691호)

클린트 이스트우드_그랜 토리노

배우
클린트 이스트우드,
스스로
묘비명을 쓰다

클린트 이스트우드의 〈그랜 토리노〉에서 몽족 소녀 수는 같은 몽족의 청소년 갱단에게 폭행을 당하고 차마 마주하기 어려운 모습으로 돌아온다. 이 영화에서 급박하게 숨이 가빠지기 시작하는 지점이다. 이 사건 자체가 끔찍하다는 건 말할 필요가 없지만 긴장을 더 가속시키는 건 그다음을 예측할 때다. 이 정도 수위의 일이 벌어졌다는 건 앞으로 더 큰일이 있음을 알리는 예고라는 걸 이스트우드의 영화 세계를 따라온 이들은 직감한다. 한 소녀에 대한 무차별 폭력 행사까지 일어났을 때 남은 해결책은 무엇인가. 그걸 떠올리는 순간 현기증이 일어난다. 이 사건은 〈그랜 토리노〉의 정점이라고 부를 만한 코왈스키(클린트 이스트우드)의 마지막 행동으로 이어진다.

코왈스키가 찾은 곳은 수를 짓밟은 갱단이 모여 있는 바로 그들의 집 앞이다. 그는 여기에 두번째 온 것이다. 처음에는 뚱뚱한 한 녀석의 얼굴을 짓밟은 다음 경고만 남기고 떠났지만 지금 다시 돌아와서는 결판을 지을 태세다. 이때 그가 이 갱단의 아이들과 처음 마주쳤을 때를 기억해야 한다. 그가 장총을 겨누고 험악하게 했던 말은 "내 마당에서 나가라"였다. 그는 자기의 사유지에 침입한 그들에게 거침없이 총을 겨누며 분노하는 사람이다. 그렇다면 적의 집 앞에 서 있는 것 또한 중대한 사건이라고 스스로 인식할 것이다. 그런 그가 거기 서 있다.

서부극에서 악인의 소굴로 마침내 주인공이 찾아가는 것은 결투의 신청이자 오래된 장르적 피날레다. 코왈스키가 마당에 들어섰을 때, 그러니까 서부 사나이 이스트우드가 연기하는 코왈스키가 거기 서 있을 때 결과는 둘 중 하나다. 그들을 죽이거나 아니면 자신이 죽게 되는 것. 늘 이스트우드가 살아나왔지만 지금은 다르다. 코왈스키가 꺼낸 것은 어처구니없게도 총이 아니라 라이터였다. 겁에 질린 갱단의 아이들은 성급하게 기관총을 난사하고 코왈스키는 그 자리에서 숨이 끊어진다. 동네의 모든 사람들이 보았으므로 이번 일은 목격자가 많다고 경찰이 말한다. 목격자를 남겨두기 위한 죽음, 그것이 코왈스키의 목적이었다. 코왈스키가 그들의 집으로 갔다는 건 오래된 총잡이들의 전언처럼 이제 너희와 남은 협상은 없다는 뜻이었을 것이다. 그런데 알고 보니 그는 협상 없는 자살을 위해 그 자리에 간 것이다.

스스로 마지막을 초래한 사내라는 이 부분은 이 영화가 이스트우드의 것이기에 영화의 서사 안으로 들어가는 대신 얼마간 그의 과거 영화들을 끌어안고 퍼져나간다. 처음부터 이스트우드의 영화 경력 자체를 소재로 놓고 쓰인 것이 아닌가 생각될 정도로 정교하게 직조된 닉 셍크의 각본은 총잡이, 늙은 무법자, 대리 부모 등으로 살아온 이스트우드의 과거 캐릭터들의 종합이고 그 때문에 코왈스키의 죽음을 넘어 배우 이스트우드의 작별로 받아들여진다. 그런데 〈그랜 토리노〉가 '배우 이스트우드'의 고별사라는 것이 알려진 이상 그의 이 행위가 어떻게 자기반영적 의미를 구축하는지 생각해보는 건 중요한 일인 것 같다.

코왈스키의 죽음이 벌어지기 전 몇 초간 우리의 머릿속에서는 어떤 생각
이 부딪혔을까. 그가 총을 꺼내 쏘지는 않을 거라는 믿음과 과거에 그가 무
차별한 응징자였던 사실이 서로 엉켜 있었던 것은 아닐까. 〈그랜 토리노〉에
서 코왈스키의 결정은 늘 앞선 한 번의 행위 그리고 그다음의 행위까지 이어
져야 진의를 알게 된다. 유사한 상황이 다시 돌아왔을 때 그가 어떻게 다르
게 행동하는가를 환기시키는 힘으로 이 영화는 긴장감을 주거나 우리의 추
인을 허락한다.

수가 그녀의 백인 친구와 길을 걷다 흑인 아이들에게 봉변을 당할 뻔할 때
코왈스키가 그녀를 구하는 장면을 떠올리자. 그는 안주머니에 손을 집어넣
더니 처음에는 허풍스럽게 손가락 총을 꺼내 쏴 보인다. 그러나 뒤이어 정말
총을 꺼내 흑인 아이들의 얼굴에 들이민다. 이 장면이 갱단의 집 앞에서 같
은 제스처를 취하는 코왈스키를 볼 때 겹친다. 코왈스키가 총을 뽑으려는 것
처럼 가슴 쪽으로 손을 넣을 때 우리는 그가 어떤 행위를 할지 알 수 없다.
이미 같은 행위를 한 번 보았기 때문에 더 판단할 수 없다. 그건 손가락 총일
수도 있고 진짜 총일 수도 있다. 〈그랜 토리노〉는 결정적인 순간이 도래할 때
필시 앞선 장면을 도로 끌어내어 환기시키며, 그 환기는 이스트우드의 다른
영화의 장면들로 이어지기까지 한다. 이 영화가 이스트우드의 배우로서 작
별인사이자 그러기 위한 자기반영적 영화라면 내적인 구조로 코왈스키의 과
거와 이스트우드의 과거를 이중적으로 불러들이는 과정에서만 반드시 그러
하다.

대표적으로 〈그랜 토리노〉는 아내의 장례식으로 시작하여 코왈스키 자신
의 장례식으로 끝나는 이야기다. 코왈스키가 마리아의 이름을 읊으며 죽었
으며 마치 예수의 형상인 것처럼 쓰러졌지만 그는 아내처럼 종교적 부활을

약속받고 죽음을 선택한 건 아니다. 코왈스키의 행동은 오로지 지상의 총잡이의 믿음에 기인한 것이며 이스트우드가 해오던 해결책이다. 혹은 성서의 기록과는 유사하지 않고 실은 정확하게 거스른다. 이때 영화의 도입부부터 등장하는 젊은 신부의 역할을 눈여겨보아야 하는데, 실제로 그는 코왈스키의 옆이 아니라 반대편에 있다. 이 영화에서 그는 코왈스키의 중요한 맥거핀이다. 아니 맥거핀이라니. 그는 성심으로 코왈스키의 고해성사를 받아내지 않았던가. 그러나 여기에는 또 한 번의 주의환기가 필요하다.

〈그랜 토리노〉에는 두 번의 고해성사 장면이 있다. 한 번이 아니라 두 번의 고해성사. 코왈스키가 신부를 찾아가 하는 건 보았으나 나머지는 좀더 은연중에 지나간다. 하지만 성당을 찾지 않거나 신부를 앞에 두지 않았다고 하여 그가 고해성사하지 않았다고 단정 짓기는 어려울 것이다. 코왈스키는 갱단을 찾아가기 전 젊은 신부에게 죄를 털어놓는다. 이것이 첫번째 고해성사다. 그때 그가 지은 죄는 세 가지다. 1968년 부인이 옆방에 있는데 다른 여자와 키스한 것, 보트의 엔진을 900달러에 팔아치우고 세금을 내지 않은 것, 아들 둘과 친하게 지내지도 않고 그럴 방법을 찾으려 하지도 않은 것이다. 하지만 코왈스키는 마지막까지 신부에게 한국전 참전 당시 자신이 한 일에 관해서는 한마디도 하지 않는다. 그 경험이 무엇보다 코왈스키의 인생에서 깊은 상처로 남아 있을 것이라는 건 몽족의 무당이 "과거에 저지른 어떤 잘못 때문에 삶에 만족을 못한다"라고 말했을 때 고통스럽게 일그러지는 코왈스키의 표정으로 알 수 있는 것이다. 앞서 고백한 세 가지 죄악과 참전 군인으로서 저질렀을 죄악 중 무엇이 더 그를 괴롭혀왔을까. 그것을 말하지 않을 바에야 성당에 간 이유는 무엇인가.

코왈스키는 마음속 가장 깊숙한 곳에 있던 걸 고백할 생각으로 거기에 간 건 아닌 것 같다. 죽음을 앞에 두고 면도를 하고 옷을 새로 맞춰 입는 것과 같은 통과 의례 중 하나로 생전에 아내가 그토록 바랐던 일을 해주기 위해 간 것이다. 코왈스키의 아내가 생전에 유언처럼 부탁한 말은 코왈스키가 고해성사를 할 수 있도록 도와딜라는 것이었다고 젊은 신부는 말한다. 그러니 이때 이 장면이 존재해야 하는 영화적 이유는 따로 있다. 성당에서의 장면은 코왈스키가 그곳에 가서 무엇을 하는가 하는 점이 아니라, 끝내 무엇을 하지 않는가를 보여준다. 코왈스키가 그 자리에서 무엇을 하지 않는지, 거기서 하지 않은 걸 어디에서 하는지를 각인하는 것이 이 장면의 영화적 존재 이유다. 그건 코왈스키가 갱단을 처단할 때, 흑인 불량배들에게서 수를 구할 때의 이미지가 불려오는 것과 같은 이치다. 이스트우드의 대답은 바로 다음 신에서 이어진다.

누나의 일로 복수심에 불타오르는 타오가 도움을 청할 사람은 코왈스키밖에 없다. 수의 사건이 일어난 직후 코왈스키는 신부와 타오를 번갈아 상대하게 되는데 이건 마치 이제부터 코왈스키가 어느 쪽에 가담할 것인가를 묻는 줄타기의 서사와도 같다. 코왈스키는 결국 신부를 따돌리고 타오와 결합하는 것처럼 보이지만 결과적으로는 둘 모두를 따돌리고 자기만의 방식으로 사건을 해결 짓는다. 타오와 함께 지하실로 내려간 코왈스키는 "한국전에서 사람을 얼마나 죽였냐"는 타오의 질문에 "열세 명쯤"이라고 답한다. 하지만 "사람을 죽일 때 기분이 어땠냐"는 질문에는 이내 답하지 않고 먼저 계단을 오른다. 그런 다음 타오를 지하실에 두고 철문을 잠가버린다.

지하실에 타오를 가둬놓고 코왈스키는 촘촘한 격자 철문을 사이에 두고 잠시 대치한다. 고해성사의 장소를 마련하는 칸막이가 두번째로 등장하는 순간이다. 이스트우드가 다른 장소가 아닌 이 철문을 사이에 두고 타오와 대화를 하는 것은 우연이 아닐 것이다. 칸막이의 유사함으로 신부와의 고해성사 장면을 떠올리게 하는 것 역시 그렇다. 물론 여기는 성당이 아니지만 두 장면의 상황은 다르지 않다. 이스트우드는 다른 장소 혹은 다른 앵글 혹은 다른 모양의 문을 선택할 수 있었을 것이다. 하지만 그러지 않고 성당에서의 장면과 시각적으로 유사한 자리를 설정한 뒤 여기서 코왈스키의 진심을 고백하게 한다. 그는 미루어두었던 대답을 낮은 고함으로 토해낸다. "사람 죽일 때 기분이 어떠냐고? 그래 끝내주지. 안 좋은 건 애들을 죽이고 받은 훈장이지. 항복하려는 애들 말이다. 어린 군인들이 너처럼 겁에 질려 있었어. 난 그 아이들 얼굴에 라이플을 살렸던 거고. 시간이 지나고 나서는 그것에 대해 생각을 안 하게 돼. 너는 그러면 안 돼."

나는 이것이 코왈스키의 두번째 고해성사이자 앞선 것보다 훨씬 더 진심 어린 것이라 믿어 의심치 않는다. 그는 앞에서 피한 말을 지금 여기에서 하며, 지하실에서 타오와 함께 있을 때 받았던 질문을 철문을 사이에 두고 답한다. 어투나 나이의 위계가 문제가 되지는 않을 것이다. 코왈스키는 진작부터 나이 여하를 막론하고 거친 욕설을 좀 섞어야 사내들의 진짜 농담이라고 믿는 노인이지 않은가.

코왈스키는 자기의 방식대로 회개한다. 그건 자신이 미래로 남겨둔 아이에게 거친 말투로 자기의 죄를 고백하는 것이다. 이처럼 해괴하고 난폭한 고해성사의 장면은 어디에서도 찾아보기 힘들 것이지만 그래도 이렇게밖에 말할 수 없다. 영화 속 코왈스키라면 그것이 바로 사내들의 고해성사 장면이라고 할 것이다. 코왈스키는 협상 없이 그의 방식으로 회개하였으며 우리가 본 것처럼 스스로 시대착오적인 방식을 통해 책임을 다했다. 그의 회개와 책임이란 오로지 타오가 거기 가지 못하게 하는 것이었다.

내 기억이 틀리지 않다면 이스트우드는 자신이 연출, 출연을 함께한 많은 영화 속에서 단지 두 차례 죽었다. 그중 총에 맞아 죽은 적은 한 번도 없었다. 그럴 수도 없었을 것이다. 출연만 했던 영화 중에서 내가 미처 보지 못한 몇 편의 영화를 포함하더라도 그가 맡은 캐릭터의 죽음을 찾기란 쉽지 않을 것이다. 그의 캐릭터가 죽음을 맞이한 건 〈고독한 방랑자〉에서였고 또 한 번이 〈그랜 토리노〉다. 근 30년 전 〈고독한 방랑자〉에서 한 유랑 음악인은 그를 따르는 어린 조카에게 꿈과 기타를 남겨주고 병사하였고, 지금 〈그랜 토리노〉에서 옹고집 노인네는 자기를 따르는 이웃집 소년을 대신하여 총탄에 죽었고 자식보다 더 사랑하는 72년산 자동차 그랜 토리노를 그에게 물려주었다. 〈고독한 방랑자〉 이후 이스트우드가 카네기홀에서 재주 피아노 연주를 한 적은 있지만 영화 속 뮤지션으로 돌아온 적은 없다. 그런 그가 스크린에서 스스로 자기의 묘비명을 세웠다. 그는 정말 돌아오지 않을지도 모른다.

〈고독한 방랑자〉의 마지막 장면에서 삼촌(이스트우드)의 쓸쓸한 입관식 날 어설픈 기타 연주를 들려준 다음 기타를 들고 미래로 뻗은 저 먼 길을 향해 유유히 걸어가던 소년의 뒷모습이 떠오른다. 그리고 그랜 토리노를 타고 시원스레 뻗은 길을 내달려 멀어져가는 타오의 모습이 담긴 〈그랜 토리노〉의 마지막 장면도 보인다. 한쪽은 아직 늙지 않은 이스트우드의 중후한 음성으로 노래가 깔리고 있고(〈고독한 방랑자〉), 또 한쪽은 노쇠한 이스트우드의 음성으로 노래가 깔리다가 젊은 제이미 컬럼의 매력적인 목소리로 바뀐다(〈그랜 토리노〉). 두 장면이 유사한 느낌을 주는 데에는 이유가 있다. 두 영화는 모두 영혼의 상속인을 남기는 이야기다. 몇십 년 전 그건 백인 아이였지만 지금은 몽족의 아이다. 코왈스키는 그 아이에게만 죄를 말했고 그 아이를 희망으로 남겼다.

"저 애들은 가망이 없어." 코왈스키는 갱단을 찾기에 앞서 말버릇처럼 이 말을 각기 다른 자리에서 몇 차례나 되풀이한다. 가망이 있는 애들(타오)과 없는 애들(갱단)이라는 이 어마어마하게 위험한 이분법. 〈그랜 토리노〉는 혹은 이스트우드는 진보와 보수라는 낡은 이분법에 속해 있지 않다. 선과 악이라는 더 낡은 이분법에 속해 있다. 그런데 무슨 일인지 나는 이스트우드의 영화에서 종종 이 점이 감동적이다. 그때 이스트우드는 책임과 선택의 문제를 그 누구도 닿지 않은 심연 안에서 묻기 때문이다. 코왈스키는 타오를 남겼지만 이스트우드는 더 많은 이들을 남길 것이다. 그들이 지금 배우 이스트우드와의 작별에 슬퍼하고 있다. 이 글은 그런 수많은 작별인사 중 하나에 불과할 것이다.

(『씨네21』, 2009년 698호)

테렌스 맬릭_트리 오브 라이프

우린
'생명의 나무'를
보지 못했다

테렌스 맬릭의 〈트리 오브 라이프〉는 구약 성서의 주인공 중 한 명인 욥의 이야기를 떠올리게 한다. 착하고 부유했던 욥은 신의 시험을 받아 자식과 돈을 잃고 질병까지 얻었으나 신앙을 끝끝내 버리지 않아 신에게 다시 구제받는다. 영화는 그런 욥기의 한 구절로 시작한다. 대사들도 대사라기보다는 거의 내레이션이며 기도이며 고백이다. 왜 선한 사람들이 고통을 받는가. 이것이 욥기의 주제일 것이라고 어느 성경에 관한 해설서에는 쓰여 있는데, 〈트리 오브 라이프〉의 질문도 외견상으로는 유사하다.

1950년대 미국 남부의 평범한 가정. 다소 권위적인 아버지 브라이언(브래드 피트)에게는 자애로움이 넘치는 아내(제시카 차스테인)가 있고 세 명의 귀여운 아들이 있다. 그런데 어느 날 둘째 아들이 사고로 죽는 참극이 벌어진다. 나머지 가족은 슬픔에 잠긴다. 영화는 브라이언의 세 아들이 아직 유년이었던 시간과 중년의 남자 잭(숀 펜), 그러니까 장성한 첫째 아들의 시간을 서로 교차한다. 브라이언과 그의 아내와 그 아들들에 관한 고통의 이야기인 이것은 또 하나의 욥기인가. 사정은 복잡하고 핵심은 더 멀리 있다. 다만 지금은 〈트리 오브 라이프〉가 세계에 관한 문제를 짚기 위해 그 어떤 기원으로 거슬러 올라갔던 것처럼, 우리도 이 영화의 세계를 말하기 위해 맬릭 영화의 기원으로 거슬러 올라가야만 할 뿐이다.

에덴과 자연

1973년에 등장한 맬릭은 뉴 아메리칸 시네마의 일원으로 분류되었으나 동세대의 그들과는 다소 비껴난 자리에 있었다. 혹은 가장 파괴적이었다. 순진하지만 잔인하고 심드렁하면서도 매혹적인 영화 〈황무지〉는 뉴 아메리칸 시네마의 빛나는 작품들 중에서도 가장 가공할 위력의 작품에 속할 것이다. 연이어 나온 〈천국의 나날들〉(1978)은 보다 감성적이고 로맨틱했으며 풍요로웠고 그로써 비극적 신화에 가까운 세계를 창조했다. 맬릭의 천재성은 의심의 여지가 없었다. 이때에 두 영화를 뒤로하고 돌연 맬릭은 저 유명한 20여 년의 영화적 은둔에 들어간다.

   그는 1998년에 〈씬 레드 라인〉으로 돌아온다. 20년 만에 돌아올 수는 있다. 그런데 그때 다시 와서 수많은 당대의 할리우드 배우들을 데리고 1942년 과달카날 섬의 전투지를 배경으로 한 전대미문의 전쟁 명상록을 존엄하게 연출해낸다는 건 상당히 놀라운 일이었다. 맬릭 영화의 칭송받는 미학들, 이를테면 관찰자적 보이스 오버 내레이션, 시정이 가득한 카메라의 유려한 움직임, 철저한 자연광의 고집으로 얻어낸 마술 같은 빛의 조율, 무르나우에까지 닿아 있다고 평가받기도 하는 대사 없는 액팅과 숏의 편집 방식들, 극단적이고 매혹적인 클로즈업들, 그리고 서사극의 의지. 〈천국의 나날들〉에서 이미 선보였지만 놀랍게도 20년이라는 휴지기를 거치고 돌아온 〈씬 레드 라인〉에서 비로소 그것들은 완성된 것처럼 보였다. 여기에 추가된 미학은 '다중 화자'의 보이스 오버 내레이션인데 이 방식을 맬릭은 〈뉴 월드〉와 〈트리오브 라이프〉에까지 고수하고 있다. 결론적으로 〈씬 레드 라인〉은 맬릭 영화의 숭고함이 빛을 발한 작품이었다. 하지만 17세기 초 아메리카 원주민과 영국 개척민의 이야기, 즉 포카혼타스를 주인공으로 한 〈뉴 월드〉(2005)는 유사한 미학을 추구했으나 실패작이라는 평가를 얻었다. 많은 맬릭 영화의 지지자들이 그에게서 돌아서는 결정적인 계기가 되었다.

평가는 달랐지만 네 편의 영화에는 주목할 만한 한 가지 공유점이 있다. 맬릭의 인물들은 끈질기게 피안의 세계를 그리워하고 동경한다. 맬릭의 영화를 말할 때 가장 자주 등장하는 단어가 '에덴'이라는 사실은 그래서 이상하지 않다. 그의 오래된 관심은 신앙의 세계가 아니라 피안의 세계이고 에덴은 그에게서 종교적 땅이 아니라 비유로서의 낙원의 땅이며, 그 때문에 문명의 저 바깥에 있는 어느 미지의 땅이나 모성의 땅에 매혹을 갖는 경우가 많다. '자연'이라는 말이 에덴과 함께 가장 자주 등장하는 이유다. 이런 점들이 맬릭 영화에 관한 오래되고 중요한 해석들을 이끌었다. 순수한 자연의 삶을 전제로 인간과 신의 합일을 꿈꾸었던 미국식 초월주의의 대표자 랠프 월도 에머슨의 영향력이 그의 영화에서 엿보인다는 지적은 오래전부터 있어왔다. 실상 종종 맬릭의 영화는 에머슨의 문구처럼 세계를 보는 "투명한 안구"가 되기를 바라는 것처럼 보이기도 하며, 이런 해석은 〈트리 오브 라이프〉에까지도 이어지고 있다.

그런데 미국 문학의 초월론이 맬릭 영화의 하나의 지향이며 테마라고 인정할 수는 있다고 해도, 그 테마를 정작 느낄 수 있게 하는 활동성의 작인은 다른 곳에 있는 것 같다. 이 점이 비로소 중요하다. 그의 피안의 세계는 무작정 안착되는 것으로 그려진 적이 한 번도 없기 때문이다. 늘 어떤 대가를 감수해야 하며 성공하더라도 임시적이고, 영원한 평화를 누리기보다는 '긴장의 상태'가 더 완고하다. 이를테면 〈황무지〉의 주인공들은 그들이 마련한 자신들만의 숲의 안식처에서 쫓겨나야 하고 〈천국의 나날들〉의 주인공들은 아름다운 서부의 풍경 속에서도 결국 비극을 맞으며 〈씬 레드 라인〉은 지상낙원이 가까이 있는데도 전장에서 죽어가야 하는 사람들의 이야기이다. 〈뉴 월드〉는 문명과 원시가 사랑하되 또한 싸우는 형국의 영화다.

"우리는 그의 예술 안에서 로맨티시즘/리얼리즘, 정지/움직임, 느낌/이성을 발견한다. 하지만 그의 신화들은 또한 순수/경험, 자연/산업, 현실/환상을 포함한다."(*Positif 50 Years*, Edited by Michel Ciment and Laurence Kardish, The Museum of Modern Art, 2002) 미셸 시망이 〈천국의 나날들〉에 관해 1979년 『포지티프』에 쓴 글을 보면 그는 일찌감치 그 긴장된 상태를 감지했던 것 같다. 한편 평온한 원주민 부락에서 시작하여 전장으로 갔다가 다시 그 부락의 이미지로 끝나는 〈씬 레드 라인〉을 보는 경험에 관하여 한 평자는 말하기를 "우리는 에덴으로 시작하여 지옥으로 가고 (다시) 에덴으로 돌아온다"고 했다. 에덴과 자연은 그러므로 도착하면 끝인 그런 종착지가 아니라 세계의 어떤 대당들을 활동시키기 위한 기본적 전제이면서 또한 추구와 같은 것들이다. 이 전제와 추구는 때로 성공하기도 하고 실패하기도 한다.

주목할 만한 건 맬릭이 이런 대당 설정의 범위를 불규칙하지만 다양한 방식으로 넓혀왔다는 사실이다. 그는 종종 더 멀리 나아가고 더 많이 거슬러 올라간다. 단순히 문화/반문화라는 동세대의 대당으로서 〈황무지〉를 시작한 것에 비하면 〈뉴 월드〉의 문명/원시라는 대당 사이에는 훨씬 더 큰 격차가 벌어져 있다. 누군가는 〈뉴 월드〉를 두고 〈씬 레드 라인〉의 프리퀄이라고 과장했다. 우린 지금쯤 더 과장해도 되겠다. 〈트리 오브 라이프〉는 그 자체로 모든 맬릭 영화의 프리퀄처럼 보인다.

철저하게 더 개인적일 것, 동시에 철저하게 더 우주적일 것. 맬릭은 그 명제를 두고 〈트리 오브 라이프〉를 극단적 양방향으로 확장하는 것 같다. 데뷔작부터 지금까지 함께 일하고 있는 프로덕션 디자이너 잭 피스크가 〈트리 오브 라이프〉의 시나리오를 처음 읽고 충격을 받은 이유는 여기에 맬릭의 사적인 이야기가 놀랄 만큼 직접적으로 반영되어 있었기 때문이다. 비교적 알려져 있지 않은 맬릭의 가족사가 있다. 맬릭의 동생 중 한 명은 갑작스런 차 사고로 인해 엄청난 화상을 입었고 또 한 동생은 스페인으로 기타를 배우러 가서는 자살했다. 또한 맬릭은 아버지와의 "끔찍한 싸움"을 해왔다고 오래전에 털어놓은 적이 있다. 형제의 사고와 죽음 그리고 아버지와의 불화는 영화 속 브라이언가의 장남인 잭이 겪는 주된 갈등으로 고스란히 표현되고 있다. 개인의 신상에 관해 밝히기를 꺼려하기로 유명한 맬릭이 전에 없이 자기의 가족사를 영화의 모태로 삼은 것은 일종의 사건이라고밖에 말할 수 없다.

진화론과 창조론

영화에는 더 큰 사건이 있고 그건 우주에서 벌어진다. 영화의 초반부에 브라이언의 둘째 아들의 전사 소식이 전해지는데, 이 장면 이후로 맬릭은 돌연 아주 이상하고도 장엄한 장면을 수십 분간 공들여 보여준다. 우주와 지구의 생성에 관한 연쇄적인 이미지들이다. 영화는 우주가 빅뱅하고 지구가 태어나고 용암과 바람이 생성되고 이름 모를 미생물들로부터 각종 생명체들이 피어나고 마침내 거대한 공룡들의 시대가 올 때까지의 과정을 수십 분간 공들여 보여준다. 그러고 나서야 다시 브라이언 일가의 이야기로 돌아간다. 스탠리 큐브릭만이 또는 지금은 위세를 잃은 것처럼 보이는 존 부어맨 정도만

이 혹은 여전히 베르너 헤어초크만이 이런 우주적 이미지의 형상을 이토록 과격한 방식으로 서사의 한복판에 삽입할 생각을 할 수 있을 것이다. 무엇보다 한 인간의 죽음을 계기로 우주의 기원을 묻는다는 것은 존경스러운 질문의 방식이다.

여기에는 흥미로운 점이 있다. 우리가 보는 우주와 지구의 이 생성 이미지는 적어도 상식에 의존한다면 진화론의 이미지일 것이다. 이것은 창조론의 천지창조가 될 수 없다. 만약 창조론이라면 우린 창세기의 일곱 날들에 관한 이미지들을 만나야 했을 것이고 결정적으로는 생물의 진화 과정을 거쳐 공룡에 이르는 것이 아니라 신이 숨결을 불어넣어 단숨에 빚어내는 아담과 이브의 초상을 보았어야 했을 것이다. 그러나 여기엔 아담과 이브가 없는 대신 공룡이 등장한다.

그러나 한편으로 이 영화 속 인물들이 끝내 멈추지 않는 행위란 바로 신에게 올리는 기도다. 영화 속 인물들은 저마다 신에게 그들의 삶에 관하여 답을 구하고 있고, 기도는 진화론으로 우주와 지구가 생성되는 그때에도 멈추지 않는다. 그러므로 〈트리 오브 라이프〉의 이 우주론은 이상한 우주론이며 모순의 우주론이다. 세계의 기원인 것처럼 보이는 시각적 이미지는 진화론에 입각해 있지만 영화 내내 울려 퍼지는 기도는 창조론을 믿는 자들의 목소리이기 때문이다. 맬릭이 완수하고자 했던 이 대당의 관계를 누구보다 꿰뚫어본 것은 다름 아니라 브래드 피트였던 것 같다. "맬릭은 과학 안에서 신을 보고 신 안에서 과학을 본다"고 그는 말했다.

이 흥미로운 생성 이미지의 끝 무렵에 가슴이 두근거릴 만큼 존엄한 한 장면이 등장한다. 이 장면이 없었다면 우린 지금 이 영화를 말하지 않았을 것이다. 그러니까 거대한 공룡 한 마리가 저 멀리서 천천히 화면 앞쪽으로 걸어온다. 거기 상처 입고 쓰러져 있는 작은 공룡 한 마리가 있다. 큰 공룡은 한쪽 발을 높이 들고서는 마치 작은 공룡의 얼굴을 짓밟을 것처럼 갖다 대는데, 그렇게 잠시 있다가 다시 발을 거두고는 유유히 저 멀리 사라져간다. 근엄하고도 위태롭고 자비로우면서도 또한 지배적인 이 공룡의 기묘한 행위는 형언하기 어려운 숭고한 분위기를 순간 형성해낸다. 이것이 "실패한 살의였는지, 애무였는지, 혹은 단순히 호기심이었는지 알 수 없을 것"이라고 말한 평자도 있지만, 한 가지 추론은 가능한 것 같다. 이것이 인간적인 것을 넘어서는 동물적인 것의 어떤 위대함, 마치 공룡의 은총이라고 부를 만한 행위로 보인다는 것이다. 냉혹한 약육강식이 존재한다고 말해야 하는 이 진화론적 자리에 돌연 신적 자비심으로부터 배운 것 같은 은총의 행위가 공룡으로부터 나온다.

맬릭은 〈트리 오브 라이프〉를 개인적인 것과 우주적인 것으로 확장하고, 그 우주적인 것 안에서는 진화론과 창조론의 모순을 형성하고, 때로는 진화론으로 태어난 생물(공룡)에게는 납득하기 어려운 신적 은총의 제스처를 입힌 다음, 다시 브라이언 일가(즉 그의 개인적인 가족사가 반영된)의 이야기로 돌아온다. 이때부터 영화는 본격적으로 집안의 가장으로서 권위적이고 폭압적인 힘을 행사하는 아버지의 행위를 강조하게 되는데, 그건 공룡에게서 때로 납득할 수 없는 은총이 발견되듯이 아버지와 아들의 세계 또한 인정하고 싶지 않은 약육강식의 관계가 설정될 수 있음을 알리려는 맬릭의 의도일 것이다. 이때에도 역시나 대당은 재설정되는데 아버지가 위협적인 자연 또는 본성으로 그려질 때, 어머니는 영원한 자비 또는 은총으로 남게 된다. 그러나 문제는 브라이언 일가의 이야기로 이렇게 영화가 다시 돌아왔을 때, 〈트리 오브 라이프〉의 좋은 장면은 이미 다 지나갔고, 상영 시간은 아직 많이 남아 있으며, 이 영화는 끝날 때까지 점점 더 나빠진다는 사실이다. 이것이 이 영화의 크나큰 불행이다.

변증법, 그 실패

우리는 지금까지 최선의 호의로 맬릭이 〈트리 오브 라이프〉에 담고자 한 생각들을 유추하려 했다. 하지만 실은 "맬릭의 〈씬 레드 라인〉이 제임스 존스의 소설과 맬릭의 각색 사이에서, 또한 전장의 전투와 에머슨적 초월론 사이에서 어떤 변증법적 긴장감을 유지했던 것에 비하면, 〈트리 오브 라이프〉에서의 그 (변증법적) 긴장감이란 맬릭의 머릿속에나 존재하는 것처럼 보인다"는 미국 평론가 짐 호버만의 평가에 훨씬 더 공감하고 있다. 우리가 보기에도 〈트리 오브 라이프〉는 실패작, 야심찬 실패작이다.

양극단의 대당이 상호 침투하여 새로운 감각의 성좌를 그려낸다면 그것이 한 창작물의 성공적인 열린 변증법이다. 맬릭의 영화가 오랫동안 지향해온 영화적 활동성은(영화적 테마가 아니라) 다름 아니라 이 열린 변증법에 있었던 것 같다. 때로 그것은 성공했으나 종종 실패했다. 〈트리 오브 라이프〉에서라면 이 변증법은 전에 없이 더 적극적이고 복잡하게 제시되고 시도되었으나 결과적으로 왕성하게 조직되고 활동하는 데까지는 이르지 못한다. 혹은 공룡의 행위에서처럼 부분적이며 일순간만 위대한 장면을 연출한다. 대개는 구현하려 한 것과 구현된 것, 개념과 감각의 차이를 극복해내지 못하고 있다. 브라이언 일가의 이야기와 우주 및 지구 생성의 이미지가 서로를 개념적으로 가리키고 연결하고는 있지만 감각적으로 상호 침투하지 않는다는 것이 이 야심찬 우주 대서사시 혹은 우주 변증법이 실패한 주요 요인이다.

그러므로 더 구체적인 실패의 이유들을 추리자면 실은 별도의 글 한 편이 요구될 것이고 당장에는 긴요한 정도만 결론 삼아 축약해볼 수는 있겠다. 이 영화는 스스로 변증법으로 작동하길 원했으나 사실상은 현란한 기술적 편집(editing)에 의존하고 있을 뿐 철학적 편집(montage)의 흔적이 결여되어 있다. 그것이 이 영화의 숏들의 연결을 흐트러지게 내버려두고 유려한 무의식이라는 속임수까지 일으키고 있으며 기존의 맬릭 영화가 지녔던 정서와 정념을 휘발시키는 데까지 이른다.

몽타주. 우리는 러시아 감독들의 이론을 말하는 것이 아니라 '조립'이라는 말 자체의 순수성에 기대어 말하는 중이다. 혹은 〈트리 오브 라이프〉의 숏들은 정서적으로 견인되고 있는가 묻고 있다. 순수하게 그 정서적 활동과 정념의 활동으로 생명을 얻었는가 묻고 있다. 앵글은 아름답고 현묘하게 찍혀 있는데 그렇게 잡힌 앵글의 숏들은 무의식과 기억을 흉내 내거나 지적으로 만취되어 있어서 제각각 견인의 힘을 잃고 '조립'되지 않고 있다. 숏들의 견인이 그렇게 허물어지는 사이에 신은 감정적 고저가 무차별적이거나 거의 도식적이다(무서운 아버지. 자애로운 어머니. 상실한 남자. 에덴의 화해). 그 위로는 누군가 철학이라고 부를 만한 죽은 개념들이 무한정 흘러가고 있다. 결국 〈트리 오브 라이프〉는 아름다운 그림이 되지만 이 영화 자신이 긴요하게 바랐던 변증법적 긴장감은 상실한다. 그 때문에 〈트리 오브 라이프〉는 그림처럼(picturesque) 아름다울지 모르겠으나 영화적(cinematic)으로는 실패한다.

그런데 실패한 영화를 왜 이렇게 진지하게 다루는가, 라고 묻는다면 기존의 철학이 영화적 철학으로 질적 전화하고자 할 때 무엇을 잃어서는 안 되는지를 보여주는 중요한 실패의 예라서 그렇다고 말하고 싶어진다. 촬영감독 에마뉘엘 루베츠키는 이 영화의 첫 편집 완성본이 8시간이었고 지금 맬릭이 〈트리 오브 라이프〉의 6시간 버전을 편집 중이라고 알려주었다. 우리가 본 것은 2시간 17분이다. 맬릭이 영화의 재편집 버전을 내놓은 경력이 없는 것은 아니므로 어쩌면 우린 6시간 버전의 〈트리 오브 라이프〉를 다시 볼 수도 있을 것이다. 하지만 이 말은 거꾸로도 해석된다. 우리가 정작 보아야 했으나 보지 못한 분량이 3시간 33분이나 남아 있었다고 말이다. 맬릭은 〈트리 오브 라이프〉로 위대하게 도전했고 틀림없이 실패했다. 그 점을 누구보다 맬릭 자신이 가장 잘 알고 있지는 않을까. 그것이 재편집 시도의 이유가 되는 것은 아닐까. 확실히 우린 아직 맬릭 영화의 기원이 될 만한 '생명의 나무'의 실체를 보지 못했다. 굳이 본 것이라 한다면 가지의 어느 한쪽 혹은 나무의 밑동 어딘가에 불과할 것이다.

(『씨네21』, 2011년 826호)

폴 토머스 앤더슨_마스터

비정상의
모양

폴 토머스 앤더슨의 〈데어 윌 비 블러드〉에서 석유 시추업자 대니얼 플레인 뷰(대니얼 데이 루이스)의 인생 노년은 아수라장이다. 그는 대저택을 지녔지만 그 안에서 외롭고 포악한 늙은이로 살고 있으며 오랫동안 키워온 양아들과도 방금 악담을 퍼부으며 서로 돌아섰다. 때마침 영화 내내 경쟁자였고 눈엣가시였던 젊은 사이비 기독교 교주 일라이(폴 다노)가 그를 찾아와 돈을 요구하자 대니얼은 오래전에 일라이에게 당했던 방식 그대로 모욕감을 갚아준다. 그러고도 끝내 분을 이기지 못해 일라이의 머리를 볼링 핀으로 두들겨 살해하고는 "내가 다 이루었다(I am finished)"고 읊조린다. 본론에서 펼쳐졌던 미치광이 사업가와 야욕에 찬 교주의 터질 것처럼 팽팽했던 대결은 그렇게 대단원에 이르러 전자가 후자를 해치우고는 상대방의 대표적인 교리 한 구절("다 이루었다(It is finished)")을 마음대로 착취하며 끝나게 된다. 장대한 이 영화의 끝도 여기다.

이 라스트 신은 벼락같다. 급격하게 뛰어넘은 시간차 때문에 다소 비약이 느껴지지만 그게 대단원의 긴장감에 흠집을 내진 않는다. 오히려 앤더슨은 본론에서 펼쳐졌던 서사의 쟁점을 탁월하게 응축해내는 동시에 '피를 부르리라' 예고했던 제목의 내용을 명징하게 실현해낸다. 이런 감정들의 성취는 서사를 고조시키고 때론 비약하고 마침내 폭발시킬 줄 아는 자의 능란한 기술로만 가능한 것이다.

앤더슨은 다양한 방식으로 서사적 유능함을 발휘해왔다. 그는 다수의 인물과 짝패가 등장하는 다중 캐릭터의 영화에서도 반드시 서사를 묶고 정리해내는 매듭의 지점을 마련하곤 했다. 그가 모델로 삼았던 로버트 알트먼의 다중 캐릭터 영화들이 산만함에서 더 산만함의 활기로 나아가며 무모하고도 마성적인 괴력을 발휘하는 것과는 확연히 다른 양상이었다. 〈매그놀리아〉와 〈부기 나이트〉가 그 예다. 혹은 정확히 그 반대에 있는 〈펀치 드렁크 러브〉와 같이 일직선의 단단한 서사를 전개할 때에는 결코 핵심에서 벗어나지 않고 그 선을 따라 질주하는 집중력을 자랑했다.

그러니 의아한 일이 아닐 수 없다. 앤더슨이 많은 영화를 만든 것은 아니지만 그렇다 해도 〈마스터〉는 그의 필모그래피에서 전례가 없는 경우다. 2차 대전에 해군으로 참전한 뒤 전역하여 외상 후 스트레스 장애를 겪고 있는 불안정하고 위험해 보이는 사내 프레디(와킨 피닉스)가 '코즈'라는 신흥 종교 단체를 이끄는 교주 랭카스터(필립 시모어 호프만)를 만나 그의 수하가 되고 치유와 번민을 거듭한다는 비교적 명료해 보이는 내용 설명과는 다르게, 〈마스터〉는 결국 철저하게 불명료하고 불투명한 영화다.

영화에는 실상 매듭이 보이지 않거니와 매듭인 것 같아 보이는 것들도 들여다보면 마냥 풀어져 있다. 누군가에게 이 사태는 곧장 서사적 서투름과 실패를 의미하는 것 같다. 미국에서 〈마스터〉가 개봉했을 때 이 영화가 서사적으로 취약하다고 비판한 일군의 비평가들에게 그러했을 것이다. 이 점이 바로 〈데어 윌 비 블러드〉의 라스트 신을 비교적 자세하게 묘사하고 돌아본 이유인데, 그러니까 앤더슨은 서사를 직조하고 응축해내는 저 과거의 능력을 별안간 잃어버리기라도 했다는 말인가.

오히려 앤더슨은 이렇게 말했다. "〈마스터〉는 (내 전작들과 비교해) 좀더 수수께끼 같은 영화처럼 보일지도 모르겠다." 그런 것 같다. 〈마스터〉는 서사에 서투른 영화가 아니라 서사가 이상해 보이는 영화다. 영락없이 미스터리이고 이 미스터리가 지난 영화들과 비교하여 이 영화에 획기적으로 도입된 의도된 성질이고 사태이자 분위기다. 무엇보다 이 영화에 지배적인 모종의 비정상성이 그 미스터리를 조장하고 있다고 우린 가정하고 있다. 그가 전작들과 이토록 다른 영화를 내놓은 개인적 경위를 우린 추론할 수 없지만 〈마스터〉가 어떻게 그리고 왜 거대한 의문부호가 되고 있는지에 대해 작품 안에서 말해볼 수는 있다. 그 몇 가지 추측을 제시해보려고 한다.

기원과 연대기가 없는 삶

프레디라는 이 수상한 사내의 신체에 관하여 먼저 말하는 게 좋겠다. 프레디의 정신 상태는 불안하고 위협적인데 그의 신체의 특정한 형상이 그런 느낌에 한몫을 더하고 있다. 말을 흘리는 어눌한 말투, 한쪽으로 기울어져 균형을 잃은 얼굴의 근육, 그리고 심하게 굽은 어깨. 말하자면 신체적 기형성. 그 중에서도 어깨가 유별나다. 하지만 우리는 프레디의 굽은 어깨가 병인지 타고난 체형인지 몸의 습관인지 그 무엇 때문인지 잘 모른다. 아버지는 알코올 중독자고 어머니는 정신병을 지녔으며 고모와는 술에 취해 근친상간을 한 적이 있고 연인 도리스는 사랑하기에 너무 어린 열여섯 살이었다는 것 정도는 알고 있으니, 그래서 그 어깨는 마음이 너무 괴로워 몸으로 드러난 것이고 내면의 고통의 강도를 상징하는 것이라고 추정하고 싶어지지만, 그건 어깨의 휘어짐이라는 표상이 워낙 강력하여 조급하게나마 부과하게 되는 우리의 의미 부여이자 상상일 뿐이다. 그런 사연들은 어깨를 휘게 하지 않는다. 굽은 어깨는 굽은 어깨일 뿐이다.

　이것이 〈데어 윌 비 블러드〉의 대니얼의 기형적 무릎과 〈마스터〉의 프레디의 기형적 어깨의 차이다. 대니얼은 곧게 서거나 걷지 못하고 언제나 몇 십도 구부러진 각도로 엉거주춤 걸어다니며 프레디 못지않은 괴상함을 선보였는데, 영화 초반에 석유를 시추하던 중 다리가 부러지는 장면이 등장한다. 굽은 무릎은 그의 지독한 삶의 표상이며 그가 절룩거릴 때마다 우린 그 절룩거림의 기원을 통각으로 회상하거나 알아챈다. 하지만 프레디의 굽은 어깨로는 아무것도 설명되지 않는다. 그의 현재를 특징짓는 가장 유별난 표상이지만 여기엔 기원이 없다. 그러므로 이것은 그의 장애가 아니라(그는 이것 때문에 별다른 어려움을 겪지 않는다) 실상 그에게 흥미를 느껴 그의 기원을 따져보려는 우리의 장애물에 더 가깝다. 저 굽은 어깨는 단숨에 프레디라는 인물 쪽으로 우릴 끌어당기고는 있지만 그의 삶의 기원적 구체성을 알고자 하는 순간부터는 내내 우리를 훼방 놓는다.

　그의 신체와 관련한 더 흥미로운 점이 있다. 〈마스터〉를 보는 도중에 개인적으로 이런 생각에 자주 빠져들었다. 그런데 프레디는 도대체 몇 살쯤 된 사내인가. 어쩌면 이 질문을 어떤 관객도 분명 또 했을 것이다. 그는 20대의 어느 날에 군인이 되었을 것이고 7년이 지나 도리스의 집을 찾아간 것이라고 했으므로 아무리 많이 쳐준다 해도 30대 중반을 넘진 않았을 것인데, 추정되는 그의 실제 나이에 비해 그의 외양은 턱없이 늙어 보인다. 물리적으로 추정 가능한 그의 실제 나이와 외양으로 대변되는 그의 나이 사이에 놓인 엄청난 간극. 이것이 앤더슨이 참조한 영화들 중 한 편인 〈바워리가에서〉로부터 가져온 의도적 설정이라는 건 인터뷰를 읽고 나서야 짐작하게 되었지만, 중요한 건 여기 참조물이 있다는 그 사실이 아니라 간극이 일으키는 효과에 있다. 그 효과란 연대기적 삶의 시간성을 상실시키는 효과다. 그 간극은 프레디의 삶의 시간성을 온전하게 연대기적으로 이해하고자 하는 우리의 시도를 혼란에 빠뜨리고 있으며 그는 그냥 어디선가 툭 하고 튀어나온 존재처럼 보이는 것이고 그 때문에 구체적인 연보를 쓸 수 없는 그의 삶은 고독하고 서글퍼 보이기까지 한다. 우린 프레디의 삶의 기원을 모르는 만큼 그의 삶의 연대기에 대해서도 제대로 알지 못한다.

관계의 비대칭성

프레디의 신체가 서론이 될 수 있다면 프레디와 랭카스터의 관계는 본론이 될 것이다. 〈마스터〉가 그 무엇보다 양자의 관계에 핵심을 둔 영화라는 건 부정할 수 없다. 미국의 평론가 켄트 존스는 둘의 관계를 이렇게 정의했다. "이것은 프로이트와 늑대인간이 아니다. 그보다는 리 스트라스버그와 마릴린 먼로에 가깝다."(*Filmcomment*, 2012. sep/oct) 이 표현은 그들이 의사(프로이트)와 환자(늑대인간)의 관계가 아니라 멘토(리 스트라스버그)와 제자(마릴린 먼로)의 관계에 가깝다는 뜻일 것이다. 마릴린 먼로는 연극 이론가이자 연출가인 리 스트라스버그를 자신의 절대적 조언자이자 연기 스승으로 삼았다고 알려져 있다.

하지만 이 명쾌한 정의에 온전히 공감하긴 어렵다. 그들이 멘토와 제자의 관계에 해당하지 않는다는 뜻이 아니라 그것이 여러 관계 중 하나에 불과하다는 뜻이다. 한눈에도 랭카스터와 프레디는 멘토와 제자이고 주인과 하인이며 교주와 신도이고 유사 아버지와 유사 아들이다. 더 나아가 여기에 분석가(의사)와 피분석자(환자)의 관계를 더해도 무방할 것이다. 실제로 랭카스터는 영화 초반에 등장했던 두 명의 군의관과 마찬가지로 프레디를 치유하기 위해 나선 세번째 심리분석가의 역할도 맡고 있지 않은가. 다만 이상의 관계들이 〈마스터〉의 미스터리를 적극 구동하는 요체는 되지 못하는 것 같다. 그러기에는 이 관계들은 너무 확연하고 선명한 대칭 구도에 놓여 있다.

차라리 이렇게 물어보는 건 어떨까. 랭카스터에게 프레디란 무엇인가, 하고. 〈마스터〉를 보는 누구라도 은연중에 전제하는 게 있다. 프레디에게 랭카스터란 무엇인가 하는 것이다. 프레디가 이 영화의 주인공이자 중심이라고 생각해서이고 제목도 그렇게 지어져 있다. 우리도 이 관점을 전제했던 것 같은데 이제 뒤집어 생각할 때가 온 것 같다. 랭카스터를 중심으로 프레디의 존재를 생각해보는 것이다. 실은 이렇게 뒤집어 물을 때에야, 괴상하다고는 느꼈지만 딱히 환상성 안에 있는 것도 아니어서 참으로 수상쩍다는 느낌만 남기고 다음 또 다음으로 넘어가버리곤 했던 무수한 문제의 장면들을 비로소 제대로 말할 수 있게 된다.

이 영화가 미스터리하다고 느껴진다면 그렇게 느끼도록 하는 의아한 장면과 그 연결들이 도처에 많아서다. 그리고 그 장면들은 대체로 프레디와 랭카스터 사이에 놓인 관계의 비대칭성이라는 문제에 전적으로 연루되어 있으며 그 효과로써 이 영화의 모양은 어그러지고 있다. 물론 우리가 여기서 말하는 관계의 비대칭성이란 뒤틀린 사회적 위계질서 같은 것이 아닌, 어떻게든 합이나 질서로 통일되지 않고 잡음과 교란과 혼선 등을 빚어내는 양방의 기울어진 정신의 모양새 같은 것이다. 두 개의 문제로 나눠 말할 수 있을 것 같다. 랭카스터는 프레디의 무엇을 사랑하는가. 랭카스터는 프레디의 무엇을 두려워(해야)하는가.

애완용이 된, 애완 용(龍)

딸의 선상 결혼식 중, 축사의 말을 하기 위해 랭카스터가 일어선다. 그러더니 난데없이, 난폭한 용을 잡은 다음에는 구르고 죽은 척할 수 있도록 잘 길들여야 한다는 요지의 연설을 한다. 한마디로 상식 밖이며 황당무계한 말이다. 이게 과연 딸의 결혼식에서 아버지가 하는 축사로 어울린단 말인가. 어쩌면 우리는 잘 모르지만 코즈의 교인들끼리는 잘 통하는 은유이기 때문에 이 장면은 아무렇지도 않은 듯 다음 장면으로 넘어가고 있는 것인가 싶지만 그렇지도 않은 것 같다. 하객들도 잘 모르고 박수 치고 웃는 것 같다. 이때 중요한 것이 있다. 앤더슨은 이 장면에서 축사하는 랭카스터의 반응 숏으로 하객이나 신랑 신부를 배제하고 오로지 프레디만 비추고 있다. 그러니 이것은 딸의 결혼식에 대한 축사가 아니라 방금 밀항한 거칠고 낯선 자에 대한 은밀한 환영사이자 훈령이며 누구보다 프레디가 그 말뜻을 본능적으로 가장 잘 이해하고 있다.

우리는 영국의 영화지 『사이트 앤드 사운드』의 평자 그래엄 풀러가 쓴 짧은 글(*Sight & Sound*, 2012. December)이 위의 장면을 포함하여 우리가 앞으로 거론할 장면들 중 일부분을 공유하고 있다는 사실을 알게 되었는데, 안타깝지만 그가 그 장면들을 생각할 때에 길을 종종 잘못 접어들고 있다는 사실도 함께 알게 되었다. 예컨대 풀러는 랭카스터가 감옥에서 돌아온 프레디를 맞아 잔디밭에서 뒹구는 장면을 두고 그들의 "잠재의식적 동성애"가 묘사된 장면으로 파악함으로써 이 장면의 핵심 또는 이와 연계된 다른 장면들과의 맥락을 완전히 놓친 것 같다. 서로 호감을 지닌 동성의 육체가 껴안고 뒹구는 모습에서 동성애를 유추할 여지는 얼마든지 있다. 하지만 우린 이 영화 스스로 적극적으로 제공하고 있는 다른 근거들을 제시하고자 한다.

먼저 반문해보자. 프레디가 돌아왔을 때 그를 맞이하는 랭카스터의 모습이 잠재의식적 동성애를 드러내는 장면이라면, 랭카스터가 경찰에게 끌려갈 때 그들에게 달려드는 프레디의 모습도 잠재의식적 동성애의 일각이라 말해야 하는 것일까. 이 문제는 뉴욕에서 랭카스터가 이본석 반론가를 만나 모욕당한 뒤 프레디가 나서서 그를 폭력으로 제압하고 돌아왔을 때의 상황으로 거슬러 올라가게 된다. 이때 랭카스터가 프레디에게 하는 훈계의 요지는 "짐승 같은 짓은 하지 말 것"이다. "배고프다고 자기 똥을 먹어서야 쓰나"라고 덧붙이기도 한다. 우리는 랭카스터가 교주로 있는 코즈의 주요 교리를 다 알지 못하지만 적어도 한 가지는 여러 차례 들어 알고 있다. '사람은 동물(짐승)과 다르다'는 것이다. 그런데 프레디는 그런 내용이 녹음된 설교를 듣고 있는 여인에게도 "나랑 할래요?"라고 말하는 사람이다. 말하자면 그는 거의 동물이다(자유를 반납하고 갇힌 프레디를 가여워하며 지칭한 말이었지만, 이후경 기자도 프레디를 "수족관에 갇힌 돌고래"라고 표현하며 그의 동물성을 직감했다(『씨네21』, 912호)).

특히 프레디는 아무데서나 성욕을 드러내는 데 부끄러움이 없는 야생동물이(었)다. 그는 차라리 개다. 폭력성에서도 그렇다. 주인 랭카스터에게 반론을 걸어오는 자가 있으면 기꺼이 달려가 사납게 물어버리고 그 주인이 경찰에 끌려갈 때에도 역시나 사정없이 덤벼들어 그들을 공격한다. 소설가 김영하 역시 이 장면을 두고 "충실한 개처럼 주인(마스터)을 보호하기 위해 경찰에게 달려든다"(『씨네21』, 913호)고 묘사했다. 그러니 본래 사납지만 자신에게만은 충복한 개(프레디)가 돌아왔을 때 주인이 잔디밭에서 그 개와 뒹굴며 즐겁게 한판 놀아주는 것은 당연한 환영 인사다.

랭카스터에게 프레디란 무엇인가. 프레디는 랭카스터의 애완동물, 아니 랭카스터의 개, 아니 더 정확히는 랭카스터의 용, 애완용이 된, 애완 용(龍)

이다. 물론 이때의 핵심은 단순한 애완의 감정을 넘어선다는 데 있다. 정신분석학자 레나타 살레츨이 이 부분에 대한 우리의 생각을 결정적으로 넓혀 주었다. 살레츨은 프로이트를 경유하여 말하기를, 배설물에 대한 혐오감은 인간의 사회화 과정이 남긴 결과임을 지적한다. 그러니까 배고프다고 해서 자기 똥을 먹어서는 안 된다고 랭카스터가 말할 때 그는 덜도 더도 아닌 프레디의 미숙한 사회화를 지적하고 있는 것이다.

살레츨은 더 중요한 말을 하고 있다. "왜 우리는 우리의 애완동물들을 그토록 사랑하는 것이며 그리하여—예컨대 개나 고양이에게 옷을 입히는 등—그들의 안녕을 무시하면서까지 행동하는 것인가? 이러한 사랑에 대한 한 가지 설명은 인간이 동물에게서 인간 자신이 더 이상 가지고 있지 않은 어떤 상실된 자유, 야생성, 동물성 등을 본다는 것이다."(『사랑과 증오의 도착들』, 이성민 옮김, b, 2003)

랭카스터는 이성을 강조하는 사람인데 그가 저 동물의 동물성을 사랑한다는 것이 과연 사실이겠는가 반문한다면 랭카스터를 주의 깊게 보지 않은 것이다. 랭카스터가 곤경에 처할 때마다 곧잘 보여주는 행동들, 즉 뉴욕에서 이론적 반론에 처했을 때, 프레디가 감옥에서 랭카스터에게 대들 때, 코즈의 동반자 헬렌이 책의 중대한 표현이 바뀌었음을 지적할 때, 그가 매번 이성을 잃은 욕지거리 아니면 분노로 그 사태를 마감했다는 사실만 지적해도 될 것이다. 랭카스터에게는 동성애가 잠재되어 있는 것이 아니라 야수성과 동물성이 잠재되어 있다. 게다가 그는 교리의 일환으로 위장한 음담패설의 일인자이고 독주 이상의 독주를 몰래 사랑하는 음주가다. 물론 그가 위장하고 몰래 한다는 것이 중요하다. 그러니까 프레디는 랭카스터가 마음껏 물어뜯고 싶은데 못 무는 놈들을 알아서 물어주고 랭카스터가 마음껏 하고 싶은데 못 하는 것을 실컷 하고 있다. 그리고 보니, 랭카스터의 말을 믿자면, 프레디와 랭카스터는 전생에 둘 다 비둘기라는 동물이었다.

랭카스터가 프레디를 사랑하는 것이라면 그것은 동성애적 사랑이기보다 자신이 본래적으로는 갖추었으나 지금은 다소 희박해져버린 야생적 자유를 저 위험하기 짝이 없는 공격 성향의 애완 용이 지니고 있기 때문에 그를 사랑하는 것이라고 우린 말해야만 한다. 이것이 바로 우리가 말한 두 개의 숨겨진 관계의 비대칭성 중 하나이며 랭카스터는 프레디의 무엇을 사랑하는가에 관한 작은 답이다. 그렇다면 나머지는 무엇일까. 그는 무엇을 두려워(해야)하는가.

정체를 알 수 없는 응시자

프레디가 감옥에서 돌아온 직후 랭카스터 가족의 식사 풍경을 보자. 사위인 클락이 나서서 먼저 고자질을 시작한다. 프레디가 랭카스터의 교리를 의심한다는 것이다. 그러자 이번에는 딸 엘리자베스가 나서서 프레디가 자신과 사랑에 빠진 것 같다며 두려움을 표시한다. 정확히는 자신에게 욕정을 품고 있는 것으로 보여 무섭다는 뜻이었을 거다. 이미 한 차례, 말릴 길 없는 알코올 중독자라는 이유로 프레디를 내쫓자고 건의한 바 있는 랭카스터의 아내 페기 역시 이 분위기에 동참한다. 랭카스터는 우리가 그를 돕지 않으면 그를 버리는 것이라며 이 상황을 겨우 수습해낸다. 프레디를 치료하는 20여 분의 길고 기이한 치료 장면이 이후부터 시작된다.

하여간에 이 장면에서 확실해진 건 랭카스터의 측근들이 프레디를 쫓아내지 못해 다들 전전긍긍한다는 사실이다. 따라서 랭카스터에게 그 치료 과정이란 사실 프레디를 낫게 하기 위한 목적이 아니라(즉 그를 사람으로 만드는 게 목적이 아니라) 그가 쫓겨나지 않도록 시간을 버는 빌미이자 자구책이 아니었나 싶을 정도다. 치료는 결국 실패하고 프레디는 알아서 도망친다. 그들은 왜 랭카스터에게 당신의 애완동물을 버려야만 한다고 윽박지른 것일까. 우리는 그들의 말을 순순히 믿어야 하는 것일까. 그가 교리를 믿지 않아서 혹은 지독한 알코올 중독자여서 혹은 난폭한 폭력배여서 혹은 성적으로 문란해서 그리하여 어느 쪽이든 그 집단에 어울리지 않고 해를 입히는 자이므로 그러한 것일까. 프레디는 정말 못 말릴 정도로 이 집단의 신성에 해를 입히는 자일까. 그것이 아니라 혹시 프레디를 통해 그들이 숨겨놓은 치부에 가까운 진실이 발각될까 두려워 각자의 변명을 대고 있는 것은 아닐까.

다시 선상의 결혼식 장면으로 돌아가보자. 아버지의 괴상한 축사만큼이나 괴상한 딸의 시선이 있다. 결혼식의 말미에 엘리자베스는 신랑과 입을 맞추더니 문득 하객 쪽으로 시선을 던진다. 그 시점 숏의 반응자는 다름 아니라 프레디다. 그가 엘리자베스의 시선을 슬며시 피한다. 결혼식장의 신부는 난데없이 신랑을 보지 않고 하객에 끼어 있는 한 낯선 사내에게 시선을 준 것이다. 엘리자베스의 행동은 노골적으로 담대해진다. 랭카스터의 이론적 동반자 헬렌이 필라델피아에서 설교를 하고 있는 자리에서 엘리자베스는 프레디의 옆에 슬며시 앉더니 그의 허벅지에 손을 올리고 급기야 그의 성기에 손을 가져간다. 처음에는 거부하던 프레디가 그 손을 받아들인 것 같고 그들의 행위가 끝나 엘리자베스가 유유히 자리를 뜨자 그녀의 남편 클락이 뒤늦게 의심스러운 눈빛으로 프레디 쪽을 바라본다. 뒤이어 랭카스터는 '금발머리에게 휘둘리지 말자'는 메시지의 노래를 부른다.

평론가 풀러는 페기, 엘리자베스, 클락이 동시에 두려워하는 것이 "프레디의 섹슈얼리티"라고 지적하고 있다. 엘리자베스의 일련의 장면들을 보자면 의미 있는 지적인 것 같다. 만약 그가 주장하는 동성애론까지 겸한다면 어쩌면 페기도 프레디에게 남편을 빼앗길까 고민 중이라고 가정해볼 수도 있다.

하지만 이 논리를 끝까지 신임하는 것은 망설여진다. 풀러가 프레디의 섹슈얼리티가 문제라고 말할 때 그 핵심은 프레디의 성적 유혹의 능력이 이 집단을 위험에 빠뜨린다는 생각을 전제하고 있다. 과연 그의 성적 유혹 능력이 이 정황의 핵심일까.

〈마스터〉의 짧지만 섬뜩한 장면 중 하나인, 페기가 랭카스터의 수음을 돕는 장면이 우리로 하여금 나무가 아니라 숲을 보게 한다. 아무래도 이 장면에는 '여보, 저도 당신의 성욕을 만족시킬 수 있어요'라는 식의 메시지가 들어 있지 않다. 단지 페기가 랭카스터의 성욕을 채워주는 장면으로 여긴다면 우린 너무 많은 것을 놓치게 될 것이다. 이때 페기가 하는 말과 행동을 유심히 보자. 페기가 하는 말의 요지는 명료하면서도 위협적이다. 요컨대 "내가 모르는 누구와 무슨 짓을 해도 괜찮다. 단, 내가 아는 사람들이 모르게 하라. 그리고 프레디를 내쫓아라"이다. 무슨 짓을 해도 좋지만 우리의 네트워크 안에서는 안 된다는 말이다. 행동은 더 분명하고 더 위협적이다. 페기는 사람은 동물과 다르다며 이성을 강조하는 교주의 아내답게 근엄하고 정숙한 자세로 찻잔을 앞에 놓고 이 말을 하고 있지 않다. 세면대 앞으로 갑자기 다가와 다그치는 것처럼 수음을 해준다. 아니 시킨다. 이 행동은 무성의할 뿐 아니라 싸늘하고 난폭하다.

우리의 네트워크에 문제를 일으키지 말라는 메시지를 기계적이고 난폭하고 무성의한 행위를 동반하여 전할 때, 이 수음이 성적 쾌락을 채워주는 것이 아니라 차라리 엄중한 경고 또는 체벌로 보인다는 것을 알아차리는 게 중요한 것 같다. 너의 어떤 면모가 가짜이고 환상이고 상징인지 나는 알고 있다. 그러니 너도 그걸 잊어서는 안 되며 우리가 쌓은 질서를 함부로 깨지 말라는 경고와 같은 말과 행위다. 말하자면 유독 순진한 사위 클락만 제외하면 랭카스터의 가장 가까운 가족들이야말로 랭카스터의 신성을 믿지 않는다.

딸은 아버지의 교리 시간에 간음을 원하고 아들은 공공연히 아버지의 말이 다 꾸며진 거라고 말한다. 이 일련의 장면들 이후에 감옥 장면이 배치되어 있다. 그러니 감옥에서 프레디가 그토록 화를 내는 이유도 가장 가까운 이들이 랭카스터를 믿지 않는 게 빤한데 그런 그만이 자신을 아껴주고 자신도 그만을 믿을 수밖에 없다는 것이 설명되지 않고 갑갑해서였을 것이다.

페기의 말과 행동에 진위가 있다. 환상과 상징이 발휘되지 않는 종교는 없을 것이다. 랭카스터와 코즈는 환상이며 기껏 허술한 종교 이론으로 위장된 상징일 뿐이다. 그러므로 도무지 상징의 질서에 대한 존중이라고는 안중에도 없이 날뛰고 있는 동물 프레디가 필요 이상으로 오래 소속되어 있을 때, 게다가 이 상징의 우두머리이자 상징의 상징인 랭카스터가 오히려 그와 깊이 교감하는 모순이 벌어질 때, 그 교감 때문에 이 상징적 네트워크는 교란되고 찢길 것이다. 그게 찢기면 바깥세상이나 다를 바가 없다.

이 영화가 세심하게 코즈의 관련자 이외의 대중들은 거의 만나지 않게 설정되어 있다는 점을 우린 생각해야 한다. 바깥의 사람들은 코즈와 랭카스터를 무엇이라 보는가. 사이비 종교인, 미친놈, 정신병자. 환상과 상징이 무너지면 랭카스터가 정상이 아니라 비정상이라는 진실이 밝혀진다. 그러니까 교리에 대한 불신도, 알코올 중독도, 폭력도, 섹슈얼리티도 아닌, 바로 그것이 프레디가 두려운 이유고, 랭카스터가 그를 두려워(해야) 하는 이유다. 랭카스터가 정신병자라는 진실이 밝혀지는 것.

앞서 했던 질문을 반복해보자, 랭카스터에게 프레디는 무엇인가. 말장난처럼 보이지 않기를 바라는데, 프레디는 랭카스터의 '그 무엇'이다. 바깥으로부터 온 괴물? 코즈라는 상징적 질서의 빈틈이 만들어낸 상태? 실재라고 말하고 싶은 유혹을 느끼지만 그 거대한 개념은 우리의 빈약한 맥락보다는 훨씬 더 복잡한 차원에 있을 것이다. 다만 실재라는 개념이 언급될 때 외상,

악몽, 외설, 침입, 교란, 통제 불능, 초과 등이 함께 말해지는 것으로 보아, 적어도 코즈의 세상에서는 프레디가 그와 같은 불길한 '그 무엇'이라는 생각은 든다. 요컨대 지금 눈앞에 있는 그가 그들의 질서를 뚫었다는 것이며 그런데 그가 누구인지 모른다는 것이고 감당이 안 될 뿐 아니라 두렵고 불길한 진짜라는 것이다. 부지불식간에 페기는 진실을 짚지 않았던가. "그가 진짜 누구인지 모른다는 게 문제예요. 도움도 필요 없는데 왜 여기 있는 건가요?"

그러니 랭카스터가 프레디를 다시 불러들이는 후반부 영국 장면. 이건 사실 앞뒤가 안 맞는 장면이다. 이미 스스로 떠난 자에게 "급한 일이 생겼다. 자네만이 도울 수 있다"는 이유로 돌아오게 해놓고는 그 급한 일에 관해서는 한마디 말도 없이 그리고 프레디의 어떤 의사 표시도 있기 전에 너는 뱃사람이니 자유를 찾아가라며 성급하게 다시 보내는 것은 실로 이상한 상황이다. 이 장면은 서사의 필요로 덧붙인 장면이 아니라 마침내 상징적 질서에 온전히 남기로 작정한 랭카스터가 프레디에게 내려야 하는 자기만의 근사하고 권위적인 작별 의식이자 제식의 제스처로 보인다. 너를 통제할 수 없다는 걸 인정한다, 그렇다 해도 너는 나의 제식을 거쳐 떠나가주려무나, 여기 남아 있을 나를 위하여. 랭카스터 본인은 프레디를 내치는 결단을 최후까지 미루지만 결국 그 자신을 지키기 위해 감행하고 만다. 하지만 그때 랭카스터가 부르는 노래는 적어도 진심일 것이다. 사랑하지만 감당할 수 없는 두려움의 그 무엇에 바치는 마지막 뜨거운 노래.

그리고 보니 프레디의 직업은 사진사였다. 랭카스터의 부름을 받고 영국으로 다시 돌아왔을 때 그는 말하지 않았던가. 마스터의 이 사진을 내가 찍었노라고. 프레디의 직업이 사진사인 것은 극을 위하여 설정된 것이겠지만, 그 결과 랭카스터를 응시하는 유일한 응시자가 프레디다. 그런데 페기의 말에 따르면 이 유일한 응시자의 진짜 정체를 아무도 모른다. 어디서 무엇이 보는지 모르지만 분명 응시하는 것이 있다면 그게 실재의 영역인 것인가. 그렇다면 세계의 진정한 영역이 실재인 것처럼 〈마스터〉의 진정한 마스터는 프레디일지도 모르겠다. 그러니 랭카스터는 프레디를 사랑하지만 두려워할 수밖에 없고 두려워해야 한다. 적어도 상징 안에서는 그가 마스터여야 하므로. 이것이 바로 우리가 말한 관계의 비대칭성의 나머지 실체다.

세 가지 부정교합

한 가지가 더 남아 있다. 형식의 부정교합이라 부를 만한 것들에 대해 말할 차례다. 이 형식이 관계의 비대칭성에 큰 몫을 발휘한다는 건 물론이다. 앞선 몇몇 장면을 통해 부분적이고 우회적으로 언급되긴 했지만, 말뜻 그대로 어떻게든 서로 이가 물리지 않고 어긋나는 상태로 맞붙는 이 형국에 대해서는 조금 더 구체적인 말들이 불가피하다.

우선은 구조 및 공간 이동의 문제와 관련이 깊다. 〈마스터〉의 뼈대에 해당하는 구조가 하나 있다면 그건 돌아오고 떠나가는 것이다. 이건 서사 구조가 아니라 행위 구조다. 그래서 사연이 없는 대신 행위들만 있다. 프레디가 그 수행자다. 그러다보니 공간 이동도 곧잘 있는데, 그중에서도 프레디가 도리스를 찾아가는 두 번의 장면이 가장 기이하고 아름답다. 김혜리는 두 번의 장면 중 처음을 가리키며 "사랑하는 이웃 소녀와의 추억 장면에서는 프레디가 현실의 모습 그대로 과거에 뛰어든 것처럼 보인다"(『씨네21』, 913호)고 세심하게 표현했다. 이 영화의 시간성이 혼란스럽다는 뜻이었을 것이다. 실은 우리도 유사한 느낌을 받았다. 다만 이 시간성의 혼란은 연도 표기 및 시점의 부재 때문만은 아닌 것 같다. 정해진 구조를 따라 여기에서 저기로 이동할 때 장면이 결합 또는 교합되는 그 방식의 효과인 것 같다.

비유하자면 직선에 이어 붙은 곡선, 트임 직후의 막힘, 조임 이후의 풀림이 급격하게 덜컥 엇갈려 마주 붙으면서 생기는 어떤 현기증이라고 해야 할까. 이때 공간은 갑작스럽게 비약하고 뒷장면은 갑작스럽게 삽입된다. 그때 질주하는 앞 장면과 느리기 이를 데 없는 뒷장면의 완연한 속도와 리듬의 차이 등이 현기증을 낳고 갑자기 시간성을 상실시키며 이게 꿈인지 생시인지 현재인지 과거인지 망설여지게 한다. 예컨대 프레디가 도리스를 찾아가는 첫 장면은 프레디의 감정과 표정으로 질주한 다음 이내 공간 이동하여 한없이 느리게 걷는 프레디의 뒷모습으로 도리스의 집을 방문하고, 두번째 장면에서는 오토바이의 물리적 속도로 끝없이 질주한 다음 같은 방식으로 느리게 진입한다. 그 격차 속에서 우리 시간 감각을 잃어버리게 된다.

반면에 이미 팩트로 확정된 어떤 정황들을 우리의 의식 속에서 부성교합되도록 재유도하는 방식도 있다. 이게 도대체 무슨 말인가. 극장에서 프레디가 랭카스터의 전화를 받는 장면을 보자. 프레디는 랭카스터의 전화를 받는다. 전화를 끊은 다음 장면에서는 다시 자고 있다. 그런데 랭카스터를 만났을 때 프레디는 "내 꿈에서" 당신이 나를 불렀다고 말하고 랭카스터도 그렇다고 인정하는 것 같다. 그렇다면 프레디가 전화를 받은 건 그의 꿈속에서다. 하지만 우리가 혹시라도 프레디의 "내 꿈에서"라는 말을 듣지 못했다면, 적어도 이 장면은 영화적으로 꿈인지 아닌지 결론 내릴 근거가 없다. 전화를 끊고 그가 다시 잠든 장면일 수도 있기 때문이다. 하지만 그가 꿈이라고 말하여 꿈이 된 것이다. 그렇다면 이것 이외에 꿈이나 환상이라고 지칭하지 않았더라도 정녕 꿈이나 환상이었던 장면이 과연 없었겠는가 하는 것이다.

영화의 후반부에 찾아온 이 복병과 같은 장면이 앞 장면들의 팩트를 뒤흔든다. 그러니까 오해가 있어서는 안 되는데, 팩트를 뒤집는 것이 아니다. 뒤집히면 반전이라는 명료함이 형성된다. 여전히 팩트는 팩트인데 팩트가 아닐지도 모른다는 의심이 추가된다고 표현해야 옳다. 솔직히 고백하면 프레디의 꿈 장면이 등장하기 이전부터도 이미 다음과 같은 느낌들 때문에 많이 난감했다. 이건 정말 현실에서 벌어진 일인가, 하는. 가령 랭카스터의 딸 엘리자베스는 프레디의 허벅지에 정말 손을 얹은 것일까(심지어 엘리자베스는 프레디가 도리어 자신을 유혹했다고 말하고 있다). 프레디는 도리스를 정말 찾아가긴 한 것일까. 아니 더 나아가 프레디에게 도리스라는 소녀가 있기는 했던 것일까. 그 어떤 확정적 표지도 없이 지나가고는 그것이 실은 꿈이었다고 말하는 이 영화에서 우린 어떤 장면이 꿈이며 현실이고 또 아니라고 말할 수 있을까. 혹시 이와 같은 방식은 이 영화가 시간을 현세에 국한시키지 않고 전생에서 지금으로 흐르고 있는 것으로 표현하려 했기 때문은 아니었을까. 여하튼 보는 내내 잠정적이고 유보적인 인상을 받았던 건 프레디가 말한 그 꿈의 논리가 영화 전면에 영향을 미치고 있어서인 것 같다.

그리고 마지막으로, 우리가 빤히 목격했지만 불가사의한 감정만 안은 채 해명은 뒤로 미루어야 하는 부정교합의 현장도 있다. 말하자면 이 계와 저 계가 아귀가 맞지 않는 방식으로 방문하고 내통하는 순간을 엄연히 포착했는데도 그 아귀가 맞지 않는 이유를 해명하는 것이 실은 불가능한 장면이다. 일부러 대강 말하고 지나간, 랭카스터가 교인들을 모아놓고 노래를 부르고 그 사이에 프레디가 환시를 겪는 그 장면이다. 우선은 여기 노래가 있다는 것이 중요하다. 지나치기 쉽지만 랭카스터의 노래(혹은 도리스의 노래)는 〈마스터〉에서 강력한 최면의 효과 또는 환상의 힘을 지녔다. 노래가 등장하는 순간 특별한 시각적 환상이 일어나지 않아도 그 노래의 힘으로 하나의 환상적 껍질이 씌워진다. 게다가 이 장면에서는 그걸 훨씬 뛰어넘는 복잡한 환상 작용이 일어난다.

연설이 끝나고 랭카스터가 신나게 노래를 부르고 있다. 이 노래의 내용은 결혼식 장면에서 했던 용에 관한 이야기만큼이나 이상하다. '금발머리 예쁜이에게 휘둘리지 말자' 정도가 이 음탕한 노래의 전언이다. 그런데 프레디가 방금 금발머리 예쁜이(엘리자베스)에게 휘둘린 직후여서 랭카스터의 그 노래를 들으며 우린 당연히도 프레디의 앞 상황을 떠올리게 된다. 랭카스터는 프레디의 상황을 알고 있는 것인가. 아니면 우연인가. 이것은 메시지인가. 이내 프레디의 환시가 시작되면 남자들은 그대로이고 여인들만 모조리 나체가 되어 있다. 랭카스터의 노래는 그치지 않는다. 그런데 노래가 절정에 이르렀을 무렵 랭카스터는 프레디 쪽을 바라보며 코와 귀를 손으로 비빈다. 그는 프레디를 처음 만났을 때 뭐라 했던가. 자네의 독주가 마시고 싶으면 코와 귀를 손으로 부비겠다고 하지 않았던가. 그런데 여기는 지금 프레디의 환시적 영역이다. 그렇다면 이 순간은 프레디가 랭카스터의 그런 행동을 환시로 겪고 있는 것인가, 프레디의 환시 안으로 실제의 랭카스터가 들어와 정말 신호를 보내고 있는 것인가.

물론 랭카스터는 남의 꿈에도 들어가는 사람이기는 하지만 더 괴이한 일은 그다음이다. 랭카스터가 코와 귀를 비비는 행동이 끝나기 무섭게 카메라는 오른쪽으로 이동해 저 멀리 앉아 있는 페기에게 초점을 맞춘다. 그때 페기는 마치 모든 걸 알고 있다는 눈빛으로 (랭카스터가 아니라) 프레디의 시선을 정면으로 쏘아본다. 페기도 벌거벗고 있으니 그녀도 프레디의 환시 안의 대상물에 불과한데 그러나 저 응시, 랭카스터가 프레디에게 신호를 보낸 직후 프레디를 보는 질책하는 것 같은 응시, 그것도 프레디의 환시 안의 영역이라고 단정 지을 수 있을 것인가. 프레디의 환시 속에 페기의 단순 응시가 있는 것이라고 확언하기 어렵다. 마치 페기가 프레디의 환시 전체를 그의 환시 안에서 질책하고 있는 것처럼 느껴진다고 해야 더 맞겠다. 이 기괴함을 더 이상 어떻게 설명해야 할까. 해명이 불가능한 순간들이 이 영화에는 도처에 있지만 그중에서도 이 장면은 가장 과격하다. 영화의 불가사의함은 본래부터 언어적 해명의 논리를 훨씬 넘어서는 것이어서 이 장면을 이렇게 최대한 자세히 묘사하는 것만이 지금으로서는 우리가 할 수 있는 최선이었다고 고백하는 수밖에 없겠다.

그렇지만 어쨌든 여기까지 와서 부정교합의 장면들까지 통과하고 보니 적어도 이렇게 말할 수는 있게 되었다. 기원과 연대기가 부재한 한 사내의 기형적 신체, 데칼코마니로 보였지만 실제로는 비대칭인 두 개의 복잡하게 숨겨진 관계망, 그것들이 이 부정교합의 형식들과 묶여 있는 상태의 영화가 바로 〈마스터〉다. 그러니 합리, 논리, 순차, 정형, 대칭, 정합 등은 주인공의 신체에서도 관계에서도 형식에서도 찾아볼 수 없다. 적어도 그런 것들은 〈마스터〉라는 세계에서는 허용되지 않는 개념들이다. 그렇게 〈마스터〉는 기형이고 울퉁불퉁하고 어긋나고 찌그러져 있는 애매한 덩어리다. 〈마스터〉는 비정상이다.

정신 현상의 왜상이 되고자 한 영화

유년 시절에 친구에게서 들었고 아직까지도 기억하고 있는 실없는 농담 하나가 있다. 정신병원의 복도에서 두 환자가 마주쳤다. 한 사람은 낚싯대를 메고 있다. 낚싯대가 없는 사람이 묻는다. "자네, 낚시하러 가나?" 대답. "아니, 나 낚시하러 가네." 그러면 다시 응답. "아, 난 또 낚시하러 가는 줄 알고." 이 농담이 성인이 된 이후에도 머리에 남아 있는 건 전적으로 외우기 쉽게 반복되는 그 운율 때문일 거라고 생각했다. 문득 〈마스터〉를 보고 나서 이 유년의 재미없는 농담이 떠올랐다. 그런데 〈마스터〉를 생각하고 난 뒤에는 이 농담이 그다지 웃기지 않고 조금 꺼림칙하다. 그 낚시란 무엇이었을까.

우리에겐 정의될 수 없고 소통될 수도 없으며 이야기될 수도 없는 것이 그들 사이에서는 원활하게 교감되었던 것이라면 그건 무엇이었을까. 우린 아마 잘 모르는 것이라 웃겼던 것일 텐데, 이상하게도 지금은 차라리 불길하다.

정신의 병을 정신병이라고 하고 그걸 앓고 있는 병자를 조금 험하게 들리지만 치장 없이 불러 정신병자라고 할 때, 의학적 소견에 바탕하지 않은 채 그들의 영화적 존재론만으로 추론한 결과, 〈마스터〉는 알려진 것처럼 한 명의 정신병자에 관한 영화가 아니라 두 명의 정신병자의 교감에 관한 영화다. 그들의 교감 어딘가에 해명이 불가능한 낚시라는 사건이 있을 것이다. 아니 그들의 교감 어딘가에 해명이 불가능한 '주인'이라는 사건이 있을 것이다. 그러니 영화에서는 오가지 않았지만 우리가 임의로 만들어 상상해봄직한 다음과 같은 대화가 이 영화의 면모를 이해하는 데 도움이 되지 않을까. 물음. "자네가 내 주인인가." 대답. "아니, 내가 자네 주인이네." 다시 응답. "난 또, 자네가 내 주인인 줄 알고."

〈마스터〉는 프레디와 랭카스터라는 두 개의 작은 비정상이 이루어낸 거대한 비정상이다. 다만 앤더슨은 그 비정상의 성질을 이야기로 설명하거나 명확하게 그려서 보여주려 들지는 않는다. 앤더슨은 그게 불가능하거나 성공한다 해도 미진할 거라고 판단한 것 같다. 우린 대신에 앤더슨이 영화 그 자체가 비정상이 되도록 했다고 말하고 싶다. 앤더슨은 〈마스터〉를 아예 그 비정상의 상으로 만들어 해석 불능의 지점에 가고 싶어 한 것 같다. 말하자면 비정상적 왜상이다.

왜상의 가장 유명한 예로 한스 홀바인의 「대사들(The Ambassadors)」의 그 해골 이상이 없지만, 그 그림 속 찌그러진 해골은 실은 소통을 원하고 있고 오른쪽 상단이라는 특정한 자리에서 보면 제대로 된 형체에 가깝게 보이는 특정한 시점을 포괄하고 있다고 한다. 그렇다면 적어도 누군가에게는 해석되기를 원하는 소극적인 왜상이다. 〈마스터〉라는 왜상에는 그런 자리가 없다. 어디서 본다 해도 이 왜상의 '정상'을 보긴 어렵다. 어디서 어떻게 보아도 형체가 잡히지 않고 찌그러져 있다고 말한다면 그게 이 영화에 관한 가장 호의적인 평이 될 것이다. 그러니 〈마스터〉는 고통 받는 프레디의 심리, 내면의 고통 혹은 프레디와 랭카스터의 우정 또는 사랑 등에 관한 영화가 아닌 것 같다. 누군가 이 영화를 보며 슬프거나 고통스럽다기보다는 뭔가 막연하고 두렵고 불길한 느낌을 받았다고 한다면 우린 그의 감상에 공감하고야 말 것이다. 우린 비정상이 진실일 수도 있다는 가능성을 믿어야 할 것 같다. 왜상 화법이라는 것도 진실이 무엇인지를 더 극단적인 방식으로 일깨우기 위해 발명된 화법이 아니었던가.

랭카스터의 새로운 이론이 담긴 『쪼개진 칼』이 발표된 직후에 『쪼개진 칼』에 적힌 내용쯤은 전단지 서너 장으로도 축약할 수 있다고 불평하는 한 남자를 프레디는 건물 바깥으로 데려간 다음 길가에서 사정없이 따귀를 때린다. 〈마스터〉를 본 뒤 이 영화의 내용쯤은 종이 몇 장으로 축약될 수 있지 않겠느냐고 하는 이에게 당신은 프레디처럼 행동할 이유가 전혀 없을 것이다. 어쩌면 정말 그의 말처럼 이 영화의 내용은 몇 줄로도 축약될 수 있을 것이다. 사실 영화 〈마스터〉가 바로 『쪼개진 칼』이거나 그 한 챕터가 아니라고 누가 자신할 수 있을 것인가. 때때로 이 영화 자체가 랭카스터의 그 막연한 이론을 실제로 수행에 옮긴 결과물이 아닐까 생각되는 것도 그래서 무리는 아니다. 이제 우리는 〈마스터〉의 내용을 축약할 수 있다고 하는 누군가를 만나게 되면, 그래도 미스터리는 축약되지 않는다, 진짜 불길한 왜상은 어디서 어떻게 봐도 왜상일 수밖에 없다, 고 말해주기만 하면 된다.

(『씨네21』, 2013년 914호)

몽상
기록 영화

1

〈빨간 풍선〉이 허우샤오시엔의 단출한 소품일 거라고 얼마간 생각해왔다. 우연히 이 영화를 다시 보았고 그것이 오해임을 알았다. 지금 그 오해를 수정하려 한다. 참여한 평자의 수가 적어 예정에 없이 급히 끼어든 것이기는 해도이 영화의 20자평에 별 셋 반밖에 주지 않았으니 나는 잘못을 저지른 것에 해당한다. 오르세 미술관 20주년 기념 프로젝트의 일환으로 의뢰를 받아 제작하게 되었다는 배경이 암암리에 많은 이에게 이 영화를 가볍게 보도록 선입견을 심어준 것 같다. 물론 '파리와 오르세 미술관의 현재를 보여주어야 한다'는 것이 조건이었고, 허우샤오시엔은 그것을 지켰으나, 영화에서 오르세미술관의 내부는 단 한 번 등장할 뿐이다. 그게 아니라도 이 영화는 기념 프로젝트의 순진한 결과물로 보이지 않는다. 그러기에 〈빨간 풍선〉은 이를 데

없이 비범한 영화다.

〈빨간 풍선〉을 처음 보았을 때 카메라가 손이 되어 인물들을 쓰다듬고 있다는 막연한 인상을 받았고 '촉지적'이라고밖에 말할 수 없는 그 따스하면서도 보이지 않는 손길이 아름답다고는 생각했지만 왜 그런지 더 깊이 묻지 않았다. 심지어는 앞서 말한 어떤 선입견 때문이었는지 아름답되 평탄해 보였으며, 세간의 평처럼 일상의 순리를 완숙함이 넘치는 대가의 기품으로 그려낸 것이라고 말할 뻔했다. 그런데 이건 우리의 입버릇이다. 그럼 타자의 겸손한 시선으로 파리의 생활을 그려냈다는 의견은 또 어떠한가. 물론 대만 매체 『스폿 시네마』에 실린 영화평론가 토니 레인즈와의 인터뷰에서 허우샤오시엔은 이 프로젝트의 제작을 의뢰받은 뒤 "파리를 알기 위해 사람들을 만나고 파리에 관한 책을 읽고 프랑스 영화들을 보았다"고 한다. 특히 애덤 고프닉이라는 미국인이 저술한 『파리에서 달까지』에서 큰 도움을 얻었다고 밝히는데, 영화에 등장하는 시몽과 그의 누이 루이즈가 그리는 그림, 장난감과 파리의 카페에 흔히 비치되어 있는 핀볼 게임과 회전목마를 탄 아이들이 고리에 막대를 끼워 넣는 놀이에 관해 이 책에서 알게 되었다고 전한다. 무엇보다 그 책이 유용했던 이유는 파리를 말하는 미국인, 즉 "외부인의 관점에서 쓰인 것이었기 때문"에 그러했다고 그는 말한다. 이 영화의 모태가 된 라모리스의 〈빨간 풍선〉도 그런 자료조사 과정에서 알게 되었고, 본 것이다.

그럼에도 우리는 그의 전작 〈카페 뤼미에르〉가 고즈넉한 도쿄의 어느 카페에 밴 커피향과 한적한 고서점의 책장 혹은 목조 건물과 전철에 대한 여행자적 찬미에 그치지 않는다는 사실을 알고 있다. 마찬가지로 〈빨간 풍선〉은 파리와 오르세를 경외하는 관광객을 위해 잘 포장된 관광엽서가 아니며, 거기에 머무르고 싶은 자의 마음을 유혹하는 풍경의 세밀화가 아니다. 그렇게 보는 건 이 영화의 무언가를 외면하는 일이 될 것이다. 그 인상을 받는 것 자체가 문제가 되는 건 아니지만, 파리의 '팩트'를 세심하게 수집했다는 것에 결코 이 영화의 숨은 비범함이 있는 것은 아니기 때문이다. 비범함을 캐묻는 과정은 보기보다 간단치 않다. 복잡해서 좋다는 뜻이 아니라 삶의 통찰을 얻어내는 허우샤오시엔의 연출의 사연은 항상 그렇게 오해를 살 만큼 사려 깊은 어떤 복잡함을 지나서야 우리에게 간명함으로 다가오기 때문이다. 허우샤오시엔의 영화는 간명해 보일수록 더 신중히 들여다보아야만 하는 형식의 그물이다.

2

허우샤오시엔이 의뢰인의 조건을 만족시킬 수 있는 방도란 얼마든지 있었을 것이다. 그러니 질문이 있다. 프랑스인이 아닌 대만인으로서, 모자란 사전 지식 때문에(이 영화를 만들기 전 허우샤오시엔이 파리에 가본 건 두세 번 정도라고 한다) 무언가 참조물이 필요했을지라도 그것이 꼭 알베르 라모리스의 1956년 단편영화 〈빨간 풍선〉일 필요는 없었을 것이다. 허우샤오시엔은 그런데도 라모리스의 〈빨간 풍선〉을 바탕으로 자신의 〈빨간 풍선〉을 만들었다. 왜 그랬을까. 하나의 도시를 배경으로 그려야 한다는 차원에서 공기를 타고 하늘을 부유하는 풍선이라는 물체는 기능적으로 용이한 선택이다. 〈카페 뤼미에르〉에서 '도쿄인(人) 혹은 오즈인(人)'들의 삶의 혈맥으로서 허우샤오시엔이 이해한, 도시를 가로질러 삶의 우연성과 필연성을 나르던 전철만큼이나 이 풍선은 지금 이 영화에서 중요한 것이리라. 전철이 도쿄의 탯줄을 잇는 것처럼 풍선은 파리의 육체를 조감한다.

앞서 말한 인터뷰에서 그러나 허우샤오시엔은 더 중요한 생각을 밝히고 있다. "이 영화를 본 뒤 (나의) 첫 반응은 이 작품이 1956년 파리의 어떤 리얼리티를 보여준다는 것이었다. 이 영화는 도시의 공기, 그리고 시대의 사회적 시스템을 보여준다. 아이를 둘러싼 다양한 속박들이 드러나고 있다. (……) 아이는 집에서, 학교에서, 버스에서 무언가 하는 것을 금지당한다. 나는 은유적인 술어(은유어)로 빨간 풍선을 생각하지 않았다. 나는 이 영화가 냉혹한 리얼리티를 보여준다고 생각한다."

등굣길에 한 꼬마가 건물에 매달린 빨간 풍선을 본다. 그 풍선을 들고 학교에 가려 한다. 하지만 그걸 들고 버스에 타는 것도 교실에 들어가는 것도 어른들은 허락하지 않는다. 집 안에 두기도 힘들어 창문 밖에 놓아둔다. 그런데 다음날부터 풍선은 생명을 얻은 듯 신기하게도 제가 알아서 주변의 눈치를 살피며 소년을 따라다닌다. 풍선을 금지하던 어른들은 이제 아이를 따라다니는 풍선을 보며 의아해할 지경이다. 그때 동네 악동 녀석들이 소년과 풍선을 쫓아 그 풍선을 빼앗는다. 간신히 아이가 풍선을 되찾지만, 곧 새총에 맞아 터져버린다. 하지만 괜찮을 것이다. 결국 형형색색 한 무리의 풍선이 하늘을 수놓는다. 이것이 라모리스의 〈빨간 풍선〉의 내용이다. 여기서 허우샤오시엔은 전후 파리에서 성장하는 소년을 둘러싼 냉혹한 리얼리티를 보았다고 말하는 중인데, 그것이 곧 허우샤오시엔을 매혹시킨 지점일 것이다.

같은 영화를 보고 오래전 프랑스의 평론가 앙드레 바쟁은 다른 리얼리티를 말했다. 바쟁이 「금지된 몽타주」라는 글(『영화란 무엇인가』, 박상규 옮김, 시각과언어, 1998)에서 라모리스의 〈빨간 풍선〉을 언급하며 소년을 쫓아다니는 빨간 풍선에 관해 "풍선의 동물화"라고 정의한 것은 유명하지만, 내 생각에 이 글의 핵심은 이 표현에 있지 않다. 바쟁의 글에서 핵심은 그가 라모리스의 영화를 "공상적인 기록영화"라고 부른 데 있다. 그 스스로 "공상적인 기록영화라는 표현은 궁극적으로 라모리스의 의도를 가장 잘 규정하고 있는 표현인 것처럼 생각된다"고 쓰고 있다. "몽타주와는 반대로 공간의 단일성에 대한 전적인 사진적 존중 속에서 발전되게 된다"는 것이 이 영화를 칭송한 바쟁의 이유다. 풍선이 동물처럼 소년을 따라다니는 트릭을 사용하여 촬영되었으나, 적어도 물리적 보존성을 해치지 않고(그러니까 시공을 짜깁기하는 몽타주가 아닌 방식으로) 현실감을 획득하고 있다는 사실이 '공상'과 '기록'을 결합한 바쟁의 적극적인 정의를 낳았을 것이다.

그러니 차이가 있는 것 같다. 과거의 위대한 영화평론가 바쟁이 공상적인 기록영화라고 할 때 그것은 '재현적 리얼리티'를 감안하고 말하는 것이지만, 동시대의 위대한 감독 허우샤오시엔이 냉혹한 리얼리티라고 할 때 그것은 '사회적 리얼리티'를 의미하는 것이다. 바쟁은 라모리스의 영화가 어떻게 연출되었는가를 말하고 있는 것이고, 허우샤오시엔은 라모리스의 영화가 무엇을 반영하고 있는가를 말하고 있는 것이다. 그런데 허우샤오시엔이 라모리스의 영화 위에 자기 영화의 집을 짓자 바쟁의 정의와 일순간 교차하는 신기한 일이 벌어진다. 라모리스의 소년을 둘러싼 냉혹한 사회적 리얼리티를 인식한 허우샤오시엔이 이 시대의 소년으로 하여금 냉혹함에서 벗어날 수 있도록 하려 하니 이제 자신의 재현적 리얼리티가 도리어 방점이 된다. 〈빨간 풍선〉의 독창적인 재현적 리얼리티, 기적은 거기에 있는데 그것이 어떻게 완성되는가. 그 점에 답하기 위해 세 가지를 말해야겠다.

3

송(송팡)은 파리에 영화를 공부하러 온 중국 유학생이고 그녀는 일곱 살 먹은 소년 시몽의 육아 도우미로 수잔의 집에 온다. 그녀를 고용한 시몽의 엄마 수잔(줄리엣 비노쉬)은 인형극 공연에서 목소리로 극을 설명하는 일종의 인형극 변사다(나는 이 직업의 정확한 명칭을 잘 알지 못한다). 영화의 이야기는 이 세 사람을 중심으로 하되 급박한 사건이란 없다. 시몽은 등하굣길을 오가며 빨간 풍선을 보거나 쫓거나 하는 것이 전부이고, 송이 하는 일은 시몽을 보호하거나 같이 산책하거나 음식을 해주는 정도다. 몇몇의 방문객이 들락거리고, 아래층에 있던 피아노를 위층으로 옮기고, 그 피아노의 조율을 위해 조율사가 찾아오고, 돈이 있으면서도 방세를 내지 않는 질 나쁜 친구를 쫓아내는 일 정도가 큰일이다. 그리고 때때로 수잔은 이혼한 남편, 유학 간 딸과 전화한다. 이것이 허우샤오시엔의 〈빨간 풍선〉의 이야기다.

풍선을 잡고 싶어 승강이를 벌이는 시몽의 모습이 이 영화의 오프닝 신이다(이 장면에 대해서는 다시 말해야 할 것이다). 시몽과 풍선의 그 첫 신이 지나고 다음 신에서 버스에서 내리는 송의 모습이 보인다. 송은 다름 아니라 파리와 허우샤오시엔을 이어주는 중개인이자 이 가족 안에 들어와 관계를 형성시키는 '의인화된 빨간 풍선'인데, 그러므로 그녀가 첫 등장에서 길을 찾는 듯 오른쪽과 왼쪽을 잠시 오갈 때 그녀의 움직임은 확실히 전 장면에 등장했던 풍선의 궤적을 모방하고 있다는 인상을 준다. 그러나 나는 곧 이 생각을 접기로 했다. 왜 그때의 송의 움직임을 풍선의 움직임이라고 느꼈는지 역으로 생각해보았다. 송의 움직임 때문이 아니라 실은 다른 것에 의해 그런 인상을 받았다는 걸 곧 알게 되었다. 사실은 그녀의 움직임을 보여주는 카메라의 움직임이 그런 효과를 내고 있으며, 송이 아닌 그때 그녀를 잡는 카메라의 움직임이 풍선의 궤적을 모방하고 있는 것이다. 이 장면 외에도 〈빨간 풍선〉에서 카메라의 움직임은 인물들의 주변을 맴도는 빨간 풍선의 존재를 지속적으로 상기시킨다. 허공에 떠 있는 것 같은 유연한 살랑거림, 모서리 없는 곡선의 이동, 수잔과 시몽과 송과 그 밖의 방문객 사이를 물 흐르듯 이어주려는 패닝 기법의 어떤 노력. 카메라가 풍선이 되어 그렇게 그들 주변 어딘가에 늘 있는 것이라고 여겨지고 나면, 그 풍선이 그들을 보고 있음을, 즉 풍선의 시점이 존재함을 느끼게 된다. '풍선이 인물을 바라보고 있다'는 모호하지만 강렬한 시점의 인상이 〈빨간 풍선〉의 재현적 리얼리티를 이해하는 첫번째 단서다.

4

야외 카페에 앉아 대화를 나누던 송과 시몽, 그리고 그 신의 뒤를 잇는 회상 신의 배열을 보다가 〈빨간 풍선〉이 단지 시점(point of view)이 아니라 관점(perspective)의 문제를 포괄하고 있다는 걸 알게 되었다. 영화에서 시점이 어디서 어떻게 볼 것인가의 자리를 결정짓는 문제라면, 관점은 그 시점을 결정짓는 세계관의 문제다. 이 장면은 〈빨간 풍선〉이 시점의 문제를 넘어 관점의 문제를 숏이나 신의 배열에 의해 충족하고 있다는 사실을 말해주고 있다. 예컨대 카페에 앉아 시몽이 송에게 이곳에 누이 루이즈와 과거에 자주 왔음을 말하고 있다. 그때 숏은 바뀌어 이동 교각의 풍경을 한 번 보여준 뒤, 그 다음 숏에서는 육교가 보이는 먼 풍경을 보여준다. 그때에도 송과 시몽의 대화는 계속 들린다. 그렇다면 이건 송이나 시몽의 시선에 잡힌 풍경인가. 그렇게 생각할 때 천천히 카메라 쪽으로 한 소년과 소녀가 걸어온다. 처음에는 그들이 누구인지 잘 모르거나 대화하는 시몽과 송의 근처로 지금 오고 있는 다른 아이들이라고 생각하게 되지만, 가까이 오니 소년이 시몽이다. 그러니 함께 있는 소녀가 누이 루이즈다. 그때까지도 여전히 송과 시몽의 대화는 화면 밖에서 들려온다.

그러므로 한 번의 인서트를 거쳐 영화의 진행 방향이 과거로 향했음을 알게 되는 건 찰나의 순간이며, 이미 과거의 이미지가 시작되었지만 현재의 목소리들이 존재한다. 이런 전환은 사실 흔한 것이지만 이 장면의 놀라움은 소년과 소녀가 카메라 앞으로 오기 전까지 우리가 이 전환을 확신할 수 없다는 점에 있다. 영화는 '지금 과거로 넘어가고 있어요'라는 신호를 보낸 바가 없고, 시몽은 계속 송과 말하고 있었으므로 그는 두 명의 시몽이다. 화면 밖 현재에서 송과 말하고 있는 지금 이 시간의 시몽과 과거 그 시간에 루이즈와 이 카페를 향해 들어오던 시몽. '소리-현재의 시몽'과 '영상-과거의 시몽'이 얼마간 찰나적으로 공존하게 되는 것이다. 그러므로 이 장면의 연출에 관해서는, 시몽의 주관적 기억이 화면 밖에서 흐를 때 허우샤오시엔의 객관적 개입이 숏과 신을 바꾸어놓은 것이라고 설명해야 할 것이다.

간단해 보이지만 이런 경험을 할 수 있는 건 오로지 영화의 화법에서뿐이며 허우샤오시엔이 이 방면의 마술사다. 그걸 주관과 객관의 화법을 초월하는 영화의 자유간접화법과 연관해 말해도 좋을 것이다. 동시대에 자유간접화법을 '시점'의 문제 안에서 교묘히 제기하여 작품마다 쟁점을 일으키며 항상 아슬아슬한 윤리적 경계 위에 놓이기를 자청하는 건 미카엘 하네케의 영화다. 〈히든〉은 지독하게 흥미롭지만 그만큼이나 무의미한 시점의 놀이로 이루어져 있는 한 편의 영화이고, 〈늑대의 시간〉은 마지막 신의 그 시점 때문에 쓰레기에서 성스러운 작품으로 구제받을 만한 영화다.

하네케에게 자유간접화법으로서의 시선과 시점은 유혹의 기술이며 보는 것의 게임의 승패를 결정짓는 방식으로 중요하지만, 허우샤오시엔에게는 그렇지 않다. 그에게 중요한 건 관점이며, 영화의 자유간접화법을 채택하되 그걸 어떻게 배열하여 이 세계를 이해하고 직조하려는 결정으로 나아갈 것인가의 세계관적 화두로서 점점 중요해져온 것이다. 〈밀레니엄 맘보〉에서 서기가 자기를 향해 그녀라고 부르는 이유에 관해 "나는 이 영화가 주관적으로만 흐르지 않기 바랐고, 그 호칭 자체가 이 영화의 객관적인 시점을 암시하고 있는 점이 있다. 그건 관점의 문제다"라고 허우샤오시엔은 이미 말했다.

허우샤오시엔이 특히 〈비정성시〉 이후의 영화들에서 발전시켜온 위대한 영화적 성찰은 관점을 다성적으로 표현하기 위한 형식적 고안에 있다. 〈호남호녀〉에서 과거와 현재가 은밀하게 역사적 교신을 나눌 때, 〈밀레니엄 맘보〉의 내가 나를 보면서 내가 나를 말하는 방식으로서의 '그녀'라는 삼인칭을 사용할 때, 〈쓰리 타임즈〉의 세 시기의 인물이 두 명의 같은 배우의 육체를 통해 세 개의 추상명사의 꿈을 꿀 때, 허우샤오시엔이 관점의 차원에서 이미 그렇게 다루었다는 사실을 우리는 알고 있지 않은가. 〈빨간 풍선〉의 위의 장면은 그것이 숏과 신의 배열로 드러나 생기는 모호하게 겹친 세계의 출현이다. 그리고 정작 이런 장면이 가리키는 건 우리가 이 영화에서 언제든 아무런 신호 없이도 불균질한 시공의 경험을 할 수 있다는 가능성이다. 지금 우리가 보고 있는 어떤 장면은 균질한 시간의 연속인가, 그렇지 않은가, 그 점이 쉽사리 보장되지 않는다는 사실이 중요하다. 그렇다면 불균질한 시간 그리고 각자 다른 소우주의 접합, 이질적 계통의 공존을 경험하게 되는 것은 과연 이 한 장면뿐일까. 그렇지 않을 것이다. 이건 두번째 단서다. 이 영화의 구조 전체를 다시 생각하게 하는 세번째 단서가 있다.

5

"에드워드 양 같은 유학파들이 돌아와 듣도 보도 못한 영화 이야기를 하고 생소한 용어를 쓰기 시작했다. 내가 영화의 형식을 고민하기 시작한 건 그때부터였다. 에드워드 양이 권한 파졸리니의 〈오이디푸스 왕〉을 보면서 관점의 문제도 다시 생각하게 됐다. 같은 이야기라고 해도 감독의 관점으로 찍을 수도 있고, 주인공의 관점으로 찍을 수도 있다는 걸 그때 비로소 알게 됐다." 에드워드 양이 추천해준 파졸리니의 영화를 보고 오래전 허우샤오시엔이 깨달은 바는 그것이었다. 그리고 영화 이론가이기도 했던 파졸리니는 영화의 자유간접화법에 관해 특히 주창했다. 물론 감독의 관점과 주인공의 관점이 섞이는 종류의 영화는 종종 있어왔다. 그것 자체로 독창적이고 비범하다 말할 순 없을 것이다. 하지만 〈빨간 풍선〉처럼 이렇게 동등한 차원으로, 두 세계관의 모호하지만 공정한 존립으로 섞여 있는 예는 진귀하다. 게다가 이 영화의 인물 중 한 명인 송은 영화감독이기 때문에 그녀의 관점이 무언가 반영되었을 경우 좀더 중요한 사안이 된다.

어느 날 수잔은 길거리에서 자기 아들 시몽을 데리고 영화를 촬영하고 있는 송을 보았고 무슨 일이냐고 물었다. "빨간 풍선에 관한 영화를 만들려고 해요. 오늘은 시몽하고만 찍었어요"라고 송은 답한다. 송은 확실히 지금 시몽을 데리고 한 편의 영화를 만들고 있는 것 같은데, 그것이 빨간 풍선에 관한 영화다. 심지어 허우샤오시엔은 그녀가 노트북 모니터상으로 편집 작업을 하는 걸 보여주고, 그중 세 컷을 컴퓨터 모니터 화면상으로 처리하여 우리에게도 보여준다. 1) 전철역에서 풍선을 들고 나오는 시몽. 2) 풍선을 들고 가다 어느 건물 앞에 섰다가 그만 풍선을 놓치는 시몽. 3) 시몽의 뒤를 졸졸 따라다니는 풍선. 그런데 허우샤오시엔은 이 장면을 왜 굳이 보여주었을까. 송이 시몽을 데리고 영화를 찍고 있다는 사실을 단순히 대사로 처리하지 않고 왜 영상으로, 그것도 편집본으로 보여주었을까. 송과 시몽의 첫 만남으로 돌아가보자.

송과 시몽이 처음 만났을 때 송이 친해지기 위해 "(라모리스의) 〈빨간 풍선〉이란 영화 봤니?"라고 물으니 시몽은 "아니"라고 말한다. 그러자 송은 "1956년에 만들어진 옛날 영화야. 어떤 꼬마와 커다란 빨간 풍선 이야기야"라고 친절히 말해준다. 그때 우연히 벽에 그려진 빨간 풍선을 발견하게 되고 송은 그걸 자기의 카메라로 촬영한다. 그리고 나서 시몽도 촬영한다. 시몽이 송의 카메라에 담기는 첫 순간이다. 시몽을 주인공으로 한 빨간 풍선에 관한 송의 영화는 이때부터 시작된 것이다. 그런데 그들의 첫 만남은 좀 이상하다. 그들의 대화는 뭔가를 말하고 있지 않다. 송이 친절하게 빨간 풍선과 소년에 관해 들려주었을 때 왜 시몽은 '저도 빨간 풍선을 본 적이 있어요'라는 말을 한번쯤 하지 않았을까. 시몽과 빨간 풍선의 승강이는 이 영화가 시작하자마자 등장하는 첫번째 신이었으므로 송과 시몽의 만남 전에 이미 보여지지 않았던가. 아직 서먹한 사이니 말하고 싶지 않았을 수도 있다. 하지만 허우샤오시엔의 영화적 제안에 따른다면 다른 가능성이 더 크다.

순서상으로는 먼저 보여졌지만 시몽과 빨간 풍선의 승강이는 시몽이 송을 만나고 난 다음의 일이었을 수 있다. 혹은 그건 현실에서는 아예 없었던 일이었을지도 모른다. 그렇다면 그건 무엇인가. 영화 속 영화의 한 장면이었을 수도 있다는 뜻이다. 허우샤오시엔의 〈빨간 풍선〉의 첫 장면은 허우샤오시엔의 연출이 아니라 송의 연출로 만들어진 송의 〈빨간 풍선〉의 한 장면일지도 모른다. 그게 쓸데없는 추론이 아님을 알리기 위해 허우샤오시엔은 굳이 모니터로 편집하는 송의 영화의 일부를 보여준 것이다. 지금 그녀가 시몽을 데리고 영화를 만들고 있음을 우리에게 각인해준 것이다.

시몽이라는 한 인물을 허우샤오시엔과 송이 동시에 택함으로써 우리는 이쪽과 저쪽, 허우샤오시엔의 영화와 송의 영화를 가르는 확신을 잠시 미루어야 한다. 이제 시몽과 빨간 풍선에 관한 어떤 장면이 〈빨간 풍선〉에 나온다 하더라도 혹은 시몽 혼자 나오는 어떤 장면일지라도 그게 허우샤오시엔의 것인지 송의 것인지 우리는 장담할 수 없다. 누구의 창작의 세계 안에서 발생한 것인지 매번 질문할 수밖에 없게 된다. 중요한 건 어떤 장면이 누구의 것인지 시원하게 밝혀내는 것이 아니라, 그럴 수도 있고 아닐 수도 있는 바로 그 모호함의 상태로 공존하는 걸 받아들이는 것이다. 그 점을 위해 두 명의 창작자가 나선 것이다. 〈빨간 풍선〉은 허우샤오시엔과 송이라는 두 공동 연출자에 의해 만들어진 한 편의 영화이거나, 두 사람이 각각 완성한 두 편의 영화의 장면들이 묶여 완성된 한 편의 영화다.

6

세 개의 호리병을 열어보니 시점은 인상이 되어 묘연하고, 관점은 불균질한 시공을 언제든 초래할 수 있으며, 두 창작 주체(허우샤오시엔과 송)의 두 세계는 모호하게 섞이고 또 중립을 유지하고 있다. 그러니 알려진 것처럼 여전히 〈빨간 풍선〉을 명약관화한 영화라고 볼 수 있는가. 허우샤오시엔은 그런 것이 세계를 구성하고 있는 진짜 리얼리티라고 믿고 있는 것 같다. 삶은 모호하고, 현실은 중층적이며, 시간은 공존하고, 우주는 다성적이기 때문이다.

물론 여러 층의 세계가 마치 현실의 한 단면인 것처럼 스며들어 겹쳐 있는 것이 허우샤오시엔의 영화라는 점은 여러 번 말해져왔다. 하지만 나는 알려진 것보다 그가 훨씬 더 그만의 방식으로 리얼리스트라고 생각한다. 세계의 현존하는 성격을 반영하고 본뜨려 하는 것을 리얼리즘 형식이라 불러온 것이라면, 허우샤오시엔은 리얼리스트이며 그의 영화는 리얼리즘이라고 불려야 할 것이다. 그러나 그는 그만의 방식으로 그러하다. 〈빨간 풍선〉의 비범함은 그저 소소한 일상의 아름다움을 그린 것일 거라고 착각하게 할 만큼 복잡한 우주를 간명한 감동으로 바꾸어 전파한 그 리얼리티 재현의 방식에 있다. 그러므로 사실 지금까지 말한 복잡한 사연을 누군가 다 알아야 할 필요는 없을지도 모른다. 다만 어떤 몽상의 상태에 대해서만은 잊지 말아야 한다. 어디까지나 허우샤오시엔의 재현적 리얼리티란 눈에 보이는 세부들의 거짓 없는 총량이 아니라 삶 안까지 묻어 들어온 몽상과 같은 상태들이기 때문이다.

허우샤오시엔이 리얼리티를 재현하는 방식은 꿈결 같다. 꿈꾸어지는 리얼리티, 꿈결 같은 리얼리티, 그러나 잠이 아니라 잠과 깸 사이에 있는 리얼리티, 그는 점점 더 그곳으로 향하고 있으며 그 세계의 근본은 몽상처럼 모호하다. 그건 꿈의 구조라는 의미에서 그런 것이 아니며, 초현실주의적인 것도 아니다. 허우샤오시엔의 영화에서 몽상(夢想)이란 무의식의 차원이 아니라 리얼리티의 재현 영역 안에 있다. 현재에 스며든 모든 잠재적인 가능성들의 실존하는 기운이며 이질적인 계통들의 공존이다. 이름 붙이자면, 그건 모호한 리얼리티, 몽상의 리얼리티다. 바쟁이 라모리스의 〈빨간 풍선〉을 두고 공상의 기록영화라고 했던가. 그렇다면 허우샤오시엔의 〈빨간 풍선〉은 몽상의 기록영화일 것이다. 그 때문에 이 영화의 부제를 '풍선몽(風船夢)'이라 이름붙이고 싶어진다.

　실은 허우샤오시엔이 자꾸 무언가를 교집합시키려 하는 것을 앞으로도 눈여겨보아야 할 것 같다. 우주적 관계의 형성, 교집합의 우주에 관해 그는 장기적으로 꿈꾸고 있는 것 같다. 그 우주는 어떤 끈들로 연결되어 있다. 이미 이혼했으나 아직까지도 수잔과 시몽의 삶의 자장에 영향을 미치고 있는 수잔의 남편 혹은 시몽의 아버지와 브뤼셀에 있는 수잔의 딸이자 시몽의 누이인 루이즈와 혹은 송이 만들었다는 또 다른 영화 〈기원〉의 알려지지 않은 내용과 8mm 프린트의 기억으로 남아 있는 수잔의 아버지이자 시몽의 할아버지. 그렇게 〈빨간 풍선〉에서 보이는 사람과 보이지 않는 사람, 존재하는 사람과 존재하지 않는 사람, 저기와 여기, 과거와 현재, 부재와 현존의 문제는 지금까지 말한 것과 어떤 끈으로 묶여 관련성을 갖고 있지만, 그걸 말하기 위해서는 또 다른 글이 필요할 것이다. 다만 이 자리에서는 몽상의 리얼리티를 이루는 몇 가지 지점들을 생각해보았을 뿐이며 그걸 수정하고 배운 것만으로도 벅차다.

영화의 후반부에서 시몽을 비롯하여 아이들을 인솔하여 오르세 미술관에 들어온 한 교사는 어떤 그림 앞에 아이들을 모아놓고 질문을 던진다. 한 아이가 빨간 공을 향해 달려가고 있는 그림이다. "자 이 그림 속에 뭐가 보이는지 한번 말해볼까"라며 선생은 아이들의 관심을 끌어낸다. 그림 속의 주인공이 "소녀"라고 아이들이 말하면 "그런데 소년일 수도 있다"고 선생은 답변해준다. "지금 아이가 무엇을 하고 있을까요?"라고 묻고 나서는 "찾으러 가는 것일 수도 잡아당기는 것일 수도 있다"고 말한다. 그림에 있는 어른들이 누구냐고 묻고 아이들이 "엄마 아빠"라고 답하면 그럴지도 모른다고 하고, 또 한 아이가 "유령"이라고 말하면 그것도 역시 그럴지 모른다고 말한다. "그림이 슬픈가 기쁜가" 물으면, 이제 아이들은 제 스스로 "슬프기도 하고 기쁘기도 해요"라고 말한다. 마침내 아이들은 그림이 "한쪽은 어둡고 한쪽은 해가 비친다"는 것도 발견한다.

이 그림이 나비파에 속하는 화가 펠릭스 발로통의 작품 「공」이라고 설명하지 않으니 그녀는 허우샤오시엔처럼 좋은 선생님이다. 아니 차라리 허우샤오시엔을 본뜬 영화 속 누군가다. 칸에서 〈브로큰 플라워〉로 감독상을 타던 짐 자무시가 허우샤오시엔을 향해 "당신은 나의 영화 학교입니다"라고 숙연히 말했는데, 내게도 그런 것 같다. 〈빨간 풍선〉은 영화 선생님 허우샤오시엔의 또 하나의 가르침이다.

(『씨네21』, 2008년 641호)

어느
도취에 관한
기록

어느 도취에 관한 기록

올해 2014년, 부산영화제에서 〈하우하〉를 본 몇몇 동료들은 내게 물어오곤
했다. "이 영화의 무엇이 좋았는가?" 칸 영화제에서 〈하우하〉를 보고 난 뒤
내가 이 영화를 영화제 최고의 작품으로 꼽았기 때문일 것이다. 비교적 최초
로 강력하게 호감을 표방한 자의 구체적인 의견이 궁금했던 것 같다. 더하여
그 질문은 대개 두 가지 반문을 괄호 안에 포함하고 있었다. 이 영화의 무엇
이 좋았는가(그다지 좋지 않던데?), 이 영화의 무엇이 좋았는가(좋은 것 같
기는 하지만 무엇이 좋다고 말해야 할지 잘 모르겠던데?) 나는, 면밀하고 치
밀하다 해도 사실상 이런 종류의 질문에 대한 화답으로는 거의 무용한 어떤
적극적 반론(나는 이만큼 정확하다) 혹은 작품과의 대면에서 발생한 불안정
한 감각적 전압을 견디고 표현하는 지난한 과정은 회피한 채로 기존의 참조

적이며 이론적인 용어들에 기대어 짐짓 우월한 지위를 점유한 척하는 과시주의적 거드름(나는 이만큼 알고 있다)을 피우는 대신에, 거칠지만 솔직한 비평적 화답의 한 방편으로서 내가 이 영화를 관람하며 겪어나간 순간순간마다의 감각적 체험의 추이 자체를 복기하고 싶어졌다(나는 이만큼 느꼈다). 작품과 나 사이의 감각의 전압을 혹은 내가 작품에 빠져든 침잠의 상태를 할 수 있는 한 기록해보고 싶어진 것이다. 〈하우하〉를 관람한 이들을 주요 대상으로, 설득 대신 수기를 택한 것이다. 〈하우하〉를 보지 못한 독자들의 경우라면 상당한 난독증을 겪을 것이 예상되는데도 어쩔 수 없이 이런 방식을 택하게 되었다. 〈하우하〉라는 영화 장면들의 흐름을 따라, 그 장면들을 보며 떠올랐던 나의 거칠고 정돈되지 않은 단상의 수준과 순서를 그대로 드러내며, 그러니 당연하게도 어떤 부수적이며 탈맥락적인 또 다른 단상들의 개입까지도 허용하며, 그것들이 이 글의 구성에도 반영되기를 바라면서, 그리고 애석하게 부산에서는 일정상 영화를 다시 보지 못했으므로 기억의 흐릿함과 부정확함이라는 무능까지 포괄하면서, 그 체험의 시간을 돌아보려 한다.

처음, 보다

제목이 〈하우하〉였다(부산영화제에서의 상영 제목은 〈도원경〉이었는데, 이 제목을 듣자마자 멋진 번역이라고 무릎을 쳤다. 모국어로서 이보다 더 근사하게 의역하기란 어려울 것 같다. 이 제목은 앞으로도 사용될 만한 높은 가치가 있다. 그럼에도 혼선을 무릅쓰고 지금 구태여 〈하우하〉라고 적은 데에는, 내가 영화를 처음 마주했을 때 이 제목으로 인식했기 때문이기도 하지만, 특히 감독이 영화의 제목에 관하여 했던 어떤 말이 기억에 남아서다. "무엇보다 '하우하'라는 단어의 소리가 주는 느낌이 좋았다. 뭔가 인디언들의 지명처럼 들리기도 하고 이국적이면서도 불가사의한 것 같고, 처음 이 단어를 접했을 때부터 그 오묘함에 완전히 빠져버렸다."(『씨네21』, 957호) 알론소의 이 말은 중요한 것 같다. 단지 작명의 차원에서가 아니라 이 영화의 연출에 관한 감독의 어떤 감각성과 연관되어 있기 때문이다. 이것은 뜻의 제목이 아니라 소리의 제목이며 기의의 제목이 아니라 기표의 제목이고 해석의 제목이 아니라 감각의 제목이다. 심신이 지쳐가던 칸 영화제 중반 즈음, 사물함을 열어보니 이 영화의 전단지가 들어 있었다. 포스터를 보는 순간 잠시 멍해졌다. 어두운 밤 혹은 새벽, 검은 대지의 지평선 너머로 푸르스름한 별과 빛이 보이고 가까이에는 기도하는 것인지 절망하는 것인지 알 수 없는 표정으로 제복을 입고 칼을 찬 채 눈을 감고 한쪽 무릎을 꿇고 있는 비고 모르텐슨의 모습이 보였다. 포스터의 이미지만 보고도 이 영화와의 교감은 예감되었다. 그런 포스터들이 있다. 영화의 홍보가 전부인 것이 아니라 그 영화의 성질을 일견 담아내어 미리 느끼도록 하는 포스터들. 예컨대 홍상수 영화의 포스터는 내 느낌에 정확히 〈밤과 낮〉부터 그런 중요한 존재물 혹은 일종의 부수적 예술 행위로 급상하였다. 반바지를 입고 계단을 내려오는 어느 여자의 하반신, 계단 아래에 쪼그려 앉아 걸레질을 하다 말고 그걸 올려다보는 어느 남자의 어색한 자세와 시선, 그런데 그 우스꽝스러운 상황이 담고 있는 저 불가사의한 분위기가 그렇다. 그런 불가사의한 분위기의 일종을 〈하우하〉의 포스터를 보며 느꼈다. 알론소의 전작들에 솔직히 그다지 큰 애정과 기대가 없는 편이었던 나는 어떤 막연한 기대에 부풀기 시작했다. 그리고 극장에 들어섰고 첫 장면을 마주하자 그 즉시 전율이 일었다. 1.33:1의 화면비 안에 놓인 인물들의 정확한 자리 혹은 우아한 형상이 그 전율을 일으켰다. 나는 첫 장면에서 이미 이 영화에 관한 호불호가 갈린다고 확신한다. 이 장면을 아름다움의 성취로 받아들일 것인가, 아름다움을 가장한 위악적 제스처로 규정할 것인가. 나는 전적으로 전자라고 받아들인 관객이다. 알론소는 이 영화를 1.85:1로 촬영했으나 후반 작업 중 지금과 같은 화면비로 바꾸었다고 말한 바 있는데, 화면비를 바꾼다는 건 컬러로 찍은 뒤에 흑백으로 바꾸는 것만큼이나 대단히 위험하고 모험적인 결정이다. 그런데 이 위험한 모험은 적어도 이 영화에 관한 한 옳았던 것 같다. 1.85:1의 〈하우하〉가 아름다울 리 없다고 나는 짐작한다. 화면비는 단순히 화면의 크기나 모양이나 비율의 문제가 아니다. 그것은 형상과 화면이 서로 맺고 공유하고 결탁하여 일으키는, 이 말이 어쩌면 착란에 해당할지라도, 지각적으로는 밀도의 문제라고 나는 늘 느낀다. 화면비는 구도의 문제가 아니라 밀도의 문제인 것이며 어떻게 얼마나 채워져 있는가의 느낌의 문제인 것이다. 그런 점에서 첫 장면, 바위 위에 앉아 있는 아버지와 딸의 장면은 더없이 아름다웠다. 딸은 카메라 쪽을 바라보고 앉았고 아버지는 뒤로 돌아 앉았다. 인물들은 정중앙의 정확한 자리에 꽉 차 있었다. 아름답게 꽉 차 있었다. 그들의 몸은 화면 안에서 중대한 권위와 지위를 차지하고 있었다. 화면의 모서리에서부터 그들 몸까지 이어지는 어떤 거리와 여백 그리고 정중앙을 점유하고 있는 그들 몸의 밀도의 팽팽함 때문에, 나는 아직 감동의 원인을 찾아내기도 전에 감동부터 먼저 하고 있었다. 칼 드레이어의 후기 영화를 볼 때 이런 벅찬 경험을 종종 하게 된다. 내용의 전개와 무관하게 저 인물들의 밀도 높은 육체성이 화면에서 차지하고 있는 어떤 중대한 아름다움으로서의 권위와 지위가 그 감동적 경험의 요인이 되곤 하는 것이다. 물론 이 점은 성공적일 때에만 그러하다. 예컨대 자비에 돌란이 〈마미〉에서 과감하게 선택한 1:1의 화면비는 유효하지 않거니와 치장에 가까워서 영화 내의 밀도를 허투루 만들어버린다. 〈마미〉의 화면비 선택은 형상을 그 화면 안에 '어떻게 채울 것인가' 하는 지점이 아니라 화면의 양옆을 '얼마나 잘라낼 것인가' 하는 것에 치중한 것처럼 보인다. 오히려 잠시 1.85:1의 화면비를 구사하는 대목에서야 〈마미〉는 가장 아름다운 화면을 보유하게 된다. 알론소가 〈하우하〉의 화면 네 모서리를 둥글게 구부려 놓은 건 물론 디자인적 발상인 것 같다. 누군가는 이걸 싫어할 수도 있다. 이 때문에 젠체하는 장난 짓으로 보일 수도 있다. 하지만 나는 그 둥근 곡선을 이 영화가 현실 안에서 비현실을 껴안는 자세로서 갖춘 우아한 시각적 은유 또는 이 영화가 19세기를 배경으로 한 동화가 되기 위해 갖추었어야 할 충분히 필요한 시각적 보충물로 받아들였고, 지금도 그렇게 생각하고 있다. 이러한 화면의 조건과 배경에 얼마간 눈이 익숙해지자 그리고 아버지와 딸의 육체를 벗어나자 이제 파타고니아의 드넓은 풍경이 눈에 들어오기 시작했다. 이것은 SF영화가 세계의 어떤 기원을 강조하려 할 때마다 선택하는, 시간이 무화된 지리적 풍경이다. 하지만 나의 감탄의 다음 대상이 그 광대하며 원시적인 풍경은 아니었다. 오히려 좁은 실내 장면을 보며 두번째 감탄사를 뱉었다. 아버지와 딸이 머무는 작은 텐트 안 장면이다. 많은 사람들은 〈하우하〉를 보고 나서 존 포드의 〈수색자〉를 거론했다. 대표적으로 내가 칸 영화제 베스트 리스트를 청탁했던 평자 제임스 콴트는 "형언하기 어려운, 알랭 레네가 연출한 것 같은 〈수색자〉"라고 〈하우하〉를 묘사했다. 충분히 공감할 만하지만 그건 〈하우하〉의 내용에서 기인한 감상이다. 공감할 순 있지만 내가 이 영화에 매혹된 이유는 아니다. 〈하우하〉를 보며 내가 존 포드를 심각하게 떠올린 건 어느 한 대목인데, 딸을 찾아 나선 아버지라는 이야기 전개 과정에서가 아니라, 딸이 떠나기 전 아버지의 잠자는 모습을 우두커니 보는 장면의 특정한 앵글에서였다. 그때 아버지와 딸을 각각 나눠서 찍고 있는 카메라, 거기서 느껴지는 어떤 기이한 애환과 존엄함이 문득 존 포드의 어떤 장면들의 무드를 떠올리게 한 것이다. 존 포드 영화의 앵글은 서사적으로 중요한 국면이 아닌 순간들에서조차 어떤 애환과 존엄함의 분위기를 엄중하게 품고 있는 경우들이 많다. 지금 당장 해명하기는 어렵지만 연달아 특정한 장면들이 떠올랐다. 〈리버티 밸런스를 쏜 사나이〉의 첫 장면과 〈러틀리지 상사〉에서 병사가 전장에서 호각을 불기 위해 화면 중앙에 우뚝 서 있던 그 장면들이 그때 문득 스쳐 지나갔다. 그 인물들을 찍어내는 앵글을 마주했을 때 느꼈던 어떤 존엄함과 애환이, 서사적 흐름과 무관하게 닥쳐오곤 했던 그 무드가 딸이 아버지를 두고 떠나려 하는 그 순간에도 문득 내게도 느껴진 것이다. 그렇게 좁은 실내의 앵글이 별안간 존 포드를 상기시키며 흥분의 상태로 나를 몰아간 것이라면, 떠나간 딸을 찾기 위해 아버지 군너가 텐트를 걷고 외부로 나가자 이번에는 거기 버티고 있던 빛과 색들이 나를 쓰러뜨렸다. 딸은 젊은 남자와 함께 막사에서 도망쳤고 그 사실을 알게 된 아버지는 딸을 찾아 나서려 한다. 그가 쓸쓸하게 제복을 주워 입고 칼을 차고 천막을 걷고 나와 맞은 그 새벽의 빛과 색 때문에 나도 모르게 탄성을 질렀다. 모든 것이 어둠과 빛의 교차였고 모든 색은 자기들의 원색을 생생하게 유지하고 있었으며 그로써 이 슬프고 힘겨운 순간에조차 영화는 도발적이었고 도취적이었다. 하늘은 짙은 청록색으로 칠해져 있었고 풀들은 녹색이었다. 저 멀리 산과 대지는 아직 칠흑같이 어두운 검정색이었고 덩그러니 놓인 텐트는 하얗고 하얀 흰색이었으며 텐트 옆의 모닥불은 주황색으로 활활 타고 있었고 그 옆에 갈색과 붉은색이 반반씩 섞인 제복을 입은 이 사내가 우두커니 서 있었다. 아키 카우리스마키의 많은 영화를 촬영해온 촬영감독 티모 살미넨이 촬영을 맡았다는 사실은 그 뒤에 알게 되었다. 칸 영화제에서 내가 본 영화들 중 여기에 견줄 만한 빛과 색의 마술을 부린 작품은 토미 리 존스의 〈홈즈맨〉(촬영 로드리고 푸리에토)과 예시카 하우스너의 〈아모레 포르〉(촬영 마틴 쉴라츠) 단지 두 작품뿐이다. 우리는 오즈 야스지로가 미루고 미룬 끝에 선택한 아그파 필름의 저 냉랭하고 음험한 색이 그의 영화에서 어떤 기이한 영화적 인상을 불러일으키는지 알고 있다. 더러 누군가는 아키 카우리스마키가 오즈 야스지로에게 바쳤던 과장된 헌사를 기억해낼 수도 있을 것이다. 그는 특히나 존경의 이유로서 오즈 영화의 그 붉은색을 거듭 찬미했다. 그러한 특별하고 특정한 빛과 색의 효능이 〈하우하〉에도 있었다. 평론가 켄트 존스도 〈하우하〉를 보고 유사하게 느꼈던 것 같다. 그는 이 영화의 "거의 모든 이미지가 색과 빛의 모험이며 어떠한 외양적 술수나 조작도 없이 마네의 천부적인 색의 가치를 수행해내고 마는 많은 대목들이 있다"고 찬사를 보냈다. 그러므로 이 새벽 이후에 이어지는 장면들이 오랫동안 낮 장면들이라는 사실은 내게 중요해 보인다. 이후에 군녀는 쏟아지는 햇볕 아래 드넓은 대지를 대책 없이 헤매고 돌아다니게 된다. 인상주의 화폭 안에 담긴 듯했던 강렬한 빛과 색은 이제 이 영화의 클라이맥스가 도래하기 전까지 잊히고, 한동안은 오직 백주 대낮의 태양 아래 쓰러지기 일보 직전으로 걸어다니는 군녀의 처량한 여정뿐이다(문득, 정말 낮 장면만 한동안 계속되었던가 의심이 든다. 내가 기억하고 있지 못한 것은 아닐까. 하지만 이 글은 이러한 기억과 망각의 활동까지도 포함하고 있으니, 그에 근거하여 계속 전개해보려 한다). 그러니 빛과 색에서 받았던 나의 감동은 그의 허무하고도 피로한 움직임과 동선에 기인하여 또 다른 축으로 옮겨와 있었다. 군녀의 움직임과 동선은 이 영화의 화면 비율과 또 다른 긴장의 국면에 놓이기 시작했다. 예컨대 그는 거의 매번 수평으로 움직이는 법 없이 수직 혹은 대각선으로 화면을 질러 다녔다. 수평과 수직의 동선이 이론적으로 어떤 인지적 차이를 가져오는지 나는 잘 알지 못하지만 적어도 거의 정사각형의 화면을 오르내리락 반복하는 그의 움직임이 갑갑하고 무용해서 더 피곤해 보였던 건 사실이다. 무료하기는커녕 손에 땀을 쥘 정도의 긴장감으로 넘쳐나는 장면들의 연속이었다. 군녀의 반복적이고 지난하고 피곤한 물리적 여정이 그러한 긴장감을 일으켰다. 하지만 그 물리적 여정은 지겹거나 단순하지 않다. 예컨대 군녀의 그 한 낮의 여정은 파트 1과 2로 교묘하게 나뉜다. 파트 1, 군녀는 말을 타고 딸을 찾아 다닌다. (그러다 딸과 함께 도망친 젊은이 코르토가 혼자 죽어가는 것을 발견한다. 딸의 행방은 묘연하다. 군녀의 근심은 더해진다. 하지만 그때 군녀는 숨어 있던 원주민에게 총과 말을 탈취당한다. 때문에⋯⋯) 파트 2, 군녀는 이제 터벅터벅 걸어다녀야만 한다. 그는 더 느려졌고 더 피곤해졌으며 더 절망적이다. 말과 총을 잃어버리는 사건 하나가 끼어들어 내러티브 구조에 일단락의 임시적 균열을 일으키자, 그의 육체의 피로도와 심리의 긴장 상태는 급속하게 훨씬 더 아득한 늪으로 빠져들었고, 동시에 그의 움직임과 동선과 속도감의 차원에도 더 큰 변화가 아니라 더 큰 절망적 분위기가 배어나게 된 것이다. 우리는 자연스럽게 묻게 된다. 도대체 이 정처 없고 무력한 수색은 언제까지 이어질 것인가. 그렇게 생각할 때쯤 문제의 털 빠진 들개가 나타나 그를 한 명의 노부인에게 인도한다. 그리고 나의 감동의 정체도 그 개의 출현을 따라 서서히 다시 또 바뀌기 시작했다. 이때 중요한 것이 있다. 영화 속의 시간도 낮이 아니라 밤으로 서서히 바뀌어가고 있었다는 점이다. 이제 다가올 장면들에서 내게 감동스러운 것은 동선도 움직임도 아닌 그 밤이며 비통한 음악의 자리이며 몸의 흔적이며 폐쇄적 공간이며 기이한 대화이며 그걸 거치자 엄습해 오는 우주적이며 상대적인 시간에 대한 멜랑콜릭함이며 현실에서 어느새 비현실로 옮겨간 시간의 차원적 전환성이었다. 예컨대 군녀가 노부인을 만나게 되는 대목에서부터 그녀와 헤어져 돌아가는 대목 사이에서 그러한 것들을 느꼈다. 들개를 쫓다가 밤을 맞은 군녀가 기진맥진한 채로 장검을 옆에 벗어놓고 바위 위에 털썩 드러누운 그 순간, 밤하늘의 별들이 무수하게 쏟아져 내렸다. 동시에 그 순간 기타리스트 버킷헤드가 연주하는 기타의 우는 듯한 소리가 들려왔다. 길고 험한 육신의 피로와 심리적 상처의 아픔을 기타의 연주가 대신 울고 있었다. 저 뒤로는 지금 일 군의 별자리들이 반짝이고 있고 군녀의 잠이 혼란스럽게 깊어질수록 별들은 대지를 향해 세상이 끝날 것처럼 무리지어 쏟아져 내리고 있었다. 그리고 누 군가는 이 장면을 보며 어떤 앞선 장면을 기억해낼 것이었다. 딸이 사라지기 직전, 영화 속 딸이 마지막으로 등장하는 장면에서 그녀가 연인 코르토에게 했던 중요한 말이 있다. 아마도 그들이 사랑을 나눈 뒤쯤이었을 텐데 풀밭의 돗자리에 앉아 딸이 코르토의 등에 새겨진 반점들을 보고 매만지며 "꼭 별자 리 같다"고 말한다. "쏟아지는 별처럼 아름답다"고도 말한다. 하지만 우리는 그녀가 말하는 그것을 보지 못한다. 별자리 그리고 아름답게 쏟아지는 별들 은 장면이 흘러 군녀의 그 밤에 이르러서야 시각화되는 것이다. 연인의 육체 위에 새겨져 있던 그 아름답게 쏟아지는 별자리라는 모반에 관한 인상은, 딸 을 찾는 아비가 바위 위에 지친 육신을 누인 그 밤에 이르러 실존의 풍경이 되어 있다. 누군가의 사랑은 누군가의 슬픔이 되었고 누군가의 등은 누군가 의 하늘이 되었고 누군가의 모반은 누군가의 별자리가 되었다. 그 내부와 외 부, 나와 타자, 육체와 우주의 기이한 설화적 이접이 나는 아름다웠다. 물론 이런 장면은 요설에 가까울 것이다. 하지만 이 요설을 과장되어서 허위적인, 단지 지나친 형식주의로서의 탐미적 자세라고 치부할 수는 없을 것이다. 나 는 누군가에게 반문할 필요조차 없었다. 나 자신에게 기입되어 있던 감탄의 경험들이 깨어나는 걸 느낄 수 있었다. 저 멀리 불꽃 축제가 열리고 미끄러 지듯이 나아가는 자동차의 수평 움직임 속에서 도노반의 「허디거디맨」이 음 울하게 들려오는 〈조디악〉의 첫 장면. 바비 빈튼의 「블루 벨벳」이 고즈넉하 게 들려오는 가운데 정원의 한 남자가 뒷목을 짚으며 쓰러지고 풀숲의 잘린 귀로 카메라가 불길하게 이동해 가던 〈블루 벨벳〉의 첫 장면. 고되고 성스러 우며 유머러스했던 종교적 여행길의 마지막에 이르러 동방박사들이 아기 예수 앞에 넙죽 업드려 경외를 바치는 그 순간 장엄하게 노래가 울려퍼지던 〈새들의 노래〉의 클라이맥스 장면. 시름에 젖은 여인이 슬로모션으로 국수통을 들고 좁다란 계단을 오르내리는 가운데 우베마야시 시게루의 현 음악이 들려오던 〈화양연화〉의 국수집 장면. 그리고 수시로 그와 같은 순간들을 영화의 접히고 펼치는 접경 지대로 사용하곤 하는 아핏차퐁 위라세타쿤의 영화들. 그것들에 황홀해한 만큼 〈하우하〉의 이 장면에서도 황홀했다. 그리고 영화는 나의 황홀을 뒤로하고 또다시 앞으로 나아갔다. 음악과 풍경의 장면들이 지나가고 빛의 장면들이 다시 도래했다. 하지만 이번에는 다소 다르게 돌아왔다. 군녀가 동굴 안으로 들어가 노부인을 만나자 한동안 자취를 감췄던 특별한 (어둠과) 빛의 효능이 이들을 감쌌는데 여기 특별하게 새로 개입해 들어온 것은 적절한 연극적 공간성이었다. 핀 조명과도 같은 푸르스름한 한 줄기 빛을 받으며 군녀와 노부인은 서로 대화를 나누고 있다. 군녀가 노부인에게 병정 인형을 주니 그녀가 좋아한다(군녀의 딸은 그 병정 인형을 갖고 도망쳤지만 군녀는 그 인형을 딸을 찾는 도중에 발견했다). 둘의 대화는 가까워졌다가도 조금씩 빗나간다. 이 노부인은 누구인가. 노부인은 군녀가 잃어버린 딸의 노년의 모습인 것도 같고 아닌 것도 같다. 그렇게 애매해지는 사이에 어떤 사물과 제스처는 놀랍도록 다시 돌아와 자기 자리를 차지하면서 우리를 자극한다. 딸에게 그토록 중요했던 나침반과 병정 인형은 군녀와 노부인 사이에서 화제에 오르고 마침내 첫 장면에서 딸이 아버지의 어깨에 살짝 고개를 기대었던 것처럼, 노부인이 군녀의 어깨에 그렇게 기대며 같은 제스처를 보일 때, 마침내 나는 두 사람의 관계를 사실로서 일치시키고 확정 짓는 것과 무관하게, 말하자면 사실 관계와 무관하게 그 감각적 인상 때문에 아득한 애처로움을 느꼈다. 그리고 첫 장면에서 딸이 자신은 언제쯤 개를 가질 수 있는 것이냐고 물었던 질문을 떠올렸다. 지금의 노부인이 오로지 개를 가졌을 뿐 모든 것을 잃은 사람이라는 걸 떠올렸다. 그리고 아직은 남아 있는 에필로그에서 현대의 어느 대저택에 사는 소녀가 털 빠진 개를 또 한 마리 갖고 있으리라고는 미처 생각지 못했다. 세 마리 개만이 실마리는 아닐 것이다. 우리는 이즈음에 영화적 사태를 직감한다. 우리가 군녀의 움직임과 동선을 쫓아다니는 동안 군녀의 실종된 딸은 그녀의 삶을 살았을 수도 있다는 것이다. 군녀가 그의 물리적 시간을 사는 동안 딸은 그녀의 서사적 시간을 살아갔을 수도 있다는 뜻이다. 그녀는 죽은 것이 아니지 않은가. 그녀는 사라진 것이다. 그러니 앞에 있는 저 노부인이 군녀가 그토록 찾아 헤맨 그의 딸일 수도 있는 것이다. 하지만 거듭 말해도 그것은 사실 관계가 아니라 인상으로서 그러하다. 딸을 찾아 헤맨 군녀의 시간관으로는 그것이 불가능하다. 그렇다면 그걸 가능하게 하는 시간관은 무엇인가. 이것이 중요한데, 〈하우하〉를 본 내가 이때쯤 직감하게 된 것은, 우리가 군녀의 여정을 따라다니는 동안 실제로는 더없이 동화적이며 설화적이어서 상대적인 시간의 대지를 건너오게 되었다는 것이다. 다음과 같은 근거들을 생각하지 않을 수 없었다. 이 영화에서 밤 장면은 기껏해야 한 번 정도 등장한 것 같다(나는 여전히 나의 이 기억과 진술이 의심스럽다. 하지만 이 의심에 바탕해서 감상을 지속하려 한다. 며칠 밤이 등장했다 해도 사태는 크게 달라지지 않는다). 밤과 낮의 등장 시간으로만 측량하자면 군녀는 단 하루의 시간 동안 딸을 찾아 헤맨 것일 수도 있다. 이 영화는 그럴 경우 단 하루를 배경으로 한 영화다. 하지만 알론소가 군녀의 그 무수했던 밤들 중 오로지 어느 하룻밤만을 특화한 것일 수도 있으니 이 영화의 시간이 하루라고 우린 단정지을 수도 없는 노릇이다. 그럴 경우 이 영화는 하루처럼 보이도록 구성된 수많은 날들로 구성된 영화다. 물론 여기에는 군녀의 변하지 않은 외양이라는 또 다른 모순점이 의도적으로 배치되어 있다. 어느 쪽이건 군녀가 그렇게 오래 낮의 장면들을 헤매야 했던 이유 중에는, 그리고 우리가 그걸 보아야만 했던 이유 중에는 구조적 혼돈을 통한 시간의 상대적 성립이라는 효과가 있었을 것이다. 밝음과 어둠으로 계산되는, 그리고 그것 때문에라도 실제로는 계산이 아리송해지는 낮과 밤의 시간의 흐름과 군녀라는 인물의 동선에 따른 물리적 시간의 흐름과 그에 따른 심리적 시간의 흐름이 동화적이고 설화적인 이 영화의 상대적 시간의 빅뱅을 가능케 하고 있다. 시간의 초점을 모순되게 하고 중첩시켜 상대화하는 것이다. 더 중요한 건 알론소가 여기서 멈추지 않는다는 것이다. 시점(時點)이 중첩된다면 시점(視點)은 전환된다. 그리고 시점(視點)의 전환을 따라 시제의 전환까지 이루어진다. 기이한 건 그걸 가능하게 하는 것이 비주얼이 아니라 보이스라는 데 있다. 노부인의 동굴을 나온 다음 군녀는 힘없이 무릎을 꿇는다. 내가 포스터에서 보았던 바로 그 자세로 그는 절망한다. 내 기억으로는 바로 이때쯤 여인의 보이스 오버가 들려왔고, 군녀의 저 여정을 설명했던 것으로 기억한다. 그리고 그 목소리는 (번역된 영어 자막에 근거하자면) 과거형이었다. 노부인의 보이스 오버로 그렇게 이 영화의 내러티브를 정리해내자 이 영화는 갑자기 그간의 서사에서 완전히 돌아서, 군녀의 이야기가 아니라 그녀의 어떤 회상의 이야기인 것 같은, 그것도 그녀가 과거에 겪었던 회상에 대한 이야기인 것 같은, 시점 주체의 전환 및 시제의 전환이라는 인상을 갖게 된 것이다. 보이스 오버의 출현에 따른 시점(視點)과 주체와 시제의 변경이 일어나는 순간이었다. 영화에 그어지는 또 하나의 곡선이었다. 군녀가 동굴을 빠져나와 걷는 그때 목소리는 묻는다. "무엇이 삶을 움직이게 하고 가능하게 하는 것일까?" 그리고 잠시 뒤 군녀가 대지에 무릎을 꿇을 때 그 말은 한 번 더 반복된다. "무엇이 삶을 움직이게 하고 가능하게 하는 것일까?"

디졸브가 일어나 장면이 바뀌고 이 영화의 2부에 해당하는 짧은 에필로그가 등장한다. 동시대의 어느 대저택에서 어느 소녀는 잠이 깬다. 앞선 이야기는 꿈이었을까. 소녀는 개를 끌고 산책을 나가고 아버지를 만난다. 앞서 딸을 찾는 아버지 군너의 긴 수색이 있었다면 에필로그에는 아버지를 스쳐 지나간 딸의 짧은 산책이 있다. 소녀는 숲속에서 병정 인형을 줍지만 잠시 손에 쥐었다가 무심하게 호수에 휙 던져버린다. 병정 인형이 동심원의 파장을 일으키고 그 물결에 군너가 헤맸던 19세기 파타고니아의 풍경이 잠시 비쳤다가 사라진다. 무엇이 삶을 움직이게 하고 가능하게 하는 것일까, 나는 생각했다.

다시, 보다

나의 두번째 관람도 짧은 에필로그에 해당한다. 알론소의 인물들은 전작에서도 대체로 "외로운 남자들"이었다. 그들은 종종 누군가를 찾아 나서거나 향해 갔고, 광대한 풍경을 혹은 폐쇄된 장소를 느리고 오래 유영했다. 중요한 것은 그러한 주인공의 내용적 여정에 새롭게 인위적이고 구조적으로 어떤 성질과 상태가 부여되었다는 점일 것이다. 알론소는 아르헨티나 시인인 파비앙 카사스가 쓴 시나리오에서 자신이 취하고 싶은 것들을 취해 이 영화를 만들었다고 밝혔는데, 개인적인 바람을 말하자면, 알론소가 카사스와 지속적인 작업을 이어갔으면 좋겠다. 카사스가 알론소 영화의 수준을 급상시켰다고 나는 생각한다. 알론소는 전작들에서 시각적 인위와 연관된 사건의 매듭을 고안하는 데 매우 불철저하거나 무관심하거나 그렇게 무관심해야만 좋은 영화라고 믿는 경우들이 많았다. 〈하우하〉는 다르다. 인물과 사건의 매듭이 전체 구조에 보다 긴밀하면서도 중요한 관계를 맺으며 영화 전체의 신비로운 리듬이 배가되었다. 그의 전작들은 인위적 구조에 무관심한 대신, 앵글에 담기는 장소의 리얼한 공기의 농축에 치중했는데, 자신이 취하고 싶은 만큼 완전치 못해서 원하는 만큼 충분히 물질적이지 못하거나 얼마간 지루했다. 알론소의 영화들은 무언가 조금씩 미비했고 그걸 자신의 형식적 진지함으로 덮곤 했다. 그런데 티모 살미넨의 참여가, 카사스의 시적인 개입이 알론소의 세계를 고양시킨 것 같다. 어쩌면 동시대의 감독들을 신중하게 의식한 긍정적인 결과일 수도 있겠다. 〈하우하〉는 확실히 알베르 세라와 아핏차퐁 위라세타쿤의 영화들을 의식하고 있다. 현실에 인위적 구조를 더하여 비현실을 풍요롭게 끌어안으면서 다시 현실 쪽을 바라보게 하는 방법을 배운 것이다. 이 긍정적이면서도 은밀한 모사의 성취도가 앞으로 어떻게 전개될지는 더 지켜보아야겠다. 다만 어떤 영화와 닮았는가 하는 것은 중요치 않을 수도 있다. 존 포드의 서부극에서부터 빅터 시외스트룀의 어드벤처물에 이르기까지, 이 영화와 닮았다고 거론되는 수편의 영화들에 관해 나는 들었지만, 그 지적들이 중요하게 들리지 않는다. 어떤 영화와 닮았는가 지적하는 것보다는, 어떤 영화를 느끼는 방식으로 이 영화도 느낄 것인가, 묻는 건 어떨까. 알베르 세라의 미치광이 기사와 우스꽝스러운 동방박사들을, 아키 카우리스마키의 주정꾼들과 길 잃은 소년들을, 아핏차퐁 위라세타쿤의 승려와 군인과 요괴들을 느꼈던 감상의 방식과 흡사하게 느껴보는 건 어떨까. 이른바, 불가사의함에 관한 시적 무드의 설화 내지는 동화라고 간주하며 감상해 보는 것은 어떠할까. 나는 그렇게 느꼈다. 알론소의 영화가 얼마나 더 신비롭고 도발적으로 나아갈 수 있는지는 내가 확신할 수 있는 일이 아니다. 단지 나는 이러한 감각의 과정들을 체험하며 〈하우하〉에 깊이 도취되었고, 좀처럼 거기에서 깨고 싶지 않을 뿐이다.

(한국영상자료원, 2014년 12월)

4부

고감의 문

떠나거나
정착하거나

하숙집 주인의 여식과 가난한 하숙생 사이의 사랑은 오래된 소재다. 그들의 관계는 조그만 앞마당에서 은밀한 눈인사로 꽃피며 결과는 대체로 둘 중 하나다. 둘의 사랑이 믿을 수 없을 만큼 단단하고 지속적일 때 그들은 죽어서도 잊지 않는 사랑의 전범으로 남으며 행복한 결말에 도착한다. 슬픈 결말에 이르러야 할 때는 하숙생이 하숙집 딸을 배반한다. 남자가 그 집을 떠나고 여자가 홀로 남는다. 하지만 여자는 홀로 남지 않고 그가 남긴 혈연의 징표를 갖고 남는다. 여자는 임신한 채 남는다. 집을 벗어나며 다시 돌아오겠다고 맹세한 남자가 돌아오지 않을 때 여자는 기약 없는 기다림의 인생을 시작한다. 우리에게 익숙한 멜로드라마의 소재 혹은 허름한 동네 어딘가에서 들어본 풍문 혹은 철지난 농담 속의 하숙집 딸과 하숙생의 이야기는 상투적이지만 그렇게 둘 중 하나다.

　시작이라면 오점균의 〈경축! 우리 사랑〉도 다를 바가 없다. 하숙생은 배운 것 없고 가진 것 없이 고아로 자란 청년 구상(김영민)이다. 그는 "방통대 졸업장이라도 따려고" 낮에는 일하고 밤에는 공부한다. 갖고 있는 재주는 세탁 기술이 전부다. 하숙집 딸 정윤(김혜나)은 취직을 못해 그냥 집에서 빈둥거린다. 정윤과 구상이 사귀고 있지만 하숙집 주인 내외 하씨(기주봉)와 봉순(김해숙)은 그 사실을 모른다. 이들 부부가 운영하는 노래방에서 딸 정윤이 하숙생 구상과 누워 있는 걸 본 뒤에야 여주인 봉순은 둘의 관계를 알아차린다. 정윤은 관계를 들킨 걸 기회 삼아 구상과 결혼하겠다고 하고 허락도 얻는다. 그런데 정윤에게 전화 한 통이 걸려오자 오래된 이야기의 상투성에 금이 간다.

둘은 사랑했는데 남자가 아니라 여자가 떠난다. 취직이 되었다는 통보를 받자 결혼을 약속했던 정윤은 구상을 버리고 미련 없이 집을 나간다. 흘러간 옛이야기에서는 남자의 도주가 구설수의 키워드였다. 하지만 〈경축! 우리 사랑〉에서는 여자가 떠나고 남자가 남겨지면서 새로운 구설수가 시작된다. 정윤이 버리고 간 구상, 그는 이 동네를 뜰 것인가 혹은 그녀를 찾아 나설 것인가. 깊은 실의에 빠졌지만, 예상외로 그는 묵묵히 이 집의 하숙생으로 계속 머무른다. 이때 구설수의 초점이 여주인 봉순과 그 하숙생 구상 사이로 옮겨진다. 딸이 떠나자 딸의 어머니 봉순이 하숙생을 사랑한다. 심지어는 그의 아이도 갖는다. 어때, 망측해? 꼭 그렇지는 않아. 감독 오점균은 그렇게 말하고 있는 것 같다. 도리어 그런 게 신명나는 일이라고 상상한다. 온 동네가 이 집 이야기로 술렁거린다.

〈경축! 우리 사랑〉은 능글맞기 짝이 없는 판타지의 영화다. 김기덕 영화에서 무서울 만큼 저돌적으로 집행되는 개념적 인물들 간의 집착과 파괴라는 환상의 구조에 해학이라는 그물을 던진다면 어떨 것인가. 〈경축! 우리 사랑〉은 그 예시처럼 보인다. 일상생활의 상식에 기대어 김기덕의 인물이 말이 되지 않는다고 할 때(뉴스를 보다가 사형수를 찾아가는 〈숨〉의 여자가 상식적이지는 않다), 그건 오히려 김기덕 영화의 흥미로움을 인정하는 것이 된다. 마찬가지로 말도 안 되는 상황을 구렁이 담 넘어가듯 진전시켜가는 〈경축! 우리 사랑〉을 보고 말이 안 된다고 할 때 그건 이 영화가 흥미롭다고 인정하는 셈이 된다. 〈경축! 우리 사랑〉은 능글맞은 해학을 앞세워 막무가내로 슬금슬금 진전한다. 가난한 동네, 허름한 한옥을 배경으로 펼쳐지는 이 환상의 구조를 보면서 키득대다보면 시인 신경림이 부른 시 「가난한 사랑 노래」의 한 문장을 저절로 변주하여 흥얼거리게 된다. "가난하다고 해서 사랑을 모르겠는가", 깊고 넓은 시인 신경림은 그렇게 말했다. 봉순의 늦은 사랑 노래를 접하고 나면 우리는 이렇게 바꿔 부르게 된다. 늙었다고 해서 사랑을 모르겠는가. 아니, 가난하다고 해서 환상을 모르겠는가.

　하지만 봉순이라는 50대 여성이 사랑을 찾는 과정 자체가 말이 안 되는 것이며 환상 구조의 핵이라고 나는 지금 말하려는 게 아니다. 근 스무 살 나이 차가 나는 여자와 남자가 사랑하게 되는 일이 희귀한 일이기는 해도 없는 일은 아니다. 그건 이 영화가 막무가내 환상력을 발휘하는 도화선이지만 환상의 강력한 진전은 거기에 있지 않다. 둘의 관계보다는 둘이서 힘을 합해 맺는 장소와의 관계에 더 능글맞은 환상성이 자리 잡고 있다. 하씨는 아내의 임신 사실이 알려지자 동네 부끄러워 구상을 쫓으려고 한다. 하씨와 호형호제하는 동네 남자들까지 나서서 "삼 일 안에 동네를 뜨라"고 구상에게 으름장을 놓는다. 그때 구상은 "제가 말입니다. 봉순 씨를 사랑합니다"라고 선언한다. 봉순에 대한 구상의 사랑이 실은 새로운 어머니를 얻는 것임을 또한 의미한다 해도(영화는 의식적으로 둘의 신체적 접촉을 보여주고 있지 않으며, 구상은 부모가 없는 고아로 설정되어 있다. 그가 부모를 가질 경우 이 환상이 성립되지 않을 것이라고 판단한 것 같다), 우리는 봉순을 사랑한다는 구상에게 당연히 이렇게 물을 수 있다. 둘의 사랑을 인정하네, 그런데 그 사랑이 자네가 동네를 떠나지 않기 위해 버티는 것과 무슨 관계가 있는가. 사랑과 머무름은 왜 병행되어야 하는가. 구상이 봉순을 사랑한다면 그 둘은 이곳을 떠나 새로운 삶을 살 수도 있다. 일터를 바꿔야 하는 어려움이 있지만 그게 여기 남아 지탄 받는 일보다 더 어려울 것인가. 〈경축! 우리 사랑〉을 환상 구조라고 말할 수 있는 건 이 대목이다. 그들이 이곳에 머무르리라 결심하여 버티기 때문이다. 그때부터 일상의 논리가 적용되지 않고 틈새가 벌어진다. 결국 한 지붕 아래 하씨와 봉순과 한때 구상을 사랑했던 딸 정윤과 봉순이 낳은 자식과 구상이 그냥 같이 산다.

그러니 이런 짐작이 가능하다. 구상이 사랑하는 건 정말 봉순 자체인가. 정확히 말해 구상은 봉순이 아니라 봉순과 함께 이곳에 계속 사는 것을 진정 더 사랑하는 것은 아닌가. 그 점에서 구상이 떠나지 않기 위해 눙치는 이 마을의 존재가 실로 중요해진다. "나는 이 동네 정말 싫어. 오빠는 이 구질구질한 동네에서 만날 이렇게 다림질만 하고 살 거야?"라고 떠나가기 직전 정윤이 구상에게 물었을 때에도 구상은 "그게 왜?"라고 이상하다는 듯 반문한다. 거기에 주목할 때 봉순과 구상이 이 마을과 맺고 있는 관계를 우린 다시 생각하게 된다.

〈경축! 우리 사랑〉의 이 마을에 관해 이야기하게 될 거라는 걸 나는 영화를 보기 한참 전 이상한 경로로 직감하게 되었다. 부산영화제의 홍효숙 프로그래머가 〈경축! 우리 사랑〉을 미리 보았다며 문득 이런 말을 꺼냈다. "이 영화에 나오는 동네 있지 않은가. 여기에서 영화를 많이 촬영한다. 〈경축! 우리 사랑〉 외에도 ○○○의 ○○ 영화도, ○○○의 ○○ 영화도 여기에서 촬영했다."(나는 이 두 사람의 이름과 영화 제목을 잠시 공백으로 두려 한다.) 그 말을 들으며 먼저 본 두 편의 영화를 떠올렸고, 여기에 무언가 흥미로운 실마리가 있다는 걸 곧 알게 되었다. 아마 오점균과 나머지 두 감독은 서로의 영화에서 이 마을이 배경이 된다는 걸 잘 알지 못했을 것이다. 물론 왜 각자의 독창적인 장소를 발견하지 못한 것이냐고 물을 수도 있다. 또는 영화적 장소의 발견이 제약을 받을 수밖에 없게 된 서울의 기형적 발전사에 대해 생각해볼 수도 있다. 혹은 이 동네를 배경으로 한 영화들은 더 있을 것이다(잦은 촬영에 지친 이 마을 주민들은 이제 영화 촬영을 잘 허락하지 않는다고 한다. 〈경축! 우리 사랑〉도 주민들의 허락을 받기가 쉽지 않았다고 관계자는 말한다).

그 점은 그러나 지금 나의 질문에 포함되지 않는다. 오점균을 비롯한 나머지 두 감독이 영화적 장소를 선택하는 문제에서 일정한 공유점을 지니게 되었다는 사실 자체가 더 흥미롭다. 게다가 그들이 선택한 이 장소는 각자의 영화에서 매우 중요하다. S자로 구부러진 비탈길, ㄷ자로 꺾인 육교, 한눈에 봐도 재개발을 기다리는 것 같은 불규칙하고 허름한 한옥들. 여기는 서울시 종로구 이화동이다. 나는 세 편의 영화가 이화동에 품은 장소에 대한 욕망이 궁금하다. 거기에 기필코 카메라를 댄다는 것은 무엇을 포착하고 싶었다는 뜻이었을까. 그리고 더 긴급한 점. 이 우연한 잡담에서 시작된 질문을 세 편의 영화에 한정하지 않고 동세대의 주목해야 할 한국 영화감독들에게로 옮긴다면, 그들 각자의 영화 속 공간과 장소를 이해하는 문제와 연관한다면, 질문은 더 중요해진다. 임권택, 이창동, 이명세, 김기덕, 박찬욱, 허진호, 홍상수 등 그들의 공간과 장소는 어떠한가. 또는 이제 막 등장한 주요 신진 감독들의 공간과 장소는 어떠한가. 나는 그 질문 뒤에 이화동으로 돌아오려고 한다. 질문하고 싶다. 한국 영화에서 각자의 공간과 장소는 어떻게 이해되고 표현되고 있는가.

한국 영화의 스승 임권택은 자신의 공간과 장소에 관해 가장 오래도록 끈질기게 성찰하는 감독이다. 임권택 영화에는 늘 '풍경'이 있다. 그의 풍경은 물론 거칠게 말해 둘로 나눌 수 있다. 공간으로서의 풍경과 장소로서의 풍경. 공간으로서의 풍경은 화폭 안에 담긴 한 예술가의 산수화로 끝내 그려지거나 한 명창의 소리로 불린다. 그 공간의 풍경은 늘 예술품이 된다. 〈천년학〉의 마지막 장면에서 예술가의 행위는 공간적 풍경을 기적처럼 재활시켜 위대한 예술품으로 완성시키는 것처럼 보인다. 그리고 장소의 풍경이란 그 같은 예술적 결과물을 얻기 위해 임권택 스스로 떠돌다 샅샅이 알게 된 남도 땅 그 자체다. 둘 중 무엇이 되었건 거기에 삶이 관여되어 있다는 게 임권택이 묘사하는 곳의 특징이다. 임권택의 그곳은 풍경이되 그 풍경은 삶이다. 삶은 다시 나뉘어 때로는 역사의 삶으로 때로는 개인의 삶으로 나아가지만 그때마다 계절과 산천의 풍경은 결코 지워지지 않는다. 그래서 임권택의 영화에서 풍경을 주시한다는 건 꽃놀이를 간다는 뜻이 아니라 결단코 공적, 개인적 삶의 얽힘을 본다는 뜻이 된다. 임권택의 풍경을 삶 자체라고 말하는 게 상투적이라고 반문할 것인가. 그렇다면 이렇게 자문하자. 임권택을 제외하고 동시대 한국 영화에서 영화 속 풍경을 지난한 삶의 문제 안에 포함시켜서 보는 시선이 또 있는가. 임권택의 다음 세대 중 배창호가 있지만 그의 영화를 볼 기회는 점점 줄어든다. 이명세는 일찍이 〈개그맨〉에서 피력한 길과 꿈, 두 가지 욕망 중 지금 꿈을 구현하는 데 욕심이 있다. 이명세는 장소보다 공간을 선호하고 자연적으로 놓인 공간보다 세트화된 공간을 추구한다. 이명세의 공간이란 세트의 창조를 의미한다. 이명세는 풍경이 필요할 때에도 그걸 세트에서 창조한다.

　임권택의 영화에서 풍경을 삶이라고 한다면, 어쩌면 그건 이창동의 영화에도 적용할 수 있지 않은가. 이창동 영화의 장소들 역시 삶의 반영은 아닌가. 그런데 생각해보자. 어쩌면 이창동이 스스로 영화의 장소를 삶으로 놓고 시작했을 수는 있다(〈초록물고기〉에서 가장 아름다운 장면, 일산의 풍경을 대변하는 버드나무의 그 미묘한 흔들림, 그 터, 그 아래에서 평화롭게 살기를 꿈꾸는 가족들). 하지만 〈밀양〉을 보면 이창동의 장소는 삶이 아닌 다른 무엇이다. 그곳은 마침내 캐릭터다. 거대한 인물이며 그 인물의 장소화다. 우리는 〈밀양〉에서 밀양의 삶을 본 것일까. 아니, 밀양에서의 삶을 '본 것'이 아니라 밀양으로 장소화된 하나의 인격체를 '대한 것'은 아니었나. 이창동은 밀양을 신중하고 신묘하게 캐릭터화한다. 이 말은 이창동이 삶을 다루지 않는다는 뜻이 아니다. 삶을 대변하는 어떤 지명으로 밀양을 보여주는 대신 우리가 마주하게 된 어떤 인격체처럼 구성했다는 뜻이다. 그게 바로 신애(전도연)가 종찬(송강호)과 사랑할 수 없는 이유일 것이다. 종찬은 이미 거대하게 캐릭터화된 밀양의 신체 일부일 뿐이다. 신애가 궁극적으로 대하는 건 캐릭터가 된 밀양이지 그 일부인 종찬이 아니다. 비유적으로 말할 때, 양품점 주인은 밀양의 차갑지만 평범한 얼굴이고, 종찬은 밀양의 따뜻한 심장이며, 웅변학원 선생은 물욕으로 물든 밀양의 몹쓸 손이다. 신애의 아이를 밀양의 그 몹쓸 손이 유괴한다. 거대 캐릭터로서의 밀양과 대적하고 선 여주인공 신애, 이 비대칭의 관계에서 일어나는 일을 그린 것이 영화 〈밀양〉이다. 그녀는 거대한 밀양을 상대하다가 결국 힘에 겨워 종교에 의탁하여 미쳐가지 않았던가. 이창동의 영화에서, 특히 〈밀양〉에서, 그곳은 영화 속 주인공의 운명을 자동 조종하는 보이지 않는 거대한 손의 주인이다.

줄곧 지방에서 영화를 완성하는 건 이창동이 아니라 허진호다. 하지만 이창동의 밀양과 허진호의 삼척(〈봄날은 간다〉) 혹은 양평(〈행복〉)은 지방이라도 같은 지방이 아니다. 허진호의 지방은 닫혀 있는 지역성을 지녔다. 그리고 이 지역은 풍경이 아름다운 장소가 아니라 연애를 보존하는 안전지대다. 허진호는 풍경이 아름다운 삼척에 가도 그걸 조감하지 않는다. 일부분만 내려다보거나 박물관에서 조감한다. 대신 이 지역 안에 인물들이 임시적으로 머무르는 상태에 대해 아름답게 묘사한다. 그 지역 안에서만 보존될 수 있는 특별한 연애의 감정. 적어도 지금까지 허진호의 영화 속 그 애틋한 감정은 그 지역 안에 있을 때에만 대개 지켜진다. 심지어 인물들은 연애의 감정이 깨질까봐 서울로 들어오기를 겁내는 것처럼 보일 정도다. 그걸 어기고 허진호의 인물들 중 하나가 서울로 들어오면 그들은 다투거나 헤어지거나 파멸한다(〈행복〉).

허진호의 반대 경우가 있다면 김기덕이다. 김기덕은 자신의 공간과 장소를 선택하는 데 한계나 부담을 느끼지 않는다. 그곳이 어디라 해도 두려워하지 않는다. 물론 그건 김기덕만의 경제적인 영화 만들기의 방법과 관련 있는 것이지만, 그렇다 해도 김기덕의 영화에서는 지리적 특성보다 늘 영화의 추상적 개념이 먼저 앞선다는 점이 관건이다. 김기덕의 그곳은 더도 덜도 아닌 개념이다. 개념 아래에서 그곳은 선정되거나 만들어진다. 예컨대 〈봄 여름 가을 겨울 그리고 봄〉의 물 위에 뜬 정자는 원래 거기 있었던 게 아니라 개념의 반영으로 설치된 것이다. 그러므로 김기덕의 그곳에 대한 생각은 불가피하게 인물들의 연기와도 직접적인 연관이 있다. 김기덕의 영화에서 인물들의 연기에 대해 당신은 어떻게 생각하는가. 개인적으로는 그들의 연기가 점점 더 행위예술가의 무엇에 근접해가는 느낌이다. 행위예술가들에게 장소란 특별한 의미가 없다. 행위예술가들에게 중요한 건 개념이며, 그들이 개념을 표현할 자신의 신체와 그 신체를 움직일 얼마간의 공간만 있으면 될 것이다. 그곳이 도심이건 시골이건 상관없는 법이다. 김기덕에게는 허진호처럼 지켜야 할 연애의 감정이 있는 게 아니라 깨우쳐야 할 추상의 개념이 있다.

그리고 박찬욱이 있다. 〈친절한 금자씨〉를 두고 『씨네21』이 그에게 초현실주의에 대한 관심이 엿보이는 것 같다고 하자, 그는 딱 잘라서 말하기를

"그보다는 연극적인 공간에 매료되는 것 같다"고 말했다. 한마디로 박찬욱은 갈수록 자기의 그곳을 무대로 여긴다. 때문에 박찬욱 영화의 클라이맥스는 대개 특정하게 꾸며진 무대 위에서 벌어진다. 연극의 평평한 무대 위에 올라선다는 의미보다는 무대 위의 상연을 보고 있는 것 같은 장소를 선택하거나 그런 세트를 설치한다고 말하는 편이 맞을 것이다. 잔혹한 피의 심판이 가해지는 〈친절한 금자씨〉의 학교라는 무대. 용서와 구원을 비는 골목길이라는 무대. 〈싸이보그지만 괜찮아〉도 일면 뮤지컬의 느낌을 주었다. 박찬욱 역시 뮤지컬의 느낌을 배제하지 않고 이 영화를 만들었다고 말한 바 있다. 뮤지컬에서 중요한 것은 역시 그들이 서 있는 무대와 인물들의 결연이다. 〈싸이보그지만 괜찮아〉의 개인무와 군무, 그건 정신병동이라는 이 무대에서만 가능하다.

　홍상수의 장소에 관해서라면, 얼마 전 정성일이 지적한 바 있으니 여지를 얻어 조금 더 길게 첨언하고 싶다. 그는 홍상수가 "장소의 인상을 다루는 매너"를 갖고 있다고 적확하게 말했다(『씨네21』, 648호). 내 식대로 이해하자면 정성일의 지적은 홍상수를 지리적으로 포획하려는 노력이 왜 실패할 수밖에 없는가에 대한 대답이다. 홍상수의 파리는 과거의 기억과 현재의 물질이 맞닿아 새로 생긴 인상의 조합이다. 지리를 인상으로 포착한 자의 영화를 인식의 논리로 해석하면 배는 늘 산으로 간다. 즉, 홍상수의 파리는 무엇인가라고 누군가가 물으면 대답이 없다. 홍상수에게는 인사동 어느 술집의 술잔과 그날 새벽의 푸른 기운이 중요하지 종로3가를 지나 위치해 있는 인사동이라는 장소가 중요하지 않다. 그가 지하철역 입구를, 상점의 간판을 보여줄 때 그건 기호가 아니라 단지 인상의 흔적이다. 그 순간 찾아온 그곳에서의 인상을 직관과 감각으로 포착한 자의 영화를 지리적 인식론으로 해석하려고 든다면 당연히 실패할 만한 일이다.

정성일이 지적한 내용 중 〈밤과 낮〉이 세잔식 감각의 유물론과 궤를 같이 한다는 점에 대해서도 의견을 첨부할 수 있다. 홍상수가 인상을 포착한다면 그건 그 장소에 있는 물질의 인상이다. 물질의 인상을 감각하는 방식이 보여 홍상수의 영화에서는 현재라는 완고한 시간이 된다. 그러나 나는 홍상수가 유물론에 근접해 있다는 점에 대해서는 아직 확신이 없다. 홍상수가 장소를 채운 물질의 인상을 다루되 관념과 구체의 단단한 결합으로 다루기 때문에 유물론적이라는 느낌을 불러일으키는 것이 아닌가 생각한다. 이렇게 말할 수 있다. 나는 감각의 유물론이라는 말 대신 질료적 유물론이라고 불러볼 것이다. 그렇게 부를 때, 세잔의 질료적 유물론을 영화에서 직접적으로 펼쳐 보이는 건 스트로브-위예다. 그리고 스트로브-위예가 최후의 방어자가 되겠다고 했던 건 에릭 로메르다. 홍상수, 스트로브-위예, 에릭 로메르. 홍상수의 장소성을 말하기 위해 스트로브-위예와 에릭 로메르를 동원한다면 이상하게 들리겠지만 좀더 풍성한 설명을 위해 위험을 감수해보자.

홍상수는 갈수록 루이스 브뉘엘과 유사해지는 것이 아니라, 스트로브-위예, 에릭 로메르 사이의 어딘가에 위치하여 그들 영화와의 유사점과 차이점을 형성한다. 한때 에릭 로메르와 홍상수를 비교하는 의견이 많았는데 홍상수의 최근작 〈밤과 낮〉과 에릭 로메르의 최근작 〈로맨스〉를 같이 놓고 생각하면 그들이 공유하고 있는 것은 연애담이라는 서사를 넘어 물질에 대한 인상이라는 걸 확신하게 된다. 로메르의 이 영화는 앙상한 이야기 말고 아무것도 없지만 기가 막힐 정도로 단단하다. 얼마나 단단한지 그것이 찢거나 분해할 수 없는 공기라는 생각에 도달하게 된다. 공기라는 눈에 보이지 않는 무색무취한 물질성의 단단함, 거기에 대한 인상. 로메르는 〈아스트레와 셀라동의 사랑〉을 공기에 대한 인상으로 채운다. 홍상수의 영화처럼 여기에도 풍경은 없다.

풍경을 다루되 전격적인 유물론자의 입장으로 다루는 것은 말한 대로 스트로브-위예다. 물론 스트로브-위예가 유물론적으로 풍경을 다룰 때 그들은 홍상수나 로메르처럼 물질에 대한 인상을 중요시한다. 하지만, 여기서 정말 중요한 차이는 그때 그것이 애매한 인상이 아니라 확고하고 정확한 단 하나의 인상이라는 점이다. 스트로브-위예의 영화에서 단 하나의 인상은 태고의 기억을 불러오는 역사의 응축이며 주술이다. 스트로브-위예의 영화에서 풍경은 길고도 반복적이다. 끝없이 바라보다 갑자기 돌에 머리를 얻어맞은 듯 깨달음을 기다리는 행위다. 스트로브-위예의 영화에서 바라보는 행위란 기억을 내재한 대지를 보며 그들이 그토록 존경했던 세잔의 말 "이 산을 보라. 한때 그것은 불이었다"라는 외침을 부르짖는 행위다. 스트로브-위예는 바위가 태곳적 활화산으로 보일 때까지 시간을 끈다. 스트로브-위예가 지평선을 본다면 그건 지평선이 아니라 지평선의 기억, 땅을 본다면 땅이 아니라 땅속을 보는 것이다. 많은 사람들이 말해온 것처럼 그건 영화의 지질학이지만 동시에 영화적 유물론이다. 그 과정에서 스트로브-위예는 앞서 말한 것처럼 단 하나의 정확한 언어를 찾는다. 즉, 그들의 풍경은 하나의 사물에 가장 정확한 하나의 언어라는 관계가 성립할 때 비로소 진실을 얻는 것처럼 보인다. 말하자면 '영화의 일물일어설'이다. 하나의 물질을 설명할 수 있는 단 하나의 정확한 영화 언어만이 존재하는 영화의 일물일어설을 스트로브-위예는 믿는 것 같다. 그걸 배운 게 페드로 코스타다.

결정적으로 홍상수는 물질의 인상을 포착하지만 영화의 일물일어설을 믿지 않는다. 그보다 그 스스로의 표현을 빌리자면 그는 "중립적 표면"을 믿는다. 그게 홍상수의 장소에도 적용되지 않을 리 없다. 홍상수가 어딘가를 담을 때 세잔의 감각론을 따르기는 해도 한때 저 파리가 불타고 있었다고 외치는 것은 아니다. 하나의 물질성에 단 하나의 언어만 있을 수 있음을 그는 거절한다. 역사도 거절한다. 홍상수의 장소에 대한 인상은 그러므로 로메르의 공기처럼 단단하면서도 스트로브-위예의 풍경처럼 정확하지는 않다. 대신 홍상수, 스트로브-위예, 로메르가 공유하는 점이 있다면 유물론을 넘어 시네마토그래픽한 감각의 실천이다. 때문에 이 셋의 또 한 가지 공통점은 숏의 위계가 없다는 사실이기도 하다. 시네마토그래피란 영화사에서 세잔을 따른 위대한 영화 작가들 일부만이 깨달은 비밀이다. 세잔이 회화에서 이룩한 감각론을 영화적으로 실천하고 번역해낸다면 그걸 시네마토그래픽하다고 말할 수 있을 것이다. 고다르의 시네마가 아니라 스트로브-위예의 시네마토그래피. 내 식대로 말할 때 시네마토그래피란 의미가 중지된 상태에서 오로지 인상과 형상에 대한 지각만으로 세상의 실체를 벗겨낼 수 있다고 믿는 촬영술이다. 먼 길을 돌아 확인해보니 내게 홍상수의 장소란 마침내 시네마토그래피다.

같은 질문을 한국 신진 감독들의 영화로 옮겨서 해보자. 지금 인기를 끌고 있는 나홍진의 장소는 망원동이다. 그곳은 장르적 미끼다. 그곳을 벗어나서는 안 되는 필연적인 이유가 없다. 하지만 인물들은 벗어나도 다시 그곳으로 모인다. 나홍진 스스로 걸어둔 장르적 제약의 공간이 망원동이며 술래잡기는 거기에서 일어난다. 조창호의 공간은 아직까지 김기덕처럼 개념이다. 그는 공간이나 장소의 설정에 구애받지 않고 판타지를 진전시킨다. 김기덕처럼 그게 조창호가 차지할 힘이기도 하다. 그리고 같은 비중의 판타지를 갖고 있지만 신재인의 관심은 '그들'에 집중된다. 그녀는 집단과 개인의 관계에 대해 예민하다. 〈그의 진실이 전진한다〉가 고문하는 집단을 상대하는 피해자의 환상적 서커스였다면 〈재능 있는 소년 이준섭〉과 〈신성일의 행방불명〉은 그들 사이에서 삐져나온 한 괴인의 차력술이다. 그녀에게는 장소가 아니라 그들, 즉 괴력의 성자와 맹목적인 신도들의 무리를 엿보는 것이 중요하다. 때문에 신재인의 영화는 신화적이다. 신재인이 신화적이라면 윤성호는 정치적이다. 다만 윤성호의 영화는 정치적이지만 공동체적이지 않다. 윤성호는 소통을 믿으며 공동의 아름다운 합주를 믿지만(〈은하해방전선〉의 전철 합주 신), 공동체의 전위에 대해서, 그들이 함께 살아야 할 터전을 일구는 것에 대해서는 망설인다. 공동체적 장소가 윤성호의 영화에 없는 이유일 것이다. 내 생각에 공동체를 믿기 위해서는 얼마간의 상투성을 인정하는 게 불가피하다. 윤성호는 상투성에 거리를 두기 때문에 단단한 공동체를 받아들이기 어려울 것이다.

공동체에 대한 믿음은 종종 장소에 대한 강박으로 드러난다. 한 영화가 강박적으로 한 장소에 붙잡혀 있거나 그 반대로 떠돌 때 거기에는 개인의 사색이 아닐 경우 공동체의 문제가 있다. 〈상어〉〈처음 만난 사람들〉의 김동현이 후자다. 김동현은 지금 한국에서 머무르지 않는 것만이 공동체를 형성하는 길이라고 본다. 아니 머무르고 싶어도 낮은 계급의 공동체를 묻는 방법은 길 위에서밖에 없다고 생각한다. 떠도는 길이 김동현의 공동체적 장소다. 탈북자와 이주노동자는 그래서 길에서 만난다. 때문에 그의 영화가 불가해할 정도로 아름다운 순간은 달리는 차 안에 카메라를 두고 인물들의 시선으로 창밖에 스치는 건물들을 무상하게 볼 때다. 하지만 그런 아름다운 순간에도 불구하고 김동현은 공동체를 위해 종종 알면서도 상투성을 끌어안는다. 김동현의 인물들이 서 있는 길과 그들이 떠나온 길의 대척점으로서의 마을. 이점이 내게는 김동현의 길을 이화동이라는 마을과 공동체라는 문제로 연결해준다. 이화동은 풍경이자 삶, 캐릭터, 로컬리티, 개념, 무대, 인상이 아니다. 그저 끈질기게 마을이다. 그 마을, 그 이화동은 도착하거나, 떠나가거나, 머무르는 곳이다.

누군가가 도착하는 마을은 김태식의 〈아내의 애인을 만나다〉의 마을이다. 내가 동그라미로 봉인해두었던 두 명의 감독 중 하나다. 이화동에서 〈경축!

우리 사랑〉의 봉순보다 먼저 바람이 났던 유부녀가 있었고 그건 〈아내의 애인을 만나다〉에서 바람둥이 중식의 아내인 술집 여주인(조은지)이다. 그녀를 찾은 건 중식(정보석)에게 아내를 빼앗긴 태한(박광정)이다. 태한이 아내를 빼앗긴 뒤 그놈의 아내는 어떻게 생겨먹었나 궁금하여 찾아왔다가 둘이 맞바람이 난다. 김태식은 태한의 동선을 따라 이 영화를 절반은 로드무비로 절반은 마을 영화로 만든다. 태한과 중식이 함께 떠돌게 한 다음, 서로 낙산과 이화동이라는 극점에 놓고 하룻밤을 보내게 만든다. 그날 밤 이화동의 비탈길로 노래방 기기를 밀고 당기며 올라가던 중식의 아내와 태한은 그 일이 빌미가 되어 같이 잔다. 이 비탈길을 오르는 아무렇지도 않은 행위가 서로를 받아들일 준비가 된다. 이화동의 비탈길을 올라야 외도가 가능하고 인생의 반전이 온다. 구부러지고 비스듬하게 올라가는 그 비탈길의 지리적 형상은 이 영화의 서사를 대변하는 것처럼 보일 정도다. 그들의 벌거벗은 알몸은 그다지 추해 보이지 않는데 서로 성교했는지 아닌지 확실치 않고 중식이 물어보니 태한도 기억이 잘 안 난다. 그러니 그들의 알몸이 가리키는 건 욕정이 아니라 한 시절이 끝났으며 다른 시절이 올 것이라는 계기이자 예감이다. 이 영화는 서로의 상대를 바꾸고 다른 상대의 마을에 누군가가 찾아오면서 외도가 아니라 새 출발의 반전을 꿈꾼다. 그런데 개인적으로 궁금했던 건 왜 이런 반전의 이야기, 새 출발의 이야기가 꼭 이 허름한 비탈길에서 이루어져야 한다고 본 것인가, 하는 점이었다. 강남 사거리에서의 반전과 새 출발이라면 안 되는가. 안 될 것이다. 그렇다면 그건 도시의 욕망에 관한 영화가 될 것이다. 김태식은 공동체를 말하는 데까지는 이르지 않지만, 무언가 가난한 사람들의 사회적 관계의 재결합이 필요하다는 걸 해학적으로 의식하고 있다. 그래서 딱 그들이 헤어지는 순간까지만 간다.

이 이화동의 비탈길에서 반전을 꿈꾸는 인물 혹은 모든 걸 털고 새로운 결연의 미덕을 믿고자 하는 영화, 그러니까 두번째 동그라미에서 풀려날 영화는 노동석의 〈우리에게 내일은 없다〉다. 〈우리에게 내일은 없다〉의 마을은 누군가가 떠나가는 마을이다. "형은 태어날 때부터 내 편이었다. 부모도 다르고 좋아하는 여자 스타일도 달랐지만 형은 끝까지 내 편이었다"라고 종대(유아인)가 내레이션으로 말하는 이 영화의 두번째 신에서 그는 동네 녀석들에게 쫓기고 있고 기수(김병석)가 나타나 그를 돕는다. 〈아내의 애인을 만나다〉의 중식의 아내와 태한이 노래방 기기를 끌고 디벅터벅 올라가던 바로 그 언덕길에서 기수는 나타나 종대를 지킨다. 종대는 바람난 유부녀가 아니라 총을 갖고 싶은 소년이지만 이 소년의 욕망이란 결국 인생에서 새로운 전환을 바라는 반환점에의 욕구다. 〈아내의 애인을 만나다〉에서는 누군가가 이 마을을 찾아야 전환이 가능하지만, 〈우리에게 내일은 없다〉에서는 누군가가 이 마을을 떠나야 가능하다. 종대는 마침내 마지막 신에서 마을을 벗어난다. 〈우리에게 내일은 없다〉는 '마을 영화'의 장면으로 영화의 아홉을 만들지만, 마지막 장면만큼은 '로드무비'로 만든다. 종대와 여자 친구와 그들이 엄마에게 데려다주려는 요한은 목적지에 도착하지 못한다. 요한이 오줌 마렵다고 하고 길 위에 서서 요한의 엉뚱한 질문을 받을 때 종대의 얼굴을 프리즈 프레임으로 걸고 영화는 멈춘다. 그때 우리는 종대가 마을을 떠나고 대신 기수가 마을에 남았다는 사실을 알고 있다. 기수의 동선을 눈여겨보자. 그는 이 마을에 붙들려 있다. 기수가 늘 지나치는 굴다리, 그곳 역시 이화동인지는 알 수 없지만 여하간 그들이 살고 있는 마을에 있는 것으로 설정된 그 굴다리는 기수를 붙잡는 이 마을의 신령과도 같다. 영화의 첫 부분에서는 그 다리 위로 기차가 달린다. 더 이상 기차는 달리지 않아도 성인이 된 기수는 다리 아래를 꾸준히 맴돈다. 악수하는 소년은 늘 거기서 기다리며 "기수야, 악수하자"고 말한다. 사기당하고 술에 취한 종대는 그 다리 위에 서 있고, 기수가 문득 그

다리 위를 뒤돌아볼 때 기차는 지나가지 않지만 기차 소리는 들려온다. 더 이상 기차가 달리지 않는 철로 아래를 기수는 언제나 맴맴 돌고 있다.

노동석은 이 마을의 공동체라기보다는 이 마을의 인간애에 대한 믿음을 피력한다. 혹은 장소의 공동체가 아니라 다가올 세대의 공동체를 믿는다. 그러면서 인물들의 성장에 대한 책임을 묻는다. 아직 어른이 되지 않았지만 소년의 어설픈 질문에 대답할 때 종대는 어른이 되었을 것이다. 다만 그는 마을에 잡혀 있기 싫고 떠나야만 하며 영화적으로 돌아오지 않았다. 이 영화에는 마을을 떠나고 싶은 욕망(종대)과 붙들려 있는 현실(기수)이 있지 이 마을을 어떻게 새롭게 할 것인가의 추진은 없다. 그들을 탓할 일은 아니다. 왜냐하면 그들은 마을의 연대를 믿지 않을 뿐 그들만의 인간적인 새로운 연대를 믿기 때문이다. 미래의 시제와 과거의 시제의 부정교합을 믿는다("훌륭한 소년이 될 거예요?"). 노동석은 환상에 기대지 않고 정서에 기대고 마을의 공동체가 아니라 소수 표본의 인간적 우애에 기댄다. 청춘의 이상적 공동체는 길 위에 남으며 그건 아직 오지 않았고 미완이지만 그것 역시 아름답다.

그럼 가난한 마을의 장소적 공동체란 결국 불가능한가. 오점균은 그게 아니라고 생각하기 때문에 봉순을 바람나게 한다. 바람이 났지만 그녀를 당당하게 묘사한다. 그건 이 마을을 벗어나지 않겠다는 의지가 구상뿐 아니라 봉순에게도 있다는 뜻이다. 기필코 머무르는 마을이 〈경축! 우리 사랑〉의 마을이다. 오점균은 거의 이화동 영화라고 부를 만한 강박을 갖고 있다. 구상이라는 인물의 이름 짓기. 1919년에 종로구 이화동에서 태어난 시인이 있었고 그의 이름이 구상이다. 우연일 수도 있지만, 구상이라는 이름이 흔치는 않기 때문에 오점균이 이화동과 구상을 거의 하나의 결연체로 보고 있다고 말해도 무방할 것이다. 오점균은 다음 영화에서 합리적 공동체에 관한 영화를 만들겠다고 했는데, 그는 〈경축! 우리 사랑〉으로 미리 환상적 공동체의 가능성을 타진했다. 합리적 공동체는 아름다운 현실의 이상이지만 영화적으로는 지루할지 모른다. 대신 그다지 결이 곱다고는 할 수 없으나 〈경축! 우리 사랑〉이라는 환상적 공동체는 재미있다. 이 환상적 공동체 추진 프로젝트가 이 영화의 숨은 주제다. 말도 안 되는 이야기, 그 환상이 추구한 건 말도 안 되는 공동체다. 그걸 위해 오점균은 무슨 일이 있어도, 그 누구도 이 마을을 떠나지 못하도록 붙들어 매둔다. 풀과 똥파리를 보여주는 이 영화의 뜬금없는 생태적 인서트컷. 그건 그렇게 붙들어둔 인물들에게 오점균이 우리 함께 키우자고 제안하는 텃밭의 꿈이다. 오점균은 그걸 기르는 공동의 손길을 보고 싶어 한다.

  오점균이 '머무르는 마을'이라는 환상을 사수하는 이유는 단 하나의 장면을 보고 싶어서다. 물론 감독의 의도 중 하나는 나이 든 봉순이 사랑하게 되는 것이었겠지만, 결과적으로 영화가 강하게 품은 이상은 온 마을의 '봉순들'이 전부 다 임신하는 것이다. 예컨대 봉순과 구상이 홀연히 마을을 떠나고 카메라가 그들을 쫓아 마을 바깥으로 벗어났다면, 봉순과 구상이 로드무비의 주인공이 되거나 다른 곳에 정착했다면 이 마을의 놀랄 만한 임신은 없었을 일이었다. 봉순과 구상의 사랑은 딱 한 가지 이유밖에 없다. 이 마을의 '생산적 활동'을 위해서다. 온 마을의 아낙들이 모두 임신하기 위해 그들이 남는다. 그들은 모두 임신하기 전날 밤 기어코 야밤에 좌판 앞으로 나와 전야제를 즐기듯 춤을 추지 않았던가. 그건 거의 생산적 활동을 목전에 둔 이 마을의 제의와도 같다. 그리고 나면 마을에는 임신이 축복처럼 퍼진다. 그 이화동의 생산적 활동을 위해 봉순과 구상이 말도 안 되게 남았던 것이다. 그러므로 이 영화의 숨겨진 응원은 '경축! 우리 사랑'이 아니라 '경축! 이화동의 임신', '경축! 이화동의 생산적 활동'이다.

  〈경축! 우리 사랑〉에서는 이 마을이 지겹고 미칠 것 같다며 떠났던 사람들조차 다시 돌아온다. 이미 파탄이 나버린 관계에 있는 사람조차 머무른다. 아내에게 다시 돌아가겠다고 하씨는 선언했는데도 그를 따라 이 마을에 들어온 미용실 여주인은 다른 곳으로 이사 가지 않는다. 한번 들어온 사람은 나가지 않으려 하고 나갔던 사람은 결국 되돌아온다. 딸 정윤은 두 번 나가는데 두 번 다 돌아온다. 처음에는 구상을 버리고 나갔다가 가정을 세우겠다고 다시 돌아오더니, 마을에 잔치가 벌어지던 날 가방을 싸서 다시 나간다. 하지만 그녀는 다음 신에서 이미 돌아와 있고 봉순의 아이, 자기의 동생을 보고 있다. 이처럼 모든 건 이 마을에 머무르는 것으로 귀결된다. 도대체 이 마을에 무엇이 있기 때문인가. 아무것도 없다. 가난한 풍경이 있을 뿐이다. 비탈길과 육교들. 하지만 가난한 사람'들'이 모여 산다. 그러니 봉순의 이야기는 호프집 여주인의 이야기로, 정육점 여주인의 이야기로 바꿔도 말이 된다. 오점균은 그래서 모두가 임신해야 한다고 생각했을 것이다.

'유목민적'이라는 근사한 말이 있다. 〈경축! 우리 사랑〉은 유목민적이라고 할 때 꿈꾸어지는 그 환상적 틈새를 보장하되 완전히 대척점에서 같은 목표를 이룬다. 이를테면 〈경축! 우리 사랑〉은 정착민적 환상의 영화다. 도주선의 활로만이 틈새를 열 것인가. 그 반대의 방법도 가능하다는 걸 〈경축! 우리 사랑〉은 보여준다. 정착하고 싶은 사람들의, 정착민들의 막무가내 환상 속에서 갑자기 틈이 열린다. 유목민적 환상이라는 힘이 있는가. 여기 쫓아도 쫓아도 기어이 버티는 정착민적 환상이라는 힘이 있다. 그러니 〈경축! 우리 사랑〉이 놀랄 만큼 훌륭한 영화가 아니어도 괜찮다. 나는 이번 주말 버스를 타고 이화동에 갈 것이며 봄날의 햇살을 받으며 그 언덕길을 걸을 것이다. 태한과 중식의 아내가 오르던, 종대와 기수가 힘을 합치던, 봉순과 구상이 만나던 그 길, 나쁘지 않을 것 같다.

(『씨네21』, 2008년 649호)

밀양전 & 밀양 아리랑

밀양
아리랑전

첫번째 이야기: 〈밀양전〉—전(戰)의 전(傳)

〈밀양전〉의 전은 전(戰)이면서 전(傳)일 것이다. 밀양에서의 전투이며 밀양에 관해 전해지는 이야기일 것이다. 한가롭게 제목이나 풀이하려는 것은 아니다. 그건 이 영화를 말하는 방식이 되지 못할 것이다. 다만 이 전(戰)과 전(傳)이 〈밀양전〉의 중대한 전제는 되는 것 같다. 영화에서는 후자의 '전'이 먼저 제시된다. 예컨대 영화가 시작하고 얼마 지나지 않았을 때 "이 이야기는 2005년에 시작되었다"라는 짧은 자막 하나가 등장한다. 감독은 자연스럽게 밀양을 이야기의 대상으로 삼고 자신이 그 이야기의 화자 내지는 이야기꾼임을 자처한다. 한편으로 영화의 중반에 이르게 되면 다음과 같은 자막도 마주하게 된다. "밀양전, 열흘 동안 서른두 분의 할매, 할배들이 부상당해 병원에 입원했다." 격렬했던 대치 상황 중에 벌어진 사고들을 가리키는 것이므로 이때의 전은 전투라는 뜻 이외의 것으로 받아들이기 어렵다. 요컨대 이 두 개의 전(戰/傳)이 얽혀 비로소 〈밀양전〉이 된다. 〈밀양전〉은 '밀양의 전투에 관한 이야기'가 된다.

그렇다면 이 전투를 어떻게 이야기하고 있는가 혹은 이 전투는 어떻게 이야기되고 있는가, 하는 것에 주목하는 건 중요할 것이다. 초반전, 중반전, 종반전이라는 구분으로 말해보려고 한다. 초반전은 일목요연하다. 여기에는 반듯한 순서와 진술이 있어 보인다. 가장 먼저 등장하는 장면은 밀양의 소박하고 한적한 풍경이다. 이 장소는 본래 얼마나 아름답고 평화로운 곳입니까, 하는 뜻을 담은 진술로 영화를 시작하는 것이다. 풍경 다음에 등장하는 것은 사람이다. 〈밀양전〉의 주인공인 곽정섭, 정임출, 한옥순 세 할머니가 차례대로 자신들을 소개한다. 하지만 그들은 그냥 등장하지 않고 반드시 노동하거나(곽정섭) 인정을 베풀거나(정임출) 서로 장난을 치는(한옥순) 일상의 장면이 펼쳐진 뒤에야 자신들을 소개할 시간을 갖게 된다. 이 사람들은 얼마나 근면하고 순박하고 친밀한 사람들입니까, 하는 진술이 거기 있는 것이다.

다음 차례는 그런 그들이 겪게 되는 사건의 정황이다. 영화는 기존 매체들의 뉴스를 활용한다. 무엇이 이 소박한 풍경과 순박한 사람들을 위협하고 있는 것입니까, 정부의 힘을 등에 업은 공기업 한국전력공사가 밀양 주민들의 생존 위협에도 불구하고 단지 서울의 전력 충족이라는 불충분한 이유를 들어 신고리 원자력 발전소의 전력을 송출할 수 있는 거대 송전탑들을 밀양 주민들의 논과 밭에 무리하게 세우려 하고 있고 밀양 주민들은 아니 할머니 할아버지들은 어쩔 수 없이 송전탑 반대 투쟁에 참여하게 되었습니다, 하는 정황이다(생존의 위협이라는 부분에 대해서 약간의 부연 설명이 필요하겠다. 〈밀양 아리랑〉에 출연하는 환경 전문가는 "고압 송전탑 아래에서 사는 것은 전자레인지 안에서 사는 것과 같다"고 들려준다. "고압 송전탑 아래에 폐형

광등을 가져다 놓으면 불이 들어올 정도다"라고도 하는데, 〈밀양 아리랑〉을 보면 실제로 그걸 확인해주는 장면이 등장한다).

때문에 피할 수 없게 되었으니 전투를 준비하게 된 것입니다, 하는 진술이 뒤따르는 것은 당연하다. 할머니들이 몸소 나서서 전투를 준비하는 장면이 등장하는 것이다. 하지만 그들의 전술이나 무기는 빈약하거나 애처롭다. 끌려 나가지 않기 위해 밧줄로 서로를 어떻게 묶을까 고민하거나 똥에 김칫국을 부어 똥탄을 만드는 정도다. 그리고 마침내 수없이 많았을 전투 중 한 장면이 짧게 중계되면, 그들은 지금 이렇게 싸우고 있습니다, 하는 진술을 우린 마침내 듣게 되는 것이다. 그러고 나면 〈밀양전〉이라는 제목이 뜬다. 조용한 마을에서 근면하게 살아온 사람들이 전투의 한복판에 서게 된 정황을 영화의 초반전은 이렇게 일목요연하게 전한다.

반면에 중반전의 이야기 방식은 훨씬 더 복잡하다. 중반전에는 이 영화의 세 가지 주요 화법이 발휘되고 있는 것 같다. 첫번째는 주인공 스스로 이 전투의 정당성을 말로써 지속적으로 선포하도록 하는 것이다. 가령 "느그 집에 강도가 들어오면 맞서야 되나 아니면 그냥 가만히 뺏기야 되나?" 하는 한 할머니의 말이다. 그 말은 절대적으로 옳다. 다만 옳은 말이 옳은 영화를 만드는 것이 아니라는 것을 우린 알고 있고, 영화가 옳은 말을 한다 해서 그 영화가 옳은 것이 되지는 않는다는 것을 우린 또한 알고 있다. 그러므로 자기 보호에 관한 할머니의 말은 절대적으로 옳지만 그 말이 이 영화의 올바름에 공감을 일으키는 특수한 힘이 된다고 인정하기는 어렵다. 이것은 국가의 일이고 국민은 전기가 필요합니다, 하고 한국전력공사가 펼치는 국가의 일반론에 개인의 일반론으로 맞서는 할머니의 호소는 이해는 할 수 있지만 그것으로써 이기기란 힘들 거라는 예감을 준다.

〈밀양전〉의 두번째 화법은 공감의 호소 면에서 첫번째보다 훨씬 더 유효하다. 할머니들의 '비정상적인 투쟁'의 방식을, 할머니들 스스로는 그것이 얼마나 비정상적인지 모르게 두는 채로 기록하는 것이다. 어떻게 했기에 비정상적인 투쟁인가. 정임출 할머니가 들려주는 하나의 예가 있다. 오늘 자기들에게 통닭을 사주면 내일 작업은 하지 않겠다는 상대편의 말을 믿고 정말 통닭을 사다 주었는데 오히려 그날 밤 중장비가 마을로 밀고 들어와 큰 배신감을 느꼈다는 것이다.

적의 식량을 바닥내는 것이 전투의 승리를 위한 정상적인 전법이다. 그런데 도리어 정임출 할머니는 그들에게 식량을 제공하는 것이 효과가 있을 거라고 생각했으니 할머니의 전법은 비정상적이다. 어떻게 그다지도 어수룩할 수 있단 말인가 하며 우린 핀잔을 줄 수도 있다. 하지만 할머니의 비정상적 투쟁의 술회가 감정의 파장을 일으켜 역설의 힘을 갖게 되는 지점이 바로 여기다.

음식을 베풀면 적의를 달랠 수 있을 것이라 믿을 정도로 선량하고 순박한 이들을 도대체 누가 이 비정한 전투로 내몰고 있는 것인가. 교전의 정상적인 방식조차 모르고 평화롭게 지낸 이들이 도대체 무엇 때문에 이 전투에 뛰어들 수밖에 없었던 것인가. 그와 같은 본질적인 질문들이 그때 고개를 든다. 할머니들의 비정상적인 투쟁의 일지는 그녀들의 합리적 호소보다 훨씬 더 강력하게 공감을 끌어모으는 아이러니한 힘을 지녔다. 다만 이 아이러니한 힘은 〈밀양전〉에서는 아직 본격적이지 않고 〈밀양 아리랑〉에 이르러야 전적인 무언가로 탈바꿈하게 된다.

마지막으로 세번째가 〈밀양전〉의 가장 면밀한 화법이다. 다르게 표현하면 이것은 어떤 편집술이다. 짧게 지나쳤던, 하지만 유독 인상적이었던 한 장면이 있다. 대치 상황이 벌어진 어느 날 젊은 의경들을 앞에 두고 할머니들은 똥에 김치국을 부어 똥탄을 만들어 뿌린다. 상대가 자기 몸에 닿기를 두려워

할 만한 가장 역겨운 것을 제조하여 방어에 나서는 것이다. 앞서 말한 할머니의 강도 방어론도 사실은 이 장면에서 보이스 오버 내레이션으로 등장한다.

그런데 중요한 것은 이 장면 자체가 아니다. 이 장면이 어떤 장면으로 이어지는가 하는 것이 더 중요하다. 다음 장면. 한 할머니가 길가에 난 쑥을 열심히 뜯으며 "냄새 좋다"를 연발하고 있다. 똥탄을 뿌리며 싸운 앞선 장면과 쑥을 뜯으며 냄새 좋다를 연발하는 다음 장면이 연속된 시간 안에 있는지 아닌지는 관객으로서 판단하기 어렵다. 연속된 시간대일 수도 있고 편집상 그렇게 보이도록 한 것일 수도 있다. 그럼에도 중요한 건 이 편집술이 똥을 뿌린 손 다음 자리에 쑥을 뜯는 손을 가져다 놓았다는 것이다.

똥 냄새와 쑥 냄새를 잇는 편집술. 이것이 일으키는 감정은 쓸쓸하면서도 애처롭다. 지금은 더러운 똥 냄새를 무기로 악착같이 싸우는 그들이 원래는 향긋한 쑥 냄새를 맡으며 행복해하던 평범한 촌부라는 사실을 우리가 연상하도록 하는 편집이기 때문이다. 그러니 적어도 이 장면들에 관한 한 이렇게 바꿔 말할 수도 있다. 두번째 화법에서도 이미 얼마간 드러난 것이지만 〈밀양전〉은 그들(할머니들)이 강조하려는 것을 드러내어주기보다 그들이기 때문에 불가피하게 드러나는 것을 놓치지 않고 강조하는 것에 훨씬 더 유능하다. 강도 방어론은 할머니들이 극구 강조하고 싶어 하는 것이지만 향긋한 쑥을 보고 손이 가는 것은 원래 그들이 그러하기 때문에 자연스럽게 드러나고 강조된 무엇이다.

이 세번째 화법이야말로 〈밀양전〉 곳곳에서 주요하게 변주되고 있다. 더러운 똥 냄새와 향긋한 쑥 냄새는 서로 상반된 것들이다. 혹은 그것들은 대립적 간격을 두고 있는 요소들이다. 그걸 붙여서 충돌시키자 우리가 무언가를 연상하게 되는 것이다. 만약 그렇다고 한다면 이것은 우리가 흔히 부르는 몽타주의 기본 방식에 해당할 것이다. 하지만 몽타주라는 용어를 구태여 쓸 필요는 없어 보인다. 풀어서 이름 붙이기를 변증적 편집술이라고 해도 될 것 같다. 〈밀양전〉은 그 변증적 편집술을 사용하여 대립되거나 대조되거나 모순되거나 비교될 만한 진술 내지는 장면들을 꾸준하게 소단위별로 묶어 충돌시켜 긴장을 자아내며 이야기를 전개한다.

예컨대 곽정섭, 정임출, 한옥선 할머니가 송전탑 반대 운동에 관한 진의를 한 차례씩 설명하고 나면 뒤이어 송전탑 건설을 찬성하는 동시에 할머니들을 비난하는 네티즌들의 댓글들이 자막으로 이어진다. 뒤이어 다시 고되게 싸우는 할머니들의 장면이 붙는다. 우리는 질문을 떠올리게 된다. 국가의 일을 막아서는 안 된다는 저 네티즌들과 국가의 일을 온몸으로 막고 있는 저 할머니들 중 과연 어느 쪽이 맞는 것일까. 혹은 원전 사업의 성과를 자축하는 이명박 전 대통령의 발언 뒤에는 원전을 둘러싸고 부정부패가 벌어지는 현실을 알리는 기존 뉴스들의 클립이 이어 붙는다. 우리는 이 부패한 사업에 대한 엉뚱한 자기 축사와 어두운 현실 사이의 대조를 보면서 또 한숨을 짓는다. 이 장면에서 영화는 멈추지 않고 더 나아간다. 도시의 넘칠 정도로 번쩍이는 네온사인들과 밀양의 어느 골목길 어귀에서 조촐하게 깜박이는 가로등의 불빛을 대조한다. 그때 우리는 송전탑 건설이 서울의 전력난을 해결하기 위한 것이라는 한전의 말을 떠올린다. 어떤 무용함을 떠올린다.

이 변증적 편집술이 언제나 옳고 그름의 문제를 떠올리게 하는 데에만 사용되는 것은 아니다. 그렇지 않기에 〈밀양전〉의 고유한 특징이 되기도 한 것이다. 가령 송전탑 건설을 반대한 이치우 할아버지의 분신자살과 그 사후의 과정들을 설명하는 장면이 지나고 난 뒤 여기에 뒤따르는 장면들 중 하나는 천막 안에서 촛불을 켜놓고 돈 대신 돌멩이를 세어가며 화투놀이를 하는 할머니들이다. 이치우 할아버지는 죽음으로 막으려 했고 할머니들은 살아서 막으려 한다. 이것은 시비나 가치를 함부로 물을 수 있는 문제가 아니다. 다만 할머니들은 죽음을 따르기보다 놀이를 하며 삶을 버티는 쪽을 택한 것이다. 하지만 영화는 뒤이어 공사 장면을 붙여 보여준다. 한편으로 공사는 여전히 진행 중인 것이다. 그러니 이 장면은 할머니들이 끝까지 살아서 싸울 것이지만 여전히 힘들게 싸우게 될 것이라는 예감을 전하게 된다. 결국 우리는 그 화투판에 끼어 있던 정임출 할머니가 목을 매려다 실패하고 대성통곡하는 장면을 얼마 뒤에 보게 될 것이다. 이렇게 〈밀양전〉은 시종일관 긴장감을 유지한 채 꿈틀대는 것처럼 느껴지는데, 사태를 변증적으로 이야기하는 그 화법이 무엇보다 중요한 몫을 하고 있는 것 같다.

종반전은 비교적 간단하게 마무리된다. 추억담과 각자의 다짐 끝에 다 같이 모여 밥 먹는 장면으로 맺어진다. 속바지 챙겨 입는 걸 깜빡한 곽정섭 할머니가 항의의 표시로 옷을 벗었다가 그만 삼각팬티 차림이 되었다는 일화를 전하며 정임출 할머니가 큭큭거리며 웃을 때 우리도 같이 웃게 된다. 혹은 각자의 다짐을 할 때는 그 비장함이 보는 우리까지도 긴장시킨다. 그중에서도 조촐하게 모여 밥 먹는 영화의 마지막 장면은 추억도 아니고 다짐도 아닌데 편안하면서도 차분하고 단단하다. 감독도 이 자리 어딘가에 끼어 앉아 할매요 할배요 하며 밥을 얻어먹었을 것이다. 이제야 밝히는 것이지만 줄곧 할매 대신 할머니라고 굳이 쓴 것은 할매라는 호칭이 통상 지역어로 흔히 사용되는 것이라 해도 적어도 이 영화에서는 어떤 자격의 인증을 필요로 하는 관계의 언어처럼 보이기 때문이다. 나는 쓸 수 없고 〈밀양전〉의 감독 박배일은 써도 되는 그런 말이다. 감독은 스스로 자신의 자격과 관계를 점점 더 잘 의식하게 된 것 같다. 때문에 〈밀양전〉이 밀양의 전투에 관한 이야기를 전하고자 한 것이라면 그의 다음 영화 〈밀양 아리랑〉은 밀양의 전투 안에서 함께 노래를 흥얼거리는 쪽으로 나아가게 된다.

두번째 이야기: 〈밀양 아리랑〉—늙은 병사의 노래, 제목은 내 나이가 어때서

첫 장면이 압권이다. 이른 새벽이나 깊은 밤쯤 된 것일까. 수풀을 헤치고 앞서나가는 중년의 두 여인을 카메라가 뒤따르고 있다. 24번(공사 현장)에는 "왔다 간 흔적이 없다"며 한 여인이 수화가 너머에 대고 말한다. 그 와중에도 둘은 얼어 있는 수박을 깨먹더니 잠시 앉아 휴식을 취한다. 자세가 노련하고도 여유롭다. 낮게 오고가는 대화를 들어보건대 그들은 지금 적의 동태를 살피러 온 정찰대인 것 같다. "모레는 대판 한판 붙어보는 기라" 하고 한 여인이 작정하며 말한다. 숲속에서 길을 잃을지 그게 제일 걱정이라는 말을 나누다가 둘 중 한 명이 문득 동화 『헨젤과 그레텔』 이야기를 꺼내지만 다른 한 명은 그게 무엇인지 모른다. 말을 꺼낸 사람이 "동화책 좀 읽으라"고 무안을 주어도 모르는 사람은 무안해하는 건 고사하고 "동화책 읽을 시간이 어디 있느냐"고 떳떳하기만 하다. 숲속에 빵을 조금씩 뿌려서 길을 찾은 것이라고 설명을 해주어도 "아따, 고양이, 개, 다 주워먹었겠구나" 하고 딴소리다. 둘의 대화는 그렇게 종종 산으로 간다.

전술도 종종 산으로 간다. 『헨젤과 그레텔』을 모르는 여인이 한전 직원들의 공사에 쓰일 중장비의 몸체에 붉은 스프레이로 낙서를 시도한다. 그 낙서의 원래 목적은 서늘한 위협이고 멍징한 경고였을 것이다. 그런데 적어도 우리가 보는 동안에는 그 목적에서 살짝 비껴간다. 정색을 하고는 "도둑놈들"이라고 쓰려고 했던 것 같은데 어쩌다 보니 "도독놈들"이라고 쓴다. 그러자 동료가 "지 읽는 대로 쓰니 그렇지" 하며 핀잔주는 걸 놓치지 않는다. 얼른 가위표를 치고 다시 쓰는데 습관이 되어서 또 "도독놈들"이라고 쓴다. 역시 읽는 대로 써서 그렇다. 게다가 한술 더 떠 도독놈들 옆에 "성리는 우리의 것, 메롱"이라고 쓰고는 홀연히 어둠 저편으로 사라진다. "승리는 우리의 것"이라고 쓰고 싶었던 것 같다. 우리는 이 장면을 지켜보며 간간이 터져 나오는 웃음을 도무지 참을 수가 없다. 그 농담과 무지에 반응하지 않을 수 없다. 하지만 웃었다고 가책이 느껴지진 않는다. 어둠속 저 두 여인의 씩씩한 농담과 명랑한 무지가 이 장면에 생기를 부여해 우리에게 웃어도 된다고 허락해주고 있기 때문이다.

〈밀양 아리랑〉의 이 오프닝 신은 긴장되어 있으면서도 어딘가 넉넉한 힘이 느껴진다. 그들이 적진에 침투한 최정예의 정찰대원으로 보이는 것은 무리가 아니다. 『헨젤과 그레텔』을 모르지만 '성리는 우리의 것'이라고 믿는 당당한 김영자 씨의 꿈은 여군이 되는 것이었다고 한다. 이 자리에 함께한 카메라도 마치 전장을 휘젓고 다니는 노련한 아군 쪽 종군기자의 그것처럼 생생하게 저 둘을 포착한다. 여기는 말 그대로 전장의 심야, 전상의 흰복판이다. 물론 영화의 중반부 어느 장면에서인가 김말해 할머니는 "오만 거 다 봐도 이건 전장도 아니고…… 국민들 말라 죽이는 거 아이가" 하면서 밀양 송전탑 건설 강행이 빚어낸 지금의 사태를 표현하지만, 실은 김말해 할머니의 의중은 정확히 반대로 들어야 맞다. 전장이 될 일이 없는 곳이 실은 전장이 되어버렸다는 역설로 들어야만 한다. 〈밀양전〉의 주역들이었던 곽정섭, 정임출 할머니는 그냥 직접 말한다. "내 전쟁터에 있다 간 거 아이가" 하면서 돌려 말하지 않는다. 그러므로 〈밀양 아리랑〉은 전장의 한복판에서 심야의 정찰과 휴식을 취하는 병사들의 활기에서 별안간 시작하는 영화다. 그렇다면 놀라운 일이다. 이것은 전작 〈밀양전〉과 그 얼마나 다른 시작인가.

〈밀양전〉의 도입부는 일목요연하게 시작하지만 〈밀양 아리랑〉의 도입부는 의도적으로 갑작스럽게 시작한다. 사태의 전말을 '이야기'하기 위해 풍경과 인물과 현장을 요약하면서 시작하는 〈밀양전〉과 전장의 한복판에서 그것도 긴장과 해학이 뒤섞인 채로 흥에 취한 듯 불현듯 시작하는 〈밀양 아리랑〉

은 다른 방식의 영화다. 그 점에서 〈밀양 아리랑〉의 오프닝 신은 명확히 예고의 쓰임새를 지녔다. 이 영화는 전작과 다른 전술을 펼치겠다는 예고다. 오프닝 신에서 그걸 한번 느껴보라는 것이기도 하다. 이 전술의 정체는 무엇일까. 그런데 그것에 이르기 위해서는 〈밀양전〉에서 〈밀양 아리랑〉으로 가면서 무엇이 어떻게 변화된 것인지 조금 더 구체적으로 말할 필요가 있다.

가장 먼저 주인공들이 교체되거나 폭넓어졌다. 〈밀양전〉의 탈핵 촉구 집회 현장에서 연단에 올라 마이크를 잡으며 잠시 모습을 보였던 김영자 씨가 〈밀양 아리랑〉에서는 가장 중심적인 인물로 제시된다(이 탈핵 촉구 집회 현장은 〈밀양전〉과 〈밀양 아리랑〉이 공통으로 포함하고 있는 보기 드문 장면이다). 〈밀양전〉이 곽정섭, 정임출, 한옥순 세 할머니의 삼각편대를 중심으로 놓고 탄탄하게 전진하는 것이었다면, 〈밀양 아리랑〉은 김영자 씨를 가운데 놓고 방사형으로 나머지 인물들을 배치한 다음 이 인물에서 저 인물로 뻗어 움직인다. 다소 비유적 표현이지만, 논리적 전개에 유용한 화자의 배치라기보다 감정적 화음을 고려한 노래패의 조직이라고만 일단 말해두자. 그리고 여기엔 더 중요한 변화가 있다.

영화의 초반부에 감독이 마을 주민 세 사람과 함께 식사하는 장면이 등장한다. 한 중년 남성이 밥상에 앉아 고양이에게 먹이를 주었다가 아내에게 혼쭐이 난다. 그러자 옆에 앉은 감독에게 "결혼했습니까? 안 했으면 하지 마소" 하며 농담을 던진다. 감독은 웃음을 터뜨린다. 이 장면은 지나가는 장면처럼 보이지만 두 가지를 신중히 생각하게 한다. 첫번째는 이런 장면이 영화에 등장했다는 사실 자체다. 이런 장면이란 감독이 영화에서 자신을 드러내는 장면이며 〈밀양전〉에는 없던 장면이다. 감독은 이제 자신이 주민들 사이에 끼어 있다는 사실을 드러내도 된다고 느낀다. 우리가 보기에도 그럴 자격이 그에게 주어졌다고 느낀다. 두번째는 질문의 내용이다. 영화 속에 감독의 모습이 처음 등장한 장면인데, 그에게 던져진 질문이라는 것이, 당신은 밀양 송전탑 문제에 대해서 어떻게 생각하시오, 라거나 당신은 우리들의 싸움이 어떻게 흘러갈 것 같소, 하는 사태에 관한 진지한 종류의 것이 아니라 실은 그냥 허물없이 건네는 사소한 농담이라는 점이 중요하다. 주민이 감독의 삶을 허물없이 묻고 있다.

주민들만 그러한 것이 아니라 이젠 감독도 주민들의 삶을 허물없이 묻는다. 〈밀양전〉에는 없고 〈밀양 아리랑〉에는 있는 중요한 것 중 하나가 인물들의 삶의 전사(前史)다. 〈밀양전〉은 한 치의 예외도 없이 지금의 밀양 송전탑 사태에 대한 인물들의 다짐, 심정, 일화를 전하는 것에 전적으로 매진한다. 문제의 초점이 빗나가기를 바라지 않았을 것이거니와 할머니들의 전사, 그러니까 살아온 삶에 대해 영화가 담아도 되는지 망설이는 시기였을 것이다. 〈밀양전〉의 세 할머니에 대하여 우리가 무엇을 알고 있는가 생각해보면 된다. 예컨대 우리는 곽정섭 할머니가 어떻게 이곳에서 살게 되었는지, 젊은 시절을 누구와 어떻게 보냈는지 들은 바가 없다. 정임출 할머니의 남편이 누구인지, 자식은 몇 명이나 되는지 듣지 못했다. 한옥순 할머니의 시어머니가 누구인지, 시아버지가 누구인지, 물려받은 논밭은 얼마나 되는지 알지 못한다. 그들로 하여금 그들의 삶을 말하게 하는 것이 아니라 그들로 하여금 송전탑 건설이라는 사태에 대하여 집중하여 말하게 하는 것, 혹은 그것만을 집중하여 담는 것이 〈밀양전〉의 선택이었다.

반면 〈밀양 아리랑〉에서 우리는 김영자 씨가 젊은 시절에 여군이 되고 싶어 했다는 것을 안다. 그녀가 지금도 틈만 나면 팔굽혀펴기를 하고 남자는 할 수 있지만 여자는 못하는 일이 있다는 말을 듣기 싫어서 험한 농기계 일도 알아서 척척 도맡아 한다는 걸 안다. 우리는 역시 박은숙 씨에게 남편이 있고 아들이 있고 딸이 있고 강아지 한 마리가 있다는 것을 안다. 손희경 할머니가 밥 한술 먹기도 어려웠을 정도로 지독하게 가난한 젊은 시절을 보내서 죽어도 그때로는 다시 되돌아가고 싶지 않다는 것을 알고, 고향을 잘 지키라는 돌아가신 시아버지의 말씀을 지금껏 새기고 있는 것도 안다. 김말해 할머니가 시집온 지 6개월 만에 보도연맹 사건으로 남편을 잃었고 베트남전 때는 아들을 전쟁터로 떠나보내며 눈물로 손수건을 적셨다는 것을 안다.

〈밀양전〉에서 〈밀양 아리랑〉으로 가면서 감독이 영화 속 인물들을 포착하거나 인물들과 자신 사이를 인식하고 드러내는 거리감이 확연히 변해 있다. 훨씬 더 친밀해졌다. 그들의 삶을 묻고 또 듣는다는 것이 한 예다. 이것을 두고 다큐의 창작자와 대상의 관계가 친밀하게 변했다고 말해도 될 것이다. 물론 이것만으로 〈밀양 아리랑〉의 가치가 고양되었다고 말하려는 것은 아니다. 흔히 알려져 있는 것과는 다르게 다큐의 관계성 문제에 관해서라면 어떤 상투적 맹점이 도사리고 있는데, 가령 가깝고 친밀한 관계가 항상 뛰어난 다큐의 필수불가결한 덕목이 되는 것은 아니라는 점이다. 만약 그렇다면 대상과 가장 가까운 이가 만드는 다큐가 언제나 가장 훌륭한 다큐여야 하지 않은가. 따라서 관계가 바뀌었다고 한들 그것이 영화의 형식에 투사되는 바가 없다면 우리가 그 관계를 주목할 이유는 덜해질 것이다. 중요한 것은 그 관계가 형식에 어떻게 투사되는가에 있을 것이다. 그런 점에서 본다면, 〈밀양 아리랑〉에는 특별히 주목해야 할 관계에서 형식으로의 투사가 있다.

어쩌면 〈밀양 아리랑〉은 다른 길을 모색했을 수도 있을 것이다. 〈밀양전〉 전반에서 주효했던 변증적 편집술은 여전히 〈밀양 아리랑〉에서도 일부분 주효하다. 환경 전문가들의 인터뷰가 추가되면서 송전탑 건설 사태의 부작용에 대한 신빙성 있는 해설도 훨씬 더 풍부해졌다. 유한숙 어르신의 자결이라는 무겁고도 비통한 사건이 영화의 중심부에 충격적인 서사로 도사리고 있기도 하다. 혹은 송전탑 아래에 놓인 폐형광등에 불빛이 들어오는 끔찍한 장면을 보여줌으로써 송전탑이 사람의 건강에 미치는 악영향을 아이디어 넘치는 시각 효과로 입증하기도 한다. 이러하게 더 정연하고 충격적인 방식으로 영화는 나아갈 수도 있었을 것이다. 그런데 〈밀양 아리랑〉의 탁월함은 거기에 있지 않고 앞서 말한 부분에 있다. 변화된 관계에 바탕하고 그것을 고려하여 형식이 저 스스로 어떤 상태로 돌출되어 드러나는 순간에 있다. 이 점을 말하지 않고서는 〈밀양 아리랑〉의 탁월함을 말할 수 없다.

요컨대 우리는 〈밀양전〉에서 할머니들의 비정상적 투쟁이 역으로 그들의 본질적인 순박함과 선량함을 주목하게 한다는 사실을 앞서 지적했다. 혹은 할머니들의 정상성이란 경찰들에게 악착같이 똥을 뿌리는 저 투쟁의 손에 있는 것이 아니라 소박하게 쑥을 뜯으며 행복해하는 저 평범한 손에 있음을 영화가 변증적 편집술로 강조하고 있다는 점도 지적했다. 〈밀양 아리랑〉은 다르다. 할머니들의 비정상적 투쟁이라는 방식은 이제 오히려 진짜 무기가 되었다. 어느덧 그것이 이들만의 투쟁 방식으로 투철하게 인정되고 정련되었다고 말하는 편이 더 옳겠다. 적어도 이 영화를 근거로 삼자면 그렇다. 가령 할머니들이 경찰과의 대치를 눈앞에 두고 있는 어느 날을 보자. 이럴 때 '노는 것'이 사실 정상은 아닐 것이다. 그렇지만 이때 김말해 할머니의 한마디 "아 씨발 거 함 놀았으면 좋겠다"는 말은 그들의 명제가 되고 끝내 실행된다. 경찰들이 밀려드는 가운데 할머니들은 엉성하게 노래하고 춤추면서 진짜 좀 논다. 김말해 할머니였나 다른 이였나, "우린 다 미쳤다"며 누군가 자조적으로 소리치지만 거기엔 당당한 해학도 함께 묻어 있다.

할머니들만 노는 것이 아니라 그들의 노는 투쟁을 기록하는 이 영화도 함께 좀 논다는 것이 더 중요하다. 대표적인 장면이 하나 있다. '내 나이가 어때서'라는 제목의 트로트를 개사한 할머니들의 합창 소리가 들린다. 거기에 맞춰 할머니들과 경찰들이 야산에서 엉켜 뛰어다니는 장면이 이어진다. 할머니들이 경찰들을 쫓거나 경찰들에게 할머니들이 쫓기거나 하는 것이리라. 정확한 확언은 불가능하다. 화면의 속도가 다소 빠르게 변질되었고, 차라리 할머니들과 어린 경찰들이 삼삼오오 어울려 술래잡기 놀이를 하는 것처럼 보일 정도이기 때문이다. 이 장면을 보고 박장대소를 하지 않기란 불가능하다. 뒤뚱거리는 저들의 몸이 우리를 웃게 만든다. 우리는 이때 첫 장면에 등장한 두 중년 여인의 씩씩한 농담과 명랑한 무지를 떠올리게 된다. 그 장면을 보며 우리가 웃었지만 자책하지 않았다는 사실도 함께 떠올리게 된다. 그리고 〈밀양전〉의 가장 감동적인 행위였던, 쑥을 뜯는 행위가 이 일련의 장면에 다시 등장하는 것이 우연이 아닐 것이라고도 느끼게 된다. 이 장면은 우스꽝스러운데 이상하게도 사랑스럽고 활기에 가득 차 있다.

이렇게 말해보자. 이 장면이 우스꽝스러워 보이는 이유는 실제로 이 장면이 우스꽝스럽게 의도되었기 때문이다. 할머니들의 육체의 리듬을 영화가 흉내 내고 반영하고 있다. 이 장면의 뒤뚱거리는 리듬은 할머니들의 뒤뚱거리는 육체의 리듬을 과장하는 동시에 온전히 그걸 닮아 있는 것이다. 그런데 할머니들의 뒤뚱거림을 닮은 숏의 뒤뚱거림이란 결국 어떻게 해서 가능해진 것인가. 그 숏에 인위적 가공이 가해지지 않으면 불가능하다. 그러니 창작자는 여기서 선택의 단계를 거쳐야만 했을 것이다. 저 숏을 가공하여 할머니들의 육체와 유사하게 만드는 쪽으로 효과를 줄 것인가 말 것인가. 리듬에 변화를 주고 속도에 수정을 가하고 숏을 변질시켜 그것을 완성할 것인가 말 것인가.

이 선택에는 당연히 다음과 같은 본질적인 질문이 포함되어 있을 것이다. 창작자인 '나'는 기록된 것을 이렇게 가공해도 되는 것인가, 하는 자문이다. 그 가공성을 감당할 자신이 없다면 해서는 안 되는 일이다. 결정적으로 자신이 존중하려는 인물들의 자존을 오히려 훼손시킬 여지가 있기 때문이다. 당신이 무슨 자격을 가졌기에 그들을 우스꽝스러운 장면의 주인공으로 가공해도 된다고 생각하는가, 하는 질문을 받아야 할 입장이 되는 것이다. 그러니 이 장면의 명랑함의 시도는 어떤 성공 여부를 논하기 이전에 이것을 시도하는 창작자에게 근본적으로 어떤 자격 검증의 과정을 요구하는 문제가 된다. 그렇다면 감독 박배일에게는 그 자격이 있는가. 우리가 지적한 관계의 변화에 따르면 〈밀양 아리랑〉의 감독 박배일의 자격에는 하자가 없어 보인다.

〈밀양전〉에서는 그렇지 않았다. 다른 이가 아니라 바로 감독 스스로가 그렇게 생각한 것 같다. 당장 닥친 긴급한 사태들을 전하느라 웃음을 자아내는 인위적 가공은 생각도 못했거나 혹은 떠올렸어도 자신에게 그렇게 할 자격이 아직까진 없다고 판단했을 것이다. 〈밀양전〉은 웃음에 매우 유의하는 영화다. 〈밀양 아리랑〉과는 상반된 점이다. 할머니들이 조금이라도 우스꽝스러워질 수 있는 일화는 매우 적거나 있더라도 조심스럽게 전하고 있다. 곽정섭 할머니가 투쟁 현장에서 저항의 의미로 옷을 벗었는데 하필이면 속바지 챙겨 입는 걸 잊고 와서 삼각팬티 차림이 되었다는 일화를 전할 때에도 그걸 전하는 직접적 화자는 감독이 아니라 정임출 할머니다. 혹은 감독은 한발 물러나 있고 정임출 할머니가 그걸 말하게 한다. 정임출 할머니에게는 곽정섭 할머니의 우스꽝스러움을 말할 자격이 있다

영화의 분위기로만 보아도 〈밀양전〉은 친밀함보다는 긴급함이 먼저고 노래보다는 통곡이 먼저다. 한 장면이 유독 두드러진다. 〈밀양전〉에서 정임출 할머니가 낙심하여 충동적으로 목을 매려다 실패하고 그때 달려온 곽정섭 할머니와 얼싸안고 통곡하는 장면이다. 이 장면은 약간의 주의를 요한다. 사건을 설명하는 정임출 할머니의 인터뷰 장면에 뒤이어 등장하기 때문이다. 사건이 먼저 있었고 그 사건을 말하는 정임출 할머니의 인터뷰가 나중에 있었지만 영화에서는 그 반대의 순서로 등장한다. 할머니가 인터뷰 중에 우연

히 그 이야기를 꺼냈고 감독이 마침 찍었던 그 장면이 생각나 넣었을 수도 있다. 혹은 감독이 그 장면을 넣을 자리를 고려하면서 할머니에게 그때 무슨 일이 있었던 겁니까, 라거나 그때를 말씀해주십시오, 하고 인터뷰 중 요청했을지도 모르겠다. 어느 쪽인지 단정 지을 순 없다. 다만 어느 쪽이건 정임출 할머니가 그 사건을 말한 뒤에 사건에 관련한 영상 기록이 (없을 거라고 우리가 방심하는 그때쯤) 불현듯 등장한다는 그 역순의 중요도는 변치 않는다. 이것을 사건과 진술의 도치법이라고 부를 수도 있겠다. 사건과 진술의 그 도치가 없었다면 장면의 감흥이 지금과 같지 않았을 것이다. 할머니의 인터뷰가 선행되지 않았다면, 설명이 전제되지 않았다면, 그 장면은 할머니의 자살 미수 사건이라는 절곡한 서사를 강렬하게 담아내지 못했을 것이다. 여기엔 통곡의 감정을 끌어올리는 일종의 가공, 편집을 통한 극작술이 동원된 것이다. 〈밀양전〉에서 거의 드물게 감독이 야심을 드러낸 장면이기도 하다. 하지만 〈밀양전〉에서는 이렇게 통곡을 위한 가공이 잠시 시도되었을 뿐 우스꽝스러움을 위한 가공은 근접할 계제도 아니었다.

다시 돌아와 말하자면 〈밀양 아리랑〉에서 시도된 '내 나이가 어때서' 장면의 우스꽝스러움이 긍정적으로 성공했다는 건 두말할 필요가 없다. 장면은 웃겼고 우리들은 웃었는데 자존을 훼손당한 사람은 아무도 없고 영화에는 별안간 놀라운 생기가 형성된 것이다. 짐작건대 이건 감독이 자기의 욕심을 앞세우기보다 카메라에 담기는 대상들의 욕망을 존중하고 경청했기 때문에 가능한 것 같다. 존중하고 경청한 대상들의 욕망이라면 무엇일까. 무엇보다도 '내 나이가 어때서' 장면의 가장 첫머리에 있는 것이 "즐겁게 싸우자"고 하는 강명숙 씨의 다짐이라는 사실을 우린 반드시 기억해야 한다. 그리고 김 말해 할머니가 다른 장면에서 경찰과의 대치를 눈앞에 두고 "아 씨발 거 함 놀았으면 좋겠다"고 말한 것도 함께 기억해야 한다. 감독은 그냥 저들이 한 말대로 해본 것 같다. 저들 안에 함께하는 자신으로서, 즐겁게 싸우자는 다짐에, 함 놀아보자는 호소에, 영화의 형식으로 자답하고 실천해본다.

한 편의 다큐가 대상이 다짐하거나 욕망하는 방식대로 그 형식을 실행해보인다는 건 희귀할 뿐 아니라 특별한 시도일 것이다. 영화가 저 대상의 다짐과 호소를 받아들여 함께 어울려 형식을 놀이 삼아 노래하고 노는 것, 이것이 바로 〈밀양 아리랑〉이 현장에 동참하고 동참한 것을 체현하는 방식이다. 우리는 그러니 우리가 우스꽝스럽다고 말했던 것의 정확한 진의를 밝혀야 할 것 같다. '내 나이가 어때서' 장면은 할머니들을 우스꽝스럽게 놀리는 것이 아니라 할머니들과 어울려 영화가 익살스럽게 노는 것이다. 이때 영화가 시도하고 있는 것은 다른 무엇이 아니라 저들 사이에서 받았던 자발적 기운과 활성을 영화에도 친밀하게 입혀보는 것이다.

그러므로 〈밀양전〉과 〈밀양 아리랑〉이라는 제목의 차이는 단지 작명의 차이가 아니다. 관계의 차이가 불러온 체험의 차이를 형식의 차이로 영화가 체현하고 있음을 반영하는 제목의 차이라고 보아야 한다. 감독의 위치에 한정한다면 이야기꾼에서 노래패로의 변화라고 말할 수도 있다. 〈밀양전〉에서 감독은 밀양에서의 전투의 이야기를 전하는 이야기꾼, 더 정확히는 매개자 혹은 보고자를 자처했지만 〈밀양 아리랑〉에서는 밀양에서의 전투를 함께하며 노래하는 놀이꾼으로서의 노래패의 입장을 자처하고 있다. 그들의 이야기를 정리하여 전하는 것으로서의 영화와 그들과 섞여 함께 노래하고 춤추며 노는 것으로서의 영화는 완연히 다른 것이다. 적어도 두 편의 영화를 밀양 시리즈라고 부를 수 있다면 우린 이 시리즈의 후자의 방식, 즉 〈밀양 아리랑〉에 더 감동할 수밖에 없게 된다.

이것을 다른 말로 사태에 관한 다큐(〈밀양전〉)에서 상태의 다큐(〈밀양 아리랑〉)로의 전환이라고 말하고 싶어지기도 한다. 획기적인 전환이고 명백한 발전이며 도약이다. 사태에서 상태로 간 것이라는 건 무엇을 말하는 것일까. 거듭되는 말이 될 것이지만 이야기꾼은, 매개자는, 보고자는 대상들의 사태를 이야기한다. 노래패의 일원은, 합창단원은 대상들과 함께 노래를 하는 음악적 상태를 즐긴다. 저들의 비정상적 방식 그대로 영화가 흥얼거리기. 저 사태를 전하는 것이 아니라 저 상태에 빠져 함께 흥얼거리기. 할머니들의 뒤뚱거림이라는 몸의 상태를 숏의 육체적 상태로 체현해내기.

때문에 〈밀양 아리랑〉에는 몸의 상태가 아니라 감정의 상태를 중심으로 삼은 일련의 장면도 있기 마련이다. 후반부에 그런 장면이 있다. 김영자 씨의 노래가 오래 흐르고 있다. 물론 처음에는 그게 김영자 씨가 부르는 노래인지 우린 잘 모르고 이 장면의 마지막에 가서야 알게 된다. 노래가 흐르는 동안에는 참혹하거나 가여운 이미지들이 등장한다. 공사 중인 중장비 아래에 매달려 눈물을 흘리는 김영자 씨, 농사를 제대로 못 지어서 "고추밭에 미안하다"며 땅에게 사과하는 김영자 씨, 현장에서 경찰들에게 끌려 나가며 소리 지르는 (아마도) 감독 박배일. 사태를 기술하는 변증적 편집술이 여전히 관여하고 있지만 그건 여기서 부차적인 문제다. 김영자 씨의 감정의 상태를 체현하는 그녀의 노래가 흐르고 있다는 사실 자체가 이 장면에서는 훨씬 더 중요하다. 어떻게 매번 익살스럽고 신나게만 놀 수 있겠나. 어느 때는 쓸쓸하고 서럽게 놀 수도 있다. 말하자면 무참한 패배와 상실의 기록들을 김영자 씨가 부르는 나직하고 평온한 노래가 강인하게 감싸고 있어서 이들의 패배는 어딘지 모르게 패배로 쉽게 인정될 수 없는 것이 된다.

마지막에 이르렀으니 밝혀도 될 것 같다. 우리는 확실히 얼마간 곡해의 위험을 감수한 견해를 펼쳤다. 간단히 말해 노는 투쟁만 있었을 리가 없지 않은가. 그런 것으로만 투쟁이 가능할 리 없다. 참혹한 진흙탕 투쟁이 훨씬 더 많았을 것이다. 인터넷에 밀양 송전탑 반대 운동이라고만 쳐도 검색되는 참혹한 이미지들이 그걸 말해준다. 나체가 되어 쇠사슬을 목에 걸고 끌려 나가는 할머니들의 사진을 보는 건 어려운 일이 아니다. 그러니 우리가 주목한 건 밀양 송전탑 반대 운동의 면밀한 투쟁사가 아니라 그 곁에서 기록한 영화 〈밀양 아리랑〉이 특히 주력한 건 무엇인가 하는 것이었다. 〈밀양 아리랑〉이 주력한 몇 가지 중에서도 가장 감동적으로 성취한 건 무엇인가 하는 것이었다.

〈밀양 아리랑〉의 마지막 장면은 전편과 마찬가지로 밥을 먹는 장면이다. 판은 조금 더 커졌는지 제식을 올리는 잔치 장면이기도 하다. 이때 정부의 대집행(代執行)이 벌어진 날의 사운드가 밥 먹는 장면 위로 흐른다. 송전탑 건설 반대 운동을 위한 천막이 철거되고 사람들이 쫓겨나가던 날이다. 영화는 그 이미지를 보여주진 않는다. 자칫 구경으로 전락할 광경을 피한 선택이라고 일반적인 의미에서 칭송할 수도 있을 것이다. 감독도 그런 의미에서 제외한 것 같다. 그런데 우리는 그냥 좀 소박하게 추정하고 싶어진다. 그런 건 같이 놀았던 사람들이 모여서 즐겁게 밥 먹고 새롭게 다짐하는 자리에 구태여 들춰낼 일이 아니다. 이 마지막 장면에서 그들은 먹고 마셨으니 누군가 일어나 또 뒤뚱거리며 노래하거나 춤을 추고 다 같이 그러했을지도 모르겠다. 감독 박배일도 한 자락 거들었을지 모를 일이다.

(『인디 크리틱』, 2015년 12호)

파주

언젠가
본편을
보고 싶다

영화적으로 미비하나 놀랍게도 그 미완에 적극적으로 반응하는 호의적 해석을 낳고 있는 영화 〈파주〉는, 그 때문에라도 관심을 갖고 말해질 자격이 충분하다. 쓴소리조차 무색한 영화에 비한다면 필시 주목할 만한 작품이다. 많은 호평이 있었으니 이견이 하나쯤 첨부되는 것도 나쁘지는 않겠다는 생각이다. 〈파주〉에 관한 호의적 평가들로는 『씨네21』에 실린 주성철, 김용언, 남다은의 글을 귀담아들으면 좋겠다. 드물게 김봉석만이 『씨네21』의 20자평에서 "인물과 이야기, 어디에도 논리와 일관성은 없다"고 비판적 태도로 잘라 말했다. 나는 〈파주〉에 대한 그의 평가에 공감한다. 하지만 스무 자 정도의 요약으로 재단될 만큼 이 영화가 간단치는 않아 보인다. 〈파주〉의 인물과 이야기에 논리와 일관성이 없는 것이 아니다. 다른 종류의 어떤 집요한 논리와 일관성이 이 영화를 다스리고 있어 그런 인상을 받게 되는 것이다. '무언가 부재하다'는 것과 '무언가 강력하게 존재하는 것이 부재함의 인상을 주고 있다'는 건 다른 문제이며 다른 진술이다. 전자가 아니라 후자의 관점에서 출발하는 것이 필요하다.

개인적인 인상으로만 먼저 말하자면 〈파주〉는 결국 닿고자 했던 목적지에 닿지 못하고 표류하는 상태에서 끝난 것 같다. 나는 이 영화가 표류하는 느낌을 준다, 가 아니라 표류하고 있는 상태다, 라고 쓰고 있다. 이 영화의 만듦새에 헐거움이 있다는 뜻이다. 나는 의외로 파주의 만듦새가 다소 헐겁다고 보는 편인데 여하튼 만듦새와 무관하게 호의는 존재할 수 있으니 그건 그 자체로 인정하자. 그런데 이때 쟁점은 〈파주〉에 관한 대부분의 호의적 평가의 근거가 '안개 같은 영화, 모호한 영화, 형부와 처제 사이의 금지된 사랑에 대한 묘연한 심리 드라마'라는 쪽으로 말해진다는 데 있을 것이다. 그건 관객 혼자 만들어낼 수 있는 감상이 아니고 영화 쪽에서 걸어오는 서술에 대한 긍정이거나 합의일 가능성이 더 크다. 문제는 이 합의 과정에 동참할 것인가 아닌가 하는 점이다. 나는 동의하지 않는다.

이 영화가 어렵다, 애매하다고 말하는 쪽은 보았어도 수긍하기 어렵다는 쪽은 거의 보지 못했다. 왜 수긍하기 어려운지 설명하려는 시도는 아예 보지 못했다. 어렵지만 어쨌든 수긍하도록 만들어져 있다는 생각을 대체로 불러 일으키는 것 같다. 안개처럼 다가와 붙잡히지 않는 신비로운 영화로 인식되는 〈파주〉에는 그러나 앞서 말한 어떤 집요한 논리와 일관성이 진주해 있고, 그것이 실제로 사태가 그렇지 않은데 그렇다고 믿게 만들고 있으며 그럴 때 우리는 환상이 여기 서성이고 있음을 감지해야 한다. 안개를 일으키는 환상이 있다면 그건 무엇일까. 그러므로 질문은 이것이다. 〈파주〉는 어떤 환상을 기술하기에 이 영화에 관한 지대한 해석의 사랑을 끌어내는 것일까. 지금은 〈파주〉의 환상에 대해 말할 시간이다.

영화는 개봉 전부터 두 가지 상징적인 제시어로 자신의 영화적 정체성을

예고해왔다. 하나가 '파주'이고 나머지가 '안개'다. 이 두 낱말의 조합 때문에
라도 나는 인터넷에 이 영화의 후기를 올린 몇몇 블로거들처럼 한국 문학 속
의 한 지명으로 이끌린다. 낭연한 일이다, 그곳은 '무진'이다. 박찬옥이 은연
중 파주를 가상의 소도시 무진처럼 보이고 싶어 했었는지는 확실치 않지만
그곳으로 나의 생각이 이끌리는 것은 어쩔 수 없다. 1964년에 나온 김승옥의
단편소설 「무진기행」의 무진은 안개를 명물로 가진 가상의 소도시다. "서울
에서의 실패로부터 도망해야 할 때거나 하여튼 무언가 새 출발이 필요할 때"
(「무진기행」) 주인공 윤희중이 찾아들던 곳. "안개에 휩싸인 채 도사리고 있
는 음험한 상상의 공간 (……) 지도 위의 어느 곳도 아니면서 도처에 널려 있
는 도시이고, 일상에 밀려 변방으로 쫓겨난 아득한 도시이면서도, 문득문득
삶의 한복판을 점령해 들어오는 신기루의 도시"(김훈), "어촌도 아니고 농촌
도 아닌 규정 불가능한 공간, 안개에 둘러싸인 상상적 관념적 공간"(신형철).

〈파주〉에도 안개가 상주해 있다. 게다가 이곳도 신기루의 도시, 규정 불가
능한 상상적 관념적 공간으로 보인다. 누군가는 여기 머무르고 있고 누군가
는 들고 난다. 애써 비교하자면 중식이 아니라 은모가 윤희중인 것 같고 중식
은 하인숙에 가까울 것이다. 혹은 은모가 파주에 들어올 때 택시에 함께 탔던
나이트클럽 사장(이경영)은 「무진기행」의 미친 여인처럼 당신은 파주로 들
어왔습니다(혹은 지금 파주를 벗어나고 있습니다)를 알리는 표지판쯤 될 것
이다. 물론 그 유사성에는 빈틈이 많고 두 작품 사이에는 차이가 많다. 「무진
기행」의 무진은 변화의 징후를 갖지 않지만, 아이의 화상과 한 여자의 죽음
과 사랑할 수 있었으나 그러지 못했던 관계로 한 타래에 얽혀버린 〈파주〉는
갑자기 솟아나는 세계의 융기가 있다. 「무진기행」에는 세계에 대한 결론이
없지만 〈파주〉에는 세계에 대한 결론이 징후적으로 내정되어 있다. 「무진기
행」에서 하인숙에게 보내려고 썼으나 찢어버린 편지로 하인숙에 대한 윤희

중의 연모의 수준을 알기란 어렵지만, 〈파주〉에서 은모를 향한 중식의 마음은 이제 그의 말과 행동을 따라 우리 모두가 알고 있다. 그럼에도 「무진기행」을 빌려 〈파주〉를 말하는 것에는 무엇보다 이곳이, 안개 낀 파주가, 말 그대로 신기루처럼 느껴지고 변하지 않는 관념의 섬처럼 종종 느껴지기 때문이다. 이곳은 어떤 식으로건 관념적이다.

그렇다면 〈파주〉는 전적으로 관념만을 다루는가. 짧게 덧붙여야 할 한 작품이 더 있으며 이번에는 문학이 아니라 영화다. 김소영이 적절하게 지적한 것처럼 〈파주〉는 더도 덜도 아닌 10여 년 전 일산이라는 도시를 떠올리게 한다(『씨네21』, 727호). 그곳의 도시 개발이 한창일 때를 배경으로 만들어진 이창동의 〈초록물고기〉를 불현듯 생각나게 한다. 주기적으로 반복되는 서울 외곽 지역의 저개발의 기억들은 현실에 떠밀려 상실되어가고 소실되어가는 사람들의 주거의 현장을 만들어낸다. 〈파주〉는 분명 서울 외곽의 삶이라는 발전과 소실에 대한 지역적인 구체성을 안고 있다. 이것은 엄연한 현실이다.

구태여 〈파주〉를 말하기 위해 「무진기행」과 〈초록물고기〉를 우회한 이유가 있으며 그것을 바탕으로 우리는 〈파주〉에 대한 일차적 환상 하나를 지적할 수 있을 것이다. 첫째, 무진이 일견 관념적 장소인 것처럼 파주도 그러하다. 안개는 그때 이 영화의 인상에 큰 영향을 미친다. 둘째, 하지만 한편으로 〈초록물고기〉의 일산이 현실의 현저한 저개발의 기억이었던 것처럼 〈파주〉의 파주는 재개발의 현실적 싸움터다. 중식과 은모는 그곳 철거대책위원회에 몸담고 철거 용역들과 대치 중이다. 그러니까 〈파주〉는 한쪽으로는 관념적 혹은 비현실적인데 또 한쪽으로는 현실적이다. 박찬옥은 비현실과 현실 사이로 인물들을 밀어넣는다. 이 지점은 간단치 않고 더 나아간다. 〈파주〉의 비현실성은 중식과 은모의 미완의 관계라는 심리적 긴장 상태를 은연중에 보장한다. 한편 현실적 상황은 저 밖의 괴물들과 싸우는 활동가(중식)의 사회적 믿음으로 나아간다. 이렇게 이중의 계통을 꾸린다. 의미는 믿을 수 없을 만큼 더 깊어져 미학과 윤리학으로 번진다. 비현실적인 파주에 대한 인상과 그 안에 있는 미완의 관계는 안개의 미학으로 심화되고 현실적 싸움과 그 싸움을 이끄는 활동가와 주민들의 투쟁은 윤리학으로 심화된다. 미학과 윤리학, 이 둘의 상승적 기운과 효과에 대해서 짚고 넘어가야 할 것이다.

영화에는 그러니까 중요한 한순간이 있다. 투석과 화염이 난무하는 곳을 느린 화면으로 지나친 다음 건물 위로 올라간 은모는 물대포를 맞으며 용역 깡패들과 싸우는 중식에게 "왜 이런 일을 하세요. 이 일이 형부한테 무슨 보람이 되죠?"라고 문득 묻는다. 중식은 전혀 당황하지 않고 "글쎄…… 처음엔 멋있어 보여서 한 것 같고 그다음엔 내가 갚을 게 많은 사람이란 생각이 들어서였던 것 같은데, 지금은 잘 모르겠어. 그냥 늘 할 일이 생기는 것 같아. 끝이 안 나"라고 답한다. 선언적이기는커녕 최소한의 자신감도 결여되어 있는 이 말, 그러나 어떤 선언보다 울림이 있는 이 말을 듣는 순간, 이 사람의 윤리를 근거로 이 영화의 미학을 온당하게 믿고 싶어진다. 저 불확실의 윤리, 〈파주〉에는 안개가 긴 것처럼 설명될 수 없는 것들이 너무 많아서 지금 몽롱하구나, 라고. 그가 자신의 활동에 대한 적절한 이유를 대지 못할 때 그 솔직한 막연함이 영화 일단의 막연함에 대한 믿음의 근거로 받아들여지는 환상이 작동한다는 것이 지금 이 부분에서 나의 요점이다. 물론 이 환상은 받아들이기에 나쁘지 않다. 그 감정의 파동은 아름답다.

하지만 문제는 지식인 남자의 윤리적으로 올바른, 그러나 가식 떨지 않고 이유를 찾지 않은 그의 대답이 이 영화의 미학적 행위를 결정적으로 관할하고 있다는 의심을 지울 수 없다는 데 있다. 이 장면이 영화 〈파주〉에서 가장 공들여 찍은 장면 중 하나라는 사실을 우리는 모르지 않는다. 하지만 우리는 혼동하지 말아야 한다. 그 남자 중식의 고뇌에 기원한 망설임과 이 영화의 미진함을, 그리고 그 남자의 세계에 대한 근심이 〈파주〉의 세계에 대한 근심인 것처럼 받아들여져 그의 막연함이 이 영화의 막연함에 대한 준거로 삼아지는 것을. 이때 인물의 고뇌를 통하여 윤리에 빚진 다음 〈파주〉의 미학에 응당함을 부여하는 잠정적 결론에 관객은 스스로 도달하게 되는 것은 아닌가. 그런 다음 이 영화는 안개 같은 것이라고 탄식하게 되는 것은 아닌가. 일단 이 환상은 너무 아름다워서 한번 믿으면 회피하기가 어렵다. 하지만 우리는 이 해석의 덫을 경계해야 한다. 〈파주〉의 미학과 〈파주〉 속 특정 인물 중식의 대의적(大義的) 윤리는 아무 상보적 관계가 없다. 이것이 걷어내야 할 첫번째 〈파주〉의 환상이다. 그의 윤리는 올바르지만 〈파주〉가 애매해지는 이유는 따로 있다. 그러니 더 큰 환상을 말할 차례다.

이렇게 재차 물어보자. 정돈되지 않고 미완의 느낌을 주는 〈파주〉의 인상이 주인공의 윤리와 작품의 미학을 혼동하는 것에서 오는 오해라고 하자. 하지만 그것이 전부인가. 아닐 것이다. 그의 윤리는 그의 것으로 두고 이번에는 영화의 구조를 대면해야 할 것이다. 그러니까 혹시라도 이 영화가 모호하고 애매하다는 것은 이야기, 즉 〈파주〉의 서사가 그러하다는 것인가. 〈파주〉의 서사는 '영화를 보는 동안' 단숨에 이해하는 것이 쉽지 않다. 그런데 '영화를 보고 나서' 이 영화의 서사를 요약하는 데 어려움을 겪는 사람을 나는 많이 보지 못했다. 아니 일반 관객이 전체의 이야기를 설명하는 데에는 어려움이 있을 수 있겠지만, 그들 중 누구라도 이것이 형부와 처제의 금지된 사랑 이야기라고 자신 있게 말하는 건 자주 보았다.

이때 '영화를 보는 동안'이 아니라 '영화를 보고 나서'라는 표현에 유의해주기를 부탁드린다. 영화를 보는 동안에는 이야기가 어렵지만 영화를 보고 나서 이야기를 요약하는 데 어려움을 겪지 않는다는 건, 또는 그렇게 생각한다는 건 무슨 뜻일까(영화를 보고 나서도 도저히 이야기가 요약되지 않는 영화들이 있다. 가령 데이비드 린치의 영화들이 그렇다). 그 말에는 차이가 있다. '서사'와 '신(scene)의 배열'은 미묘하게도 실상 다른 영화적 항목이다. 좋은 영화에는 그 둘 사이의 소화가 필요하다. 〈파주〉는 신들의 관계를 느끼기 어렵도록 구성되어 있는 것 같다. 그것이 보는 동안 서사 파악의 난점을 불러오는 실제적인 이유다. 〈파주〉는 의도적으로 영화를 보는 내내 관객이 이야기에서 미로에 빠지도록 신들을 배열하고 있다. 하지만 보고 나면 이야기는 요약할 수 있다. 그건 어떻게 가능한가. 결정적으로 "은모야, 난 단 한 번도 너를 사랑하지 않은 적이 없어"라는 말이 등장할 때 대부분은 이 영화의 서사적 열쇠를 쥐었다는 생각을 하게 된다. 그 한마디의 대사는 문득 우리가 〈파주〉의 목적지에 제대로 도착했다고 안심하게 만든다. 지적한 것처럼, 이로써 많이 사람들이 이 영화를 금지된 사랑으로 요약하고 있다. 그런데 여기에는 영화 구조상 좀더 복잡한 문제가 있다. 결론으로 가기 위해 그걸 말해보자.

박찬옥의 전작 〈질투는 나의 힘〉을 몇 차례 보아도 계속 남는 인상은 영화가 지루하지 않은데 무언가 펼쳐놓은 것들을 채 수습하지 못하고 방치된 상태로 끝맺는다는 것이다. 영화의 음성이 과장되지 않고 과묵하고 차분하여 그것에 끌려 보게 되는데 그러자면 좀 주마간산 격이다. 물론이다. 수습되지 않는 것은 수습되지 않는 대로 놓아두는 것이 좋을 것이다. 방치되어 아름다운 영화가 있다. 하지만 어떻게 그 방치됨을 고안할 것인가는 영화의 몫이다. 그냥 놓아지는 것이 아니라 놓아진 것 같은 느낌을 주도록 고안되는 것이 방치를 아름답게 하는 영화의 형식이다.

박찬옥의 〈파주〉에서 그 방치됨은 고안되지 않고 불철저하다. 편집 전문가가 아니므로 그냥 한 명의 관객으로 말하자면 〈파주〉는 커팅 포인트(숏의 편집점)가 불안한 지점이 많다고 느껴진다. 혹은 신 배열이 좋지 않아 내내 서성이고 있다는 인상을 준다. 신이 서성이는 것과 다른 평자들이 지적한 이 영화의 안개 같음, 모호함은 멀고도 다른 문제일 것이다. 물론 박찬옥은 세계의 전체가 있고 그 전체의 일부를 어떻게 분산시켜 보여주느냐가 중요하다고 보는 것 같다. 남다은이 적절히 지적한 것처럼 "영화가 모호함을 끌어안고 대면하며 세상 안에 존재할 수 있다는 사실을 보여준다는 점에서 〈파주〉의 힘이 있고 그 모호함이 영화 서사상의 모호함이 아니라 세상의 모호함을 대하는 이 영화의 태도"일 수 있다(『씨네21』, 727호). 이것이 원래 박찬옥이 세계를 보는 방식인 것 같기는 하다. 하지만 인물의 관계가 마침내 영화를 보고 나서 서사로 완성되는 것에 비해 장면(신 또는 한 신 안에서의 숏들)들의 밀도는 종종 중요하게 생각되지 않는 것 같다. 이 점이 바로 영화를 보고 나서 서사는 요약할 수 있지만 영화를 보는 동안 서사를 이해하기 어려운 상황을 만든다.

이런 예를 들고 싶다. 언젠가 극장에서 한 영화의 예고편을 상영한 다음 연이어 그 영화의 본편을 상영한 적이 있다. 이 행태가 이미지 학습의 효과를 낳는다는 사실을 그 자리에서 경험했다. 적어도 그 극장 안에 있던 사람들은 예고편이 미리 짚어준 영화의 포인트마다 정확히 한 번도 빠짐없이 반응하며 웃었다. 아무리 생각해도 그때 관객의 웃음은 준비되어 있었다. 정확히 예고편에서 알려준 지점에서 웃는 것이 학습의 효과였다. 예고편은 언제나 그 영화의 전부가 아니라 본편을 위한 전략이다. 당연하지만, 예고편은 본편의 신 순서를 전략적으로 뒤섞는다. 그때 예외 없이 편집이 중요하며 그때 몇 개의 신들을 배치하는 선택의 기준이 되는 것은 첫째 어떻게 궁금증을 유발할 것인가이며, 그러기 위해 둘째 어떻게 방점들을 찍어야 할 것인가이다. 마침내 그걸 다 보고도 관객이 얼마간은 알았다고 생각하지만 또한 얼마간은 알지 못한다고 느껴야 뛰어난 예고편이다. 그러므로 모든 예고편이 가져야 할 최상의 비수는 환상의 기술이다. 본편을 괄호 안에 넣고 지금 그 본편에 대한 환상을 일구는 것이 예고편이 해야 할 일이다.

말을 돌릴 필요가 없겠다. 비유컨대 〈파주〉는 뛰어난 예고편이다. 나는 안개 같음, 모호함 등으로 묘사되는 찬사가 〈파주〉의 이 예고편식 구조가 지닌 환상의 기술에 대한 환호라는 생각을 갖고 있다. 〈파주〉는 111분짜리 예고편인 것처럼 보인다. 심지어 이 영화를 보고 나면 〈파주〉의 본편은 따로 있을 것이라는 생각까지 든다. 〈파주〉는 세계를 형성하지 못하고 그 형성의 의지가 있었음을 예고하는 데서 그친다. 이것이 이 영화가 세계를 대하는 방식이다. 그리고 그에 따른 '미스터리 구조의 플래시백'과 '방점의 에디팅'은 구체적 기능이다.

영화에는 두 번의 문답이 있다. 은모가 학생들과 공모하여 중식을 놀렸을 때 중식이 "왜 그랬니"라고 물으면 은모는 "우리 언니 건드리지 마"라고 말한다. 얼마 뒤의 장면에서 중식이 "3년 전에 왜 그랬니"라고 물으면 은모는 "혼자 못 살아간다는 게 두려워서요"라고 답한다. 시간의 혼란을 느끼며 영화를 보는 동안 우리는 재빨리 답을 찾아야만 한다. 언니를 건드리지 말라고 한 건 무슨 뜻인지 알 것도 같은데, 그건 8년 전이다. 그런데 3년 전에 왜 그랬냐고 묻는 걸 보면, 이 질문은 그 뒤에 다른 일이 있었다는 뜻이다. 물론 이런 식의 빈칸을 남겨두고 오가는 미스터리 구조는 흥미진진하다. 우리는 이후에 알게 된다. 첫번째 대답과 두번째 대답에 모두 '당신을 사랑하는 것이 두려워서요'와 '당신 밑에서 살아가는 게 두려워서요'라는 중의적 의미가 포함되어 있다는 사실을.

많은 신이 매번 뒤로 밀리는 답안지처럼 수수께끼 같다. 우리는 첫 장면에서 확신하지 못하고 유사한 다음 장면에서 확신한다. 혹은 영화를 보는 동안 확신하지 못하고 본 다음 확신한다. 이때 중요한 점은 이 확신이 사후적 승인이라는 데 있다. 그러니까 우리는 그녀의 욕망과 두려움에 대한 수수께끼 같은 수신호를 먼저 받은 다음, 그 대답으로서의 정보는 나중에 받게 된다.

그런데 궁금하다. 그렇다면 그와 그녀의 욕망이 전이되는 순간은 언제였던가. 욕망이 전이되는 장면을 보지 못했는데 그들이 서로 욕망한다고 우리가 확신하게 된 것은 아닌가. 욕망의 장면에 대해 우리가 본 경험치는 부족하고 사후에 정보로서만 그렇다고 인정받도록 되어 있는 것은 아닌가. 나는 솔직하고 싶다. 당신은 〈파주〉를 '보는 동안' 은모의 욕망과 중식의 욕망을 접한 적이 있는가. 은모가 계단을 급히 올라서 중식의 안위를 살피고 연행된 그의 전화를 받으며 우는 것으로? 한발 물러서서 그것이 암시일 수는 있다고 생각한다. 하지만 암시를 배열하는 것으로 욕망을 전이시키지는 못할 것이다.

우리는 〈파주〉가 미스터리를 위한 플래시백 구조라는 걸 이상에서 말한 셈이다. 이런 구조에서 중심이 되는 건 어디에 방점을 찍는가 하는 것이다. 당연한 일이다. 미스터리는 방점이 좌우한다. 〈파주〉는 시간을 여러 차례 옮겨가고 있는데 그때마다 새로운 방점을 제시한다. 그중에서 영화의 중후반부에 이해하기 어려울 정도의 장면이 연이어진다. 은수가 죽고 중식과 은모는 단둘이 산다. 같이 트럭에서 장사하는 중식과 은모의 신이 지나면 곧장 시장에서 브래지어를 함께 고르는 중식과 은모의 신이 이어진다. 그다음 공부방에서 중식과 은모가 돌아올 때 집 앞에 자영이 와서 기다리고 있다가 아기 사진을 보여주면 중식은 운다. 그다음 신에서 자영의 전화를 받고 중식은 활기차게 나간다. 그다음 신에서는 중식과 은모의 집에서 회의가 열린다. 자영이 중식과 은모의 관계를 염려하고 은모가 듣는다. 그다음 중식이 연행되었다고 자영이 은모에게 알려주고, 은모는 유치장으로 중식을 만나러 간다. 오는 길에 은모는 인도행을 결심한다. 바로 이어지는 다음 신, 현재로 돌아와 장미아파트에서 용역 깡패와 싸우는 중식에게 가서 은모가 질문을 던지고, 연이어지는 신에서 마침내 중식의 고백이 나온다.

몇 개의 신을 놓쳤을 수도 있지만 대략은 맞을 것이다. 이 신들의 연결은 벅차다. 신마다 거의 하나씩의 외상 또는 전환점 또는 사건들이 놓여 있다. 따지자면 어마어마한 변화와 진실 출몰의 지점들이 총망라되어 있다. 이 영화가 포괄하던 앞과 뒤의 문제가 모두 터져나오는 지점들이다. 그런데 영화에서 그걸 보여주는 신들은 오래 머무르거나 망설이지 않고 인물의 아주 부분적인 상징적 제스처만 보여주고 넘어간다. 가령 브래지어를 고르는 중식과 은모는 은수를 잊은 것 같다. 다 나은 아기의 사진을 본 중식은 외상에서 벗어난 것 같다. 그러다 갑작스런 연행을 당하고 그런 그를 본 은모는 진짜 멀리 떠나는 가출을 결심한 것 같다. 그러나 바로 다음 장면에서 그녀는 이미 돌아와 있고, "왜 이 일을 하느냐"는 갑작스런 질문을 던진다. 그다음 은모의 방을 찾은 중식과 은모는 끌어안는다. 이 뒤의 장면들을 거론해야겠지만 이 정도의 예시로도 벅차다.

이 연속된 신에서 우리는 무엇을 받아들여야 하는 것일까. 아니 무엇을 받아들일 수 있을까. 여기에는 너무 쉽게 물러서는 트라우마와 너무 많이 출몰하는 새로운 사건들이 들어찬 것은 아닌가. 영화의 구조인 신이 내밀하게 상황을 포괄하지 않고 넘어가버리는 방식의 반복으로 은수가 죽은 뒤 단지 몇 신 만에 많은 걸 털어버리거나 새로 문제를 설정한다. 숏과 신이 그 정보와 변환의 홍수 속에서 미처 세계의 모호함과 아픔을 다 담지 못하고 매번 부서지면서, 다음 신, 그다음 신으로 넘어가다가 마침내 "한 번도 사랑하지 않은 적 없다"는 대사에 모든 걸 맡기고 있다. 〈파주〉는 매우 많은 신에서 사건이나 정보의 매듭을 너무 세게 묶은 다음 때로 납득할 수 없을 만큼 그 매듭을 너무 쉽게 끊어버리는 것처럼 보인다. 세게 묶은 다음, 쉽게 끊어버리는 이 구조적 결단은 〈파주〉에서 지속적이며 일관적이며 잘못된 선택 같다.

금지된 사랑이었고 그들은 사랑하였다. 인정할 수 있다. 하지만 그 결과에 이르는 동안 괄호 속에 쳐진, 존재했어야 할 순간순간의 감정의 부재함은 안타깝다. 서사는 되돌아와서 질문에 대답을 줄 수 있지만 감정의 신의 빈칸은 이미 시간을 따라 지나가버렸다. 박찬옥은 영화의 리듬으로 세계의 리듬을 형성하는 것에 골몰하지 않고 영화의 방점 찍기로 전체라는 세계를 예고하는 것에 골몰한 것처럼 보인다. 이 영화가 예고편처럼 보인다는 건 그런 뜻이다. 방점에 골몰할 때 영화는 신별로 개별의 정보를 다루고 플래시백으로 숨긴 뒤 그것이 거대한 세계의 이면인 것처럼 행세하게 된다. 박찬옥은 방점의 사이사이를 느끼게 하기보다, 그 방점을 너무 여러 번 찍는 것에 주력했던 게 아닐까. 나는 그런 방점의 연쇄가 묶어낸, 숏과 신이 세계를 버티지 못하고 뒤로 넘겨지는 그 영화적 세계관에 공감하기 어렵다. 그건 잘 만들어진 텔레비전 시트콤이나 유능한 예고편도 할 수 있는 일이기 때문이다.

누군가는 기술적 문제에 집착한다, 이것이 정색하고 물어야 할 만큼 중요한가, 라고 반문할 것이다. 중요하다. 〈파주〉의 서사가 '무엇을(그들은 사랑했다)'이라는 목적어를 결코 놓치지 않은 것에 비해, 〈파주〉의 신의 배열들은 '얼마나(그들이 지금 이 순간 이만큼 사랑하고 있다)'라는 영화적 경험의 현재적 밀도를 지나치게 놓쳤기 때문이다. 때로 영화에서는 그것만이 전부다. 사후적으로 그들이 얼마나 사랑했는지 설명할 수는 있다. 하지만 우리가 영화를 보고 있는 그때에, 그 흐르는 시간에, 목도하고 대면한 그 순간에 느낀 맨눈으로서의 감정의 덩어리만큼 중요하지는 않다. 거기에 바로 드라마틱한 것과 시네마틱한 것의 차이가 있다. 나는 보는 동안 감흥을 미루고 보고 나서 해독으로 뒤늦게 감흥을 되찾는 영화를 지지하지 못하겠다. 그러므로 박찬옥의 〈파주〉가 미완성 교향곡인 것처럼 말해지는 것은 의아한 일이다. 우리는 그 순간 음악을 들어야지 악보를 해석한 다음 음악이 훌륭하다고 말해서는 안 될 것이다. 그 언젠가 〈파주〉의 본편을 보게 되면 좋겠다.

(『씨네21』, 2009년 728호)

두 개의 문은
어떻게
빨간 잉크가 됐나

아우슈비츠 학살에 관한 클로드 란츠만의 기념비적 다큐멘터리 〈쇼아〉가 개봉했을 때 이 영화에 가차 없는 비난을 던진 건 장 뤽 고다르였다. "이 영화는 보여준 것이 아무것도 없다." 고다르는 그렇게 비난했다. 고다르에게는 한 가지 확신이 있었다. 학살이 이루어졌던 가스실의 바로 그 순간의 현장이 독일군의 영화 카메라에 찍혔으며 그것이 세상 어딘가의 기록보관소에 존재할 것이라는 점이었다. 아우슈비츠의 기록물이라고 자처하는 〈쇼아〉가 그 이미지들을 보여주지도 않고 찾으려 할 생각도 하지 않았다는 점을 고다르는 힐난했다. 고다르는 텔레비전 토론 프로그램에 출연하여 〈쇼아〉 옹호론자 마르그리트 뒤라스와의 논쟁도 불사했다. 훗날 한 평자는 그것이 경험적인 검토와 무관하게 고다르의 유죄 의식에서 기인했을 것이라고 설명했다. 20세기의 매체인 영화가 20세기의 가장 끔찍한 역사적 사건을 기록해내지 못했으므로 혹은 기록했다 하더라도 사실상은 없는 것이나 마찬가지이므로 그에 대한 유죄의 강박관념이 작동하여 공격의 대상을 찾아 나섰다는 것이다. 어쨌거나 영화가 윤리적 파산을 맞은 것이라 믿었던 고다르는 "영화의 촛불은 아우슈비츠 수용소에서 꺼졌다"고 탄식했다. 고다르 특유의 우격다짐이라 할지라도 영화의 존재론에 신중했던 태도에서 나온 것이므로 그건 경청할 만한 우격다짐이다.

반면에 클로드 란츠만의 의견은 고다르와 달랐거니와 완벽하게 반대였다. "나는 모든 아카이브에 대항하여 〈쇼아〉를 만들었다"고 그는 말했다. 〈쇼아〉는 학살의 현장에 관계된 기존의 문헌 중 단 한 장의 사진조차 사용하지 않았다. 생존자들과 가해자들과 주변인들을 릴레이 인터뷰하고 있으며 때로는 수용소의 인근 장소를 배회하고 그것으로 모자라다고 판단될 때는 재연도 했지만 기록 화면은 쓰지 않았다. 란츠만은 설령 고다르가 말한 그러한 영상 자료들을 "내가 발견하게 된다고 해도 없애버릴 것"이라고까지 말했다. 여기에는 반드시 보아야 하는 이미지와 보아서는 안 되는 이미지를 사이에 둔 윤리적 쟁점의 대립이 있으나 이건 고다르와 란츠만 논쟁에 대한 또 다른 하나의 글을 요구할 정도로 복잡한 사안이다. 다만 지금은 란츠만의 다음과 같은 주장에 닿기 위해 배경을 설명하는 마음으로 썼다. 란츠만은 다음과 같이 말했다. "흔적이 소멸되었다는 사실을 주의 환기시키는 것이 애당초 〈쇼아〉의 출발점이었다. 바로 그 공허로부터 영화를 만들어야 한다는 필요성을 느꼈다." 쇼아란 원래 절멸을 뜻하는 말이다. 그러니 그의 말을 이렇게 해석해 볼 수 있다. 모든 증거가 사라져버린 그 사건의 실체를 제대로 증명할 만한 방법은 아무것도 남겨져 있지 않다는 것을 인정하고 거기에서 형식을 구축하는 것이며, 그것만이 오로지 실존했던 역사를 말하는 방법이라는 것이다. 고다르는 그 무엇이 있어야 증거가 된다고 탄식하고 란츠만은 그 무엇이 없다는 것이 강력한 증거라고 주장한다.

란츠만이 말한 '공허'와 정확히 같은 의미가 되지는 않겠지만 무언가 필시 있어야 할 자리가 비어 있다는 사실을 인식한다는 점에서 우리는 아우슈비츠를 소재로 생명정치에 관한 경청할 만한 징지철학석 개념들을 내놓은 조르조 아감벤의 생각을 경유할 수 있다. 아감벤은 아우슈비츠의 생존자들의 직접적인 증언에조차 공백이 깃들어 있음을 지적한다. 그의 현학적이며 복잡다단한 분석을 요약하는 건 나의 능력으로 할 수 있는 일은 아닌 것 같으니 그 생각을 능동적으로 해석한 슬라보예 지젝의 단언이 더 적절할 수는 있겠다. "아우슈비츠에 대해 직접 증언하기가 불가능하다는 바로 그 사실이 그 존재를 증명해주고 있다."(『실재계 사막으로의 환대』, 김종주 옮김, 인간사랑, 2003) 증언이 불가능한 지점이 존재한다는 사실이 현실적으로는 감당키 어려운 엄청난 비정상적 학살이 실재하였음을 가리키는 것이며 그것이 곧 역설적으로 증거가 되고 있다는 걸 믿는다는 점에서 어쩌면 란츠만과 상통하는 점이 있다고는 추론해볼 수 있을 것이다.

용산엔 없는 빨간 잉크

용산이 '광주' 이후 우리 시대의 쇼아, 즉 절멸처럼 보인다. 이 사건은 거대 체제에 의해 게토화되어 망루에 갇힌 '벌거벗은 생명들'에 관한 사건이며 그러나 그 당사자들 대부분은 살아나오지 못하고 증거는 대부분 미궁으로 빠져버린 사건이다. 〈두 개의 문〉에 관한 지난 글들에서 김소영이 국가가 행사한 "비상사태"(예외상태)를 말하고 변성찬이 체제가 만든 "공백"에 관하여 말할 때, 나는 그들이 아우슈비츠를 설명할 때 대두된 정치철학적 개념인 예외상태와 공백을 염두에 두고 있다고 미루어 짐작한다.

예외여야 하는데도 불구하고 그것이 상시적으로 벌어지는 비상사태가 여기 있고 그 결과로서 사회적 공백, 사법적 공백, 역사적 공백, 현실의 공백이 여기 남겨진 것을 그들은 지적한다. 앞선 평자들의 귀한 의견에 빚지고 도움을 얻는 동시에 또 한편으로는 이 정치철학 개념의 복잡한 함의와는 일정한 거리를 두면서, 나는 그러한 배경들이 〈두 개의 문〉이라는 영화와 영화적으로 관련이 있다고 생각한다.

그러니까 영화는 소멸한 증거들 속에서 어떻게 새로운 증거가 될 수 있는가. 혹은 공백은 어떻게 그 영화의 숨은 역학이 되고 있는가, 하는 것이 나의 질문이다. 다만 어떤 비상한 개념이라도 그 개념의 엄중함이 현실의 감각적 충격보다 내게 더 가깝지는 않다. 그러니 세속적 윤리와 상식에 기대어 풀어 말하고 싶다. 예외상태란 설마 그럴 리는 없다고 믿었으나 결국 일어나는 일들이 상시적으로 발생하는 상태라고 불러도 될 것이고, 공백은 그런 상태로 인하여 부재나 무지나 무력감 등을 동반하는 가운데 있어야 할 것들이 사라진 상태, 즉 '없는 상태'라고 말해도 될 것 같다. 〈두 개의 문〉에는 바로 그런 상태가 기입되어 있다. 그럼 어떻게 기입되어 있는 것일까.

우리는 지젝이 여기저기 인용하기를 즐기는 오래된 독일식 농담 하나를 우리 식대로 지금 반복해볼 수 있을 것이다. 시베리아로 일하러 가게 된 독일 노동자가 검열관의 우편물 검열을 피해 어떻게든 친구에게 그곳의 실상을 전하려고 고민한다. 그런 끝에 친구와 약속을 한다. 그는 친구에게 보내는 자신의 편지가 빨간 잉크로 쓰여 있으면 그건 거짓말이고 파란 잉크로 쓰여 있으면 진실이라고 친구와 약속한다. 마침내 그 친구에게 편지가 날아든다. 그 편지는 파란 잉크로 쓰여 있다. "여기서는 모든 것이 훌륭해. 가게에는 상품들이 가득하고, 음식이 풍부하며, 아파트는 크고 난방도 적절해. 영화관에서는 서양 영화를 보여주고 관심을 끌 만한 아가씨도 많아. (그런데) 자네들이 얻을 수 없는 것 단 하나가 있다면 그건 빨간 잉크야."(『실재계 사막으로의 환대』)

그 독일 노동자는 빨간 잉크를 구하지 못했거나 구할 수 있었더라도 빨간 잉크로 편지를 쓰는 대신 그것이 없다고 말하는 것이, (지금 이 편지의 내용이 거짓이라는) 진실을 말하는 데 더 효과적이라 판단한 것이리라. 영화에 관한 지젝의 의견에는 그다지 흥미가 없으나 시대를 평론하는 그의 수사학은 효과적이라고 느끼는 나는 이 빨간 잉크의 일화가 용산을 다룬 〈두 개의 문〉의 영화적 상태를 과장되게나마 효율적으로 드러낼 수 있다고 생각한다. 그건 란츠만이 말하는 공허, 아감벤이 말하는 공백, 용산에 관하여 우리가 느끼는 없는 상태 혹은 없는 것들과 관련되어 있다고 직감되기 때문이다. 용산에 관한 영화들은 대개 빨간 잉크로 직접 쓰인다. 즉 용산 사태의 법적 모양새가 거짓임을 밝히기 위해 가장 직접적인 진실의 도구를 골라 쓴다. 이를테면 철거민 생존자의 증언을 담아내는 것이다. 하지만 〈두 개의 문〉은 우리에게 지금 이렇게 편지를 쓰고 있다. 친구, 지금 여기 용산에 없는 것은 빨간 잉크야, 라고. 우리에게 알려져 있는 용산의 법적 모양새가 실은 거짓이라는, 그 진실을 말하기 위해 여기 무엇이 없는지를 말한다. 알려진 그대로 〈두 개의 문〉에는 철거민 생존자의 증언이 등장하지 않고 혹은 등장하지 못한다. 대신 무엇이 없는지 말해지고 또한 구조화된다. 이 비유가 다소 과장으로 비친다 해도 나는 이 과장됨이 지금 필요하다고 느낀다.

바깥을 어떻게 볼 것인가

없는 것들 혹은 없는 상태의 층위는 '용산'이라는 사건 그 자체에 이미 내장되어 있다. 이를테면 사건 당일에 부검을 명목으로 사라져버린 시신, 경찰 쪽을 가해자로 두고 수사를 벌였으나 수사의 방향이 바뀌면서 사라져버린 3천

쪽의 초동 수사 기록 등 김형태 변호사가 지적하고 있는 것들이다. 영화는 초반부터 이 사건에 관련하여 있어야 할 무엇이 여기 어떻게 없는지 설명하는 데 주력한다. 그러니까 이 영화의 구조는 알려진 것처럼 스릴러 구조가 아니라 없는 것들과 없는 상태를 의문시하는 구조라고 좀 엉뚱하게 풀어 말하는 편이 더 적절해 보인다. 이렇게 상상해보자. 시신이 사라지지 않아 사체 파악이 가능하고 3천 쪽의 초동 수사 기록이 진작부터 밝혀졌다면 이것들의 행적을 두고 일종의 의문 구조로 이끌어가는 〈두 개의 문〉의 초반부는 성립 가능한 것인가.

꼭 필요한데 정작 없는 이미지도 있다. 2차 화재 발생과 연루된 경찰의 중요 채증 영상이다. 경찰 쪽의 말을 믿자면 이건 원래 찍히지 않았던 것이고 농성자 변호인단의 말에 기대자면 이긴 찍었으나 없어졌을 가능성이 큰 것이다. 현실적으로 엄연한 공란이며 제약이다. "진실을 알고 있는 사람은 두 부류다. 그 안에서 잡혀갔거나 죽은 사람들, 이 사람들만 진실을 보았을 것이다. 그 사람들을 만날 수 없는 상황에서 유일한 끈은 영상이다. 감사한 일이기는 하지만 진실에 접근하기 위해 우리가 가질 게 너무 없다는 무력함의 증거이기도 했다"고 박진 활동가는 영화 속에서 말한다. 그가 말하는 감사하지만 무력한 영상은 '칼라TV', '사자후TV', 경찰의 채증 영상이다. 하지만 결과적으로 영화의 입장에서 그것들은 다양한 화법의 가장 기초적인 요건들이 된다. 영화에 등장하는 인터뷰이들이 영화적으로 볼 때 전부 이 이미지에 대한 해설자들이라는 사실도 이때 중요하다.

물론 다양해지는 화법의 과정 속에서 실패한 것도 있어 보인다. 〈두 개의 문〉의 영화 형식 자체에 관한 한 가장 꼼꼼하게 들여다본 건 『프레시안』에 글을 쓴 문화평론가 이동연인 것 같다(2012년 6월 18일). 그의 생각에 대체로 공감하지만, '인터-픽션'이라는 개념으로 이 영화의 재연을 칭찬하는 부분에는 좀 다른 의견을 덧붙이고 싶다. 우선 재연은 일반적으로 보통의 시사 프로그램에서뿐 아니라 가십을 다루는 연예뉴스 프로그램에서도 흔히 쓰이므로 그 자체로 특별하지 않다(최근에 손문권 프로듀서 유가족과 임성한 작가 쪽의 법정 공방을 보도하던 중, 한 연예뉴스 프로그램은 임성한 작가 쪽의 변호사의 부탁으로 그를 모자이크 처리하고 목소리를 연기로 재연했다). 재연은 어떤 효과를 가져오는 것인가. 재연이야말로 무언가 없는 상태를 적극적으로 메우는 화법이 아닌가, 반문할 수도 있다. 하지만 여기서는 메우고 덧붙인다는 그 효과가 오히려 문제가 되는 것 같다. 재연으로 공백을 보충하는 순간 본래 그 개인의 개별성은 지워지고 식별 불가능한 상태로 이끌릴 뿐만 아니라 보는 우리로 하여금 보편적이며 불특정한 상태로 그 대상을 느끼게 한다. 소재에 따라 재연은 대상을 무디게 한다. 재연된 주체의 개별적 육화는 사라지고 그래서 우린 종종 긴장감을 잃는다. 서술상 필요했겠지만, 그럼에도 〈두 개의 문〉에서 경찰 특공대의 재연 장면은 가장 안이한 부분으로 남는다. 〈두 개의 문〉의 다양한 화법은 대개 공백을 메우는 것이 아니라 그 공백을 드러내는 구조로서 활력을 갖는다는 사실을 이때 지적할 수밖에 없다.

　재연보다 더 나은 다른 방식을 추천하기란 어렵지만 이것보다 더 나은 방식이 지금 영화 속에 이미 많다는 사실은 말할 수 있을 것이다. 가령 특공대원들의 서면 진술서를 클로즈업한 것과 육성을 녹취한 것의 효과는 재연과는 비교가 되지 않을 만큼 생생하며 또 독창적이다. 특공대원들이 쓴 진술서는 활자를 크게 잡은 것에 불과하지만 그 행간에는 심리적 침묵이 있다. 그렇다면 육성은 더할 것이다. 책임은 누구에게 있는 것 같은가, 라는 검사의 질문에 "농성자에게 있는 것 같다"라고 말하기까지 그 특공대원이 지켰던 몇 초간의 침묵을 변성찬은 이미 지적했다. 인물의 증언 속에 자리한 침묵이다. 게다가 법정에서의 진술을 녹취한 그 장면에는 그의 얼굴이 등장하지 않으므로 여기엔 목소리가 있지만 표정이 없다. 란츠만은 육성 증언을 기반으로 한 자신의 영화에서 가장 중요한 것이 얼굴이라고 말한 적이 있는데, 〈두 개의 문〉은 그 특공대원의 얼굴을 보여줄 수 없고 그 때문에 영화에는 새로운 긴장이 흐른다. 게다가 재판 과정의 육성이 들려올 때 거기 사람의 표정 대신 망루의 농성자들이나 특공대원들의 당시 모습을 흐릿하고 음침한 흑백 장면들로 처리하는 것은 그 자체로 불투명한 이 사태에 대한 탁월한 선택이다. 한편 법정의 육성 진술 중에서도 피고인(농성자)으로 참여한 이들의 진술을 영화가 넣지 않았음을 우린 인식해야 할 것이다. 2009년 11월 21일 용산참사 재판 피고인 최후 진술에서 이충연 씨는 "제가 바라는 세상은 더불어 사는 세상입니다. 역사에 남을 정의로운 판단을 부탁드립니다"라고 말한 것으로 전해지지만 영화는 그 내용을 넣지 않고 있다. 선략적 편집의 신택이 수행되었다는 뜻일 것이다.

그렇게 하여 〈두 개의 문〉은 처음 시작했던 장면으로 다시 돌아온다. 영화의 도입부에 잠시 등장했던 2차 화재 장면은 결말부에 다시 등장하여 "화재 발생 2분 전"이라는 자막과 함께 말 그대로 2분간의 지속 시간을 버틴다. 여기에는 눈을 찌르고 들어오는 끔찍한 장면들이 있다. 화면상으로 망루 왼쪽에 놓인 창문으로 사람이 들락거리는 장면과 화면상 정면으로 무언가 불길에 닿으면 안 되는 것들이 밖으로 던져지는 장면을 볼 때, 이 영화의 정점에 놓인 이 장면은 처음 볼 때와 좀 다른 강도로 느껴진다. 이 끔찍하기 이를 데 없는 장면은 최후의 호소로서 강력해진다. 우리가 이 장면을 보는 경험은, 지금 무엇인가를 놓치지 않고 보고 있지만 지금 저 안의 무엇은 끝내 보지 못하고 있다는 사실을 경험하는 것인 동시에, 그 때문에 지금 이 사태를 일으킨 거대한 바깥이 있다는 사실에 대해 새삼 직감하게 되는 경험이다. 보고 있으나 알지 못한다는 생각이 들게 하는 이미지, 시각적 증거이나 인식론적 공백인 이 이미지가 영화의 정점이 되면서 결국 '용산'이라는 사태의 그 바깥에 놓인 체제를 우린 생각하게 된다.

무언가 '없는 상태의 구조화' 혹은 '공백의 구조화'라고 말하고 싶어진다. 그러므로 〈두 개의 문〉의 성취는 피해자의 입장을 대변하지 않은 것, 농성자와 특공대 혹은 피해자와 가해자의 이원적인 대립 구조를 벗어난 역설이라는 관점에 놓인 것이 아니다. 그걸 가능하게 한 더 중요한 것은 이것이 얼마나 예외상태의 상황이었는지를 밝히는 것, 즉 예외적으로 가해자들조차 공포에 싸여 있었다는 사실을 밝혀내는 것이며 그 점을 위해 증거의 공백을 받아들인 다음 그 공백을 역으로 형식으로 구조화하고 화법화한다는 사실에 있다. 영화의 첫머리에 등장하는 "경찰 진술과 증거 동영상을 바탕으로 용산참사와 재판 과정을 재구성한 것"이라는 머리말은 그렇게 이해되어야 할 것 같다. 그러니 〈두 개의 문〉은 애당초 두 감독이 말했던 것처럼 국민참여재판의 상연이 아닌 것 같다. 그보다는 실은 공공연한 증거물, 법질서보다 중요한 윤리적 질서의 회복을 요구하는 윤리적 증거물로서 기능하고 있다. 그러니 '증거가 없음을 증거하기 위한 증거가 되기'라는 동어반복의 구조가 이 영화의 운명이며 다음과 같은 문장에 대한 증거가 되는 것이 이 영화의 운명이다. "법의 유일한 목표는 판결이며 그것은 진실과 정의와는 무관한 것이다."(조르조 아감벤, 『아우슈비츠의 남은 자들』, 정문영 옮김, 새물결, 2012)

윤리로만 접근 가능한 영화 앞에서의 두려움

〈두 개의 문〉을 보고 나면 국가의 폭력이 문제라고 입을 모아 말하게 된다. 한치도 틀리지 않은 말이다. 다만 이 영화의 영화적 전략을 통과하고 나면 국가 폭력이 문제다, 라고 단지 되풀이하는 것은 조금 힘 빠지는 일이라고 느끼게 된다. 가령 다음과 같은 주장, "수용소에서 저질러진 끔찍한 일들과 관련해 제기되어야 할 정확한 질문은, 어떻게 이토록 잔인한 범죄들이 인류를 대상으로 자행될 수 있었는가라는 위선적인 질문이 아니다. 인간 존재로서의 권리와 특권들을 어쩌면 그토록 완벽하게 박탈했는지, 그들에게 자행된 어떤 짓도 더 이상 위법이 아닌 것처럼 (그러니까 사실상 모든 것이 정말로 가능해지게) 보이도록 만든 법적 절차와 권력 장치들을 주의 깊게 탐구하는 것이 보다 정직하며 또 무엇보다도 보다 유용할 것이다"(조르주 아감벤, 『호모 사케르』, 박진우 옮김, 새물결, 2008)라는 말이 〈두 개의 문〉에서 중요하기 때문이다.

현명한 정치철학자 아감벤은 그렇게 말했지만 영화에 관한 글을 쓰는 나는 그저 그 말을 받아서 이렇게 말할 수밖에 없다. 〈두 개의 문〉이라는 영화는 인간 존재로서의 권리와 특권들을 완벽하게 박탈하고 자행된 어떤 짓도 더 이상 위법이 아닌 것처럼 보이도록 만든 법적 절차와 권력 장치들을 어떻게 주의 깊게 영화적으로 탐구했는가, 하고. 이 영화가 한국 다큐멘터리사에 획을 긋는 작품이라고 말하는 데에는 망설여진다. 다만 여기 용산에 빨간 잉크가 없다고 말하려고 애쓴 이 영화는 유능하게 그걸 말한 다음 그 법적 절차와 권력 장치에 대해 다음과 같은 생각을 남기고 있다. 하나의 일화로 그걸 정리하는 게 좋겠다. 지젝이 소개한 일화로 시작했으니 다시 지젝이 소개한 일화로 그 생각을 정리해도 되겠다.

지젝의 『폭력이란 무엇인가』(정일권, 김희진, 이현우 옮김, 난장이, 2011)의 첫 장에 있는 이야기다. "물건을 훔쳐낸다는 의심을 받던 일꾼이 한 명 있었다. 매일 저녁, 일꾼이 공장을 나설 때면 그가 밀고 가는 손수레는 샅샅이 검사를 받았다. 경비원들은 아무것도 발견할 수 없었다. 손수레는 언제나 텅 비어 있었다. 결국 진상이 밝혀졌다. 일꾼이 훔친 것은 다름 아닌 손수레 그 자체였던 것이다." 〈두 개의 문〉은 손수레가 비어 있다는 걸 충분히 알렸다. 그리고 손수레가 비었으니 거기 문제가 없는 것이 아니라 바로 그 빈 손수레 자체가 문제의 핵심이었음을 충분히 알린 것이다. 〈두 개의 문〉은 그런 의미 에서 중요한 작품이 되었다.

객관적 폭력, 그중에서도 구조적 폭력이라고 불릴 만한 그 빈 손수레가 〈두 개의 문〉이 겨냥하고 있는 국가 폭력의 실체다. 버튼 하나로 수백만의 목숨 을 앗아갈 수 있는 폭력, 전화 한 통화로 수명의 목숨을 앗아갈 수 있는 폭 력. 두 개의 문이 조준하고 있는 폭력의 진상은 실은 눈앞에서 행해지고 있 는 국가의 주관적 폭력이 아니라 그 안존하고 평안한 자리에서 이루어지는 상위적 국가의 구조적 폭력이다. 이 영화는 그 실체가 누구인가 하는 점을 빨간 잉크의 화법으로 말하는 것이다. 빨간 잉크로 빈 수레와 그 도둑을 말 하는 것이다. 적어도 현장의 특공대장은 물로는 소화할 수 없다고 다급하게 말하지만 지휘본부의 무전기 너머의 목소리는 사법처리할 수 있도록 증거를 채집하라고 평온하게 말한다. 그 상위의 체계는 더 평온하게 말할 것이다. 국가 폭력이 어떻게 예외상태를 자기의 것으로 권능화하고 동시에 공백을 법적으로 유용하고 있는지를 보여주는 좋은 예가 바로 〈두 개의 문〉이다.

아우슈비츠 이후에 시를 쓴다는 건 야만이라는 아도르노의 말은 너무 유 명하다. 그리고 아우슈비츠 이후에 영화의 촛불이 꺼졌다고 탄식한 고다르 의 생각은 이미 전했다. '용산' 이후에도 무언가는 야만이며 무언가는 불가 능할 것이다. 다만 나는 이들의 과장된 절절함을 흉내 내어 용산 이후에 무 엇이 야만이고 무엇이 불가능한지 당장에 선언하고 싶지 않다. 용산 이후 에 어떤 예술적 행위가 야만이 될 것인지 혹은 무엇이 불가능한 것인지 나는 선언할 위치에 있지 않으며 그럴 수도 없다. 다만 미학이라는 범주로 말하 는 게 불가능한 창작물들이 있다는 것을 다시 한 번 실감했을 뿐이다. 적어도 이 영화를 생각하며 오로지 윤리를 통할 수는 있으나 미의 기쁨을 말하는 건 불가능한 어떤 창작물을 대할 때의 괴로움을 실감했다. 어떤 형식을 통해 윤리를 말할 수는 있으나 그 형식을 통해 아름다움을 말할 수는 없는 운명의 영화. 사람이 꽃보다 아름답다고 했던가. 그럼에도 사람이 여기 있어요, 라고 말했는데도 거기서 사람이 타죽은 사건을 지금 이 영화는 다루고 있지 않은가. 미학을 말하는 것이 봉쇄되고 윤리학으로만 접근 가능한 영화의 출몰은 실은 두렵기 짝이 없는 일이다. 지금이 예외 중의 예외상태이며 공백 중의 공백 시대라는 걸 그런 고통으로 어렴풋하게 감지하기 때문이다. 실은, 아름다운 것들과 더 오래 많이 살고 싶기 때문이다.

(『씨네21』, 2012년 862호)

백서

서신 교환
—백서를 보고

#프롤로그

2011년 5월 24일. 〈백서〉라는 영화를 보았다. 조금 헐벗고 퉁명스러운 기분이 드는 그런 밤이었다. LGBT영화제 기사를 쓰기 위해서였는데, 영화제 기사란 보통 빠른 시간 안에 최대한 많은 영화를 허겁지겁 본 다음 쓰게 되는 경우가 많아서 고된 중노동처럼 느껴지는 고비가 찾아오곤 한다. 그런 기분을 느낄 때쯤 〈백서〉를 보았다. 몇 장면이 지나기도 전에 지금 중요한 한 편의 영화와 사건처럼 조우하고 있다는 걸 느낄 수 있었다. 심지어는 이 영화가 갑자기 추락해버려 나의 흥분을 산산조각 낼까 봐 조마조마하기까지 했다. 하지만 〈백서〉는 마지막까지도 비범한 본색을 잃지 않았다. 다소 들뜬 마음으로 LGBT가 배포한 자료를 찾아 연출자의 이름을 확인했다. 감독 강상우. 2010년 퀴어영화전에서 수상했다고 적혀 있다. 그건 놀랍지 않았다. 좀 놀랐던 건, 그가 양심적 병역 거부자로 현재는 수감 중이라는 사실이었다.

주변 사람들에게 강상우 감독에 관하여 묻고 다니던 중에 LGBT 리언 프로그래머의 도움으로 〈백서〉의 주인공인 성호준 씨와 약속을 잡았다. 예의 바르고 똑똑하고 단편을 한 편 연출했으며 장래에 영화감독이 되는 것이 꿈인 이 스무 살의 부산 출신 청년과 함께 저녁 내내 인사동에서 커피를 마시고 만둣국을 먹고 길가에 앉아 담배를 나눠 피우며 강상우 감독과 〈백서〉에 관해 이야기했다. 강상우 감독은 1983년에 태어났고 게이이며 채식주의자이고, 얼마 전까지 연세대 커뮤니케이션학부 대학원에서 공부했다. 데뷔작 〈어느 게이 소년의 죽음〉을 연출하여 2010년 시네마디지털서울영화제 단편 부문에서 상영한 적이 있고 같은 해 5월경에 대여섯 명의 친구들과 함께 상영 시간 50분의 중편 〈백서〉를 완성했다. 그는 2011년 2월에 1년 6개월의 형을 받은 뒤 수원구치소에 수감되었다가 지금은 여주교도소로 이감됐으며 2012년 8월에 출감할 것이라고 했다. 무엇이 특별히 그의 병역 거부 결심을 이끈 것 같냐고 성호준 씨에게 물었을 때, 그는 잠깐 머뭇거린 다음 "자세한 건 묻지 않았다"고 했다. 나도 더 자세히 묻지 않았다.

LGBT영화제 개막식이 있던 밤이었다. 화려하고 맵시 있게 차려입은 남자들 무리 네댓이 활기차게 웃으며 길가에 앉은 성호준 씨와 나를 지나쳐 갔다. 그들이 게이라는 걸 알기란 어렵지 않았다. 그날 밤 종로는 그들의 것이었으니까. 남자를 연인으로 사랑해본 적 없고 앞으로도 그럴 것 같지 않은 내가 이 영화에 공공연히 개입하는 건 쓸데없는 가식이 아닌가, 그때 막연히 생각했다. 하지만 구스 반 산트와 아핏차퐁 위라세타쿤과 차이밍량이 게이라는 사실 때문에 내가 그들 영화에 대해 말하고 쓰지 못했던 것이 있던가, 하는 생각이 이내 앞선 생각을 잠재웠다. 어쨌거나 떠밀려다니는 생각에 머리가 어지러웠다. 쓰려고 작정했던 편지이지만 정말 쓰게 될 것인지 갑자기

막연해졌다. 하지만 이런 경우에 손은 늘 머리보다 단호하고 기민하다. 머리가 망설이는 동안 손이 먼저 움직일 것이다. 편지를 쓰고 싶다는 마음이 제 맘대로 든 것이니, 그래 아마 뭐가 되었든 쓰게 될 것이다.

#보낸 편지

강상우 감독에게

처음 인사를 글로 드립니다. 당신이 감옥에 있지 않았다면 우린 지금쯤 서울의 어느 카페에서 악수를 나눴을 겁니다. 그리고 〈백서〉를 두고 대화를 나눴겠지요. 하지만 지금 당신은 거기 갇혀 있고 우리의 만남과 대화는 자유롭지 않습니다. 처음에는 면회를 먼저 생각했습니다. 하지만 두 가지 염려 때문에 곧 그만두었습니다. 당신의 힘겨운 상황을 무언가 극적인 장면으로 연출하려는 시도인 것처럼 보일까 봐 본능적으로 피한 것이 첫번째 이유였습니다. 두번째 이유는 제가 그냥 좀 겁이 났기 때문입니다. 처음 보는 타인과 갑작스럽게 외딴곳에서 물리적 거리감이 좁혀지는 것에 대한 막연한 두려움이라고 말해야겠습니다. 낯설고 불편할 것이 분명한 면회실에서의 짧은 시간 동안 당신과 내가 얼굴을 마주하고 있을 때 처음 만난 우린 분명 말이 아니라 침묵의 능선 아래 더 많이 머물게 될 것입니다. 혹은 그 침묵을 채우기 위해 과잉의 말들을 쏟아낼 수도 있겠지요. 그 침묵이 혹은 말들이 그곳에 기어이 찾아간 저를 꾸짖는 느낌이 들까 봐 그만뒀습니다. 그러고 나서는 차선으로 편지를 생각했습니다. 그러고 보니 편지가 더 낫겠다는 판단도 들었습니다. 세상 모든 편지에는 동일한 장점이 있지 않습니까. 저는 제가 하고 싶은 말을 하고 당신은 당신이 하고 싶은 말을 하면 된다는 것입니다. 편지를 쓰는 것 역시 처음엔 몇 가지 이유로 망설여졌습니다만 지금은 그 망설임의 이유를 말하기보다 결국 쓰게 된 이유를 말하며 시작하는 게 더 좋을 것 같습니다.

두말할 것 없이 〈백서〉가 영화적으로 저를 드세게 흔든 것이 첫번째 이유입니다. 두번째 이유는 조금 현실적입니다. 저는 〈백서〉가 국내의 주요한 국제영화제에 빠짐없이 출품되었으나 전부 떨어졌다는 사실을 알고 있습니다. 만약 〈백서〉가 2010년의 발견으로 지목되어 많은 이들에게 회자되었더라면 솔직히 말해 저는 지금 이 편지를 쓰고 있지 않을 겁니다. 저는 이 영화가 충분히 관심 받지 못했다고 생각합니다. 뒤늦게라도 작은 지지가 필요하다고 생각했습니다. 마지막으로, 당신이 지금 양심적 수인이라는 사실이 세번째 이유가 되었음을 감추진 않겠습니다. 저는 그냥 이것저것을 떠나 사람 대 사람으로 위안도 전하고 싶었습니다. 그러니 당신의 영화가 제 감각을 두드리지 않았거나 모든 사람이 당신의 영화에 관하여 말했거나 당신이 감옥에 갇혀 있지 않았다면 이 편지는 없었을 것입니다. 현실화되지 않았을 수도 있는 이런 몇 가지 가능성들이 뭉쳐서 하나의 행위를 끌어낼 때 그런 게 운명이라는 식으로 저는 무작정 생각합니다. 그 운명을 받아들이고 싶었습니다.

제가 〈백서〉와 당신의 신상에 관하여 묻고 다니다가 알게 된 가장 놀랐던 점 한 가지를 먼저 말씀드리고 싶습니다. 그건 당신이 이 영화를 일종의 '양심적 병역 거부를 위한 소견서'로 제작하여 법원에 제출했다는 점이었습니다. 일종의 공적 증빙 서류였던 거지요. 국가가 물었습니다. 당신은 왜 병역을 거부하는가. 당신은 답했습니다. 이 영화가 그걸 말해줄 것이다. 영화를 완성한 뒤 친구들에게 농담처럼 이렇게 말하셨다고요. "판사가 영화를 보고 나면, 이 영화는 너무 지루하고 화가 나니 저 녀석을 법정 최고형인 3년형에 처하라고 판결할지도 모르겠어"라고요. 저도 썰렁한 농담을 하나 건네봅니다. 그 어떤 법의 결정권자가 지금이라도 이 영화를 보고 "음, 영화를 보고 나니 이해가 돼. 이제 그만 그를 내보내는 게 어떨까" 하는 일이 정말 실현되는 상상 말입니다. 그런 일은 없을는지요? 없을 겁니다. 이럴 때 영화는 세상의 선택과 결과를 어쩌지 못합니다. 다만 영화는 주어진 그 영화의 삶을 살 뿐입니다.

당신도 그걸 알고 있었을 겁니다. 그런데도 당신은 놀랍게도 냉엄한 현실의 법적 요구에 예술의 창작이라는 무모한 방식으로 대응하였습니다. 그러니까 뒤집어 말하자면, 세상의 선택과 결과 역시도 주어진 대로 살아가는 이 영화의 삶을 끝내 어쩌지는 못한 것입니다. 세상을 살며 그 많은 도덕과 윤리를 회피하는 저는, 영화와 영화에 대한 글의 윤리만 어쩌다 겨우 지키는 흉내를 내려고 애쓰는 저는, 이 영화를 본 다음 어떤 방식으로건 글을 쓰고 싶어졌습니다. 누군가의 영화를 보고 나서 글을 써야겠다는 마음이 들 때 그걸 마침내 쓰는 것이 저는 영화에 대한 글을 쓰는 사람의 최소한의 윤리라고 생각합니다. 그러니 당신은 당신의 준엄한 윤리를 지키고자 영화를 만들었고 저는 저의 사소한 윤리를 지키고자 당신의 영화에 관하여 말합니다. 그러니 이것은 〈백서〉로 알게 된 한 양심수에게 보내는 저의 위안 편지이며 동시에 당신의 소견서로 완성된 영화 〈백서〉에 대한 저의 영화적 소견서입니다.

저의 소견을 이렇게 시작해보겠습니다. 아직은 눈썹처럼 가느다란 초승달이 사라지지 않은, 푸른빛이 감도는 한강변의 새벽입니다. 영화의 첫 장면 말입니다. 하루 중 제일 경건한 시간, 때문에 두려워서 미뤄왔던 다짐을 용감하게 실행하기에 가장 좋은 시간입니다. 주인공 성운(성호준)과 그의 연인 소년(최진환)을 이 장면에서 만납니다. 멀리서 지켜보던 카메라가 성운 가까이로 컷하여 들어가자 그는 손에 든 입영통지서를 불태우고 있습니다. 종이 위에 쓰인 '우'자가 슬쩍 보입니다. 그것은 강상우의 우일 것이고 당신의 입영통지서일 것입니다. 그때 성운 역의 성호준 씨는 걱정이 되어 물었다고요.

"형, 이거 정말 태워도 돼요?" 당신께서는 아무렇지도 않게 담담한 표정으로 그러라고 하셨다고요. 인물들의 뒤로 서울 시내에서 가장 유명한 건물이 확연히 보입니다. 〈백서〉는 그렇게 푸른 새벽의 붉은 선언이자 동시에 극 안에서 행해진 현실의 선언으로 시작합니다.

그다음 장면과의 연결이 흥미롭습니다. 방에서 기타를 연주하는 성운의 손가락이 클로즈업으로 보입니다. 뭐랄까요, 법과 맞선 새벽의 시간에서 예술과 교감하는 오후의 시간으로 이어진 느낌이라고나 할까요. 기타를 치던 성운이 바닥에 내려와 누워 있는 소년의 손을 잡고 말을 건네는데, 이 영화를 연출하는 사람의 세심함이 조금씩 드러나기 시작합니다. 물론 아마추어 연기자임에도 감수성이 예민한 성호준 씨의 그것이기도 했겠지만 성운의 힘없는 말투, 약간씩 이탈하는 목소리, 구부려 앉아 동그랗게 몸을 말아서 앞뒤로 조금씩 흔들며 소년의 손목을 오래 지그시 잡고 바라보는 그 응시의 장면들이 참으로 보기 좋았습니다. 그때 화면이 바뀌고 점처럼 작은 달팽이가 커다랗게 잡힌 화분과 의자 사이를 아주 천천히 기어가는 긴 인서트가 나옵니다. 저는 커다란 사물 아래 작은 달팽이를 보자, 거대한 한강의 교각 밑에 점처럼 서 있던 성운이 문득 떠올랐습니다. 그런데 그 화면 위로 "형…… 배고파…… 라면 끓여줘"라는 엉뚱한 소리가 들려옵니다. 성운은 달팽이의 꿈을 꾼 것인데 그 옆에서 함께 자고 있던 소년은 배가 고프다고 합니다. 무의식의 꿈 안으로 밀고 들어오는 일상적 식욕의 대사. 이것이 꼭 어떤 환상성과 일상성의 소름끼치는 힘겨루기인 것처럼 느껴졌습니다. 게다가 그렇게 잠을 깬 성운의 모습을 카메라는 창문 바깥에서 방 안쪽을 보며 창살 틈 사이로 잡고 있는데 그게 마치 감옥에 갇힌 수인처럼 성운을 보이게 합니다. 아직은 오지 않은 현실 속 당신의 수인의 시간이 그때 다시 영화의 시간 안으로 밀고 들어옵니다. 〈백서〉는 이런 식으로 여러 종류의 '성질들'이 문턱을 타고 줄곧 드나듭니다.

골목길의 버려진 냉장고 위에 앉아서 또다시 도착한(혹은 앞 장면에서 불태운) 입영통지서를 읽던 성운이 무직정 거리로 나가는 그때에 영화는 흐름상 첫번째 역전을 감행합니다. 개인적으로도 크게 놀란 장면이었습니다. 앞 장면들을 감안한다면 이 영화는 끝까지 느리고 얌전하게 진행되다가 끝날 거라고 짐작했는데, 갑자기 영화는 거칠고 음산한 기운을 형성하고 있었습니다. 차들이 위태롭게 지나가고 성운은 하염없이 걷고 있으며 어느새 낮은 밤으로 바뀌었고 핸드헬드와 클로즈업에, 이리저리 나가는 초점에, 끊어넘치는 화면의 질감까지 불안하기 짝이 없는 가운데, 성운은 겨우 귀를 기울여야 알아들을 만한 중얼거림으로 "이젠 말을 해야 돼…… 축구 못한다고 팰 거면서…… 앉아 있으면 다 호모야?"라며 분노에 찬 말들을 그야말로 들릴 듯 말 듯 중얼거립니다.

이 장면은 참으로 음산했습니다. 데이빗 린치나 라스 폰 트리에의 혹은 아핏차퐁 위라세타쿤의 어떤 장면처럼 느껴졌습니다. 하지만 기법과 대사가 그 분위기를 다 주조한 것은 아니라고 말해야 할 것입니다. 그렇다면 이 장면에서 무엇이 그 음산함을 더욱 끌어내는 것이었을까요. 카메라는 깜깜한 어둠 속에서 흔들리는 성운의 손전등 빛을 따라 어둠속에 서 있는 기이한 사람 조각상들을 잠깐 비춥니다. 순간 '절두산 성지'라는 비문이 약 1초 동안 보였다 사라집니다. 돌에 새겨진 '22번, 박성운, 바오로'라는 문구도 순간 보입니다. 절두산(切頭山)이라니요. 사람들의 머리가 잘린 산, 참수의 산이라는 뜻이겠지요. 이곳은 조선 후기 박해받던 천주교인들이 신념을 버리지 않고 묵묵히 목을 내어주던 곳이 아닙니까. 그곳에서 성운은 지금 자신(박성운)과 이름이 똑같은 한 순교자(박성운)의 이름이 새겨진 비석을 만지고 있는 것입니다. 하지만 당신은 모든 관객이 이곳이 어디인지 구태여 알기를 바란 것 같지는 않습니다. 그보다는 영화가 그 대지에서 어떤 분위기를 흡수하여 영화적 주술을 일으키기를 바란 것 같습니다. 근세를 산 자의 신념과 지금을 사는 자의 신념 사이의 어떤 교감이 일으키는 영화적 주술을 말입니다.

　무릇 성지란 대개 고난의 피가 뿌려진 땅이고 후대가 그 원혼들을 성스런 마음으로 애도하는 곳이 아니던가요. 저는 한 세기가 지난 뒤 그 성지를 찾아 지금 다시 호소하는 자의 그 밤이 두려웠습니다. '구해주세요…… 당신들은 그걸 어떻게 견뎌냈습니까. 제발…… 저는 어떻게 또 견뎌야 합니까……' 하는 성운의 혹은 당신의 마음의 수신호가 그 피의 땅으로부터 역사의 귀기를 끌어내고 있었습니다. 저는 그걸 아무렇지도 않게 견딜 만큼 강인한 관객은 못 됩니다. 다만 영화는 그 어떤 예술보다도 땅의 물질적 기억에 민감하여서, 장소의 역사성과 지질학으로서의 영화를 믿는 사람들이 있고 저도 그것을 믿는 편입니다. 이 장면에서 그와 같은 것을 느꼈다는 말을 할 수 있을 뿐입니다. 끼잉거리는 불협화음의 사운드가 최고조에 이르러 다시 성운의 부엌의 붉게 닳아 오른 주전자의 클로즈업으로 컷하면서 사운드 매칭이 이뤄지며 장면이 바뀔 때, 저는 성운의 꿈이나 환상을 본 것인지 그의 기이한 하루를 본 것인지 판단하기를 주저할 수밖에 없었습니다. 그저 충격적이었습니다.

　이후로 당신은 성운과 소년의 다툼과 화해를, 성운이 사랑하는 책과 영화의 표지를, 성운이 사랑하는 기억을, 그리고 성운이 가장 사랑하는 소년과의 입맞춤과 그들의 샤워를 차례로 보여줍니다. 그 뒤로 소년은 사라집니다. 사랑하는 것을 보여주는 과정에서 가장 사랑하는 것까지 보여준 다음 그것이 사라지는 순간을 보여준다고 요약할 수 있습니다. 그때 고속 촬영으로 느려지면서 34분 만에야 마침내 〈백서〉라는 제목이 화면에 새겨집니다. 다만 여기에 관해서라면, 저는 미안함에도 불구하고 한 가지를 말하고 싶습니다.

저는 이 일련의 장면을 보면서 〈백서〉를 만든 당신이 아핏차퐁 위라세타쿤의 '영화적 애인'이 되고 싶어 한다는 짐작을 확인할 수 있었습니다(당신이 구스 반 산트의 '영화적 형제'가 되고 싶어 한다는 사실은 들어 알고 있습니다). 웃통을 벗고 함께 누워 있는 성운과 소년의 형상이 〈친애하는 당신〉의 주인공들의 정글에서의 모습을 연상시켰다고 하면 저의 착각일는지요. 출발선에 선 예술가에게 모방은 언제나 불가피하지만 그것은 고통의 터널이 될 수도 있습니다. 언젠가 김승옥이라는 불세출의 소설가에 대한 찬사로 후배 소설가 이응준 씨는 이렇게 썼더군요. "김승옥이란 소설가는 내게 있어 빛과 그림자였다. 빠져들어 닮고 싶어 했을 때는 찬란한 빛이었으되, 빠져나와 다른 것을 쓰려고 했을 때는 잔혹한 어둠이었다"라고요. 구경하는 자의 바람이겠습니다만 저는 당신의 영화가 당신이 사랑한 감독들을 넘어서기를 바란다고 덧붙이고 싶어집니다.

하지만 그것이 오해라 해도 기분 나빠하지는 마십시오. 다음과 같은 뛰어난 장면들이 있으니 된 것이라고 저는 말하고 싶습니다. 그러니까 잠시 암전이 있은 뒤 "이제 말을 꺼내야만 한다. 겁이 많고 어리버리한 내 심약함이 신념에 따른 병역 거부의 사유로는 어찌 보면 미약할지도 모른다……"는 보이스 오버 내레이션이 흐릅니다. 당신은 현실의 어느 양심적 병역 거부자가 남긴 말에 당신의 생각을 덧붙여서 이 문구를 만드셨다고요. 먼저 제가 이 말을 들으면서 끝내 놀랐던 건, 영화 속 성운의 태도였습니다. 그는 갇히는 것이 두렵다고 고백하는 대신 갇히는 행위를 다른 이들이 이해할 것인가를 묻고 있었습니다. 숙연해지는 일입니다. 하지만 저는 그 대의적 숙연함보다는 그다음에 일어난 어떤 세부적인 놀라움에 관하여 더 말해보고자 합니다. 바로 제가 〈백서〉에서 가장 좋아하는 장면입니다.

성운은 방바닥에 누워서 앞서 말한 내용의 글을 쓰고 있습니다. 그런데 이

내 몸을 꿈틀하더니 에엣춰 하고 재채기를 하고 맙니다. 그러고는 다시 아무 렇지도 않게 쓰던 걸 마저 쓰고 물 한 모금을 마십니다. 사방은 여전히 조용 하고 재채기를 제외하면 그냥 아무 일도 없었습니다. 하지만 그때 숏은 마치 이 재채기의 여운을 리액션으로 받아넘기겠다는 듯 애초에 생각했던 것보다 는 조금 더 길게 이어지고 있는 것 같습니다. 누군가는 아무것도 아니라고 하고 누군가는 이상하다고 하겠지만 저는 이 장면이 영화에서 가장 좋았습 니다. 외부에서 몸속으로 들어온 이물질을 몸이 본능적으로 밀어내는 자동 반사적인 생리작용이 재채기라는 점은 더없이 흥미롭습니다. 무언가를 전면 적으로 밀어내는 반사작용이라는 점에서 이 영화가 처한 현실과 참 잘 맞는 우연의 생리작용이라고 느꼈을 뿐만 아니라, 이것저것을 떠나 그 장면의 리 듬은 심지어 아름답기까지 합니다. 물론입니다. 배우의 몸에서 재채기가 튀 어나온 것은 순전히 우연이었습니다. 배우도 그걸 확인해주었습니다. 그 어 떤 위대한 배우가 약물이나 도구의 도움 없이 진짜 재채기를 연기할 수 있겠 습니까. 하지만 그 재채기가 나온 다음 숏이 얼마의 시간 동안 침묵을 흘려 보낼 것인지 또 얼마나 뒤에 컷을 나눠야 하는지 하는 것은 감독의 영화적 선택에서 나온 것입니다. 그 몸의 반사작용과 약간의 당황스럽고 어색한 침 묵과 그러나 곧 이어질 다른 장면들과의 시간적 안배와 같은 것들이 이 영화 를 살아 있게 하는 가장 좋은 것들이라고 생각합니다. 실로 그런 것들이 참 좋았습니다. 영화는 타 예술과 마찬가지로 자신만의 특징적인 순간들이 있 다고 생각합니다. 영화를 좋아한다는 건 그런 걸 좋아한다는 말인 것 같습니 다. 흘러가는 시간에서의 어떤 미세한 드러남, 그럼에도 여전히 흐르는 시 간, 그러나 그 미세한 드러남으로 이미 바뀌어버렸다고 말해야 하는 전체. 영화에서는 재채기가 우주를 바꿉니다.

　이와 같은 것들이 시네마틱한 순간의 일부입니다. 그런 순간은 해석되지 않고 분석되지 않는 순간들이고, 좋은 영화에는 빠짐없이 그런 순간들이 존재합니다. 혹은 더 위대한 영화는 그 순간을 인물과 영화의 성품을 드러내는 불가사의한 경지에까지도 이르게 합니다. 이를테면 서울아트시네마 로비에서 성운 역을 맡은 성호준 씨를 만나 굴다리 같은 낙원상가 횡단보도를 막 건너는 순간에 저는 깜짝 놀랐습니다. 성호준 씨가 약간은 상기된 표정으로 영화 속에서 했던 것처럼, 우드득 소리가 나도록 자기 손마디를 꺾어서 저와 그 사이의 긴장을 버티려고 할 때 저는 비로소 당신이 성호준이란 자연인의 본능적 몸짓을 영화 속 성운의 모습으로 포착해낸 것이라는 걸 다시 한 번 감동적인 마음으로 확인할 수 있었습니다. 우연과 본능적 몸짓을 영화적 질서로 받아들이는 순간을 〈백서〉에서 보았던 겁니다.

이제 저는 마지막으로 일식의 시간과 마술의 시간에 관하여 이야기하면서 이 편지를 마쳐야겠습니다. 일식과 마술이라니요. 당신은 이상하다고 생각할 수도 있겠습니다만 저는 그냥 끝까지 이상하렵니다. 이런 가정은 당신이 인서트로 넣은, 달이 해를 가리는, 그리고 그때 쨍하는 소리의 사운드 효과를 입힌, 갑자기 그때 카메라가 줌 인 하는, 그렇게 당신이 연출한 바로 그 장면 때문에 생겨났습니다. 영화 속에서 달이 해를 가렸습니다. 비유를 허락하신다면 저는 그걸 자연의 재채기라고 부르겠습니다. 자연의 고요한 일반적 흐름이 깨지는 한순간 말입니다. 한 번 더 비유해보겠습니다. 그건 일반의 상식을 거슬러서 행해진 당신의 신념을 가리키는 것처럼 보이기도 했습니다. 기이한 자연 현상에 빗댄 형상적 은유랄까요. 말하자면 낮에는 해가 떠 있는 것처럼 남들은 다 가는 군대를, 당신은 낮에 갑자기 달이 해를 가린 것처럼 그 일반론을 뒤집어버렸으니까요.

어쨌거나 그 일식이 일어날 때 성원의 방에서도 이상한 일이 일어납니다. 창문에선 희미한 빛이 들어오고 30프레임으로 촬영한 장면은 느려지고, 방에는 갑자기 고양이의 커다란 뒷모습이 보입니다. 뭐라고 할까요. 또다시 달팽이의 시점이라고 부르고 싶은 그 시점으로 고양이의 거대한 뒤태가 보이는 것이지요. 그러고 나면 크고 가까워서 기괴한 고양이의 얼굴 클로즈업이 뒤따릅니다. 어딘가 기괴한, 그러나 동시에 나른한 현기증이 연이어 일어나는 장면들입니다. 이것을 사라진 고양이 루이를 성운이 지금 그리워하고 기억하는 장면이라고도 말할 수 있을 겁니다. 그러나 저는 좀더 이상해지고 싶습니다. 성운의 애인인 소년은 고양이가 되고 싶다고 하지 않았던가요. 성운은 부질없는 말이라고 꾸짖었지만 성운 역시 고양이가 되고 싶었을지 모릅니다. 그러니 일식의 시간 아래 일어나고 있는 그 기이한 모든 장면들이 사라지고 싶고, 혹은 변이하고 싶은 성운의 마음의 드러남이라고 말해볼 수는 없을는지요. 그 환상적 실현이라고 말입니다. 형체를 알아볼 수 없을 만큼 흐릿해진 성운의 얼굴이 영화 속에 등장하는 그의 마지막 모습이고 고양이의 커다란 클로즈업이 이내 뒤따를 때 저는 그 마술이 기필코 일어났다고 생각합니다. 그러니까 〈백서〉의 마지막 장면을 고양이가 창문 틈 사이로 사라지는 것이라고 말할 수만은 없겠습니다. 창문 바깥으로 폴짝 뛰어올라서 나간 건 고양이지만 탈출한 건 정작 성운인 건 아니었을까요. 이것이 제가 생각하는 이 영화의 끝에 관한 막무가내 가설입니다. 중요한 건, 정말 변한 것이건 누가 변한 것이건 혹은 그렇지 않은 것이건, 그때 제가 이 영화의 간절한 마음을 느꼈다는 사실일 겁니다. 저는 그렇게 믿고 있습니다.

　마지막 장면을 다시 보면서 문득 당신이 전작 〈어느 게이 소년의 죽음〉에 관해 설명한 말을 떠올렸습니다. 당신은 이렇게 쓰신 적이 있습니다. "수많은 스태프들이 만드는 일반 극영화에서의 섬세한 카메라 움직임과 빛의 사용은 로우파이 디지털에서는 불가능하겠지만, 기동성과 나 홀로 촬영의 가능성을 통해 일반적인 영화 제작 방식으로는 담아내기 힘든 심리적 풍경들을 포착할 수 있다는 믿음을 가지고 작업을 진행했다"('시네마디지털서울 2009' 카탈로그)라고요. 이 말 가운데 제 눈을 찌르고 들어온 문구는 "심리적 풍경들을 포착"한다는 것이었습니다. 이것만으로도 당신이 생각하는 영화의 향방을 짐작해볼 수 있습니다. 당신은 주인공의 마음을 카메라가 포착할 수 있어야 한다고 믿는 종류의 영화감독입니다. 보이지 않는 것을 보이는 것으로 드러내야 한다고 믿는 종류의 영화감독입니다. 그것을 제 맘대로 내면의 외재화라고 불러보겠습니다. 다만 비교컨대 〈어느 게이 소년의 죽음〉이 그 내면의 외재화를 '보여주는' 것에 목적이 있었다면, 〈백서〉에는 영화 자체가 그 내면의 외재화 과정이 '되는' 순간들이 있습니다. 혹은 〈백서〉는 저와 같은 사람에게 그런 착각을 불러일으킵니다.

　저는 영화가 그 형체와 크기를 가늠하기 어려운 무한 변이의 유기적 신체가 되어야 한다는 생각을 갖고 있습니다. 그것이 좋은 영화라고 생각하는 쪽입니다. 무한하게 감각과 지각을 접속, 접수하여 계열을 바꾸고 늘리고 축소하고 확장하고 영생하는 신체 말입니다. 사람들은 그걸 두고 영화는 기계라고도 하는데 저는 기계라는 표현이 마음에 들진 않습니다. 꼭 맞는 말이 아닌 것 같습니다. 제게는 좋은 영화는 늘 유기체나 생명체라고 느껴지기에 그렇게 부르는 것이 더 좋습니다. 그리고 그 이상한 유기체나 생명체는 어떤 다른 것으로도 늘 변이할 수 있다고 생각합니다. 그것이 꼭 인간의 신체일 필요는 없을 겁니다. 그건 달팽이일 수도 있고 고양이일 수도 있습니다. 그러니 하나의 영화는 느리게 기어가는 달팽이일 수도, 폴짝거리고 할퀴는 고양이일 수도, 혹은 기고 폴짝거리고 할퀴는 달팽이-고양이일 수도 있을 겁니다. 우리는 거기서 다만 그 영화 고유의 생명의 움직임과 지속 시간을 느끼면 된다고 생각합니다. 저는 영화에서 언제나 리듬이 가장 중요한 것 중 하나라고 생각하는데요, 그것이 바로 영화의 유기적 생명체로서의 움직임과 지속을 대변하는 특성이어서 그렇습니다. 저는 지금 당신이 심리의 풍경을 보여주고 싶어 했음에 빗대어 마음이 신체가 되고 생명을 얻는 것에 관하여 조금 상기되어 말하고 있는 중입니다.

이 편지의 도입부에서 당신이 국가의 요청에 예술적 대답으로서의 소견서를 내놓았다는 사실에 놀랐다고 저는 이미 밝혔습니다. 하지만 그 소견서가 담고자 한 내용은 일부러 말하지 않았습니다. 지금 그걸 말할 필요가 있겠습니다. 그 내용은 사실 굳이 묻지 않아도 '생명과 삶'일 것이라고 짐작합니다. 이렇게 말해보고 싶습니다. "당신은 왜 병역을 거부합니까"라고 국가가 물었을 때 당신은 '나는 나로서 살아 있기 때문입니다. 나 이외의 것들도 그들로서 살아 있기를 바랍니다'라고 말한 것입니다. 그로써 당신은 〈백서〉라는 소견서가 그런 살아 있는 하나의 유기체, 하나의 생명체로 대변되기를 희망한 것이라고 저는 넘겨 짐작합니다. 당신은 그 모든 이들의 개별의 생명과 삶에 대한 스스로의 약속이 필요했고 그로써 〈백서〉가 필요했던 것이라고 말입니다.

저는 어떤 철학자가 영화에 관하여 쓴 글에서 이런 문장을 읽었습니다. "창조자는 즐거움을 위해 일하는 사람이 아닙니다. 창조자는 자기에게 절대적으로 필요한 것만을 만들 뿐입니다."(질 들뢰즈) 그는 이런 말도 하고 있습니다. "예술은 저항의 행위"라고요. 무언가 필요한 자가 만든 저항의 행위로서의 예술. 그가 이전에 쓴 다른 글에서 저는 소수의 문화 내지는 소수의 집단일수록 그 예술적 저항의 행위가 더 절대적으로 필요한 것이며 더 격렬할 수밖에 없는 것도 배웠습니다. 그들에게 "사적인 것은 즉각적으로 정치적인 것"이라고도 들었습니다. 〈백서〉가 바로 그러하다는 생각을 마침내 하게 됩니다. 〈백서〉는 더도 덜도 아닌 당신의 절대적 필요였습니다. 더도 덜도 아닌 당신의 저항의 행위였습니다. 더도 덜도 아닌 결코 다수에 속하지 않는 소수자로서 당신의 사적이자 정치적 표현이었습니다. 그러니 제게 〈백서〉는 한 소수자이자 창작자의 절대적 필요에 의해 시작되어 완강한 저항의 행위로서 이행되고 격렬한 사적 정치적 창작품으로 완성된 그 무엇으로 오랫동안 기억에 남을 것 같습니다.

이제 당신의 편지에 대한 저의 편지를 마치려 합니다. 제가 지금 '당신의 편지'라고 쓴 걸 알고 있습니다. 그렇습니다. 편지입니다. 저는 이 영화가 소견서이지만 또한 처음부터 편지의 형식이었다는 것을 알고 있습니다. 처음에는 이 영화의 제목인 '백서'가 백서(白書), 말하자면 국방백서 등등의 공문서를 말할 때 쓰이는 그런 용어를 어떤 식으로든 비판적으로 응용한 것인 줄 알았습니다. 하지만 그 백서가 아니라 다른 백서(帛書), 그러니까 '비단에 쓴 편지(A Silk Letter)'의 뜻이 있음을 뒤늦게 알았습니다. 절두산에서 절두당한 순교자 중 한 사람이 비단에 편지를 써서 누군가에게 자신의 신념을 전했다는 일화에서 모티브를 가져왔다는 사실에 대해서도 들었습니다. 그러므로 이 영화는 당신의 비단 편지이기도 할 것입니다. 소견서이자 편지라는 이중의 형식으로 된 다짐입니다. 다만 소견서로서 그걸 전해 받은 국가가 당신의 소견에 감옥행이라는 공식적 답변을 준 것이라면, 편지로서 그걸 전해 받은 우리 중 누군가는 당신의 편지에 주관적 답장을 해야 할 것이었습니다. 그러므로 지금에 와서 생각해보니 아무리 우연이기는 해도 〈백서〉라는 편지를 읽게 된 제가 관객의 한 명으로서 답장을 쓰게 된 것은 참으로 자연스러운 일이 아니었나 싶습니다.

밝고 용기 있게 잘 지내신다고 들었습니다. 하지만 더 잘 지내셔야 합니다. 바깥의 봄은 지나갔고 본격적인 무더위는 아직 오지 않았습니다. 올 여름도 더울 것이 분명하지만 내년 여름이 되어서야 당신은 저와 마찬가지로 하늘을 쳐다보며 왜 이렇게 더운 거냐며 더위를 탓하는 일상의 작은 축복을 누릴 수 있을 겁니다. 그때까지 나머지 1년 2개월을 건강해야 합니다. 어쩌면 우리는 그제서야 당신의 영화에 관하여 더 많은 걸 말할 수 있을 겁니다. 민망했을 수도 있는 이 편지를 기어이 썼다는 것만으로도 만족하기는 합니다만, 그래도 당신의 답장을 받을 수 있다면 좋겠다는 마음을 숨기진 않겠습니다. 당신의 영혼과 신체가 피로함에 주눅들지 않기를 바라고 당신이 달팽이거나 고양이거나 그 무엇으로도 변신하는 영화적 변이체가 되어 당신을 가로막고 있는 창살의 벽과 납덩이처럼 짓누르는 정체된 시간의 무게를 가볍게 환상의 힘으로 넘나들기를 바라면서, 이제는 징말 이 편지를 줄이고자 합니다.

2011년 6월 7일 화요일 오후에 정한석 드림

#편지 사이

6월 12일 일요일. 결국 마감을 한 주 늦추기로 했다. 척척 진행되는 일이 아닐 거라고 각오는 했지만 수시 확인이 불가능하니 진행은 예상보다 더 더딜 수밖에 없다. 편지는 잘 갔는지, 그는 뭘 쓰고 있는지, 언제쯤 답장은 올 것인지 아직 명확한 게 없다. 애꿎은 성호준 씨만 이런저런 일로 괴롭히고 있다. 그에게 미안하고 고맙다. 교도소행 편지임을 확인한 뒤 묘한 사무적 쌀쌀맞음과 경계심으로 공적 업무의 기약할 수 없는 성격을 재차 강조하던 우체국 여직원의 말만 자꾸 떠오른다. "글쎄요, 편지가 언제 들어가는지는 교도소 쪽에서 직원이 언제 수거해 가느냐에 달렸어요." 다음주가 되면 다시 회사에 약속한 마감일이 다가오는데, 또 늦으면 어쩌나. 내색은 안 했지만 속이 탄다. 답장이 도착한다고 해도 차마 공개하기 창피스러운 수준이라면 그건 또 어쩔 것인가. 6월 20일 월요일 아침. 일주일이 다시 지나갔다. 출근해서 책상 쪽으로 걸어가는데 오늘쯤엔 뭔가 결정을 내려야 한다는 생각에 묘한 긴장감이 밀려온다. 왔을까 안 왔을까. 부리나케 칸막이 너머로 시선부터 던지고 보니 반갑게도 거기 흰 우편봉투 하나가 놓여 있다. 보낸 이 강상우. 걱정되는 마음에 첫 문단부터 얼른 읽어본다. 정련된 문필이다. 안도하고 즐거운 마음으로 처음부터 차분하게 다시 읽어 내려간다.

#받은 편지

정한석 기자님께

안녕하세요. 편지 잘 받아보았습니다. 장문의 편지를 받아들곤 놀랄 수밖에 없었습니다. 꼼꼼하게 적어주신 〈백서〉에 대한 감상과 영화 일반에 대해 갖고 계신 생각들 모두 잘 읽었습니다. 실로 많은 격려와 자극이 되었고 남은 징역 생활 동안에도 그러할 것이라 믿습니다. 제 영화에 대한 비평을 이렇게 긴 호흡으로 들어본 것은 처음이라 많이 기쁘기도 했고, 동시에 감사하다는 말 외에 달리 무슨 이야기를 드려야 할지 다소 당황스럽기도 했습니다. 어떤 말로 기자님의 정성 어린 편지에 대한 답장을 채워갈 수 있을지 아직도 확신이 잘 서지 않습니다. 이것이 단지 서로에게만 전해지는 개인적인 서신 교환이었다면 주저 없이 기쁜 마음으로 써내려갔겠지만, 지면에 공개된다는 이 대화의 성격상 이런저런 고민들이 앞서는 걸 막긴 어려웠습니다. 무엇보다 저의 두서없는 졸필이 괜한 지면 낭비가 되는 것은 아닐까 하는 걱정이 크고, 제가 어떤 투철한 신념을 가진 양심수로 비춰지는 것이 민망하고 두렵기까지 합니다.

제 요즘 생활은 그다지 특별할 게 없습니다. 저는 지금 여주교도소에서 지내는데, 햇빛을 전혀 쬘 수 없었던 수원구치소와는 달리 이곳에선 방 안까지 햇빛이 들어오기도 하고 비가 올 땐 창밖에서 풍겨오는 비에 젖은 물 내음도 맡을 수 있어 그런대로 정을 붙이고 생활할 만합니다. 평일에는 하루 한 시간 건물 뒤편 소운동장에서 달리기를 하고, 그 외의 시간은 방에서 TV를 보거나 책을 읽고 편지나 글을 쓰며 보냅니다. 요즘은 푸코의 『감시와 처벌』을 느린 속도로 더듬거리며 읽고 있습니다. 영화는 매주 토요일 저녁에 반년 전쯤 개봉했던 영화들 위주로 틀어주는데 근래에는 꽤 재미난 것들도 보았습니다.

수인의 신분이긴 하지만 딱히 다른 누군가의 직접적인 통제와 감시의 시선을 항시 의식하며 지내지는 않습니다. 방 안에 설치된 CCTV가 가끔씩 신경 쓰이긴 하지만요. 그래도 일 안 하고 혼자 생활하는 저는 이곳 기준으로는 꽤 호사스럽게 지내는 축에 속할 겁니다. 물론 가석방을 위해선 가을 정도부터 출역을 시작해야 할 텐데, 그때부터는 지금과는 확연히 다른 징역 생활이 시작되겠지요. 비슷한 시기에 다른 구치소에 수감되어 사동 청소부 일을 하는 한 동무는 극심한 노동 조건이 오히려 '바깥세상과 별 다를 게 없어서' 실망스럽다고 얘기해주더군요…… 계획했던 작업들을 여름 동안 웬만큼 마무리할 수 있으면 좋을 텐데 올해 무더위가 과연 어떨지 두고 보아야겠습니다.

이제 〈백서〉 이야기를 시작해볼게요. 〈백서〉 작업의 단초는 물론 '병역 거부 소견서'였습니다. 기자님께서 〈백서〉에 대하여 '소수자로서의 사적이고 정치적인 저항의 행위'라는 과찬의 말씀을 남겨주셨지만 이 말은 법정을 거쳐간 수많은 병역 거부자들의 소견서에도 마찬가지로 적용될 수 있지 않을까 싶습니다. 저는 법에 맞서는 행위로서의 글 자체보다는 명시적으로 드러나지 않은, 행간에서 발견할 수 있는 어떤 주저함이나 두려움의 흔적에 더 공감하게 됩니다. 굳건한 '신념'과 '양심'보다는 분열하고 모순을 일으키는 흔적에 더 흥미를 느끼는 건, 아마도 그러한 경계가 희미해지고 주변의 공기까지 느껴지는 순간에서야 제가 생각하는 삶이나 평화의 느낌을 더 쉽게 찾아볼 수 있기 때문이지 않나 싶습니다. 때문에 제가 못난 글재주로 일인칭 나를 주인공으로 한 소견서를 써서 제출하는 대신에 원래부터 인칭이 불분명한 매체인 영화로 그 소견서를 찍기로 한 건 자연스러운 선택이었던 것 같습니다. 언어로는 쉽게 표현하기 어려운 미약한 느낌과 미세한 진동들을 감각할 수 있게 하는 영화, 그걸 만드는 것이 더 즐겁고 의미 있는 일이 되겠다 싶었습니다.

〈백서〉는 비장한 내용의 소견서를 쓰려는 한 젊은 남자가 경험하는 전혀 결연하지도 용감하지도 않은 산만하게 부유하는 마음의 상태를 관객들이 영화적으로 체험할 수 있는 영화가 되기를 바랐습니다. 이야기의 층위에서는 그다지 자전적이라고 보기 힘든 이 영화에서 그나마 제 자신의 경험이 어느 정도 투영된 부분이 있다면 그것은 '누워 있는' 상태가 영화 전반에 걸쳐 존재한다는 점일 것입니다. 영화를 찍기 전 한동안 저는 반지하 자취방에서 혼자 누운 채로 보냈던 시간이 많았습니다. 그냥 멍하니 천장을 바라보며 시간을 죽이기도 했고 앞으로 제게 벌어질 일들을 떠올릴 때도 있었고 졸릴 때 자기도 했고 때론 꿈도 꾸었다가 문득 깨고 나서는 떠올리고 싶지 않은 과거의 일들이 생각나 괴로워할 때도 있었습니다. 이러한 경험에 비추어 저는 이 영화가 영화의 주인공 성운이 누워 있는 상태에서 경험하는, 끊임없이 형태를 바꾸고 운동하는, 감각적인 체험의, (기자님의 표현을 빌리자면) 영화-신체의 시공간적인 구성 원리가 있어야 되는 게 맞겠다고 생각했습니다. 과거, 현재, 미래가 일직선으로 연결되어 있다기보다는 생각나는 대로 이리저리 뒤죽박죽 섞여 있는 그런 상태 말입니다. 마치 악몽 속에서 무작위로 배열된 사건들을 체험하는 것처럼 이 영화가 만들어져야, 제가 표현하려고 했던 어떤 삶의 느낌과 좀더 밀접해질 수 있을 거라 생각했습니다.

　사실 촬영 직전 버전의 시나리오는 군대를 피해 한국을 떠나려는 주인공이 그의 죽은 연인과 재회하는 (매우 명확하고 직설적인) 하룻밤의 이야기를 담고 있었습니다. 연기가 모두 처음인 배우들과 촬영 전에 여러 번 리허설을 거치면서 두 배우의 몸에 가장 맞을 것 같은 관계의 이야기를 고민했습니다. 실제로 캐나다로 망명을 간 한 게이 병역 거부자의 이야기를 토대로 시나리오를 완성했습니다. 하지만 촬영을 거치면서 결국 이야기의 중추였던 드라마 부분은 흔적만을 남기게 되었고, 주인공의 선택 또한 망명에서 감옥행을 감수하는 병역 거부의 결심으로 방향이 옮겨가게 되었습니다. 사라진 드라마의 빈자리는 사전에 의도하지 않았던 일련의 사소하고 일상적인 우연들에 의해 메워졌습니다. 예를 들어 만약 고양이 루이가 그때 몰래 창틀 사이로 나와 벽을 넘어 촬영 중이던 카메라 프레임 안으로 들어오지 않았더라면, 혹은 호준 군이 그때 재채기를 하지 않았더라면 〈백서〉는 지금과는 또 다른 형태를 가졌을 것이고 관객은 다른 경험을 느꼈을 것입니다. 의도치 않게 영화에 들어온 다양하고 이질적인 존재들의 예민한 호흡과 반사작용들이 영화 자체의 성질을 바꿔놓았다고 할 수 있을 것입니다. 저는 영화를 보는 관객이 저마다 다른 자신의 영화적 체험 속에서 각자의 이야기를 발견해낼 수 있기를 바랐습니다.

　이제 고작 두 편의 짧은 작업을 내놓았을 뿐인 갈 길이 먼 창작자의 입장에서, 기자님께서 언급하신 이 영화에 드리워진 아핏차퐁과 같은 대가의 그림자는 앞으로 제게 큰 숙제로 남게 될 것 같습니다. 〈친애하는 당신〉을 의식적으로 떠올린 적은 없었던 것으로 기억하지만 말입니다(작업 당시 직접 참고했던 영화는, 과묵한 주인공이 죽은 연인과 재회한다는 비슷한 줄거리를 지닌 빈센트 갈로의 〈브라운 버니〉가 유일했습니다). 하지만 제가 〈백서〉 작업을 다 마치고 나서 한참 후에야 이 영화가 (제가 오랫동안 잊고 있었던) 케네스 앵기의 〈불꽃놀이〉의 자장 인에 있다는 사실을 깨딜았듯이 제가 사랑하는 영화들의 유령은 의식적으로든 무의식적으로든 제 작업의 안과 밖을 맴돌 것이 분명합니다. 앞으로 계속 작업을 해나가면서 제 나름의 해법을 찾아낼 수 있길 바랄 뿐입니다.

이번에는 제 개인적인 신변과도 맞물려 〈백서〉와 같은 작업이 나올 수 있었지만 이후에 어떤 작업을 하고 싶을지 혹은 할 수 있을지는 아직 잘 모르겠습니다. 항상 소수자의 삶을 소재로 다룰 뿐 아니라 영화 매체 본연의 퀴어함과 기이한 매혹을 주제로 작업하는 퀴어 영화 작가들—차이밍량, 아핏차퐁 위라세타쿤, 토드 헤인즈—의 작업을 좋아하고 존경하는 편이지만, 동시에 어릴 적부터 별로 가리는 것 없이 잡다하게 영화를 사랑해온 관객으로서의 제 기억을 떠올려보면 명확히 어떤 영화적 방향으로 가고 싶다는 확신이 지금 딱히 생기지는 않게 됩니다. 잠시 영화로부터 유예된 이 시간을 충실히 보내는 게 우선이지 않을까 싶습니다.

정신없이 써내려간 답장이라 아쉬움이 많이 남습니다. 역시 뭔가 글로 정리하는 일은 제 능력 바깥인 것만 같습니다. 책상이 있었더라면 조금 더 내용이 나았을지도 모를 텐데 아쉽습니다. 기자님의 편지에 걸맞은 답장을 드리지 못했지만 〈백서〉에 가져주신 관심과 지지가 무색하지 않도록 좋은 작업 계속 고민해보겠습니다. 건강 유의하시고 앞으로도 좋은 비평 글 기대하겠습니다. ㅎ

그럼 또 연락주세요. Ciao!

2011년 6월 16일 여주교도소에서 강상우 드림

#에필로그

2011년 6월 21일. 병역을 거부하고 감옥에 간 사람이 아니라 시골 암자에 명상하러 들어간 사람처럼 평안하게 써서 보낸 그의 편지가 참 인상적이었다. 책상이 있었다면 더 잘 썼을 거라는 반쯤 농담이었을 그 말에는 마음이 좀 아팠다. 엎드려 열심히 편지를 썼을 그를 생각하니 그랬다. 생각해보니 이 영화와 관련된 모든 건 다 편지가 될 운명이었다. 〈백서〉는 소견서다, 라고 말했지만 동시에 이 영화는 원래부터 누군가 읽어주기를 바라는 편지였다. 예컨대 영화의 제목인 백서는, 백서(白書), 말하자면 국방백서 등등의 공문서를 말할 때 쓰이는 그런 용어를 어떤 식으로든 비판적으로 응용한 것이 아니라, 다른 백서(帛書), 그러니까 '비단에 쓴 편지(A Silk Letter)'의 뜻을 담고 있다. 이 제목은 절두산에 연루되었던 한 신자가 실제로 비단에 편지를 쓴 것에서 유래한 것이기도 한데, 여기엔 영화 외적으로 복잡 미묘한 설명이 더 요구되고 있으므로 언젠가 또 말할 기회가 올 거라는 말로 대신하는 게 좋겠다.

　〈백서〉가 소견서와 편지라는 이중적 형식의 호소였다는 사실 자체가 지금은 더 중요해 보인다. 소견서로서 그걸 전해 받은 국가가 강상우에게 감옥행이라는 객관적 답장을 준 것이라면, 편지로서 그걸 전해 받은 우리 중 누군가는 그에게 주관적 답장을 해야 할 것이었다. 그러므로 지금에 와서 생각해보니 아무리 우연이기는 해도 〈백서〉라는 편지를 받아든 자로서 이런 서신을 교환한 것은 자연스러운 일이 아니었나 싶다. 편지는 항상 목적지에 도착한다고 했던가. 강상우, 그가 돌아와 어떤 영화를 만들지 우린 아직 장담할 수 없다. 아직 그 자신도 모른다고 하지 않았던가. 다만 그가 〈백서〉라는 범상치 않은 영상 편지를 만들어 그 누군가의 목적지를 향해 띄웠고, 우리에게는 글로 쓴 정성스러운 편지 한 통을 더 보냈으며, 책상이 없는 감옥에서 몇 개의 계절을 더 보내야 한다는 건 알고 있다. 그러므로 이 서신 교환을 읽은 당신에게 한 가지만 더 추신하고 물러나고자 한다. '경기도 여주우체국 사서함 30-1011.' 〈백서〉의 감독 강상우가 편지를 받을 수 있는 곳이다.

(『씨네21』, 2011년 810호)

*후기

당시 기사화되는 과정에서 지면의 제약으로 내가 보낸 편지의 내용 일부가 축약 및 수정되어 실렸다. 원본과는 대략 200자 원고지 20매 정도 차이가 났었다. 공적으로 발표된 글이기 이전에 개인적으로 서로 나눈 편지이기도 한 것을 수정한 게 미안해서 강상우 감독에게는 편집의 불가피함을 설명한 뒤 양해를 구했었다. 따라서 특정한 지면 제약이 없는 이 책에서는, 잡지에 실린 내용과는 다르게, 좀 거칠더라도 내가 보낸 편지의 원본 그대로를 수록하고자 했다. 물론 강상우 감독의 편지도 수정 없이 두었다.

강상우 감독과는 이후에 편지로 한 차례 더 소식을 나눴던 것으로 기억한다. 그리고 강상우 감독이 출감한 이후 우리는 두 번 만났다. 한번은 내가 다니던 잡지사 앞에서 만나 차를 마시며 대화를 나눴고, 또 한 차례는 〈백서〉 특별상영회 자리에서 대담자로 만났다. 그날 우린 행사가 끝나고 강상우 감독과 성호준 씨와 그들의 친구들, 행사 관계자들과 함께 늦게까지 어울렸다. 최근에 강상우 감독이 〈클린 미〉(2014)라는 단편영화를 만들어 좋은 평을 얻었다고 들었는데 개인적으로 아직 영화를 보진 못했다. 그도, 그의 영화도, 곧 볼 기회가 있겠지 싶다.

5부

나를 말해줘

노아

세상을 멸하라
그 누가
명했는가

대런 애로노프스키의 〈노아〉를 일반적인 재난 블록버스터 혹은 종말론적 SF 범주의 코드로만 한정지어 말하는 건 어딘지 부족해 보인다. 이 영화의 매력을 거론할 때에도 마찬가지다. 예사롭지 않은 특수효과가 돋보이는 장면이 많아서 눈길을 끌기에 충분하지만 그것이 이 영화의 특별한 매력이라는 생각은 들지 않는다. 차라리 이렇게 말해보고 싶다. 〈노아〉는 전반적으로 볼 때 투박하지만 일면 기괴하다. 투박하다는 건 영화의 미진한 만듦새를 지적하기 위한 비판의 표현이지만, 기괴하다는 건 이 영화가 품고 있는 질문들이 긴장감 있고 매력적이라는 호감의 표현이다. 지금은 그 질문들, 투박함보다 기괴함에 대해 말하고 싶다.

기괴함은 불균질함 때문에 발생한다. 그리고 불균질함은 신의 심판 이후에 도래하는 인간의 심판이라는 예상치 못한 비약적 전개에서 비롯된다. 나는 이 영화가 신의 프로젝트 혹은 그걸 수행하는 인간의 모험극으로 끝날 것이고, 더 나아간다 해도 거기에 기발한 장르적 결합 정도가 있을 거라고 예상했다. 영화의 초중반까지만 해도 예상은 크게 빗나가지 않았다.

중후반부에 이르자 뚜렷한 변화가 감지되었다. 신의 드라마는 인간의 드라마로 차원 이동하여 비약하고 거기엔 얼마간의 서사적 느슨함과 지루함도 함께 자리 잡는다. 하지만 몇 개의 중요한 질문과 오답과 그것들에 근거한 노아의 과격하고도 결정적인 행위(그러니까 우리가 인간의 심판이라고 말한 그것)가 울퉁불퉁한 경로를 거쳐 함께 새겨진다. 그러한 것들이 이 영화의 불균질하고 기괴한 인상을 자아낸다. 영화의 완성 직후 제작사 파라마운트가 염려한 것, 하지만 감독 애로노프스키가 지키려 한 것이 바로 이와 연계된 복잡하고 민감한 문제들이었을 것이다.

나는 앞서 '종말론, 가족 드라마, 노아의 해석'이라는 세 가지 정도의 축약된 관점에서 이 영화를 소개하는 글(『씨네21』, 946호)을 급히 썼지만, 약간의 시간이 지나자 이 부분에 대한 수정과 보충의 필요를 느끼게 되었다. 질문은 추가되어야 하고 〈노아〉에는 그럴 만한 여지가 있다.

신의 말을 듣지 않고 보는 것의 문제

성서에서 노아가 어떠한 방식으로 신의 뜻을 전달받는지 복기하며 시작해보자. 내가 갖고 있는 조금 얇은 성서에는 이렇게 쓰여 있다. "하나님이 노아에게 이르시되 모든 혈육 있는 자의 포악함이 땅에 가득하므로 그 끝날이 내 앞에 이르렀으니 내가 그들을 땅과 함께 멸하리라. (······) 내가 홍수를 땅에 일으켜 무릇 생명의 기운이 있는 모든 육체를 천하에서 멸절하리니 땅에 있는 것들이 다 죽으리라. 그러나 너와는 내가 내 언약을 세우리니······" 신이 자신의 의중과 계획을 노아에게 밝히고 있는 대목이다. 물론 이건 모두가 다 알고 있는 내용이다. 그런데 우리는 왜 지금 다시 이것을 복기하자고 제안하는가.

"이르시되"라는 표현이 지금의 핵심이다. '이르다' 하는 것이 실은 '말하다'인 것은 자명하다. "하나님이 노아에게 이르시되"라고 할 때 그 표현은 '하나님이 노아에게 말씀하시되'이다. 신은 종종 인간에게 자신의 뜻을 하달하고자 한다. 성서는 거부할 수 없는 뜻의 막중함을 새겨 그것을 '말씀'이라고 칭한다. 그 말씀은 확실한 말이고 지켜져야 하는 말이며 여기엔 수행자의 자의적 곡해나 오해나 추측이 없어야 한다. 신이 스스로 비유의 어법을 택하지 않는 이상, 인간은 그 말뜻 그대로 행동해야 하며 거기에 무언가를 더하거나 덜하거나 해서는 안 된다.

노아에게 말할 때에도 신은 비유를 쓰지 않았으니 성서의 노아도 신의 말씀을 듣고 들은 바 그대로 수행한다. 애로노프스키는 노아의 이야기가 "첫번째 종말론"에 해당하는 것이라고 했지만 우리는 이것이 신의 말씀을 듣고 그의 뜻대로 수행한 첫번째 수행자의 이야기라고 고쳐 말할 수도 있다. 그러니 그 정확한 수행에 앞서 반드시 필수적인 건, 신이 노아에게 말했다는 것이고, 노아가 그걸 들었다는 것이다.

영화로 옮겨질 때에도 '신의 말씀을 듣는다'는 이 점은 중시되어왔다. 창세기의 일화들을 묶어 존 휴스턴이 연출한 1966년의 영화 〈천지창조〉에서 존 휴스턴 자신이 노아의 역할을 맡아 연기할 때 그는 신이 노아에게 말하는 장면을 결코 빠뜨리지 않았다. 신이 부를 때 짐짓 그게 어디서 들려오는 누구의 목소리인지 모르던 노아는 뒤늦게 신의 음성이라는 것을 아는 순간부터 머리를 조아리고 그의 말을 귀담아듣는다. 성서에 기록된 바와 같이 신이 말하고 노아가 듣는 장면이 이 영화엔 포함된다.

그렇다면 〈노아〉의 주인공 노아는 신의 말씀을 어떻게 듣는가. 성서의 그 장면은 영화에서 어떻게 표현되어 있는가. 놀랍게도 성서의 그 장면은 이 영화에 없다. 노아는 아무 말씀도 듣지 못한다. 노아는 단지 본다. 노아가 보는 건 꿈에 나타나는 계시의 이미지다. 노아가 말씀을 듣지 못하고 이미지를 본다는 것은 우선 노아의 탓이 아닌데, 그건 신이 들리는 말씀 대신 보이는 이미지의 계시를 내려주었기 때문이다. 그러니까 〈노아〉의 노아에게 내려지는 건, 말씀이 아니라 이미지다.

말씀이 아니라 이미지. 성서의 노아와 〈노아〉의 노아가 갖는 이 명료하고 확실한 차이는 예상보다 훨씬 더 큰 쟁점을 품고 있다. 성서의 노아는 말씀이라는 유일성을 지키는 확실한 수행자로서의 노아인 반면, 〈노아〉의 노아는 시각적 계시라는 폭넓은 이미지의 모호한 해석자로서의 노아가 되기 때문이다. 우리는 이 문제를 말하기 위해 얼마간의 우회를 거쳐야만 한다.

듣는 노아가 아니라 보는 노아, 라는 이와 같은 획기적 전환은 성서와 이미지 혹은 기독교로 대표되는 일신교적 신성과 이미지 사이에 있어왔던 오래된 문제를 환기시킨다. 『이미지의 삶과 죽음』(정진국 옮김, 글항아리, 2011)에서 레지스 드브레가 전하는 몇 가지 문장을 짧게 나열해보는 것이 도움이 될 것이다. "유대의 하느님은 말로써 중개된다", "말씀만이 진실을 말할 수 있고 견신은 거짓 능력이다", " 그리스 사람의 눈은 낙관적이지만 유대 사람의 눈은 상서로운 신체기관이 아니다", "성서에서 눈은 속임수와 그릇된 확신과 관련된 신체기관이다", "성경에서는 어쨌든 눈으로 보는 것을 명백하게 원죄와 결부시킨다."

"시각적인 것은 죄에 약하다"는 명제 그리고 "이미지라는 원죄"의 문제가 여기에 있다. 보이지 않을 뿐 저 어딘가에 확실히 존재하며, 나타날 때는 유일하게 말씀으로만 나타나는 귀중하고 희소한 비가시적 신을 믿어야지, 당장 눈앞에 쉽게 보이고 익숙한 저 가시적 신(견신)을 믿기 시작하면 그와 유사하고 값어치 없는 우상에도 속아 그것을 섬기는 문제가 발생한다는 경계심과 연관이 있을 것이다. 물론이지만 이러한 맥락은 〈노아〉의 보는 노아와 직접적으로 연관되어 있는 문제는 아니다. 노아가 꿈에서 보는 건 신의 현현이 아니라 신이 펼친 계시적 이미지이기 때문이다.

하지만 적어도 다음과 같은 점을 역으로 유추해볼 수는 있다. 왜 이미지는 일신교인 기독교에서 위험한 것으로 판단되었던 걸까. 오히려 이미지가 중간이며 중립이기 때문은 아닐까. "이미지는 이미지일 뿐"이라는 명제를 우린 잘 알고 있다. 단 하나가 아닌, 다른 무엇으로 번지고 제시되고 설명되는 것이 가능한, 중립적이고 모호한 상상의 여지를 주는 것이 이미지라면, 하나의 익숙한 성상이 단 하나의 신이 아닌 그와 유사한 우상까지도 받아들이게 할 터이니 그건 경계의 대상이 되어야 마땅하다는 게 숨겨진 핵심이 아닐까. 말씀은 확실하지만 이미지는 모호하다. 그러니까 어떻게든 해석될 수 있다는 열린 해석의 가능성이 그 위험성으로 인식된 건 아닐까.

인간을 멸하고자 하는 노아의 해석

영화로 돌아와보자. 왜 애로노프스키는 신의 말씀을 듣는 노아가 아니라 신의 이미지적 계시를 보는 노아를 설정한 것일까. 〈노아〉에서도 중대한 문제는 이미지에 대한 해석인 것처럼 보인다. 아니 실은 이미지를 보게 됨으로써 그걸 해석하는 자의 위치로 가게 된 해석자 노아의 입지가 중요해진 것이다. 노아가 말씀 대신 이미지와 교감하게 된 이 사태를 아주 간단하게 대답할 수는 있다. 이 영화를 하나의 거대한 시각적 프로젝트로 완성하기 위해서라는 것이다. 아무래도 결정적인 그 장면에서 우두커니 서서 말을 듣는 것보다는 무언가 이미지로 꿈꾸는 것이 훨씬 더 시각적으로 화려할 수밖에 없다.

하지만 이것뿐일까. 만약 그렇다면 애로노프스키는 왜 영화의 중후반부에 이르러서는 시각적 효과들을 거의 수거한 채로 심리극 내지는 도덕극이라고 불러야만 하는, 경우에 따라서는 따분하고 지루하기 십상인 노아와 가족들 간의 그 갈등을 쥐고 놓지 않으려 하는가. 오히려 우리는 이 단절되어 이상한 구조를 해석자로서의 노아라는 관점에서 다시 생각해보아야 하는 것은 아닐까. 정작 노아와 그 가족의 갈등이란 신의 뜻을 어떻게 해석할 것인가 하는 것에서 기인한 문제일 것이다. 그리고 여기서 신의 뜻이란 노아가 꿈속에서 이미지로 보는 것으로 제시되고 있으니 그 이미지를 어떻게 해석할 것인가의 문제가 핵심인 것처럼 여겨지기도 한다. 하지만 이 문제는 다소 복잡하다.

노아는 두 번의 계시적 꿈을 꾼다. 첫번째 꿈은 피로 흥건히 젖어 있는 땅에 발 딛고 있는 자신이다. 이내 그 대지 위로 비 한 방울이 툭하고 떨어지더니 꽃이 핀다. 그러다 갑자기 홍수가 밀려와 사람들이 대거 수몰당하는 것으로 바뀐다. 두번째 꿈에서도 수몰의 현장이 등장한다. 하지만 이번에 물속에 잠겨 있는 건 대개 짐승들이다. 그 짐승들이 수면 위로 솟구쳐 올라온다.

이 두 번의 꿈은 사실상 어떻게든 해석될 수 있는 다양한 여지가 있다. 하지만 노아는 이 꿈의 이미지를 이렇게 주도적으로 해석한다. 이것은 재앙이 올 것이라는 계시다. 대홍수가 올 것이다. 사람이 죽을 것이다. 짐승들도 죽겠지만 나는 그들을 암수 한 쌍씩 태워야 한다. 그러기 위해 거대한 방주를 만들어야 한다. 대홍수는 노아의 해석대로 실제로 일어나게 되는 것이니 이 이미지에 대한 노아의 적극적인 해석과 그에 따른 실천적인 방안은 얼마간 주효한 것이다. 문제는 그다음이다.

노아는 강경한 해석 하나를 더 갖게 된다. 인간은 더 이상 나아질 가망이 없을 정도로 타락했으니 어떤 인간도 살아남아서는 안 된다는 것이다. 그러니 그의 가족 이외에 어떤 사람들도 방주에 태워서는 안 된다는 것이다. 또한 자신의 가족이라도 인간의 사악함이라는 면모에서는 제외 대상이 아니라고 생각한다. 그는 아내와의 언쟁 속에서 가족들의 사악함을 하나씩 지적한다. 심지어 노아는 자신과 가족들도 신이 부여한 임무를 수행하고 나면 멸족해야 한다고 다짐한다. 후대를 가져서는 안 된다는 것이다. 때문에 첫째 아들 셈의 아내 일라가 아이를 임신하자 아들이라면 더 이상 후대를 낳지 못할 터이니 살려두겠지만, 딸이라면 죽이겠다고 협박한다. 이것이 후반부의 큰 갈등 구조를 만들어낸다.

더 길고 험악한 갈등은 둘째 아들 함과의 관계에 놓인다. 첫째 아들 셈에게는 여인 일라가 있지만 함에게는 아무도 없다. 하지만 함은 자신의 짝이 있기를 바란다. 이것은 성서와의 큰 차이다. 성서에서 노아는 자신의 아내와 세 아들과 세 며느리를, 즉 짝이 맞는 후손들을 방주에 태운다. 하지만 영화에서 노아는 함의 짝이 될 수 있었던 젊은 여인조차 위기에서 구하질 않는다. 그것이 함과의 골 깊은 갈등의 불씨가 된다. 노아는 왜 아들의 짝을 구하질 않는가. 더 이상 또 다른 인류가 만들어질 가능성을 아예 봉쇄해야 한다는 결심에 따른 것이리라.

노아의 행동이 강력해질수록 대답은 분명해진다. 셈과 노아, 함과 노아 혹은 가족들과 노아와의 갈등은 인류가 멸망해야 한다는 노아의 강력한 해석의 믿음이 점점 커지면서 발생하는 것이다. 그런데 여기엔 어떤 문제가 있다. 노아는 신에게 충실한 사람이니 신의 계시를 해석한 결과 그러한 세계관을 가졌을 것이다, 라고 우리는 생각하게 된다. 그러므로 그의 신념은 그가 꿈에서 본 그 내용에 근거하고 있을 것이다, 라고 은연중 믿게 된다. 그런데 여기까지 이른 다음 우리는 의문을 제기하는 것이 당연하다. 꿈의 내용을 다시 생각해보자. 이 꿈은 그러니까 신이 계시한 이미지는 어느 쪽으로건 해석될 수 있는 여지가 있는 것이지만, 그게 인간은 멸종되어야 한다는 확실한 신의 말씀을 담았다는 쪽으로 해석되어야 하는가 하는 데에서 우린 잠시 망설이게 된다.

그렇다면 인간 절멸이라는 노아의 해석은 어디로부터 온 것인가. 그는 함의 짝을 찾으러 사람들이 모인 마을에 갔다가, 먹을 것을 구하기 위해서라면 딸까지도 팔아치우는 사람들의 행태를 목격한다. 그가 목격하는 것은 그러니까 신의 계시만이 아닌 것이다. 인간사의 사악한 현장을 목격한 경험이 인간 절멸이라는 노아의 확신의 또 다른 근거가 된다. 그러나 단 한 번도 노아는 그 경험담이 자신이 주장하는 바의 근거라고 말하지 않는다. 그러므로 노아가 인간의 타락을 강조하며 절멸을 강조하는 것은 신의 뜻도 아니고 신의 뜻이라 노아가 해석한 그 꿈속 이미지의 또 다른 해석도 아니며, 철저하게 세상에 대한 노아 자신의 경험적 해석이다. 다만 노아가 그걸 신의 뜻이라고 착각하고 있을 뿐이다.

이것이 이 영화의 기괴함으로 한발 더 성큼 들어서게 하는 어떤 기발함이자 기이함의 축이다. 영화는 듣는 노아가 아니라 보는 노아를 설정함으로써 이미지 해석자 노아라는 여지를 한껏 열어둔다. 노아가 본 이미지적 계시에 대한 해석은 아닌 게 아니라 실제로 효력을 갖는다. 그가 방주를 만들어 짐승들을 구해내기 때문이다. 어쩌면 그건 신이 원한 것인지도 모른다. 그럼으로써 우리는 어떤 방식으로든 노아가 그 이미지를 또 다르게 해석할 수 있는 여지를 갖고 있다고 추론하게 된다. 인간 절멸이라는 파국의 믿음조차 그 이미지의 해석에 은연중 기초하고 있을 것이라고 생각하게 된다. 하지만 우리는 그 믿음이 능동적 해석이 아니라 경험담에 기인한 착각이라는 걸 새삼 지적하고 있는 중이다. 이건 사실 좀 무서운 착각이며 섬뜩한 기괴함이다.

차라리 다행스러운 상투적 퇴보

〈노아〉의 노아는 사실 두 명의 노아다. 하나는 신의 뜻을 자의적으로 해석하는 노아이고 또 하나는 자기가 접한 세상을 자의적으로 해석하고는 그것이 신의 뜻이라고 착각하는 노아다. 전자는 세상을 구원하는 노아이고 후자는 세상을 절멸시키려는 노아다. 후자의 노아는 사실상 신의 비전과는 아무 관계가 없다.

노아는 신의 충실하고 능동적인 수행자이기도 하지만 한편으로는 미쳐버린 결격의 수행자다. 그러니 노아가 말하는 정의를 어디까지 믿어야 할 것인가. 노아와 아내는 무엇이 정의인지를 놓고 언쟁한다. 셈의 아내 일라가 출산할 즈음, 아이들을 왜 죽이려는 것이냐고 아내가 묻자 노아는 그것이 정의라고 말한다. 하지만 아내는 당신이 그렇게 해서 모든 걸 잃고 우리가 당신을 증오하게 되는 것, 그게 바로 정의라고 되받아친다. 이 영화에서 정의란 분명한 것이 아니라 의심되는 것이며 자의적인 것이다.

진보적인 신학자인 정혁헌 목사는 〈노아〉에 관한 글에서 "절멸은 신의 뜻이 아니라 노아의 의지로 보인다. 노아에게 세계의 정화는 신의 계획을 추월하여 인간의 완전한 말살을 꿈꾸는 데까지 이른다"라고 지적한다(『씨네21』, 948호). 거기에 적극 동감한다. 덧붙여 결론 삼아 다른 보론을 조금만 더 말해볼 수도 있을 것이다. 여기에 쓰인 두 가지 용어, 그러니까 "절멸과 세계의 정화"라는 말이 지닌 역사적으로 실존했던 섬뜩한 긴장감에 주목하자고 제안하고 싶다.

신의 심판(폭력)과 인간의 심판(폭력). 〈노아〉에서 애로노프스키는 두 번에 걸친 심판의 드라마를 추진한다. 첫번째 심판은 신의 심판이다. 그건 성서에도 있고 영화에도 있다. 두번째 인간의 심판은 성서에는 없지만 영화에는 있는 것이다. 이 가상의 두번째 심판이 끼어들면서 이 영화를 기괴하게 만들고 있다. 두번째 심판의 핵심은 첫번째 심판의 다른 버전이 아니라, 정확히 첫번째 심판에 반대되는 버전이다. 두번째 심판은 다시 말한다 해도, 신의 대리인을 자처하는 인간의 심판이지 신의 심판이 아니다.

그러니까 인간은 절멸되어야 한다는 영화 속 노아의 판단에는 그 숙명적인 분위기와는 무관하게 가장 경계해야 하는 나쁜 버전의 선민의식이 서려 있다. 영화에서 노아는, 행운이든지 불행이든지(노아 역의 배우 러셀 크로는 노아에 관하여 말하면서 그를 고행자에 가깝다고 표현했다) 어쨌든 자신이 선택된 자라는 생각을 갖고 있다. 그것이 방주를 만드는 것으로만 전개될 때는 문제가 되지 않지만, 자신 또는 아무리 넓게 보아도 자신의 아들 세대에서 타락한 인류가 사라져야 한다고, 끝장나야 한다고 말하고 행하려 할 때에는 문제가 된다.

이것은 선민주의의 가장 사악한 버전이다. 세계의 중심이자 끝은 자신들이어야 한다는 생각이 거기 있기 때문이다. 그 바깥이나 너머는 없다는 생각. 그러니 영화 속 두 명의 노아 중 하나의 노아가 실현하려 했던 그 파국의 정의를 쉽게 믿기는 어렵다. 나치즘이 그러한 또 다른 선민주의의 버전이었다. 그들은 유대인 절멸 프로젝트를 일종의 의무적이면서도 절대적으로 수행되어야만 하는 세계의 정화 과정이라고 생각했다. 그리고 세계가 끝나야 한다면 자신들과 함께 끝나야 한다는 믿음을 유지했다. 때문에 다음과 같은 대화는 이제 두 개의 버전으로 읽힌다. 함이 아버지를 질책하며 "저는 아버지가 좋은 분인 줄 알았어요. 그래서 (창조주에게) 선택된 줄 알았다고요" 했을 때 노아는 "그건 내가 이 일을 할 수 있어서 선택된 것뿐이란다" 하고 대답한다. 그는 자신이 충실한 신의 수행자일 뿐임을 묵묵하게 강조한다. 하지만 두번째 심판을 감행하는 노아로 놓고 생각하자면 그 대답은 이렇게도 해석될 수 있다. 즉 그는 지금 선한 일을 하고 있는지와 무관하게, 해야 한다고 생각되는 일이라면 어쨌든 하겠다는 것처럼 들려서 무섭다.

신의 심판은 성공하되 신의 대리인으로서 인간의 심판은 실패한다. 영화 속의 노아는 끝내 자신이 실패자라고 생각한다. 그는 일라가 낳은 쌍둥이 자매를 죽이기를 포기하는 순간에도 "이것을 차마 못하겠다"라고 말하지 '이 것이 옳지 않은 것 같아 그만두어야겠다'고 말하지 않는다. 하지만 그가 실패라고 생각하는 그것이 아이를 죽이지 못한 걸 가리키는 것이라면 그건 축복할 만한 일이다. 일라는 노아에게 말한다. 당신이 악랄함을 볼 수도 선함을 볼 수도 있는 사람이어서 창조주가 당신을 선택한 것이라고. 그리고 당신은 자비와 사랑을 선택한 것이라고.

결국 〈노아〉는 후자의 심판에 실패하면서 얼마간 자비와 사랑 안에 남는다. 이것을 두고 영화가 상투적이고 휴머니즘적인 정황으로 퇴진한 것이라고 우린 말할 수도 있다. 하지만 우리는 신을 자처하는 인간의 광포하고 자의적인 심판이 늘 실패해야만 한다는 사실도 알고 있다. 그러니 상투적인 퇴보라 해도 〈노아〉의 결말은 차라리 다행이다. '나'의 바깥이나 너머로 이어지는 지속은 누구 한 사람의 마음대로 차단되거나 조정되어서는 안 되는 일이기 때문이다.

(『씨네21』, 2014년 947호)

인생무상의
멜로드라마

무술인 엽문을 소재로 한 왕가위의 영화 〈일대종사〉에서 엽문의 아내 장영성이 마지막으로 등장하는 장면은 불산의 비 오는 어느 밤이다. 엽문과 장영성이 헤어지는 순간이다. 하지만 "1953년 대륙의 국경은 막혔고 엽문은 홍콩 신분증을 갖게 됐다"는 후반부의 자막 이후 고독한 상념에 빠진 엽문이 그의 보이스 오버 내레이션으로 과거를 회상하는 것이므로 이 장면은 엽문이 기억하는 아내 장영성의 마지막 모습으로서의 플래시백이다. 영화 초반부에 잠시 등장했던 장영성은 영화 내내 잊혔다가 후반부에 문득 이렇게 다시 돌아와 이내 퇴장한다.

장영성의 등장 분량은 너무 짧아서 왕가위가 엽문과 장영성 사이의 이야기를 애초에 이렇게만 촬영했을 것이라고는 상상이 가지 않는다. 실제로도 장영성 역의 송혜교는 3년여 간 촬영하며 훨씬 더 많은 장면에 출연했다고 알려져 있다. 신빙성 없는 풍문으로는 극중 엽문(양조위)과 팔극권의 달인인 일선천(장첸)의 뜨거운 무술 대결 장면이 촬영되었지만 삭제되었다는 말도 있고 예상외로 늘어난 궁이(장쯔이)의 역할에 양조위가 불편한 심기를 드러냈다는 말도 있으니 이 문제는 비단 한 인물에 국한되는 건 아닌 것 같다.

이것이 사실이건 그렇지 않건, 많이 찍고 많이 버리는, 모두가 잘 알고 있는 왕가위의 그 창작 방식에 관한 이야기를 새삼 꺼낸 데에는 이유가 있다. 요컨대 많은 촬영 그러나 촬영된 내용의 일부의 선택이라는 과정에 뒤따르는 부재 혹은 생략이라는 형식이 왕가위 영화의 구조와 무드에 기여하는 활동성과 중요성을 말하기 위해서다.

가령 〈화양연화〉가 왕가위의 현존하는 최고작이어야 하는 이유 중 하나는 이 영화가 왕가위의 미학적인 모든 것들을 포괄한 가운데에서도 부재와 생략의 구조화를 가장 우아하게 성취하여 마침내 고양된 감정에 다다르기 때문이다. 수리첸이 (실은 차우를 상대로 하여) 남편에게 자백을 받아내는 연습을 하는 장면, 그 역할극의 한 장면만으로도 이 영화는 더할 수 없이 아름답다. 각자 배우자의 불륜 사실을 캐내다가 자신들도 가까워져 불륜에 빠져버린 차우와 수리첸을 각각 양조위와 장만옥이 연기했는데, 그들은 영화에는 등장하지 않는 각자의 배우자 역할까지 1인2역을 했다. 양조위의 등장하지 않는 아내를 장만옥이, 장만옥의 등장하지 않는 남편을 양조위가 연기했다. 〈동사서독〉의 임청하가 한 인물의 내면적 양면성을 표현하기 위해 1인2역을 한 것이라면 〈화양연화〉의 그들은 영화에는 결코 제대로 된 모습을 드러내지 않을 인물들의 부재에도 불구하고 1인2역을 한 것이다.

거의 모든 영화에서 숏과 리버스숏의 관습적 자리를 위반하는 왕가위가 유독 이 영화의 차우와 수리첸의 역할극 장면에서는 관습적으로 정확한 숏과 리버스숏으로 찍을 때, 한 번은 진짜인 것처럼 하여 우리를 놀라게 한 뒤에 두번째는 가짜라는 걸 아는 상태에서 같은 방식으로 한 차례 더 진행할 때,

그 숏과 리버스숏은 각자의 배우자의 자리가 형상적으로는 부재할지언정 존재론적으로는 확고부동하여 사라지지 않는다는 사실을 형식적으로 역설하며 무한한 애상을 남긴다. 더군다나 그 연습은 다름 아니라 자신들의 사정에 해당하고 후반부 그 자신들의 이별 연습과 연관되며 그때의 숏과 리버스숏에는 이별을 예정하는 자신들의 미래가 담겨 있어 더없이 슬픈 정조를 자아낸다.

부재와 생략이 배치되고 활용되는 방식

〈마이 블루베리 나이츠〉처럼 태작은 아니지만 〈화양연화〉처럼 뛰어나지도 않은 〈일대종사〉는 기존의 왕가위 영화의 매력과 흠을 모두 포괄하고 있다. 말하자면 우아한 시각적 스타일로서의 색감, 속도감, 시간성을 지운 추상적 공간 등의 매력을 지닌 동시에 원화평의 무술 연출을 답습하는 덜 창의적인 무술 액션 장면과 그다지 유기적으로 묶이지 않은 몇몇 장면 연결이라는 흠을 포괄하고 있다. 하지만 그 매력을 칭송하거나 흠을 비판하는 것을 떠나 지금 우리에게 흥미로운 것은 부재와 생략들이 배치되고 활용되는 방식이다. 혹은 부재하고 생략된 것들 중 일부가 돌아와 활용되는 방식이다. 그것으로써 이 영화의 정체와 무드가 어떻게 형성되는가 하는 것이다.

결국 이 점이 〈일대종사〉를 전통적 무협영화가 아닌 실존했던 무술인을 주인공으로 한 멜로드라마에 가까워지게 하는 숨겨진 핵심부라고 말하고 싶어진다. 〈화양연화〉가 공공연한 멜로드라마라면 〈일대종사〉는 무협영화를 가장한 멜로드라마다. 다만 이 영화가 멜로드라마라고 말하는 것에 그치는 건 무용한 일이다. 문제는 어떻게 멜로드라마가 되느냐, 하는 것이다.

알려진 바와 다르게 〈일대종사〉가 엽문 1인의 연대기가 아니라 실존 인물 엽문과 가상 인물 궁이라는 2인의 주인공을 지녔다는 점부터 말해야겠다. 누가 일대종사의 자리에 오를 만한 자격이 있는가 하는 무협영화의 예의 그 통과의례를 한 차례 거치고 나면 엽문과 궁이는 만나게 된다. 그들의 결투이자 감정 교감의 장면들이 지나고 나면, 이후부터 엽문의 이야기와 궁이의 이야기는 거의 동등할 정도로 별도 진행된다.

영화는 두 주인공이 겪어나간 1930년대의 일들을 거의 온전히 기술한다. 엽문의 무술인의 길, 일본의 점령 그리고 점령기 엽문의 궁핍한 삶, 일본 편에 서서 궁이 아버지 궁보삼을 죽이는 제자 마삼의 행위, 그리고 그에게 복수하고자 하는 궁이. 그런데 이때 영화에서 한 가지 의아한 일이 발생한다. 특정한 시간, 즉 1940년 이후 1950년 이전이라는 10년의 시간을 영화는 완벽히 건너뛴다. 1940년에서 멈춰 섰던 영화는 10년을 생략하여 부재하는 시간으로 남긴 뒤 이내 1950년에서 다시 시작한다.

아무래도 이건 의아한 일이다. 1960년대와 1970년대는 영화 속 에필로그의 시간에 해당하니 그렇다 해도(60년대와 70년대에 사망한 장영성과 엽문의 죽음을 영화는 후반부에 짧게 자막으로 처리한다) 인물들 인생의 주요한 시간이라고 할 만한 이 10년은 왜 사라진 것일까. 왕가위가 1940년대의 엽문의 삶에는 관심을 두지 않았거나 1940년대 분량의 엽문과 궁이를 촬영하지 않았다고 믿기란 어렵다. 어쩌면 이것 역시 촬영했으나 반영되지 않고 부재와 생략이라는 형식으로 번안된 일련의 구조적 연쇄 작용일 거라 생각된다. 우린 사라진 이 10년이 무엇을 가능케 하기 위한 것일까 물어야 할 것이다. 이 10년은 사라졌기 때문에 중요한 것이 된다.

사라진 10년에 대한 몇 개의 추론

첫번째 내놓을 수 있는 추론은 이때가 1940년대이기 때문에 그렇다는 것이다. 왕가위는 무언가 1940년대라는 시대를 의도적으로 기피하고 싶었던 것은 아닐까. 종전, 국공합작 실패, 중화인민공화국 정부 수립 등의 일이 대륙에서 벌어지고 있을 때 거기에 휘말리거나 영향 받았을 만한 홍콩의 역사, 그 안에 있는 엽문과 궁이의 삶을 묘사하는 것을 기피하고 싶었던 것인가. 혹은 엽문의 일대기로 보았을 때 1940년대의 그에게는 영화화할 만한 별다른 사건이 없었던 것인가. 하지만 홍콩의 역사성을 허구의 극과 큰 불편 없이 유연하게 내내 결합해내고 있다는 점에서, 그리고 엽문의 일대기를 충실히 그리는 영화가 아니라 엽문이라는 실존 인물을 근거로 한 허구의 이야기들이 자유롭게 기입되어 있다는 점에서 두 가지 추론은 다소 힘을 잃는다.

그렇다면 1940년대라는 시대가 아니라 10년이라는 세월, 즉 1, 2년이 아니라 10년이라는 긴 세월을 생략하는 것이 중요한 건 아니었을까. 이것이 우리의 또 다른 추론이다. 10년이라는 물리적 세월의 깊이가 중요했을 것이라는 이러한 추론은 10년의 처음과 끝에 놓인 영화의 극점이 어디였는지 짚을 때 신빙성을 갖게 된다. 가령 장면들이 놓인 순서를 생각해보자. 궁이가 아버지를 죽인 마삼에게 복수하겠다고 사원에서 결심하는 장면 뒤에 이 생략된 10년이 놓여 있다. 그리고 1950년, 짧은 자료 화면이 흐르고 홍콩에서 무술인의 길을 새롭게 가려는 엽문의 일보가 시작된다. 궁이의 이야기가 일면 끝나고 긴 세월이 생략된 뒤에 엽문의 이야기가 다시 시작되는 것이다.

아직은 이상하게 들리겠지만 궁이에게서 엽문으로 이어지는 사이에 생략된 이 10년은 그 둘 모두에게 맹세의 세월이다. 궁이가 사원의 불상과 벽면에 대고 했던 것은 정해진 정혼을 깰 것이고 아버지의 원수를 갚을 것이고 그리고 나면 평생 자식도 없이 무공 전수도 하지 않으며 살겠다는 맹세였다. 반면에 엽문은 홍콩에서 새롭게 무술 지도자가 되기로 결심한 그때에 한심한 패거리 일당을 물리친 뒤, 벽에 단추 하나를 박는다. 이 장면은 엽문의 실력이 녹슬지 않고 누군가를 제압할 수 있다는 것을 보여주기 위해 있는 것이 아니라 엽문이 새로운 길을 가려 할 때 무엇으로 각오를 다지는가 하는 걸 보여주기 위해 있는 것이다. 단추가 엽문의 맹세다.

엽문은 일본 점령기에 가난을 못 이기고 외투를 팔았지만 단추 하나를 따로 떼어내어 몰래 손에 쥐었다. 엽문에게 그 단추란 무술인으로서의 명예를 잃지 않겠다는 각오였을 것이다. 그러니까 영화는 복수를 실행하기 직전 궁이의 맹세에서 멈춘 뒤에 긴 세월의 공백을 가진 다음, 영화적 순서로는 바로 뒷장면에서, 같은 세월 동안 자기의 맹세를 지킨 엽문의 이야기로 넘어가는 것이다. 엽문과 궁이를 매개하는 것은 그렇게 각자의 맹세의 시간이다. 다만 우린 엽문이 오랫동안 그 맹세를 지켜왔다는 걸 알게 되었지만 궁이의 맹세는 어떻게 된 것인지 궁금해할 위치에 놓이게 된 것이다.

1950년 섣달 그믐날, 엽문과 궁이가 만났을 때 사태가 분명해진다. 엽문이 문득 단추를 궁이에게 내밀며 궁가의 무술을 후예들에게 전수할 것을 무술인으로서 권유한다. 하지만 그 단추, 엽문이 궁이의 소임을 자극하기 위해 건네준 표지(標識)를 받고 나서 궁이가 엽문에게 전하는 응답은 뜻밖에도 무엇인가. 엽문이 궁이에게 단추를 주자 궁이는 그 대답으로 자신의 기억을 준다. 이때 비로소 사라진 10년의 세월 안에 포함되어 있던 중요한 사건, 10년 전 궁이와 마삼의 대결 장면이 플래시백으로 돌아온다. 그리고 이 플래시백이야말로 그 시간의 부재와 생략의 이유다.

이렇게 가정해보자. 궁이가 복수를 다짐한 뒷장면에 마삼과의 대결 장면이 이내 등장하고 그리고 1940년대를 살아가는 궁이의 이야기가 이어졌다면 영화는 느슨해졌을지도 모른다. 아니 느슨한 것보다 더 문제가 되는 건, 그럴 때 궁이의 영화 속 저 복수의 행위가 시간순으로 제시될 뿐 도무지 궁이의 기억 속의 행위로 발설되지 못한다는 것이다. 왕가위는 궁이의 그 행위가 반드시 저 멀리 과거의 기억의 행위로 새겨져 이 자리에서 회상으로서 말해져야만 한다고 판단한 것이다.

그러므로 궁이의 사선은 사라진 10년 안의 사건 중 가장 중요한 사건이어서 플래시백으로 여기 돌아온 것이 아니다. 플래시백이라는 영화적 화법이 이 자리에 놓이기 위하여, 여기에서 궁이의 입을 통해 말해지고 기억되기 위하여, 그 기나긴 10년이라는 시간이 먼저 사라져야만 했던 것이다. 10년이라는 세월의 생략 속에서 궁이의 그 행위는 오래되고 절절하고 아련하며 절대적인 행위로 남을 수 있기 때문이다. 동시에 되돌릴 수 없는 그녀의 빗나간 운명으로 남을 수 있기 때문이다. 이것이 〈일대종사〉에서의 왕가위의 부재-생략의 구조적 선택이며 시간이 사라진 이유이고 플래시백으로 멜로드라마를 활성화하는 방식이다.

엇갈린 맹세는 무상할 뿐이니

부재한 세월과 단추와 그 응대로서의 플래시백은 이 영화의 진정한 클라이맥스가 어디인지 알려준다. 궁이와 마삼의 현란한 결투 장면은 힘주어 촬영되었지만 결코 〈일대종사〉의 클라이맥스로 기억되진 못할 것이다. 그건 이 영화의 열쇠에 해당하는 플래시백의 내용에 해당할 뿐 이 플래시백이 궁극에 형성하고자 하는 정서가 아니기 때문이다. 1952년의 어느 날이자 엽문과 궁이의 마지막 만남의 날이 이 영화의 가장 절절한 정점이 되어야만 할 것이다. 그날 밤 궁이는 마침내 엽문에게 "당신을 마음에 담은 적이 있다"고 고백하며 엽문이 자신에게 주었던 단추를 돌려준다. 무예의 길을 독려한 엽문에게 평생의 짝사랑으로 응대한다. 물론 엽문은 재차 말한다 "언젠가 궁가 64수를 다시 만나길 바란다"고. 이 말은 무슨 뜻일까. 끝까지 무인의 자리를 지키고자 한 말일까, 아니라면 우회적으로 궁이의 애정을 받아들인다는 뜻이었을까. 그 뜻을 알지 못한 채 영화는 얼마 지나지 않아 자막으로 전한다. "궁이는 맹세를 지켰고 1953년 세상을 떠났다"고.

〈일대종사〉는 맹세의 멜로드라마다. 하지만 맹세를 지키지만 행복해지지는 못하는 두 사람이 이 영화의 주인공이다. 엽문과 궁이에게는 적어도 엇갈린 네 가지 맹세가 있는 것이다. 무협에 관한 엽문의 맹세, 아버지의 복수에 대한 궁이의 맹세, 엽문을 향한 궁이의 짝사랑의 맹세, 하지만 궁이를 받아들일 수 없는 이유가 되는 엽문의 아내에 대한 맹세. 그런데 이 맹세들 중 어느 하나도 흥겹거나 행복한 장면에 관여되고 있지 못하다. 엽문이 영춘권을 흥하게 한다는 자막은 나오지만 영화가 끝날 때까지 엽문은 담담할 뿐이고 아버지에 대한 복수가 궁이의 삶을 행복하게 한 것도 아니며 엽문을 향한 궁이의 사랑이 이루어진 것도 아니고 그렇다고 엽문이 사랑하는 아내를 다시 만나게 된 것도 아니다. 맹세는 서로 엇갈려 무상함에 이를 뿐이다.

궁이가 아버지의 복수를 맹세할 때 섰던 사원의 그 벽면에 그려진 문양이 이 영화의 처음과 끝에 놓인 것에는 이유가 있는 것이다. 서로의 맹세가 서로의 행복이 될 수는 없는 인생무상이 시작된 곳이 거기일 것이기 때문이다. 장르를 바꾸고 시대를 바꾼다 해도 인생무상이라는 쓸쓸한 정념은 변치 않을 왕가위의 것이다. 그러니 〈일대종사〉는 그저 맹세의 멜로드라마가 아니라 맹세라는 문양을 영화에 새긴 인생무상의 멜로드라마다. 따라서 우리에게 왕가위의 〈일대종사〉는, 그가 무엇을 만들더라도 오로지 인생무상의 멜로드라마에 닿게 된다는 사실을 또 한 번 알게 해준 영화로 기억될 것 같다.

(『씨네21』, 2013년 919호)

여기에서 여기로,
그리고
실종된 것들

나쁜 시나리오가 좋은 영화가 되기란 어렵지만 좋은 시나리오인데도 나쁜 영화가 되기란 쉬운 일이라는, 영화계에서는 얼마간 통용되는 이러한 격언은 시나리오가 결코 영화의 좋고 나쁨을 결정하지 못한다는 시나리오 무용론을 가리키기 위해서라기보다는 시나리오가 영화 완성의 중요한 부분인 동시에 공정의 초기 단계에 해당한다는 그 잠정적 운명을 강조하기 위해 떠돌아다니는 말이다. 루이스 브뉘엘 만년의 중요한 영화들을 함께했으며 그 자신이 대단한 학식과 재담을 갖춘 사람이기도 한 시나리오 작가 장 클로드 카리에르는 그가 막 입문했을 당시 위대한 감독 자크 타티와 그의 편집기사에게서 배운 촌철살인의 교훈 한 가지를 끝내 잊지 못한다고 전하고 있다. 시나리오 작가로서 영화에 대하여 무엇을 아는가 질문하는 타티에게 카리에르가 영화에 대한 추상적인 열정과 사랑만을 열거하자 타티는 편집기사를 시켜 카리에르를 편집실로 보냈다고 한다. 그리고 편집실에서 편집기사가 한 손은 시나리오가 적힌 종이를, 또 한 손은 필름 릴을 가리키며 마침내 카리에르를 향해 이렇게 말했다고 한다. "결국 문제는 여기에서 여기로 가는 거예요." 결국 문제는 종이에서 필름으로 가는 것이다. 이 말이 평생 시나리오를 쓰며 자신이 새긴 교훈이라고 『영화, 그 비밀의 언어』(조병준 옮김, 지호, 1997)에서 카리에르는 회고하고 있다.

몇몇의 특별한 영화감독들을 제외한다면, 어쩌면 영화계의 철칙이며 일반적이기까지 한 이 과정이 갑작스럽게 우리의 관심사가 된 건 위대한 소설가 코맥 매카시가 돌연 〈카운슬러〉라는 한 편의 시나리오를 제출하고 그것이 영화로 만들어졌기 때문이다(매카시는 1976년에 〈정원사의 아들〉이라는 텔레비전용 영화의 시나리오를 요청받아 쓴 적이 있지만, 일반적으로는 극장용 영화 시나리오 〈카운슬러〉가 그의 첫번째 시나리오로 꼽힌다). 심지어 매카시는 영화계의 그 어떤 요청도 없는 상태에서 이것을 쓴 모양이다. 그의 차기작으로 당연히 소설을 기다리고 있던 에이전트조차 시나리오의 형태를 받아들고 당황했다고 한다. 그가 왜 그런 마음을 먹었는지는 잘 모르겠고 크게 궁금하진 않다. 하지만 매카시가 직접 시나리오를 쓰고 그것을 리들리 스콧이라는 장인이 연출했을 때 어떤 영화가 될 것인지 기대하는 건 제법 흥분되는 일이었다. 매카시의 여기에서 스콧의 여기로 가는 문제는 호기심이 갈 수밖에 없는 일이었다.

다소 뒤늦게 〈카운슬러〉를 보고 예상치 못한 당혹스러움을 접하게 되었다. 이 영화는 한 편의 완성된 작품인데도 불구하고 글로 치면 초안, 영화로 치면 러프 컷에 해당한다는 인상을 내내 주었다. 그 정도로 거칠고 산만한 실패작이다. 물론 긍정적으로 추리려고 노력해보지 않은 건 아니다. 가령, 〈카운슬러〉는 주의를 기울여 사건의 구체적 사실 관계를 은폐한다. 사건에 연루된 카운슬러(마이클 파스빈더가 연기하는 주인공 변호사는 영화에서 이름

없이 그저 카운슬러라고 불린다), 클럽 주인 라이너(하비에르 바르뎀), 라이너의 마성의 애인 말키나(카메론 디아즈), 마약 중개상 웨스트레이(브래드 피트)까지 그들은 그들이 지금 무슨 일에 어떻게 가담하고 있는지 구체적으로 행동하거나 언급하기를 꺼리며 아주 일부만 보여주거나 말한다. 또는 카운슬러의 애인 로라(페넬로페 크루즈)의 죽음이 결정되는 클라이맥스에 이르기 전까지, 사건에 연루된 이들의 내면이 직접적으로 묘사되는 경우도 거의 없다.

그러니까 사건에 가담한 자들은 있지만 그에 대한 자세한 내용도 없고 가담자들의 심리도 없이 오로지 사건의 표면적인 진전과 그에 대한 두려운 예감과 피해 가지 못하는 결과만이 제시되는 하드보일드한 세계라고 보아야 하는 것은 아닌가 생각도 해보았다. 하지만 그렇게 긍정적으로만 납득하기엔 외면할 수 없는 결함들이 너무 많다. 다만 그 결함들을 일일이 지적하기보다는 여기(시나리오)에서 여기(영화)로 가는 동안 발생되어버린 몇 개의 패착을 언급하되, 당연한 비판보다는 우리의 상념을 더해보는 쪽이 더 흥미로운 일이 될 것 같다.

매카시의 위대한 성취, 소설적 풍경

그렇다면 첫번째 여기(시나리오)에 관하여 말해보자. "시나리오를 쓸 때는 소설가가 아니라 영화감독의 눈으로 써야 한다"는 카리에르의 말처럼, 매카시도 물론 같은 입장을 취하려 한 것 같다. 시나리오 첫 장에는 다소 놀랍게도 "두 사람이 누워 있는 침대의 뒤쪽에서 카메라가 비춘다"(코맥 맥카시, 『카운슬러』, 김시헌 옮김, 민음사, 2013)라고 카메라의 자리까지 지정하고 있으며 오프닝 크레딧이 시작되는 지점과 끝나는 지점까지도 명시하고 있다.

그럼에도 나는 매카시의 시나리오를 읽으며 이것이 뛰어난 시나리오라기보다는 조금 평범한 수준의 희곡에 가깝다는 인상을 더 짙게 받았다. 매카시는 필시 어떻게 해야 영화의 시나리오로서 최선이 될 것인가 하는 문제를 껴안고 썼을 텐데 왜 나는 그것이 도리어 희곡 같다는 인상을 받게 된 것일까. 무엇 때문일까.

우선 손쉽게 제시할 수 있는 대답은 이 시나리오의 대화 방식 때문이라는 것이다. 〈카운슬러〉의 시나리오에는 기나긴 대화 장면이 많다. 그것이 옮겨지고 축약되면서 영화에서는 최소한의 전압조차 상실한 중언부언의 대화 장면들이 연출되기도 한다. 양식으로만 본다면 어쨌든 이 대화들은 무대 위의 2인극을 떠올리게 하는데, 심지어 인물이 한 공간에 있지 않을 때는 전화 통화라는 수단을 사용하여 2인극 양식을 유지한다. 일단 대화가 시작되면 대개 그 신 안에 존재하는 건 두 사람뿐이고 상대가 바뀌어가며 2인 대화, 지문, 2인 대화, 지문이라는 식으로 시종일관 이어진다.

매카시가 쓴 희곡을 바탕으로 토미 리 존스가 연출하고 토미 리 존스와 새뮤얼 L. 잭슨이 연기한 2인극 영화 〈선셋 리미티드〉도 있었으니 매카시와 이런 대화의 방식이 아주 관계없지는 않을 것이다. 매카시는 시나리오를 쓰고자 했으나 은연중에 희곡의 방식을 반영하게 된 것 같다. 다만 이것 자체를 중대한 결함이라고 말하긴 어렵다. 그보다는 2인극 양식들 사이에 있어야 할, 혹은 2인극 양식을 끌어안고 있어야 할 매카시 세계의 상위의 무언가가 실종되어버렸다는 느낌이 더 핵심인 것 같다. 그렇다면 실종된 건 무엇일까. 나는 그게 풍경이라고 생각한다. 매카시의 시나리오에서는 2인극 대화가 연쇄적이며 거대해지는 반면에 풍경은 축소되거나 약화되어서 단순한 무대 정도로만 기술되거나 심지어는 아예 실종되어 있기도 하다.

매카시와 풍경의 관계에 관해서라면 세 개의 지적을 떠올릴 수 있다. 첫번째는 코언 형제의 지적이다. 〈노인을 위한 나라는 없다〉를 연출한 코언 형제는 매카시의 소설에 관하여 "코맥은 일종의 박물지처럼 소설을 쓴다"고 말했다. 흔히 찾을 수 있는 사전적인 뜻 그대로 박물지란 "동물, 식물, 광물, 지질 따위의 자연계의 사물이나 현상을 종합적으로 기록한 글"에 해당할 것이다. 예컨대 『핏빛 자오선』(코맥 맥카시, 김시현 옮김, 민음사, 2009)의 빛나는 한 대목을 어쩔 수 없이 옮겨보기로 하자. "북쪽 하늘을 빠짐없이 뒤덮은 뇌운에서 검은 덩굴처럼 뻗어내리는 빗줄기는 마치 비커에 묻어난 램프의 시커먼 그을음 같았다. 그날 밤 수킬로미터 너머에서 초원을 두들기는 빗소리가 그들에게까지 실려왔다. 바위투성이 산길을 오르자니 저 멀리서 부들부들 떨고 있는 산을 번개가 훤히 드러냈다. 벼락이 내려칠 때마다 바위가 울렸고 씻어낼 수 없는 형광 물질 같은 푸른 불 다발이 말에 들러붙었다. 부드러운 용광로 빛이 금속 마구에 번지고, 푸른빛이 총신을 물처럼 흘러다녔다. 토끼가 푸른 섬광에 미쳐 날뛰다 우뚝 서고, 쩌렁쩌렁 울리는 높은 바위산에는 독수리가 익살스레 몸을 웅크리거나 천둥에 짓밟혀 한쪽 눈이 노랗게 갈라졌다."

동물과 식물과 광물과 지질의 성질이 한데 엉켜 박물지적 이미지로 가득한 이 절창에 대해 감탄 이외의 다른 말을 보태기 어렵다. 『핏빛 자오선』에는 그와 같은 절창의 문구들이 다수 있으며 소수의 위대한 영화감독들만이 저런 구절을 영화의 이미지로 옮길 수 있거나 그와 견줄 만한 이미지를 생성할 수 있을 것이다. 매카시의 또 다른 서부소설 『모두 다 예쁜 말들』을 영화로 옮긴 빌리 밥 손튼은 영화 자체로는 특별히 모날 것 없는 작품을 만들었지만 저 유사한 구절들의 이미지 구현에는 대부분 실패하거나 아예 관심이 없다.

그러므로 두번째 지적을 떠올릴 수 있다. 매카시를 동시대의 위대한 작가로 손꼽는 미국의 저명한 문학평론가 해럴드 블룸은 매카시의 소설 중에서도 『핏빛 자오선』을 가장 탁월한 예로 꼽으며 "이 작품이 보여주는 세 가지 장관은 판사, 풍경, 그리고 (이렇게 말하게 되어 대단히 유감이지만) 학살자들이다"(『헤럴드 블룸의 독서 기술』, 윤병우 옮김, 을유문화사, 2011)라고 썼다. 판사와 학살자들은 인물화의 탁월함에 대한 문제이므로 다른 자리에서 말해져야 할 것이고 지금 관련된 것은 풍경이다. 그 풍경이 어떻게 장관인지에 대하여 블룸이 보다 자세한 해설을 덧붙이고 있진 않지만, 이상에 옮겨놓은 『핏빛 자오선』의 한 구절이 그가 말하는 장관의 풍경을 대변하는 것 중 하나일 것이라고 여기며 나는 일부러 길게 적었다.

그리고 세번째 지적이 있다. 얼마 전 허문영은 〈그래비티〉에 관한 글에서 미국 영화 또는 서부영화와 풍경의 관계에 관하여 다음과 같은 통찰을 전한다. "미국 영화의 위대한 성취 가운데 하나는 서사로 정돈되지 않는 리비도를 풍경이 끌어안으며, 서사적 기획과 긴장하는 시각적 기획의 전통에 있다. 위대한 미국 영화들에 빈번히 등장하는 불모의 황야, 성난 바다, 끝없는 사막, 위압적인 산악과 밀림, 아득한 설원은 인간 중심적 서사의 재강화를 위한 경유지이거나 감상의 대상이 아니라 오히려 서사를 품고 있는 큰 형식이다. 이를 미국 영화의 지리학적 전통이라 부를 수 있을 것이다. 서부극의 전통이 그것을 완성했고, 소수의 걸작 SF들도 그것을 이어받았다."(『씨네21』, 929호)

미국 영화 특히 서부극 영화가 서사적 기획과 긴장하며 이루어낸 시청각적 기획으로서의 신기원인 그 풍경을, 놀랍게도 매카시는 서부소설 연작 안에서, 즉 활자와 서사의 맥락에서 종종 단독적으로 완수해내곤 한다. 그걸 읽은 블룸과 코언 형제는 장관의 풍경이라고, 박물지라고 각자의 표현으로 찬탄한 것이다. 매카시의 소설은 그전에도 탁월했겠지만, '국경 삼부작'을 통해 명망이 끊긴 서부소설을 복원해내었을 때 공히 인정받게 된 데에는 그

만한 이유도 있었을 것이다. 개인적으로도 『핏빛 자오선』과 같은 매카시의 서부소설을 읽으며 소름이 끼쳤다. 분명 쓰여 있는 소설을 읽고 있는 중인데 시청각으로서의 이미지가 너무 도지하여 감당하기 어려웠기 때문이다. 나는 이것을 개인적인 착시로 돌리거나 소설 장르가 지닌 일반적인 가치로 환원하는 대신에 매카시 소설이 지닌 독창적인 위대함으로 여기고 싶다. 이것은 활자와 시청각의 경계가 사라지거나 혹은 오롯이 겹치며 일어나는 신비이며, 그 신비의 예가 그 놀라운 지리적이며 박물지적인 풍경이라고 말하고 싶어진다. 말하자면 이런 신비에 관한 추구를 매카시의 시나리오 〈카운슬러〉에서는 도저히 찾아볼 수 없다. 매카시 소설의 그 위대한 본연의 성질은 작가 스스로에 의해 여기서 소멸된 것이다.

어쩌면 물리치기 쉬운 반론이 제기될 수도 있다. 〈카운슬러〉는 매카시의 일련의 서부소설과는 다르게 서부 시대를 배경으로 한 것이 아니므로 서부소설에서만큼 풍경이 중요한 것은 아니다, 라는. 그렇다면 우리는 〈카운슬러〉와 유사한 종류로 여겨지는 하드보일드 소설 『노인을 위한 나라는 없다』나 묵시록에 가까운 『더 로드』를 읽으면서도 같은 인상을 받았다는 점을 짚으면 될 것이다. 『노인을 위한 나라는 없다』의 매력이 미국 남서부의 지리적이고 박물지적인 성질, 가령 끓어오르는 초원의 열기, 야생의 동물, 아무도 돌아다니지 않는 한밤의 도심지, 불길한 국경선의 분위기, 말려들어가는 사람들의 어감 같은 것들과 관계없는 것이었던가. 『더 로드』의 매력이 지구 종말을 맞은 잿빛 가득한 하늘과 헐벗은 폐허의 건물들과 좀비 같은 타인들과 그리고 외로운 아버지와 소년이 걷던 그 쓸쓸한 대지와 상관없는 것이었던가, 하고 말이다.

또 다른 반론이야말로 좀더 심사숙고해야 할 것이다. 매카시의 소설에 존재했던 위대한 풍경이란 원래부터 시나리오에서 묘사되기 어려운 것이라는 반론이다. 가령 소설과 시나리오가 성취할 수 있는 것은 다르다는 사실 말이다. 실제로 많은 부분이 그렇다. 소설 속 인물의 내면에 대한 기술은 그 자체로 완성이지만 시나리오 속 인물의 내면에 대한 기술은 배우의 연기나 그 밖의 영화적 조건에 따라 무용해지기도 한다. 종종 소설에서는 귀중한 것이 시나리오에서는 쓸모없어진다. 어쩌면 매카시 자신이 그러한 문제를 신중히 여겨서, 시나리오에서 영화로 옮겨지는 것들 중 온전히 옮겨지기 어려운 것의 목록에 풍경을 포함시켰을 수도 있는 일이다. 그러니까 우리는, 매카시의 소설적 풍경이 시나리오에서는 왜 사라졌는가 하고 물었지만 왜 사라질 수밖에 없었는가를 함께 생각해야 할 것이다. 아주 이상적인 상상을 할 수는 있다. 매카시가 소설 그대로의 수준으로 시나리오의 지문을 쓰고 어느 영화 감독이 그것을 온전히 옮기는 것이다. 혹은 매카시가 조금 모자란 지문을 쓰더라도 감독이 더 훌륭히 옮기는 것이다. 그런데 그건 감독의 몫이므로 우린 결국, 여기에서 여기로 가는 문제에 다시 닿게 된 것이다.

개입하지 않는 스콧

그리하여 두번째 여기(영화)에 관하여 말해보자. 스콧은 일단 매카시의 시나리오를 최대한 바꾸지 않고 영화로 옮기는 것이 자신의 소임이라고 생각한 것 같다. 조금 더 말이 되도록 사소한 것들을 다듬는 정도이며 신의 배열에 관련해서는 거의 손을 대지 않았다. 다만 인물의 성격화를 위해 신의 순서를 약간 바꾼 대목이 있을 뿐이다. 예컨대 말키나의 섹스에 관련된 일련의 장면들은 시나리오에서 여기저기 퍼져 있는 것에 비하면 영화에서는 한곳으로 모여 있다. 그렇지만 크게 도드라지진 않는다. 하여간에 시나리오를 그대로 담아내겠다는 소신은 시나리오가 지녔던 문제까지 고스란히 함께 가져오는 부작용을 낳았다. 시나리오에서 부족했던 풍경의 중요도가 복구되지 못한 건 물론이고, 그마저도 구현된 장면들은 대부분 단순하고 기능적인 배경으로만 쓰이고 있다.

시나리오가 내장하고 있던 취약한 동선의 문제들도 전혀 해소되지 않는다. 〈노인을 위한 나라는 없다〉도 〈카운슬러〉도 여러 명의 인물들이 동시다발적으로 자기의 구역을 갖고 움직이며 가끔씩 서로의 접선을 이뤄내면서 평행하게 가는 영화들이다. 하지만 둘 사이에는 명확한 차이가 있다. 코언형제는 소설적 서사에서 영화적 서사를 어떻게 추려낼 것인가 하는 문제에서, 동선의 뼈대가 되는 추격이라는 개념을 중시했다. 그 추격이라는 개념이 인물들의 산발적인 동선들을 하나의 응집력 있는 긴장으로 묶어준다. 그들의 성공과 실패와 무관하게 누가 누구를 끊임없이 쫓고 있으며 이 추격의 개념이 비유컨대 인물들 간의 장력을 살벌하게 유지해주는 보이지 않는 끈의 역할을 하고 있다. 〈노인을 위한 나라는 없다〉의 인물들은 서로 보이지 않는 그 끈으로 묶여 있는 형국이다. 〈카운슬러〉에는 보이지 않는 그 끈이 모조리 끊어져 있어서 마약을 실은 분뇨차는 저대로 가고 있고 카운슬러 또한 저대로 나빠져만 가는 와중이다. 영화는 그걸 하드보일드한 세상으로 받아들여 달라는 눈치만 계속 보내고 있다.

평론가 정성일이 탁월하게 해석한(『씨네21』, 644호), 〈노인을 위한 나라는 없다〉의 다음과 같은 신기한 대목과 견줄 만한 것도 〈카운슬러〉에는 없는 것이다. 〈노인을 위한 나라는 없다〉의 영화의 후반부, 안톤 쉬거(하비에르 바르뎀)와 보안관 에드(토미 리 존스)가 모텔의 문을 사이에 두고 대치하다가 안톤 쉬거가 홀연히 유령처럼 사라져버리는 불가사의한 장면. 정성일이 "의심스러운 편집의 조형"에 따른 것이라고 지적한 장면. 원작 소설에서 이 장면은 영화와 다르게 안톤 쉬거가 주차장의 차 안에서 모텔로 향하는 에드를 보는 것으로 설정되어 있으므로, 영화의 장면은 전적으로 코언 형제의 선택지를 따른 것이다. 스콧은 〈카운슬러〉에서 숏과 신의 운용과 관련하여 이와 같은 개입을 전혀 하지 않는다.

웃음 또는 울음, 영화로 가는 물질적 구현의 문제

그런데 의아하게도 스콧이 시나리오와 아주 판이하게, 아니 시나리오를 거의 무시했다고 할 정도로 바꾼 한 가지가 있는데 그건 주인공 카운슬러의 어떤 표정이다. 이 표정은 일관되게 등장하므로 감독의 지시 사항일 가능성이 크다. 그러니까 그의 웃음이다. 약혼녀인 로라에게 사랑을 고백할 때는 물론이고, 로스가 당신 참 똑똑하다고 비웃을 때, 웨스트레이가 이상한 건배의 말을 할 때, 라이너가 말키나의 행동에 대해 전할 때마다 카운슬러는 빠짐없이 씩 웃는다. 하지만 매카시는 웨스트레이의 허튼 건배의 말을 듣는 장면 이외에는 카운슬러를 거의 무감정의 사내로 표현하거니와 그에게 "웃음"이라는 지문을 주지 않고 있다. 배우의 연기란 기계적인 것이 아니어서 상황에 맞는 표정을 짓는 건 배우의 역량이며 시나리오가 어쩌지 못하는 영화적 세부에 속하므로 지문에 없는 표정을 지었다는 이유로 잘못되었다고 억지를 부릴 수는 없는 일이다. 그런데 웃음이라는 표정이 아니라 울음이라는 표정에 마침내 이를 때, 이 영화적 세부가 잘잘못의 측면이 아니라 조금 다른, 그러나 근원적인 측면과 맞닿아 있음을 우린 느끼게 된다. 연기 양식의 문제를 넘어 시나리오에서 영화로 가는 과정의 물질적 구현의 문제와 관련이 있다는 사실을 직감하게 되는 것이다.

그것을 더 확실하게 느끼도록 하는 것은 잦은 웃음보다 큰 울음이다. 정점이라고 해도 될 만한 장면을 보자. 약혼녀를 납치해간 일당 중 하나인 멕시코의 갱단 두목과 주인공 카운슬러가 길게 대화를 나눈다. 카운슬러는 자신의 목숨을 바쳐서라도 이 사태를 마감 짓겠다는 의사를 전달하지만 냉혈하기 짝이 없는 상대방은 꿈쩍도 하지 않은 채 단지 지금 처한 숙명을 받아들일 것만을 내내 가르치고 강조한다. 어차피 약혼녀는 죽게 되어 있는 것이라고. 대화는 겉돌며 속절없이 이어지고 상대방의 무심하고 질기며 잔인한 훈계도 이어진다. 그때 매카시는 카운슬러의 답답한 심경을 표현하기 위해 그들의 기나긴 대화 사이마다 '침묵'이라고 네 번 적어놓고 있다. 상대방이 한참을 말하고 침묵. 혹은 카운슬러 자신이 말하고 또 침묵. 그렇게 네 번이다. 그런데 완성된 영화에서 스콧은 이 장면을 완전히 다르게 표현했다. 영화에서는 갱단 두목과 카운슬러 사이에 시나리오와 같은 일이 벌어지고 있다. 하지만 대화의 끝 무렵에 이르자 카운슬러는 솟아오르는 울음을 참지 못하고 오열하고 만다.

의아한 일이다. 매카시는 침묵해야 한다고 생각한 그 순간을 스콧은 오열해야 한다고 생각한다. 원래는 각자의 판단을 따라야 할 문제이지만 스콧이 지나칠 정도로 필사자의 자세로 시나리오를 존중한다는 걸 감안하면 이 대목의 변동은 거의 과격하다고 느껴질 정도의 변절이거나 포기다. 게다가 이 대목은 영화의 거의 정점이다. 약혼녀가 이미 죽었거나 죽음을 눈앞에 두고 있는 이런 상황에 처한다면 누구라도 울음을 터뜨리는 것이 침묵을 유지하는 것보다 상식적으로 당연할 것이다. 하지만 우리는 미처 완성되지 않은 영화적인 상태를 예상하며 혹은 옮겨지지 않은 그 영화적 이유에 호기심을 달며 또 이렇게 질문한다. 어쩌면 그 침묵의 무게가 영화로 표현 가능하기만 하다면, 네 번의 침묵이 한 번의 큰 울음과는 비교가 되지 않을 만큼 강력하고 무시무시한 숙명의 공기를 만들어낼 수 있지는 않았겠는가. 그렇게 묻는 동시에 이런 의심이 드는 건 어쩔 수 없다. 적어도 스콧은 침묵이라고 쓰여 있는 활자를 침묵이라는 시청각적 활동으로 옮길 방법을 결국 찾지 못했거나 포기하고는 가장 가까이에 있는 감정의 묘사에 기대기로 한 것 같다. 카운슬러가 오열하자 오히려 이 장면은 평범하고 온순해졌다.

작은 부스러기들이 영화를 삼켜버렸네

도대체 어떻게 해야 갱단 두목과 카운슬러 사이에 놓인 침묵이라고 쓰여 있는 활자를 침묵이라는 활동으로 적확하게 표현해낼 수 있을까. 말하자면 침묵의 표정이 아니라 침묵의 시간이 아니라 소리의 부재가 아니라, 맥카시가 침묵이라고 네 번 활자로 적었을 때 느껴지는 그 침묵 자체로서의 활동을 어떻게 표현해낼 수 있을까. 잘 모르겠다. 하지만 이것이 활자에서 물질로 옮겨져야 하는 문제라는 건 확실한 것 같다. 그런데 어떻게 바꿀 것인가. 침묵이라는 활자는 거기 박혀 있는 것이지만 침묵이라는 물질은 손에 잡히지 않는 것일 때 그걸 어떻게 옮길 것인가. 침묵이라고 써놓은 건 거기 아무것도 없다고 써놓은 것인데 그걸 어떻게 눈에 보이도록 존재케 할 것인가. 활자가 지시한 물질의 분위기로 바뀌어야 한다고 말하는 건 속수무책의 동어반복에 해당할 것이다. 영화사의 수많은 감독들이 그 문제를 두고 고민해왔을 것이다. 다만 이 침묵의 문제가 새삼 우리를 자극하는 요점은 분명하고 심원하다. 대다수의 영화에서 결국 문제는 여기에서 여기, 종이에서 필름으로, 시나리오에서 영화로, 언어에서 비언어로, 문자에서 시청각으로, 묘사의 기술에서 물질적 구현으로, 쓰여 있는 것에서 활동하는 것으로 어떻게 가느냐는 그것이다. 각자의 방식으로 그걸 시도하면서 실패하거나 조금씩 성공하고 있고 카리에르에게 영화를 가르쳐준 자크 타티 정도의 위대한 감독들 몇몇만이 간간이 놀랄 만한 방식으로 기적을 일으키고 있을 뿐이다.

이런 말을 덧붙일 수도 있다. 〈카운슬러〉에 선택과 숙명이라는 테마가 있다는 걸 감안하면 영화에 등장한 작은 조역 두 인물의 행동을 눈여겨보게 된다. 약혼녀를 납치해간 갱단의 두목과 협상의 다리를 놔줄 것을 부탁하며 카운슬러가 접근하는 멕시코의 변호사, 말키나의 명령을 받아 웨스트레이를 꼬여내 물 먹인 젊은 여인이다. 멕시코의 변호사는 사례하겠다는 카운슬러에게 돈 대신 악수면 된다고 말한다. 그는 어차피 성사되지 않을 일인데 돈을 받으면 탈이 난다는 걸 알고 있다. 젊은 여인도 말키나의 돈을 받지 않는다. 대신 앞으로 일어날 일에 끼고 싶지 않다고 말한다. 두 명의 조역은 그 돈을 받고 받지 않는 작은 선택이 어떤 거대한 숙명을 만들지 직감하는 것 같다. 〈카운슬러〉는 정확히 그들과 반대되는 선택을 따르고 반대되는 운명을 맞는 주인공에 관한 이야기다.

시나리오를 쓴 작가는 영화의 이상을 온전히 믿지 않는 것 같고 그걸 읽은 영화감독은 영화를 온전히 믿지 않는 시나리오를 그대로 시청각적으로 필사하되 하필이면 신비를 품고 있는 지점만큼은 포기하고 만다. 그게 〈카운슬러〉라는 시나리오에서 〈카운슬러〉라는 영화로 가는 과정 중에 벌어진 이상한 일이고, 〈카운슬러〉는 실패작이다, 라고 말하는 대신 다른 말이 길게 필요했던 계기가 되었다. 어쩌면 그게 바로 이 영화의 선택과 숙명이었는지도 모르겠다. 그리고 그 선택과 숙명의 테마는 은유적이나마 이 영화의 최종적 상태에도 아이러니하게 드리워 있는 것 같다.

빗댈 만한 두 개의 명제가 영화에 등장한다. 웨스트레이는 범죄에 가담하겠다는 카운슬러에게 말한다. "아주 작은 부스러기 하나가 우리를 삼켜버릴 수도 있다"고. 한편 라이너는 카운슬러에게 말키나에 관하여 말한다. "섹시하기에는 너무나 적나라했다"고. 이 두 개의 대사를 〈카운슬러〉의 여기에서 여기로의 과정에 마음대로 비유하고 싶어진다. 예컨대 작은 부스러기들이,

하지만 더없이 중요한 선택으로서의 작은 부스러기들이 이 영화를 삼켜버렸다. 만약 그렇지 않았다면 이 영화는 적당히 섹시한 것을 넘어서서 너무나 적나라하여 견디기 어려운 진짜 하드보일드의 세상이 되었을지도 모를 일이다. 하지만 결국엔 적당히 섹시하고 슬픈 운명 안에 스스로 남은 것이다.

(『씨네21』, 2013년 932호)

나를 찾아줘

그 (여)자가
원하는 것

〈나를 찾아줘〉의 부부 닉(벤 애플렉)과 에이미(로저먼드 파이크)의 애증으로 얼룩진 결혼 생활사에 관한 설명이 간략하게나마 필요한 것 같다. 결혼 5주년이 되던 날 에이미가 홀연히 사라진다. 영화는 닉과 에이미의 황홀했던 첫 만남에서부터 결혼 뒤 관계가 서서히 악화되어간 과정까지를 주요하게 술회하는 한편, 속속 드러나는 정황에 따라 닉이 에이미 실종 사건의 주범이자 피의자로 지목받는 과정을 전개해간다. 여기까지를 이 영화의 1부라고 부를 수 있다. 2부에서는 시작과 함께 버젓이 살아 있는 에이미가 돌연 등장한다. 그녀는 실종되지 않았고 죽지도 않았다. 이것은 그녀 스스로 꾸민 일이고 일종의 남편 체벌 프로그램이다. 에이미는 남편이 자신을 죽였다는 누명을 쓰고 사형당하기를 원한다. 하지만 에이미에게도 예상치 못했던 일들이 벌어지고 계획은 수정된다. 결국 에이미는 자신을 짝사랑해온 갑부 콜링스가 자신을 납치하여 감금했던 것으로 일을 조작한다. 에이미는 콜링스를 죽이고,

겨우 탈출한 것으로 위장한 뒤 집으로 다시 돌아온다. 이 부부는 장안의 화제가 되고 둘은 세상의 눈들을 의식하여 서로 사랑하는 척 꾸미며 지옥 같은 결혼 생활을 다시 이어가기로 한다.

'결혼은 미친 짓이다.' 국내의 어떤 감상자라도 〈나를 찾아줘〉를 보고 나면 이 친숙한 한국 소설의 제목을 금방 떠올릴 만하다. 이것이 〈나를 찾아줘〉에 대한 가장 즉각적인 해석의 버전 중 하나가 될 것이다. 끔찍한 갈등과 위협 이후에 재결합하게 된 영화의 후반부에서 닉이 에이미에게 "이렇게 상처를 주면서까지 같이 살아야 하는 것이냐"고 물었을 때 에이미조차 "그런 것이 결혼"이라며 한마디로 일축한다. 결혼이라는 이데올로기적 제도가 상투화해 놓은 것들을 최대한 받아들이며 살아가야 한다는 포기와 위악의 말로 들린다. 〈나를 찾아줘〉를 설명하기 위해 간간이 막장 드라마라는 표현이 사용되는 것도 이와 관련이 있을 것이다. 가정사와 결혼사와 복수극을 둘러싼 해괴한 갈등 전개와 돌발적인 해결법으로 무장되어 있다는 점에서는 〈나를 찾아줘〉나 막장 드라마나 둘 다 유사하다.

〈나를 찾아줘〉 감상에 따른 유력한 해석의 버전 하나를 더 제기해볼 수도 있다. 결혼은 갈등의 외적 구실에 해당할 뿐 진정으로 신랄한 다른 갈등은 닉과 에이미의 이야기의 대결과 승부에 있다는 해석이다. 이 영화가 두 명의 화자를 앞세우고 있으며 각자의 진술의 힘으로 부딪친다는 사실에 주목하는 신중한 경우다. 영화 전체를 닉과 에이미의 대결 구도로 상정하되 결과적으로는 에이미의 서사가 닉의 서사를 철저히 농락하고 지배하게 되는 과정으로 보는 것이다. 이것은 생각만큼 감상자 편의의 가설이 아니며, 영화 속 인물들조차 확연하게 인식하는 중요한 대당이다.

관련하여 세 개의 대화 장면이 주목을 요한다. 첫번째, 닉이 그의 변호사를 처음 만났을 때 변호사는 "아내 쪽이 훨씬 더 완벽한 이야기를 가졌다"고 말한다. 그는 아내 쪽이 훨씬 더 완벽한 정황, 주장, 사실 등을 가졌다고 표현하지 않고 "이야기"라고 표현한다. 두번째, 돌아온 에이미가 형사들을 모아놓고 조작된 사건을 꾸며내는 도중 그녀를 의심하는 여형사가 의문을 제기하자 에이미는 "당신처럼 무능한 형사가 이 사건을 계속 맡았더라면 남편은 사형당하고 나는 계속 침대에 묶여 있었을 것"이라며 제압한다. 완벽한 이야기를 가진 자에게 의문을 제기한 여형사는 졸지에 무능해진다. 세번째, 닉의 쌍둥이 여동생 마고는 닉에게 다음과 같이 촌철살인으로 양자의 승부를 최종 정리해낸다. "놀라운 에이미와 그 초라한 남편의 이야기."

막장 드라마론과 이야기 승부론은 일부분 흥미롭고, 지금의 논의와도 관련성이 있어서 전제했다. 하지만 영화를 관람하는 과정에서 일어난 체감상의 몇 가지 질문들이 내게 그 이상을 고려하도록 요구하고 있는 것 같고 〈나를 찾아줘〉에 관한 나의 호기심의 자리도 여기다. 반전에 반전을 거듭하는 단단하고 치밀한 구조를 지녔을 것으로 짐작되지만 이 영화는 예상 밖이다. 1부가 상당히 혼란스럽다면, 2부는 그냥 당혹스럽다. 이건 해석 이전에 솔직한 관람의 경험담이다. 그럼에도 이 혼란함과 당혹감의 이유는 당연히도 영화의 어떤 형식적 근거들과 연계되어 있을 것이다. 예컨대 1부의 혼란함은 영화라는 매체가 내장한 이야기와 이미지의 복잡한 결합성에 관계되어 있고, 2부의 당혹감은 테마를 완성해내려는 이 영화의 내밀하고 외골수적인 의지와 관계되어 있다. 이러한 1부와 2부에 대한 형식적 관심을 거치며 우리는 데이비드 핀처의 관심사에 새로운 주석을 더할 수 있을 것이다.

핀처는 "집단적 자기애"가 이 영화의 동기가 됐다고 말했는데, 흥미로운 것은 그가 말한 이 집단적 자기애라는 테마의 그물망이 그 자신이 의식하며 던진 크기보다 훨씬 크고 복잡하여 그의 의도 너머의 것들까지도 끌어올린다는 데 있다. 앞서 전제한 해석들과 비교하건대, 나는 이 영화를 막장 드라마가 아니라 일종의 '결혼 우화'라고 부를 생각이다. 아니 결혼 우화도 부정확한 말이며 더 정확히는 '재혼 우화'라고 부르고 싶다. 이 과정에서 핀처로서는 거의 고려치 않았을 영화의 어떤 오래된 장르성이 역설적으로 이 영화에 거대하게 드리워진다는 것이 나의 추론이다. 그러니 이야기의 대결론이나 승부론에 그치지도 않는다. 대결이나 승부의 구도가 아니라 오히려 그렇게 위장된 결탁과 공모라는 서사적 협업을 통해서 재혼 우화라는 완성을 향해 나아가게 되며, 그로써 핀처가 말한 자기애의 테마에 애타게 닿게 된다. 그렇다면 어떻게 그게 가능한 것일까.

공동의 것으로 요약된 사랑과 갈등의 연대기

1부는 혼란스럽다. 1부가 일목요연하게 경험된다고 누군가 말한다면 나는 이 영화에 관한 그의 전체 의견을 신뢰하지 못하겠다. 1부의 시작에 관하여 말할 때 우리는 은연중 '닉의 아내 에이미가 홀연히 사라진다'로 곧잘 시작한다. 앞서 나도 고의적으로 그렇게 썼다. 그런데 그 문장은 영화 전체의 내용을 축약하는 시작으로는 어울리지만 1부의 실상을 이해하는 데에는 쓸모가 없다. 무엇보다 그렇게 시작하면 1부에서 이야기와 이미지가 서로 모호하게 주고받는 결탁의 거래를 알아채지 못하게 된다. 우리는 에이미의 실종이라는 잠시 후에 있을 중대한 사건이 아니라 닉의 행방이라는 첫번째에 발생하는 사소한 동선을 따라가야 맞다. 1부의 시작은 에이미가 실종되는 것이 아니라 닉이 바에 가서 동생 마고에게 이야기를 하는 것이다. 마고는 심지어 너와 아내의 이야기를 하지 않으면 시시껄렁하고 지겨운 이야기로 너를 괴롭히겠다고 닉을 부추긴다. 그렇게 해서 닉의 이야기가 시작된다. 하지만 그건 비교컨대 〈소셜 네트워크〉의 첫 장면처럼 구성되지 않는다. 〈소셜 네트워

크〉의 첫 장면은 두 남녀의 속사포 대사로 구성되어 있다. 반면에 〈나를 찾아
줘〉는 여기서부터 이미 교차가 발생한다.

닉이 이야기를 시작하려는 찰나 그러니까 닉의 대사가 등장하려는 찰나,
대사는 사라지고 "2005년 1월 8일"이라 쓰여 있는 일기장의 자막과 함께 에
이미의 음성을 따라 닉과 에이미가 만난 첫날이 이미지로 회상된다. 닉은 에
이미가 조작해낸 (때로는 사실을 적어놓은) 그 일기장의 존재 자체를 모르
고 있으므로 이것을 두고 에이미의 일기장에 대한 혹은 그걸 읽었던 닉의 회
상이라고 말할 수 없다. 뒤집어 말하면 우리는 일기장의 존재를 알기도 전에
이미 이 일기장의 영향력 아래 놓이게 될 뿐만 아니라 사실로 추론하게 된
다. 동시에 방금 말했듯 이것을 닉의 회상이라고 말하기도 어렵다. 닉은 진
술의 제스처를 취했을 뿐이고 정작 진술은 이미지로 재현되고 있는데, 그 이
미지가 불려나온 저장소는 닉으로서는 알 길 없는 일기장이며 무엇보다 일
기장에 적힌 활자의 주인이 에이미이고 회상 장면의 강력한 주인이 되는 음
성의 존재가 에이미다. 닉은 몇 차례 더 말하지만 회상 장면은 매번 유사한
방식으로 되풀이하여 재현된다.

사태는 좀더 심각해진다. 어느 순간부터는 닉의 진술의 제스처조차 사라
진다. 일기장은 저 스스로 출몰하여 날짜를 알리고 과거를 불러온다. 그렇다
면 이건 닉의 진술이 아니라 온전히 에이미의 진술로 보아야만 하는 것일까.
하지만 여전히 닉은 진술의 제스처를 주장하고 있으므로 닉을 구실로 삼은
에이미의 지배적 진술이라고 쉽게 단정하기도 어렵다.

여기에는 물론 애매함이라는 핀처의 노림수도 관계되어 있다. 그것은 순
전히 핀처의 의도다. 예컨대 닉이 에이미를 밀치며 욕하는 회상 장면을 보
자. 이 장면을 볼 때 우리는 닉이 당연히 그렇게 한 것이라고 생각하게 된다.
그녀의 조작된 일기장이 등장하기 이전이기 때문이다. 하지만 닉은 그런 짓

을 한 적이 없다고 얼마 뒤에 대사로 첨언한다. 당신은 에이미의 일기장의 이미지적 진술을 믿을 것인가 닉의 이야기적 진술을 믿을 것인가, 핀처는 야심차게 묻고 있다. 이 애매함이 정교하기는 하다. 하지만 부분적인데다 놀랍지 않다. 처음 경험하는 것도 아니다. 내가 1부에서 경험한 혼란함은 이것과 좀 다르다. 핀처가 노린 애매함은 둘 중 누구를 믿을 수 있을 것인가의 딜레마다. 내가 말하는 혼란함은 핀처의 의도와 무관하게, 여기 누구도 믿지 못하거나 양쪽 다 믿어야 하는 상태에서의 혼란함이다. 닉과 에이미 양쪽 다 화자로서 주체성을 상실하였거나 그 반대로 주체라고 주장하는 것이 가능해지고 이야기와 이미지가 서로 간섭하면서 핀처 그 자신조차 예기치 못한 제2의 애매한 굴이 만들어져 우리를 혼란스럽게 한다는 것이다.

1부가 착오 없이 해내려는 어떤 기본적인 기능 때문에 이런 혼란함이 발생한 것 같다. 놀랍게도 그 기능이란 더없이 간략한 기능이다. 닉과 에이미의 사랑과 갈등의 연대기를 요약하라, 다만 어느 한쪽의 것이 아니라 그들 공동의 것으로 요약하라, 그렇지 않다면 그들 누구도 갖지 못하도록 요약하라. 심지어 피의자로 몰리게 된 닉의 누명이라는 사건도 이 사랑과 갈등의 맥락 안에 있거나 그 부차물로 보인다. 우리가 1부에서 확실히 알게 된 건, 그러니까 한 가지다. 그들이 한때 열렬히 사랑했고, 결혼했고, 지금은 미워하게 되었다는 것이다. 혼란함은 오히려 이 한 줄의 서사를 공고히 하기 위한 공모의 결과다.

대결이 아닌 해결의 서사 모드

2부는 1부와 사태가 확연히 다르다. 1부는 복잡해서 혼란이 오지만 2부는 지나칠 정도로 간단한데 집요하게 굴어서 당혹스러운 것이다. 구체적인 이유

세 가지를 간명하게 요약할 수 있다. 첫번째 당혹감. 이건 갑작스러운 전환, 압축, 요약의 도입부 때문에 온다. 이 도입부는 놀랄 정도로 갑작스러우며 쾌활하며 확신에 차 있다. 두번째 당혹감. 갑작스러운 캐릭터의 단순화, 라는 문제다. 이건 다소 결함이거나 의도적인 퇴보다. 몇 가지 장면을 예로 들수 있다. 에이미는 캠핑장에서 만난 여자와 텔레비전을 본다. 에이미의 일화가 방송되고 있다. 옆 사람이 당사자인 줄도 모르고 "부잣집 외동딸이 바람둥이와 결혼해서 생긴 일"이라고 여자가 비난한 뒤 화장실에 가자, 에이미는 그녀가 마시던 음료수에 가래침을 뱉는다. 드물지만 핀처의 영화에 적절한 유머가 아주 없는 건 아니므로 웃으며 볼 수 있는 그런 장면이다. 다음이 다소 문제가 된다. "미주리주에는 사형 제도가 존재합니다"라는 뉴스 앵커의 말을 듣고 바깥으로 나온 에이미는 남편이 사형당할 거라는 기대에 아이처럼 즐거워하며 천진난만하게 폴짝 뛴다. 복수의 성공을 예감한 기쁨 혹은 지독한 병적 징후를 묘사하기 위한 것이라고 해도 다소 갑작스러운 부분이 없지 않다.

이렇게 더 말해보자. 에이미 역할을 맡은 로저먼드 파이크의 연기는 뛰어난 편이지만, 아이러니하게도 분량이나 무게감과는 반대로 그녀의 연기가 훨씬 더 고혹적으로 돋보이는 건 2부가 아니라 1부다. 1부에서 그녀가 더 아름답게 묘사되고 있기 때문만은 아니다. 흔한 경우라면 광적이고 비참한 상태를 연기하는 2부에서 그녀의 연기가 더 돋보인다고 우린 말하는 게 맞을 것이다. 하지만 꼭 그런 것 같지 않다. 2부에서 파이크의 연기는 종종 단순하고 어색하다. 특히나 자신을 숨겨준 갑부 콜링스와 있을 때 가장 어색하다.

그런데 이렇게 생각할 수도 있다. 이건 여배우 파이크의 연기 역량의 탓이 아닐 수도 있다. 그녀는 2부의 분위기가 점차 요구해 온 캐릭터의 단순성을 극도로 받아들여 이제는 어색함까지 연기하고 있는지도 모른다. 게다가 콜링스와 함께 있을 때 에이미가 마치 그를 사랑하는 것처럼 가장하고 있으므로, 그 우격다짐의 가장을 연기하는 파이크의 연기가 어색해 보이는 건 어쩌면 당연한 일인지도 모른다는 것이다. 그러니까 우리는 한 가지 질문을 피할 수 없는 자리에 온 것이다. 영화가 이토록 캐릭터를 갑작스럽게 단순화시켜 얻으려는 보다 큰 대가는 과연 무엇일까. 이것이 세번째 당혹감과 관련이 있다. 세번째 당혹감은, 말하자면, 이 영화가 '대결이 아닌 해결의 서사 모드'라는 점이다.

개인적으로는 이것이 2부에서 가장 중요한 점으로 보인다. 우리 모두가 은연중에 2부를 닉과 에이미의 2차 대전 혹은 제2의 대결로 가정하게 된다. 그런데 사실은 그렇지 않다. 닉과 에이미는 2부의 어디에서도 거의 대결하고 있지 않다. 서로 용서했기 때문이 아니라는 건 관객인 우리가 더 잘 알고 있다. 이유는 다른 데 있다. 그들은 각자의 발등에 붙은 불을 끄기 바빠서 서로 대결할 시간이 없는 것이다. 대결의 가속화 서사가 아니라 각자의 해결 서사라는 것이 2부의 가장 당혹스러운 점이다.

따라서 2부의 서사는 정확하게 두 개의 운동 방향을 따라 병렬 진전된다. 닉은 에이미가 쳐놓은 덫에서 빠져나오기 위해 필사의 노력을 다한다. 그런데 에이미도 사정은 마찬가지다. 예정에도 없이 갑작스럽게 돈을 강탈당하고 콜링스의 집에 왔으니 그녀도 이 사태를 해결하기 급급하다. 이때 우리는 잠시 괴상하게 질문을 해볼 수 있다. 닉에게 빠르고 더 좋은 해결이란 방송에 좋은 이미지를 심어주는 것보다 차라리 에이미를 잡으러 나서는 것이 아닐까. 에이미의 경우는 어떨까. 닉에게 돌아가는 것보다 나은 해결책은 콜링스에게 말했던 것처럼 해외로 도피하는 게 아닐까. 둘 다 그럴 수도 있었겠지만, 영화의 해결 지점이 따로 모색되어 있기 때문에 그들은 그럴 수 없다.

이 해결의 방식에 바로 캐릭터의 단순화라는 문제가 결합되어 있다. 즉,

닉에게 되돌아간다는 에이미의 선택은 누가 보아도 정상적이지 않다. 그러므로 그녀는 그 선택 이전에 보다 확실히 더 비정상적으로 보여야만 한다. 단순하고 명쾌한 미치광이가 되어 있어야만 한다. 영화는 그 강고한 미치광이가 자신의 문제를 해결하는 해결책으로서 남편에게 돌아가겠다는 비정상적 선택을 할 때 관객이 그걸 받아들이도록 하고 싶은 것이다. 뒤집어 말하면 해결책만큼은 결코 바꾸고 싶지 않은 것이다. 그러니까 이 영화가 캐릭터의 단순화라는 폐단을 맞으면서까지 절대로 포기하지 않는 상위의 것은, 바로 그 해결의 서사 모드이며, 남편과의 재결합이라는 그 해결책이다. 그런데 우리가 알다시피 이 재결합으로 에이미는 그녀의 문제를, 닉은 그의 문제를 동시에 해결하게 된다. 〈나를 찾아줘〉의 2부의 서사는 각자의 문제를 해결하기 위해 동분서주하는 두 인물이 평행선을 달리다가 닉과 에이미의 비정상적 재결합이라는 상징적 재혼으로 해소된다.

사랑을 버리더라도 자기애를 지켜라

1부와 2부가 고집스럽게 지켜내려 했던 것들을 이어보면 이 영화의 내밀한 전체 서사의 욕망이 보인다. 1부에서는 사랑했고, 결혼했고, 미워하게 된 과정을 내장하려고 한다(사랑→결혼→갈등). 2부에서는 파경을 맞아 갈등 상태에 놓였으나 유일한 해결책으로 서로를 다시 찾게 되는 결론으로 나아가려고 한다(갈등→재결합). 1부와 2부가 각각의 출혈을 감수하면서까지 완성한 이 선을 이으면 닉과 에이미 사이에는 결국, 사랑→결혼→갈등→재결합이라는 서사가 완성된다. 이것이 바로 〈나를 찾아줘〉라는 재혼 우화가 직조되어가는 과정이다. 물론 이 서사가 얼마간 은밀하게 진행된 것이기는 해도, 우리는 마침내 〈나를 찾아줘〉에 연관되어 있는 영화사의 한 장르를 말할 만한 자리에 온 것이다.

처음에는 〈나를 찾아줘〉를 보면서 〈싸이코〉를 비롯하여 〈서스피션〉 〈마니〉 등 앨프리드 히치콕의 영화를 떠올렸다. 하지만 히치콕 영화와 〈나를 찾아줘〉의 연관성보다 지금 내게는 다음과 같은 것이 더 흥미롭고 역동적으로 보인다. "스크루볼 코미디에서의 플롯과 주제는 성적, 사회경제적 차이 때문에 다투는 연인들이라는 캐릭터를 반드시 필요로 한다." "이미 결혼한 스크루볼 커플이 등장하는, 변주된 스크루볼 코미디의 경우에는 플롯의 초점이 그들의 이혼과 재혼이 된다."(토마스 샤츠, 『할리우드 장르의 구조』, 한창호·허문영 옮김, 한나래, 1995) 가령, 레오 매커리의 〈이혼소동〉이나 조지 쿠커의 〈필라델피아 스토리〉 등이 여기에 해당할 것이다. 명성 높은 영화학자의 말을 빌렸지만, 우리는 이미 몇몇 스크루볼 코미디가 이상의 사실들을 중시한다는 걸 체감적으로 잘 알고 있다.

〈나를 찾아줘〉가 스릴러라는 점 때문에 이 영화와 스크루볼 코미디와의 여러 유사성을 굳이 외면할 필요가 있을까. 그렇다면 〈나를 찾아줘〉를 스크루볼 스릴러라고 불러보는 건 어떠할까. 처음부터 닉과 에이미는 미주리 촌놈과 뉴욕 상류층 여인이라는 계급차를 지녔다. 수많은 스크루볼 코미디의 주인공들이 그러했듯 "부잣집 외동딸과 바람둥이 남자의 결혼"이기도 했다. 닉도 훗날 "에이미가 나를 촌놈 취급했다"고 화를 낸 바 있지 않은가. 그리고 그들의 불행은 경제적 파탄으로부터 기인한 것이기도 하다.

〈나를 찾아줘〉에는 스크루볼 코미디라면 범접하기 어려운 무시무시한 살인 계획이 등장하고 있지 않느냐고 혹시라도 반론이 제기된다면 이렇게 제안하고 싶다. 그 계획을 스크루볼 코미디의 저 유명한 '앙숙의 다툼'의 위협적인 변주로 받아들여보자. 그러니까 이 영화도 스크루볼 코미디의 딱 그것만큼 다시 만날 여지를 남겨두고 닉과 에이미를 서로 다투게 한다. 닉은 사형당하지 않았으므로 돌아오는 에이미를 맞을 수 있다. 에이미가 모텔의 남녀 불량배들에게 살해라도 당했다면 우리는 〈싸이코〉를 떠올려야 할 것이지만, 그녀 역시 살아 돌아온다. 그리고 둘은 상징적으로 재혼한다. 〈나를 찾아줘〉는 결혼 우화와 재혼 우화의 가장 공고한 장르인 스크루볼 코미디의 이러한 조건과 양상들을 충분히 취하여 유례를 찾아보기 어려운 한 편의 스크루볼 스릴러로 태어나는 한편, 구조(결혼과 재혼)는 공유하되 결과적인 정서는 그 반대의 것(완전한 사랑이 아닌 적대감을 기반으로 한 동맹)을 가져와 황폐함을 자아낸다.

가령 스크루볼 코미디의 변용에서 〈나를 찾아줘〉는 재혼은 하고 동맹은 가져오되 로맨스는 가져오지 않는다는 역설을 발휘하는 것이다. 스크루볼 코미디의 앙숙이 다툼을 거쳐 영원히 사랑하는 짝이 된다면 신종 장르 스크루볼 스릴러 〈나를 찾아줘〉의 닉과 에이미라는 앙숙은 사랑 대신 동맹을 맺되 임시적이며 위험천만하고 결코 적대감을 지우지 못하는 불안한 짝으로 남겨진다. 돌아온 에이미가 두려움에 떨고 있는 닉에게 하는 말을 기억하자. "난 자기 해치지 않아. 하지만 자기도 동참해. 자기 역할을 하라고." 이것이 불안해하는 동맹자에게 넣는 은근한 압력과 추궁이 아니고 그 무엇일까.

그러므로 〈나를 찾아줘〉의 감독 핀처에게 연출 동기가 된 집단적 자기애라는 관심은 이 영화와 무관해 보이는, 하지만 우리로서는 관계있음을 지속적으로 설명해온 그 재혼 우화의 직조 과정을 인식할 때에야 더 잘 느껴진다. 핀처가 집단적 자기애라고 말할 때 그것은 예컨대 수많은 쇼 프로그램으로 대변되는, 그러니까 저 쇼를 보고 그것이 둘도 아닌 나의 이야기라고 착각하고 사랑하고 아끼게 되는 몰지각한 집단적 함몰을 주로 겨냥하고 있는 것이지만, 핀처가 자신의 예상에 미처 포함시키지 않은 스크루볼 코미디의 재혼만큼 오히려 그가 표현하고 싶어 했던 그 자기애의 정수를 도식화한 장르도 드문 것이다. 요컨대 우리가 스크루볼 코미디 주인공들의 재결합을 지상에서 가장 아름답고 영원한 결합이 아니라 결국 자신의 사랑에 관한 가장 아름다웠던 상을 끝내 포기하지 못해 되돌아가게 되는 증상으로서의 결합이라고 가정한다면, 그것 자체야말로 자기애를 찾는 회항의 과정이며 〈나를 찾아줘〉의 씁쓸하고 지독한 결론이지 않은가.

그러니 이 영화의 가장 중요한 장면을 다시 생각해보자. 쇼 프로그램에 나와 에이미를 향해 사과의 말을 하는 닉. 그를 보던 에이미는 별안간 왜 닉에게 돌아가기를 결심한 것인가. 그녀라고 그가 위선적으로 사랑을 말하고 있음을 모를 리 없다. 하지만 돌아온 그녀는 닉에게 말한다. "텔레비전으로 본 당신이 멋있었다"고. 프로이트는 그의 글 「나르시시즘 서론」(『정신분석학의 근본 개념』, 윤희기·박찬부 옮김, 열린책들, 2004)에서 자기애의 경우 사랑의 대상이 어떻게 나타날 수 있는지 간략한 도식을 제공한다. "1)현재의 자신(그 자신) 2)과거의 자신 3)자신이 바라는 미래의 모습 4)한때 자신의 일부였던 사람." 이 도식을 한마디로 압축하면, '언제나 자신(과 자신의 것)' 정도가 될 것 같다. 그러니 여기에 관련하여 에이미의 귀환이라는 선택이 프로이트의 도식에 지나칠 정도로 부합되는 면이 있다는 점에 우리는 놀랄 필요가 없을 것이다. '어메이징 에이미'라는 말은 어디에서 기인했던가. 에이미가 철저하게 자기애로 가공된 유년의 삶을 살았다는 사실을 우린 알고 있지 않은가.

돌아온 에이미는 닉에게 "나는 전사야"라고 말한다. 그녀는 도대체 무엇과 싸웠다고 여기고 있는 것일까. 우리는 그녀의 대답을 듣지 못했지만 그녀가 그간의 나날들을 그녀의 충만한 자기애를 망치는 것들과 싸운 나날들로 생각한다고 미루어 짐작한다. 영화는 왜 그녀에게 그런 병증이 있는지에 대해서는 거의 관심을 두지 않는 대신 영화의 끝까지 그녀의 이 전투를 완성시키고 있다.

따라서 〈나를 찾아줘〉에서 재혼의 목적은 자기애의 완성이다. 이것은 에이미의 이야기가 닉의 이야기에 승리했다거나 성공했다는 뜻이 아니다. 에이미의 이야기는 철저하게 실패했다. 에이미도 패배자다. 죽으려던 남편은 여전히 살아 있고 죽으려던 자신도 비겁하게 살고 있다. 천신만고 끝에 얻은 건 재혼뿐이다. 여기에 사랑이 없다는 것쯤은 그녀도 알고 있다. 그래도 괜찮다는 것이다. 자기애가 완성되고 충족되면 될 일이다. 다만 가장 비참하고 위선적인 실현으로. 그러므로 이 글의 도입부에서 인용했던, "그런 게 결혼"이라는 에이미의 말은, 타자를 향한 사랑을 버리더라도 자기애를 지키는 것이 필요하다는 그녀의 재혼 우화에 딱 들어맞는 강론이다. '나를 찾아줘'라는 제목은 한국에서 붙여진 것인데, 마치 나를 찾아달라는 이것이 에이미가 아니라 자기애가 에이미에게 하는 말처럼 들릴 정도다.

카벨도, 위키피디아도 인용하고 있는 〈가라, 항해자여〉의 유명한 마지막 대사를 나 역시 인용하고 싶다. 이 영화가 스크루볼 코미디도 재혼 우화도 아니라는 점 때문에 굳이 인용을 피할 필요가 있을까, 생각하면서. 그 영화의 마지막 장면에서 주인공 제리와 샬롯이 오붓하게 밤하늘의 창가를 보고 있다. 제리가 아직은 함께할 자신들의 미래가 걱정스럽다는 듯이 묻는다. "당신은 행복해질까, 샬롯?" 그때 샬롯이 바로 그 유명한 대사로 대답한다. "오, 제리, 달에 대해서는 묻지 말기로 해요. 우리는 저 별들을 가졌잖아요." 카메라는 하늘로 올라가 밤하늘을 비추고 거기엔 달은 없지만 별들이 반짝인다.

달을 갖진 못했지만 별은 가졌다는 것에 더없이 만족하자는 그 말은 우리에게 한참을 비틀려 되돌아와 다시 핵심을 전할 것이다. 〈나를 찾아줘〉의 프롤로그와 에필로그에서 닉은 질문한다. "아내의 머리를 박살내서 뇌를 꺼내서라도 무슨 생각을 하는지 묻고 싶다"고. 그 프롤로그와 에필로그에서 아내 에이미는 예의 고혹적이고 관능적인 자세로 말없이 우리를 보고 있다. 닉은 묻고 싶은 것이다. 우리는 정말 행복한가, 행복할 수 있는가, 다시 사랑할 수 있는가. 그녀는 영화에서 아무 말도 하지 않지만 그녀의 야릇한 표정은 이렇게 말하고 있는 것 같다. 우리 달(사랑)에 대해서는 묻지 말기로 해요. 우리는 저 별들(자기애)을 가졌잖아요. 이것이 〈나를 찾아줘〉의 재혼의 목적이며 애타게 자기애를 찾아 나선 어떤 이의 이야기의 끝이다.

(『씨네21』, 2014년 978호)

크리스 마르케
메모

0

크리스 마르케의 작품 세계를 정연하게 이해하고자 한다면 이 글이 큰 도움이 될 것 같지 않음. 그와 같은 이해를 위해서는 다른 좋은 평자의 글이나 강연을 추천함. 지금 이 자리는 오히려 수많은 단상과 푸티지들의 결합을 통해이르게 되는 환각의 분위기 또는 픽션의 상태, 어쩌면 그것이 크리스 마르케의 중요한 방식 중 하나였을지도 모른다고 믿고 그와 유사하게 그의 영화를잠시 느껴보려는 시도로 마련되었음. 따라서 "이미지는 자발적으로 온다"는앙드레 브르통의 말을 믿지 않는다면 부디 이 자리를 피하시기를 권함. 의도적으로 넘치게 배치된 출처 없는 인용문과 지극히 사적이고 불완전한 메모가 뒤섞인 이 몽타주로서의 글쓰기가 지향하는 것은 결국 주술 걸기. 그러므로 실패가 예정되어 있다 해도 단 하나의 진실에 대한 믿음이 여기 있음. 마르셀 프루스트의 『잃어버린 시간을 찾아서』에서 기억을 불러오는 과자 마들렌에 관해서라면 그 생김새를 이해하는 것보다 그 향을 맡는 것이 중요하다는 바로 그 진실에 대한 믿음.

1

프랑스의 영화 전문지 『포지티프』의 전후 시기를 이끌었던 뛰어난 평론가 로제 타이외르는 크리스 마르케에 관한 긴 글의 첫 문장을 이렇게 시작하고 있다. "간단하다: 크리스 마르케는 작가/이미지-사냥꾼이고 명상에 잠긴 여행자이고 프랑스어로 자신을 표현하는 세계 시민이며 혁명적 예언가이고 꿈꾸는 몽상가-시인이며 진지한 유머주의자이고 세계 동물 보호협회의 휴머니스트 멤버이며 음악적인 다큐멘터리 작가이고 변증법적 이상주의자다." 이게 간단한가. 로제 타이외르가 길게 나열하여 적어놓고 실은 간단하다고 우기며 강조하고자 한 크리스 마르케의 간단함, 아니 그에 관한 명료함이란 무엇인가. 그가 그 어느 누구보다 다양하고 복잡한 인간이며 활동가였고 창작자였다는 바로 그것이다.

1-1

정작 간단하게 소개한 건 크리스 마르케 본인이다. "나는 에세이스트다"라고 그는 말했다. 뒤이어 "영화란 장 뤽 고다르가 소설가가 될 수 있게 해주고 아르망 가티를 극작가로 만들어주고 내게 에세이를 쓰도록 허락해주는 시스템이다"라고 그는 덧붙였다. 두번째 문장이 멋지게 들리지만 그건 첫번째 문장에 대한 부연이니 첫번째 문장이 더 중요하다. 가령 존 포드가 자신에 관하여 "나는 서부영화를 만드는 감독이다"라고 할 때, 그 간단한 소개가 아직도 풀리지 않는 영화사의 거대하고 깊은 비밀처럼 느껴질 때가 있는데, 크리스 마르케의 이 자기 소개도 그런 느낌을 불러일으킨다.

2

여행자의 감수성을 지닌 자가 자기의 고향에 관하여 관심을 기울일 때 그건 어떤 마음일까. 크리스 마르케가 파리를 걷는 것은 아녜스 바르다가 파리를 걷는 것과 같아 보이지 않는다. 이건 그냥 대책 없는 느낌인데, 크리스 마르케가 파리를 온전히 사랑한 것만은 아닌 것 같다. 그에게는 어딘지 동시대 파리에 대한 불안 또는 불만이 종종 엿보인다. 〈아름다운 오월〉은 1962년, 8년간의 알제리 전쟁이 종식되었을 때 크리스 마르케가 문득 5월의 파리 거리로 나가 수많은 시민들을 만나 인터뷰하며 그들의 표정과 말 속에서 당대의 환경과 문화와 정치적 문제들을 짚어낸 작업이다. 그때 이 영화가 던지는 질문의 태도는 어딘가 반신반의이거나 전략적 객관성이다. 그래서인지 크리스 마르케의 가장 투철한 정치 영화는 〈베트남에서 멀리 떨어져〉나 〈붉은 대기〉이겠지만 그의 가장 평평한 정치영화는 〈아름다운 오월〉일지도 모른다. 크리스 마르케는 이렇게 말했다. "내가 이 영화를 촬영한 55시간은 하나의 횡단면이다. 나는 이 횡단면으로부터 어떤 총체성이 솟아나는 그런 방식을 취하려고 노력했다." 이때 횡단면과 총체성이라는 말에 어쩔 수 없이 주목하게 된다.

2-1

"횡단면(cross section)." 크리스 마르케가 평생 좋아하여 수십 번을 보고 또 보았다는 알프레드 히치콕의 영화 〈현기증〉에서 '횡단면'이라는 낱말이 불쑥 등장하는 순간을 나는 운 좋게도 지금 막 기억해냈다. 당신은 어떤 장면에서 였다고 기억하는가. 우린 결국 이 장면을 다시 말하게 될 것이다.

2-1-1

"총체성." 〈아름다운 오월〉을 만든 지 수십 년이 흐르고, 〈레벨 5〉를 만들었을 즈음 당시 『르 몽드』의 기자 장 미셸 프로동과의 서면 인터뷰에서 크리스 마르케는 별안간 영화를 만들면서 "나는 한 번도 '만약에, 왜, 어떻게' 등에 대해 궁금해해본 적이 없다"면서 "영화란 총체성이다"라고 선언하듯 또 말해버린다. 그에게는 '저절로' 오는 것에 대한 어떤 믿음이 있다.

2-2

〈아름다운 오월〉에 비해 1년 앞서 만들어진 장 루슈의 〈어느 여름의 연대기〉. 사람들은 크리스 마르케가 〈아름다운 오월〉을 만들 당시 이 영화를 염두에 두었을 거라고 말한다. 그 말이 맞을 것이다. 그런데 오랜만에 〈아름다운 오월〉을 보는 나에게는 난데없이 다른 영화가 자꾸 끼어든다. 에릭 로메르의 〈나무, 시장, 메디아테크〉. 물론 엉뚱하고 쓸모없는 연상일 가능성이 크다. 하지만 연상을 함부로 버리지 말아야 한다는 것을 크리스 마르케는 소비에트의 작가들에게서 배웠고, 그런 방식의 연상들이 크리스 마르케의 숏들에 생명력을 부여하기도 한다.

3

크리스 마르케가 일본에 관하여 만든 영화 중 대표작 또는 그의 영화 전체 필모그래피에서도 늘 첫번째로 손꼽히는 작품 〈태양 없이〉는 롤랑 바르트가 일본에 대해 쓴 『기호의 제국』과 비교될 만하다. 적어도 크리스 마르케가 기호들의 세계로 일본이라는 사회를 느낀 건 확실한 것 같다. 한 가지 가설이 가능하다. 크리스 마르케는 평생 일본을 사랑했다기보다 평생 일본을 궁금해한 것 같다. 그런 점에서 크리스 마르케의 인류애의 기본은 애정보다는 호기심일지도 모른다.

3-1

크리스 마르케가 도쿄에서 가장 좋아하는 곳으로, 그가 도쿄에 오면 꼭 들른다는 신주쿠 골든 가의 술집 '라 제 떼'(크리스 마르케의 단편영화 제목이기도 함)를 동료들과 찾았다가 가게가 휴업이라는 걸 확인하고 쓸쓸히 뒤돌아섰을 때는 이미 한밤중이었고 전철이 끊긴 뒤였다. 그날 밤새 시끄러운 그저 그런 술집에서 서로 심심하게 보낸 다음 첫 전철을 타기 위해 신주쿠 역으로 향했을 때 우린 그만 거기에서 우리처럼 첫차 시간에 맞춰 집으로 돌아가는 인산인해의 젊은이들 사이에 묻혀버렸다. 새벽인데 출근길의 인파였다. 그때 나는 크리스 마르케가 궁금해하는 일본이란 이런 것인가, 그가 여기 있었다면 분명 이 장관을 카메라에 담고 싶어 했겠구나, 하고 생각했던 게 기억난다. 천정부지로 높은 택시비라는 현실 조건이 만들어낸 SF적인 도시의 미장센은 주말 밤마다 내가 없는 날에도 계속되었을 것이고 계속될 것이다. 내게는 2003년 12월 도쿄, 어느 추운 밤의 일이었다.

3-2

그런데 위 단락을 쓰고 나니 〈태양 없이〉에 등장하는 유명한 보이스 오버 내레이션 한 구절이 생각난다. "나는 도쿄의 1월을 기억하기보다 도쿄의 1월을 촬영한 이미지들을 기억한다. 그것들이 나의 기억으로 치환되었고 그것들이 나의 기억이다." 그러니 나는 신주쿠의 그날의 새벽을 제대로 기억하는 것이 아니라, 영화의 내레이션과 유사한 식으로 크리스 마르케 영화에 담겨 있는 신주쿠의 이미지를 이미 보았기 때문에 그날의 새벽이 특히 인상 깊었고, 그 때문에 온전히 나의 기억이라고 착각하고 있는지도 모를 일이다.

3-3

〈태양 없이〉에서는 일인칭 화자로 등장하는 한 여인이 어느 남자에게서 온 편지를 간접화법으로 혹은 직접화법으로 옮겨 우리에게 읽어준다(엔딩 크레딧에 이르러 이 남자의 이름을 알 수 있지만 몰라도 무방하다). 일단은 편지의 낭독이므로 우리가 보는 영상과 말은 그녀가 우리에게 전하는 그 남자의 것이겠지만 거기에는 편지에 대한 저 여인의 반응과 기억이 괄호 안에 전제되어 있으므로 우리가 지금 보고 듣고 있는 것이 그 남자가 온전히 원한 대로 전달되고 있는 것인지 아니면 저 여인의 반응과 기억이 개입한 이후에 달라진 것인지 분명치 않다. 중요한 건 누군가에게서 온 편지를 낭독한다는 이 단순해 보이는 우회적 절차 혹은 영화 형식이 이 영화의 텔레파시를 훨씬 더 강력한 주파수로 증폭시킨다는 사실일 것이다. 말하자면 근래에 동세대 작가들 몇몇이 서로 나눴던 영상 편지 시리즈를 보고 있자면, 이렇게 둘이 맞대고 해야만 겨우 가능한 그 일을 크리스 마르케는 이미 혼자서 〈태양 없이〉

에서 다 해낸 것이 아닌가 하는 생각이 들기도 한다. 그러고 보니 이 말은 언젠가 쓰기도 했던 것 같다.

3-4

아마 내가 생전의 크리스 마르케를 만나 〈태양 없이〉에 관해 질문할 기회를 갖게 되었더라면 나는 이 영화에 내내 울리는 그 괴상한 테크노 음향의 정체에 대해서 물었을 것이다. 비유적으로, 그 음향들만 놓고 본다면, 〈태양 없이〉에서의 일본은 거대한 파친코 기계이거나 아무도 없는 터널이거나 환각 상태에 빠진 마약장이거나 고장 난 컴퓨터처럼 느껴질 때가 있다. 다른 식의 음향은 일본이라는 미스터리를 해친다고, 그는 생각했던 것일까.

3-5

그리고 사소하기 짝이 없지만 인상 깊은 장면 하나. 크리스 마르케의 부고 원고를 청탁하고 그의 사진을 찾던 중 무척 애를 먹었는데, 이유는 그가 평생 동안 미디어에 나서기를 꺼렸기 때문이다. 〈태양 없이〉에는 그 시절 그의 모습이 잠깐, 아주 잠깐 등장한다. 아니 등장한다기보다 반짝했다고 해야 맞겠다. 영화가 시작한 지 53분경, 1초도 안 되는 시간 동안 길거리의 어떤 모니터인지 신호등인지에 카메라를 들고 서 있는 크리스 마르케의 얼굴이 찰나에 반사되어 스친다. 나는 종종 이렇게 눈을 찌르고 들어오는 사소함을 목격할 때 짜릿하다. 그가 그 시간 그 장소에 진짜 있었으므로, 바르트라면 이런 걸 두고 푼크툼이라고 불렀을지도 모르겠다.

4

12년 전인 2000년 어느 날 서울에서 열린 한 영화제에서 크리스 마르케의 영화 몇 편을 난생처음 보았다. 아마 많은 사람들이 나와 같았을 것으로 짐작되는데, 그때 가장 난감했던 영화는 〈레벨 5〉였다. 〈레벨 5〉가 만들어진 건 당시로부터 3년 전인 1997년이었고, 인터넷은 초창기 시절이었고, 아직 우리는 컴퓨터에 플로피 디스크를 꽂아 쓰고 있었고, 나는 그것조차 어색해하던 사람이었다. 그때 찾아온 이 영화의 최첨단 이미지들은 현란했고 낯설었고 미래적이었다. 그즈음 프랑스의 저명한 평론가 레이몽 벨루어는 이 영화를 두고 "문화적 기억과 컴퓨터의 이미지-사운드의 생산물, 그 사이의 연결을 조사한 새로운 종류의 영화"라고 말했다고 한다. 그런데 솔직히 말하자면 지금에 이르러 〈레벨 5〉를 다시 보니 난감하다기보다는 오히려 과욕의 작품처럼 보인다.

5

앙드레 바쟁이 왕성한 활동을 펼칠 때 그의 토론회를 열심히 따라다닌 경력이 있는 크리스 마르케는 그러니까 처음부터 시네필이었다. 이 시네필은 영화에 관한 논평의 영화들을 만드는 데에 크나큰 재능을 발휘했다. 다음 세 작품은 크리스 마르케가 그려낸 '영화감독의 초상'이라 할 만한데 이 영화들에 담긴 개별 작가에 관한 애정과 통찰과 감식안은 뛰어나다. 〈A.K: 구로자와의 초상〉〈마지막 볼셰비키〉〈안드레이 아르세네비치의 어떤 하루〉, 이 세 편의 영화를 통해 나는 구로자와 아키라가 촬영 현장에서 세 대의 카메라를 동시에 사용한다는 사실을 알게 되었고, 안드레이 타르코프스키의 영화에서 상승과 하강의 운동을 눈여겨보아야 한다는 사실을 알게 되었고, 그리고 알렉산드르 메드베드킨이라는 숨겨진 소비에트 감독이 얼마나 위대한지 알게 되었다. 고백컨대, 이후로는 영화감독의 초상을 담아낸 작품을 접할 경우 훌륭함의 척도는 언제나 이 작품들이 되곤 했다.

5-1

알렉산더 솔제니친의 소설 〈이반 데니소비치의 어떤 하루〉에서 제목을 빌려온 〈안드레이 아르세네비치의 어떤 하루〉에서 가장 인상 깊은 것은, 첫째 타르코프스키의 영화를 논평하는 크리스 마르케의 해박한 감식안이고, 둘째 죽음을 앞에 두고도 마지막 작품의 후반 작업에 매진하는 타르코프스키의 예술가적 당당함이다. 그런데 지금은 다른 장면을 말하려고 한다. 파리에 망명 중이며 더군다나 죽음을 앞에 놓고 투병 중인 타르코프스키에게 마침내 젊은 아들이 찾아와 둘이 뜨거운 해후를 하는 초반부 장면이 있다. 그때 타르코프스키는 이 장면을 촬영 중인 크리스 마르케를 향하여 "크리스! 다 담은 거지?"라고 돌연 묻는다. 이 장면은 뭉클하다. 자신이 곧 세상을 떠날 거라는 걸 직감하고 있는 자가 지금 이 생의 기쁜 순간이 기록되었는지 되묻는 장면이라 그렇다. 그러니 여기에 크리스 마르케 식의 몽타주를 감행하는 것이 나로서는 그다지 어색하지 않다. 〈태양 없이〉의 첫 장면을 여는 T. S. 엘리엇의 『재의 수요일』의 시구를 그래서 여기 붙인다. 타르코프스키는 이 시구를 알기에 그렇게 물었을 것이다.

5-1-1

"시간은 늘 시간이고/자리는 늘 자리일 뿐/있는 것은 오직 한순간/한자리에만 있다는 걸 알게 되리니"

6

크리스 마르케가 애묘가였다는 사실은 잘 알려져 있다. 그러니 이 애묘가에게 파리 시내 곳곳에 웃는 고양이 그림이 등장하고 그 그림이 당시의 반정부 시위대 속에서 재발견될 때 그건 크리스 마르케에게 탐구의 열정을 불러일으켰을 것이다. 영화 〈웃는 고양이〉는 그렇게 시작한다. 크리스 마르케는 이 영화에서 표식을 따라 세상의 비밀을 알아내는 탐정을 자처한다. 거리 미술가 토마 뷔유가 창작하고 사람들이 받아들이게 된, 그래서 파리라는 도시의 벽과 길바닥과 피켓 등에 무수하게 새겨진 웃는 고양이를 계기로 그는 고양이의 계보학을 그려보고 형이상학을 작성해보며 프랑스 사회를 논평한다. 그것이 이 영화의 공공연한 가치다. 자신이 개인적으로 가장 좋아하는 고양이 이미지의 표식을 쫓아가며 한편으로는 영화 자체의 리듬을 웅크리고 도약하고 할퀴는 고양이의 동작에 가깝도록 탄력 있게 만들어가며 사회를 논평하는 그 기술 말이다. 하지만 이 영화의 사소한 두번째 가치가 있다. 그래, 크리스 마르케가 21세기에도 나와 함께 살고 있었구나, 이 영화를 보면 결국 그 생각이 든다.

6-1

비교컨대 사람으로서 장 뤽 고다르를 꼭 한 번 만나고 싶다는 생각은 별로 해본 적이 없는데 크리스 마르케라는 사람은 기회가 닿으면 한번쯤 만나보고 싶었다. 어차피 만날 기회는 없었겠지만 지금은 아예 그럴 수도 없게 됐다. 왜냐하면……

7

2012년 7월 29일 크리스 마르케가 세상을 떠났다, 고 그 며칠 뒤에 들었다.

7-1

알랭 레네는 오래전에 그의 친구 크리스 마르케에 관하여 썼다. "크리스 마르케는 19세기 인간의 전형이다. 그는 모든 욕구와 의무, 그것들 중 어느 하나도 또 다른 나머지 것들을 위해 희생시키지 않으면서 종합을 이룩해냈다"라고. 이때 중요해 보이는 말이 종합이다. 로제 타이외르가 간단하다고 말한 그것 혹은 크리스 마르케 자신이 총체성이라고 말한 그것을 우린 이 순간 기억해내야 한다. 20세기를 살았으나 19세기적 인간으로 평가 받았고 늘 저 먼 미래에서 온 것은 아닌지 여겨졌던 이 위대한 창작자의 죽음 앞에서 모든 추모가 그렇듯이 과장된 그리움이나 유대감은 불가피할 것이다. 하지만 냉정하고 객관적으로 그의 죽음을 말한다 해도 우리는 분명 크나큰 상실을 입은게 분명하다.

7-2

이렇게 말하는 게 옳겠다. 시인이자 화가인 앙리 미쇼는 언젠가 크리스 마르케에 관하여 다음과 같이 외쳤다고 한다. "(프랑스의 대학교) 소르본느를 부수고 그 자리에 대신 크리스 마르케를 세울 것!" 우리는 2012년에 한 인간을 잃었고 비상한 창작자를 잃었을 뿐 아니라 예술로서의 영화가 할 수 있는 무수히 많은 것을 이미 이룩해낸 어떤 거대한 지성, 즉 크리스 마르케라는 위대한 지성을 잃은 것이다.

8

하지만 결국 이 글은 2-1에서 했던 질문의 답으로 마쳐야 한다. 〈현기증〉의 주인공 스코티가 한 여인과 함께 수목원을 찾아 거기 서 있는 거대한 수목의 잘려진 '횡단면'을 보고 있을 때 미국의 역사가 새겨져 있는 시간의 나이테가 그들 앞에 있다. 크리스 마르케의 〈라제떼〉를 극영화로 옮긴 테리 길리엄의 〈트웰브 몽키즈〉에서 브루스 윌리스가 극장에서 보는 장면도 바로 이 장면이다. 여인은 그때 나무의 나이테와 나이테 사이를 짚으며, 손가락 마디 하나 정도의 너비를 짚으며, 나는 여기서 여기까지 이렇게 조금 살다 가는 것이니 내가 죽더라도 아무도 모를 것이라고 말한다. 넓디넓은 나무의 단면이 보여주는 역사 속에서 그녀가 짚어낸 자신의 생의 길이는 실로 작다. 하지만 여인의 말은 틀렸다. 그 여인은 쉽게 잊히지 않을 것이고 이 장면을 볼 때마다 함께 떠오를 크리스 마르케도 아마 그럴 것이다.

8-1

나무에 새겨진 시간의 나이테 안쪽이 과거이고 바깥쪽이 미래라고 할 때, 크리스 마르케는 안쪽으로 갔을까 바깥쪽으로 갔을까. 우린 알 수 없다. 다만 기억을 부르는 마르셀 프루스트의 과자도 〈현기증〉의 그녀의 이름도 둘 다 마들렌이었다는 사실과 프루스트와 히치콕의 두 마들렌을 크리스 마르케가 평생 몹시 좋아했다는 사실과 실은 크리스 마르케 그 자신이 세상을 기억하게 하는 과자 마들렌이면서 세상의 기억에 홀린 여인 마들렌이었다는 사실만을 알고 있을 뿐이다.

(『서울아트시네마』, 2012년 12월)

토니 스콧

송신과 수신의
액션은
어떻게 완성됐는가

1

토니 스콧의 투신자살 소식을 들었다. 처음에는 그의 영화에 관한 이야기를 쓰겠다는 마음이 없었으므로 잠깐 놀라고 추모의 마음을 가졌을 뿐 곧 잊었다. 하지만 방향은 엉뚱한 순간에 휘었다. 회사에 가기 위해서는 전철을 타야 하고 전철을 타면 철교를 한 번 건너야 한다. 내려다보니 흙탕물이었다. 토니 스콧이 뛰어내렸다는 LA 산페드로의 빈센트 토머스 다리 사진을 보고 생의 자의적 최후를 맞이하기에는 다소 황량하고 허름한 곳이 아닌가 생각했던 게 그 흙탕물 때문에 떠올랐다. 그는 왜 뛰어내렸을까. 나이 예순여덟의 노인이 알려진 것처럼 불치의 뇌종양 때문에 낙담하여 그러한 것도 아니라면 혹시 사랑 때문이었을까, 하고 밥 먹는 도중에 동료에게 말했다가 면박만 당했다.

2

2003년 8월경 〈4인용 식탁〉 개봉 즈음에 『씨네21』은 '영화 속 영화 밖 자살'에 대한 글들을 실었는데 그때 남재일 선배가 자살의 유형에 관하여 쓴 인상 깊었던 글이 생각나 다시 찾아 읽었다. 요약건대 고층에서 맨바닥으로 뛰어내리는 것과 강물 위로 뛰어내리는 것에는 이런 차이가 있다고 한다. 땅으로의 투신은 "더 이상 할 말 없다. 똑바로 쳐다봐라"이고, 강으로의 투신은 "우리는 가요. 찾지 말아요"라고 한다.

3

당사자는 알려지지 않기를 바랐는데 전 세계 사람들이 다 알게 된 것이다. 하지만 솔직히 나는 토니 스콧의 자살이라는 행위 자체에 크나큰 감정적 슬픔을 느낀 것이 아니라 그가 선택한 물리적 낙하라는 방식에 큰 충격을 받았다. 그 방식이 총이나 칼이나 질식이 아니라 투신일 때 그의 생전에 그의 영화가 성취해냈던, 그 당시에는 물론 영화적 쾌감으로 다가왔던 어떤 장면들이 머리를 스쳐 지나갔기 때문이다. 그의 몸이 허공을 갈랐다는 사실 때문일 거다. 엉터리로 비유컨대 쑤웅하고 날아가 쾅하고 부딪히는 많은 액션들이 그의 영화에 있어왔기 때문일 거다. 그가 멜로드라마의 감독이었다면 나는 그의 죽음을 멜로적 서사로 상상했을까. 잘 모르겠다.

4

〈탑건〉이라는 감성적 영화로, 거의 청춘 멜로에 가까운 영화로 스타 감독이 되었지만 그가 인물들의 감정을 섬세하게 다루었던 연출자라는 생각은 들지 않는다. 그런 거라면 할리우드에 토니 스콧보다 나은 감독은 많을 것이다. 토니 스콧 영화의 영화적 긴장감이나 흥분이란 대개 사람의 깊은 감정이 아니라 상황의 극단적 위중함에서 오는 경우가 더 많았다. 그의 영화의 핵은 대개 그 긴박한 상황을 어떻게 다룰 것인가 하는 점에 있다. 물론 초반기 토니 스콧에게 따라붙었던 말이 'MTV식 영화'였다는 걸 모르지 않고 어쩌면 〈악마의 키스〉와 같은 데뷔작이 그런 빌미를 주고 있기는 하지만, 내 생각에 그의 영화의 매력은 뭔가 다른 성격의 단도직입적인 면모로 더 강화되었던 것 같다.

그의 영화들의 매력이 빚지고 있는 본령은 '광고'다. 단지 토니 스콧이 광고업계 종사자였다는 점 때문이 아니라 영화의 어떤 주요한 장면들을, 혹은 어떤 영화들은 통째로 그와 같은 방식으로 만들었던 것 같다. 광고라는 매체의 목적은 분명하다. A라는 광고가 B라는 소비자에게 메시지를 던져 소비 욕구를 끌어내야 거기 가치가 있다. 분명한 수신자가 있는 셈이다. 토니 스콧은 A라는 상황의 위중함에 호소력을 실어서 B라는 관객인 우리가 그것을 절대적으로 받아 안게 만들곤 했다. 그것도 경우에 따라서는 최대한 명료하고 간결하고 강렬하게. 그의 초반기 영화들이 달콤한 여성 의류 광고에 가깝다는 인상을 준다면 후반기 영화들은 땀내 나는 스포츠 웨어 광고 같다는 인상을 준다. 단, 토니 스콧과 광고를 연결 지을 때 이건 흠이 아니다.

5

그렇기 때문일까. 리들리 스콧은 영화 예술가에 가깝지만 토니 스콧은 끝까지 광고 예술가에 가까웠던 것 같다. 존중받는 최고의 영화 예술가들은 메시지가 잘 전달되기를 바라기보다 본인 스스로 만족스러운 표현을 찾으면 메시지의 해석은 남들에게 넘긴다. 리들리 스콧을 스타 감독으로 만든 〈블레이드 러너〉는 그 해석에 관한 한 영화사의 진기록으로 남을 정도로 가지각색이다. 반면에 토니 스콧이 애매한 해석의 창조자였던 적은 없다. 강력하고 명확한 호소가 그의 영화의 특징이었다.

의외로 다음과 같은 문제가 중요할 수도 있다. 형이 거시적이고 철학적이었다면 동생은 미시적이고 물리적이었다. 토니 스콧이 한 번도 에픽이나 SF를 다루지 않았다는 사실이 내게는 무척 인상적이다. 에픽과 SF의 대가인 형과 늘 동고동락하는 그가 형이 다루는 장르를 다루지 않을 때 거기에는 얼마간의 거리감이 있지 않았나 짐작된다. 에픽을 다루기 위해서는 자신이 역사를 다루어도 될 만하다는 자기 인식의 품에 대한 자신감이나 그렇게 할 수밖에 없다는 필연적인 인식 같은 것이 필요하다. SF지만 실은 거대 에픽인 〈프로메테우스〉는 심지어 인류의 외계 선조를 찾아 나선다는 프로젝트가 아니었던가. 한편 철학 개념의 일대 논쟁의 장이 되었던 기념비적 SF 영화가 바로 리들리 스콧의 〈블레이드 러너〉와 〈에이리언〉이었다. 그에 반해 토니 스콧의 영화적 천성은 주로 어떤 한정되고 긴박한 상황들 혹은 강력한 물리적 속도감들과 연관되는 지점에서 힘을 발휘했다. 〈크림슨 타이드〉에서 부함장(덴젤 워싱턴)의 행위는 긴박하지만 명료하다. 그는 미사일 발사를 저지하기 위해 함장을 가둬야만 하는 것이다.

6

2009년의 베스트 영화로 일본의 영화평론가 하스미 시게히코가 토니 스콧의 〈펠햄 123〉을 뽑았을 때 처음에 나는 내 눈을 의심했다. 당시에 토니 스콧의 영화라면 시효를 다한 게 아닌가 하는 생각 때문이었다. 영화를 보고 나서 생각이 바뀌었다. 그해의 최고 영화로 뽑을 정도는 아니었지만 손에 땀을 쥐게 하는 영화였다. 이 영화는 단순한데 힘이 넘친다. 일 년 뒤쯤 비슷한 상황이 한 번 더 벌어졌다. 어느 날 허문영 선배가 사석에서 문득 한 편의 영화를 추천해주었다. 〈언스토퍼블〉이었다. 보기 전에는 반신반의했는데 보면서 걷잡을 수 없이 쑥 빠져들었다. 나는 흥분했다.

7

〈펠햄 123〉과 유작 〈언스토퍼블〉이 토니 스콧의 대표작으로 거론되지는 않는다. 〈펠햄 123〉은 사실 영화 중후반부까지 액션 장면이 거의 없다. 대신 다른 장면이 흥분의 속도를 자아낸다. 그 장면이란 이런 것이다. 〈다이하드〉 이후인 것 같은데 할리우드의 액션영화들에 유독 '무전기 대화 신'이라고 부를 만한 장면들이 많아졌다. 〈다이하드〉의 존 맥클레인(브루스 윌리스) 형사와 흑인 형사가 무전기로 대화하는 저 유명한 장면들을 떠올리면 될 것 같다. 그와 같은 장면이 〈펠햄 123〉에서는 거의 액션화된다. 심지어 그걸 두고 '교신 액션'이라고 부르고 싶을 정도다. 전철 배차 담당자(덴젤 워싱턴)와 전철 한 량을 납치한 납치범(존 트래볼타), 둘의 긴장감 넘치는 교신이 액션의 물리적 속도감과 무관하게 이 제한된 시간의 촉박함을 느끼게 해준다. 이 교신을 액션이라고 할 때 오로지 이 액션만이 영화를 버티고 끌고 간다. 그러므로 그들 사이의 교차 편집은 실은 교신 편집이다.

토니 스콧 액션영화의 핵심부에 있는 주인공들은 영화의 비행사, 군함의 함장, 자동차 레이서, 혹은 열차 탈취범, 혹은 열차 기관사로서 그 해당 기계의 주인이기도 하지만 그들은 사실 종종 누군가와 혹은 그 자신이 본부가 되어 교신을 나누는 사람이다. 그리고 그 교신이 급박한 내러티브를 이끌어가는 경우들이 많다. 연락을 주고받는 그들은 적이든 친구든 될 수 있다. 무전기의 우정이 등장하는 혹은 무전기의 대결이 등장하는 이 영화들은 단순한 데도 힘이 있다. 송신과 수신의 액션. 특히 〈펠햄 123〉이 그렇다.

8

토니 스콧은 텍스트 안팎으로 송신과 수신을 다루는 데 일가견이 있는 것 같다. 말을 정련하자면 감각을 코드화 혹은 부호화하는 데 일가견이 있다고 말해도 될 것이다. 앞서서 형과 아우의 영화 세계의 차이를 길게 설명했지만 짧게 다시 정리할 수도 있다. 리들리 스콧은 철학적 코드를 다루는 데 일가견이 있는 반면에 토니 스콧은 감각적인 장면을 코드화하는 데 일가견이 있다. 코드화한다는 건 메시지를 잘 던지기 위해서다. 그럼 어떤 메시지를 잘 던지려 하는가. 내용이 아니라 장면을 활동하게 하는 감각이라는 액션이 핵심이다. 액션 감각을 명확하게 '장르적 부호화'하는 것이 토니 스콧의 장점이다.

〈펠햄 123〉과 〈언스토퍼블〉에서 우리는 그런 액션 부호들을 강력하게 건네받는다. 토니 스콧의 영화적 장점을 말할 때 빠지지 않는 말이 현란한 편집인데 그 말을 이제는 유능한 송수신이라고 고쳐 쓰고 싶다. 그 교차는 사실 말이 교차이지 서로의 대응이며 서로의 송수신이기 때문이다. 교신과 도청이라는 송수신의 혼란성과 적법성을, 혹은 부적법성을 첩보 세계의 핵심으로 다룬 것이 토니 스콧의 뛰어난 첩보영화 〈에너미 오브 스테이트〉 아니었던가. 나는 토니 스콧의 이 방식이 영화의 절대 감각에 속하는 것이라 보지 않지만, 장르의 세계 안에서 충분히 즐길 만한 감각의 코드화의 좋은 예라고 받아들이고 싶다. 왜냐하면 내가 이미 그걸 즐겼으니까 그러하다. 여기에는 그러니까 하나의 명제밖에 없다. 내 액션의 부호를 받아주세요. 받아들일 것인가 말 것인가. 나는 받아들였다. 결국 받아들이게 하는 것, 그게 뛰어난 광고다.

9

〈언스토퍼블〉의 이야기를 추가해야겠다. 위험물을 실은 열차가 기관사도 없이 혼자 엄청난 속도로 내달리고 있는 위급한 상황이 〈언스토퍼블〉이다. 여기에서는 이 위험한 기차가 강력한 송신자다. 메시지는 분명하다. 멈추지 않으면 이 액션이 재앙이라는 것이다. 수신자도 분명하다. 그게 우리다. 좀처럼 멈춰지지 않는, 그러나 멈추지 않으면 안 되는 절체절명의 이 기차는 차라리 너무 위험하여 우직하다고 느껴질 정도다. 이 영화는 그 우직한 재앙 덩어리 기차와 싸워 승리해야 하는 우직한 인간의 이야기이기도 하다. 우직한 재앙 덩어리라는 이상한 말은 기차가 정해진 길을 따라서만 달려야 하기 때문에 쓰인 것이다. 비행기나 자동차 추격 신과 다르게 기차의 전속력 질주가 주는 긴장감은 그것이 정해진 선을 따라 내달린다는 데 있다. 기차는 '탈선'하면 안 되고 탈선하지 않고 달리는 그 단호한 움직임의 일관성 때문에 더 무시무시한 것이다. 이것은 비유적으로 누가 더 우직한가의 싸움이다.

중요한 건 이거다. 여기 이 기차는 영화사에서 종종 거론되는, 풍경을 보는 근대적 유람 기구도, 사색의 속도를 즐기는 사유 기구도 아니며 그저 미쳐 날뛰는 괴물이다. 거대한 위험이라는 감각적 메시지다. 이 메시지가 성공적으로 전달되면, 이 위험이 제 몫을 다하면, 영화도 끝나야 한다. 그래서 기차가 멈추자 순식간에 영화가 끝나는 것이다. 어떤 광고는 끝내 물건을 팔아야 하고 그럼 된 거다. 그런데 나는 이 물건을 잘 샀다고 생각한다.

10

앞서의 생각들은 토니 스콧의 영화 전반이 대체로 그렇게 인식된다는 뜻이 아니라 내가 그의 영화로부터 그러한 것들을 받아들였다는 뜻이다. 그러니 앞으로 누군가의 수신 내용은 그 또한 그의 것이리라.

11

2012년 8월 23일 오전에 떠도는 뉴스를 보니 토니 스콧이 투신하는 장면을 카메라로 담았다고 주장하는 한 남자가 자기의 카메라에 담긴 것을 한 매체에 팔아넘기려 했으나 거절당했다고 한다. 그는 토니 스콧의 죽음이라는 메시지를 담은, 아니 토니 스콧의 죽음이라는 액션을 담은 그 강력한 메시지가 팔리기를 바랐을 것이다. 물론이지만 카메라에 담긴 사람이 토니 스콧이 아닐 수도 있고 그걸 거래하려 했다는 일화 자체가 거짓일 수도 있다. 그런데 토니 스콧의 가장 뛰어난 영화 중 한 편인 〈에너미 오브 스테이트〉를 보면 사건 현장에 있던 누군가의 카메라에 살인사건이 우연히 담기는 일이 벌어진다. 토니 스콧이라는 한 감독의 최후의 생이 누군가의 카메라 어딘가에 정말 그런 식으로 담기기라도 한 것이라면, 뛰어내리는 그 순간 그는 그걸 알고 있었을까 모르고 있었을까.

(『씨네21』, 2012년 869호)

프랑스의 물,
나의 유년

1

지금 쓰려는 소재를 '프랑스의 물'이라 부르려고 한다. 그 물이란 당연히도 프랑스 영화에 등장하는 바다와 호수와 강을 가리킨다. 바다와 호수와 강이 프랑스의 영토 안에서 실제로 어떤 지리적 특성을 지녔는지 나는 알지 못한다. 그리고 나는 프랑스의 인접 국가인 스위스, 독일, 이탈리아, 영국 등의 영화를 대상으로 스위스의 물, 독일의 물, 이탈리아의 물, 영국의 물이라고 부르고 싶은 유혹을 느껴본 적이 없다. 언급한 국가들의 영화 중에서 바다와 호수와 강이 특별한 소재나 배경으로 등장한 개별 작품들을 애써 떠올려볼 수는 있겠으나 그것을 넘어 내셔널한 무엇으로 호명하고 싶은 욕망을 나는 가져본 적이 없다. 그런데 프랑스 영화에 관해서라면 사정이 다르다. 프랑스의 물이라는 표현은 성급하다 싶을 정도로 금방 떠올랐다. 이 점을 해명하기 위해 지리학자의 지식을 빌려야 할 필요는 없을 것 같다. 그보다는 내게 프랑스의 물이라는 표현을 연상케 한 일련의 프랑스 영화들 안에서 그 점을 되짚어보고 싶다. 그중에서도 여기시는 나의 유년기와 관련된 난상들이 수가 될 것이다.

2

내가 기억하는 첫번째 나의 프랑스 영화는 무엇인가, 돌아보았다. 르네 클레망의 〈태양은 가득히〉 외에는 떠오르질 않는다. 〈태양은 가득히〉는 나의 유년 시절에 텔레비전에서 가장 많이 방영했던 프랑스 영화 중 한 편으로도 기억된다. 이 영화가 프랑스의 수많은 다른 위대한 영화들보다 더 위대하진 않다고 해도, 나의 기억에 남아 있는 첫번째 프랑스 영화라는 사실만으로도 나는 이 영화에 호감을 느낄 수밖에 없다.

〈태양은 가득히〉가 한국에서 개봉된 지 십수 년 뒤에도 텔레비전 방영 프로그램으로 여전히 인기를 유지할 수 있었던 건 오랫동안 미남자의 대명사로 통했던 알랭 들롱 덕분이었을 것이다. 하지만 뒤늦게 영화를 본 소년에게 이 영화의 압권은 알랭 들롱의 눈부신 육체가 아니라 연약하고 사악한 주인공으로서 그가 저지르고 겪는 끔찍한 사건, 특히나 그 사건을 품거나 내치는 바다라는 자연의 예측 불가능한 섭리였다. 사건이 벌어지는 그 바다가 프랑스가 아니라 이탈리아의 바다라는 지리적 사실 관계는 소년에게 하등 중요치 않았거나 거의 의식되지 않았다. 소년에게는 그가 보고 있는 것이 프랑스 영화의 바다라는 오로지 그 사실만이 오래 각인되었다.

재주 많고 잘생겼지만 가난한 청년 톰 리플리(알랭 들롱)가 갑부이면서 한량인 필립 그린리프(모리스 로넷)와의 모멸 어린 관계 끝에 그를 살해한다. 주인공은 주인공이므로 추락하면 안 된다고 순진하게 느꼈기 때문일까, 아니면 그의 범죄가 성공을 목전에 둔 상황에서 모종의 공범자적 쾌감을 느꼈기 때문일까. 주인공 톰에게 지극히 동화되었던 소년 관객에게 〈태양은 가득히〉의 라스트 신은 특히 충격적이고 비감하게 다가왔다. 톰에 의해 천 조각에 둘둘 싸여 바다에 버려졌으나 요트 엔진에 휘말려 있다가 물 위로 올라온 필립의 시체. 그 시체가 바다에서 뭍으로 스산하게 건져 올려질 때는, 즉 그렇게 증거로 출현하고 말 때에는, 차라리 그 결말을 외면하고 싶었다. 이 바다는 범죄를 저지를 때는 한없이 완벽한 장소처럼 보였지만 진실을 은폐하려 할 때는 타협 불가능한 미지의 지대였다. 예기치 못하게 시체를 뱉어내어 우리의 주인공을 결국 감옥으로 보내게 될, 물의 혹은 바다의 저 고약한 성질이 소년은 야속했다.

〈태양은 가득히〉의 이 결말부를 40여 년 뒤에 미국에서 만들어진 리메이크 작 〈리플리〉의 결말부와 비교해보면 흥미로운 사실 한 가지를 발견할 수 있다. 〈리플리〉의 톰 리플리(맷 데이먼)와 디키 그린리프(주드 로) 사이에서도 원작 영화와 마찬가지로 살인이 발생한다. 하지만 감독 안소니 밍겔라는 〈리플리〉를 만들며 〈태양은 가득히〉의 결말부와 서사적으로 완전히 결별한다. 〈태양은 가득히〉가 톰의 감옥행을 알리는 증거(시체)를 제시하며 결말을 맺고 있다면, 〈리플리〉는 비밀을 눈치 채는 자라면 사랑하는 사람이라도 살해하고 마는 톰의 범죄와 죄의식의 연장으로 영화의 결말부를 대신하고 있다. 이 영화의 라스트 신은 자신을 사랑하는 피터까지 살해한 뒤 고통 속에서 선실에 앉아 있는 톰의 망연자실한 모습이다.

〈태양은 가득히〉에서 그토록 결정적이었던 라스트 신은 〈리플리〉에는 등장하지 않는다. 이탈리아의 한 형사가 "산레모에서 (디키의 시신으로 추정되는) 시체 하나가 발견됐다"고 지나치듯 말하며 톰의 의중을 떠보는 정도의 대사로 사소하게 처리된다. 하지만 밍겔라가 원작 영화에서 가져와 놓치지 않고 정확히 표현해낸 것이 있다. 다름 아니라, 수면 위로 떠오르는 시체, 라는 이미지다.

　영화의 초중반부 톰과 디키가 머물던 이탈리아 마을에 성대한 축제가 있던 날이다. 바람둥이 디키를 사랑했다가 결국 버림받은 어느 이탈리아 여인의 시체가 마을 앞바다에 떠오른다. 여인의 자결이라는 이 사건은 사실상 〈리플리〉의 서사적 흐름에 거의 영향을 미치지 않는데도 밍겔라는 이 장면을 건너뛰지 않는다. 원작 영화보다 서사적으로 더 탄탄한 긴장과 풍요를 성취하는 것이 〈리플리〉의 목적이다. 계급과 성차의 문제도 그래서 더 꼼꼼하게 추가되었다. 그런데 〈리플리〉의 이런 전반적 형식을 고려하자면, 이 장면은 가장 잉여적인 데드타임을 만들어내는 동시에 가장 비서사적인 시적 방식으로 찍혀 있다. 왜 밍겔라는 이 장면을 넣었을까. 밍겔라는 원작 영화의 라스트 신에 새겨져 있는 '범죄 행각의 발각이라는 서사성'은 외면하지만, '물 위로 떠오르는 시체의 출현이라는 이미지'의 중요성은 끝내 수렴한 것이다.

3

수면 위로의 부상(浮上) 혹은 물 바깥으로의 출현(성). 돌아보니 이것이 프랑스 영화 및 프랑스의 물과 관계된 나의 첫번째 영화적 푼크툼이었던 것 같다. 〈태양은 가득히〉와 〈리플리〉의 비교를 거쳐서 더 확실히 말하고자 했던 것도 이것이다. 〈태양은 가득히〉의 라스트 신에서 중요한 것은 시체가 아니다. 시체라는 서사적 증거물이 아니라 어떠한 방식으로건 저 물에서 무언가 떠오를 수 있음을 알리는 갑작스러운 이미지의 출현(성)이다. 〈태양은 가득히〉의 바다에서는 불길함의 이미지로서 시체가 출현했지만 프랑스의 다른 물에서는 다른 것이 출현할 것이며 다른 정서가 발생할 것이다. 이 점이 프랑스 영화를 보는 나의 눈을 얼마나 자주 다양한 경로로 찔러오는지에 대해서는 감독과 취향과 시대를 뛰어넘어 몇 개의 예를 돌아보면서 나조차 새삼 다시 느끼게 되었다.

가장 프랑스적인 감독 중 한 명이라고 해야 할 자크 타티의 유쾌한 바캉스 영화 〈윌로 씨의 휴가〉의 한 장면을 떠올려보자. 여기서 부상 내지는 출현과 함께 오는 것은 거절할 수 없는 웃음이다. 휴가지에 온 윌로 씨는 일인용 카누를 타고 바다로 나아가지만 이내 부실한 카누는 두 동강이 난 채로 반이 접혀 바다 위에서 허우적거리게 된다. 양쪽 끝이 뾰죽한 카누가 정확히 반으로 접히니 그 모양새가 꼭 길쭉한 상어의 아가리처럼 생겼다. 게다가 그 안에 갇힌 윌로 씨가 몸을 일으켜 세우려고 버둥거릴 때마다 카누는 들썩거리게 되고 그 움직이는 모양새가 마치 커다란 상어가 아가리를 벌렸다 닫았다 하는 것처럼 보인다. 윌로 씨의 카누는 해안 쪽으로 조금씩 쓸려오고 해수욕과 일광욕을 즐기던 이들은 그걸 보자 상어의 출현이라 착각하고는 혼비백산하여 도망친다. 타티는 망가진 카누와 윌로 씨의 움직임을 합쳐내어 익살스러운 부상과 출현의 기호로 전환시킨 다음, 오인을 작동시켜 웃음을 유발하고자 한다.

이 밖에도 당장 생각나는 두 편의 뛰어난 최근 영화가 있다. 하나는 지극히 현실적인 상황과 관계되어 있고, 또 하나는 신화적 혹은 설화적인 인상과 관계되어 있다. 외국 감독이 만들었지만 프랑스 제작사가 참여하고 프랑스어를 사용하고 프랑스의 항구 마을을 배경으로 만든 영화, 아키 카우리스마키의 〈르 아브르〉를 먼저 보자. 〈르 아브르〉에서 구두닦이 중년 남자와 흑인 난민 소년의 첫 만남은 어떻게 이루어지게 되던가. 무심해 보이지만 벼락같은 이 교감의 순간을 우리가 잊었다면 이 영화에서 기적의 씨앗이 된 가장 중요한 첫 장면을 잊은 것이다.

구두닦이 남자가 삶은 계란과 싸구려 빵을 들고 물이 찰랑이는 선창가로 내려가 허름한 점심을 때우려 한다. 그때 난민 소년이 허리까지 물에 잠긴 채 별안간 출현해 있다. "여기가 런던인가요?" 소년이 묻는다. "거길 가려고? 여기는 다른 쪽인데…… 여기는 노르망디에 있는 르 아브르야……" 남자가 말한다. 그런 다음 빵을 한번 쳐다보더니 소년에게 묻는다. "배고프니?" 소년이 고개를 끄덕인다. 여기엔 사실 별 장치가 없다. 그런데 놀라운 건 물에 잠겨 반쯤만 출현한 소년의 육체를 담은 숏과 배고프냐고 담담하게 묻는 가난한 저 남자의 표정이 담긴 숏이 이어질 때 발생하는 먹먹함이다. 이 먹먹함과 함께 교감과 기적의 징조가 찾아온다. 그날 밤 남자는 선창가로 돌아와 빵을 가져다주고 소년은 다시 남자를 따라 그의 집으로 오고 시한부 선고를 받았던 남자의 아내는 기적같이 병이 낫고 소년은 가려던 런던으로 가게 된다. 그렇게 현실은 동화로 완성된다.

반면에 최근에 본 프랑스 영화 중 내게 가장 깊은 인상을 남겼던 알랭 기로디의 〈호수의 이방인〉에서 한 남자는 마치 전설 속의 무엇처럼 물속에서 출현한다. 그는 살인자인데 그의 육체는 너무 매혹적이다. 파트너를 구하기 위해 숲속 조용한 호숫가를 찾은 프랑크는 물속에서 나오는 미셸에게 매혹당하고 만다. 미셸이 자신의 전 애인을 죽이는 걸 목격했으니 프랑크는 자신도 그렇게 살해당할까 봐 겁이 나지만 도저히 구애를 멈출 수가 없다. 어쩌면 이것은 아름다운 신을 사랑하게 된 인간의 이야기다. 그리고 미셸이 신이라면 그는 호수의 신일 것이다. 웹진 『슬랜트 매거진』과의 인터뷰에서 저 심연의 호수로부터 올라오는 미셸의 출현에 관하여 알랭 기로디는 "물에서 나오는 그리스 신처럼"이라는 표현을 쓰고 있다.

4

우리는 이렇게 질문해볼 수도 있다. 물 위로 떠오르거나 물 바깥으로 빠져나오는 것들이 많다면 물 안으로 뛰어들거나 빠져드는 것들은 또 얼마나 많을 것인가. 가령 입수(入水)의 이미지들이다. 이 경우에도 유형과 정서는 다종다양하다. 의외겠지만 에릭 로메르의 영화에서 바다나 강은 종종 번뇌의 장소에 가까운 것 같다. 특히 인물들이 물로 뛰어들거나 그 안에 있을 때 유독 그렇게 보인다. 인물들이 물에 뛰어든다는 건 때때로 헛되 보이거나 위태로워 보이는 일이다(〈해변의 폴린느〉〈모드집에서의 하룻밤〉). 주인공은 물 안에서 오히려 외롭고 불안하며 초조하기만 할 뿐이고 고민은 연장될 것이며 차라리 물기를 털어내고 해안가를 따라 조용히 걸을 때에야 원하던 짝을 만나게 될 것이고 물과는 적절한 거리를 두고 앉아야만 수평선 위의 완전하고 절대적인 저 녹색을 볼 수 있을 것이다(〈녹색광선〉).

　그와 다르게 장 르누아르 영화에서 인물이 물속으로 들어가거나 빠진다는 것은 그 얼마나 부단한 소동과 활력과 흐름과 해방의 감정을 일으키는 근사한 신호인가(〈익사에서 구조된 부뒤〉〈풀밭 위의 오찬〉〈강〉). "영화 작가로서 내가 발전하는 데 의심의 여지없이 영향을 주었던 한 가지 요소는 물이었다. 나는 물이 없이 영화를 떠올릴 수 없다. 영화의 움직임 속에는 시냇물의 잔물결 및 강의 흐름과 연관되는 어떤 불가피한 성질이 들어 있다"(『나의 인생 나의 영화, 장 르누아르』)고 말한 것은 르누아르 자신이었다. "르누아르는 프랑스 유파가 보편적으로 갖는 물에 대한 취향을 깊이 공유하면서 이를 아주 특별한 용도로 사용한다"(『시네마Ⅱ: 시간-이미지』, 이정하 옮김, 시각과 언어, 2005)고 질 들뢰즈는 부언했다. 한편으로 또 다른 물의 감독 장 비고의 영화에서 물속으로 뛰어드는 남편에게는 오로지 떠난 아내에 대한 절대적 그리움만이 있을 뿐이다(《라탈랑트》).

하지만 여기서는 부상과 출현을 다루었던 것과는 반대의 방식으로 말해 보고 싶다. 반대의 방식이란, 나의 유년의 경험으로부터 시작하여 다양한 예들을 찾아내고 유형별로 확장하는 것이 아니라, 나의 유년의 경험과 연관되어 있다고 추정되는 한 가지 경우에 내가 얼마나 매번 유사하고 집요하게 반응하게 되는지 말하는 것이다. 다시 〈태양은 가득히〉로 돌아가보자. 유년 시절의 나는 라스트 신도 두려웠지만 톰이 필립을 살해하는 그 작은 요트 안에서의 살인 장면도 두려웠다. 망망대해라는 장소 때문에 그 살인은 더 두려웠다. 톰은 필립을 칼로 찔러 살해한 다음 바다에 버린 것이지만, 소년 관객인 나는 필립의 시체가 바다 밑으로 던져지고 나서야 마침내 그의 죽음을 받아들였다.

이런 유년의 경험과 관계가 있는지 확신할 수는 없지만 성인이 된 이후에도 나는 바다나 강이나 호수 한가운데에서의 살인 행각 혹은 살인 충동의 장면을 영화에서 마주하게 되면 육지에서 벌어지는 다른 식의 살인 행각이나 충동을 보는 것보다 훨씬 더 기이한 실존적 서늘함을 느끼곤 한다. 국가나 장르나 시기, 더러는 그 영화에 관한 호불호와 무관하게도 그렇다. F. W. 무르나우의 〈선라이즈〉에서 남편이 아내를 죽이려 할 때, 프란시스 포드 코폴라의 〈대부 2〉에서 마이클의 사주로 형 프레도가 죽을 때, 박찬욱의 〈박쥐〉에서 불륜의 남녀가 남편을 호수에 빠트려 죽일 때, 〈호수의 이방인〉에서 미셸이 자신의 애인을 익사시켜 죽일 때 등등의 장면이 문득 스쳐 지나간다. 어쩌면 이것은 수영을 할 줄 모르는 내가 실제로 물의 환경에서는 절대로 살아남을 수 없다는 그 두려움 때문에 배가되는 공포일지도 모르겠다.

그렇다면 위대한 영화감독 로베르 브레송에게는 물에 대한 어떤 특별한 무의식적 부정이나 공포 같은 것이라도 있었을까. 그는 물이라는 물질의 활기를 거의 신용했던 것 같지 않다. 이것이야말로 브레송과 르누아르의 가장 큰 차이 중 하나일 것이다. "프랑스 영화는 결국 장 르누아르와 로베르 브레송의 영화"라고 프랑소와 트뤼포는 단정했다고 하는데, 그것이 두 감독의 영화 세계의 대조적 차이를 감안하고 말해진 것이라면, 나는 그 말을 흉내 내어 프랑스 영화는 결국 물을 신용한 감독과 그렇지 않은 감독으로 나눌 수 있다고 과장해서 말하고 싶어진다.

기억에 의존컨대 브레송의 영화에서 그나마 물이 가장 그럴듯한 배경으로 등장했던 영화는 〈몽상가의 나흘 밤〉이 아니었나 싶다. 연인이 될 수도 있었던 두 남녀는 강가의 다리 위에 매일 밤 서 있다. 그리고 유람선을 탄 사람들은 지나며 노래를 부른다. 그런데 브레송은 이 영화에서 강을 그다지 중요하게 취급하는 것 같지 않다. 브레송이 가장 신중하게 다루었던 물은 짧게 등상하지만 오히려 〈무셰트〉의 강이다. 그건 죽음의 강이다. 〈무셰트〉의 마지막 장면에서 굴러떨어져 물속으로 입수하는 무셰트의 마지막 육체는 카메라에 잡히지 않는다. 풍덩 하는 소리가 들리고 장엄한 음악이 들리면 희미한 파장만이 일어나는 강물을 카메라는 우두커니 비추고 있고 영화는 끝난다. 어느새인가 강은 무셰트의 몸을 완전히 빨아들였다. 무셰트의 죽음과 소멸로서의 입수의 이미지는 황망했다. 아키 카우리스마키가 브레송을 얼마나 경외하는지 잘 알고 있는 우리는 〈르 아브르〉에서 흑인 난민 소년의 출현이 〈무셰트〉의 이 장면에 대한 응답이 아니었을까 상상해볼 수도 있을 것이다. 카우리스마키는 무셰트를 부활시키고 싶었는지도 모른다. 그리고 나는 〈르 아브르〉의 소년의 출현에 놀랐던 것과 마찬가지로 〈무셰트〉의 소멸에 놀랐던 것 같다.

5

프랑스의 물과 관련한 부상과 입수의 이미지들은 그동안 내가 겪어온 푼크 툼이라 나의 것으로서 소중하다. 그런데 더하자면 내가 사랑하는 또 다른 프 랑스의 물의 영화들이 있다. 활력 넘치거나 처연하기 이를 데 없는 흐름과 운동과 리듬의 물의 영화들이다. 그 점에 관해서는 앞서 짧게 언급한 장 르 누아르와 장 비고의 영화들을 중심에 놓고 반드시 길게 말해야만 한다. 장 르누아르와 장 비고가 진정한 프랑스의 '물의 왕'일 것이다. 하지만 안타깝 게도 그들은 내가 미리 전제한 이 글의 지도 안에 있지 않다. 〈익사 직전에 구조된 부뒤〉와 〈라탈랑트〉의 진정한 아름다움은 내게 청년기를 훨씬 지나 중년기에 접어드는 나이가 되어서야 비로소 솔직하고 절실하게 감각되었다. 이 영화들의 위대함은, 말을 만들자면, 나의 유년성이 아니라 나의 중년성에 기대어야만 겨우 말해질 수 있는 것이다. 언젠가 이 글에 이어 2부의 성격으 로 무언가라도 쓰게 된다면, 그때 다시 말해보고 싶다.

지금은 르누아르와 비고의 영화에 못지않게 흐름과 운동과 리듬을 보유하 고 있는, 하지만 재차 나의 유년의 세계와 기이하게 관계 맺게 되는, 유명하 지는 않지만 개인적으로 특별히 사랑하는 단편영화 한 편을 말하고 싶다. 자 크 로지에의 단편 영화 〈신학기〉다. 영화의 시작은 소년들 사이에서 늘 있는 일이다. 등굣길에 한 소년이 실수로 가방을 강가로 집어던진다. 가방이 강을 따라 저기 흘러가고 있고 숙제가 거기 들어 있으니 도로 주워와야만 한다. 소년은 강가로 들어간다. 물살을 헤치고 얼마간 걸어 들어가자 가방은 이내 손쉽게 찾게 된다. 그런데 모험은 이제부터가 시작이다. 소년은 이미 자신이 강에 발을 들인 이유를 잊었고 학교와 수업을 잊었다. 그는 강에 매혹되었고 사랑에 빠져버렸다. 강의 유속에 몸을 맡기고 더 깊이 더 대담하게 흘러가는 소년은 늪지대를 지나 때로는 폭포수를 지나 걷고 헤엄치고 쉬기를 반복하면서 시간을 보낸다. 그리고 한참이 지나 강의 물줄기가 소년의 몸을 다시 마을 쪽으로 자연스럽게 데려다놓았을 때에야 학교에 갈 생각을 한다.

소년의 모험을 둘러싼 고요함과 적막함과 생경함을 떠올리면 아득하다. 나는 앞서 내가 수영을 할 줄 몰라 물의 환경이 더 무섭게 느껴지는 것일 수도 있다고 말했지만 그 말은 언제든 다음과 같이 대체될 수도 있다. 물에 몸을 싣고 흘러간다는 것의 완벽한 감각을 모르기 때문에 나는 저 소년의 한낮의 모험에 더 매혹되었을 수도 있다. 무엇보다 〈신학기〉의 이 장면에서 가장 매혹적이었던 건 저 속수무책의 방탕함이었다. 〈신학기〉는 내용상으로만 보면 압바스 키아로스타미의 영화의 앞선 계보처럼 생각되지만 그와는 다르게 자연과의 합일에서 오는 방종과 외설의 쾌감이 짙게 느껴진다. 오로지 강의 흐름과 운동과 리듬에 섞여 몸을 맡겨야만 전해져 오는 그 쾌감. 내가 지금 말하는 방탕함이란 그렇게 강에 몸을 맡겼을 때 느껴질 법한 최상의 자유의 상태를 말한다.

이 짧은 단편영화의 마지막 장면은 강으로 돌아가는 소년이다. 소년이 강에서 잡아 학교로 가져갔던, 그리고 교실에서 일대 소동을 일으켰던 물뱀을 놓아주기 위해서다. 물뱀을 놓아주고 나서 소년이 강의 한가운데에 서서 조그만 두 팔을 벌릴 때, 카메라가 부감으로 소년과 강을 하나로 잡을 때, 나는 확연히 그가 어린 부뒤(〈익사 직전에 구조된 부뒤〉의 주인공)이거나 혹은 어린 장(〈라탈랑트〉의 주인공)이라고 느꼈다. 부뒤와 장의 명백한 후예라고 느꼈다. 소년도 물의 왕이었다. 그는 학교를 벗어나 재탈선한 것이 아니라 원래 자기의 환경인 강으로 또다시 돌아간 것이다. 그러므로 강으로의 재귀, 그 재귀가 이 영화의 최종적 운동이다.

〈신학기〉는 특별하게도 내가 기억하는 나의 최초의 꿈을 상기시킨다. 〈신학기〉에 나오는 소년과 비슷한 나이대에 꾸었던 것으로 기억한다. 배경은 강 또는 호수였던 것 같다. 나는 물 한가운데에 서 있었다. 몇 발짝 앞에는 키다 랗고 캄캄한 동굴이 버티고 있었다. 나는 종아리나 무릎 정도까지의 높이로 몸을 담그고 한쪽 손은 코를 잡고 또 한쪽 손은 물에 닿을 정도로 늘어뜨리 고는 몸을 숙여 마치 코끼리 흉내 놀이를 하는 양 빙빙 돌면서 물 안을 돌아 다니고 있었다. 우스꽝스러우면서도 불길하고 그리고 설명하기는 어렵지만 어딘가 외설스럽게 느껴지기까지 하는 그 꿈이 내가 기억하는 나의 첫 꿈이 었다. 물론이다. 나는 혐의를 부정하지 않겠다. 나는 지금 필시 프랑스의 물 과 〈신학기〉와 나의 유년의 꿈 사이에 무슨 특별한 관계라도 있는 것이라고 착각하고 있는 중이다. 하지만 우리가 유년이라고 부르는 것은 그 얼마나 부 실한 기억과 망각의 간섭으로 개작되는 상상적 시간인가. 강물에 몸을 맡긴 저 소년처럼 나도 속수무책으로 흘러가보고 싶었다. 최소한의 방탕함을 누 리며 무책임해지고 싶었다.

(「내가 사랑한 프랑스 영화」, 부산국제영화제, 2015년)

6부

홍상수라는 영화

그리고
영화가 태어났다

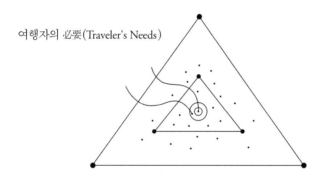

여행자의 必要(Traveler's Needs)

홍상수 감독이 그린 도형입니다.

어느 해 촬영 현장에서 이 도형을 보았습니다. 신비주의 가문의 문양처럼 혹은 외계인의 사인처럼 트리트먼트의 맨 앞장에 확연하게 새겨져 있었습니다. 머리를, 쿵, 하고 맞은 것 같았습니다. 그의 영화는 언어적으로 읽어내기 이전에 도형적으로 느끼고 감상해야 온전하게 받아들일 수 있다는 걸 그날

비로소 알았습니다. 비밀을 안 것처럼 설레는 마음으로 얼른 옮겨 그렸습니다. 그는 도형인(圖形人)이었습니다.

커다란 삼각형이 있습니다. 그 안에 작은 삼각형이 또 있습니다. 그 안에는 원이 있습니다. 다시 그 안에 작은 원이 있습니다. 자세히 보니 가장 작은 원 중앙에는 점이 찍혀 있습니다. 여기가 가장 깊은 곳일까요? 삼각형의 세 꼭짓점은 좀더 굵은 점으로 되어 있고, 삼각형과 원의 안팎으로 많은 점들이 뿌린 듯이 찍혀 있습니다. 그리고 맨 위에는 '여행자의 必要(Traveler's Needs)'라는 가제가 붙어 있습니다. 홍상수 감독은 도형의 주변에 영화의 단초라 할 만한 짧은 단상들도 함께 적어놓았습니다만, 지금은 도형의 감상을 해칠 것 같아 일부러 적지 않았습니다. 지금 이 자리가 미술관이라 생각하면 어떠신가요. 작품의 제목은 '여행자의 必要(Traveler's Needs)', 그린 이는 홍상수입니다. 도형에 감각을 열어보세요.

이 도형은 마침내 한 편의 영화가 되었습니다. 그 영화의 남자 주인공은 세상살이에 관해 도형으로 설명해주었습니다. 홍상수 감독의 일곱번째 장편 영화 〈해변의 여인〉입니다.

(『씨네21』, 2010년 752호)

일기와 생각,
미궁에 관하여

2008년 1월 26일. 영화 보기 이틀 전

술 마시는 밤보다 술이 덜 깬 다음날 낮이 사실은 더 좋을 때가 있다. 늘 둘러싸여 있는 것들에서 약간 붕 뜨거나 살짝 밀려나온 느낌. 감각이 솔직해지고 더불어 마음도 좀더 선량해지는 느낌. 몸은 부대끼지만 감각은 예민해져서 평소 둔감했거나 외면했던 것들을 부끄러워하지 않고 제대로 보게 되는 그런 느낌. 숙취로 괴로운 낮에 그런 느낌이 종종 온다. 홍상수의 영화를 본 날에도 어김없이 관객으로서 늘 그런 경험을 한다. 궁금하다. 〈밤과 낮〉이 빨리 보고 싶다…… 술이 정말 덜 깼는지, 오늘따라 1호선 전철역 철로 주변에 아무렇게나 삐져나온 풀포기가 무진장 예뻐 보여서 휴대폰으로 찍는 시늉을 해보았다.

1월 28일. 〈밤과 낮〉을 보다

〈밤과 낮〉을 보았다. 이야기만 말하자면 주인공 성남(김영호)의 도피성 여행이다. 2007년 유학생 두 명과 대마초를 나눠 피운 것이 문제가 되자 성남은 두려워 파리로 피신한다. 그 사연을 알려주는 짧은 전문이 나오고 나면 그는 파리 공항에 막 도착해 있다. 성남은 여기서 뭔가 새 출발하는 마음을 먹어보려고 하지만 뜻대로 잘되지 않는다. 아니, 하지 않는 건지도 모른다. 그러다 갑자기 길거리에서 10여 년 전 연인이었던 민선을 만나게 된다. 민박집 주인의 소개로 알게 된 현주라는 유학생과 오르세 미술관에 그림도 보러 간다. 유명한 미술대학에 다니는 현주의 룸메이트 유정(박은혜)도 알게 된다. 성남은 유정이 좋아지고 성남의 구애가 시작된다. 서울에 두고 온 아내 성인(황수정)과는 전화로 연락을 주고받는다.

  김영호를 다시 만났는데 확실히 홍상수 세계에 푹 빠져 있는 것 같다. 홍상수는 "배우들이란 자기의 알몸을 다 보여주는 것이나 다름없다"고 말하면서 그들의 존재를 항상 칭송한다. 그건 그의 영화에서 배우가 연기를 할 때 자기도 모르는 자기의 어떤 면모가 술술 생성되어 영화 속 하나의 인물로 재탄생되는 과정을 배우 스스로 즐겨야 한다는 말도 된다. 그건 배우에 따라 매우 어렵게 느껴지거나 신이 나는 일이 될 텐데, 김영호는 영화 속에서 확실히 후자다. 영화 속 성남은 김영호처럼 정말 뚝심 있어 보이기도 하고 영상관없는 것처럼 나사가 좀 풀린 것도 같고, 하여간 김영호인 것도 같고 아닌 것도 같다. 그렇다면 성공적으로 성남이 된 것이다.

1월 30일. 〈해변의 여인〉의 중래가 떠오르다

〈해변의 여인〉의 중래가 완성했다는 세 쪽짜리 시놉시스가 혹시 〈밤과 낮〉은 아니었을까 쓸데없이 연결 지어보았다. 작은 기적들 그리고 실패가 이 영화에는 많기 때문이다. 여하간 중래가 선보였던 이미지론과 그림이 생각났다. 가령 〈밤과 낮〉을 〈해변의 여인〉의 중래가 한 것처럼 도형으로 설명해본다면 어떤 게 그려질 수 있을까. 시간이 나면 그려봐야겠다.

1월 31일. 일기체가 주는 불균질한 느낌

안 쓰던 일기를 써보려니 잘 안 된다. 그런데 왜 홍상수는 일기체를 쓴 걸까. "이번에는 그냥 그걸 해보고 싶어서"였겠지만, 〈밤과 낮〉이 일기체가 되었다는 건 적어도 이 영화에 관해 두 가지는 말해준다. 홍상수의 영화는 항상 돌덩이 같은 형식미를 갖추고 있었다. 그러다 점점 그걸 풀어왔다. 이 영화에서 일기체를 쓰면서 그가 미리 알린 것처럼 정말 그의 영화 중 가장 불균질한 영화가 나온 것 같다. 하루는 생각하기 나름이라 1초 같기도 하고 1년 같기도 해서인가. 신(scene)들의 질량이 예고대로 조금씩 제각각이다. 하지만 중요한 건 어떤 큰 리듬에 따라 순조롭게 결합되고 있다는 점이다.

　두번째, 일기체를 선택했다는 건 거의 모든 신에 성남이 나온다는 말이기도 할 것이다. 실제로 김영호가 나오지 않는 신은 거의 없다. 그를 따라 진행되어서인지 그의 심리 묘사도 전에 없이 보이스 오버 내레이션으로 적극 반영되고 있다(하지만 그의 진의를 다 믿을 건 못 된다). 성남이 북한 유학생(이선균)을 만난 뒤 갑자기 김일성을 어떻게 생각하느냐는 등 운운하다가 성급히 빠져나와 "북한 사람을 만났으니 어떻게 하지. 대사관에 연락해야 하나?"라고 생각하는 장면이나 "당신에게 미술은 어떤 의미"냐고 묻는 사람을 앞에 두고 "이 집 음식은 너무 비싸고 맛없다"고 생각하는 장면 등은 큰 웃음을 자아낸다.

2월 2일. 파스칼의 문구

휴가 첫날이다. 메모장을 뒤지다 보니 어디서 읽고 받아 적어놓은 건지 모르겠는데 하여튼 이런 게 있다. "파스칼은 이렇게 적고 있다. '두 얼굴이 꼭 닮았을 때 그 자체로는 어느 것도 재미있지 않지만 나란히 있으면 그 유사함이 우리를 웃게 한다'." 홍상수의 영화는 이 말을 상기시키는 면이 있고 시간이 지날수록 좀더 기묘해진다.

2월 3일. 그림과 홍상수

서울에서 열리는 고흐 전시회를 보러 가려는데, 계속 늑장만 부리고 있다. 영화에서 성남이 "고흐는 착해 보여요. 그리고 위대하고요"라고 말한 것 때문에 더 가고 싶은 모양이다. 〈밤과 낮〉에는 고흐에 대한 성남의 대사가 나오지만 쿠르베의 그림도 나온다. 연출부 중 한 명이 들려준 에피소드. 오르세 미술관이 촬영을 위해 무료로 장소를 제공해준 건 오손 웰즈의 영화 이후, 처음이라고 한다. 그런데 관계자가 벌써 다 찍은 것이냐고 놀랄 만큼 성남과 현주가 쿠르베의 그림을 보는 장면은 빨리 찍혔다고 한다. 아마 홍상수는 굳이 그 그림에 의미를 부여했다기보다 화가 성남이 무엇을 할까 가정하는 과정에서 그곳에 가는 장면을 넣은 것일 거다. 어쨌든 여기서 홍상수는 배우들이 촬영 전에 나눴던 대화를 통째로 썼는데, 가랑이를 벌리고 있는 여자의 하반신 나체 그림 「세계의 근원」을 보는 장면이다. 두 인물의 결론은 "그림이 좀 그렇다"는 거다. 그 대화가 끝나고 나면 내내 그림을 등으로 가리고 있던 성남이 살짝 왼쪽으로 빠지고 영화는 우리에게도 그림을 보여주고 생각을 묻는다. "나에게 천사를 보여주면 나는 그것을 그릴 수 있다"고 쿠르베는 J. A. 앵그르에게 말했다고 한다. 눈에 보이는 것만 믿었다는 뜻일 거다. 〈강원도의 힘〉을 찍었을 때 홍상수는 "나는 눈에 보이는 것을 믿는다"고 말한 적이 있다. 성남이 비켜났을 때, '그럼 당신은 여기에서 무엇이 보이는가' 하고 영화는 묻는 것 같다. 이 장면 뒤로 감독이 정말 영화에 넣고 싶었다던 쿠르베의 다른 그림 「돌 깨는 사람들」과 똑같은 장면을 파리 시내에서 우연히 보게 되고, 홍상수는 그 장면을 촬영해서 영화에 넣었다. 정말 비슷하다.

2월 7일. 시간의 실마리, 민선

언젠가 기사에 멀쩡하게 살아 있는 사람을 죽은 사람이라고 쓴 적이 있다. 당사자가 항의도 하지 않아 잘 몰랐었다. 왜 그런 착각을 했는지 모르겠다. 그런데 그렇게 아무것도 모르고 일 년쯤 지내다가 그 사람이 정말 세상을 등지고 며칠 뒤 우연히 사실을 알게 된 적이 있다. 많이 죄송했다. 성남의 아주 먼 옛날 애인 민선을 떠올리다 그 생각이 들었다. 그녀와 갑자기 길거리에서 마주쳤을 때 성남의 기억 속에서 그녀는 새까맣게 잊혔던 사람이었다. 기억 속에서 죽은 거나 진배없었다. 그리고 그녀를 만난 지 얼마 뒤 신문 한쪽에서 그녀의 사망 소식을 접했을 때, 성남은 운다.

　나는 민선이 이 영화의 어떤 시간의 실마리인 것 같다. 민선이 중요하다기보다는 민선에서 시작되어 유정으로 그리고 아내로 관계 맺어지는 성남의 여자들이 꼭 시간의 현현인 것처럼 느껴진다. 처음에는 〈밤과 낮〉의 시간성이 지구 이편과 저편에 존재하는 같은 시간이되 빛과 어둠으로 갈리는 말 그대로 밤과 낮의 시간일 거라고 생각했다. 그러니까 동시간대의 다른 느낌. 하지만 성남이 있는 파리는 두어 장면을 빼고는 거의 밝은 빛의 시간이다. 밤이라도 밝다. 홍상수는 밤과 낮의 비율에 크게 신경 쓰지 않고 있다. 홍상수에게 모티브는 모티브일 뿐 그는 거기에 얽매이지 않는다. 그건 실마리이며 말 그대로 그 실을 잡고 조금씩 앞으로 나아간다. 밤과 낮이 같은 시간에 공존한다는 것이 이 영화가 말하고자 하는 진실일까. 어찌 보면 서로 다른 곳에 있다는 것이 더 진실이다. 성남은 밤마다 아내에게 진실을 털어놓는 것 같지만, 거짓말이 많다.

여기에는 차라리 '임신'이라는 사건을 계기로 아주 긴 시간이 개입해 있다. 임신이라는 사건이 기억으로 혹은 앞으로 올 미래일지도 모르는 방식으로 남겨진다. (믿기 힘들지만) 민선은 성남 때문에 중절 수술을 여섯 번이나 했다고 말한다. 성남이 파리 생활을 접고 아내 성인에게 돌아가는 이유는 그녀가 임신했다고 거짓말했기 때문이다. 그가 떠나려고 할 때 유정은 자기가 성남의 아이를 가졌을 수도 있다고 말한다. 성남에게 그것은 거의 겹겹이 둘러싸인 죄의식이거나 두려움인데 그때 민선은 꼭 미리 나타난 유정의 미래 같다. 그런데 성남이 이 세상에서 가장 깨끗하다고 생각하는 것은 아이러니하게도 아이들이다. 여자들이 줄지어 등장할 때 성남의 모순된 진실과 시간의 퍼레이드를 보게 된다.

2월 8일. 우연

전철역에 서서 돌아오는 월요일에 이창동 감독에게 연락해야겠다고 생각하고 있을 때 '창동'행 전철이 왔다. 이런 게 〈해변의 여인〉의 중래가 말하는 우연이라는 건가?

2월 12일. 〈밤과 낮〉을 다시 보다

〈밤과 낮〉을 다시 보았다. 무대 인사가 없었는데 감독과 배우들이 베를린영화제에 초청 받아 갔기 때문이다. 이창동 감독을 초청하여 함께 보았다. 그러니까 영화평론가 허문영 식으로 표현하면 의미(이창동)와 함께 앉아 비의(홍상수)의 영화를 보았다. 영화가 끝나고 이창동 감독이 들려준 새겨들을 만한 두 가지 의견. "홍상수의 영화는 그전까지 컨벤션에 대한 거부가 주된 관심사였다. 〈극장전〉 이후로는 예술가의 자기 풍자로 향하고 있다. 이 영화의 구조는 주인공이 예술가이기 때문에 가능한 것이다." 그리고 "〈밤과 낮〉에는 우리기 흔히 말하는 일상의 리얼리티로서의 장면은 제거되어 있다." 그의 말이 맞는 것 같다.

이건 홍상수가 지금 무엇에 매진하고 있는가의 문제다. 홍상수는 구조를 만들기 위해 대구와 반복, 그리고 우리가 흔히 말하는 일상의 리얼리티를 적절히 사용했는데, 이제는 그것들을 점점 더 납작하게 누르고 있다. 어떤 예술가의 자기 고민의 심리적 흔적과 궤적도 더 짙게 보여준다. 그러나 홍상수는 항상 누군가의 말을 빌려 그걸 "다림질한다"고 표현한다. 〈밤과 낮〉은 제대로 다림질된 영화다. 내가 가장 사랑하는 홍상수의 말은 "상투적인 것들을 제하고 그중에 남는 것들로 이루어지는 일관성을 추구한다"는 것인데 지금 그 일관성을 납작하게 누르고 있거나 동글게 말아 쥐고 있는 구조로 가고 있다. 〈해변의 여인〉 인터뷰 때 홍상수 감독에게 들은 인상 깊은 말이 있다. 그는 자신의 영화가 언젠가는 다음과 같은 것이 되기를 바란다고 했다. "중립적 표면, 완전한 구체." 홍상수는 점점 더 맨들맨들한 영화에 이르고 있다. 〈밤과 낮〉은 그런 영화다.

2월 13일. 홍상수 영화의 배우가 되는 꿈을 꾸다

마감 압박 때문인지 지난밤 꿈을 여러 개 꾸었다. 홍상수가 나오는 꿈도 꾸었다. 그는 긴 레게파마를 하고 머리에는 기다랗게 솟은 모자를 쓰고 옷은 카바레 무대 의상 같은 금색 옷을 입고 있다. 나는 그의 영화 속 배우다. 우리는 영화를 찍고 있는 중이다. 내가 연기가 잘 안 되자, 옆방에 있던 그가 내가 있는 방으로 건너오더니 "처음 봤을 때부터 널 배우 시키려고 했다니까"라며 식당 메뉴판을 보여준다. 거기에 이 영화에 출연하는 다른 배우들의 이름이 적혀 있었는데 기억은 안 난다. 방을 나가면서 그는 내게 큰 방을 줬다는 표정으로 "내 방은 두 평 반이야"라고 말했다. 그러면서 "사람은 원래 자기 틀 못 버리잖아. 하지만 그걸 버리면 선명해질 수 있어"라는 말도 함께 했다. 우리는 액션영화를 찍고 있었고 내 역할은 감옥에 갇힌 죄수였지만 실제 장소는 유스호스텔 같은 곳이었다. 그가 액션을 부르고 잠에서 깼다. 도대체 이 저질 꿈은 뭔가.

〈생활의 발견〉에서 개인적으로 가장 좋아하는 장면이 하나 있다. 고깃집에서 경수가 술을 먹다가 바람 쐬러 나가려 할 때 갑자기 컵이 떨어지자 선영이 "자기가 깼어요?"라고 물으니 경수가 "아니요"라고 답하는 장면. 정말 경수가 그러지 않았지만 컵은 깨졌다. 불가해함. 그런데 꿈보다 더 불가해한 것이 있는가.

홍상수의 영화는 점점 더 카메라가 포착하는 물질적 공기가 되어가는 한편, 또 한쪽으로는 꿈의 근사치까지 간다. 구체와 추상은 그런 식으로 합체되어가고 있다. 〈밤과 낮〉에는 두 번의 꿈 장면이 나온다. 나의 저질 꿈과는 비교가 안 된다. 두 번의 꿈 장면 중 나는 성남이 집에 돌아와 꾸는 꿈을 촬영할 때 마침 촬영장에 있었다. 이 영화의 마지막 촬영 날이었다. 하지만 여자 목욕탕 신이라 들어가지 못했다. 다만 목욕탕 신에 돼지머리가 필요하다는 말을 듣고 의아해한 기억만 있다. 목욕 신을 찍는데 왜 돼지머리가 필요할까. 그뿐만이 아니라 이 꿈에서는 이상한 혈맹식과 배신, 그리고 무언가 깨지는 사건이 벌어진다. 설명할 수 없지만 이건 더할 수 없이 정확한 자리에서 꾸어지는 꿈이다. 〈오! 수정〉에서 재훈(정보석)은 그토록 원하던 수정과 섹스를 하려다 수정의 이름 대신 다른 여자의 이름을 부르는 바람에 산통을 깼다. 성남은 아내의 품에 안겨 다른 여자의 꿈을 꾼다. 그런데 정작 그 여자가 성남이 그토록 쫓아다니던 유정도 아니다. 그러니 성남의 꿈은 아내를 배신한 것도 아니지만 그렇다고 유정을 그리워한 탓도 아닌 것 같다. 아니, 잘 모르겠다.

2월 14일. 마지막 장면에 눈물이 나다

영화를 보고 나서 몇몇 평론가에게 100자평을 의뢰했다. 변성찬 씨는 당연한 거 아니냐는 듯 호평을 써 보냈다. 김봉석 씨는 "나는 그다지 좋게 안 봤는데"라며 그래도 받겠냐고 되물었다. 다른 의견도 읽고 싶으니 받겠다고 했다. 남다은 씨는 거절했다. 오늘은 술을 마시면서 영화의 감정에 취하고 싶지 평하고 싶지 않다고 전해왔다. 이해가 가서 그러라고 했다. 이 일이 아니면 나도 그냥 술이나 마셨을 것이다.

　〈밤과 낮〉의 마지막 장면을 보면서 어떤 고단함을 느꼈다. "오랫동안 그림을 그려왔는데 사람들이 내 그림을 별로 좋아하지 않는 것 같다"고 말한 성남의 대사가 생각나서는 아니다. 아직은 이 느낌이 예술가의 고단함인지 단지 구애에 또 실패한 한 남자의 고단함인지 혹은 그를 둘러싸고 있지만 누구도 성남의 온전한 마음 전부를 얻지 못한 여자들의 고단함인지 잘 모르겠다. 그런데 이 영화의 마지막 장면을 보면서 눈시울이 뜨거워졌던 것은 애석하거나 슬퍼서 그랬던 게 아니다. 어떤 충만함에 대한 지극한 노력이 느껴져서다. 이 영화가 삶의 충만함을 좇아 지고지순한 34일간의 시행착오를 한 끝에 결국 실패한 기록처럼 보였기 때문이다. 충만한 순결함에 이르기 위해 악전고투하는 어떤 자의 탐구와 엉뚱함. 작은 기적들을 믿으면서 사는 게 정말 그렇게나 힘든 일인가 하는 질문. 하지만 어떤 의미에도 기대지 않고 오로지 삶을 감각하는 방식으로 나아가려는 철저함. 그것이 아름다워 보여 울 뻔했다. 삶을 순결한 감각으로 살기 위해 애쓰는 자의 고단함이다.

〈해변의 여인〉의 중래는 영험해 보이는 나무 아래에서 엉엉 울었다. 그 나무의 영험함이 〈밤과 낮〉의 파리에서는 몇 가지 것으로 바뀌어 나타난다. 흘러가는 물에 휩쓸리는 길바닥의 개똥, 그 물에 종이배를 띄우는 성남의 행동, 우연히 성남의 어깨에 떨어져 생명을 부지하는 어린 새, 혹은 날파리가 눈에 들어갔을 때 들려오는, 이제는 이 여행을 끝맺어야 할 귀환의 신호로서의 아내의 거짓말. 작은 기적들 혹은 그 실패.

마감이 지겹다, 라고 생각하며 눈을 떴다. 인터넷에는 베를린영화제 소식이 이미 여기저기 올라와 있다. 〈밤과 낮〉이 호평을 받았다고 한다. 이 글이 인쇄되어 나가는 2월 16일 베를린의 소식도 들려올 것이다. 〈밤과 낮〉에 더없이 어울리게 쓰인 베토벤 교향곡 7번 2악장이나 들어봐야겠다. 그러면서 생각을 해야지. 생각을.

그리고 모월 모일. 생각을…… 하다……

다른 사람도 아닌 허문영이 홍상수의 〈밤과 낮〉에 관해 썼는데 누군가가 또 써야 하는가. 나도 당신처럼 똑같이 물었다. 혹은 이리저리 여러 차례 환기된 쿠르베의 「돌 깨는 사람들」과 「세상의 근원」에 대한 일화를 또 꺼내야 하는가. 그러니까 홍상수도 성남도 「돌 깨는 사람들」을 보기를 염원하였으나 결국은 그것이 그 자리에 없어서 「세상의 근원」을 보게 된 사연을 또다시 말해야 하는 것인가. 하지만 나는 "〈밤과 낮〉을 보는 유일한 방법은 이해가 아니라 동행이다. 동행하며 불현듯 등장했다 사라지고 비슷하지만 다른 형상으로 되돌아오는 것을 응시하는 것이다. 여기서 말해지는 건 그들의 일부에 지나지 않을 것이다"(『씨네21』, 643호)라고 말한 허문영의 생각을 따라 만약이 동행하는 여행 속에서 노동과 성애라는 것 외에도 되돌아오는 것들이 무엇인지 첨언해보고 싶어졌다.

그러기 위해서는 역설적으로 「돌 깨는 사람들」이 가난한 두 노동자의 형상을 그리고 있고 「세상의 근원」이 고결함의 위장을 질타하는 성애의 형상이며, 〈밤과 낮〉이 노동과 성애의 서로 번져가는 진전의 시간이라는 지적을 새삼 다시 '말하지 않으려고' 한다. 나로서는 그 그림들의 내용을 벗어나 생각해볼 때 〈밤과 낮〉의 또 다른 면모에 관해 첨언하는 것이 가능하다고 느끼고 있다. 나는 지금 어떤 내용의 그림이 있었는지를 말하는 것이 아니라 그 그림이 거기에 없고 하지만 다른 그림이 그 자리에 있는 상태 자체를 매우 중요하게 여기고 있다. 무엇인가가 있고 없다는 이 단순해 보이는 사실이 실은 〈밤과 낮〉에서는 그 자체로 중요한 세상의 일면이며 요령부득의 진실이다.

밤과 낮, 그건 경이로운 자연이 선사하는 대구의 산물이다. 그러니 언뜻 제목의 뉘앙스로만 예감하자면 〈밤과 낮〉은 이전 홍상수의 영화 형식처럼 밤과 낮이라는 큰 대구를 버팀목으로 설정해놓고 반복으로 왕래하면서 그 안에서 유사성과 차이를 발견해나가는 구조를 떠올리게도 한다. 하지만 결과적으로 홍상수는 이 영화를 그렇게 찍지 않았다. 1장과 2장으로 나뉘어 있지도 않다. 성남이 파리에 머무르는 이야기와 집으로 돌아온 다음의 이야기로 나눌 수 있지만 그걸 이 영화를 지탱하는 큰 대구의 틀로 보기에는 서로의 질량에 너무 큰 차이가 있다. 게다가 거기에는 난데없는 꿈이 있다.

〈밤과 낮〉은 성남의 날과 아내의 날을 대비하는 데 장면을 할애하지 않았으며 심지어 파리라는 장소의 밤과 낮의 불균질한 물리적 교차까지도 고스란히 받아들인다. 파리의 밤은 연일 늦게까지 백야가 이어진다. 성남이 밤에 속하는지 낮에 속하는지 우리는 때때로 잘 알지 못할뿐더러 밤인데도 낮같이 밝은 장면들을 보면 그가 빛의 시간이나 어둠의 시간에 속한다고 말할 수밖에 없게 된다. 파리에 오래 살았을 하숙집 주인은 낯설어하는 성남에게 그 점을 친절하게 설명한다. 밤과 낮, 혹은 밤과 낮의 존재와 부재, 그러니까 되돌아 생각할 때 「세상의 근원」과 「돌 깨는 사람들」이라는, 존재와 부재라는 일종의 대구에 속하는 문제들이 암암리에 이 영화를 이루고 있지만 결코 그건 형식적인 큰 구조로 나서지는 않는다. 〈밤과 낮〉은 홍상수의 여덟 편의 영화 중에서 그가 "상투적인 것을 버리고 나머지 것들로 일관성을 추구하는 과정"에서 발견해낸 대구라는 틀 밖으로 가장 멀리 벗어나 있는 것처럼 보이는 영화다.

〈밤과 낮〉에서 제외한 것처럼 보이는 대구의 형식은 홍상수의 영화에서 반복과 함께 통념을 깨는 가장 두드러지고 유용한 틀이었다. 쿠르베가 여성의 질의 묘사로 세상의 위장을 질타했다면 홍상수는 대구를 기초로 세상의 통념을 벗겨냈다. 그 구조에 빚지고 무언가를 바라보았을 때 세상의 불규칙함과 애매모호함이 발견되는 흥미로움이 있었다. 그런데 〈밤과 낮〉은 전에 없이 나열의 구조다. 심지어 이 영화가 일기체 형식으로 완성된 이유가 성남의 감정 기록을 위해서였다는 것을 넘어, 성남을 따라서만 이행되는 나열의 구조를 번복하지 않기 위해 홍상수 스스로가 부여한 영화적 한계 구조가 아니었을까, 개인적으로는 그렇게 짐작하고 있다. 날일의 기록이라는 일기체 안에 성남이 있는 것이지, 그 일기를 지금 성남이 쓰는 것인지는 불확실하기 때문이다.

그런데도 기이한 점은 있다. 이 나열의 상태에서도 정작 그동안 대구의 구조를 통해 발견되어온 차이가 여전히 빛을 발하고 있다는 점이다. 〈밤과 낮〉은 그 어느 때보다 심화된 차이의 인상들이 곳곳에 배치되어 있으며 그로 인해 홍상수가 반영하려는 세상의 미궁이 훨씬 더 깊고 묘연해졌다는 사실이 놀랍다.

그러니 우리가 사라졌다고 말한 대구는 〈밤과 낮〉에 있으며 걸코 사라지지 않았다. 다만 거대한 틀로서 존재하는 것이 아니라 문득 출몰하고 사라졌다가 맥락을 바꾸어 또다시 출몰하는 성질의 것이 되어 있다. 나열의 시간 속에서 불쑥불쑥 되돌아오는 대응적 '성질'로서의 대구. 〈밤과 낮〉에서 되돌아오는 것이 있다면 어떤 특정한 내용이 아니라 하염없이 불규칙한 시기에 등장하는 바로 이 변형 가능한 대구의 성질들이다. 그로 인해 차이의 감각이 발생하며 그 감각이 이끄는 기이한 변질의 깨달음이 있으며 그 깨달음은 기묘한 감정을 낳는다. 노동의 자리에 성애가 끼어들어 균열을 일으킬 때 그건 이 영화의 귀환하는 대구의 성질들 중 한 짝인 것처럼 보인다.

〈극장전〉과 〈해변의 여인〉에서 우리는 홍상수 영화의 '구조로서의 대구'를 마지막으로 본 것 같다(하지만 이렇게 말해도 그건 또다시 언젠가는 귀환 가능하다). 홍상수의 영화적 궤적에서 어딘가 분기점을 말한다는 것은 어불성설이지만 그래도 〈극장전〉과 〈해변의 여인〉은 〈밤과 낮〉의 나열의 구조에 이르기까지의 최근의 과정을 가시적으로 보여주고 있다. 〈극장전〉과 〈해변의 여인〉은 어떻게든 지탱하던 거대한 틀을 점차 헐어내온 과정이다.

〈극장전〉에는 겹침의 순간, 교차의 순간이 있었다. 1장에서의 영실이라는 영화 속 인물, 그 바깥으로 나온 2장에서의 여배우 최영실을 통해서였다. 동수가 극장을 나오던 바로 그때 다름 아니라 1인2역의 이 여인을 만나게 된 사연은 지금에 와서 더 중요해진 것인데, 〈극장전〉에서 영실이라는 한 인물에 대한 이미지를 좇아다니던 동수는 영화배우 영실에게서 마침내 "이제 그만 뚝"이라는 호통을 듣는다. 나의 헛된 이미지를 좇지 말고 너의 현실로 돌아가라는 호통이다.

영실의 호통을 이해한 것은 그런데 동수가 아니라 그다음 영화 〈해변의 여인〉의 중래다. 동수는 이미지에 매혹된 인물일 뿐 이미지가 자기를 괴롭힐 수 있다는 사실을 깨닫지 못했다. 중래가 이미 이미지의 거짓에 훨씬 더 민감하다. 홍상수의 영화에서 줄곧 두 명의 여인의 모습으로 존재하던 여인들은, 그리고 〈극장전〉에서 이미 1인2역의 한몸으로 뭉쳐졌던 여인은 〈해변의 여인〉에서도 나타나는데 둘은 기어이 서로 만난다. 홍상수의 영화에서 여인들은 흔히 두 명이었는데 서로가 서로를 은연중에 지시하거나 환기시키는 의도치 않은 자연적 모사, 구조적 대구의 형상물로서 등장해온 것이다. 〈돼지가 우물에 빠진 날〉에서 보경과 민재가 만나지만 그건 드라마적인 순간일 뿐 이미지의 마주침이 아니었고, 〈해변의 여인〉에서 문숙과 선희의 만남이 그런 마주선 이미지였다. 〈해변의 여인〉에서 두 여인의 만남이 중요한 이유는 그들이 중래를 따돌리고 만나기 때문이며 더 중요한 건 그때 중래가 고심하던 시나리오의 실마리를 풀기 때문이다. 중래가 좇던 이미지들(문숙과 선희)이 서로를 만나 어처구니없이 위로하고 경주하면서 자기가 바로 이미지가 아니고 실재하는 것이고 중래가 믿는 진짜 세상의 형상은 나라고 주장하고, 그러다가 서로 합심하여 중래의 욕망을 밀어내고자 할 때, 거기에서 따돌림 당한 중래는 생산의 결과물로서 석 장의 시놉시스를 완성하는 행운을 얻는다. 그 뒤로 그는 문숙을 두고 도망치듯 신두리를 빠져나온다.

〈밤과 낮〉에 오면 여인들은 둘이 아니라 다섯이며 민선이고, 유정이고, 현주이고, 지혜이고, 아내다. 그들이 서로 스치고 만나고 혹은 서로에 의해 지시된다. 성남은 과거의 여인이지만 실은 유정의 미래라고 불러야 적합할 민선을 길을 걷다 우연히 만나고, 그 민선을 만나고 있을 때 처음으로 유정이 지나가고, 하숙집 주인이 소개해준 유학생 현주를 다시 만나러 갔을 때 그 자리에 유정이 있다. 성남에게 관심이 있는 민선과 현주는 유정이 갖지 못한 부분을 집요하게 성남 앞에서 욕하며, 유정이 그림 실력으로 질투했을 법한 지혜는 어느 날 성남 앞에 나타난다. 지혜는 성남과 아무 관계가 없는 여인이지만 집에 돌아와 꾸는 꿈속에 등장하고 그 꿈을 그는 아내의 품안에서 꾼다. 〈밤과 낮〉에서 성남은 여인들을 통해 나열의 방식으로 나아가지만 직선으로 나아가지 않는다. 단속적으로 끊겼다 나아가고, 멀리 나아갔다가 조금 나아가고, 또 조금 앞으로 돌아왔다가 다시 멀리 나아간다. 〈밤과 낮〉은 성남의 일기가 아니라 그런 성남이 그들을 만나는 것에 대한 일기'제'의 기록이다. 일기체의 형식을 따라 때로는 짧게 때로는 길게 진행되는 그 불균질함 때문에 실제로 〈밤과 낮〉은 전체적으로는 느슨해 보이는 영화다. 신두리를 빠져나온 중래가 파리로 이행하는 성남의 모습으로 이어져 있을 때 홍상수의 남자 주인공은 구조-대구의 신두리를 벗어나 구조-나열의 파리 생활로 접어든다.

그런데 나열이라고 해서 홍상수가 되돌아올 것을 그만 오도록 막고 새로운 것만을 늘어놓고 있는 것은 아니다. 사실은 그 반대다. 말한 대로 익숙한 것들이 돌아온다. "그 책이 아마 제가 아는 어떤 분의 인생을 바꿔놓은 책일 거예요." 〈생활의 발견〉에서 선영은 난데없이 경수가 들고 있던 스콧 니어링의 자서전을 보고 그렇게 말했는데 〈밤과 낮〉의 초반에 성남이 파리의 민박집에서 할 일 없이 성경책을 들고 뒤적일 때 한 남자가 다가와 대뜸 "교회 다니시나 봐요? 이 책 때문에 제가 인생이 완전히 바뀐 사람이거든요"라고 말한다. 〈극장전〉에서부터 홍상수가 종종 시도해오고 있는 자기 영화에 대한 지시적 발언을 어떤 이유 때문이라고 규정하기는 어렵지만, 앞선 영화의 대사를 감안한 이 농담의 대구는 하나의 일례가 될 수 있다. 성남이 신자인 것 같지는 않은데, 그는 민선의 유혹을 뿌리치기 위해 성경책을 들고 마치 그것이 자기의 인생을 바꿔놓은 책인 양 한 구절을 인용한다.

진짜를 둘러싸고 되돌아와 불현듯 짝을 이루는 가짜의 대구가 훨씬 더 중요하며 복잡다단하다. 〈밤과 낮〉에는 지속적으로 진짜에 대한 가짜의 대응이 있다. 이를테면 유정은 어떤 여자인가. 길가의 걸인에게 스스럼없이 먹을거리를 사주는 유정의 모습이 진짜인가, 아니면 자기 말만 하고 남의 말은 듣기도 싫어하는 모습이 진짜인가. 이건 한 사람의 복합적인 성격이라 치더라도 유정은 가짜 대학생이다. 여기서 진짜와 가짜의 대구는 진품과 모작이라는 또 다른 대구의 양상으로 자연스럽게 옮겨간다. 유정은 같은 대학에 다니던 지혜라는 여학생의 그림을 표절하고도 마치 그것이 자신의 작품 세계인 양 성남을 앞에 두고 늠름하게 설명하고 또 거기에 대한 칭찬까지 얻어낸다. 그리고 성남은 결국 그 작품이 유정의 작품이 아님을 알게 된다. 하지만 성남의 태도는 예상과 다른데 그는 그 사실을 알고도 유정을 사랑한다고 말한다. 가짜를 그린 유정의 행동에도 불구하고 성남은 사랑을 고백하는데 그 마음은 진짜인 것 같다. 성남에게 진품과 모작이라는 문제는 유정이라는 사람을 진짜와 가짜로 판단하는 데 결코 잣대가 되지 않고 있다. 그러니까 〈밤과 낮〉의 대구의 성질들은 늘 예상과는 다른 결과로 변질 또는 변형된다. 사랑한다는 유정을 남겨놓고 성남이 서울로 돌아왔을 때 그와 아내의 머리맡에 놓여 있던 구름 그림은 물론 성남의 것이겠지만, 나름대로 값진 노동이 투여된 성남의 그림은 그 자체의 아름다움에도 불구하고 불온하고도 으스스한 죽은 모사가 되어 그 방의 분위기를 바꾸어버린다.

정작 성남의 감정을 흔들어놓은 것은 임신과 아이다. 성남은 아이들을 볼 때마다 "세상에서 네가 제일 아름답다"고 말하거나, 아니면 그런 눈초리로 쳐다보거나 쓰다듬는다. 그런데 성남에게는 아이가 없는 것 같고, 그를 조여 오는 것은 아이 이전에 있어야 할 도처에 널린 임신이다. 민선은 성남의 아이를 여섯 번 지웠다고 하고, 아내는 거짓 임신으로 그를 불러들이고, 그때 유정은 임신했을 수도 있다고 말한다. 성남이 새를 구하고 그렇게 기뻐했던 것은 그것이 어린 새였기 때문일 것이다. 성남에게 임신은 공포와 죄에 해당하지만, 아이는 한없는 깨끗함과 희망이다. 그리고 이어지는 백옥 같은 도자기와 그 도자기의 깨짐. 혹은 대마초와 임신 모두에 연관되어 있는, 죄에 대한 두려움과 처벌에 대응하는 자기 과장이라는 양상은 성남이 북한 유학생을 처음 만났을 때 "김일성을 어떻게 생각하느냐"는 질문과 다음 자리에서 우연히 다시 만나 미안한 듯 팔씨름으로 무마하려는 백치 같은 태도로 이어진다.

그러나 결국 성남을 불러들인 것은 진짜와 가짜의 또 다른 변형인 아내의 거짓말이다. 대마초 사건에 연루되어 파리로 도피한 성남이 아내에게 전화를 할 때 그는 밤에 속하지만 그 전화를 받는 아내는 낮에 속해 있다. 성남은 아내에게 많은 걸 의지하고 아내만이 현실적으로 그의 조력자다. 그런데 성남은 아내에게 많은 거짓말을 하고 아내는 그걸 알지 못한다. 성남의 파리에서의 여행은 아내가 알지 못하기 때문에 지속 가능했다. 그들은 공존하는 자들이기보다 차이의 시간 안에 있는 자들이며 서로의 일부를 알고 나머지는 모르는 사람들이다. 하지만 그 무지가 결국 성남을 구제한다. 성남의 거짓말을 모르는 아내의 단 한 번의 거짓말이 성남을 불러들인다. 성남은 귀가한다. 아내의 거짓말은 선하지만 역시 거짓말이고 그것은 성남이 두려워하거나 숭고하게 여긴 임신과 아이, 죄의식과 희망을 걸고 벌인 그녀만의 내기인 것이다. 성남의 거짓말에 대한 그녀의 거짓말이다.

대구의 출현은 물론 멈추지 않는다. 성남이 도착한 서울의 집에서 그가 꿈을 꾼다. 그는 이미 파리에서 "하루 종일 여자 꿈만 꾸었던" 날에 꿈속에서 유정의 발가락을 빨고는 그 꿈을 깨자마자 곧장 유정을 현실에서 다시 찾아간 적이 있다. 꿈은 다시 반복되고 이제는 유정과 그녀의 뱃속에 남겨두고 왔을지 모를 태아에 대한 두려움이 지혜를 등장시켜 "첩"의 꿈(〈극장전〉의 영실의 대사. "내가 네 첩 해줄까?")으로 나타난다. 꿈은 해석 불가한 것이다. 하지만 꿈이 현실에 관한 불온하고 불확정한 모작이라는 점을 우리는 또한 알고 있지 않은가. 그걸 알고 있다는 듯 아내는 "그냥 꿈이야"라고 말하는 성남에게 "그런 거 꿈 아니야"라고 말하는데, 그러니 실은 〈밤과 낮〉은 이걸 뒤집어 말하고 싶은 유혹을 일으키기에 충분한 영화다. "그냥 현실이야", "그런 거 현실 아냐." 사실주의와 초현실주의라는 또 다른 대구 사이에 걸쳐진 〈밤과 낮〉인 것이다.

〈밤과 낮〉은 느슨하고 평평해 보이지만 불가해한 감정으로 가득하다. 그러니 대구가 사라지지 않았다는 점을 읽어내는 것이 〈밤과 낮〉의 뛰어남을 설명하는 방법의 다는 되지 못한다. 그럼에도 〈밤과 낮〉은 부지불식간에 꼼꼼하게 얽혀 있는 대구의 여러 성질들의 불규칙한 나열과 그 속의 차이들을 강조하여 맥락을 생성시키는 영화다. 삶의 전모, 즉 영원한 미궁으로의 초대장이다. 예술 작품이건 물체이건 사람이건 혹은 관점이건 그 모든 것이 앞선 것의 대응물로서 불현듯 어느 자리에 출현한다는 것은 영화 〈밤과 낮〉의 중요한 부분이다.

그런 〈밤과 낮〉을 보고 나면 고단하다. 자주 희극적이던 영화는 마지막에 이르러 헐벗고 지친 자리에서, 그리고 꽉 막힌 상태에서 끝난다. 도피를 기회 삼아 충만해지고자 했던 자의 실패 혹은 호출을 받아 돌아온 자의 미련. 성남은 얼마나 많이 보이스 오버 내레이션으로 내일을 부르짖고, 약속하고, 후회하며 자기의 결심을 말해왔던가. 그러나 그 실패와 미련은 성남의 탓이 아니다. 돌아오고 재출현하는 대구적인 성질들이 나열되는 세상에서 성남이 재출현하는 그것들의 차이를 경험하면서 서로 다른 결과들의 모호함을 겪기 때문이며, 동시에 우리도 그를 좇아 영화 내내 그 고단함을 함께 느끼기 때문이다. 예컨대 실패의 고단함 속에서 만들어지는 예기치 못한 아름다운 성과, 즉 공포와 책임감을 동시에 자극한 거짓 임신 혹은 뜻밖의 구원 기제. 진짜 삶의 조각들이란 그런 복잡다단한 양상의 어울림이 아닐까. "밤과 낮으로 이루어지는 하루하루의 생활을 익숙한 이념이나 형식의 틀에 잘 잡히지 않는 삶의 요소들로 채워 넣고 싶었다"는 홍상수의 영화적 바람이 그런 것이 아닌가. 그러니까 불가능성과 불가해함을 인정하면서 현실에서 살아가야 한다.

성남의 꿈속에서 지혜가 탕 속에 앉아 울고 있을 때 창에 머리를 박던 돼지가 무엇인지, 지혜가 들고 가다 깨뜨린 도자기가 무엇인지는 실상 중요치 않을 것이다. 이제 더 이상 꿈속에는 도자기가 없고 혹은 그 꿈을 깨고 나면 성남의 집 안방에 도자기가 있을지도 모를 일이다. 단지 〈밤과 낮〉에서 삶의 조각들은 의미를 상실하고 재차 돌아온다. 우리는 돌아옴의 운명 그 자체 때문에 고단하다. 물론 그런 삶도 고단하다. 하지만 그래도 이 이상한 삶을 노려보며 살아야지 또 달리 무슨 방법이 있는가. 그것이 〈밤과 낮〉이 전하는 세계의 진실이며 성남의 고단함을 보고 잠들지 못하는 우리의 고단함이다. "내게 천사를 보여달라. 그럼 나는 천사를 그릴 것이다." 쿠르베는 그렇게 말했고, 가장 강력한 구조로서의 대구를 선보였던 영화 〈강원도의 힘〉을 만들고 나서 홍상수는 "나는 보이는 것을 믿는다"고 말했지만, 그 말에 다시 대구를 달아 〈밤과 낮〉의 다른 귀결의 여지를 얻고 싶다. "내게 천사를 보여달라. 그럼 나는 천사가 없음을 그릴 것이다." 어딘지 〈밤과 낮〉을 보고 나면 그런 목소리가 울린다.

(『씨네21』, 2008년 641, 645호)

잘 알지도 못하면서

청량한 그녀

〈잘 알지도 못하면서〉의 영화감독 구경남(김태우)이 제주도의 대학에서 특강을 할 때, 좀전에 사이좋게 담배를 나눠 피웠으며 구경남의 영화를 두 번이나 보았다던 한 여학생이 아까와는 딴판으로 공격적인 질문을 던진다. "왜이런 영화를 만드세요. 왜 사람들이 이해도 못하는 영화를 계속 만드시는 거예요?" 구경남은 당황하지만 열정적으로 설명한다. "제 능력과 기질은 하나뿐이 없습니다. 정말로 몰라서 들어가야 하고 그 과정이 발견하는 과정이어야 합니다. 과정이 나로 하여금 계속 뭔가 발견하게 하고 그 결과물을 하나의 덩어리로 만드는 겁니다. 모르는 것을 모른다고 하는 것, 구체적인 것을매번 만날 뿐 체계적으로 미리 갖지 않는 것, 매번 발견하는 것, 단지 감상하는 것, 지금 이 순간에." 이 말을 듣고 여학생이 조소를 보낸다. "영화감독이아니라 철학자시네요."

　그날 밤 학생들에게는 저명인사고 구경남에게는 대선배인 화백 양천수(문창길)가 구경남 이하 강의에 참석했던 모두를 모아놓고 남들보다 조금 높은 자리에 앉아 들려주는 창작론은 이렇다. "미리 다 정해서 들어가면 그게 다 뻔한 거밖에 안 나와. 과정이 틀려먹었으니까 아무리 머리를 짜내도 다 한 것들이 나와. 이미 상투가 되어버린 것들인데 그런 상투가 예술에서는 악이야, 최악. 예술의 유일한 존재 이유는 감각적으로 새로운 세상에 존재의 이유를 드러내는 거야. 정말로 모르고 들어가야 해." 그의 말이 끝나기 무섭게 누군가가 감탄한다. "선생님은 정말 천재시네요." 구경남에게 철학자라고 조소하던 그 여학생이 양천수에게 그렇게 말한다.

구경남의 말과 양천수의 말은 사실 같은 것이다. 둘은 분야가 다를 뿐 같은 종류의 믿음을 지닌 예술가인 것처럼 보인다. 세상에서 가장 중요한 것이 무엇이냐는 질문에 두 사람 모두 "자유"와 "자기 생각대로 살려는 충실함"이라고 유사하게 말하는 것으로 보아도 그렇다. 이 이상한 정황, 그러니까 이 여학생의 반응을 기초로 영화 〈잘 알지도 못하면서〉를 말하는 것도 괜찮을 것이다. 하나의 정황과 진술에 관한 상반된 반응은 홍상수의 영화를 보는 가장 큰 재미 중 하나다. 홍상수는 그런 이중성을 인정한다. 게다가 여학생의 이런 반응은 죽음과 (새로운) 삶에 대한 홍상수 그 자신의 반응과 발견의 과정과도 실은 밀접한 연관이 있을 것이다.

대구라는 형식의 틀을 빌려 양가적 가능성을 끌어낸 다음, 그 차이에서 새로운 질문의 덩어리를 빚어내는 홍상수의 영화적 형식을 전반적으로 다시 설명할 필요는 없을 것이다. 단지 〈잘 알지도 못하면서〉의 꼼꼼하게 엮인 거울상에 관해서는 몇 가지 구체적인 예를 들 필요가 있다. 구경남은 12일이라는 시간차를 두고 제천과 제주도로 두 번의 여행을 간다. 제천의 영화제 프로그래머 공현희(엄지원)와 제주도의 고 국장(유준상)은 구경남을 그 장소로 초대하는 인물이며 구경남이 목격하지 못했던 그날 밤의 일로 구경남에게 호통을 치거나 싸운 뒤 그들의 성격답게 스크린에서 퇴장한다. 둘은 닮았다.

닮은 두 커플도 등장한다. 구경남이 제천과 제주도에 갔을 때 제천에서는 부상용(공형진)과 유신(정유미) 커플을, 제주도에서는 양천수와 고순(고현정) 커플을 만난다. 부상용과 양천수는 구경남이 누군가에게 사인을 해줄 때 정확하게 각각 등장한 뒤, 각자의 집으로 경남을 데리고 가 아내를 소개한다. 제천의 유신은 자기의 존재를 근원까지 다 안다고 생각하고 제주의 고순은 아는 만큼 알라고 한다. 구경남은 이 커플에게서 두 번의 편지를 받게 되는데, 부상용에게서 다시는 얼씬거리지 말라는 편지를, 고순에게서는 유혹의 편지를 받는다. 부상용의 집에 있던 석회암 돌멩이가 고순의 집에서 발견되는 것처럼, 어쨌든 경남의 두 번의 여행은 겹쳐 있으며 둘 다 망신살이 뻗친다. 이때 등장인물마다 한 가지 화제에 약속이나 한 것처럼 집중하는데, 그들은 전부 새 삶을 사는 것에 관해 말한다. 하지만 새 삶은 이중적이다. 우리는 그들의 마음을 믿어야겠지만 그들의 결론은 미뤄두어야 한다.

새 삶의 문제는 앎의 문제와 부지불식간에 얽혀 있다. 안다고 믿는 것의 문제는 홍상수의 영화에서 늘 의심스러운 것이었다. 그건 삶을 어떻게 이해하고 취할 것인가의 문제와 직결되어 있다. 안다고 믿는 것은 앎 그 자체를 넘어 더러는 소유의 문제와 등가로 여겨지기도 했다. 예컨대 〈돼지가 우물에 빠진 날〉에서 아저씨가 뭘 아느냐고 대드는 불량 학생들을 앞에 두고 "내가 왜 몰라. 지금 말한 너 알아, 너도 알고, 너도 알아. 너희들이 아무리 어린 혈기에 너희들의 무식함을 잊으려고 하지만 너희들이 모르는 게 있어. 나는 너희들이 모르는 그걸 아는 사람이고"라고 했던 극장의 남자 직원은 결국 민재(조은숙)를 소유하지 못하고, 자기 손에 사람의 피를 묻힐 것이라는 것도 몰랐다.

그렇다면 "나는 가질 건 갖고 포기할 건 포기하려고 해"라고 말했던 〈강원도의 힘〉의 지숙은 상권(백종학)을 포기한 것일까. 앎의 문제를 소유의 문제로 놓는다면 그녀는 가질 수 있는 만큼 갖기 위해, 아는 만큼 알기 위해 몸부림치는 인물이었지만 의문의 밤에 상권과 얼싸안고 모호하게 끝났다. 지숙은 아이를 낙태했고 그날 밤 상권의 성기를 애무해주었으며, 이해는 하고 있지만 실천은 불가능한 그 세계에서 잉태되었다가 사라진 아이의 유령은 〈밤과 낮〉에서 다시 돌아온다.

누구보다 앎의 지나침을 경계하고 무지함을 사랑했으며 거기에 기대어온 건 홍상수다. 홍상수는 그의 인물들이 앞으로 어떻게 살아가게 될지 알지 못했다. 구경남과 양천수가 대변하는 것처럼 그는 매번 구체적으로 주어진 것에 관하여 궁금해했을 뿐이다. 〈잘 알지도 못하면서〉의 그 여학생의 반응이 개인적으로 내게 큰 웃음을 주었던 것은, 홍상수가 그동안 삶과 죽음의 문제에 대해 보여온 태도를 떠올리게 했기 때문이다. 홍상수는 삶과 죽음이라는 문제가 때마다 다른 반응을 일으킬 것이라는 걸 알고 있다. 그는 그 오해의 현장을 사랑하는 창작자다.

구경남을 당혹감에 빠뜨린 그 여학생처럼 홍상수는 삶과 죽음에 관해 처음에는 정색하며 싸늘하게 반응했다. 거기에는 사연을 밝히지 않은 분노와 세상을 철저하게 거절할 준비가 되어 있는 마음, 그 마음 깊은 자기 부정, 그걸 보여주기 위한 그 어디서도 볼 수 없었던 형식의 공고함이 있었다. 그때 인물들은 심각한 제스처로 갑자기 죽고 싶어 했으며 형식은 단단하게 표면을 감쌌다. 어디선가 살인이 일어나고 또 누군가는 미련이 남아 밤을 지새웠다. 모텔 방 베란다에는 갑자기 술 취한 남자가 매달렸다가 다시 기어 올라왔고(〈강원도의 힘〉), 소년과 소녀는 어설픈 자살을 감행했다(〈극장전〉). 하지만 그들은 점점 더 사는 쪽으로 가닥을 잡아갔다. 혹은 죽고 싶어도 죽지 못한다(〈극장전〉). 그 이후 새로 사는 것의 문제는 당연히 중요해졌을 것이다.

양천수에게 그 여학생이 반응한 것처럼 홍상수는 한편으로 삶과 죽음의 문제에 아이처럼 환호하기도 한다. 그는 때때로 삶과 죽음을 선생처럼 끌어안아 모시며 감탄사를 뱉는다. 궁금해 마지않는 관찰, 그것이 죽음에 대한 그의 두번째 태도다. 홍상수는 처음에 죽음을 두려워하거나 소유하고 싶어했지만 지금은 죽음에 대해 궁금해하는 것 같다. 그런 궁금증의 태도가 등장하자 무엇보다 희극성이 강화되었다. 하지만 삶과 죽음, 희극적 면모는 이미 홍상수 영화에 관한 담론에서 이런저런 방식으로 말해져온 것이다. 그래서 〈잘 알지도 못하면서〉를 말하는 이 자리에서는 다른 걸 말해야겠다. 여인의 상의 변모라고 할 만한 지점, 〈잘 알지도 못하면서〉에서 그것이 가장 감동적이다. 〈잘 알지도 못하면서〉에는 전에 없이 독특한 한 여인의 상이 등장한다.

〈극장전〉의 영실은 동수에게 "이제 그만 뚝!"이라고 호통했다. 그녀는 결과적으로 냉철했고 자신의 세계로 홀연히 돌아갔다. 그녀는 함정에 빠지지 않는 미지의 여인이었다. 하지만 투명하지는 않았다. 〈해변의 여인〉의 문숙은 쓸데없는 이미지로 괴로워했지만 종국에는 자신의 삶으로 기적처럼 돌아갔는데, 그때 두 남자의 힘을 빌려서 모래사장을 빠져나갔다. 반면 〈잘 알지도 못하면서〉의 고순은 자기의 죄는 죄로 인정하면서도 제 발로 일어서 모래사장을 표표히 빠져나간다. 자기가 잘못했으니 남편이 버리면 어쩔 수 없다고 고순은 그때 말한다.

"나 이제 나쁜 년인가?"라고 묻는 걸 보면 집안의 침대로 외간남자를 끌어들인 도덕적 난감함에 관해 고순도 잘 알고 있다. 그런데 이상하게도 내게는 그녀가 홍상수의 세계에서 처음 등장한 현명하고 청량한 한 여인의 초상처럼 보인다. 그녀에게는 자유 혹은 자기감정에 대한 충실함이라는 투명한 빛이 있다. 구경남과 양천수는 자유 혹은 자기 삶의 충실함이라는 가치를 그들의 예술 작품 속에서 현현시키려고 노력하지만 지금 우리 앞에서 벌어지는 상황에서 그것을 스스럼없이 이행하는 것은 고순인 것 같다.

고순은 한쪽으로 치우치지 않는다. "거짓말이라도 말해줘요. 당신 내 짝이 지요"라며 경남이 허튼 약속을 받아내려 간청할 때에도, "안 돼요, 거짓말하기 싫어요"라고 고순은 침대에서의 달콤한 맹세를 단호하게 부정한다. 그녀는 "심심했고 젊은 남자가 만나고 싶었다"고 나중에 솔직히 고백한다. '짝만 찾으면 만사형통'이라는 소제목이 영화의 마지막 장에 배치되어 있는 〈오! 수정〉에서 재훈(정보석)을 받아들이기까지 수정(이은주)은 그 영화의 미분적 사고만큼이나 복잡다단한 인물이었는데, 그녀 역시 지금의 고순과는 달랐다.

나는 홍상수의 영화에서 속이 깊고 상이 아름다운 미지의 여인들을 본 적은 있지만 고순처럼 현명하고 투명하고 또 청량한 여인을 본 기억이 없다. 아니 그런 남자도 본 적이 없다. 홍상수 영화 속 인물들의 어리석음이란 우리와 유사하여 늘 그들로부터 생생한 리얼리티를 느꼈지만, 현명함과 청량감만큼은 그들의 덕목이 아니었다. 그들은 대개 온전치 못해서 인간적이었고 사랑스러웠다. 때때로 아는 척을 하고 탈이 나는 것도 우리와 같았다. 현명함이나 청량감은 홍상수의 인물들이 취할 수 있는 삶의 요소에 속해 있지 않았다. 그건 저 너머에 있었다. 그건 삶의 형상을 좀 깨달았다는, 앎의 문제 쪽에 가깝다고 여겨져왔기 때문이다. 하지만 고순은 놀랍게도 이 자리에서 그와 정반대되는 방식으로 순식간에 우리를 일깨우고 모래사장을 벗어난다. 이 순간이 그래서 가장 놀랍다.

홍상수 영화의 형식적 긴장감을 즐겨온 이들이 홍상수가 그 형식의 허리춤을 풀어놓는 것에 관해 얼마간의 염려를 갖는 건 당연할 것이다. 하지만 그가 삶을 사는 것처럼 영화로 삶을 살고자 한다는 사실을 확인할 때마다 매번 안도와 쾌감을 느낀다. 〈잘 알지도 못하면서〉에도 그런 장면들이 있다.

경남이 고 국장과 전화상으로 싸울 때 그는 강연할 때보다 더 당당해 보인다. 풀장에서 고순의 편지가 음성으로 전해져올 때 그녀의 지나간 과거에 대한 구술과 지금 당장 저 앞에 펼쳐진 어느 젊은 연인의 키스가 자/타를 건너서 자연의 하나로 받아들여진다. 혹은 그냥 아무렇지도 않게 찍힌 것 같지만 콩나물국을 끓이는 고순과 바다를 향해 달려나가는 경남의 느린 교차 편집은 실패한 가능성과 지금 와 있는 소망 사이의 대비인 것처럼 보인다. 또한 경남과 고순이 침대 위에 눕기 전 입을 맞출 때의 그 앵글은 개인적으로 〈밤과 낮〉에서 성남이 계단 청소를 할 때 이름 모를 여인의 하체가 등장하는 순간과 더불어 진귀하고 황홀한 공기를 품은 앵글이다. 그리고 빼놓을 수 없는 것이 모래밭의 라스트 신이다.

　모래밭에서 구경남은 뒤돌아가는 고순에게 "힘든 일이 있으면 전화하라"고 하지만 고순은 하지 않을 것이다. 대신 홍상수의 다른 영화에서 누군가의 모습으로 다시 돌아오기는 할 것이다. 나는 아직 대답을 찾지 못한 채 이 여인이 홍상수의 영화에서 처음으로 의미라는 것을 던지고 간 여인인지 아닌지 계속 생각 중이다. 다만 확실한 건 그녀가 살짝 고개를 숙이고 머리칼을 쓸어올리며 프레임의 왼쪽으로 조그맣게 빠져나간 뒤 카메라가 반대편으로 고개를 돌려 바다 쪽을 응시할 때 순간 바다에서 육지 쪽으로 바람이 분 것 같은 착각을 느꼈다는 사실이다. 육지와 바다 사이의 그 연장과 트임을 볼 때 이상하게 〈밤과 낮〉의 폐쇄성이 같이 떠올랐다. 그러니까 나는 구경남과 양천수를 다르게 대한 그 여학생이 밉지 않다. 홍상수의 영화를 볼 때 생기는 삶에 대한 우리의 태도가 대개 그녀의 양가적인 오해와 같으며 홍상수는 그 오해를 사랑할 줄 안다. 삶의 고단함은 홍상수의 영화에서 형식의 미풍을 타고 다시 또 찾아오겠지만 지금은 당장 이 시원한 풍경을 즐겨도 좋을 것이다.

　(『씨네21』, 2009년 704호)

하하하

홍상수의
윤리

〈하하하〉는 같은 시간 동안 통영에 머물렀으나 서로는 그걸 잘 알지 못하는 두 남자, 영화감독 문경(김상경)과 영화평론가 중식(유준상)이 가벼운 등산을 마치고 각자 통영에서의 좋은 기억들을 막걸리 한 모금에 한 토막씩 주고 받는 이야기로 구성되었다. 그들의 현재는 흑백 스틸 사진이고 기억이 풀려 나오자 과거는 컬러로 진행된다. 식당을 하는 문경의 어머니(윤여정), 통영의 문화관광해설자 성옥(문소리), 시인 정호(김강우), 외국인 선박회사에서 일하는 정화(김규리) 등을 두 남자는 전부 알고 있지만 같은 사람인지는 모르고 이야기를 나눈다. 문경의 기억이 A라면 중식의 기억이 B다. 그들의 기억을 보아하니 문경은 성옥이 마음에 들어 쫓아다니지만 성옥이 좋아하는 건 정호다. 그런데 정호는 정화와도 연애를 한다. 한편 중식은 서울에 있는 애인 연주(예지원)를 통영으로 부른다. 이 커플들에 대해서는 다시 말할 시간이 올 것이다.

많은 장면이 유쾌하면서도 신비롭지만 그중 한 장면에서 시작하고 싶다. 그 장면이 〈하하하〉와 홍상수 영화의 전반을 생각하게 하는 중요한 단초가 되어줄지도 모른다. 정호가 정화와 모텔에 들어가는 걸 우연히 본 문경이 질투 때문인지 무엇 때문인지 하여간에 성옥에게 연락하여 당신의 남자가 다른 여자와 모텔에 들어갔다고 일러준다. 성옥이 도착해보니 그들이 모텔에서 막 나온다. 바람피우다 들킨 정호가 우물쭈물하고 있는 동안 성옥은 울거나 화를 내거나 하지 않고 좀 이상한 제안을 한다. 정호에게 한번 업어줄 테니 등에 업히라는 것이다. 이참에 너를 잊겠다는 신호인 것 같은데 그런 다짐치고는 우스꽝스럽기도 하고 놀랍기도 하다. 정호가 왜 그러는 거냐고 묻지만 성옥은 그냥 한번 업어주고 싶어서 그런다고 한다. 에이 모르겠다, 하며 정호가 업히고 몇 발짝 가다가 성옥이 넘어진다.

성옥은 왜 정호를 업어준다고 했을까. 그건 순수한 관용보다는 무언가의 과시처럼 보인다. 제가 가진 마음의 넓이를 우스꽝스러운, 하지만 대단한 방식으로 과시하려 든다. 그때 성옥의 그 믿음의 출처가 문득 궁금해진다. 그녀는 무엇을 믿는 사람인가. 사건에 부딪혔을 때 그녀가 결단의 답을 구하는 상대는 누구인가. 그런 게 영화 속 성옥에겐 있다. 통영의 문화관광해설자 성옥은 그 누구보다 성웅 이순신을 믿는다. 그게 그녀의 삶의 한 부분이며 그 믿음으로 밥을 벌고 산다. 성웅을 믿지 않는 생각은 그러므로 그녀를 화나게 한다. 한 관광객이 "그분(이순신)이 정말 이 나라를 구한 거냐"고 별 생각 없이 물었을 때 감정을 추스르지 못한 성옥은 "영웅이 존재할 수 없다고 믿는 우리 맘속에는 우리 자신에 대한 경멸이 들어 있는 것 같아요!"라고 외치듯 말한다.

그러니 홍상수의 열번째 장편영화에 이르러 우리는 이상한 낱말과 믿음의 등장을 보게 된 것이다. 홍상수의 영화에 영웅에 대한 믿음이 등장하다니.

홍상수의 영화에는 그동안 쓰여서 어울리는 말과 쓰여도 소용없는 말이 분명하게 나뉘어 있었다. 처음부터 홍상수는 자신의 영화에 어울리는 말과 그렇지 않은 말 또는 생각들을 구분해주었다. 영웅은 후자에 속할 것 같다. 그런데 성옥 식으로 풀어 말하면 전자에 속한다. 이상이나 이데올로기는 홍상수가 믿지 않는 것이다. 이미지는 남들의 생각을 거르지 않고 받아들인 헛것이다. 반면에 홍상수는 짝만 찾으면 만사형통이라 말하고, 또 그렇게 얻어진 새 삶을 믿는다. 이때 이 짝이 철학에서 말하는 타자라는 사실을 새삼 말할 필요는 없을 것이다. 새 삶이란, 그 타자와 함께 살아가는 삶이라는 걸 기억하자. 홍상수의 영화에는 커플의 이야기가 많다.

한편 "내가 '알고 있는' 나의 이미지와 내가 '모르고 있는' 나의 진실은 구별되어야 한다. 전자를 '자아'라고 부르고 후자가 거주하는 장소를 '주체'라고 부르자"(신형철, 『몰락의 에티카』, 문학동네, 2008)는 명쾌한 제안을 고려하자면, 홍상수 영화 속 인물들이 겪고 있는 것은 주체의 모험이다. 자아에 대한 뚜렷한 믿음이 아니라 주체에 대한 모험적인 탐구가 있고 그것이 피력될 때 여기에는 거대한 진위 문제가 자리 잡는다. 한 예술가가 지속적으로 타자의 현존을 의식하고, 자아가 아니라 주체를 겨냥하고, 그 모험을 과감하게 시도할 때, 이제 어쩔 수 없이 그의 작품은 한 가지 문제에 닿게 되는 것이다. 윤리의 문제다. 성웅을 믿고, 완전한 인간을 믿지 않는 데에는 편견이 도사리고 있다고 생각하는 성옥은 윤리를 염원하고 있는 것 같다. 다른 여자를 만나다가 들킨 정호를 업어주겠다며 성옥이 어설프게나마 그녀의 분노를 대신하여 과시하고자 했던 건 그래서 결국 그녀의 윤리였을 것이다. 하지만 아직은 그녀도 부족한 감이 없진 않다. 성옥은 윤리를 제대로 실천하는 것이 아니라 어설프게 과시하고 있는 중이다.

성옥의 윤리라고 계속 말하고 있는데, 윤리와 도덕은 다른 걸까. 통찰력 있는 철학자 가라타니 고진에 따르면 윤리와 도덕은 구분될 수 있다고 한다. 둘은 중요한 순간에 갈린다. 가라타니 고진의 논의를 거칠게 요약해보자면 '도덕은 공동체의 규범이 타율적으로 규정해내는 선과 악으로서의 가치 판단의 문제이지만, 윤리는 오로지 자율성에 기인하여 나오며 의무라고까지 해야 할 만한 자유의 문제다.'(『윤리21』, 송태욱 옮김, 사회평론, 2001) 그렇다면 성옥이 정호를 업어주는 것은, 엄정한 공중도덕의 틀로 너를 단죄하는 대신 나의 무한한 자율적 자유를 내가 어느 정도까지나 누릴 수 있는지 네게 보여주겠다는 마음에서 나온 엉뚱하고도 성급한 윤리적 퍼포먼스인 것이다.

물론 홍상수는 사석에서도 공식석상에서도 도덕과 윤리를 구분하기는커녕 두 개념을 입 밖에 내는 일이 없다. 대신 잊지 않고 매번 말한다. "사람을 사람으로 온전히 바라보는 것"을 위해 자기의 영화가 필요하다고. 〈생활의 발견〉에서는 "우리 사람 되는 거 어렵지만 괴물은 되지 말자"는 말이 떠돌았다. 그때는 그 말이 흉내라는 데 더 초점을 두고 우린 보았는데, 지금 돌아보니 한 면만 본 것이다. 〈하하하〉에서 중식은 같은 말을 다르고 진지하게 한다. "자기한테 정말로 솔직하거나 죽을 각오로 필사적이어야 한다"고 그는 삶에 관해 말한다. 또는 〈잘 알지도 못하면서〉의 감독 구경남은 삶에서 가장 중요한 건 "자유로움"이라고 말한다. 홍상수와 그의 인물들은 지금 그의 영화에 관해 윤리라는 말을 쓰는 대신, 풀어 말하고 있는 중이다. 사람을 사람으로 바라보는 데에는 완성이 있을 수 없지만 노력해야 하고, 그 노력은 타율이 아닌 자율로서만 죽을 각오로 필사적이어야 하고, 그러기 위해서는 의무에 가까운 자유가 삶의 최상의 것이어야 한다, 고 홍상수가 풀어놓은 말을 우린 다시, 그것이 곧 윤리다, 라고 묶어볼 수 있을 것이다.

민감하고 정중한 평론가인 장 미셸 프로동과 리처드 페냐가 홍상수 영화의 가장 뛰어난 점을 마치 약속이나 한 것처럼 "정직함"이라고 꼽을 때, 홍상수와 함께 이 시대의 가장 위대한 감독 중 하나인 클레어 드니가 홍상수의 영화가 중요한 이유는 우리를 "덜 멍청하게 만들어주기 때문"이라고 말할 때 그들은 홍상수 영화의 이 윤리성을 직감하고 있는 것 같다. 홍상수의 이 신념과 필사적인 생각은 그의 영화 곳곳에 있으며 〈하하하〉는 마치 그 정중앙에 자리 잡은 하나의 점인 것 같다.

그러므로 홍상수 영화가 윤리와 상관없는 것이고 그의 영화에 대해 말할 때 그건 금기어에 속할 것이라고 판단해왔다면, 이제 그 자세를 우린 바꾸어야 한다. 대체로 그렇게 믿는 사람들이 홍상수의 영화를 그냥 연애담이라고 치부한다. 그리고 이 문제를 착각하는 사람들이 홍상수의 영화의 미학에 대해서도 착각한다. 홍상수가 제자리걸음을 하고 있다고 잘 알지 못하고 말한다. 홍상수의 윤리에 대한 탐구가 그의 영화의 향방과 구조에 얼마나 깊은 영향을 미치는지 잘 알지 못하고 말한다. 홍상수의 영화가 상관하지 않는 것은 실은 윤리가 아니라 도덕이다.

물론 홍상수의 영화는 도덕의 문제에서 시작했지만 윤리의 문제로 옮겨왔다. 동시에 도덕에서 윤리로 옮겨갈 때 홍상수는 그 양식을 비극에서 희극으로 바꾸어간다. 홍상수는 도덕을 비극으로 다루었고 윤리를 희극으로 다루고 있다. 종종 자신의 작품이 변화해간 궤적에 관하여 그가 말할 때 "처음에는 어쩔 수 없이 밑바닥에 있는 것을 걷어내고……"라고 표현하는 건 진심이다. 가령, 그는 탁한 마음을 덜어내는 영화(도덕의 영화)에서 시작하여 맑게 마음을 채우는 영화(윤리의 영화)로 옮겨가고 있다고 고백하는 중이다. 결과적으로 마음 가장 아래 있는 것을 덜어내야 할 때 도덕을 비극으로 다루었고, 마음을 조금씩 맑게 채워나갈 때 윤리를 희극으로 다루고 있다.

첫 영화 〈돼지가 우물에 빠진 날〉과 가장 최신의 영화 〈하하하〉를 비교해보라고, 홍상수의 영화를 동어반복이라고 생각하는 이들에게 권한다. 〈돼지가 우물에 빠진 날〉은 아무런 의견도 제시하지 않으며 의미도 생성하고 있지 않은데 보는 이의 가치 판단이 작동하여 도덕적 불편함이 자극된다. 우린 그때 불륜이라는 도덕적 개념 안에서 홍상수의 미학을 생각했다. 〈하하하〉에도 불륜은 있다. 중식은 서울에서 애인 연주를 불렀는데 중식은 유부남이다. 여기에도 어떤 도덕적 가치 판단을 내릴 순 있겠지만, 영화는 더 이상 그것에 연연하지 않는다. 〈하하하〉에는 선악의 구분이 아니라 좋고 나쁜 것의 판별과 좋은 것을 향한 노력만이 있다. 〈하하하〉는 일종의 채워지는 마음, 하하하 웃을 줄 아는 희극, 그렇게 해서 호탕하게 도달하려 노력하는 윤리성에 관한 정성 지극한 호기심이다.

윤리의 문제는 여러 방면으로 영향력을 미친다. 가령 〈해변의 여인〉에서 주인공 중래가 그리는 도형을 떠올리자. 중래가 도형을 그려가며 설명할 때, 혹은 홍상수가 자신의 영화론을 설명하는 자리마다 도형을 그릴 때 이 도형들을 미학적 기하학에 한정하여 해석하는 건 일부만 이해하는 것이다. 영화 학자 데이비드 보드웰이 다소 그렇게 이해한다. 우리는 감각을 열고 좀더 주의 깊게 경청해야 한다. 그 도형들은 미학적 기하학이 아니라 윤리적 기하학이다. 우리가 수업을 받고 있는 거라면 그건 윤리적 기하학의 수업이다.

홍상수는 영화의 구조를 중시하고 그 구조에서는 배열이 가장 중요하다고 말한다. 그리고 배열을 할 때 필요한 건 흩어져 있는 조각들이라고 말한다. 알려진 것처럼 그건 대개 A/B의 패턴을 갖게 되고 서로가 서로를 바라보는 구조가 되며 변주되고 있다. 그런데 중요한 건 홍상수에게 왜 그런 미학을 갖추었느냐고 물었을 때 처음부터 그의 변치 않는 대답은 "상투적인 것을 제대로 다시 보기 위해서. 그렇게 해야 내게 귀엽다"이다. 이 말을 경청해야 한다. 홍상수에게 상투란 집단적으로 타의에 의해서 규정되고 그 두어 가지만이 진실이라고 믿어지고 강요되고, 그 때문에 다른 것들을 보려는 자유의 의

지와 자율성을 잃어버리게 되는 억압된 것의 다른 명명이다. 그 때문에 배제되어야 하는 것이다. 그러면 사람을 사람으로 온전하게 보기 어려워지기 때문이다. 그러니 그의 미학은 윤리에 의해 나온 것이다. 그 윤리에 영향 받은 미학 중에서도 구조적인 배열과 기하학적인 앵글에 대해 잠시 말해보자.

구조적인 배열을 먼저 보자. 그건 알려진 것과 같은 A/B의 패턴이다. 이 패턴은 시간과 장소, 인물의 기억 등이 주재료가 되면서 변주 또 변주된다. A의 시간과 B의 시간. A의 기억과 B의 기억. A의 장소와 B의 장소. 그건 고정되거나 정박되지 않으며 멈춰질 수 없다. 그건 이렇게 또 나뉜다. A의 무엇과 A′의 무엇과 B의 무엇과 B′의 무엇. 구조의 가위바위보. 홍상수의 구조 배열은 무한대로 나아간다. 단지 무한대가 중요한 것이 아니라 무한대로 나아가는 과정에서만 그 옆의 사람을, 그 옆의 다른 사물을 제대로 볼 수 있기 때문이다. 그 많은 구조적 배열의 예시가 될 만한 장면들을 다시 거론하는 건 필요치 않을 것이다. 다만 〈하하하〉에서도 그 자세는 떠나지 않는다. A라는 문경의 기억과 B라는 중식의 기억. 그들 덕에 딸려 나오는 성옥, 정호, 연주, 문경 어머니, 정화라는 A′, A″와 B′, B″들의 존재들.

기하학적 앵글에 대해서도 말해보자. 홍상수의 인물들, 특히 대개 연애 관계에 놓인 남녀는 많은 장면에서 대화할 때 서로 마주보고 있고, 카메라는 그 둘의 마주보는 구도를 한 발짝 뒤에서 보고 있다. 영화학자 데이비드 보드웰이 여기에 관심을 두었고 평론가 정성일은 그 문제를 통찰력 있게 질문했다(『씨네21』, 752호). 우리는 그들의 얼굴을 못 보고 그들은 서로를 '마주본다.' 왜 많은 장면에서 인물들은 서로 마주보고(!) 서 있는가. 관객인 우리를 마주보도록 서 있게 하지 않고 인물들끼리 마주보게 할 때, 비록 이 장면들이 어떤 개념이 아니라 인물들이 서 있는 자세에 한정된다고 할지언정 그것이 약속처럼 지속적으로 지켜질 때 그건 단지 개념의 차원이 아니라 호소하는 차원이다. 개인적으로는 이상하게도 이 구도의 장면을 볼 때마다 도덕이 윤리를 바라보고 윤리가 도덕을 바라보고 있는 것 같다는 감정을 느끼며 신묘함에 빠진다. 이선 물론 별도의 증거를 찾기 어려운, 결정적으로는 홍상수 감독 개인의 창작 습관이며 직관에 해당되지만, 그 느낌을 공유하는 것만큼은 중요해 보인다. 오즈 야스지로가 나란히 앉아 한 지점을 바라보는 가족의 형상을 영화적 구도의 앵글로 잡아내어 거의 모든 영화에서 고수할 때, 홍상수는 서로 마주본 남녀의 구도를 앵글로 잡아내어 끈질기게 둘을 바라보게 한다. 홍상수가 그러할 때 우린 두 사람이 지금 서로 '바라보고 있다'는 것 자체를 도형적으로 감지해야 한다.

홍상수의 윤리에 관해서 말하자면 너무 멀리까지 가지 않아도 된다. 〈하하하〉에는 정말 난데없지만 신기하고 재미있는 장면이 하나 있다. 영화 속에 이순신 장군이 나타나 통영의 관광단지 어디쯤에 있을 벤치에 멀뚱하게 앉아 있다(배우 김영호가 이순신을 빼어나게 연기하고 그를 우러르는 몸짓을 보이는 김상경의 연기도 탁월하다). 문경이 알아보고 다가가면 이순신 장군과 감독 문경의 이상한 대화가 시작된다. "(문경이 힘들다고 말하는 걸 이순신 장군이 듣고 있더니) 문경아, 너 눈 있지. / 예, 눈 있습니다. / 그 눈으로 보아라. 그러면 힘이 저절로 날 것이다. 네 머릿속의 남의 생각으로 보지 말고 네 눈을 믿고 네 눈으로 보아라. (벤치 위의 나뭇잎 하나를 들고 흔들며) 이게 보이니? / 예, 나뭇잎입니다. / 아니야, 나뭇잎. 이게 뭐니? / 나뭇잎 아니라니까…… 멍…… 해…… 지네요…… 이름도 없어지고요…… 좀 딴 생각이 나네요…… / 똑똑하다. 그렇게 똑똑한데 비겁해서 안 똑똑하게 사는 거야. / 아…… 예…… 새로운 게 보이는데요, 저 근데 그게 뭔지 모르겠는데요. / 원래 모르는 거야. 그냥 다르게 좀 느끼고, 그리고 감사하면 그게 끝이야. 훈련하는 셈 치고 매일 시를 한번 써봐라. 예쁜 시를 매일 한 편씩 써봐. /아 그러면 있는 그대로를 보게 되는 거…… 뭐 그런 겁니까. /아니지. 있는 그대로를 보는 게 아니지. 그런 게 어딨냐? 생각을 해봐. /아…… 예…… 그럼 장군님은 지금 뭘 보십니까. 이 나뭇잎에서 구체적으로 뭘 보고 계십니까. /난 좋~은 것만 본다. 항상 좋~은 것만 보고 아름다운 것만 보지. 사람들에게서도 좋은 점만 본다. 어둡고 슬픈 것을 조심해라. 그 속에 제일 나쁜 것이 있단다." 〈하하하〉를 보고 나면 머리에서 이 대화가 떠나질 않는다.

들뢰즈는 『스피노자의 철학』(박기순 옮김, 민음사, 2001)에서 도덕은 선악의 가치판단에 관계되지만, 윤리는 좋음과 나쁨의 질적 차이에 관계된다고 설명해주었다. 좋음과 나쁨! 좋은 것만 보아라! 그러면서 들뢰즈는 "슬픈 정념은 언제나 무능력에 속한다"고 하였으며 윤리학이 해야 하는 삼중의 실천 중 첫번째로 "(자연 속에서의 우리의 처지로 인해 우리는 나쁜 만남들과 슬픔들을 가질 수밖에 없는데) 어떻게 즐거운 정념의 극한에 도달해서, 그로부터 자유롭고 능동적인 감정으로 이행할 것인가" 하고 스피노자를 거쳐 물었다. 이건 도대체 무엇인가. 〈하하하〉를 위해 미리 써놓은 대철학자의 100자 평? 하지만 우린 들뢰즈나 스피노자의 윤리학적 개념을 몰라도 된다. 지금 홍상수와 이순신 장군과 영화감독 문경이 우리 앞에 있기 때문이다. 들뢰즈와 스피노자의 윤리는 그 자체로 희극적이지 않은 데 반해 이순신과 영화감독 문경의 대화는 배꼽을 뺄 만큼 친밀하고 희극적이다. 그래서 그들의 말이 훨씬 더 쉽고 명료하다. 그리고 우리는 영화 속 그들과 함께 지금의 시간을 살고 있다.

좋은 것만 보는 것, 그러기 위해 시를 쓰는 것, 이순신이 알려준 그것을 중심에 놓고 〈하하하〉의 커플들을 바라보게 되면 흥미로운 분별성이 생길 것이다. 정호는 문경의 어머니가 빌려준 아파트에 머무는데, 그곳은 문경이 어두운 동굴 같다며 도망치듯 나온 곳이고 중식도 들렀지만 아무 감흥을 못 느끼는 그런 곳이다. 정호가 살게 될 아파트는 어둡고, 때로 진실을 너무 강요하는 정호의 성격도 너무 어둡다(고 성옥이 말한다). 중식은 통영을 떠나면서 그런 정호를 가리켜 지나치는 말처럼 "불쌍한 놈"이라고 말한다. 문경은 성옥과 캐나다로 이민을 갈 바라지만 실패한다. 거기 가면 새 삶을 살 수 있을 것 같았지만 성옥은 준비되지 않았다. 중식의 말투를 빌리자면 문경은 '애는 썼는데 실패한 놈'처럼 보인다. 반면 큰아버지 댁을 찾아 술기운을 빌려 "이 여자가 진짜 내가 사랑하는 여자"라며 관계를 인정받을 수 있도록 도와달라고 귀여운 난동을 부렸던 중식(이 장면의 유준상은 정말 맑다)은 연주와 함께 여수로 며칠 더 여행을 간다. 차 안에서 그가 예쁜 시를 읽어준다. 〈하하하〉의 잊지 못할 라스트 신이다. 중식은 '행복한 놈'이다.

그러고 보면 정호와 문경과 중식은 다들 시를 쓴다. 문경과의 술자리에서 성옥은 "시는 다 쓴다"고 말하는데 사실이다(이 장면의 문소리의 몸의 리듬은 황홀하다). 시는 다 쓰지만 그게 어떻게 사람을 바꾸는지는 전부 다르다. 좋은 것만 보는 연습으로 시를 쓰라고 이순신이 말할 때 그건 윤리를 연습하기 위해 시를 쓰라고 말하는 것처럼 들린다. 〈하하하〉에서 인물들이 쓰는 시는 그 때문에 윤리의 시다. 그걸로 좋아지는 사람이 있고 아닌 사람이 있지만, 목적은 좋고 행복해지기 위해서다(여기서 이 글과는 무관하지만 한 가지 말하고 싶은 점이 있다. 이창동은 도덕의 협소함을 알고 있지만 그 절실함에 깊게 유의하는 것이 중요하다고 보고, 홍상수는 도덕을 지나쳐 윤리의 광대함으로 나아가며 무언가를 발견하는 것이 중요하다고 본다. 우리는 가치나 위계의 문제가 아니라 층위의 문제에서 이 둘이 서로 다르면서도 중요하다는 걸 함께 인식하는 게 중요하다. 홍상수의 시를 생각할 때 이창동의 시를 생각하는 건 중요할 것이다. 이창동의 〈시〉, 그 시는 도덕의 시다. 이 자리에서의 주제는 아니지만 이 문제는 중요해 보인다).

결국에 〈하하하〉를 한마디로 말하라면 행복을 기다리며 애쓰고 고생하는 사람들의 윤리적 이야기라고 해야겠다. 〈하하하〉의 가제 중 하나는 '고생'이었다. 그게 고생인 이유는 행복이 그냥 오지 않고 애쓰며 반성하고 때로는 발광해야 오기 때문이다. 고생하지 않고 반성하지 않으면 다시 남들의 이미지에 사로잡힐 것이라고 홍상수는 늘 경계한다. 고생하는 태도, 반성하는 마음, 그리하여 염원하는 행복과 좋은 것들에 이르기를, 그러나 완전히 이르지는 못할 것임을, 그런 완성에 대한 노력과 미완의 자리를 이렇게 솔직하고 절실하게 전하는 또 다른 영화와 예술가를 당신은 본 적이 있는지 궁금하다. 삶의 고단함을 어떻게 받아들일 것인가의 문제에서 〈밤과 낮〉이 홍상수 영화의 밤의 반성으로서 정점이었다면 〈하하하〉는 낮의 반성으로서 정점이다.

홍상수는 이렇게 말했다. "사람에 대한 편견이 거의 없는 느낌을 받게 되면 저는 그 사람의 안으로 제가 들어가서 그 사람의 얼굴로 다시 나오는 그런 느낌을 받을 거예요. 그 사람의 행동이 그 사람의 입장에서 이해될 때가 최고라는 거지요. 그런데 그게 힘들고 잘 안 되니까 항상 우리는 자기 안에 갇혀 있는 상태가 훨씬 많은 것이고요. 사람에 대한 편견. 우리가 그것만이라도 많이 씰어내버린다면 서로의 다름은, 잘 못 본다고 해도 재미있고 축제가 될 수 있을 텐데요."(『씨네21』, 752호) 사람을 사람으로 바라보는 거, 라는 말을 다시금 떠올려야 할 대목이다. 이 말은 홍상수가 사랑해 마지않는 문인 중 하나인 앙드레 지드가 『지상의 양식』(김화영 옮김, 민음사, 2007)의 서문에 쓴 문장을 마침내 떠올리게 한다. 지드는 썼다. "나의 이 책이 그대로 하여금 이 책 자체보다 그대 자신에게—그리고 그대 자신보다 그 밖의 다른 모든 것에 흥미를 가지도록 가르쳐주기를." 책이 아니라 영화로 홍상수는 지금까지 그렇게 말해왔다.

그리고 우린 〈하하하〉에 한정하여 지드의 또 다른 말을 빌려 이렇게 끝마쳐도 될 것이다. "『지상의 양식』은 병을 앓는 사람이 쓴 것은 아니지만, 적어도 회복기의 환자나 완쾌된 사람, 혹은 전에 병에 걸린 적이 있는 사람이 쓴 책이다. 따라서 이 책은 그 시적 어조 자체에 이미, 하마터면 잃어버릴 뻔했던 그 무엇인 것처럼 한사코 삶을 부둥켜안으려는 사람 특유의 과격함이 담겨 있다." 이 말을 다음과 같이 바꾸어서 사랑하자. "〈하하하〉는 병을 앓는 사람이 연출한 것은 아니지만, 적어도 회복기의 환자나 완쾌된 사람, 혹은 전에 병에 걸린 적이 있는 사람이 연출한 영화다. 따라서 이 영화는 그 시적 어조 자체에 이미, 하마터면 잃어버릴 뻔했던 그 무엇인 것처럼 한사코 삶을 부둥켜안으려는 사람 특유의 과격함이 담겨 있다." 이것이 〈하하하〉의 지상 최대의 윤리 과제다. 홍상수의 영화는 처음 나타났을 때 우리를 놀라게 했고 그다음에는 우리를 흔들어 깨웠고 지금은 삶을 누리게 한다. 〈하하하〉는 신비롭고 조화롭고 고맙다.

(『씨네21』, 2010년 752호)

아무것도 아닌
그러나
신비하기 이를 데 없는

우연을 선별적으로 수긍하는 것, 이보다 더 좋은 홍상수적 긍정이 있을 것인가. 거기에서 시작하고 싶다. 이런 자세는 전적으로 〈옥희의 영화〉라는 '신비'를 마주하면서 얻은 도취와 충격 때문에 생긴 것인데, 여하간 기사도 비평문도 그렇다고 에세이도 아닌 괴상한 그 무엇이 되기를 희망하는 이 글은 〈옥희의 영화〉를 관람할 때 느껴지는 그 경이로움을 얼마간이라도 미리 전할 수 있으면 다행이라는 생각에서 시도되었다. 그러므로 어떤 우연에서 시작하고자 한다. 출장 중 머무른 숙소의 몇십층 아래로 아담한 유원지가 펼쳐져 있었는데 거기 두 개의 놀이기구가 있었다. 롤러코스터와 관람차. 전자는 우리가 너무 잘 알고 있는 것이고 후자는 좀 잊힌 것이다(그러므로 그림1 참조). 우리가 흔히, 질주하는 쾌속의 영화를 보고 나서 "롤러코스터를 탄 것처럼"이라고 말하는 것에는 단지 비유가 아니라 명징한 감각적 근거가 있다. "눈 깜짝할 사이"라고 묘사되는 그 쾌락의 정체에는 내 감각의 자율적 활동

그림1 관람차

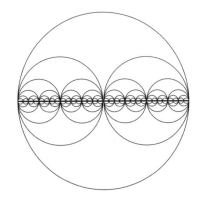

그림2 만 레이 자화상을
기억에 의존해 그린 그림

그림3 프랙탈 이미지

을 제압한 것에 대한 승복이 있다. 그런데 너무 선선히 대부분의 사람들이 낯익은 감각에 몰입할 때, 우리는 그런 걸 또 상투적이라고도 한다.

롤러코스터가 상투적이라면 관람차는 초현실주의적이다. 후자를 비상투적이라고 써야 대구가 맞겠지만, 우리가 알고 있는 초현실주의는 결국 상투와의 싸움 과정에서 나온 더 정교한 방법 중 하나이므로 그냥 써도 될 것이다. 롤러코스터는 오르막길을 서서히 오르고 난 뒤(기) 조금 빠르고 재미난 구간을 지나(승) 가장 현기증 나는 전복 2회전을 한 다음(전) 천천히 떠난 입구로 돌아온다(결). 출발하고 나서 정지하기까지 롤러코스터의 안전핀은 단 한 번 닫혔다가 풀리며 거기엔 그 누구도 열외가 없고, 있으면 엉망진창 큰일이 난다. 관람차는 다르다. 먼저 이 초현실주의적 놀이기구에는 획일성이 없다. 그 안에 탄 당신은 첫사랑의 입맞춤을 해도 되고 혹은 외롭게 혼자일 수도 있고 시선은 바깥에 둘 수도 있고 안 그래도 되고 내다본다 해도 각자 다른 걸 볼 여지가 있다. 애초부터 여기에 타기 위해 발판에 올라선 당신은 1호차에도 3호차에도 7호차에도 그 어느 차에도 탈 가능성이 있으며 게다가 그건 당신의 선택이기보다 그때 그 앞에 당도한 그 모형차와의 우연적인 만남에 의해 결정되는 경우가 더 많다.

말하자면 이런 것이다. 관람차를 탄 우리는 뼈대가 된 원형의 구조물에 어떻게든 선이 닿아 있는 것이겠지만, 그 끝에 매달린 작은 모형차 안에 있으므로 서로 간에 일정한 너비를 두고 각자 동떨어져 있는 조각들이며, 상하로 천천히 움직이는 전체의 원운동에 속해 있으면서도 동시에 그와 무관하게 양옆으로 또한 조금씩 흔들린다. 전체가 한 방향으로 움직일 때 각각의 모형차는 또 다른 방향으로 자율적이다. 그러므로 비유컨대 롤러코스터와 관람차 둘 중 어떤 감각으로 삶을 볼 것인가. 아니 애초에 롤러코스터로 삶을 관람하는 게 가능은 한 것인가. 문득 홍상수의 영화를 보는 경험을 "관람차를 탄 것처럼"이라고 표현하고 싶어졌다.

　우연히 눈에 들어온 사물의 정조에 이끌려 무리하게도 홍상수의 영화와 그 열한번째 장편 〈옥희의 영화〉에 대한 얘기를 꺼냈는데, 이것이 무리라 해도 다름 아니라 우연이기에 나는 더더욱 포기할 수 없다. 〈옥희의 영화〉의 2부에서 주인공 진구(이선균)가 벤치 위에 있는 우유팩을 수첩에 그릴 때 들려오는 그의 절실한 보이스 오버 내레이션을 믿기 때문이다. "이 우유팩이 여기 놓여져 있는 이유를 알면 모든 걸 알 수 있다. 이것 때문에 나는 조금이라도 영향을 받은 것이고, 그것 때문에 우주의 모든 것이 변해버렸다. 왜 이건 여기 있어야 하는 거지? 세상의 모든 헛소리들은 다 필요 없어. 그냥 왜 이게 여기 있어야 하는 거냐고. 왜 이게 지금 딱 여기 있는 거냐고!" 나의 질문도 같았다. 세상의 모든 헛소리들은 다 필요 없어. 이 관람차가 왜 지금 딱 여기 있는 거냐고!

　우연은 선별되나 멈추지는 않을 것이다. 가령 홍상수 영화의 뒷 장면이 무심코 지나쳤던 어떤 앞 장면을 무심결에 길어 올린다는 것을 우린 알고 있는데 같은 경험이 여기 있다. 그러니까 나는 관람차를 보았을 때 만 레이의 자화상 하나가 떠올랐다. 만 레이는 초현실주의자, 더 정확하게는 "나는 다다(Dada)"라고 선언한 다다이스트인데, 그의 전시회를 그 전날 우연히 보았다. 제목도 없고 그려진 시기도 불분명한, 그저 자화상이라고만 되어 있는 작은 크기의 데생, 만 레이의 뇌였다. 그의 공식 사이트에도 자서전에도 없는 걸 보면 대표작은 아닌 것 같다(그러므로 기억에 의존해서 대강 그린 그림2 참조). 만 레이의 머릿속을 M, A, N, R, A, Y가 채우며 돌고 있고 눈이라고 짐작되는 두 개의 점은 수상하게 엇갈려 찍혀 있으며 뇌로부터 연결된 안테나가 외부로 뻗어 있다. 그런데 관람차와 만 레이의 뇌 사이에는 관계가 있는가. 있을 수도 있고 없을 수도 있다. 다만 닮은꼴 모형인 이 둘을 연이틀 보게 된 나의 경험을 "나란히 붙여놓고(영화 속 옥희의 말)"〈옥희의 영화〉라는 세계의 틈 사이로 들어가고 싶어진 것이다.

"저는 다다의 결과물보다는 다다의 태도를 좋아하거든요"라고 홍상수가 말한 적이 있고 그의 영화 〈오! 수정〉의 영어 제목이 마르셀 뒤샹의 〈그녀의 숭배자들에 의해 발가벗겨진 처녀〉이고 〈여자는 남자의 미래다〉가 루이 아라공의 시구인 건 알려져 있지만 더 중요한 건 다다가 아무 뜻이 없고 홍상수가 무의미를 중요시한다는 데 있을 것이다. 다다이즘과 홍상수 사이에는 공유되는 바가 분명 있는데, 그건 다름 아니라 비이성적(비논리적) 질서에 대한 찬미일 것이다. 하지만 "다다는 아무것도 아닌 것을 의미한다. 우리는 아무것도 아닌 것으로 세계를 변화시키고자 한다"(리하르트 휠젠베크)라고 유명하게 선언해봐야 그 말은 홍상수에게 '다다는 아무것도 아닌 것을 의미한다. 나는 아무것도 아닌 것으로 내게 (비논리적으로) 솔직해지고자 한다'라고 번안될 가능성이 높다. 그런데 여기서 의외로 중요한 말은 더도 덜도 아닌 '아무것도 아닌 것'이라는 바로 이 말이다. 예컨대 다다이스트와 홍상수의 가장 중요한 공집합처럼 보이는 '꿈'조차 실은 이 아무것도 아닌 것의 일종이다.

여기서 부디 두 가지가 혼동되지 않았으면 좋겠다. 공통 관심사가 있다 해도 다다이즘이라는 한 유파의 소동극을 홍상수가 전적으로 계승하고 있거나 그가 그것에 소속감을 갖고 있는 것으로 혼동되지 않았으면 좋겠다. 다다이스트를 포함한 초현실주의자들의 '초'(超, sur)가 현실을 뛰어넘어 그 바깥에 놓이는 저항의 결과물을 내는 것이었다면 홍상수의 '초'는 결과물로서 주어진 현실을 더 제대로 보기 위해 상투적 방법을 뛰어넘는 과정을 발견해내는 것이다. 둘은 엄연히 지향이 다르다. 때문에 홍상수에게는 다다이스트들에게 그렇게나 중요했던 무작위성이나 자동성은 그다지 중요하지 않다. 대신 구조와 구조로서의 배열, 배열을 생명으로 이끄는 우연이 더 중요하다.

동시에 '아무것도 아닌 것'이 '중요하지 않은 것'과 같은 뜻이라고 혼동되지도 않았으면 좋겠다. 아무것도 아닌 것이라고 표현할 때 그 말에는 별거 아닌, 이 아니라 이것도 저것도 아니어서 규정할 수 없는, 이라는 신비에 대한 경외심이 포함되어 있음을 알아주었으면 좋겠다. 여기서 아무것도 아닌 것, 그건 차라리 신비의 원석이다. 어쨌거나 나의 억측으로는 홍상수가 말하는 추상과 구상의 완전하고 단단한 합일이라는 지평도, 이 아무것도 아닌 것들이 단단하게 결합해서 무언가 중요한 것이 되는 상태의 일환으로 들린다. 아무것도 아닌 것들의 조직을 통해 중요한 무엇이 되는 것, 그러니까 중요한 뜻이 담긴 무엇이 아니라 중요하게 느껴지는 무엇이 되는 것. 개인적으로는 그것이 영화라는 예술이 해낼 수 있는 최상의 결과물 중 하나라고 생각하는 편이다. 장 미셸 프로동은 홍상수의 영화를 '뇌의 영화'라는 개념으로 완벽하게 설명해볼 수 있다고 말했지만, 나는 어떤 개념적 적용으로 완벽히 설명할 수 있는 홍상수의 영화는 단 한 편도 없다는 데 내기를 걸 자신이 있다. 다만 〈옥희의 영화〉가 문자 그대로 뇌의 완강하고도 활발한 활동의 결과물이라고는 생각한다. 그러니까 나는 관람차를 보았고 관람차와 유사한 모형의 뇌를 그려낸 다다이스트의 소박한 자화상 하나를 보았고 그 연쇄된 우연 덕분에 홍상수와 〈옥희의 영화〉를 떠올리게 되었으며 마침내 경이롭기 이를 데 없는 이 영화 〈옥희의 영화〉가 홍상수라는 창작자의 뇌의 활동 모형은 아닌가 하고 느끼게 된 것이다. 홍상수의 머릿속을 돌고 있는 홍상수들, ㅎ, ㅗ, ㅇ, ㅅ, ㅏ, ㅇ, ㅅ, ㅜ들로 되어 있는 관람차의 모형들 또는 다다 또는 아무것도 아닌 것들이 짜낸 신비 말이다.

〈옥희의 영화〉는 제작 방식에서조차 홍상수 자신의 골수를 짜내어 만들어 졌다. 홍상수는 〈하하하〉라는 그의 가장 비범한 작품에 속할 영화의 후반 작업을 할 때부터 다음 영화 〈옥희의 영화〉를 만들기 위해 서둘렀고 몇 개월이 채 지나기도 전에 완성했다. 그는 스스로 몰아쳤다. 왜 그렇게 서둘렀을까. 물론 그는 담담하게 말한다. "있는 건 하나도 없었고 몸도 영화 찍을 몸은 아니었는데 이럴 때 찍으면 어떻게 되나 보자 했다." 어떻게 되나 보자. 홍상수의 영화는 늘 그렇게 시작한다. 〈하하하〉가 적은 스태프였다면 〈옥희의 영화〉는 가혹한 스태프였다. 감독을 제외한 4인. 감독이 허드렛일까지 하게 된 건 말할 것도 없고 현장에 놀러간 사람들은 예외 없이 스태프의 일원이 되어야 했고, 스태프의 기억에 따르면 어느 날은 촬영 분량이 끝난 문성근이 잠시 보이지 않아 둘러보았더니, 이 대배우가 부탁도 안 했는데 알아서 저 멀리 서서 차량 통제를 하고 있었다고도 한다. 촬영은 감독이 교편을 잡고 있는 건대와 건대 인근, 아차산에서 전부 했고 크리스마스이브와 크리스마스 날 찍게 되면 정말 그날이 영화에 등장했고, 100년 만의 폭설이 내렸을 때는 '폭설 후'라는 소제목으로 한 장이 되었다. 대체로 주중에 2, 3회차씩 찍으며 몇 주에 걸쳐 13회차에 끝냈는데, 애초에 영화는 이선균만을 주인공으로 정해놓고 찍기 시작했지만 5회차쯤 찍으니 써놓은 걸 다 써버렸고, 그러자 무언가 새로 쓰기 시작했고 문성근에게는 출연 분량을 늘려달라고 부탁했고 정유미에게는 새로 출연을 청했다. 이로써 중편 〈첩첩산중〉에 출연한 배우들이 다시 출연하게 되었다.

감독은 촬영 당일 아침 6시 30분부터 8시까지 촬영 대본을 쓰고 전화를 걸어 배우들을 불렀다. 여기서 유의할 건 미리 일정을 약속하고 촬영 대본만 당일에 쓴 게 아니라, 촬영 대본을 당일 아침에 쓴 다음 배우들과 그날로 일정을 잡았다는 것이다! 세상의 어떤 감독이 당일 촬영 대본을 쓴 다음 당일에 장소 섭외를 하고 당일에 배우를 현장에 불러낸단 말인가. 그것도 구구절절 설명도 없이 이렇게. "유미야, 오늘 뭐해?" "성근이 형, 오늘 3시까지 올 수 있어?" "선균아 요즘 뭐해?" 이런 과정이 해프닝이 아닐뿐더러 홍상수 영화의 변치 않을 연출 원칙인 동시에 신묘한 효과를 가져오는 정교한 과정 중 하나라는 점에 대해서는 이미 너무 많은 자리에서 말해져왔으니 더 덧붙일 말은 없고, 덧붙인다면 그가 〈옥희의 영화〉에서 그 자신의 방식을 어떤 영화보다 더 모험적으로 밀어붙였다고는 말할 수 있을 것이다. 그러므로 배우들은 촬영장에서 이 영화가 도대체 어떤 영화가 되어가는지 잘 알지 못했을 것이다(홍상수의 다른 영화들도 대체로 그렇지만 이번에는 좀더 심했을 것이다). 하지만 그들은 불평이 없었다. 불평이라면 "홍감독 다 좋은데 하루 전에라도 일정을 알려주면 안 될까"라고 했다는 문성근의 부탁 정도?

배우들은 왜 불평하지 않았을까. 홍상수가 결코 다다이스트 트리스탕 차라가 선언한 방식으로 창작물을 만들지 않았기 때문이다. 차라는 그의 무작위 시의 작법에 관해 선언했다. 신문지에서 기사를 오려 가방 안에 넣고 흔든 다음 무작위로 꺼내 다시 오려 붙이면 그게 최선의 무작위 시라고 주장했다. 홍상수가 그의 어떤 영화보다도 더 즉흥적으로 〈옥희의 영화〉를 만든 것은 사실이지만 그의 배우들은 결코 무작위로 고른 신문지가 아니다. 〈옥희의 영화〉는 감독과 배우들 간의 위대한 감응으로 이뤄져 있다. 홍상수는 우연들을 전부 한통속으로 모아 콜라주를 만드는 것이 아니라 구조 안에서 우연이 빛나는 순간들을 수긍하는데, 강제된 캐릭터가 없으므로 그날 그들의 기분이 배어 있고 그들이 있는 그곳의 환경이 반영되고 거기에 반응하는 그들이 있다. 그들은 시종일관 철저하게 직접적이고 물질적인 관계망 안에서만 어떤 미지의 결과물을 얻을 수 있는 방식으로 서로를 "전염시킨 것"이다. 거기에서 감탄할 만한 이선균의 허허실실이, 절절한 정유미의 간절함이, 깊고 깊은 문성근의 쓸쓸함이 나온다. 이 놀라운 결과는 홍상수의 뇌(추상)의 활동이 마침내 배우라는 신체(구체)를 움직여 일으킨 기적적인 물질의 현시라는 인상을 주기에 충분하다. 그렇다면 감독 자신은 뭐라고 할까. "내 영화 중에 가장 이상한 영화", "내가 보기에 되게 눈이 편한 영화." 그런 〈옥희의 영화〉는 어떤 영화인가.

〈옥희의 영화〉는 4개의 장으로 되어 있다. 이렇게 말하면 그다지 별다를 것도 없다. 홍상수는 많은 영화에서 일화별 구성을 취해왔기 때문이다. 하지만 이 영화는 처음부터 좀 이상하다. 새파란, 마치 뭔가 잘못된 건 아닌가 생각하기에 딱 알맞은 새파란 화면 위에 소제목과 배우들의 이름이 등장한다. 각각의 소제목은 '주문을 외울 날', '키스왕', '폭설 후', '옥희의 영화'다. 이 장들이 새로 시작될 때마다 배우의 크레딧도 새로 등장한다. 하지만 시종일관 이선균, 정유미, 문성근이며 순서만 바뀔 뿐이다. 한 장이 끝나고 다른 장이 시작될 때에는 어김없이 엘가의 「위풍당당 행진곡」이 흐른다.

'주문을 외울 날'은 영화감독이자 시간강사인 남진구(이선균)의 하루 일과다. 학교에서 남진구는 한 여학생에게 인위적 틀 없이는 순수가 전달될 수 없다고 가르치는데, 그러고 나서는 금방 옆방의 송선생(문성근)을 만나 돈 때문에 얼룩진 세상에서는 책밖에 믿을 게 없다는 가르침을 받는다. 교수들의 저녁 회식 자리를 기다리는 동안 그는 다른 교수를 만나 송선생이 돈을 받고 교수를 시킨다는 소문을 듣는다. 회식 자리에서 남진구가 술에 취해 송선생을 붙들고 그 진위를 묻다가 자리를 아수라장으로 만든다. 그다음 저녁에 찾은 자기 영화의 관객과의 대화 자리에서는 예전에 당신과 사귄 애인의 친구라고 자처하는 한 관객에게서 4년 전 불미스러운 연애를 기억하냐는 질책을 받는다. 남진구는 그런 일이 없다고 한다.

'키스왕'은 영화과 학생 진구(이선균)가 그를 가르치는 교수 송선생(문성근)에게 영화를 잘 만들었다고 칭찬받는 것으로 시작한다. 잠시 뒤 진구는 같은 과 학생 옥희(정유미)를 만난다. 옥희가 송선생의 교수실 앞에서 귀를 기울이며 서 있는 것이 수상했지만 한 번만 왜 그런지 묻고 그다음은 잊는다. 옥희와 송선생은 사귀었거나 사귀는 것 같다. 진구는 옥희에게 사귀자고 하고 길고 긴 키스도 하고 크리스마스 날에는 집까지 찾아간다.

'폭설 후'에서는 송선생(문성근)이 가장 먼저 등장한다. 폭설이 내린 다음 날, 수업 시간이 20분이나 지났는데 수업에 아무도 오지 않았다. 시간강사 송선생(문성근)은 '쪽팔려서 이 짓은 이제 그만두어야겠다'고 생각하고 마침 만난 교수에게 다음 학기부터 영화 찍느라 못 나오겠다고 말한다. 폭설을 뚫고 옥희(정유미)가 도착하고 뒤이어 진구(이선균)가 도착한다(송선생은 옥희를 볼 때는 "아 옥희구나" 하고 고마워하더니 진구를 볼 때는 "새끼, 빨리도 온다" 하고 퉁명을 떤다). 강의실에서 옥희와 진구가 묻고 싶은 걸 묻고 송선생이 자기 생각을 대답한다. "선생님은 성욕을 어떻게 이기세요", "누가 성욕을 이긴대? 그런 사람 본 적이나 있어?" 이런 문답이 오간다. 낙지집에 갔다 나오며 송선생이 "그만두길 잘했어. 나는 자격 없어"라고 보이스 오버 내레이션으로 말한다. 그가 눈 바닥에 세발낙지 한 마리를 통째로 토한다.

'옥희의 영화'는 영화 속 영화이고, 옥희로 예상되는 젊은 여자(정유미)가 보이스 오버 내레이션으로 나이 든 분(문성근)과 젊은 남자(이선균)와 한 차례씩 아차산에 올랐던 연애 경험을 교차시켜 보여준다. 다시 말하지만 이 부분은 영화 속 영화다.

반문이 충분히 예상된다. 겨우 이것뿐인가, 뭐가 어쨌다는 것인가. 이건 단순히 네 토막의 이야기가 아닌가. 하지만 그렇게 묻는다면 앞의 이야기를 좀 느슨하게 들은 것일 수 있다. 〈옥희의 영화〉는 옴니버스 구조를 띠고 있지만 또 한편으로는 옴니버스가 아니기 때문이다. 그보다는 내용이 뭔가 이상하지 않은가. '주문을 외울 날'에서 남진구는 영화감독이라더니 '키스왕'에서는 영화과 학생이라 하고 '키스왕'에서 송선생은 정교수인 것 같았는데 '폭설 후'에서는 시간강사라 하고, 그러면서도 앞의 남진구와 뒤의 진구는 전부 이선균이, 앞의 송선생과 뒤의 송선생은 문성근이 연기한다고 하고, 그렇다고 각장이 같은 인물의 현재와 과거로 나뉘는 것도 아닌 것 같고, 이거 도대체 앞뒤가 안 맞는다, 이게 뭐냐, 고 의문을 제기하는 사람이 있다면 그의 문제 제기가 맞다.

〈옥희의 영화〉를 보고 나면 내가 무엇을 본 것인지 알아차리기까지 시간이 좀 걸린다. 알아차린 다음에는 내가 아무것도 아닌 것들의 조립을 보았다는 사실에 놀라고 만다. 그들은 누구인가. 결국 그 누구도 아니며 아무도 아니라는 느낌에 빠지게 될 것이다. 그들을 규정할 수 없다는 느낌에 빠지게 될 것이다. 그런데 거기서 오는 감흥은 말로 다 설명하기가 어렵다. 이선균, 정유미, 문성근이라는 동일한 배우가 (남)진구, (정)옥희, 송선생이라는 이름으로 불리며 '주문을 외울 날'에서 '옥희의 영화'까지 네 차례나 연기하는데 장마다 그들이 사실 전부 다른 존재들인 것 같다가도 다 이어놓고 보면 또 무언가 연관된 존재처럼 보이기도 하고 하여간에 애매하다. 〈여자는 남자의 미래다〉 〈극장전〉에서 1인2역 또는 그런 착각을 주는 이미지를 본 적은 있으나 이건 뭔가 이상해도 훨씬 더 이상하다.

이때 두 가지를 환기하는 게 도움이 될 것 같다. 나는 1장, 2장 하는 식으로 나누는 대신 각장의 소제목을 차례대로 표기했는데 그건 홍상수의 방식이기도 하다. 〈옥희의 영화〉를 본 날, 문득 영화사의 오래된 소문 하나를 떠올렸다. 프랑스 감독 장 뤽 고다르가 전통적 이야기 기법(기승전결)을 벗어난 영화를 만들어 이목을 끌고 있던 초창기에 유명한 선배 감독 조르주 프랑주가 참지 못하고 물었다고 한다. "그래도 고다르 씨, 당신도 당신이 만드는 영화에 처음과 중간과 끝이 필요하다는 것 정도는 인정하고 있지 않습니까?" 고다르는 이렇게 대답했다. "말씀하신 그대로입니다. 그렇지만 반드시 그 순서를 따를 필요는 없습니다." 조르주 프랑주의 질문은 옳은데 고다르의 대답은 더 옳다. 고다르와 홍상수는 서로 다른 예술가이지만 배열의 자기 순서를 가질 수 있다는 점에 대해서는 공감하는 것 같다. 유심히 본다면 〈옥희의 영화〉에 이 영화 전체를 아우르는 제목이 없다는 걸 알게 된다. 우리는 홍상수가 이 영화를 〈옥희의 영화〉라니까 따라서 〈옥희의 영화〉라고 부르는 것뿐이다. 홍상수는 마지막에 놓은 '옥희의 영화'라는 소제목을 지금 이 영화의 전체 제목이라고 말하고 있다. 그는 여기부터 시작이다, 라고 말하는 대신에 끝난 부분이 전체다, 라고 말하고 있다. 이 정도가 되면 어디가 시작이고 중간이고 끝인지 말하는 건 의미가 없다.

〈하하하〉의 한 토막을 환기하는 건 더 중요할 수도 있다. 〈하하하〉에서 시인 정호(김강우)가 성옥(문소리)에게 우리가 꽃이라고 부르는 것을 들이대며 이게 뭘로 보이냐고 성질을 냈을 때 성옥이 꽃이라고 하자 정호는 꽃이 아니라며 뭐냐고 다시 묻는다. 성옥은 그때 현명하게도 다른 대답을 찾는다. "이름도 아니고 예쁜 색깔도 있고 모양도 있고 자기가 살려고 하는 그런 것도 보이고 그런데 꽃의 마음은 안 보이네요. 내가 사랑하는 거지요. 꽃을." 꽃이라는 '존재'를 보는 정호와 성옥 사이에는 차이가 있다. 정호는 이 사물이 무엇으로 규정될 수 있느냐 없느냐를 묻고 있고 성옥은 아예 인식을 통째로 바꾸어서 이 사물이 어떻게 느껴지는가 하는 것으로 대답하고 있다. 성옥식으로 〈옥희의 영화〉를 보는 게 좋겠다. 〈하하하〉의 이순신(김영호)은 더 간명하게 물었다. 그는 나뭇잎을 흔들며 문경(김상경)에게 묻지 않았던가. 넌 이게 뭘로 보이니, 하고. 문경이 나뭇잎이라고 했지만 이순신은 나뭇잎

이 아니라고 했다. 하지만 동시에 뭔지 아는 건 또 중요한 게 아니라고도 했다. 홍상수는 지금 우리 눈앞에 대고 이선균, 정유미, 문성근을 흔들며, 〈옥희의 영화〉를 흔들며 이렇게 묻고 있다. 여러분 〈옥희의 영화〉가 뭘로 보이시나요. 역시나 우린 몰라도 괜찮을 것이다. 왜냐하면 그건 "원래 모르는 거다. 그냥 다르게 좀 느끼고, 그리고 감사하면 그게 끝이다"(〈하하하〉의 이순신), 아니 "원래 이 세상에 중요한 것들 중에 왜 하는지 알고 하는 건 없다." ('폭설 후'의 문성근) 하지만 어떻게 다르게 느껴지는가에 대해서는 말할 수 있다.

느껴야 할 것은 〈옥희의 영화〉에서 그들이 누구인가 하는 것이 아니라 그들이 한시도 쉬지 않고 활동하고 있는, 아무것도 아닌 중요한 무언가라는 점이다. 〈옥희의 영화〉가 어떤 잊지 못할 오롯한 느낌을 일으키고 있다면 그건 규정할 수 없는 그 활동성 때문이다. 홍상수의 영화는 명사형으로는 도저히 잡히지 않다가도 동사형으로 접근하고자 하면 무언가 혹 하고 다가올 때가 많은데, 앞서 초현실적이라고 말한 적이 있지만 실은 그의 영화는 활동을 극대화한다는 점에서 초활동적이라고 불러야 더 옳을지도 모르겠다. 우린 홍상수 영화의 그 활동이 얼마나 첩첩인지를 알고 있다. 그러므로 활동의 모형을 한 가지만 말했으면 싶다. 나는 '도형인' 홍상수의 영화를 기하학적으로 느끼는 것에 대해 깊은 공감을 갖고 있다("비평적으로 말하자면 홍상수 감독님의 영화는 대수학이라기보다는 기하학의 구도를 가진 영화라고 생각합니다"—정성일). 하지만 그의 기하학이 유클리드적인 기하학에만 관여되는가에 대해서는 다르게 볼 수도 있다고 생각한다("인물들 사이를 설명하기 위해서는 말하자면 유클리드적인 방식이 아니면 설명할 수 없다는 걸 알게 되었습니다"—정성일).

〈옥희의 영화〉에 관한 한 홍상수의 기하학은 유클리드적이지 않고 프랙탈(Fractal)적인 것에 가까워 보인다. 나는 (아마 당신도) 과학적 개념에 유능하진 않으니 프랙탈이라는 용어를 더 섬세하게 말하고 치밀하게 쓰기보다 자연의 활동하는 모형에 대한 일단의 인상으로 받아들여 말하고 싶다(그러므로 그림3 참조). 가령 삼각형 안의 중첩된 삼각형들, 눈꽃송이, 난류, 동양 회화의 어떤 붓놀림, 그러니까 닮은꼴 도형이나 이미지가 끝없이 연쇄를 만드는 것인데, 이때 프랙탈한 것의 성질로서 중요한 건 이 유사한 도형이나 이미지들이 접고 펴기를 반복하는 가운데 무한정으로 자기를 새로 조직하고 자기 발생적인 비정형적 활동이 된다는 사실에 있는 것 같다. 이 말은 어렵다. 그럼, 우린 홍상수 식으로 이해하면 된다. '첩첩심상(疊疊心象).' 이선균들, 정유미들, 문성근들은 말하자면 겹치고 펴지며 전개되는 프랙탈적인 삼각형과 사각형과 원이라는 첩첩심상에 해당할 것이다. 〈옥희의 영화〉는 그런 점에서 프랙탈한 초활동성 또는 첩첩심상의 어떤 핵심적 모델처럼 보이기까지 한다.

자칫 딱딱한 개념 설명으로 빠져들 위험이 있고 자세히 풀어내자면 별도의 장이 필요하고 또 그럴 능력에도 못 미치니 우린 이쯤에서 본래 궤도로 돌아와야 할 것이다. 다만, 이 낯선 용어를 꺼낸 데 절실한 이유가 있음은 말하고 싶다. 홍상수의 영화가 프랙탈적인 초활동성을 지녔다면, 이때 그의 영화가 다름 아니라 영화의 생태라는 문제를 무의식적으로 감지하는 가운데 만들어지고 있음은 말해두고 싶다. 영화의 생태라니, 이건 또 무슨 뚱딴지같은 소리인가 하겠지만, 말 그대로 생태, '생물이 살아가는 모양이나 상태'다. 프랙탈은 이론적 의미보다는 유기체가 살아가는 새로운 무한 환경 가능성에 대한 전망을 말할 때 더 가치가 있는 것 같은데, '주문을 외울 날'에서 남진구는 자기 영화의 지평을 "살아 있는 무언가와 닮은 영화가 되는 것"이라고 말한다. 홍상수 영화와 공유되는 바가 있다. 살아 있는 무언가와 닮은 영화를 유기체적인 영화라고 부를 수 있다면, 〈옥희의 영화〉는 형식 자체가 그 유기체적 자기 조직성으로 전망을 모색할 뿐 아니라, 이상하게도 지금과 같은 영화 생태계('주문을 외울 날'의 송선생의 표현에 의하면 "돈, 돈, 돈 하며 썩어빠진" 영화 생태계)에서 유기체로서의 영화는 어떻게 살아갈 수 있을까에 대한 순결에 가까운 자기 모험적 정신이 극한에까지 서려 있는 것 같다. 홍상수의 영화가 윤리적이고 또한 정치적이라면 실로 이 점과도 깊은 관련이 있다. 〈옥희의 영화〉에 밴 저 뜻 모를 쓸쓸함과 고독함은 영화의 내용뿐 아니라 이런 영화 생태계 안에서 영화적 생존을 모색하는 홍상수의 상황과도 관련이 깊어 보인다. 물론 이것이 이 글의 요점은 될 수 없겠으나 주의 깊게 생각해볼 만한 여지는 얼마든지 있을 것이다. 다만 지금은 〈옥희의 영화〉의 어떤 구체적 활동에 관한 부분으로 돌아가야겠다.

〈옥희의 영화〉의 구체적 활동이라면 그건 통과하는 것이다. '통과한다', 〈옥희의 영화〉를 보았을 때 가장 먼저 머릿속에 떠오른 인상이 이것이었다. 그런데 무엇을 통과하며 어떻게 통과한다는 말인가. 무수히 많은 문이 있고 그 문들을 통과한다. 그럼 어떤 문들인가. 〈생활의 발견〉의 내용을 빌리자면 '회전문'(〈생활의 발견〉의 영어 제목)들이다. 〈옥희의 영화〉에서 통과하는 활동은 회전하는 활동이기도 하다. 오해를 피하기 위해 말하자면 문은 홍상수의 영화에서 기필코 비유에 속할 수 없다. 그건 문이지 입구나 출구가 아니다. 홍상수의 영화에서 문은 실외로 나가는 출구나 실내로 들어오는 입구가 아니라, 말 그대로 문을 열면 또 문이 있고 그 문을 열면 또 문이 있는 통로의 막에 해당한다. 제자리를 돌게 하는 문, 그러나 돌아와 같은 자리에서 다시 열면 결과가 달라지는 문, 그런 회전문이자 차이의 문이다. 홍상수는 "아차

산이 왜 아차산인 줄 아나"라고 묻더니 "아름다운 차이가 있는 산이라서 아
차산이다. 하하하" 했다. 아니 뭐 이런 썰렁한 농담이 다 있나 싶지만 사실이
다. 아차산도 회전문이다. 그러고 보니 별안간 시 한 줄이 떠오른다. "당신은
文을 제작하는 사람. / 나는 門을 제작하는 사람."(이민하 시집, 「문제작」, 『음
악처럼 스캔들처럼』, 문학과지성사, 2008) 홍상수의 영화를 볼 때마다 내가 느
끼는 건 그 반대인 것 같다. 〈옥희의 영화〉를 보니 더 확연하다. 당신은 門을
제작하는 사람. 나는 文을 제작하는 사람. 홍상수의 영화는 늘 "문제작"이다.

첫번째 회전문은 전작 〈첩첩산중〉이다. 〈옥희의 영화〉에서 인물들의 관계
는 스승(문성근)과 애제자(이선균), 그 사이에 있는 또 다른 애제자이면서
여인(정유미)이라는 식의 유사 관계의 꼴로 전작 〈첩첩산중〉을 한 번 통과
하고 있다. 차이가 있다면 소설계가 아닌 영화계라는 점이다. 두번째 회전문
은 소문이다. 〈극장전〉에서 배우 최영실에 대한 소문은 끝내 진실이 아닌 것
으로 밝혀졌지만, 여기서는 아예 떠도는 소문들 중 밝혀지는 것이 하나도 없
다. '주문을 외울 날'에서 송선생은 돈을 받거나 안 받았을 것이고, 남진구는
과거에 연애를 했거나 안 했을 것이다. 그게 사실인가 아닌가 하는 게 중요
한 것이 아니라 이 소문이 회전문이 되어 서사를 통과하도록 하고 있다는 것
이 중요하다. 세번째, 장소도 회전문이 된다. 문자 그대로의 문이 있다. '주
문을 외울 날' 첫 신에서 남진구가 아내와 함께 출근하는 파란 대문 집이 있
는데, '키스왕' 마지막 신에서 옥희가 진구에게 메리크리스마스라고 말하는
곳이 그 집 문 앞이다. 두 장면은 같은 곳에서 촬영되었다(이 영화에는 각 장
이 이어질 때마다 매번 파란색 대문이 있다!). 네번째는 배우의 육체 자체가
회전문이 되는 것이다. 〈옥희의 영화〉는 이선균이라는, 정유미라는, 문성근
이라는 배우의 육체를 문으로 놓고, (남)진구, (정)옥희, 송선생이라는 인물
들이 통과, 회전해 나간다. 도형으로 상상하자면 원(이선균) 하나를 두고 삼

각형(진구1)이 통과하여 원-삼각형(진구2)이 되고, 다시 사각형이 통과하여 원-삼각-사각형(진구3)이 되고, 다시 별(진구4)이 통과하여, 원-삼각-사각-별(진구4)이 되는 그런 것이다. 물론 이중에서도 여인(옥희)이라는 존재는 더 결정적인 회전문이 된다.

여기서 문제는 좀더 복잡할 수도 있는데, 가령 배우가 서로를 통과할 때가 그렇다. 가령 도형으로 친다면 이선균이라는 도형과 문성근이라는 도형이 서로를 통과할 때다. 그런 예는 많겠지만, 한 가지만 들어보자. '키스왕'에서 옥희의 친구는 "근데 그 나이 많은 남자는 누구니?" 하고 옥희의 연애 상대를 묻는데, 그때 친구가 의미상으로 가리키는 건 '키스왕'에서의 송선생이다. 하지만 우린 동시에 그와 유사한 과거 소문으로 괴로워하던 '주문을 외울 날'에서의 남진구도 떠올리게 된다. 하지만 거기서 남진구를 연기했던 이선균은 그런 대화가 오가는 그 시각에 옥희의 집 앞에 앉아 있는 또 다른 진구도 연기한다. 옥희의 친구가 의미상 송선생을 가리킬 때 우린 문성근의 육체를 떠올리지만, 의미상으로 진구도 환기되기 때문에, 떠올려진 문성근의 육체를 이선균이라는 육체가 또 통과한다. 이런 상황들을 거치면서 네 개의 장의 인물들은 누가 누구라 규정할 수 없는 상황이 된다. 그 정점을 보여주는 것이 '옥희의 영화'다. 〈옥희의 영화〉를 단순히 1인4역의 각각 별도의 네 이야기라고 말할 수 없는 이유다. 홍상수는 미리 주어진 정보와 인상을 전제로 존재와 배우의 육체를 이해하려는 우리의 뇌의 활동을, 무언가 동시다발적 비논리의 질서로 묶어내고 있다.

그런데 〈옥희의 영화〉에서 새롭게 주목할 만한 회전문이 하나 더 있다면 그건 다음과 같은 문이다. 사물이나 육체가 아니라 목소리, 회전음(回轉音)이라고 부를 만한, 홍상수의 모든 영화를 통틀어서 〈옥희의 영화〉에서 가장 많이 가장 전면적으로 사용되고 있는 보이스 오버 내레이션이다. 홍상수의 영화에서 보이스 오버 내레이션이 사용된 것은 〈극장전〉의 상원(이기우)이 처음인데 〈옥희의 영화〉는 지금까지의 영화 중 보이스 오버 내레이션이 가장 많이 쓰인 영화다. 물론 〈옥희의 영화〉에서 보이스 오버 내레이션의 쓰임은 때에 따라 다르다. 심리를 설명할 때가 있고, 단순하게 시간 경과를 알릴 때가 있고, 눈앞의 이미지의 사실과 거기에 덧입혀진 목소리의 사실을 서로 불일치시켜 기이한 운율을 일으킬 때('옥희의 영화'에서 정자 앞의 장면)도 있다. 그중에서도 특히 주목할 만한 건 앞 신에서 퇴장한 인물이 시간을 생략한 채 바로 뒤의 신에서 등장할 때다. 대개는 그 사이에 짧은 인서트가 하나 있거나 아예 숏과 숏으로 붙는다. 이때 앞과 뒤를 잇는 데 중요한 역할을 하는 것이 보이스 오버 내레이션이다.

　한 가지, 홍상수 영화에서 화면 밖 사람의 목소리는 어떤 사람의 퇴장이나 재등장에서 중요한 정서를 담당할 때가 있다. '화면 밖 사람의 목소리'라고 말한 이유는 그게 보이스 오버 내레이션일 수도 있고 비디제시스 사운드(서사 공간 바깥의 사운드)로서 사람의 목소리일 수도 있기 때문이다. 홍상수의 영화에서 후자의 경우는 대개 전화 음성이다. 〈생활의 발견〉에서 육체보다 전화 음성으로 먼저 등장하는 춘천의 선배 성우를 생각하자. 화면 바깥의 음성이 그렇게 있을 때 거기엔 인간관계의 새 출발 또는 종식과 재정리라는 문제가 끼어 있다. 말하자면 화면 바깥의 목소리가 일종의 서로 다른 계를 잇는, 관계의 접속 지대 혹은 통과 지대라고 할 만한 것을 마련하는 데 꾸준히 이용되어왔다는 사실이다. 디지털 이후에 홍상수 영화의 보이스 오버 내레이션은, 마치 우리가 필름 룩과 디지털 룩이 좀 다르다고 말하는 것처럼 필름 보이스와 디지털 보이스가 다소 다르다. 후자는 확실히 화면 전체를 뒤덮는 그러나 덤덤하고 편평한 목소리로 들려온다. 물론 그것은 분명 기술적인 상황 때문이지만, 그렇더라도 그것이 주는 정서까지 무시할 수는 없다. 〈하하하〉에서 몇몇 평자가 죽음을 본 것에 대해, 실은 나는 온전히 영화에 의존하여 말하자면 흑백의 스틸 사진 때문이 아니라 그 위로 입혀진, 아니 화면을 뒤덮은 마치 다른 '계'에서 울려 퍼지는 것 같은 목소리의 편평한 느낌 때문이었으리라고 생각하는 쪽이다. 허공에서 들리는 무심하고 흔들림 없는 독백. 이 말을 하는 이유가 있는데 홍상수의 영화에서 이미지의 시제, 시간성을 한순간에 흔드는 건 이미지가 아니라 보이스 오버 내레이션일 수도 있고, 〈옥희의 영화〉에 그와 같은 감탄할 만한 장면이 있기 때문이다.

〈옥희의 영화〉의 '옥희의 영화' 후반부에 등장한 그 보이스 오버 내레이션의 활동에 대해서 아직은 이 장면의 감흥을 고백할 뿐 어떤 장면이라 설명해서는 안 될 것 같다(〈옥희의 영화〉의 기이한 포스터는 이 장면의 감흥에서 제작되었다). 마치 〈극장전〉의 후반부에서 감독 이형수의 존재가 밝혀졌던 놀라움에 버금간다는 것만 말해두자. 다만 그때의 장면이 무서움을 가져왔다면 지금 이 장면은 쓸쓸함, 그리고 그 쓸쓸함 너머의 감정으로 가득하다. 보이스 오버 내레이션이 갑자기 한 숏 안에서 시간의 블랙홀을 만든 다음 어떤 인물의 퇴장과 재등장을 일순간에 이루는데, 이 비밀은 앞으로 제출될 평문들이 밝혀주기를 기대하고 나는 단지 이때 이 보이스 오버 내레이션이 새로운 회전문이자 회전음이며 우주의 선인 것처럼 느껴졌다, 고 감탄할 뿐이다.

〈옥희의 영화〉는 홍상수 자신의 작품 세계를 풍성하게 위해서가 아니라 그가 자신의 현재를 지탱하기 위해서 기필코 만들어졌다는 인상을 짙게 준다. 전작 〈하하하〉가 녹음이 짙게 우거진 풍성한 숲이었다면 〈옥희의 영화〉는 처연한 겨울 눈밭 한가운데 정중하게 서 있는 잘생긴 겨울나무 한 그루다. 음악적으로 〈하하하〉가 아름다운 협주곡이라면 〈옥희의 영화〉는 강렬한 독주곡이다. 〈하하하〉가 풍요로운 마음의 영화라면 〈옥희의 영화〉는 간절한 뇌의 영화다. 〈하하하〉가 타자를 향해 고개를 드는 영화라면 〈옥희의 영화〉는 나를 향해 고개를 숙이는 영화다. 이렇게 말하고 나니 더 솔직한 나의 감정을 말하며 이 고백을 마치고 싶어진다.

정성일은 홍상수와의 기념비적인 대담에서 〈옥희의 영화〉에 관하여 "맹세코 장담할 수 있는데 〈옥희의 영화〉는 너무 슬퍼서 보고 나면 누구라도 눈물을 닦아야 할 것이다"라고 말했다. 그 감정을 이해할 것 같다. 다만 나는 내가 느낀 다른 감정도 고백하고 싶다. 〈하하하〉가 행복을 지향하지만 행복의 영화가 아니라 행복 직전의 영화라는 사실을 기억해주었으면 좋겠다. 〈옥희의 영화〉는 내게 슬픔의 영화가 아니라 슬픔 너머의 영화인 것 같다. 〈하하하〉가 행복을 기다리며 애쓰는 사람들의 영화인 것처럼 〈옥희의 영화〉는 슬픔에 지지 않고 잘 참는 사람들의 영화인 것 같다. 슬픈 것인가. 아니 감당할 수 없이 차오르는 것이다, 라고 말하고 싶다. 여기에는 그저 활동적 감동이 있을 뿐이다. 그런데 그게 홍상수 영화의 감정을 만드는 실체다. 무엇이 차오르는가. 그건 잘 모르겠다. 되풀이하자면 하여간 차오름이라는 그 활동만이 있을 뿐인데 그것이 감동적인 것이다. 그것에 관하여 나는 지금까지 관람차와 다다를, 홍상수 영화의 아무것도 아닌 것과 〈옥희의 영화〉의 아무것도 아닌 것을, 그 활동과 통과함을, 혹은 회전문들을 놓고 돌고 돌며 경험하길 원한 것이다.

순수하겠다고 이를 물고 마음으로만 버티면 질 수밖에 없다. 그 순수는 통하지 않는다. '주문을 외울 날'에서 남진구가 학생에게 호통을 칠 때 한 말을 다시 한 번 전하고 싶다. 그는 인위 없이는 순수를 전달할 수 없다고 말했다. 그것이 홍상수의 것도 될 수 있다고 생각한다. 〈옥희의 영화〉가 순수한 감정을 앞세워 마음으로만 호소하는 영화가 아니라는 점에서 그걸 확인할 수 있다. 인위에 대한 필요를 인정하고 그러나 거의 요체라고 해야 할 만큼 그것을 압축하여, 뇌의 동력을 모조리 다 활동하게 하여, 지탱하면서도 진전함으로써 우리에게 일으키는 깊은 감정적 동요가 〈옥희의 영화〉에 있다. 홍상수 영화의 날이 갈수록 더 놀라운 점 중 하나는 일단의 감정을 겨냥하는 것이 아니라 어떤 감정의 반응으로서의 활동으로 영화를 완성한다는 것이다. 나는 〈옥희의 영화〉가 슬픔에 반응하는 영화라고 느낀다. 슬픔이 아니라 슬픔에 대한 반응이라면 무엇일까. 나는 그것이 애상에도 쓰러지시 않는 격조라고 생각한다. 격조라고 말하고 나니 기품이라고도 말하고 싶어진다. 어, 이런 감정인가, 그럼 영화로 만들면 어떻게 되지, 하는 그런 반응. 그 반응을 더 선명하게 이름 짓지는 못하겠으나 그 행위는 용감하다. 용감함, 마침내 더 정확하게 말하자면 슬픔에 반응하는 위풍당당함이다. 그 모든 소란스러움을 뒤로한 채 빠르지 않지만 기품 있게 활동하는 행위. 음악이 「위풍당당 행진곡」이어서가 아니라 이 영화의 리듬과 이 음악의 리듬이 동류의 것이기 때문이리라. 그리하여 길고도 긴 고백은 여기가 끝이다. 영화 속 겨울나무는 아주 잘생겼고 〈옥희의 영화〉는 신비롭다. 아니, 나는 언젠가 어딘가에서 영화란 신비다, 라는 문구를 본 적이 있다. 그러니 〈옥희의 영화〉가 얼마나 신비한 영화인가 누군가가 묻는다면 이렇게 말하고 싶다. 〈옥희의 영화〉가 영화다.

(『씨네21』, 2010년 770호)

홀리다,
북촌몽유록
(北村夢遊錄)

〈북촌방향〉의 홍상수와 대구를 이루고 있는 것으로 보이는 한 창작자로부터 시작하고 싶다. 의외겠지만 그는 한국 영화계의 어느 감독이 아니며 세계 영화계의 그 누구도 아니고 동시대에 함께 살고 있으며 국내에서 문학을 하는 한 비범한 창작자다. 에세이스트이자 소설가 김훈이 내게는 홍상수의 대구로 보인다. 이 비교는 이상한 것으로 들리기 쉽다. 김훈도 홍상수도 개별의 인간들에 새겨진 그 구체적 존엄에 관하여 무한 신뢰를 지녔고 둘은 각자의 방식으로 삶의 실체가 심연이라는 진실을 이해하고 있어서 김훈은 "말할 수 없는 건 끝내 말할 수 없다"고 말하고 홍상수는 '잘 알지도 못하면서'라고 영화 제목까지 짓지 않았던가. 그들은 삶의 실체에 대해서 똑같이 고개를 숙여 겸손하다. 그런데 둘 사이에는 중요한 대극의 차이가 있는데 실체에 접근하는 인식의 방식과 과정이 다르다. 내 생각에는 그게 다르면 크게 다른 것이며 정확히 다른 것이다. 예컨대 자리가 주어질 때마다 영화를 좋아하지 않는다고 공언해온 김훈이 어느 다큐멘터리 영화제에서 한 편의 영화 강연자로 초청받았을 때 그는 저 유명한 『칼의 노래』의 첫 문장에 대한 고뇌, 그러니까 사실에 입각하기 위해 '꽃은 피었다'를 '꽃이 피었다'로 바꾸어 쓴 그 배경을 다시 밝히며 완강한 사실 위에서 성립한 영화의 양식이 있다면 그건 아마 다큐멘터리일 거라고 말했다. 반면 홍상수는 언젠가 사석에서 단호한 어조로 "나는 완전한 사실로서의 다큐멘터리가 있다고 믿지 않는다"고 말했다.

예컨대 그들의 대구란 이런 것이다. 『칼의 노래』의 이순신이 김훈의 말처럼 "리얼리스트"일 때 〈하하하〉의 이순신은 세상은 있는 그대로 보는 거냐는 한 남자의 질문에 "아니지, 있는 그대로를 보는 게 아니지. 그런 게 어디 있냐? 생각을 해봐"라고 말한다. 김훈이 『칼의 노래』에서 '꽃은'과 '꽃이' 사이에서 무엇이 더 옳은가 고뇌할 때 홍상수는 〈하하하〉에서 '꽃은'이건 '꽃이'이건 심지어는 꽃이라 불리건 그 무엇이라 불리건 "내가 사랑하는 거지요. 꽃을"이라고 한 여인이 자신의 느낌에 당당하도록 만든다. 김훈이 "시간은 인간 쪽으로 눈길 한번 주지 않는다. 인간은 시간으로부터 소외되어 있다. 이 소외는 대책이 없는 소외다"라고 시간 속 인간사의 '속수무책'을 감별하여 말할 때 홍상수는 "〈북촌방향〉은 시간적으로 이어지는 하루들인 것처럼 보이면서도 어떻게 보면 서로 상관없는 '첫날' 같은 그런 하루들"이라며 시간 속 인간사의 '각양각색'에 유연하다. 김훈이라는 '사실에 바탕한 주관'과 홍상수라는 '주관이 껴안고 있는 사실.' 인간의 무수한 무능함을 인정해야 삶의 실체를 받아들일 수 있는 것이라고 생각하는 김훈에게는 삶의 많은 것이 엄중하고, 인간의 익숙해 보이는 모양새를 호기심으로 다시 쳐다보아야만 삶의 실체를 받아들일 수 있는 것이라고 생각하는 홍상수에게는 삶의 많은 것이 귀엽다. 그래서 김훈은 가장 확실한 사실들을 받아들이는 데 필사적이고 홍상수는 확실하다고 말해지는 그 사실들의 틈을 벌리는 데 필사적이다. 그래서 이렇게 말할 수 있다. 김훈의 윤리는 언어로서의 인정이고 홍상수의 윤리는 이미지로서의 차이다.

김훈의 문학을 존경하는 나는 그러나 홍상수의 영화에 어쩔 수 없이 기운다. 홍상수적 인간과 삶이란 결국 "영화의 일상적 인간"(장 루이 셰페르)과 삶에 밀접하기 때문이다. 영화는 종종 사실에 바탕한 언어로 도무지 해명되지 않는 그 무엇들을 위해 존재할 때, 오로지 그렇게 존재할 때만 가장 영화적이기 때문이다. 위대한 영화주의자 홍상수가 그 강력한 지향을 지니고 있다. 그의 영화 〈북촌방향〉을 보았을 때 문득 한 위대한 언어주의자 김훈이 대구로 떠오른 것도 그런 이유인 것 같다. 그렇다면 사실에 입각한 언어로 잡히지 않는 영화적 대상들 중에는 무엇이 있는가. 그것들을 다는 모르겠고 얼마나 있는지도 모르겠다. 다만 김훈은 이런 말을 했다. "시간의 흐름, 시간의 작용, 이런 것들은 우리가 언어로 포착하기가 거의 불가능하거나 매우 힘든 것입니다. 언어로 표현할 수 있는 것보다 언어로 표현할 수 없는 것이 훨씬 더 많다는 것을 우리는 알아야 합니다."(『바다의 기별』, 생각의나무, 2008) 언어로 잡히지 않는 그 시간의 흐름이나 작용이 때로 영화에 의해서는 포착될 수 있다고 나는 지금 덧붙이고 싶다.

물론이지만 영화로 표현할 수 있는 것보다 영화로 표현할 수 없는 것이 훨씬 더 많다는 것 또한 말해야 할 것이다. 예컨대 영화는 문학이 인간의 내면에 관해 기술해놓은 저 섬세함에 끝내 이를 수 없을 것이다. 그 누가 『칼의 노래』를 영화로 만든다 해도 원작이 성취한 그 깊은 내면성의 표현에 버금가는 작품이 나올 수 있을 거라고 나는 기대하기 어렵다. 제임스 조이스의 의식의 흐름 기법이 영화에 적합하다고 판단하여 내적 독백의 지적 몽타주라 부르며 최종적으로 그것을 담아내기를 염원했던 야심가 에이젠슈테인. 과문한 내 생각에 그는 최종 목표의 달성에 실패했다. 영화란 시각과 청각이 이루는 표면이고, 그것의 작동으로서 한계와 가능성 그 둘 다를 지닌다. 그 때문인지 영화의 불편함과 부족함에 관하여 오히려 역으로 해석한 뒤 그걸 영화의 특권이라 말하는 이도 있다. 홍상수는 자신의 영화가 중립적 표면 위에서 작동한다고 늘 말해왔다. 그러니 한계이건 특권이건 간에 영화의 존재의 기반이 그러하다면 그 상태에서 영화가 다룰 수 있는 몇 가지가 있고, 다시 말하지만 그중 중요한 것 중 하나가 시간이다. 물론이다. 영화도 시간의 비밀을 풀어내지는 못할 것이다. 지상의 무엇이 그걸 할 수 있을 것인가. 다만 영화가 종종 시간을 흔들어댈 수는 있다고 생각한다. 〈북촌방향〉이 놀라운 방식으로 그걸 하고 있다.

거창하게 시작은 했는데 막상 〈북촌방향〉을 설명하려니 난감하기만 하다. 시간을 중심 화제로 놓고 이 영화의 서사를 추릴 때 실은 다음과 같이 너무 간단해지기 때문이다. 전직 영화감독 성준(유준상)은 어느 날 서울의 북촌에 도착하여 친한 형인 영호(김상중)를 만나고 과거의 여인이었던 경진(김보경)을 잠깐 방문하고 영호가 아끼는 후배 보람(송선미)과 성준의 첫 영화의 주인공이었던 중원(김의성) 등과 어울려 한정식집과 술집을 오가고 경진과 놀랄 만큼 닮은(실은 김보경이 1인2역을 하는) 술집 주인 예전에게 관심을 쏟게 되고 그녀와 키스도 하고 하룻밤을 지낸다. 이야기가 이걸로 끝인가. 실은 끝이다. 그러니 아무리 생각해도 이대로는 안 될 것 같고 조금 다른 식의 설명이 필요할 것 같다. 한글 제목은 공간적으로 '북촌방향'이고 영어 제목은 시간적으로 'The Day He Arrives(그가 도착한 날)'인 이 영화는 공간적으로도 시간적으로도 한눈에 조감되지 않는데, 특히나 시간이 어떻게 조감되지 않는지를 더 힘주어 말해야겠다.

어떻게 보느냐에 따라 〈북촌방향〉의 시간은 다르게 느껴진다. 1. 이것은 차례대로 연이어지는 며칠간의 이야기다(A-B-C-D). 성준의 동선이나 그가 한정식집이나 술집을 드나드는 숫자에 기준해서 보면 그렇다. 2. 하지만 성준이 북촌에 도착한 첫날이 계속 다른 가능성 속에서 되풀이되는 것 같기도 하다(A-A1-A2-A3). 성준은 '소설'이라는 술집에 갈 때마다 보이스 오버 내레이션으로 "오늘 소설에 갔다"거나 "오늘 소설이라는 데를 갔다"고 처음 가는 것처럼 말하지, 오늘 또 소설에 갔다고 말하지 않는다. 성준이 술집 여주인과 인사를 할 때마다 매번 반응만 다를 뿐 둘은 꼭 첫인사를 하는 것 같은 인상을 준다. 3. 상식적으로는 1, 2가 다 성립한다는 게 말이 안 되지만 실제로 영화는 그 말도 안 되는 것을 성립시키는 경우들이 있다. 가령 〈북촌 방향〉의 영화의 시간은 차라리, '누군가가 무엇을 했다면, 혹은 하지 않았다면'이라는 식의 가정과 가설의 의문이 끊임없이 따라붙으며 생성되어 나가는 제3의 시간에 가깝다. 그런데 홍상수는 인물이 같은 소품을 들게 하거나(성준과 영호가 든 일회용 커피잔), 짧은 대사 한마디(성준의 술냄새에 대한 언급)만으로도 산술적 시간 논리를 깨뜨리고 제3의 시간 웅덩이로 영화를 빠뜨리는 신기를 보여준다. 예컨대 영화에서 성준은 어떤 여배우와 학생들을 거듭 만나게 되는데 그들은 이 제3의 시간을 가능하게 해주는 출현들 중 하나다. 그 점들을 다 설명하기는 어려울 것 같다. 다만 주의 깊게 본다면 영화가 따로 소제목을 달진 않았지만 임의적인 상태에서 '5장'으로 나누고 있음을 알 수 있다. 각장의 시작은, 북촌의 첫 표지판이 나올 때-안동교회 표지판이 나올 때-정독도서관의 표지판이 나올 때-성준과 영호가 커피를 들고 재동사거리를 걸어 내려올 때-성준이 혼자 골목길을 내려올 때이고, 물론 그게 5일은 아니다. 흔히 이런 경우를 두고 잠재적 시간성의 출현이라고 말하는 것인가, 그런데 그건 좀 딱딱한 철학적 표현이 아닐까, 생각할 즈음 다음과 같은 대목이 문득 떠올랐다.

"서로 접근하기도 하고, 서로 갈라지기도 하고, 서로 단절되기도 하고, 또는 수백년 동안 서로에 대해 알지 못하기도 하는 시간의 구조는 모든 가능성을 포괄하게 되지요. 우리는 이 시간의 일부분 속에서만 존재합니다. 어떤 시간 속에서 당신은 존재하지만 나는 존재하지 않습니다. 다른 어떤 시간 속에서 나는 존재하지만 당신은 그렇지 않습니다. 또 다른 시간의 경우 우리 두 사람이 함께 존재합니다. 호의적인 우연이 내게 부여한 현재의 시간 속에서 당신은 나의 집에 당도했습니다. 그러나 다른 시간, 그러니까 정원을 가로지르던 당신은 죽어 있는 나를 발견하게 될 겁니다. 또 다른 시간에 나는 지금과 같은 똑같은 말을 하지만, 나는 하나의 실수이고, 유령일 겁니다." 호르헤 루이스 보르헤스의 유명한 단편소설 「끝없이 두 갈래로 갈라지는 길들이 있는 정원」(『픽션들』, 황병하 옮김, 민음사, 1994)의 한 대목인데 〈북촌방향〉의 시간에 관한 묘사로 더없이 적절해 보인다. 〈북촌방향〉은 애초에 3부로 나누어서 갈 계획이었으나 예정과 다르게 한 흐름으로 이어냈고 다른 라스트 신을 염두에 두고 촬영까지 마쳤으나 지금의 장면을 라스트 신으로 정했다. 이 영화가 하루의 일인지 며칠간의 일인지 유준상이 처음 물었을 때 홍상수는 허허 웃으며 일단 찍자고 하더니만 촬영 중에 유준상이 재차 묻자 결국 이렇게 답했다고 한다. "그걸 내가 어떻게 알아!!" 홍상수다운 대답. 〈북촌방향〉의 시간은, 사실을 벗어나는, 아무도 모르는 시간이다.

〈북촌방향〉이 칸에서 상영되었을 때 홍상수 영화에 무한한 애정을 지닌 동세대의 명감독 클레어 드니는 파리에서 칸까지 오로지 이 영화 한 편을 보기 위해 다섯 시간 동안 기차를 타고 영화제에 왔고 영화를 보고 새벽에 돌아가면서 "더없이 슬픈 영화다. 특히나 라스트 신의 정서가 훌륭하다"고 찬탄의 말을 남겼다고 한다. 정성일은 〈북촌방향〉을 처음 본 날 사석에서 "홍상수의 영화가 너무 맑아지는 것 아닌가 생각했는데 이 영화에는 사악한 파토스가 있어서 좋다"고 평했다. 슬프거나 사악하거나 하는 건 그들 각자의 감상의 결과이자 형용사적 표현에 해당할 것이지만, 나는 그 감상과 표현이 이 영화의 기이한 시간 작용이 일으킨 반응이 아닐까 생각한다.

말하지면 나는 〈북촌방향〉을 본 다음 한 가지 느낌에 강하게 사로잡혀 있던 중이었는데, 심지어 이런 경험을 했다. 영화 속 보람은 언젠가 20분 동안 아는 영화인을 연달아 네 명이나 만난 것이 참 신기하지 않느냐고 물었는데 나도 조금은 그렇게 묻고 싶다. 그러니까 이삼 일 사이의 일이다. 인터뷰를 하던 중 유준상은 〈북촌방향〉의 라스트 신을 말하며 흘러가는 말처럼 "(고)현정이에게 홀리는 장면"이라고 표현했다. 그다음에 나는 홍상수의 영화 현장에 가는 고현정의 마음가짐에 대해 우연히 기사를 읽게 되었는데, 거기에서 그녀는 "이미 홀리고 싶은 상태로, 한번 홀려봐야지 하는 자세로 홍상수 감독 현장에 간다"고 말하고 있었다. 유준상을 홀린 고현정은 홍상수가 자기를 홀린다고 말하고 있었다. 나는 그와 거의 동시에 정성일이 시네마디지털 서울영화제의 개막작 〈북촌방향〉에 관하여 "꼬리 아홉인 여우들의 홀린 집"이라고 소개 글을 쓴 걸 읽었다. 나는 〈북촌방향〉이 홀리는 영화이고 홀림의 영화라고 생각하여 그 낱말을 혼자 붙들고 있다고 상상했는데 한꺼번에 그들의 말을 그렇게 만난 건 좀 신기한 일이었다. 그러니 여기서 홀림은 단지 비유가 아닌 것 같다. 특히나 〈북촌방향〉의 경우 그게 영화적 활동인 것 같다. 홍상수의 영화는 원래부터 다양한 방식으로 그러했지만, 〈북촌방향〉은 그 홀림이라는 활동의 효과를 시간의 차원에 증가시키고 있고 그 때문에 홍상수의 영화 중에서 가장 신화적이고 설화적이라는 인상을 주기에 충분하다. 그러므로 〈북촌방향〉에서 그 홀림이란 결국 어떤 시간성의 작용일 것이다. 그렇다면 궁금해진다. 〈북촌방향〉은 우리를 어떻게 홀리는가. 그 시간성은 어떻게 활동하는가.

| 그림1 | 그림2 | 그림3 | 그림4 | 그림5 | 그림6 | 그림7 |

이런 도형들을 전제해볼 수 있다(그림 참조). 재미삼아 그려본 엉터리이고 감독의 의중과는 별개의 문제이겠지만 다만 내게는 그 느낌이 중요하여서 누군가에게 그런 촉이 닿았으면 싶어서 남겨본다. 처음에는 성준이라는 수평선이 직진하고 귀신과 헛것과 신기루와 이미지들로서의 인물들이 출몰하여 수직선상으로 성준을 교차하고 있어서(그림1) 그걸 여러 번 경험하면서 포개어지는 그물망의 영화라고 생각했다(그림2). 하지만 그려놓고 보니 어딘가 느낌이 맞지 않다. 성준이 직선이라는 게 문제다. 성준이 직선인 건 〈북촌방향〉의 인상과 맞지 않다.

다시 그린 첫번째 그림. 성준이라는 곡선이 원형으로 자기의 꼬리를 문다(그림3). 성준이라는 원형의 곡선을 어떤 인물의 직선이 교차해서 지나간다(그림4). 영화가 진행되는 동안 성준의 곡선은 같은 모양으로 더 생기고 그 궤적을 그 누군가, 인물이라 할 직선이 여전히 교차하고 지나간다(그림5). 그건 영호라는, 보람이라는, 경진/예전이라는, 여배우와 학생들이라는 여러 인물일 수 있으므로 교차점은 많아진다(그림6). 그런데 생각해보니 출몰하는 인물들도 곡선인 것 같다. 마침내 성준이라는 원형의 곡선을 나머지 인물들의 곡선들이 지나간다(그림7).

순전히 엉터리이기는 하지만, 이 그림이 〈북촌방향〉의 시간적 모형이라고 제멋대로 가정하려는 나의 의도는 분명하다. 이 모형으로 비추어 보자면 〈북촌방향〉의 시간에는 모서리가 없고 전후가 없고 분기와 교차가 있을 뿐이며 그 분기나 교차란 곧 접속이나 연결일 수도 있으며, 그 분기와 교차와 접속과 연결이 좀 덜한 지점이 있고 더한 지점이 있어서 더한 지점은 덜한 지점보다 점점 더 큰 구멍이 되어가고 마침내 커지고 커져서 그 활동력이 왕성해지는 가운데 시간의 블랙홀을 만들어 삶의 실체에 가깝게 다가갈 것이라는 점 때문이다. 이 엉터리 도형만을 끌어안고서라도 나는 〈북촌방향〉에 행복해할 수 있을 것 같다. 하지만 우리는 반드시 언어의 안쪽으로 들어와 〈북촌방향〉의 흘리는 시간의 작용을 다시 말해야만 할 것이다. 실패를 각오하고라도 그 작용 몇 가지를 말해야 할 것 같다.

아무래도 보이스 오버 내레이션의 활동을 말하지 않고 건너뛰긴 어려울 것 같다. 홍상수 영화의 보이스 오버 내레이션이 다양한 기능을 할 뿐만 아니라 시간의 압축과 확장에도 깊은 연관이 있다는 건 이미 밝혀진 것인데, 〈북촌방향〉의 보이스 오버 내레이션은 의외로 단출하다. 그게 이 영화의 보이스 오버 내레이션의 특별한 점이다. 〈북촌방향〉에서 보이스 오버 내레이션을 갖는 건 성준과 경진 두 인물뿐이다. 그런데 쓰임이 상반된다. 성준의 보이스 오버 내레이션은 철저하게 그의 내면 상황만을 기술한다. 경진의 보이스 오버 내레이션은 철저하게 그녀의 존재를 성준에게 상기시키는 데에만 쓰인다.

말하자면 성준의 보이스 오버 내레이션은 흘림을 당하는 존재의 심리적 보이스 오버 내레이션이고 경진의 보이스 오버 내레이션은 언제든 그를 흘리러 나타날 경진이라는 존재의 시간적 보이스 오버 내레이션이다. 경진이 성준에게 문자메시지를 보낼 때마다 김보경이 그걸 읽는다. 결정적으로 성준이 술집의 문 앞에 서 있을 때 경진의 목소리가 등장한다. 술집 주인 예전(그러니까 육체의 김보경)이 음식을 사러 가겠다며 프레임을 막 벗어날 때 그 뒷모습을 보던 성준을 자극하는 경진의 문자(그러니까 목소리의 김보경)가 날아든다. 두 번 날아든다. 경진의 목소리는 한번은 부드럽게 추억을 거론하며 흘리고 또 한번은 자기를 버린 성준을 책망하며 무섭게 흘린다. 어쨌거나 홀리는 건 마찬가지다. 그때 눈앞에 육체적으로 존재하는 저 여인 예전과 목소리로 막 도착한 여인 경진이 팽팽한 긴장을 이룬다. 그때 홀려서 이도저도 못하는 성준은 엉겁결에 두 번 다 눈에 보이는 예전을 뒤따라간다. 〈옥희의 영화〉의 화장실 앞 옥희의 보이스 오버 내레이션이 나이 든 남자(문성근)와 젊은 남자(이선균)의 시간계를 합쳐냈던 매개였음을 기억해내자. 여기서의 경진의 보이스 오버 내레이션은 성준의 시간계를 아예 덮쳐버린다.

그다음으로 느껴야 할 건 밤과 낮 그리고 그 사이를 잇는 흑백 화면이다. 홍상수의 두번째 흑백영화라고만 〈북촌방향〉을 말하는 건 무용하다. 이때 흑백은 기억이나 과거와도 관계가 없다. 그보다는 밤과 낮의 확실성이 우선 중요하다. 〈북촌방향〉의 시간감은 시계로 잴 수 있는 물리적 시간감이 아니라 어둠(밤)과 밝음(낮)이라는 명암의 시간감이다. 인물들은 몇 시부터 몇 시까지 어디에 있는 것이 아니라 정확히 밤과 낮 그 어디에 있다. 그러므로 여기서 시간은 (앞으로) 가는 게 아니라 그냥 (밤낮만) 바뀌어가는 것이다. 바뀌고는 있지만 진전하지는 않는다는 것이 관건이다. 그건 컬러여도 마찬가지였을 것이다. 그러니 흑백은 그다음에야 중요하다. 흑백 화면이 밤낮을 구분하지 못하도록 둘을 어렴풋하게 묶는 것으로도 생각할 수 있지만, 밤과 낮만 있는 시간이라는 걸 더 강조하기 위해 감싸는 것이라고도 볼 수 있다. 세상은 온통 흑백인데 게다가 그 안에는 의미상의 밤과 낮만 있는 것이다. 홍상수라면 이것을 시간을 눌러서 다림질했다고 말할지도 모른다. 그러니 〈오! 수정〉의 흑백이 '기억의 흐릿함'을 위한 것이었다면 〈북촌방향〉의 흑백은 '시간의 불투명함'을 위한 것이다. 〈북촌방향〉은 어제나 오늘의 밤과 낮이 되풀이되는 것이지 어제의 밤 다음에 오늘의 낮이 이어지는 것이 아니다.

정보와 인상이 회귀하고 교차하면서 만들어내는 인지적 착각과 교란도 중요하다. 이 점이 아주 요상하다. 그중에서도 대표적인 것은 1인2역이다. 홍상수 영화에 종종 출현하는 것이 아니겠나 싶지만 작용이 좀 다르다. 홍상수 영화의 1인2역은 대체로 어떤 존재의 '형상'의 유사함이나 동일함이니 차이로 충격을 가한다. 〈극장전〉이 그렇고 그걸 확장하면 〈옥희의 영화〉가 된다. 그런데 〈북촌방향〉은 정확히 시간을 겨냥한다. 인물의 존재에는 혼선이 없는데 그가 하는 말 때문에, 우리의 뇌가 스스로 알아서 혼동하고 고민하면서 이 시간 저 시간을 맞춰보려고 움직이게 된다.

섬뜩하기까지 한 장면들이 있다. 성준이 일행을 두고 술집 밖으로 음식을 사러 나간 예전을 두번째 따라가서 그녀와 키스를 할 때 처음에는 소극적이던 예전은 돌연 "오빠! 헤어지고 오는 거지요? 나한테?"라고 말한다. 그 둘은 만난 지 얼마 안 됐거나 처음 만난 사이가 아닌가. 그 순간에 우리의 눈은 예전을 보고 있는데 그녀의 대사가 예전의 육체 위에 경진을 씌운다. 의미상으로 그 대사는 무리와 지금 술집에서 헤어지고 난 다음 나(예전)에게 오라는 말이지만 이미 성준과 경진의 관계를 알고 있는 우리의 뇌는 알아서 그걸 '내게 돌아오라'는 경진의 청으로 듣는다. 여기까지라면 존재만 흔들리는 것이다. 그런데 이제 시간도 흔들리게 된다.

예컨대 성준은 예전과의 섹스를 끝내고 "난 네가 누군지 알 것 같다"고 말하는데 그때 예전은 "누군지 모를 텐데"라고 말한다. 그러면서 예전은 "오빠처럼 이렇게 나 쳐다보던 사람 없었던 것 같아"라고 말한다. 이때 중요한 건 "없었던 것 같아"라는 대사의 시제가 주는 뉘앙스다. 그때 우리의 뇌는 영화의 도입부에서 경진을 찾아갔던 날 무릎 꿇고 우는 성준에게 내 눈을 보라고 종용하던 경진을 떠올린다. 보여지는 순서로는 성준과 예전의 신이 뒤에 있고 성준과 경진의 신이 앞에 있다. 하지만 '눈을 보고 보지 않고'를 사이에 두고 정작 그 시간 순서의 인지가 뒤바뀐다. 성준과 예전의 지금 상황이 성준과 경진의 과거처럼 보이게 된다. 과거에 그들은 눈을 보며 서로 예쁘다고 말하는 사이였을 것이기 때문이다.

마지막으로 우리는 홍상수의 영화에 관하여 그동안 잘 말해지지 않은 것 한 가지를 〈북촌방향〉을 계기로 말할 때가 됐다. 차이와 반복이 홍상수 영화의 것이라고 늘 말해져 왔고 그것 때문에 대구도 대칭도 중요했다. 하지만 그의 영화에서 접속과 연결이 얼마나 중요한지에 대해서는 소홀했던 것 같다. 〈북촌방향〉을 〈옥희의 영화〉와 비교해보면 이 점이 두드러진다. 〈옥희의 영화〉에서 우리가 확언할 수 없었던 건 인물들의 존재감이자 정체성이었다. 누가 누구인지 알 수 없는 것. 그게 〈옥희의 영화〉의 신비였다. 그런데 지금 생각해보니 〈옥희의 영화〉의 그 신비를 지탱해내는 데 중요한 역할을 한 건 소제목과 크레딧, 즉 장과 막의 구분이었던 것 같다. 〈옥희의 영화〉는 잘 붙이는 게 아니라 잘 떼어내는 게 중요한 영화였다.

반면에 우리는 〈북촌방향〉에서 결코 성준이라는 존재가 헷갈리지 않는다. 성준은 성준이고, 보람은 보람이다. 경진/예전이라는 인물 사이의 교란이 있다고 말했지만 그 둘의 인상이 교란되는 것이지, 〈옥희의 영화〉처럼 그들의 존재를 규정할 수 없는 것까지는 아니다. 〈북촌방향〉에서 헷갈리는 건 성준이라는 존재가 아니라 성준의 시간이다. 다름 아니라 〈북촌방향〉이 차이와 반복을 다소 희미하게 만든 대신 접속과 연결을 강력하게 드러낸 덕분이다. 지금까지 홍상수는 대체로 많은 영화에서 하나의 큰 전체를 상정한 다음 그걸 나누어서 재배열하면서 가능해지는 무수한 미시성을 중시해왔다. 그 미시적 가능성이 어느 종착지에 도착하는 영화였다. 그 때문에 폐쇄적 순환의 영화가 많았다. 그 과정에서 자연스럽게 차이, 반복, 장과 막, 대구, 대칭이 중요했다.

그런데 〈북촌방향〉에는 5장의 작은 전체가 있다. 정해진 테두리의 큰 전체는 없다. 그 작은 전체들, 즉 시간들이 덩어리째로 분기하고 교차하면서, 접속하고 연결되면서 재배열되어 정해지지 않은 그 바깥쪽 어딘가로 터져 흘러나간다. 홍상수는 그게 어떻게 되어가는지 보고 싶어 한다. 그러므로 이제 이 영화로 우린 홍상수 영화의 폐쇄적 순환을 넘어 무한까지도 말할 수 있게 된 것이다. 그걸 〈옥희의 영화〉에서 '존재'로 경험했다면, 〈북촌방향〉에서는 '시간'으로 경험한다. 그러니 보르헤스의 문장을 기억해주었으면 좋겠다. 엉터리 도형의 그림을 기억해주었으면 좋겠다. 접속과 연결이 중요하다는 말을 기억해주면 좋겠다. 성준은 영호를 만날 수도 있고 아닐 수도 있고 보람과 중원을 만날 수도 있고 아닐 수도 있고 경진/예전을 만날 수도 있고 아닐 수도 있고 혼자 떠돌다가 다른 사람들을 만날 수도 있고 아닐 수도 있다. 이 영화의 시간은 무한대가 된다. 그 결과 북촌에는 우리가 말도 안 된다고 말했던 우주적 계열의 시간들이 마침내 공존하게 된다. 〈북촌방향〉에서의 '아무것도 아닌 것인 중요한 것'으로서의 시간은 마침내 그렇게 성립된다.

나는 〈북촌방향〉의 시간의 체험록을 써보려고 무던히 노력했다. 이 영화의 비밀을 밝히고자 한 것이 아니다. 작용은 무수한데 뜻은 없는 이 영화는 그래서 의미상으로는 밝힐 비밀이 없다. 그 표면들의 작용 자체가 비밀이어서, 느끼다보니 감정들이 비밀스러워지는 것이다. 그러므로 이 글의 초입에서 영화가 시간을 다룰 수 있다고 한 나의 표현을 지금에 와서는 기꺼이 바꾸려고 한다. 어떤 영화들은 시간을 다룬다. 많은 SF영화들이 시간을 다룬다(〈소스 코드〉). 얼핏 〈북촌방향〉과 비슷한 이야기인 것 같은, 시간의 고장으로 한 남자의 하루가 끝없이 반복되는 〈사랑의 블랙홀〉이라는 할리우드 영화도 시간을 다룬다. 시간을 다루는 건 문학도 할 수 있고 어쩌면 더 잘할 수도 있다.

다만 어떤 영화들은 시간을 다루지 않고 시간을 체험케 한다. 언어로는 포착하기 힘든, 그 시간의 작용을 체험케 한다. "영화는 시간이 내게 하나의 지각처럼 주어지는 유일한 경험이다"라고 장 루이 셰페르는 말했다는데, 그런 뜻이었을 것이다. 다만 나는 〈북촌방향〉을 보고 나니 그의 말에 일부분만 공감이 간다. 영화라 불리는 모든 영화가 시간을 지각하는 경험을 주는 것은 아니기 때문이다. 그런 경험을 주는 영화가 진정한 영화이고 그런 영화가 적을 뿐인데, 나로서는 〈북촌방향〉과 같은 영화가 바로 그런 영화다.

삶의 실체 혹은 그중 하나인 시간을 체험하고 나니 꼭 꿈을 꾼 것 같다. 물론이다. 표현상 그렇게 말하는 건 아이러니한 일이다. 하지만 어쩔 수 없다. 실체를 체험해놓고 기껏 꿈에 비유해 말하는 건 나의 무능함이지만 실체를 다 '알고 나서 하는 말'이 아니라 '체험한 다음에 하는 말'이기 때문에 일면으로는 그게 더 맞는 것 같다. 여기서 핵심은 '꿈'이라는 명사가 아니라 꿈 '같다'는 형용사에 있다. 비밀을 풀어냈다는 자신감이 아니라 새로운 느낌을 새기게 된 것에 대한 감격에 있다. 〈북촌방향〉에는 홍상수의 전작들과 달리 단 한 조각의 꿈도 등장하지 않는데도 이 영화는 홍상수의 영화 중 가장 긴 꿈인 것처럼 느껴진다.

그러니 아직은 말하기 어려운 이 영화의 기이한 정서적 라스트 신이자 에필로그, 거기에 정념이 가득 넘치는 건 당연하다. 당신도 나처럼 그 장면에 이르면, 우린 북촌의 꿈에서 또 다른 북촌의 꿈으로 끌려들어가는 것인가, 북촌의 꿈을 깨고 현실로 돌아가는 것인가, 하면서 중얼거릴지 모른다. 이 영화는 탁월하게도 거기 멈췄기 때문에 그 두 가지 다 가능하게 하며 두 가지 다 아니게 하고 그 때문에 더없이 아름답다. 이제 끝에 이르니 내가 쓴 건 결국 북촌의 꿈, 북촌몽유록(北村夢遊錄)이 아니었나 싶다.

홍상수와 비견되곤 하는, 삶의 실체에 과격했던, 그래서 꿈 혹은 꿈과 같음의 미학을 맹렬히 시도했던, 그러나 홍상수의 영화와 분명한 차이를 지닌 그들 초현실주의자들을 지지하는 글에서 발터 벤야민은 "혁명을 위한 도취의 힘들을 얻기. 이것이 초현실주의의 모든 책과 시도가 추구하는 목표이다. 초현실주의는 그것을 자신의 고유한 과제라고 불러도 좋다"(『역사의 개념에 대하여/폭력비판을 위하여/초현실주의 외』, 최성만 옮김, 길, 2008)라고 말했다. 더불어 그 핵심 내용을 "범속한 각성"이라고 이름 지었다. 벤야민은 낡은 풍경에서 혁명을 보는 초현실주의자들의 태도를 짚으며 "대도시의 빈민구역에서 신에게 버림받은 일요일 오후나, 새 집의 비에 젖은 유리창을 통해 첫눈에 경험하는 모든 것"이라며 범속한 각성을 이뤄내는 "사물의 숨겨진 정조"의 예들을 들었는데, 홍상수 영화에서 사물의 정조 혹은 사람이 사물화되어 만들어지는 정조를 우린 수없이 열거할 수 있다.

지금은 〈북촌방향〉의 가장 아름다운 장면 하나로 대신하려고 한다. 술집을 나온 성준 일행(영화 속 배우들이 한 프레임에 전부 등장하는 유일한 장면, 그리고 영화에 음악이 흐르는 유일한 장면)이 함박눈이 내리는 새벽에 다들 술에 취한 채 택시를 잡기 위해 난장판으로 서 있다. 누구는 비틀거리고 누구는 부축하고 누구는 갑자기 쏜살같이 튀어나간다. 각자의 흔들리는 시선과 잠깐씩의 멈춤과 방황하는 몸짓과 불만이 엿보이는 자태들이 담긴, 이 눈 내리는 새벽의 사물의 정조들 혹은 물질적 기표들의 무한한 파토스를 당신에게 미리 일러둔다. (말이 안 된다는 것은 알고 있지만 그래도 하자면) 이 장면에서 인물들은 꼭 술 취한 세잔의 사과 같다.

그런데 집요한 홍상수는 이 아름다운 정조의 순간조차 그대로 내버려두지 않고 시간의 차원에서 한 번 더 뒤튼다. 그 결과물이 이 장면을 뒤로 돌리고 그러나 음악과 소리는 제자리에 두면서 완성된 〈북촌방향〉의 예고편이다. 이 예고편까지 더해야 〈북촌방향〉은 진정한 한 편의 영화가 된다고까지 나는 말하고 싶어진다. 홍상수의 범속한 각성은 다름 아니라 다르게 쳐다보는 것이다. 그런데 그는 다르게 본 걸 또 다르게 보며 그 행위를 멈추지 않는다. 그게 홍상수의 범속한 각성의 각성이다. 혁명을 위한 도취의 힘들을 얻는 것이 초현실주의자의 과제라면 생활의 발견을 위한 도취의 힘들을 얻는 것이 '홍상수라는 영화'의 필생의 과제다.

홍상수는 외국의 어느 강연에서 삶의 실체와 그 지각에 관하여 설명하기를, 사회자에게 물통 하나를 건네주며 "지금 우리가 이렇게 물통을 주고받으며 그 물맛에 관해 말할 순 있지만 몇 년을 설명한다고 해서 그 물맛을 알 수는 없을 것"이라고 말했다. 그가 영화로 하고자 하는 건 실로 그 물맛의 실체를 비로소 맛보는 것이다. 그러니까 그 물이 시간이고 물통은 단단한 상투라고 해보자. 〈북촌방향〉은 그 상투라는 물통에 작은 구멍들을 뚫어서 시간이라는 물맛을 보려는 꼬챙이다. 그리고 우리는 그 구멍 사이로 흘러나오는 시간이라는 물맛을 본다.

한꺼번에 많이 다르게 보는 것은 홍상수에게 결단코 중요치 않다. 그런 건 혁명이다. 그의 입장에서 보면, 그렇게 다르게 보는 건 또다시 상투와 통념을 끌어들여 기대게 될 것이기 때문이다. 그러므로 그의 영화에서 다르게 보는 것만큼 중요한 건, 조금 다르게 보기 혹은 조금씩 다르게 보기이다. 홍상수 영화는 많이가 아니라 반드시 조금이어야 하고 그 조금이 매번 전부이고 총력이다. 그가 그러고 나면 우리는 영화 속 성준의 말처럼 "그 조화를 느끼면 된다." 가깝지만 아득하고 멀지만 통하는 것들이 곡선으로 돌고 또 휘면서 거리를 망실한 채 우주를 만드는 〈북촌방향〉에서 우린 그 시간의 조화를 느낀다. 〈북촌방향〉이라는 이 진귀한 체험을 나의 언어로는 도무지 이렇게밖에는 말할 수 없다.

(『씨네21』, 2011년 819호)

친애하는
국경

안느(이자벨 위페르)라는 이름의 세 여인이 각자 한 번씩 다른 이유로 모항이라는 작은 해변을 찾는 이야기를 옴니버스 형식으로 엮은 홍상수의 영화 〈다른나라에서〉 중에서 3부에 등장하는 안느는 인근의 통찰력 깊은 스님을 만나 인생 상담을 하다 말고 갑자기 엉뚱한 부탁을 한다. 스님이 안느의 얼굴을 그려주겠다며 꺼낸 만년필을 보더니 그녀는 무턱대고 자기에게 그걸 선물로 달라고 한다. 스님도 좀 놀라고 스님을 안느에게 소개해준 민속학자는 더 놀라서, 그건 이상한 행동이라며 안느를 나무라지만 그녀는 물러설 기색이 없다. 왜 그 만년필이 필요하냐고 이유를 묻자 안느는 그것으로 무언가(글을) 쓸 것이라고도 하고 그냥 자기가 원하기 때문이라고도 한다. 그리고 결정적으로 자기의 행동은 결국 "저분(스님)이 그렇게 했기 때문"이라고 한다. 스님은 결국 만년필을 안느에게 준다. 그게 언젠가 민속학자가 스님에게 주었던 선물이라는 것을 우리는 안느가 해변으로 홀로 나갔을 때 펜션에 남은 스님과 민속학자 두 사람의 대화를 듣고 알게 된다. 안느의 주장을 들었어도 아직은 석연치 않다. 그녀는 정말, 왜 스님에게 만년필을 달라고 한 것일까.

그녀와 스님의 앞선 대화 속에 일단의 실마리가 있기는 하다. "나는 왜 무서움을 느끼는가"라고 묻는 안느에게 스님은 당신이 무언가를 무서워하는 이유는 그 무언가가 무서운 것이어서 그런 게 아니라 당신이 그 무언가를 무서워해서라고 답해준다. 무서운 것이 있어서 무서운 게 아니라 무서워하니까 무섭다는 것이다. 안느는 스님의 그 말에 만년필을 요구하며 응대한 것이다. 당신의 말대로라면, 그게 마음의 문제라면, 내가 무언가 갖고 싶다고 하면 그건 가질 수도 있어야 하는 것 아니냐는 뜻인 것 같다. 안느가 스님의 말의 구조를 고스란히 빌려 반박하고 있는 모양새로 보인다. 하지만 여기에는 이러한 선문답 외에 다른 이유도 있는 것 같다. 1부에서도 2부에서도 텐트가 좋아 보인다는 안느의 말 한마디에 안전요원은 그럼 "유 캔 해브 잇"이라고 응하는데, 그건 당신이 원하면 가질 수 있다는 뜻이 아닌가. 1부와 2부의 안느는 텐트를 준다고 해도 받지 않았지만 3부의 안느는 만년필을 갖겠다고 한다. 차이가 생겨나는 것이다. 그러니 3부의 안느가 스님에게 한 행동은 안전요원이 "유 캔 해브 잇"이라고 말한 것에 대한 먼 메아리로서의 대답일지도 모르겠다. 스님도 손바닥에 공을 그리며 "유 캔 해브 잇"이라고 말했지만 안느는 보이지 않는 그것 대신 눈앞에 보이는 만년필을 가리키며 갖기를 원함으로써 앞선 장면들에 등장했던 안전요원의 말과 그 밖의 안느들의 선택을 영화적으로 환기시키고 있다.

이 장면은 〈다른나라에서〉의 어떤 중요한 모티브들, 즉 '이동과 운동의 모티브'들의 존재를 알려준다. 그중에서도 첫번째, '주고-받고'의 모티브를 직접적으로 환기시킨다는 점에서 더할 나위 없이 중요한 장면이다. 이것이 안느가 만년필을 요구한 필요라면 필요다. 말하자면 3부의 안느가 스님에게 만년필을 달라고 할 때 그 부탁은 지금 뭔가 주고받는 행위를 해야 한다는 영화적 제안으로도 보인다. 〈다른나라에서〉의 인물들은 꼭 선물이 아니더라도 무언가 건네고 건네받고 받지 않더라도 주려고 하고 준다고 하지 않았는데도 달라고 한다. 1부에서 안전요원과 안느가 각각 노래와 편지로 선물을 주고받는 것을 시작으로 이 목록은 늘어가고 결국에는 사람과 사람을 넘어 각 파트인 1부와 2부와 3부끼리도 주고받는다. 무언가 자꾸 이동하려 하고 이동한다. 대표적으로는 소주병과 우산이 가장 먼저 눈에 들어오는데, 실은 이 만년필도 그런 운명 안에 있다. 그러니 3부의 안느가 요구하여 받아낸 이 만년필은 필시 1부의 안느가 안전요원에게 미안함과 따뜻함을 전하기 위해 새벽의 베란다에서 편지를 작성할 때 사용한 그 만년필일 것이다. 3부와 1부가 서로 주고받은 또 하나의 것이다. 우리는 이렇게 쉬지 않고 이동하고 움직이는 〈다른나라에서〉의 세계에 지금 막 발을 들인 것이다.

비스듬히 함께 엮여 있는 두번째 모티브가 있는데 그건 '잃고-찾고'다. 프랑스의 영화 전문지 『카이에 뒤 시네마』의 평론가 뱅상 말로사는 〈다른나라에서〉가 주인공의 소통 불가능성이라는 점에서 〈사랑도 통역이 되나요?〉의 재해석쯤 될 것이라고 지적했는데 이 의견은 재미있지만 잃고-찾고의 모티브 안에서 볼 때 오해이거나 빙산의 일각에 해당한다. 소통되지 않는 것이 아니라 잃고-찾고의 반복을 거치면서 소통은 깜박이며 잠시 성공하거나 잠재된 상태로 남는 것이다. 더군다나 〈다른나라에서〉의 잃고-찾고는 주제적이지도 문화적이지도 않으며 반드시 행위적이고 운동적이다.

잃어버리는 대상은 아주 다양하다. 그건 마음일 수도 있고 물건일 수도 있고 사람일 수도 있다. 마찬가지로 찾으러 나서는 사람과 경로도 다양하다. 빌린 우산을 돌려주기 위해 펜션집 딸의 숙소를 찾아갔다가 거기에서 안전요원과 펜션집 딸이 깔깔대며 영어 공부를 하고 있는 걸 본 1부의 안느는 그때 평정심을 잃고 그날 밤 안전요원에게 퉁명스럽게 군다. 그때 안전요원은 때마침 "아임 로스트"라는 문장을 외우는 중이다. 사랑하는 남자인 영화감독 수와 만나기 위해 모항에 온 2부의 안느는 난데없이 꿈에서 휴대폰을 잃어버리고 수와 함께 휴대폰을 찾으러 다닌다. 때론 사람이 대상이 되는데 그게 이 영화에서 포복절도할 만한 웃음을 만들기도 한다. 3부의 갯벌 장면. 만삭의 아내와 민속학자는 갯벌에서 엉뚱한 애정 행각을 벌이고 있는 안느와 영화감독 종을 찾아내고야 마는 것이다. 그리고 세 명의 안느가 공통적으로 찾고자 했으나 찾지 못하는 것은 무엇인가. 혹은 잠시 잠깐 찾는다 해도 꿈속에서였거나 텐트 안에 있는 작은 조명등 정도였던 그것은 무엇인가. 등대. "등대가 어디 있나요?" 안느들은 자주 묻지만 스님의 말투를 빌려 답하자면 등대란 그런 것이다. 찾는 사람의 눈과 마음에 있는 것. 〈다른나라에서〉의 인물들은 종종 무언가를 잃고 찾으러 다니고 결국 찾고 또는 찾지 못한다.

제자리에 앉아 있으면 잃어버릴 일이 없고 돌아다니기 때문에 잃어버리게 되는 것이지만 그러고 난 뒤라면 또 어쩔 수 없이 찾으러 돌아다니는 수밖에는 없다. 그게 이 영화의 세번째 이동과 운동의 모티브, 인물들의 '오고-가고'와 연관된다. 잃어버린 마음을 다시 적어 편지로 전하기 위해서는 그 사람에게 가(와)야 하고 잃어버린 휴대폰을 찾기 위해서는 그걸 찾으러 와(가)야 하며 새벽녘에 외국 여자와 사라져버린 남편을 찾기 위해서는 어쨌든 갯벌에 가(와)야만 한다. 애초에 모항이라는 해변에 안느가 오는 것으로 시작하여 어디론가 안느가 떠나는 것으로 끝나는 영화이기에 오고-가고는 〈다른나라에서〉의 영화 전반에 관련되어 있는 문제다. 하지만 그중에서도 신묘할 정도의 미로로 만들어진, 이 영화의 백미 중 하나라고 해야 할 2부의 꿈 장면들은 오고-가고를 '들고-나고'라는 바뀐 계열의 경험으로까지 확장한다.

2부에서 영화감독 수(문성근)를 홀로 기다리던 안느가 언제 잠들었는지에 대해서는 확언하기 어렵지만 안느가 2층 방의 조명등을 매만지는 그때에 숏은 컷하더니 다음 장면부터 상상과 꿈이 반복되고 그 와중에 영화감독 수는 세 번 안느에게 온다. 첫번째 올 때는 안느의 짧은 상상 속에서 오고 두번째 올 때는 꿈속에서 오고 마지막으로 올 때는 등대가 없는 바닷가에 안느가 앉아 있을 때 온다. 이중에서도 그의 세번째 방문은 여전히 현실인지 꿈인지 장담하기 어려운데, 다만 꿈속에서는 있었던 등대가 거기에는 없는 것으로 보아 현실로 추론해볼 수는 있다. 어쩌면 이 장면은 진짜 등대란 무엇인가에 관한 중요한 질문인지도 모르겠다. 등대가 없는 자리, 거기 등대와 같은 뒷모습으로 안느가 앉아 있다. 그때 불현듯 수가 다시 나타나 둘은 격정의 포옹을 한다. 2부에서 등대를 찾아 나서는 것은 안느이지만 그녀 자신이 등대가 되고 있으므로 등대를 찾아내는 것은 오히려 수다. 이 들고-나고의 마지막 과정에 이르러 사랑한다는 말과 수의 뺨을 때리기를 번갈아 하는 안느의 행위란, 지금 이 신묘한 오고-가고 혹은 들고-나고를 몸소 체험한, 꿈과 현실을 오가는 경험을 한 주인공의 지극히 희극적인 몸짓일 것이다.

그렇다면 이런 질문을 피할 수 없다. 주고-받고, 잃고-찾고, 오고-가고라는 이동과 운동의 모티브들은 궁극적으로 무엇을 형성하기 위한 것인가. 혹은 어디에 기여하고 있는 것인가. 이 모티브들은 두말할 필요도 없이 의미가 아니라 활동의 모티브들이다. 만년필이 편지 쓰기라는 행위를 가능케 하듯이, 우산이 안느의 떠나는 뒷모습을 가능케 하듯이 이 세 계열의 모티브도 무언가를 가능케 하기 위해 여기 도입되었다. 이들은 스스로도 부지런하게 활동하지만 무언가 초활동적인 것에 기여하기 위해 존재하는 것 같다. 그건 무엇인가. 그 궁극의 초활동적 모형을 말해야 한다면, 나는 그걸 '관계'라고 말할 생각이다. 정확히는 '관계라는 활동'이라고 부를 생각이다. 관계의 형성이나 관계의 복원도 아닌 그리고 관계의 활동도 아닌 관계라는 활동이다. 의미 구조로부터는 떨어져 있고 지속적으로 전체와 세부를 움직이게 하면서 사람과 사람 사이에서 초활동적으로 움직이며 세계의 양상을 낳고 있는 그 관계라는 활동.

지난 두 편의 영화 〈옥희의 영화〉와 〈북촌방향〉과 비교해보면 〈다른나라에서〉의 특징인, 관계라는 활동이 좀더 두드러져 보일 것이다. 감독 자신의 말을 빌리자면, 〈북촌방향〉은 누군가 한 장소를 세 번 반복해서 찾아가는 것으로부터 시작된 영화다. 소설이라는 술집을 주인공이 찾아갈 때마다 우리는 애매함을 겪어야 했는데 그 애매함을 실어나른 요체는 무엇이었던가. 시간, 시간의 복잡성, 시간의 복잡성을 만든 구조적 갈래들이었다. 한편 〈북촌방향〉을 설명한 감독의 말의 형식을 빌려 〈옥희의 영화〉를 설명하자면 이 영화는 누군가 한 인물이 자기의 존재를 네 번 드나들며 애매해지는 이야기라고 해도 될 것이다. 인물들의 존재가 애매했던 영화, 이도 아니고 저도 아닌 인물들이 살아 있어서 중요했던 영화였다. 〈북촌방향〉에서는 그 장소를 찾아간 것이 매번 처음인지 연속인지 알 수 없었고 〈옥희의 영화〉에서는 매번 새로 시작하는 단편의 인물들이 시간상 연속된 존재들인지 아닌지 알기 어려웠다.

그렇다면 같은 이름을 가진, 그러나 존재가 다른 세 여인이 각각 다른 시간에 같은 장소를 한 번씩 찾아오는 〈다른나라에서〉도 무언가 애매해질 가능성이 있는 것일까. 결과적으로 이 영화는 놀랍게도 그런 분위기를 성취해냈다. 〈다른나라에서〉는 존재도 헷갈리지 않고 시간도 복잡해지지 않았는데 여전히 신비로운 애매함이 깃들어 있다. 〈옥희의 영화〉와 〈북촌방향〉에 비하면 의도적으로 복잡성이 약화되었는데도 불구하고 그렇다. 말 그대로 복잡성이라기보다는 애매함이라고 해야 할 그런 분위기들이 지배적이다. 겹치고 겹쳐서 중첩적인 무엇인가가 된 두 편의 전작에 비교하여 〈다른나라에서〉는 중첩보다는 평행성이 더 강조되면서 아슬아슬하게 무언가 앞과 뒤로 걸치고 이어지고 하면서 관계라는 활동이 애초부터 갖고 있는 그 성질, 그 어중간하면서도 공존하는 느낌을 최상으로 전해주고 있다. 관계란 느슨한 공존이라는 게 중요하다. 혹은 서로 어중간하게 나란히 걸쳐진 각자의 다른 나라에서 사는 것이 곧 관계라는 게 중요하다. 이것이 이 영화가 비교적 간결한 옴니버스 형식으로 완성된 것과 아마 연관이 있을 것이다.

그런 점에서 〈다른나라에서〉라는 제목부터 다시 생각해보아야 할 것 같다. 대체로 이 제목은 해석되기를 프랑스인 안느가 (한국이라는) 다른 나라에서 겪는 이야기라고 이해되는 것 같다. 이것이 일반적이며 사실 틀릴 게 없는 말이기는 하다. 혹은 (프랑스라는) 다른 나라에서 온 타지인 안느가 한국의 해변 모항에서 겪는 일이라고도 이해되는 것 같다. 그것 역시 틀리지는 않을 것이다. 하지만 내가 느끼는 〈다른나라에서〉의 제목의 정체는 좀 다르다. 내게 이 영화의 제목은, 아니 제목이 주는 이 영화의 어떤 상태는 '(각자 차이를 지닌 서로의) 다른 나라에서'라는 어떤 동시성과 공존성으로만 이해 가능하다. 그러므로 〈다른나라에서〉의 다른 나라란 지구상에 존재하는 어떤 국가가 아니라 나뉘고 이어져 있는 이 영화의 1부와 2부와 3부 그 자체인 것 같다. 프랑스나 한국을 말하는 것이 아니라 실은 여기 세 번에 걸쳐 모항에 관한 이야기를 반복과 차이로 담고 있는 각 파트들이 그 나라인 것 같다. 그러므로 옴니버스로 연결되어 이 세 개의 나라가 차례대로 연결될 때 그것이야말로 다른 나라에서의 무엇이 된다.

이 세 개의 나라를 움직이는 활동 모형은 홍상수의 전작들이 보여준 활동 모형 및 활동 작용들과는 또 다른 변별점을 갖게 된다. 홍상수의 많은 영화들이 〈강원도의 힘〉이나 〈극장전〉처럼 A/B의 대구 구조를 지향해왔다면 혹은 〈밤과 낮〉처럼 A를 일기식으로 나열했다면, 혹은 〈옥희의 영화〉처럼 A1-A2-A3가 하나씩 서로를 통과하는 것이었다면, 혹은 〈북촌방향〉처럼 그것들이 분절되고 접속하고 중첩되는 것이었다면, 〈다른나라에서〉는 A1→A2→A3로 나란히 직진 운동하는 가운데 블록과 블록이 서로 일정한 간격을 두고 있다. 예컨대 이 세 개의 블록은 유사하지만 각자 독립적이다. 임시적으로는 완결성까지 갖췄다. 파트마다 새로 찾아오는 안느1, 안느2, 안느3이 따로 있으며 그들은 존재가 다르고 찾아오는 시간도 다르고 방문의 이유도 다르지 않은가. 1부에서는 관심과 질투 뒤에 화해라는 결말이 있고 2부에서는 기다림과 꿈 뒤에 사랑이라는 결말이 있고 3부에서는 상처와 바보 같은 실수 뒤에 새 삶이라는 결말이 있다.

그런데 이 세 개의 에피소드, 세 개의 나라, 세 개의 블록은 단지 각자의 완결성만 있는 것이 아니라 서로 나란히 있는 그 상태에서 밀고 당기고 작용하고 반작용하기를 멈추지 않는 것 같다. 매번 반복되면서 등장하는 인물들과 그들의 유사하지만 차이를 지닌 대사나 만남의 구조 같은 것들이 그러하고 우산, 소주병, 만년필, 그리고 탁자 위의 담배와 라이터 등 작은 사물들이 그러하다. 그것들이 지속적으로 나라와 나라, 블록과 블록 사이를 양쪽으로 흔들고 있다. 여기에 세번째 활동이 있는데 그건 이 세 개의 나라를 동일하게 관통하고 있는 어떤 지평과 같은 것이다. 세 개의 나라의 공통 지대라고 해도 될 것 같다. 이건 변하는 것이라기보다 늘 있는 것들이며 지속하는 것들이다. 그러니까 영화 속에서 자주 등장하는 뷰티풀이라는 단어와 같은 것들인데, 뷰티풀이라는 말은 이 사람 저 사람에게 쓰이고 영어로도 불어로도 쓰이지만 어떻게 쓰이든 그 가치는 한가지로 쓰이며 변치 않는다. 아름다운 건 아름다운 거다. 한편 사람의 경우에는 안전요원이라는 인물이 그 뷰티풀에 해당한다. 안느가 매번 새로운 인물로 모항을 찾는 동안 이 안전요원은 언제나 같은 옷에 같은 장소에 같은 모습으로 늘 거기 있으면서 세 개의 에피소드를 동일하게 관통하는 어떤 지대가 된다. 아름다운 게 아름다운 것이듯 그는 좀체 변하지 않는다. 때문에 영화 속 인물들은 빠짐없이 그를 거쳐가게 되어 있다. 그가 어푸어푸하며 물속에서 나올 때 그래서 감동적이다.

이상의 활동 모형과 작용으로 보건대 〈다른나라에서〉는 그 자체로 특별한 영화이거니와 홍상수 영화 세계 안에서도 특별한 위치를 차지하게 되었다. 복잡한 곡선 활동의 영화를 연출하는 데 능한 홍상수가 이번에는 직선, 아니 직선이라기보다는 선으로 연결된 세 개의 블록 군집을 만든 것이다. 여기에 홍상수 영화의 새로운 용기와 아름다움이 있다고 나는 생각한다. 홍상수 스스로 이 영화를 두고 투명하다고 말한다면 그건 이 영화의 이러한 모형과 작용에 대한 인상을 그가 그렇게 느낀다는 것으로 내게는 들린다. 어쩌면 우리는 〈다른나라에서〉를 그 이전의 영화들처럼 첩첩으로 포개어지는 복잡성의 영화로 기대한 것인지도 모른다. 하지만 이 영화에는 다른 방식의 바람이 분다. 단순성의 바람. 선명하고 투명하고 맑은 방식의 활동 모형이 일으키는 바람이 분다. 그것이 탄복의 이유인데, 시간이나 존재의 복잡성을 불러들이지 않고도 홍상수의 영화가 어떻게 초활동적으로 움직일 수 있는지를 보여준 예가 〈다른나라에서〉이기 때문이다.

실은 관계라는 말이 본래부터 덩어리째 갖는 어쩔 수 없는 성질이 있다. 관계는, 관계라고 말할 때 그 자체로 이미 피상적이고 상투적이며 희미하고 개별적이고 미완성이다. 그러나 관계란 늘 언젠가 어디에서인가 맺어지는 어떤 운명과도 같은 세상의 이치다. 이 관계의 성질에 대해서 말하려는 영화의 경우에 무엇을 갖추어야 하는가. 고정성에 붙잡히면 그 피상의 개념을 탈피하기 어렵다. 홍상수는 대신 그 피상성을 세 개의 잠재적이고 평행적이며 유동적인 모형으로 다시 그려보고 있다. 외국인을 만났을 때 한국인은 어떻게 반응하는가라는 아주 단순한 관계를 여러 가지 작용으로 다시 그려보는 셈이다.

이 영화는 이자벨 위페르라는 배우가 출연을 결정하고 나서야 구조를 결정지었다. 많은 이들이 위대한 여배우 이자벨 위페르와 홍상수의 협연을 말한다. 물론 그 협연은 위대한 결과를 낳았다. 하지만 그 협연의 이면에 대해서도 말해야 할 것 같다. 홍상수는 이를테면 자신의 영화 구조 안에서 위페르를 위치 지은 것이지, 특별하게 '위페르 효과'를 위해 구조를 헌납하는 식의 선택을 하지 않았다. 가령, 정작 위페르 효과를 노렸다면 그녀는 다른 인물이 되었어야 할 것이다. 그녀는 클로드 샤브롤의 배우였고 얼음과 불의 연기를 동시에 할 수 있는 감정의 마술사인데 〈다른나라에서〉는 그런 걸 표출하지 않는다. 그보다는 전에 없이 맑고 귀엽다. 위페르가 단지 외국인 안느로 충실했으며 다른 인물들과의 관계로서만 충실했기 때문에 그런 느낌을 주었을 것이다. 이건 홍상수라는 감독의 또 다른 용기이며 이 용기로써 〈다른나라에서〉의 등장인물들 모두는, 주연에서 조연까지 모두가, 공정하고 조화로운 역할로 마치 그들이 등장하는 자리가 원래부터 그들의 것인 양 가치 있게 나온다.

그러므로 실은 〈다른나라에서〉의 인물들 중 어느 한쪽에 힘이 실려 있다고 말하기는 어렵다. 〈다른나라에서〉를 위페르의 영화라고 단정 짓기도 어렵다. 이건 이 영화에 인물들의 개별 보이스 오버 내레이션이 없으며 단지 파트와 파트, 나라와 나라 사이를 구분 지을 때만 정유미의 보이스 오버 내레이션이 기능적으로 사용되는 것과도 연관이 있을 것이다. 홍상수의 영화에 보이스 오버 내레이션이 등장할 때 생기는 그 감정의 특별함은 어느 한 사람에게 주어지지 않고 있으며 조심스럽게 모두를 표면에 놓고 있다. 영어라는 표면의 언어는 처음에는 한계인 것처럼 예상되었지만 막상 이 영화를 보고 나면 그 불가피한 언어 소통의 어려움 때문에 혹은 그 소통 중에 일어나는 몸짓들 때문에 거기 동원되는 망설임이나 친밀함의 몸짓 언어들 때문에 어느 면에서 무성영화적인 가치가 빛을 발하고 있다는 사실을 알게 된다. 때로는 텐트 안에서 섹스를 한 것인지 그냥 술에 취해 잠들어버린 것인지 알 길 없이 민망하게 포개진 두 사람의 표정과 몸통만으로 혹은 사랑하는 남자를 기다리며 바다를 멍하니 쳐다보는 여자의 뒷모습만으로 혹은 수영하다 물 바깥으로 춥다며 뛰쳐나오는 남자의 오들거림만으로 혹은 이리저리 걸어 다니는 그들의 걸음과 동선들만으로도 이 영화는 선명한 인상을 남긴다. 그러한 인상들이 모인 〈다른나라에서〉는 마치 위대한 무성영화를 한 편 보았을 때 만끽할 수 있는 그와 같은 활동감을 선사한다.

칸의 기자회견에서 한 기자가 손을 들고 물었다. 한국 남자들은 외국 여자를 만났을 때 다들 그렇게 반응하느냐는 것이 그의 질문의 요지였다. 그는 물어보고 싶었을 것이다. 한국 남자들은 외국 여자를 보면 전부 그렇게 질척대는 것인가. 그때 안전요원 역을 맡았던 유준상은 안전요원에 관하여 "그는 순수하고 맑은 마음으로 대한 것 같다"고 답했던 것 같다. 질문한 기자는 영화를 완전히 잘못 보았다. 그는 〈다른나라에서〉의 나라를 한국으로 가정했으며 이것을 문화라는 범주 아래에서 본 것 같다. 일반론으로부터 필사적으로 떨어져 나온 이 영화를 일반론으로 묶어 다시 질문한 것이다. 〈다른나라에서〉는 관계라는 지극히 일반론에 얽매인 그 세상의 이치를 어느 예를 구하기 어려운 구체적인 방식으로 다시 들여다본 특별한 경우다. 여기에 한국 남자들이나 외국 여자들이라는 개념은 그러니 들어설 자리가 없다. 그 기자의 물음에 이렇게 답할 수는 있다. 홍상수의 영화에서 청량한 여자는 언젠가 등장했는데 남자는 그러한 경우가 없었다. 그런데 〈다른나라에서〉의 안전요원은 그가 가진 백치미 또는 그가 가진 지극히 동물적인 순수성으로 홍상수의 영화에서 거의 보기 어려운 청량한 남자로 등장한다. 모든 사람의 존재가 다 바뀌는데, 일부러 이름이 부여되지 않고 단지 안전요원으로만 불리는 이 남자만 어느 나라에서건 동일하고 굳건하게 백치미를 유지한다. 그가 안느를 만났을 때마다 하는 중요한 말이 있다. 아니 늘 안느가 먼저 물어본다. 등대는 어디 있나요. 이 남자는 늘 한참을 횡설수설한 끝에야 등대가 무엇인지 겨우 알게 되고 그런 다음에 그의 대답은 언제나 일관된다. 아이 돈 노, 잘 모르겠는데요. 중요한 건 등대가 아니라 등대가 어디 있는지 모른다는 것이다. 하지만 그걸 몰라도 그는 아름다운 노래를 들려줄 수 있다는 것이다. 그런 자와 관계 맺을 수 있다면 좋을 것이다.

나는 〈다른나라에서〉가 국경에 관한 영화라고 생각한다. 관계란 결국 사람이라는 나라 사이의 국경이기 때문이다. '나'라는 나라와 '당신'이라는 나라 사이의 그 경계이기 때문이다. 때로는 불화를 때로는 사랑을 낳는 그 경계선이기 때문이다. 그러므로 활동하는 국경, 활동하는 관계를 느끼게 하는 이 삶의 모형은 기존의 홍상수 영화의 아름다움의 항목에 또 하나 추가되어야 하는 아름다움이 될 것이다. 당신 옆의 나, 나 옆의 당신처럼 나란히 살되 각자의 다른 나라에서 따로 또 같이 동시에 살아감을 아름답게 그려냈으니 말이다. 홍상수는 이 영화의 제목을 〈다른나라에서〉라고 지었다. 나는 이 영화를 나와 당신 사이의 친애하는 국경으로 간직할 것이다.

(『씨네21』, 2012년 858호)

아름답고 귀한
욕망의
원주운동

아무래도 이례적인 일이다. 지속적으로 활용되고 있는 홍상수의 것들 중 적어도 세 가지가 〈우리 선희〉에는 부재하거나 희박하다. 〈우리 선희〉에서는 시간이 혼동되지 않고, 꿈이 등장하지 않으며, 인물의 속마음이 보이스 오버 내레이션으로 들리지 않는다. 홍상수 영화의 대표적 면모인 시간의 중층성, 다른 계와의 접속성, 중립적 긴장감이라는 체험이 감독 자신에 의해 얼마간 배제되어 있다.

　대신에 특별하게 들어선 것이 실체와 말의 좁힐 수 없는 간격이다. 선희(정유미)라는 실체가 있고 선희에 대한 말들이 있는데 따지고 보면 양자 사이엔 관계가 없다. 예컨대 선희를 저마다 자기의 여인이라 여기는 세 남자는 그녀를 두고 내성적이지만 착하고 안목 있고 가끔은 또라이 같다고 말을 모은다. 하지만 선희가 그에 어울리는 행동을 보여준 적이 정말 있던가. 사실은 세 남자가 아니라 누구라도 그럴 것이다. 말로써 한 존재가 온전히 설명되지 않는다는 것은 수정되어야 할 모순이라기보다는 바꾸기 어려운 진리에 가깝다. 그러므로 〈우리 선희〉의 라스트 신은 세 남자를 비꼬지 않은 채, 상냥하고 넉넉하고 평화롭게 품어준다.

선희라는 실체와 그녀에 관한 말들 사이의 간격이라고 표현했지만 엄연히 선희도 이 사태의 공모자다. "끝까지 한번 부딪쳐봐. 그래야 자기 한계를 아는 거지"라고 문수(이선균)에게 말했던 선희는 "내가 누군지 알고 싶어요"라고 재학(정재영)에게 말한다. 무슨 말을 하느냐가 아니라 말을 할 상대로 누가 앞에 있느냐가 중요한 것 같다. 〈우리 선희〉의 넘치는 각오와 충고와 조언의 말들은 정황을 따라 시시각각 바뀌며 전개되는 작용과 반작용의 정해지지 않은 반응일 뿐이다. 홍상수가 지향해온, 비고정적이고 비결정적인 세계의 상태를 체험케 하는 일환으로 보아야 더 적합하다.

그런 점에서 〈우리 선희〉가 내게 특별한 건 시간도, 꿈도, 마음속의 소리도 없는데, 그 비결정적이고 비고정적인 상태들이 여전히 아름답다는 것이다. 비유하자면 나는 이 영화가 지닌 굵기와 길이가 마음에 든다. 그리고 굵고 긴 그 안을 채우는 물질적 요소들의 술렁임이 감동적이다. 단순히 숏들이, 노래 한 곡이, 유례없이 길게 사용되기 때문만은 아니다. 그보다는 물질의 '결'과 무늬가 생생해서라고 말하는 편이 옳겠다.

그 많던 말들이 잠시 주춤할 때 저 '사물'과 '인물'의 '물'의 '질'이 너무나 아름답다. 햇볕에 눈을 감고 앉은 최교수(김상중)의 얌전하고 행복한 눈가에서, 문수를 보기 위해 창밖으로 고개를 빼는 재학의 퉁명스러운 목선에서, 문수의 파고 또 파야 한다는 말보다는 그 손짓에서, 황망하면서도 당돌하게 사라지는 선희의 걸음에서 그 물의 질을 느낀다. 음악으로 기이한 계의 접속을 시도하는 순간에조차도, 이번의 나는, 그 접속보다는, 말을 잃고 흐트러진 채 정지되어 있는 인물들의 포즈와 얼빠진 시선을 담는 그 숏과 노래의 정서적 굵기와 길이에 취한다.

그러고 보면 〈우리 선희〉의 실체와 말의 격차라는 것도 그것이 그냥 세상을 이루는 리얼리티의 일부로 느껴질 뿐이다. 시간도, 꿈도, 마음의 소리의 관여도 없이, 세계의 비결정적 상태를 체험케 하는 저 소박한 물질적 리얼리티들의 왕성함이 내가 느낀 〈우리 선희〉의 이례성이자 특별함이다.

소박해 보이기만 한 최교수와 재학의 카페 장면을 그래서 아낀다. 술도 마시지 않고 마음속 밑바닥을 드러내지도 않으며 그럴듯한 충고도 다짐도 하지 않는 심심하기만 한 그 대화 장면. 두 사람이 앉은 자세와 맞댄 거리, 그 뒤에 약간 멋없이 그려져 있는 벽면(작은 창문이 하나 있었던가?), 그리고 조용한 주변. 그 자체로 됐다.

"끝까지 파고들어가는 건 좋은데 그건 네가 뭘 할 수 있는지 아는 게 아니고 뭘 못하는지 아는 거야." 재학의 말처럼 〈우리 선희〉는 우리의 말들이 뭘 못하는지 알게 해주는 영화다. 그런데 내게 〈우리 선희〉는 그것보다 더 특별하다. 우리가 뭘 못하는지 알게 되는 동안 뭐가 아름다운지에 대해서는 체험하게 되는 영화이기 때문이다. 나는, 다만 이런 체험보다 더 귀한 체험이 얼마나 더 있는지에 대해서 잘 알지 못할 뿐이다.

(『씨네21』, 2013년 921호)

당신은
제게
몰(沒)입니다

모리에게

사랑하는 여인 권(서영화)을 찾아 방문한 여행자라는 사실 정도가 제가 당신 '모리'(카세 료)에 대해 알고 있는 전부입니다. 솔직히 말해 뭘 더 알겠습니까. 그래서 당신을 생각할 때 떠오르는 인상적인 장면들에 대해서만 허물없이 몇 자 적습니다.

당신이 술자리에서 서양 친구에게 "당신 처는 정말 훌륭하다"고 거듭 말하면서 "누구라도 이 가정을 파괴하게 놔두어서는 안 된다"고 있지도 않은 심각성을 과장하여 말할 때, 붉어진 당신의 얼굴과 우왕좌왕하는 그 말과 시선과 몸짓과 거기서 느껴지는 상실감은 당신을 조금 우스꽝스럽게 그리고 아주 측은하게 보이게 했습니다. 반면에 상원(김의성)과 함께 술을 마신 뒤 어깨를 걸고 골목길을 터벅터벅 걸어 내려올 때에는 동네의 골목대장들처럼 구는 그 순진한 우정의 행세가 보는 사람까지도 괜히 기분 좋고 으쓱하게 해주었습니다. 물론입니다. 당신의 확고한 성찰도 기억합니다. 영선(문소리)과의 저녁식사 자리에서 당신은 "과거, 현재, 미래라는 건 사실 우리의 뇌가 만든 틀에 불과한 것"이라고 했었지요. 그런 말은 삶의 결을 신중하게 들여다본 사람들만이 지닐 수 있는 신념일 겁니다.

중요한 건 당신만 알고 제가 모르는 일들이 있는 것처럼(권을 만나기 직전 누군가와 벌인 당신의 싸움 말입니다) 당신은 모르지만 제가 아는 일들도 더러 있다는 것입니다. 당신이 잘 알고 있는 것은 과거와 현재와 미래라는 시간 순서의 허위적 틀이지만, 잘 모르고 있는 것은 지금 그 틀이 부서져 실제로 당신을 중심으로 작동하고 있다는 것입니다. 당신이 권에게 쓴 편지, 그것을 떨어뜨렸다가 다시 주운 권의 손, 다시 읽는 권의 눈, 그리고 상상하는 권의 뇌라는 과정들을 통해서 말입니다. 잘 생각해보세요. 권과 언덕을 오르던 당신들의 애틋한 모습이 영화 속에 오롯이 있습니다만 당신들은 정말 그 언덕을 올랐던 것일까요. 오르지 않았다고 주장하는 것이 아닙니다. 올랐을 수도, 아닐 수도 있다는 것이지요. 이럴 수도 저럴 수도 있다는 이 애매함에 대해 적어도 당신이라면 정확히 한쪽을 고르라고 제게 재촉하는 대신, 그것이 삶의 실체라고 대답해줄 거라 기대합니다.

기왕에 꺼냈으니 당신이 모를 만한 또 하나를 말해야겠습니다. 도대체 무슨 잠을 그렇게 오래 자는 겁니까. 맞습니다, 게스트하우스 여주인(윤여정)과 상원이 당신을 깨워도 도무지 일어나지 않던 그 장면을 말하는 겁니다. 우리 쪽으로 발바닥을 보이고 누워서 아무리 깨워도 일어나지 않는 당신의 모습을 보다가 순간 덜컥 겁이 난 건 그들만이 아니었습니다. 이해되지 않을 정도로 깊은 당신의 잠이 불가피한 죽음의 분위기를 끌어당겨서, 그 순간 자는 당신을 누운 시체로 보이게 했다는 걸 당신은 모를 겁니다. 저는 그 순간 당신이 빠져버린 깊은 잠 때문에 시간의 차례를 건너뛰어 죽음에 몰입되어 버리는 아주 이상한 경험을 했던 겁니다. 이 말이 중요합니다. 몰입되었다는 것 말입니다.

영화는 당신의 이름을 제게 '모리'라고 소개했습니다. 맞습니다. 당신은 모립니다(저는 지금 고의로 한국어의 동음 효과를 내기 위해 '모리입니다'를 줄여 썼습니다). 제게는 당신이 몰(沒)입니다. 당신이 꽃의 존재에 빠져 안식을 얻는다는 이야기를 들려줄 때 제가 이 생각을 했는지도 모릅니다. 빠지다, 끝나다, 죽다, 숨다, 없다, 지나치다 등등 얼마든지 긍정으로도 부정으로도 쓰일 수 있는 어떤 상태, 그 몰(沒)의 사람으로서의 현현이 모리라고 느꼈습니다. 당신은 수시로 순서 없는 시간, 깊은 잠, 거대한 꿈, 어른거리는 죽음에 빠져 있지 않았습니까. 물론 '빠져 있는데도 불구하고 무한대의 표면에 걸쳐 있다'고 말해야 반드시 더 옳을 것입니다. 하지만 다소 복잡한 이 주장에 대해서는 나중에 기회가 되면 부연하기로 하고 지금은 무엇보다 당신이 제게 몰(沒)인 것을 먼저 밝히고 싶었습니다. 당신의 이름을 오해했다면 미안합니다. 그래도 이 오해가 당신과 저의 교감의 장이었음을 숨기고 싶지 않았습니다.

(『씨네21』, 2014년 970호)

지금은맞고그때는틀리다

변한게없는데
모든게변하다

홍상수 영화에서 배우가 1인2역을 맡을 때 어떤 예술적 기적이 일어나는지 우리는 새삼 다양한 방식으로 경험해왔다. 그 또는 그녀의 애매한 존재는 언제나 황홀한 미궁이었으며 숭고한 블랙홀이었다. 〈지금은맞고그때는틀리다〉에서는 놀랍게도, 사람이 아니라, '하루'라는 시간이 그러한 역할을 맡고 있다. 심지어 영화 전체를 떠받치는 하나의 조건으로서 그러하다. 이 영화의 주인공 함춘수(정재영)와 윤희정(김민희)이 함께 보낸 1부에서의 하루와 2부에서의 하루, 이 두 번의 하루에 등장하는 장소와 동선, 대화의 소재, 등장인물 등등 굵직한 요소들은 거의 동일하다. 하지만 이 두 번의 하루는 세부적인 차이들을 또한 품고 있어서 같은 것이면서 동시에 다른 것이 된다.

　1부와 2부를 거울처럼 마주보고 서 있는 것으로 가정한다면 구조상 대구라고 볼 수도 있을 것이다. 홍상수 영화에서 자주 애용된 형식이다. 반면에 1부와 2부가 첫번째 그리고 두번째 하는 식으로 순서를 따라 이어지는 것이라고 가정한다면 가상의 옴니버스 구조라고 말해야 할 수도 있다. 왜 가상이냐 하면, 또 다른 3부, 4부, 5부가 이어지는 것으로 충분히 상상할 수 있기 때문이다. 옴니버스 구조 역시 홍상수 영화에서 자주 애용되어온 것이다. 그렇다면 우리는 이제 이렇게 바꿔 말해야만 한다. 이 영화는 대구이면서도 동시에 가상의 옴니버스 구조다. 홍상수 영화에서 자주 애용된 두 형식이 뒤섞여 조직되고 나니, 완전히 새로운 구조로 처음 등장한 것이다.

대구이면서 옴니버스로서 크고 굵직하게 고정된 1부와 2부라는 구조가 버티고 있고 그 안에서 많은 세부들이 왕성하게 활동하면서 차이를 만들고 있는 것인데, 그중에서도 유독 돋보이는 세부가 있다. 함춘수와 윤희정, 두 인물 사이에 일어나는 감정의 작용과 반작용의 세부들이다. 이 영화에는 함춘수와 윤희정 둘만 등장하는 장면이 많다. 장소는 한정되어 있고 두 인물은 한자리에 오래 머무르면서 길게 대화하며 카메라는 그런 그들을 롱테이크로 찍어낸다. 그러니 관객인 우린 눈앞에서 지금 당장 펼쳐지고 있는 둘 사이의 감정의 교류와 호흡이 중요해지며 그때 발생하는 차이도 중요하게 느껴진다.

1부에서도 2부에서도 함춘수와 윤희정은 화실에 들르고 횟집에 머무르지만 그들 사이에 오고가는 감정의 기류란 얼마나 큰 차이가 있는 것인가. 윤희정의 그림에 대한 함춘수의 호평(1부)과 혹평(2부), 그에 따른 횟집에서의 윤희정의 살가움(1부)과 섭섭함(2부), 그리고 횟집에서의 함춘수의 웃음(1부)과 울음(2부). 우리를 더 놀라게 하는 것은 인물들의 이 감정의 작용과 반작용이 단 한 번 일어나는 것이 아니라 서로의 반응에 따라 수시로 일어나는 것이며 예측할 만한 귀결로 향하지도 않는다는 것이다. 예컨대 예술적으로 호평이 오고갔다 해도 사람의 관계로서는 어긋날 수 있으며(1부), 예술적으로 혹평이 오고갔다 해도 사람의 관계로서는 애틋해질 수 있는 것이다(2부).

이때 홍상수의 그 유명한 연출력을 새삼 말하는 수밖에 없다. 영화의 신비

중 하나는 사람(감독)이 사람(배우)을 연출할 수 있다는 것에 있다. 이 영화는 그 신비에 대한 하나의 희귀한 모델이 될 것이다. 홍상수는 정재영과 김민희라는 유능한 배우를 단순히 캐릭터의 연행자가 아니라 철저하세 감정의 체험자로 유도해내고 있다. 홍상수는 1부의 촬영이 끝난 다음 2부의 촬영에 들어가기 직전 배우들에게 1차 편집본을 보여주었다. 그로서는 예외적인 일이다. 그런데 왜 그랬을까. 배우들 스스로 그들 체험의 장 안에서 영향 받기를 바란 것 같다. 말하자면, 1부가 2부에게 영향을 주기를 바란 것 같다. 배우들은 그로써 그들이 이미 알고 있는 것과 그 때문에 의식적으로 달라지려 하는 것과 무의식적으로 자신도 모르게 영향 받게 되는 것 어디쯤에서 2부의 연기를 시작하게 되는 것이다. 그렇게 하여 그들 사이의 육체의, 말투의, 감정의 반응은 새롭게 다시 출현하고 배열되어 1부와 2부는 차이를 이루게 된다. 적어도 이 순간, 그 어떤 구조적 개입이나 개념적 강요도 없이 오로지 배우들의 육체와 육체, 감정의 작용과 반작용으로서의 세부를 자극하고 조율하고 연출하여 영화 전체를 불가해하게 만든 것. 이것이 홍상수와 이 영화의 믿어지지 않는 경이 중 하나다.

불가능한 것은 끝내 불가능하다. 우리가 죽음을 모면할 수 없는 것과 마찬가지로 아무리 빛나고 애틋한 하루라도 그것을 두 번 사는 것은 불가능하다. 두 번 산다 해도 그 애틋함은 같은 것이 되지 않을 것이다. 하지만 홍상수의 영화는 그 하루를 잠재적으로 두 번 쳐다보게 할 수는 있다. 〈지금은맞고그때는틀리다〉는 하루를 두 번 살 수 없는 우리들에게 그것을 두 번 쳐다보게 하여 거룩한 체험의 인상을 남긴다. 불가능한 것을 다루되 불가해한 것으로 만들어 가능한 감동으로 이끈 것이다. 이런 체험을 하고 나면 남아 있는 삶의 하루하루가 절절해진다.

(〈지금은맞고그때는틀리다〉 프로덕션 노트, 2015년 7월)

저절로 된
사랑

짧지 않은 두 개의 우회로가 허락되기를 먼저 바란다. 기적을 소재로 하는 영화사의 가장 유명한 영화 중 하나가 칼 테오도르 드레이어의 〈오데트〉이며 기적은 이 영화의 마지막 장면에 등장하고 〈오데트〉의 또 다른 개봉 제목은 〈기적〉이다. 독실한 기독교 신앙을 지닌 덴마크 어느 집안의 맏며느리 잉거는 불행하게도 출산 중에 아이를 잃는다. 잠시 후 잉거도 세상을 등진다. 목사도 의사도 그녀의 목숨을 구하진 못한다. 하지만 자신을 예수라고 믿고 있는 이 집안의 골칫거리이자 거의 정신이상자 취급을 받고 있는 막내아들 요하네스가 왜 누구도 믿음을 갖지 못하느냐며 형수 잉거의 관 앞에 서서 부활을 외치자 죽었던 그녀가 눈을 뜬다. 신은 존재한다거나 신앙은 부활을 부른다는 일반화된 종교적 간증으로 충분히 읽힐 수도 있는 장면이지만 정작 감독인 드레이어는 그것이 종교적 기적으로서의 실현이냐는 질문자들의 물음에 속시원하게 답하지 않음으로써 오히려 우리가 영화에서 본 것만을 믿도록 종용한다. 우리가 본 것은 무엇인가. 우리는 이것이 신적이거나 종교적인 권능의 발현인지 아닌지 확언할 수 없다. 요하네스가 진정으로 신의 대리자인지 확신할 수도 없다. 그럼에도 다만 한 가지는 확언할 수 있다. 누군가는 믿음을 지녔고 기적이 정말 눈앞에서 일어났다는 사실이다. 그러니 우리가 본 것은 신(앙)의 거룩함이라는 내용이 아니라 기적의 현현이라는 형식이다.

이때 함께 주목을 요하게 되는 것이 이 기적을 받아들이는 영화 속 인물들, 잉거의 부활을 목격하는 그 장례식 입회자들의 자세다. 그들은 마치 일어날 일이 일어나기라도 한 것처럼 당연하고 자연스럽게 이 기적을 받아들인다. 훗날 영화평론가 하스미 시게히코는 유사한 기적의 장면이 등장하는 잉마르 베리만의 〈외침과 속삭임〉을 〈오데트〉에 비교하면서, 죽은 자의 부활을 떠들썩하고 호들갑스러운 소요의 분위기로 연출해내는 〈외침과 속삭임〉을 '놀랄 만큼 추악하고 낡은 극작술'로 비판하는 반면, 〈오데트〉에 관해서는 "모든 사람들의 행동이 기적이라는 예외적인 초자연과 일체화되어 그것을 상식적인 자연에서 거리를 두게 하는 대립의 도식을 붕괴시키고 있다"며 기적을 받아들이는 이 "일사불란한 전원 일치"의 형식이 전하는 묘한 감동을 칭송한다. 동시에 영화 속 인물들에 관해서는 "그 거짓말 같은 귀환을, 거짓말이라고밖에 할 수 없는 솔직함으로 받아들이고 납득한다. (……) 어느 누구도 공포에 떨지 않으면서 활짝 핀 미소와 함께 이 기적을 자신의 것으로 한다"고 묘사한다(하스미 시게히코, 「〈기적〉의 기적」, 『영화의 맨살』). 우리가 홍상수의 〈당신자신과 당신의 것〉을 생각하게 될 때, 영화의 인물들이 거짓말같이 귀환하고 또 거짓말 같은 솔직함으로 응하여 그 기적을 자신들의 것으로 한다는 이 점을 기억해두자.

아직은 평론가였던 에릭 로메르는 〈오데트〉에 관하여 쓰면서 여주인공 잉거를 연극과 오페라로 만들어진 바 있는 〈알체스테〉의 여주인공 알체스테에 비교했다고 한다. 남편을 대신하여 생명을 바치는 여인 알체스테, 하지만 그녀를 구하기 위해 다시 죽음에 뛰어드는 남편, 마침내 구원과 재결합으로 승화되는 신화적 사랑의 이야기. 다소 반문이 필요해 보이기는 하지만, 어쨌든 로메르는 〈오데트〉를 잉거와 그녀의 남편 미켈의 기적 같은 사랑의 재결합이라는 관점으로 보고 싶었던 것 같다. 그리고 수십 년이 흘러 로메르가 그의 노년에 이르러 〈겨울 이야기〉를 만든 뒤에 이 영화는 기적적인 사랑의 재결합이라는 관점에서 〈오데트〉와 비교되어 말해지곤 했다. 〈겨울 이야기〉의 여주인공 펠리시는 여름 휴양지에서 샤를을 만나 사랑에 빠지고 그의 아이도 갖는다. 하지만 펠리시가 샤를에게 잘못된 주소를 남기는 바람에 둘은 이후 다시 만나지 못한다. 그동안 펠리시는 다른 두 남자의 구애를 받지만 샤를의 딸을 홀로 키우며 언젠가는 다시 그를 만나게 될 것이라고 믿어 의심치 않는다. 수년이 지나 그들은 버스 안에서 문득 재회하게 되고 거짓말처럼 사랑은 다시 시작된다.

한 평론가가 로메르에게 샤를의 이 '기적적인 재출현'이 다소 납득하기 어려운 것이 아니냐는 뉘앙스로 물었을 때 로메르가 내놓은 대답의 첫번째 문장은 이거였다. '기적은 믿기 어려운 것들이 아닙니다!' 그런 재회의 기적이 현실에서 과연 가능하겠느냐고 묻는 질문에 그런 재회의 기적이 현실에서 우연이라는 이름으로 얼마나 자주 있는지 못 믿어서야 되겠느냐고 답해준 것이다. 하지만 그것이 전적으로 펠리시의 믿음이 일으킨 기적의 결과인지에 대해서는 로메르도 드레이어처럼 확답하기를 거부했으므로 역시나 우린 우리가 본 것이 기적의 현현이라는 형식인 것만을 다시 기억해야 할 것이다. 이 일상에서의 기적에 관하여 로메르 영화의 지지자였던 철학자 스탠리 카벨은 훨씬 더 근사한 용어로 표현했는데, 그는 로메르 영화의 중대한 주제를 '초월적인 것의 세속화'라고 불렀다. 기적도 초월의 현상에 속하는 것인

가. 그렇다면 그 돌연한 초월의 기적이 일상에서 제시되는 영화가 〈겨울 이야기〉이므로 이 영화는 초월적인 것의 세속화의 가장 적절한 예시 중 하나가 될 것 같다. 역시나 우리가 〈당신자신과 당신의 것〉을 생각하게 될 때, 기적은 믿기 어려운 게 아니라는 로메르의 말과 초월적인 것의 세속화라는 카벨의 말을 기억해두자.

　홍상수의 〈당신자신과 당신의 것〉을 생각해보기 위해 두 편의 영화로 우회했다. 〈오데트〉와 〈겨울 이야기〉로 이어지는 이 기적의 계보에 〈당신자신과 당신의 것〉을 놓고 싶었다. 그러다보니 두 편의 영화에 대한 설명도 길어졌다. 물론 우린 알고 있다. 홍상수 영화를 일목요연한 계보도 안에 끼워넣는 것은 비평이 가장 빨리 좌초하는 길 중 하나다. 그러니 계보라고 말은 꺼냈지만 자신이 만드는 영화가 어떤 영화가 될지 모르고 전적인 호기심의 차원에서 만들어가는 창작 방식을 고수하는 홍상수 영화를 일정한 계보 안에 넣기란 어렵다. 다만 기적을 결정적인 모티브로 삼은 두 편의 정전을 거론한 뒤에 〈당신자신과 당신의 것〉을 놓은 것에는 그럴 만한 이유가 있다. 홍상수가 드레이어를 친애하고 그의 작품 중에서도 특히 〈오데트〉를 아끼며 로메르의 영화 전반을 고루 존중한다는 차원에서의 비교는 아니다. 그보다는 〈당신자신과 당신의 것〉이, 〈오데트〉와 〈겨울 이야기〉의 기적을 반드시 구체적으로 상기해야 한다는 강박을 일으킬 정도로 두 영화의 기적에 얼마간 닿아 있는 동시에 또한 그에 버금가는 새로운 기적의 종류를 담고 있어서다.
　〈당신자신과 당신의 것〉에는 무슨 기적이 일어난다는 것일까. 기억해달라고 당부했던 말들을 다시 꺼내면서 우선은 이렇게만 짧게 말해두자. 〈당신자신과 당신의 것〉에도 재회와 부활의 기적이 있는데 그것의 경로는 비교적 기적의 전형을 따르는 앞선 두 편의 영화보다 훨씬 더 희한하다. 이 영화에서 재회하게 되는 것은 사람이고 부활하게 되는 건 사랑하는 마음이다. 사람을 재회하고 사랑이 부활하는 것이란 얼마나 흔한 일인데 그게 기적까지나 될 수 있느냐고 누군가는 반문하고 싶어질 수도 있다. 하지만 문제는 그게 어떤 형식으로 그렇게 되느냐는 것이며 그 어떤 형식을 우린 기적이라고 부른다. 〈당신자신과 당신의 것〉에서는 거짓말 같은 귀환에 거짓말 같은 솔직함으로 응하여 그 기적을 자신의 것으로 삼는 일이 앞의 두 편의 영화보다 훨씬 더 당연하다는 듯 일어난다. 그 기적이 너무 자연스럽게 일상에서 벌어지고 있으므로, 당연히 믿어야 한다는 듯 받아들여지고 있으므로, 이것은 일상에서의 기적을 넘어서 일상이 되어버린 기적이므로, 마침내 이것이야말로 초월적인 것의 세속화라 말하고 싶어진다.

홍상수는 아무것도 변하지 않았는데 모든 것이 변하도록 하는, 그러니까 언어적으로는 형용모순일 수밖에 없는 그런 기적을 일으키는 데에 능한 주술사다. 가령 〈당신자신과 당신의 것〉에서의 그 기적에 관하여 다음과 같이 풀어 말해야 한다고 해보자. 당신이 매일같이 만나던 사람과 잠시 헤어져 있다가 그 사람을 다시 만났고 그 사람은 여전히 당신이 아는 사람이 분명한데 그 사람은 자신이 당신이 알던 사람이 아니라고 주장하고, 그래서 당신은 여전히 이 사람이 그 사람이라고 생각은 하지만 동시에 그 사람이 아닐 수도 있다는 것을 인정도 해야 하는 가운데, 그래도 그 사람을 사랑하는 마음만은 전과는 비교할 수 없을 정도로 부활하게 되어서 비로소 이 사람을 온전히 사랑하게 되는 그런 기적이 여기 있다고 해보자. 이게 도대체 무슨 말인가. 말로 풀어내니 엉망진창이고 우스꽝스럽기만 하다. 요설이 되는 황망함을 감수하면서까지 묘사로 그 기적의 과정을 풀어내보려다가 결국 또 우스꽝스러워지고 마는 상황이다. 그런데 그것을 영화는 간단하고도 신묘하게 일으키고야 만다. 그렇게 하여 마침내 "고마워요, 당신이 당신인 게!"라고 말하게 되는 응축적인 동어반복의 감동에 이른다. 우린 그러니까 이 기적의 경위가 궁금해진 것이다.

〈당신자신과 당신의 것〉의 주인공들인 영수(김주혁)와 민정(이유영)은 한 동네에 사는 연인이다. 민정에게는 과거에 술 문제가 있었던 모양이다. 술을 조심하겠다고 영수와 약속도 한 것 같다. 하지만 영수의 동네 친한 형(김의성)이 전해주는 말은 좀 다르다. 며칠 전에도 민정은 동네 술집에서 술을 많이 마시고 옆자리의 남자와 크게 싸웠다는 것이다. 그 말을 듣고 기분이 상한 영수는 잠을 자려고 옆에 누운 민정에게 화를 내며 추궁한다. 하지만 민정은 그런 적이 없다며 자신을 믿지 못하는 영수에게 실망감을 드러내고 급기야 당분간 떨어져 있자며 자신의 집으로 돌아간다. 이내 후회에 젖은 영수는 며칠간 민정의 집과 직장 등을 찾아다니며 민정을 만나려 하지만 쉽지 않다. 그러는 사이에 민정은(혹은 민정의 쌍둥이 여동생 혹은 그들을 똑같이 닮은 제3의 인물은, 그러니까 사실은 미지의 그녀는) 동네 카페와 술집에서 남자 1(권해효)과 남자 2(유준상)를 차례로 만난다. 마침내 어느 밤 동네 골목길에서 영수가 민정을 다시 만났을 때 그녀는 자신이 민정이 아니라고 말한다. 하지만 영수가 민정이라고 생각하고 자신은 민정이 아니라고 말하는 그녀와의 사랑은 새롭게 다시 시작된다.

일단은 초입에 등장하는 불신과 갈등의 대목에 주목해보자. 이것은 이 영화에 기입된 예외적인 환경 한 가지와 깊은 연관이 있다. 홍상수 영화를 관심 있게 보아온 관객이라면 위의 줄거리만을 읽고도 당장에 질문 하나를 갖게 된다. 왜 이 영화에서는 인물들이 '동네'에 들어와 있는 것일까. 등장인물들은 이 사안에 관련하여 마치 자의식이라도 지닌 듯 혹은 각인이라도 시키려는 듯 저마다 한마디씩 한다. "저 사람 우리 동네 사람 아니지?", "네가 술 마시고 다닌 거 동네가 다 알아", "내가 옛날에 술 먹고 다닌 건 동네가 다 알아요" 등등.

홍상수 영화는 대개 여행지의 영화다. 일반적인 생활의 반경 안에서라면 도저히 소거할 수 없는 삶의 통념들을 잠시 옆으로 제쳐두는 기능을 하기 때문에 홍상수는 여행자와 여행지를 택한다. 일상의 찌든 구성물로부터 잠시 벗어나는, 즉 임시적으로나마 생활의 때를 탈색 내지는 표백시켜 새로운 판위에서 시작하는 효과를 불러일으키는 것이다. 임시적인 환경의 선택을 통해 현재적이며 집중적인 프레임을 새로 짜는 문제라고도 할 수 있다. 하지만 홍상수는 언제나 그러했던 것처럼, 우리가 홍상수의 것이라고 붙들기라도 하려 들면 그 즉시 어디론가 튕겨져나갔던 것처럼, 이번에는 등장인물의 여행지가 아니라 등장인물이 터를 잡고 사는 동네라는 역설적인 프레임을 새로 짜서 생활 안으로 도로 들어온 것이다.

그렇다면 왜 동네로 들어왔는가. 여행을 통해 피하려 했던 문제들을 오히려 고스란히 떠안기 위해 동네로 들어온다. 이곳에 터를 잡고 살기 때문에 부득이하게 생기는 문제들이 중요해진 것이다. 예컨대 영수와 민정 사이에서 문제로 불거진 것은 무엇인가. 민정의 생활방식에 대한 동네의 이목, 그것으로부터 파생되어 떠도는 동네에서의 말들이다. 그것이 영수를 괴롭히고 그 영수가 민정을 괴롭힌다. 영수도 "그런 말들"에 자신이 영향을 받아 상황이 이렇게 된 것이라고 자책한다. 동네가 말들을 조성한다.

〈당신자신과 당신의 것〉에서 말이라 통칭되는 그것은 대략 두 가지 면에서 부정적이다. 그건 소문이거나 과거다. 그러니까 매달리면 안 되는 헛된 이미지이거나 이미 지나가버려 가치를 두어서는 안 되는 옛 시간이다. 영화를 본 누군가는 말의 이 부정적인 하위 범주의 세번째 항목으로 거짓말, 즉 불신을 조장하는 나쁜 언어 행위도 포함되어야 하지 않겠는가 묻고 싶어질 것이다. 민정이 실제로 그 거짓말의 행위에 연루되어 있기 때문이다. 하지만 거짓말에 관한 한 이 영화 안에서의 사태는 그렇게 단순하지 않아서 우린 그 것에 관하여 다시 말해야 할 것이다.

지금은 동네라는 환경의 출현과 관련하여 더 중요한 핵심 한 가지를 말해야 할 때다. 동네가 문제를 만들기만 하는 환경이 아니라 문제를 해결하는 환경이기도 하다는 점이다. 기적이 일어날 때 그 감동을 몇 배 더 강화하는 역할을 맡고 있다고 표현하는 것이 어쩌면 더 맞을 수도 있겠다. 요컨대 홍상수 영화의 인물들이 여행지에서 종종 직면하는 문제가 있어왔다. 인물들은 마치 미로와 같은 장소의 성질에 휘말려 경로를 잃거나 갇히곤 했다. 물론 그건 대체로 남자 주인공들이었다. 그런데 홍상수는 그 문제를 놀랍게 동네에서도 적용시킨다. 때문에 영수가 민정을 찾으러 다닐 때 우린 영수의 행위가 저러다 또 실패할지도 모른다는 예감을 갖게 된다.

하지만 결과는 예상 밖이다. 〈당신자신과 당신의 것〉에서는 이미 동네 안에 남자나 여자나 모두 갇혀 있다. 이것은 처음에 지독한 부정의 결과를 낳을 것처럼 보이지만 결국에는 어떤 긍정의 결과를 낳게 된다. 홍상수 영화의 미로 중에서도 가장 혹독해 보이는 미로인데도 불구하고 남자는 그토록 찾아 헤매던 여자를 불현듯 만나게 된다. 좁은 동네인데 사람 한 명 만나는 것이 어려운 일이냐고 묻는다면 이 영화를 잘못 보는 일이다. 그렇다면 좁은 동네에서 민정을 만났는데 민정은 왜 민정이 아닌 것인가. 이 동네는 지리적으로 측량되는 공간이 아니라 운명적으로 예감되는 공간이다. 닫혀 있으면 닫혀 있을수록 역설적으로 그녀와의 재회는 점점 더 불가능하리라는 예감에 사로잡히게 되는 그런 곳이다. 그런데 별안간 그 예감에 반격하듯이 재회가 이뤄지는 것이다. 이 동네는 불가능할 것처럼 느껴지던 소망을 괴상한 방식으로 실현시키는 비현실의 장이다.

그러니까 정리하면 이렇다. 홍상수는 자신이 꾸준히 거절해왔던 일상생활의 환경으로 거꾸로 돌진해 들어와 일상적 문제, 그중에서도 말의 문제를 끌어안는다. 하지만 그 생활의 터전을 미로라는 성질의 비현실적인 무엇으로 질적 전환시키는 것도 동시에 행한다. 그때 우리는 영수라는 한 남자의 실패를 예감하게 된다. 그런데 그 예감을 영화는 다시 반격한다. 이 영화의 영화적 향방이 될 것이라고는 미처 예상치 못했던 긍정의 기적이 불현듯 이 미로 안에서 벌어진다.

신묘한 방식이다. 그리고 이 신묘함에 대해 더 말하자면 우린 이 동네에서 벌어지는 구체적인 일들을 더 말해야 한다. 그러기 위해 우린 이 영화가 영수와 민정이 헤어진 뒤 그들 각자의 나날들을 두 개의 덩어리로 분리한다는 점, 그리고 양쪽의 나날들을 교차시켜가며 전개한다는 점에 주목해야 한다. 그걸 '겪는 남자(영수)의 나날들'과 '겪게 하는 여자(민정 혹은 민정의 쌍둥이 동생 혹은 제3의 그녀)의 나날들'로 구분해서 말하려고 한다.

'겪는 남자의 나날들'에 관하여 먼저 말해보자. 물론 여기서의 남자란 영수를 말한다. 권해효가 연기하는 남자 1과 유준상이 연기하는 남자 2는 여기에 해당되지 않는다. 민정과 헤어진 뒤 영수가 하는 일은 민정을 그리워하거나 기다리거나 찾아 헤매는 것이다. 이때 조심해야 할 것이 한 가지 있다. 민정과 헤어지고 난 직후의 장면부터 영수는 발에 깁스를 하고 목발을 짚고 다닌다. 때문에 이런 해석이 제기될 만하다. 그의 목발은 민정을 잃고 상처받은 영수의 마음의 육체적 표지이다. 하지만 홍상수 영화에서 인물의 상태나 서사의 전개는 실존하는 배우가 맞이한 우연에 따라 진전되는 경우가 허다하다. 그것이 홍상수 영화가 도식으로 설명되지 않는 절대적인 이유 중 하나다. 예컨대 〈하하하〉에서 중식(유준상)이 한의원에 가서 침을 맞는 장면은 실제로 유준상이 앞 장면을 촬영하다 계단에서 굴러 허리를 다쳤기 때문에 즉흥적으로 만들어졌다. 〈당신자신과 당신의 것〉에서 영수가 목발을 짚기 시작한 것은 배우 김주혁이 때마침 자신의 실생활에서 실제로 다리를 다쳤기 때문이다. 영화의 전개에서 예정에 없던 일이다. 홍상수 영화의 우연은 그런 식으로 영화에 접속된다. 이 부분에서 요점은 이거다. 지금의 이 남자 영수를 해독하려 하지 말고 그가 무엇을 겪는지를 보아야 한다. 영수가 화면 안에서 겪는 일들이 중요하다.

영수는 우선 방황하는 몸과 마음을 겪는다. 연신 절뚝거리며 민정의 집과 직장을 오가고 마음이 괴롭다며 친구들에게 토로한다. 기회가 주어지면 그는 고백하고 다짐한다. 막걸릿집에서의 그가 그렇다. 민정이 얼마나 순수한 사람인지 자신이 얼마나 잘못했는지 또 무엇을 열망하는지 그는 힘주어 말한다. 그에게는 고백과 다짐에 적절히 어울리는 영화 형식까지도 주어진다. 영화 속에서 보이스 오버 내레이션은 민정에게는 없고 오로지 영수에게만 주어진다. 그가 민정에게 연락을 촉구하는 문자를 보낼 때 문자의 내용은 그의 보이스 오버 내레이션으로 흘러나온다. 심지어 영수는 자신이 고백하고 다짐한 것을 이내 시험당하는 일화도 겪는다. 막걸릿집 앞에서 안대를 착용한 어떤 여인이 동석하려 하자 거절하는 것이다. 그는 "혼자 더 있어보겠다"고 말한다. 민정에 대한 다짐을 어기지 않는다. 영수가 겪는 것 중 마지막으로 중요한 것은 환상이다. 두 차례 벌어진다. 영수가 민정의 집 앞에 동네 형과 서 있을 때 "영수 씨"하면서 골목 저기에서 민정이 팔을 벌리고 환하게 걸어오는 장면은 금방 환상으로 밝혀진다. 그리고 영수가 민정의 집 앞에서 기다리다 집 안에서 나온 그녀와 만나고 마당에 앉아 서로 부둥켜안고 "우리 이제 진짜 사랑을 하자"며 울게 되는 장면은 길게 지나서야 환상으로 밝혀진다.

육체적 고행, 심리적 고뇌, 마음의 다짐, 그것들을 흔들기라도 하기 위해 등장한 것 같은 즉흥적 연애의 가능성과 그 거절, 그리고 두 차례의 길고 짧은 소망의 환상. 이상의 것들을 영수가 겪는다. 영수의 나날들은 겪는 나날들이다. 그런데 영수가 이것들을 겪어나갈 때 영수는 정말 영수가 된다고 우린 말하고 싶어진다. 이게 무슨 말일까. 이렇게 말해보자. 관객인 우리의 눈에 영수가 겪는 육체적 심리적 상태와 변화 과정이 훤히 보인다. 그는 많이 말하고 확실히 보여준다. 홍상수 영화에서 보이스 오버 내레이션의 역할은 여러 가지가 있지만 이 영화에서는 영수의 심리를 드러내는 데에만 의도적으로 한정된다. 영수가 무언가를 겪을수록 점점 더 영수가 된다는 말은 그가 점점 더 헷갈림이 없는 인물이 된다는 말이다. 그는 민정에 대한 자신의 믿음에 헷갈림이 줄어들고 관객인 우리는 영수가 겪을수록 그의 마음을 많이 알게 되어서 그의 마음을 이해하는 데에 헷갈림이 줄어든다.

영수는 마침내 사랑의 주체가 되려 한다. "여자의 사랑"만이 그의 남은 생에서 중요한 무엇이고 그것만 있다면 그는 "죽을 수도 있다"고 각오를 밝힌다. 영수의 이 겪는 나날들은 철저하게 영수의 주관이 드러나는 시간이고 그에 따라 영수의 마음을 관객이라는 우리가 알아가고 동조해가는 시간이다. 우리는 겪는 영수를 보고 사랑의 주체가 되려는 영수를 인정한다. 물론 영수가 두 차례의 환상을 겪는 동안에는 우리도 그 환상을 같이 겪기는 하는 것이지만, 이 환상이 모두 민정을 만나서 다시 사랑하고 싶다는 영수의 강력한 소망을 표출하고 있다는 점에서 본다면, 우리는 그와 함께 겪은 환상에 의해서조차 영수의 마음을 확연히 꿰뚫어 보게 되는 관람자의 위치에 놓이게 된다. 더 간단히 말해도 좋을 것이다. 영수의 겪는 나날들은 그의 겪음으로 그가 사랑의 주체가 되려는 과정을 관객인 우리로 하여금 보게 하는 장면들이다.

'겪게 하는 여자의 나날들'은 겪는 남자(영수)의 나날들과 완전히 다르다.

앞선 경우에 겪는 쪽이 영수였고 그것을 보는 쪽이 우리 관객이었다면 여자의 나날들에서 겪게 되는 것은 여자가 아니라 철저하게 관객인 우리다. 그녀가 우리를 겪게 한다. 여자의 겪게 하는 나날들에는 단 한순간도 그녀의 주관적 심리적 확실성이 내포되지 않는다. 그녀의 마음속 울림을 우린 단 한마디도 들을 수 없다. 그녀에게는 보이스 오버 내레이션이 없다. 여자가 자신의 시간에 종속된 남자 1과 남자 2에게 몇 가지 생각하고 느끼는 바를 대화 중 말하고 있기는 하지만 우린 그것을 얼마나 그녀의 것으로 받아들여야 할지 망설여진다. 그녀가 누구로서 지금 말하고 있는 것인지 그 존재를 단정하기 어렵기 때문이다. 심리와 존재를 파악하기 어려운 이 여인에게서는 대체로 혼란스러움도 잘 느껴지질 않는다(딱 한 번 혼란스러워한다. 그 밤에 남자 1과 남자 2를 동시에 마주쳤다가 자리를 빠져나온 뒤, 무슨 이유에서인지 골목길에서 주저앉아 울고 있을 때다. 그런데 그때 영수를 만난다. 이 대목은 뒤에 다시 말해야겠다). 그러니까 이 세상에 단 하나밖에 없는 존재로서의 '나'에 대한 집착과 탐구와 자각이 기본적으로 주체에 대한 의식도 낳는다. 그런데 여자에게는 그런 것이 엿보이지 않는다.

여자는 그녀의 나날들에서 감정적 주체가 되지 않는다. 아니 감정적 주체가 되려는 노력을 하지 않는다. 감정의 주체가 되려는 의지가 아예 없으므로 주체가 되는 데 필요한 고행으로서의 환상 구조 같은 것도 소유하지 않는다. 영수가 환상을 포함하여 온갖 것을 겪고 나서 겨우 영수가 되는 것에 비하여 여자는 환상을 거치지 않아도 이미 그녀다. 영수가 스스로 주체화되어가는 과정을 거쳐서 타자에 대한 사랑의 인식도 바꾸게 되고, 그래서 훗날 크게 깨달아 "당신 느끼고 당신 있는 그대로 받아들일 거예요"라고 약속할 때에도 여자는 타자를 사랑할 때는 그게 원래 당연한 것 아니냐는 듯 침착하게 "저는 원래 그렇게 살았었어요"라고 응수한다.

그러니 우리가 주체라는 표현을 썼다고 해서 남자는 주체, 여자는 대상이라는 능동과 수동의 엉터리 이분법을 지금 따르고 있는 것이라고 부디 추측하지 않았으면 좋겠다. 주체라는 표현이 부득이하게 여자에게 주어지기를 바란다면, 이 영화에서 내용의 주체는 남자(영수)이지만 형식의 주체는 여자라고 말하면 된다. 말할 것도 없거니와 양자 중에서 더 중요한 것을 고르라면 형식이다. 하지만 그보다는 남자(영수)는 주체이고 여자는 비주체라고 표현하는 쪽이 〈당신자신과 당신의 것〉에서는 훨씬 더 어울린다. 다만 여기서 주체-비주체가 대칭적 관계라고 이해되지 않기를 또한 바란다. 여자가 비주체가 된다는 건 동질적 차원에서 남자(영수)의 정확한 상대편이 된다는 것이 아니라 그 주체로서는 어떻게 해도 규정 불가능한 바깥 혹은 너머의 비대칭적인 무언가가 된다는 것이다.

주체의 욕망이나 의지는 흔하고 약하다. 그건 영수가 사랑의 주체가 되기 위해 방황을 겪어야 하는 것과도 관련이 있다. 반면에 비주체의 현존은 희귀하고 강하다. 이 여인은 원래 강하다. 겪게 하는 여자의 나날들에서 여자는 방황하기는커녕 그 흔한 주체가 되는 대신에 특별한 '누군가'가 되어버린다. 이것은 이론도 아니고 수사도 아닌, 〈당신자신과 당신의 것〉에서만 경이롭게 벌어지는 사태다. 그래서 우리도 지금 일원화된 명칭을 찾을 수 없어 여자라고 지칭할 수밖에 없는 것이다. 그녀는 민정이거나 민정의 쌍둥이 동생이거나 다른 여인이거나 또 다른 미지의 여인이다. 우린 그녀를 지정하거나 규정해서 붙들 수 없다. 그녀는 언제나 어떤 변동하는 가능성 자체이기 때문이다. 그 주체가 아닌 비주체의 그녀가 누군가가 되어가는 과정에서 관객인 우리를 흔들고 겪게 하는 것이다. 그러니 그녀가 우리에게 겪게 하는 것을 압축하면 무엇인가. 그녀는 자신의 규정되지 않는 정체불명의 활성화 과정을 우리에게 겪게 한다.

그렇다면 여자는 어떻게 정체불명의 비주체로 활성화되어가는가. 구체적으로는 또 어떤 동력들이 작동하여 우리에게 그것을 겪게 하는가. 몇 가지가 있다. 우선 거짓말이라는 애매한 용법이 하나 있다. 실제로 여자는 명백한 거짓말을 몇 번 한다. 남자 1이 민정이 아니냐고 물었을 때 그녀는 처음에 민정을 모르는 사람이라고 하지만 사실은 그렇게 묻는 사람이 너무 많아 귀찮아서 그랬다며 민정이 자신의 쌍둥이 언니라고 이내 고쳐 말한다. 남자 2를 두번째 만나는 장면 직전에 여자는 혼자 식사를 한다. 그런데 남자 2를 만났을 때 그가 식사했느냐고 물으면 여자는 먹지 않았다고 말한다. 그렇다, 이건 우리가 실제로 살면서 흔히 하게 되는 거짓말의 종류들이다. 우리는 흔히 거짓말을 '진실이 아닌 나쁜 말'로 생각한다. 일반적으로는 그렇다. 그런데 우리의 예상과는 다르게 〈당신자신과 당신의 것〉은 거짓말이 아니라 오히려 진실을 문제삼는 것 같다. 진실이라는 그것도 우리가 경계해야 할 통념 중 하나라고 생각하는 것 같다. 도대체 진실이라는 게 뭔가. 오히려 그렇게 묻는 것 같다. 따라서 이 영화는 진실을 전제로 거짓말을 단죄하는 것이 아니라 어떤 비결정적 상태를 조성하기 위해 거짓말 그 자체를 능동적으로 수단화한다.

그러므로 〈당신자신과 당신의 것〉에서 거짓말은 도덕적 질타의 대상이 아니다. 그녀를 거짓말쟁이로 몰기 위해 쓰이는 게 아니라는 것이다. 〈당신자신과 당신의 것〉의 거짓말은 역할이 다르다. 우린 눈앞에서 벌어졌음에도 도저히 믿기 어려운 무언가를 보거나 들었을 때 거짓말 같다고 표현한다. 〈오데트〉에서 시아버지는 며느리 잉거가 죽었다는 말을 듣자 "거짓말이지?" 하며 반문한다. 〈당신자신과 당신의 것〉에서 거짓말은 진실을 더럽히는 나쁜 말이 아니라 분간하고 확언하기 어려운 이 세계의 상태를 인정하게 만드는 촉매의 일종이다. 그건 동시에 거짓말이 이 영화의 핵심이 아니라 하나의 부분이자 수단이라는 점을 알려주는 것이기도 하다.

이른바 여자의 정체를 불명케 하는 것, 존재와 명명 사이의 일치감을 가격하는 것, 그리하여 마침내 비결정적 상태의 지속을 유지하고 강화하는 것이 훨씬 더 핵심이다. 그런 점에서 거짓말을 하나의 수단으로 하는 더 상위의 핵심은 '여자의 분신술과 자기 증식'이다. 존재의 분신술과 자기 증식이라고 해도 될 것이다. 그게 바로 여자가 정체불명의 비주체로 활성화될 수 있도록 작동하는 동력이다. 영화에서 무엇이 활동하는가 하는 것이 홍상수 미학의 핵심 중 하나라면 〈당신자신과 당신의 것〉에서는 이 분신술과 자기 증식이 활동한다. 꿰게 하는 여자의 나날들에서 우리가 그녀의 정체불명 활성화의 과정을 겪게 되는 것이라면 다른 말로 여자의 이 분신술과 자기 증식을 겪는 것이기도 하다. 따라서 거짓말과 마찬가지로 이 분신술과 자기 증식의 활성화에 기여하는 몇 가지 것들이 더 있다는 것을 말해야 할 텐데, 그럼 무엇이 더 있는 걸까.

남자 1과 남자 2라는 두 명의 남자들에 주목해보자. 이들이 영수와 다른 건 여자의 나날들에 완벽히 갇혀 있기 때문이다. 영수의 나날들과 여자의 나날들은 분리되어 있다가 어느 밤에 다시 접속되고 겹쳐지게 되겠지만 이 두 남자들은 절대로 여자의 시간을 빠져나올 수 없다. 등장인물들에게는 다소 미안한 표현이지만 이들은 여자의 왕국의 난쟁이들이다. 아니 공손하게 표현을 바꾸면 여자의 정체불명의 비주체적 나날들을 강력하게 만드는 조력자들이다. 그들은 여자의 나날들 안에서 우리를 겪게 하기 위해 그들이 몸소 겪는 남자들이기도 하다. 그러므로 혹시라도 〈당신자신과 당신의 것〉을 한 여자와 그녀를 따르는 세 남자의 이야기로 단순화하는 것은 그릇된 구분이다. 굳이 해야 한다면 여러 존재의 경우의 수를 한 육체에 새긴 여자와 전적으로 그녀의 시간에 포함된 두 남자와, 그리고 그녀의 시간이 흐르는 동안 다른 어딘가에서 방황의 시간을 보내다가 여자와 다시 만나게 되는 한 남자의 이야기라고 말해야 맞다.

영수와 두 남자는 같은 층위에 있지 않다. 두 남자에게는 여자의 사랑을 위해서라면 죽을 수도 있다는 영수의 각오에 견줄 만한 것이 없다. 두 남자와 함께 있던 여자가 어느새인가 황급하게 자리를 떴을 때 남겨진 그들은 무엇을 하고 있는가. 별 볼일 없는 추억이나 더듬고 있다. 그들은 낙오된다. 그들은 여자의 나날들에 낙오되고 종속됨으로써 여자의 분신술과 자기 증식을 역으로 증빙하는 역할로 남는다.

말과 의복의 지속적인 불일치라는 문제는 또한 어떠한가. 이 문제는 아주 일찌감치 영화의 도입부에서 제시된다. 카페에서 남자 1이 여자에게 알은척을 해왔을 때 그녀는 남자가 아는 민정이 아니라 그녀의 쌍둥이 여동생이라고 분명히 말했다. 하지만 장면이 바뀌자 같은 옷을 입은 같은 여자가 영수의 집으로 들어온다. 그때 그녀는 민정인 것이다. 말로는 민정이 아니라고 했지만 의복으로는 민정이다. 민정인데 동생이라고 거짓말을 한 것인가, 하고 물을 수도 있다. 그런데 상황은 그렇게 단순하지 않다. 이와 유사한 상황은 영화 전편에 걸쳐 복잡하게 지속되기 때문이다. 각각 다른 상대를 만날 때 여자의 의복은 같은 상태이지만 대화 중에 주장되거나 예측되는 그녀의 존재는 다른 경우가 계속된다. 심지어 영수의 환상 속에 등장한 민정과 같은 옷을 입은 여자(민정 혹은 누군가)는 다음 장면에서 현실에서의 남자 1과 남자 2를 차례로 만나게 된다.

말하자면 언술적 기호와 시각적 기호가 불일치한다. 대개 일반적인 영화에서는 양자의 일치를 추구하거나 특수한 경우라도 시각적 기호의 손을 들어주는 경우가 많다. 예컨대 구스 반 산트의 영화 〈라스트 데이즈〉에서 영화는 매우 복잡한 서사 구조를 지녔지만 주인공이 입고 있는 의복을 중요한 추론의 판단 기호로 삼는다. 하지만 〈당신자신과 당신의 것〉에서는 그렇지 않다. 여기서는 일치보다는 불일치, 어느 쪽의 우위보다는 그 중간이라는 상태가 더 중시된다. 그 불일치와 중간이 그녀의 존재를 규정 불가능하게 만들어 제3의 중립적 상태의 지속을 만들기 때문이다.

마지막으로 대화의 분신술이라고 칭할 만한 것이 남아 있다. 대화 과정 중에 발생하는 미스터리에 관한 것이다. 일단 〈북촌방향〉의 한 장면을 회상해 보자. 주인공(유준상)이 술집 여주인 예전(김보경)과 입맞추는 순간에 그녀가 돌연 '오빠'라고 부른다. 그 순간 관객인 우리는 이 영화에서 1인2역으로 김보경이 이미 연기한 또 다른 인물, 주인공의 옛 여자친구 경진으로 그녀를 잠시 착각하는 경험을 하게 된다. 이때 핵심은 기억을 환기시켜 존재를 중첩시키는 주술이 말의 출현으로 발생한다는 것이다.

〈당신자신과 당신의 것〉에는 전적으로 그 반대의 경우가 있다. 여기에는 말의 출현이 아니라 말의 실종이 있다. 그것이 주술을 건다. 예컨대 누군가이 영화의 인물들의 대화가 굉장히 이상하다고 느낀다면, 그 느낌은 맞다. 이들은 많은 순간에 주어를 지정하지 않거나 목적어를 제외하면서, 그리고 상대방이 물은 것에 답하지 않고 자신이 말할 것만을 말하면서 말의 술래잡기를 벌인다. 당연히 확인되어야 할 사실 관계들은 확인되지 않거나 유보된다. 홍상수 영화에서 이런 미스터리한 대화법은 등장한 적이 거의 없다. 우린 홍상수 영화가 지독할 정도로 리얼한 일상의 말과 그 말투의 물질성을 드러내왔다는 걸 잘 알고 있다. 홍상수는 그것을 은밀하게 다시 반격한다. 말의 실종, 말의 미스터리는 전적으로 의도된 것이다. 그러니 놀라운 일은 무엇인가. 신(scene)과 신 사이에서만이 아니라 우리가 눈을 부릅뜨고 훤히 주시하고 있다고 자부하는 이 하나의 숏-신 안에서조차 무언가 분화하고 자기 증식하면서 질적 전화하는 광경이 벌어진다는 그 사실이다.

남자(영수)의 나날들에 관해서는 짧게 설명했고 그보다 훨씬 더 복잡해서 길게 설명해야만 했던 여자의 나날들에 관해서는 몇 단계를 더 거쳤다. 다만 잊지 말아야 할 것이 있다. 우리가 두 나날들을 체험하며 느끼게 되는 것들에 관하여 분리해서 설명하기는 했어도 실제 영화에서는 이 부분들이 파편적으로 교차하며 전개된다는 점이다. 겪는 장면들의 힘과 겪게 하는 장면들의 힘이 우리 관객을 사이에 두고서는 수시로 밀고 당기면서 나아가는 것이다. 그 힘들이 결정적으로 결집되는 대목이 있다. 지칭하자면 '그 밤'의 장면들이다. 그 밤에 도착하면 겪는 것과 겪게 하는 것의 힘이 한줄기로 뒤엉킨다. 그렇게 하여 영화 전면에 흐르던 힘의 양상을 제대로 압축해낸다. 여자가 겪게 하고 영수가 겪고 그 겪는 영수를 우리가 보면서 한편 우리도 겪는 복잡한 사태다. 마침내 기적으로 향해 가며 또한 그 기적이 실현되는 대목이기도 하다. 이 대목을 거치지 않고서는 결말을 맺을 수 없다. 그동안 우리가 이 영화에 관하여 말해온 것들을 주의 환기하면서 이 장면들을 일별하는 것도 하나의 방법이지 싶다.

그 밤의 술집에서 공교롭게도 여자는 남자 1과 남자 2를 동시에 만나게 된다. 화장실에 가는 길에는 영수의 동네 형까지 만난다. 왜 공교로운 것일까. 남자 1에게 그녀는 민정이거나 민정의 쌍둥이 여동생이어야 한다. 남자 2에게는 그가 언젠가 만났던 출판사 직원 '그분'이거나 닮은 분이어야 한다. 그리고 영수의 동네 형에게는 민정이어야 한다. 그런데 남자 2와 함께 있다가 남자 1을 만나자 여자는 그를 모르는 것처럼 군다. 그녀가 민정이거나 민정의 쌍둥이 여동생이라면 맥락상 그를 모를 순 없다. 그렇다면 그녀는 그 둘 중 누구도 아닌 다른 사람이었던가, 생각할 무렵 그녀가 화장실에 가면서 영수의 동네 형을 만나 인사를 한다. 그렇다면 그녀는 민정이다. 아니 그렇다면 남자 2가 알고 있는 '그분'은 누구인가. 민정인가, 민정의 쌍둥이 여동생인가, 그들과 닮은 다른 사람인가. 그것도 아니라면 이 모든 건 한낱 민정의 거짓말인가. 우린 여기서 수수께끼의 유능한 정답자가 되고자 자처해서는 안 된다. 그녀의 정체불명이 극점에 다다른다는 난점을 인정하기만 하면 된다. 그 무지의 인정이 이 장면을 제대로 보는 방법이다.

더 문제는 다음 장면이다. 민정을 술집에서 만났다는 동네 형의 제보를 받고 영수가 급히 그곳을 찾았을 때 여자는 두 남자를 남기고 벌써 떠난 후다. 부리나케 쫓아간 영수는 골목길에서 민정을 발견한다(영수는 그녀가 민정이라고 생각한다). 그녀는 주저앉아 울고 있다. 왜 울고 있는 걸까. 술집에서 남자들에게 거짓말을 하고 도망 나온 것이 창피해서 민정이 울고 있는 것이라고 말하면 되는 것일까. 아니 그렇지 않다. 그게 민정인지 아닌지 확신할 수 없다는 게 우선 문제다. 같은 육체, 같은 의복을 지녔지만 신이 바뀌면 존재가 바뀌는(혹은 바뀌었다고 추측할 수밖에 없는) 체험을 관객인 우리는 이 영화에서 이미 해왔다. 그녀가 울고 있지 않은가, 거짓말을 한 것이 죄스러워서 말이다, 라고 반문하는 것은 그렇게 보고 싶은 사람의 해석일 뿐이다. 우린 앞서서 심오한 상징처럼 보였던 영수의 절름거림과 목발이 해석의 대상이 아니라 단지 우연이었음을 지적했다. 그리고 이 장면에 이어 영수의 방 안에서 사랑의 절정이 이루어지는 순간에 여자의 귀에서 난다는 그 이상한 소리가 여자의 말처럼 남들이 그녀를 욕하기 때문인지 아닌지 알 수 없는 것이라고 덧붙여야만 한다. 이런 것들은 의미화할 수 있는 것들이 아니다. 그렇다면 여자의 저 주저앉은 울음은 무엇인가. 그건 의미 같은 것이 아니라 이 장면이 시작되는 순간에 발생하는 힘의 방점이다. 여자의 귀에서 나는 소리는 그 장면에서의 사랑의 힘이 공고해지면서 잠시 맞부딪치는 작은 마찰력 같은 것이다. 이것들은 의미의 문제가 아니라 힘의 문제다.

한편 여자는 자신이 민정이 아니라고 주장한다. 난데없이 자신은 "부끄러운 일 한 적이 없다"고도 말한다. 영수는 다급해지고 그녀가 민정임을 말에 의해서라도 확인하려 들지만 그것도 쉽지가 않다. 네가 "민정이 아니면 누구냐"고 영수가 물었을 때 여자는 답을 하는 대신에 "알고 싶으세요? 왜 알고 싶으세요?"라고 말의 술래잡기를 시작한다. 이내 관계의 지형도까지 순식간에 바뀌게 된다. "모르는 사람인데 존댓말 써야 하는 거 아니에요?"라고 여자가 불평하자 영수는 약간 우물쭈물하더니만 정말 그녀를 '당신'이라고 부르며 처음 보는 사람처럼 존칭하기 시작한다.

영수가 여자를 '당신'이라고 높여 부르기 시작하는 이 순간이 중요하다. 이 대목에서 여자의 분신술도 중요하지만 그에 대한 영수의 반응과 인정의 과정도 못지않게 중요하다. 만약 영수가 자신 앞에서 벌어지는 이 모든 일들을 거절하면서 자신의 머릿속에 있는 민정은 민정이다라는 생각만 믿고 도대체 지금 무슨 장난을 치느냐며 그녀에게 화를 낸다거나 한다면 이 장면은 성립되지 않고 이 영화의 사랑은 좌절된다. 그는 이 모든 기이한 일들을 받아들인다. 이 자세야말로 그가 겪은 것들로 얻은 보람인 것이다. 기이함, 그러니까 이 밤의 골목길 장면은 그 처음과 끝을 생각할 때 얼마나 기이하게 연결되고 있는가. 장면을 시작할 때는 길에서 주저앉아 울던 여자가 생전 처음 보(거나 본다고 주장하)는 남자와 태연하게 막걸리를 마시러 가는 일은 현실에서 가능할까. 홍상수는 이 골목길을 꿈이나 환상의 구조를 빌리지 않으면서도 예의 그 완벽한 비현실의 순간으로 질적 전화시킨다.

그렇게 두 사람이 다시 돌아오는 자리가 그 밤의 방이다. 그들이 헤어졌던 영수의 그 방이다. 영수와 민정은 이 방에서 헤어졌다. 저 골목이 재회의 골목이라면 이 방은 재귀의 방이다. 원래의 자리로 되돌아간다거나 되돌아오는 재귀라는 활동은 이 영화에서 얼마나 중요한 것인가. 마침내 이들의 사랑도 재귀해 있는 것 아닌가. 관련하여 그냥 무턱대고 하나의 이미지에 대한 느낌을 말해도 좋다면, 영화 속에서 장면과 장면 사이에 혹은 하나의 장면을 시작하고 맺을 때 인물들이 움직이는 행위, 즉 인물들이 카메라의 전경으로 걸어서 다가오거나 멀어져가는 행위가 자주 삽입되는 것에 대한 느낌을 밝히자면, 그건 이상하게도 재귀의 움직임을 이 영화가 의식적으로 고려하면서 운율로 형성해내고 있는 것처럼 느껴지기까지 한다. 물론 다시 말해도 그 재귀의 활동이 복잡한 정점을 이루는 곳은 바로 이 방이지만 말이다.

예컨대 우리 삼십 분만 더 자고 일어나서 또 이야기하자며 영수와 여자가 잠든 뒤 카메라가 타들어가는 촛불을 잠시 비추고 디졸브로 시간의 경과를 보여준 다음 다시 카메라가 침대 위를 비추면 거기엔 여자가 없고 영수만 있다. 이때 영수의 어리둥절한 표정을 보자. 그것은 내가 꾼 꿈이었던가. 영수는 그렇게 생각하는 것만 같다. 영수가 혼자 남아 있고 그의 어리둥절한 표정이 더해지자 우리도 덩달아 방금 이 방 안에서 본 것은 영수의 꿈이었나 생각하게 된다. 그럴 만한 근거가 있다. 영수가 민정의 집 앞에서 겪었던 앞선 두 번의 환상이 우리에게 끼쳤던 영향력이 이 순간 재귀하는 것이다. 홍상수 영화는 언제라도 그렇게 할 수 있는 것이다. 그의 영화에서 현실과 환상과 꿈은 구분되지 않는 하나의 평면 위에 놓이곤 하지 않았던가. 그렇다면 여기가 이 영화의 끝인 것인가. 그렇게 우리가 다시 생각을 고쳐먹을 무렵 카메라의 뒤쪽에서 수박을 잘게 썰어 담은 작은 통을 들고 여자가 다시 나타난다. 그러니까 여자는 다시 또 방 안으로 재귀한다. 그때 영수도 우리도 동시에 다시 정신을 차린다. 앞 장면은 꿈이 아니었고 두 사람은 맛있게 수박을 나눠 먹는다. 영화는 여기서 종결된다.

한 가지 가정을 해보자. 만약 영수가 얼빠진 표정으로 덩그러니 침대 위에 혼자 남겨져 있는 이때 여자가 다시 등장하지 않고 영화가 끝난다면 이상할 것인가. 그렇지 않다. 혹은 수박을 들고 등장한 여자가 이번에는 시원한 물을 한 잔 가져오겠다며 화면 밖으로 다시 벗어났다가 영영 돌아오지 않는 상태에서 영화가 끝난다면 그건 이상할 것인가. 마찬가지로 그렇지 않다. 그게 홍상수 영화다. 그러니까 눈앞의 현전하는 상태에서 전체의 변화가 아니라 티끌만한 것의 출현이나 이동이나 소멸이라는 변화만 있어도 그 세계의 질적 전화가 언제나 가능한 가능태가 홍상수 영화다. 때문에 우린 이 장면이 더더욱 놀랍다. 익히 알려진 그 가능태의 아름다운 현시 때문은 물론이거니와 실은 홍상수의 어떤 의지의 발현 때문에 더 그렇다. 여자가 다시 등장하여 영수와 수박을 나눠 먹는 바로 그 순간에 영화를 끝내야 한다고 홍상수가 마음먹은 그 사실 말이다.

이건 여자가 재등장하지 않거나 재등장했다가 다시 또 사라질 수 있다고 한 우리의 가정과 무엇이 다를 것인가. 완전히 다르다. 놀랍게도 이것은 해피엔딩이지 않은가. 홍상수 영화에서 전적인 행복의 결말을 우린 본 적이 있던가. 〈하하하〉에 유사한 것이 있었지만 그건 일부이거나 전조였다. 홍상수의 영화에는 지속적인 소망의 추구가 있는 것과 동시에 그것들이 임시적인 실현이어서 늘 애처롭고 애틋했다. 〈지금은맞고그때는틀리다〉의 1부에서 함춘수(정재영)는 윤희정(김민희)의 손에 끼워줄 반지라도 있었으면 좋겠다고 말한다. 2부에서 함춘수는 초밥집 바깥에서 정말 반지를 주워 윤희정의 손에 끼워주고 운다. 하지만 다음날 그들은 헤어져야 하고 그 장면은 얼마나 애처롭고 애틋했던가. 그런데 지금은 혹시나 했던 행복의 실현이 정말로 이 영화의 끝이다. 사랑의 관계가 완벽히 재활한 것이다.

그렇다면 누군가는 이렇게 묻고 싶을지도 모른다. 홍상수는 예의 자신의 영화가 지켜온 비고정적이고 비결정적인 상태를 외면하고 행복에의 결말에 영화를 고정시키고 있는 것이 아닌가. 그럴 리가 없다. 더 놀라운 점이 남아 있고 우린 그것에 관하여 지금껏 힘주어 말해오지 않았던가. 민정이 민정으로 돌아오지 않고 '누군가'의 존재로 돌아왔는데 사랑은 재활했다는 점이다. 그러므로 여자의 입장에서는 새로운 사랑의 시작이고 영수의 입장에서는 잃었던 사랑의 재활이다. 어느 한쪽의 사랑으로 고정되지 않고 결정되지 않는 혹은 양자 누구의 입장에서 보더라도 기이한 비대칭일 수밖에 없는 사랑의 소망 실현이 담긴 영화를 우린 본 적이 있던가. 이런 비정형의 해피엔딩을 본 적이 있는가. '확실해져가는 마음'과 '불확실해져가는 정체', 양자의 간극이 넓어지고 멀어질수록 오히려 성사되는 사랑을 본 적이 있던가. '나와 너'의 사랑이 아니라 '나와 누군가'의 사랑이라는 실현을 본 적이 있던가. '사랑의 주체'와 '사랑의 비주체'가 서로 각자의 방식으로 사랑하는 사랑의 실현을 본 적이 있던가. 그러니까 '정체의 불명'과 '사랑의 재활'이라는 도저히 어울리지 않아 보였던 양자의 활동적 조화를 본 적이 있던가. 〈당신자신과 당신의 것〉의 그 밤에 경탄스럽게도 우린 그런 것들을 보게 된다.

영화의 인물들이 거짓말같이 귀환하고 또 거짓말 같은 솔직함으로 응하여 그 기적을 자신들의 것으로 한다는 것, 그러한 기적은 믿기 어려운 게 아니라는 것, 따라서 일상에서의 기적을 넘어 일상이 되어버린 기적이라면, 그것이 바로 초월적인 것의 세속화라는 것, 그것들이 모여서 아무것도 변하지 않았는데 모든 것이 변하게 한다는 것, 그러니까 도입부에서 발언했던 그 기적의 경위에 관하여 이제 우리가 더 이상 덧붙일 말은 없는 것 같다. 민정이 민정으로 돌아와 영수와 민정의 사랑이 재활하여 행복한 결말로 종결되는 것이었다면 그건 놀랄 일이 아니며 기적일 것도 없다. 여러 차례 말한 것처럼 그녀가 민정이 아니라 누군가로 돌아왔는데 서로가 사랑하게 되었으므로 그게 기적이다.

하지만 이 영화는 한편으로 이런 의중도 갖고 있는 것 같다. 사실 이런 기적은 세상에서 기적이 아니어야 한다는 것이다. 무슨 말인가. 실은 사랑할 때 당연히 그래야 할 것인데 우리가 그렇게 잘 못하기 때문에 기적의 형태를 빌려 체험케 한다는 것이다. 그럼 우린 사랑할 때 어떻게 해야 하는가. 〈지금은맞고그때는틀리다〉의 주인공 함춘수의 말 그대로, 사랑하는 건 사랑하는 거다. 사랑은 상대에 대한 앎 이전에 이미 겪는 사태이고 사랑은 앎과 무관하다는 것이다. 사랑은 원래 그렇게 생기고 그렇게 하는 거라는 것이다. 그러니까 〈당신자신과 당신의 것〉에는 기본적인 반문이 품어져 있다. 사랑하기 위해 우리는 과연, 무엇을, 얼마나, 알아야 하는 것인가 하는.

사랑은 아는 것이 아니라 하는 것이다. 〈당신자신과 당신의 것〉에서는 그게 중요하다. 하지만 한 명의 평자로서 이 영화에서 그게 중요하다고 말하는 건 너무 쉬운 일이다. 문제는 이 영화가 그것을 어떻게 보여주느냐는 것이다. 아니 어떻게 체험케 하느냐는 것이다. 홍상수는 확신과 정의와 규정에 관련된 모든 앎이 희박해져 불확정성에 빠져버리는 그 순간에 사랑의 가능성이 재활하는 기이한 경험을 우리에게 선사한다. 그래서 우리는 기적의 경위라고 일단 표현한 다음 말 그대로 사랑은 아는 것이 아닌 하는 것이라는 사실을 보여주는 이 영화의 활동을 할 수 있는 한 체험해보려고 한 것이다.

사랑에도 리얼리티가 있을까. 문득 든 질문이다. 사랑해서 생기는 리얼리티가 아니라 사랑의 리얼리티 말이다. 있다면 그건, 어떤 매개도 없이 눈앞에 현존하는 이 사람을 온전히 사랑하게 되는 것, 바로 그것은 아닐까. 그건 사랑의 태도라고 말해야 할 것처럼 느껴지지만 실은 우리가 의지적으로 하려고 해서 잘되는 것은 아니기 때문에 오히려 그것만이 최후까지 남아 있게 될 사랑의 리얼리티라고 말해야 하는 건 아닐까. 그러니까 〈당신자신과 당신의 것〉은 그 얼마나 많은 비현실을 껴안고 있는가. 그럼에도 그 비현실을 역설적인 장으로 삼아서 최후까지 남아 지켜지는 사랑의 성질이란 바로 이 사랑의 리얼리티가 아닌가. 영화의 마지막 장면에 문득 이인칭 존칭의 동어반복이 깃드는 것은 그러므로 너무 당연한 일인 것 같다. 영수는 누군가로 돌아온 여자에게 이렇게 말한다. "고마워요 당신이 당신인 게." 누구라고 지정할 수 없는 그녀를 부를 때, 하지만 눈앞에 현존하는 사람에게 예의를 갖춰 사랑을 담아 호칭할 때 당신이라는 말밖에는 없는 것이다. 존댓말로 당신이 두 번 동어반복될 때 그 동어반복될 수밖에 없다는 무능 때문에 오히려 더 감격스럽다. 이름도 존재도 분명치 않지만 내 눈앞에 있으므로 당신이라고 밖에는 부를 수 없는 이 제한적이면서도 무매개적인 사랑의 리얼리티. 그래서 이 영화 덕분에 우린 마침내 이렇게 말할 수 있게 된 것이다. 사랑하는 건 사랑하는 겁니다. 당신이 당신이므로, 라고 말이다.

(『문학동네』, 2016년 겨울호)

성질과 상태_활동하는 영화들

ⓒ 정한석

1판 1쇄 ┃ 2017년 2월 24일
1판 2쇄 ┃ 2019년 11월 11일

지은이   ┃ 정한석
펴낸이   ┃ 정홍수
편집   ┃ 김현숙 이진선
펴낸곳   ┃ (주)도서출판 강
출판등록 ┃ 2000년 8월 9일(제2000-185호)

주소   ┃ 서울시 마포구 동교로 17안길 21(우 121-842)
전화   ┃ 02-325-9566
팩시밀리 ┃ 02-325-8486
전자우편 ┃ gangpub@hanmail.net

값 26,000원
ISBN 978-89-8218-219-8 03680

이 도서의 국립중앙도서관 출판예정도서목록(CIP)은 서지정보유통지원시스템 홈페이지(http://seoji.nl.go.kr)와
국가자료공동목록시스템(http://www.nl.go.kr/kolisnet)에서 이용하실 수 있습니다.(CIP제어번호: CIP2017003235)

*잘못 만들어진 책은 구입처에서 교환해 드립니다.